邁向經濟現代化之路

社論一寫四十年

葉萬安・著

自序

論證台灣經濟四十年

在《經濟日報》創刊前的民國 56 年 3 月初，《聯合報》總主筆楊選堂（筆名楊子）來訪，向我提及兩件事：

一是聯合報系要發行經濟專業性報紙——《經濟日報》，在台灣是首創。雖然聯合報會調派資深記者協助，但他們對政府經濟施政並非專業；同時經濟日報也會招聘新進記者，希望他們在採訪我時，能給他們多多指導。我當場表示，聯合報要辦《經濟日報》，做經濟專業報導，這是了不起的工程。而財經政策的宣導，也是我任務之一，義不容辭，我會盡可能幫助他們對政府經濟施政的前因後果，有比較完整的了解。

二是他兼任《經濟日報》總主筆，希望聘請我參加他的主筆陣容，每週寫一篇社論。我立即說明，各重要報紙社論是我每天必讀的課程，不僅增進我對社會脈動的了解，而一般社論內容充實文字之優美，也是我所欣賞與敬佩的。但我自知文筆樸拙，本身工作又太忙，實在不敢接受。而選堂兄回說，我在報紙寫的專論他多曾覽讀，寫《經濟日報》社論沒有問題，在選堂兄一再勸說下，我才說給我一些時間考慮。

民國 56 年 4 月 20 日《經濟日報》創刊，第一篇社論題目「為工業化添動力，為工農商作喉舌」，簡明扼要揭櫫創刊宗旨。《經濟日報》創辦人王惕老（吾）在《經濟日報》發刊辭堅定地說明他的心願：「國家現代化、工業化途中，為促進經濟加速發展，這一份專業化報紙，一定能有所貢獻」，又說明「《經濟日報》是我們新聞專業工作者，對百年建國應盡的責任。」說明《經濟日報》的重責大任，以及創辦人的高瞻遠矚、決心與魅力，令人敬佩；也增加我對《經濟日報》的信心。於是更認真考慮是否參加該報主筆陣容。

　　經過多時考慮，我想我已在政府工作多年，當時我是經合會綜合計畫處副處長，是台灣經濟建設四年計畫設計規劃工作，以及經濟政策研究幕僚作業的主持人，我有意見，有主張都可透過內部管道直接向上級建議。以後若兼任《經濟日報》主筆，也可將我的看法與主張，透過社論呼籲社會各界凝聚共識，配合政府經濟施政，共同為建設國家現代化努力。如此內外相呼應，應可產生更大的效果，最後遂決定參加該項工作。

　　當時我想，作為《經濟日報》主筆，寫社論應把握的幾個原則：

　　一、因我工作關係接近政府決策階層，對於政府重要經濟施政的前因後果多有所了解。當行政院院會通過的重要經濟政策與措施，乃至後來蔣經國總統在財經會談中所提出的看法，見報後，我可立即配合撰寫社論加以闡釋，作簡明扼要的分析，幫助讀者對政府經濟施政能真正了解，以利政府決策順利有效執行。

　　二、行政院主計處於民國 54 年成立「國民所得統計評審委員會」，我奉派代表經合會為該會創始委員。民國 81 年我退休後失去代表資格，該會改以專家身分聘請我繼續擔任該會委員，迄今已長達 56 年。由於擔任該會委員，對各種統計資料的掌握，透過研究分析，不僅可了解我國經濟進步的實況，有時亦可從統計中發現許多問題，甚至一些潛在的經濟問題，我可在社論中及早提出，呼籲社會重視，並建議因應對策，採取未雨綢繆措施，透過社會共同努力，往往可將大問題化小，小問題化無。

　　三、介紹新知。由於經合會每月出版《自由中國之工業》月刊，中、英文本並有台灣工業統計，及每年編印英文統計手冊 Taiwan Statistical Data Book，與國內外著名大學與圖書館交換定期刊物，有機會讀到各種新知，可以透過社論介紹給社會大眾。

　　四、提出前瞻性看法與主張。因當時台灣還是落後的經濟，工業主要靠勞力密集產品出口，重要原材料及零組件靠進口供應，經簡單加工後出口，故附加價值率甚低。由於我主持設計規劃四年經建計畫及十年長期展望，必須要向前看。因此，在各項計畫中，會有許多前瞻性的規劃與主張，有的可透過社論，呼籲工、農、商各界積極配合政府計畫共同努力，以提升產業結構，早日成為工業化、現代化國家。

　　五、對於社會有些不合理的要求、不正常的主張與看法，我也可以透過社論，以公正立場、國家與人民利益為先的基本原則及時提出糾正與駁斥，以正社會視聽。

　　六、對部分政府單位的本位主義，和以技術問題阻礙正確政策的落實執行，我也可透過社論鞭策相關政府機構，以大局為重，國家整體利益為先，做好民間的表率。

　　此外，因我工作是負責經濟計畫設計及政府經濟政策研究的幕僚，對國內外重要經濟新聞都要關注與掌握。如要寫社論，對個別問題更要深入了解，才能提出檢討、批評與建議，對我本身研究工作也有助益。於是經過審慎周詳的考慮後，我終於在民國 59 年 8 月 12 日試寫第一篇社論「動用外匯準備推動現代化運動」，送請選堂兄指教，他立即將該文於次日 8 月 13 日《經濟日報》社論刊出後，並電告該社論深獲好評，要求我繼續寫。沒想到這一開始一寫就是四十年。四十年間《經濟日報》主筆陣容曾多次改組，每次我都被留下來。事後想來，因我所寫每篇社論都能把握上述原則，不僅內容充實，以明確統計數字為討論問題的依據，而且適時、有看法、有主張，並提出解決問題的具體建議，受到讀者的歡迎與報社主管的賞識，所以一寫就連續寫了四十年。至民國 99 年 8 月，我已屆 85 歲高齡，為了不給自己大壓力，也給年輕人機會，乃決定辭職封筆。四十年來共寫了社論 1,927 篇，其中 129 篇刊登在《聯合報》，總計超過 350 萬字。

　　三年多前，與經濟日報前社長劉國老（瑞）、聯經出版公司林載爵發行人相聚，國老提起我曾為《經濟日報》寫了四十年社論，是一項歷史紀錄，建議編輯出版專書。當時我也想，寫了四十年社論，也應該精選一些整理出版，為社會留個記錄，遂承諾下來。

　　但沒想到不久後我因腰椎移位，疼痛問題逐漸嚴重，需要進行手術，而因年齡太大產生副作用，又進行了心臟手術，在八個月內先後進出醫院五次，住院 150 多天，連復健共耽誤了近兩年。在復健過程中，一方面復健，一方面開始規劃社論出版事宜。

　　我寫社論是從民國 59 年 8 月開始至 99 年 8 月，正好跨越四個年代，即民國 60 年代、70 年代、80 年代及 90 年代，以此劃分每十年為一章，共計四章。但要選哪些社論，要選多少篇；應先確定編輯體例，才能有一個選輯的方向。由於社論通常是以當時發生的重大事件申論為主，都有個別的主題，要將其與當時經濟發展趨勢銜接起來，才有意義。於是，確定在每章之前，先編寫一篇當代（十年）國內外大事紀要，然後再將相關精選的社論銜接進去，這樣雖要多花很多功夫，但可讓讀者對當年代國內外發生的大事，能有全面整體的理解或回憶。同時，也可讓讀者了解，寫每篇社論的前因後果。

　　如此編輯下來，結果每章（十年）精選出 70 篇社論，四章（四十年）共選 280 篇，占所寫 1,927 篇的 14%，約有 50 多萬字。

　　我要為劉國老當初的建議，林載爵發行人的鼓勵，以及聯經出版公司工作同仁，對本書的編輯、出版所付出的極大心力，深深表示謝意。還要感謝，我寫社論期間，歷任總主筆的指導，以及當年的秘書蕭美枝及賀玉鳳小姐給予我很多的協助。此外，在我寫社論的前二十年還沒有傳真機的時代，報社老詹先生每於週四晚間九時準來舍間取稿，我有時還未寫完，必須請他枯候等待，實在是於心不安，深感抱歉。四十年來寫社論的點點滴滴，我都將長記心中，難以忘懷。

　　最後，我要藉此機會感謝我內人，聶又云女士，我能活到今天（96 歲）全靠她的細心照顧。尤其大病時期，高燒不退、暈迷數日，先後住院 150 多天，臥病在床動彈不得，難過痛苦，但較之陪伴照顧病人的家人，不僅勞累，心情更是焦急，其痛苦遠勝於病人。而且在復建的一年多期間，又云不僅全程陪伴，還不斷的鼓勵、激勵、誇讚萬安勇敢的繼續做復健外，還能心無旁騖專心完成此書，萬分感激，永誌不忘。

葉萬安

民國 109 年 7 月 1 日於台北

民國 110 年 12 月 20 日校畢

目次

第二章　民國 70 年代（1981-1990）

壹、民國 70 年代大事紀要

第三章　民國 80 年代（1991-2000）

第四章 民國 90 年代（2001-2010）

壹、民國 90 年代大事紀要

第一章

民國 60 年代
（1971-1980）

壹、民國 60 年代大事紀要

一、國內外變局對我國嚴重衝擊

二、石油危機引爆全球經濟「停滯膨脹」及台灣因應對策
　　甲、石油危機引爆國內通貨膨脹及穩定物價對策
　　乙、推動「十大建設」促進經濟早日恢復景氣

三、自「四年經建計畫」改為「六年經建計畫」

四、改善產業結構全力推動「積體電路」產業發展
　　甲、全力推動「積體電路」產業
　　　　──成立「聯華電子公司」（簡稱「聯電」）
　　乙、全力推動「超大型積體電路計畫」
　　　　──成立「台灣積體電路公司」（簡稱「台積電」）

五、規劃推動全面性技術密集產業發展

六、第三階段「獎勵投資條例」的修訂

七、創造經濟奇蹟

一、國內外變局對我國嚴重衝擊

民國 60 年代國內外政經情勢發生重大變化，對我國造成重大衝擊。在國際政經方面，民國 60 年我國被迫退出聯合國，翌年與我經貿有密切關係的日本斷交；同年美國放棄美元與黃金聯繫，爆發國際金融危機，美元大幅貶值，導致國際大宗物資價格猛漲；且受全球氣候變化影響，糧食大幅減產，引爆搶購，致使糧食價格倍數上升。同時全球景氣過熱，通貨膨脹甚熾。

再加以 62 年 10 月中東戰爭再度爆發，波灣產油國家（OPEC）十年內掀起兩次石油危機。在連串劇變下，工業國家出現「停滯膨脹（Stagflation）」，導致美、日等工業國家淪為第二次世界大戰結束以來的第一次經濟負成長。而美、日都是台灣主要出口對象國家，它們的經濟負成長，自對我出口產生不利影響。

更嚴重的是民國 67 年（1978 年）12 月美國總統卡特宣布與中共建交、與我斷交。中共強勢孤立與促統壓力，無不對台灣政經造成極大衝擊。

國內方面，在勞力密集產業快速發展，勞力已出現短缺現象，工資大幅上升；環保意識抬頭，產業結構亟待改善。同時，民主運動聲勢高張，抗爭不斷，影響社會治安。

面對如此重大變局，先是老總統蔣公，呼籲國人要「莊敬自強，處變不驚，慎謀能斷」，勉勵全國同胞大團結奮鬥，以開創國家民族前途。繼之蔣經國於民國 61 年 5 月接任行政院長，在其沉著、穩健、堅強的領導下，全國上下凝聚共識，團結合作，迎接挑戰。不僅問題一一克服，而且推動兩次產業結構轉型及建設經濟現代化，獲得顯著成就，成為新興工業化國家。

二、石油危機引爆全球經濟「停滯膨脹」及台灣因應對策

民國 60 年代爆發兩次石油危機，對全球經濟衝擊最為嚴重，引爆國際經濟淪為「停滯膨脹」；尤其工業國家的美國及日本在物價高漲的情勢下，經濟淪為負成長。以出口為導向的台灣亦不例外，雖未淪為經濟負成長，但成長率亦極低。第一次石油危機爆發的民國 63 年，台灣經濟成長率，自前十年（53-62 年）平均每年成長 11.6％，突降為有國民所得統計 23 年來最低成長，僅 1.1％；而消費者物價指數上漲到同時期最高點的 47.5％。台灣如何克服此困局，可從穩定物價與促進經濟成長兩方面來觀察。

甲、石油危機引爆國內通貨膨脹及穩定物價對策

當民國 62 年 10 月 16 日國際石油價格自每桶 2 美元漲到 4 美元，上漲一倍，63 年元旦再漲至 11 美元一桶，兩個半月間上漲 4.5 倍，不僅價格暴漲，而且石油輸出國家（OPEC），還限制出口對象，引爆第一次石油危機。我政府為因應石油危機，主管部門已擬就「穩定經濟措施方案」初稿，呈報行政院，可是行政院長蔣經國為使老百姓好好過年，而將該方案延至春節後的 63 年 1 月 27 日才公布實施。但在該方案公布前的三個多月間，國內油電價格並未調整，可是市場上早已產生物價預期上漲心理，物價已經上漲。當「穩定經濟措施方案」公布實施，調升油電價格及交通運輸費率，使整個市場價格再上漲一次，因而民國 63 年 2、3 月國內物價與上一年同月比較，暴漲 40％以上。雖中央銀行根據穩定方案規定採取強烈緊縮措施，使物價未再上升，而在高水準上迅速穩定下來，但 63 年全年平均消費者物價指數仍暴漲 47.5％，創民國 41 年以來上漲最高紀錄。

國內物價暴漲後雖很快穩定下來，但對整體經濟已造成嚴重傷害。因此我於 63 年 7 月 10 日撰寫「我們對維持物價長期穩定的看法」社論，指出此次物價劇烈波動的過程中，我們所遭受的損失亦相當鉅大，非短期所能恢復，故事先應有妥善的策劃，至少可降低物價上升的幅度，減少其影響的程度。因此，長期的物價政策應早日確定，配合該項政策應採的措施，及穩定調節物價的工具應盡早具備。於是提出下列建議以供主管當局參考。

1. 因我國對外貿易依賴程度高，受國外因素變動的影響亦大，因此，新台幣釘住美元政策應加調整，研究實施浮動匯率。（中央研究院六院士於一個月後的 8 月間提出「今後台灣財經的研討」，建議實施「機動匯率」，即「浮動匯率」的另一名稱，可見英雄所見略同。）

2. 維持適度的貨幣供給額增加率，是穩定物價及促進經濟成長的先決條件，因當時貨幣供給增加率上下波動劇烈。

3. 指定專門機構及專人，研究調查我國需要進口重要物資國際間供需及價格變動趨勢與原因所在，隨時向主管當局報告及建議，以便即早採取行動，把握物資供應及降低進口成本。

4. 改革間接稅制度，因現行間接稅有重複課徵現象，尤其在物價上漲時，形成水漲船高，更加重物價上漲的幅度。整個間接稅制度應即早澈底改革。

5. 總資源包括資金、人力、物資及服務的供需調配，除藉價格機能外，必

要時政府應採取主動的措施，避免資源的分配不當，而導致物價的上漲。

6. 提高行政效率，授權主管單位，在問題發生初期能即早採取行動，不可猶豫拖延，否則不僅影響措施的效率，且可能發生相反的作用。

同時，針對石油危機我也寫了多篇社論，對台灣能源供需及能源政策提出檢討與看法，其中 65 年 11 月 22 日「及早策劃因應油價上漲形勢」社論，指出油價上漲將是長期趨勢，據專家估計，即使油價只漲 10％，將使全球進口油國家增加外匯支出 120 億美元，也將使全球的購買力減少約 200 億美元，而製造業將油價提高的成本，轉嫁到製成品身上，而使間接被削減的購買力更達 300 億美元之鉅，將扼殺整個世界經濟的復甦。

台灣也不例外，因我國需要石油的 98％靠進口供應，若石油價格上漲 10％，不僅增加 8,000 多萬美元的負擔，也將影響國內物價的上升，削弱購買力，更將衝擊經濟成長。因此，即宜及早策劃因應之道，將其不利影響降至最低。並提出下列建議：

1. 應提高石油儲存量，最近北部煉油廠建廠完成，儲存槽大量增加；應動用外匯存底，購油存儲，應存儲 90 天以上用油量。

2. 國內油價之調整，應以調整消費者油品價格為原則，至於石化工業所需之原料多需加工外銷為主，該等原料價格應比照國際價格調整。至消費用品油，以運輸用油為主，為避免運費調整過高，應取消優待票價，可使運輸事業獲得正常發展。

3. 在 63 年初油價大幅提高時，家庭用電費率調升極少，至近年來用電增加率居高不下難免沒有浪費現象，宜趁此次油價調整機會，將家庭用電價格適度提高，以價制量，恢復價格應有的機能。

4. 除加強探勘及開發海陸上石油及天然氣外，應鼓勵代用品的製造。

另又於 66 年 6 月 12 日撰寫「自各國能源節約措施看我國能源政策」社論，先介紹各國所採能源節約措施，再綜計其能源節約效果。據國際能源總署估計，其 17 個會員國所採各項能源措施後，民國 65 年能源消耗，較石油危機前的 57 年至 62 年節約 20％，而台灣同時期不僅未減反增加 11％，與工業國家完全呈現相反的趨勢。因此，在石油危機前的民國 57～62 年間，台灣經濟成長率每增加 1％，能源消耗增加 1.1％，但石油危機後的 63～65 年間，經濟每成長 1％，能源消耗卻增加 1.2％；致使 63～65 年每單位國內生產毛額所消耗的能源，較石油危機前大幅增加，顯示我國並無完整有效的能源節約政策。建議主管當局參考本社論介紹的各國所採的節約能源措施，擬具全盤有效的具

體能源節約方案，積極推動實施。

當民國 68 年 12 月第二次石油危機爆發時，蔣經國已於 67 年 5 月就任中華民國第六任總統。蔣經國因關心經濟，特在總統府設置「財經會談」，邀請總統府秘書長、行政院長、政務委員及財經部會首長參加。蔣總統並說明「會談」，只是大家提出看法、交換意見，增進了解，不是正式會議，所以不在會議室而在會客室舉行；即使總統提出的看法，也只供各位參考，不是指示更不是命令，希望大家充分表達看法。會談每兩周召開一次，請經建會擔任幕僚作業。

經建會俞國華主任委員，指定萬安列席該會談，每次並就國內外經濟大勢及重要經濟問題，提出報告，並將總統在會談中提出的看法，寫成新聞稿供總統府發布，第二天各報都以頭板頭條刊出，供國人參考。這則新聞雖不是總統指示，也不是政策宣布，只是總統的看法，但亦可看出未來政策的方向，故甚受各方重視。

在第二次石油危機爆發前的 68 年 5 月底的財經會談中，蔣總統提出他對節約能源的看法，他說節約能源一事，必須進一步加強，應訂定具體可行辦法付諸實施，並促請社會大眾瞭解當前節約能源的重要。為呼應蔣總統對節約能源看法，我於 68 年 6 月 16 日撰寫「瞭解當前節約能源的重要」社論，對蔣總統的看法作進一步闡釋。指出第一次石油危機後，國內油電消耗不僅未減少反而增加，顯見國人對節約能源不瞭解，也不重視。

尤其有人以我進口石油負擔遠較美、日為輕，以民國 67 年為例我國進口石油 15.6 億美元占總進口 110 億美元的 14%，較日本的 32%、美國的 24.5%、南韓的 15.4% 為低，這是一種誤解。因我國進口占國內生產毛額（GDP）的比例，遠較美、日、韓高，由於分母較大，所得結果就小的原因。應將石油進口直接與 GDP 比較，才能看出石油進口負擔的輕重；如民國 67 年我國進口石油 15.6 億美元占 GDP240 億美元的 6.5%，較日本的 2.6%、美國與西德的 2%、英國的 1.3%，高出數倍之多，亦較南韓的 5%，高出三成，顯見我國進口石油負擔之重，遠高於各工業國家及南韓。

因此，節約能源不僅可降低對進口石油的依賴、減輕進口石油的負擔、降低對物價上漲的壓力，更可保持經濟的持續成長。可見能源的節約，在我國較各工業國家更迫切需要。故我們要呼籲全國同胞，不論在何種崗位上，都要隨時隨地「節約能源」，不僅利己利人，更有利於國家的經濟發展。

因此，在第二次石油危機爆發後的 68 年 12 月 24 日的財經經濟會談時，

我呼應總統節約能源的看法，在報告前我就準備了一張「能源消耗彈性圖」，於會議時發給各位首長，說明在第一次石油危機前五年，工業國家經濟每成長 1%，其能油消耗增加 1.045%，所以能源消耗彈性為 1.045；同時期台灣能源消耗彈性為 1.05，與工業國家能源消耗彈性，很接近。

但第一次石油危機爆發後的民國 63～66 年的四年間，工業國家經濟每成長 1%，其能源消耗增加率降為 0.45%，所以其能源消耗彈性驟降至 0.45，較石油危機前降了一半以上。而台灣同時期能源消耗彈性，不僅未降反而提高為 1.20。其原因是工業國家在石油價格大漲後，不僅隨即充分調高國內油、電等價格，產生「以價制量」的效果；同時，對於購置節約能源設備給予補助，以及對轎車採取累進稅率即按引擎大小分級課稅，引擎愈大，稅率愈高，逼迫能源使用者節省能源消耗。而台灣雖實施「穩定經濟措施方案」，但一方面未能即時調漲，二方面未能充分反映，致油電價格相對其他國家低廉很多。因此，在民國 64～67 年的四年間，消耗大量汽油的小轎車，每年平均銷售量增加率高達 20% 以上；大量耗電的冷氣機銷量更增加 30% 以上，無視能源危機，所以台灣能源消耗彈性不降反升。

在萬安報告後，各位首長充分交換意見，最後總統表達看法，他說我們要記取教訓，政策也要改弦易轍。他繼續指出：國際石油供應短缺，與價格上漲，是長期趨勢，我們必須節約能源，採取以價制量政策，隨進口成本上升，即時充分反映。第二天報紙刊出此一消息後，雖非是總統指示，但執行單位卻即時充分調整油價。結果第二次石油危機期間，國內物價上漲遠較第一次緩和。綜計民國 60 年代（60～69 年）十年間，台灣消費者物價指數平均每年上漲 11.1%，較工業國家同時期平均每年上漲 9% 略高，但較開發中國家平均每年上漲 17.8%、南韓上漲 16.5% 緩和很多。

乙、推動「十大建設」促進經濟早日恢復景氣

早在民國 58 年蔣經國以行政院副院長兼任國際經濟合作發展委員會（簡稱經合會）主任委員，每周主持經合會委員會議，萬安於每月初在經合會委員會議中提出當前經濟情勢與問題的報告。蔣主任委員為了解台灣過去經濟發展真實情況，曾索取台灣經濟發展情況的檢討報告，及垂詢當時經濟計畫重要內容、執行情況及困難所在，萬安均具實呈報。當時萬安雖為經合會綜合計畫處副處長，但實際負責經濟計畫的設計、彙總、編輯及經濟政策的研擬工作。

61 年初萬安升任處長，主持「第六期經濟建設四年計畫」設計、編擬工

作，鑒於過去 20 年經濟快速成長，平均每年經濟成長率高達 9.4％，而基本設施建設投資趕不上經濟快速成長的需要，對經濟進一步成長產生阻力（詳情請見拙作〈台灣十項建設與經濟發展〉，《台灣銀行季刊》，第 29 卷第 3 期頁 1-11，民國 67 年 9 月）。同時由於勞力密集產業的快速發展，創造大量就業機會，失業率已降到 2％以下，已出現勞力不足，工資大幅上升的現象。因此，第六期經建四年計畫設計，即以擴大公共投資，加強基本設施建設，及改善產業結構，發展重化工業和推動高科技產業發展為最高指導原則。在呈報蔣主任委員同意後，積極研擬第六期經建四年計畫，完成後報行政院於 61 年 11 月 30 日院會核定實施。

蔣經國於 61 年 6 月接任行政院長後，為突破當時面臨困境，必須進行重大改革；於是他於 62 年末提出「十項重要建設」，呼籲國人凝結共識，共同努力，於 5 年內（64～68 年）建設完成，並強調「今天不做，明天就後悔」的召示。

實際上蔣院長所提的「十項重要建設」，就是在第六期經建四年計畫中的重大建設，在交通運輸部門選擇：1. 鐵路電氣化、2. 建設南北高速公路、3. 建設桃園國際機場、4. 建設北迴鐵路、5. 建設台中港、6. 擴充蘇澳港等六項，使運輸設施脫胎換骨，邁向現代化；在工業部門選擇：1. 一貫作業鋼鐵廠、2. 大造船廠、3. 石化工業等三項，使台灣產業結構，自勞力密集產業為主邁向重化工業發展；在能源部門選擇核能發電，使能源多元化。「十項建設」的完成，將使台灣整體經濟脫胎換骨，邁向現代化發展。

實際上，早在編擬第六期四年計畫之前的民國 60 年中我即認為重、化工業的能否建立，為今後經濟進一步發展及經濟結構改善的關鍵所在。因而於該年 6 月 5 日撰寫「為推動重、化工業建設催生」社論，呼籲政府及有關公民營事業竭誠密切合作，積極推動重、化工業的建設，使我們的經濟早日邁進工業化的境界。

民國 61 年在編擬第六期四年計畫時，即將改善工業結構積極發展重化工業列計畫重點發展之一，裡外配合的推動重、化工業發展。沒想到蔣院長推出的「十項建設」，發展重化工業為三大重點之一，而且要求五年內完成，與我寫該社論的想法不謀而合。

不過在蔣院長提出「十項建設」之時，正是世界景氣過熱，世界性通貨膨脹蔓延；台灣出口大幅增加、內需旺盛、經濟高度成長，國內景氣也過熱；加以石油價格數倍高漲，引爆石油危機，國內通貨膨脹更嚴重。因此，有些學者

認為，此時推動「十項建設」投入大量資金，對整體經濟所加的負荷相當巨大，可能會產生許多不利的影響，「十項建設」是否要全面推動，應再考慮。

但我於 64 年 12 月 5 日撰寫「對擴大十項建設效果的建議」社論，除指出各國為對抗惡性通貨膨脹，已採取強烈的緊縮措施，各國都淪為「停滯膨脹」，甚至「衰退膨脹」，台灣也不例外，在強烈緊縮措施下，民營投資的萎縮勢不可免，此時「十項建設」大量公共投資正可彌補民間投資的萎縮，使經濟不致淪為負成長，而且可領先全世界提前復甦。當時國際間認為台灣政府在危機中，即時推出擴張性公共政策，很快轉危為安，真是了不起，其實只是時機巧合而已。

同時，為使「十項建設」建設期間及完成後能產生更大效果，提出下列建議：

1. 各項建設在建設過程中，所遭遇的困難雖不一致，但可能有其相同之處，各項建設負責人不妨就其克服困難的經驗提出報告，以供其他建設之參考，避免同樣困難在其他建設發生時，再浪費人力及時間去研究摸索對策，應集中力量加強建設工作的進行。

2. 我國的各項法令規章，很多都是數十年前所頒布，早已窒礙難行，但為配合「十項建設」使能順利進行，而採取特案處理方式。希望各建設負責人提出報告，供各主管部門修法之參考，或將特案變成通案，以提高行政效率。

3. 在「十項建設」執行過程中雖未對通膨產生壓力，但仍有部分材物料供不應求現象發生。例如在一般物價已趨穩定的情況下，水泥價格獨漲 50％。未來三年「十項建設」所需之大量重要物資，應即早安排協調供應，避免再蹈過去覆轍。

4. 檢討各項關聯建設未能適時配合的原因，以及未來可能發生的變化；如石化工業的上下游工業，因事先未能妥為協調，致下游工業完成後，上游工業尚在建設中，使已建設完成的下游工業停工待料；相反的上游工業先完成，下游工廠尚未建設完成，致使上游工業未能開工生產，而遭資源浪費的損失。因此，相關聯產業的建設應早策劃，避免資源的浪費。

5. 「十項建設」的各項工程，絕大部分都是國內工程師及技術人員擔任的，在「十項建設」完成後，他們都累積了更多經驗，如任由其分散，將是國家的重大損失，應事先將其組織起來，成立國家建設工程公司，除繼續辦理國內未來的建設工程外；更可打開國際市場。

當民國 64 年「十項建設」積極執行時，並未對通膨產生壓力，且物價漸

趨穩定後，政府即改變緊縮的貨幣政策，分段改採寬鬆的貨幣政策，以及「十項建設」的積極執行，釋出大量公共投資，自 65 年開始台灣已恢復兩位數的經濟成長。綜計民國 60 年代（60～69 年）台灣平均每年經濟成長率高達 10.5％，不僅是工業國家同期每年經濟成長率 3.3％的 3.2 倍，更居亞洲四小龍之首。

尤其是「十項建設」推動的民國 64～68 年的 5 年間，台灣平均每年經濟成長率仍高達 10.1％，而消費者物價只上升 5.1％；與同時期工業國家，平均每年經濟成長率 3.3％，而消費者物價卻上升 9.3％比較，台灣恢復到民國 50 年代的快速經濟成長（每年 10.3％）與穩定（物價每年上升 2.9％）雙重目標同時達成，被國際間稱為經濟奇蹟。

三、自「四年經建計畫」改行「六年經建計畫」

第六期四年經建計畫，如前文所述係石油危機前所訂定，但執行後國內外情況發生鉅大變化，除爆發第一次石油危機外，「十項建設」的加速進行，其完成後勢必對整體經濟產生重大影響。因而蔣經國院長於 64 年中指示，為因應近年來國內外情況的變化，及配合未來國家需要，把握時機，第六期四年經建計畫提前一年結束，自 65 年開始另訂「六年經建計畫」即 65～70 年，並就擬訂六年計畫作了幾項原則性的指示：1. 未來六年不再謀求過去之高度成長，而是要達到穩健成長的目標；2. 特別著重農民所得的提高；3. 工業結構的改善及交通運輸設施現代化的實現；4. 三軍現代新武器的均能自製及運用；5. 社會建設部門須能配合經濟建設同步發展，旨在達到國計民生兼顧的目標。

在此期間，當時的經合會於民國 62 年改組為「經濟設計委員會」，新成立經濟研究處，我自綜合計畫處長調任經研處長，專作經濟政策幕僚的研究，不再擔任經濟計畫的設計任務。於是我隨即於蔣院長指示後的民國 64 年 8 月 11 日撰寫「我們對六年經建計畫的建議」社論，提出下列六點建議：

1. 為使經濟建設的成長能為全民所共享，以及實現蔣院長一再指示的維護低所得者的利益，達到均富、安和、樂利社會的目的，應擴大經濟計畫的範圍，將社會福利建設納入。

2. 除追求經濟穩健成長外，更應著重工業結構的改善，積極推動加工層次多、附加價值高的工業發展。

3. 正在進行的「十項建設」除延續計畫外，今後要推動的計畫很多，但所

能支配的資源有限，不可能百廢俱舉，應就未來實際需要，擬定優先建設的次序，避免通貨膨脹的再現。

4. 研擬完善的教育及訓練計畫，以配合未來發展的人力需要；同時擬具師資培訓計畫，避免教育及訓練計畫的落空。

5. 由於情況的改變，未來「六年經建計畫」更需要積極的財政及金融政策的配合，應責成財金主管單位與計畫設計單位密切配合，擬訂可行的具體措施，適時實施，以促進目標的達成。

6. 世界上很少一個國家的經濟，在未能得到非經濟因素的配合，而經濟單獨達到現代化的。因此，今後六年非經濟因素方面的改進，如教育、政府組織、行政及立法效率，以及社會風氣與觀念等更有必要擬具改善計畫配合實施。

總之，研擬中的「六年經建計畫」應使成為全民建設計畫，作全面的推動，以奠定開發國家的鞏固基礎。

當「六年經建計畫」編擬完成正式公布後，對照上述社論建議，大部分已納入該計畫中，尤其該計畫增設了「社會建設部門」，包括人力發展、都市與區域發展、國民住宅、公害防治、國民保健、社會福利及觀光事業，都納入計畫之中。

蔣經國院長於 65 年 2 月 27 日在立法院第 57 會期第一次會議中，提出口頭報告，宣布政府正在研定新的「六年經濟計畫」，並說明該計畫的三項特質：

1. 它是今後六年我們國家建設的總體計畫；
2. 它是促使我們經濟升段的計畫；
3. 它是我們改善民生造福全民的均富計畫。

蔣院長所提的三項特質，與上述社論建議的精神不謀而合。我也於蔣院長在立法院報告後的第二日即撰寫「為國家建設開闢康莊大道」社論，就蔣院長所講的三項特質，作進一步闡釋，以增進讀者的了解與重視，便利計畫的有效執行。

六年經建計畫執行成果，不僅 65～70 年六年平均每年經濟成長率仍高達 10.5％，製造業產業結構也有顯著改善，重化工業產值占製造業總生產的比重，自民國 61 年的 34.3％，至 65 年提高到 38.5％，這四年增加 4.2 個百分點，到 70 年更提高到 46.8％，這五年提高 8.3 個百分點，幾較前四年增加一倍，顯示近五年產業結構改善加速進行；失業率降到 2％以下，達到充分就

業。所得分配也有顯著改善，按五等分位法計算的最高每戶所得與最低每戶所得來比較其差距，根據政府所辦的民國 53 年第一次家庭收支調查，計算結果，其高低所得差距為 5.33 倍，至民國 69 年降為 4.17 倍，成為全球所得差距少數最平均的國家之一，高度經濟成長的結果，由全民所共享。蔣院長所指的「六年經建計畫」第三項特質「改善民生造福全民的均富計畫」充分實現。

諾貝爾經濟學獎得主顧志耐教授，他多年研究開發中國家經驗指出，過去所有開發中國家從事經濟發展後，富人以錢賺錢比較容易，賺的所得會更多；窮人以勞力賺錢比較難，所得少，其差距都擴大，所得分配更惡化。而台灣在經濟高速成長下，所得分配不但沒有惡化，反而大幅改善，是台灣了不起的成就，是「經濟奇蹟」，開發中國家經濟發展的典範。

四、改善產業結構全力推動「積體電路」產業發展

政府推動「十項建設」中的重化工業，不論石化原料、一貫作業鋼鐵廠及大造船廠，都是能源密集產業，而台灣缺乏能源，在石油危機爆發後，能源價格的高昂將是長期趨勢，重化工業不能作為長期經濟發展的主力。因此，行政院長蔣經國早在「十項建設」啟動初期的民國 63 年元旦後，即指示行政院秘書長費驊，會同有關部會研究產業發展如何做重大突破。費驊秘書長隨即邀請電信總局長方賢齊研商，認為他倆交大老同學潘文淵博士，在美國 RCA 公司擔任研究室主任，對當前世界高科技產業應有所了解，對未來高科技產業發展，也應有他的看法，遂邀請其回國提供建言。

潘文淵應邀來台，先到各地訪問工廠，發現當時蓬勃發展的電子工業，均係進口零組件在台裝配，毫無技術可言。他認為「積體電路」（IC）是值得發展的工業。費秘書長於是邀請經濟部長孫運璿、交通部長高玉樹、電信總局局長方賢齊、工業技術研究院長王兆振、電信研究所所長康寶煌與潘文淵及費驊七人聚會，聽取潘文淵報告。潘文淵在會中正式建議從「積體電路」（IC）著手，發展電子工業，因 IC 是所有電子產品的核心技術。為節省時間，技術可從國外引進；並稱如發展成功，將使裝配電子工業邁向真正的高科技產業發展，至 1980 年代將對台灣經濟作出重大貢獻，且其產品出口，可能超越紡織品，成為台灣第一出口產業。

經過與會者兩個多小時的詳細交換意見，接受潘文淵的建議，經濟部長孫運璿並請潘博士返回美國後，與旅美對「積體電路」技術學有專精的海外學人

聯繫，並徵求他們意見後，再來台撰寫「發展積體電路工業規劃書」。

甲、全力推動「積體電路」產業——成立聯華電子公司

潘文淵依約定於民國 63 年 7 月再度回到台灣，於同月 26 日完成「積體電路計畫草案」，於當日上午 11 時送達經濟部長孫運璿手中，孫部長仔細審閱後，立即電邀專家學者、民間企業負責人，及有關部會首長近 40 人，於當日下午 2 時集會，經三個小時熱烈討論後，大家都支持潘文淵博士所提計畫，沒有不同意見。

最後孫部長做成下列結論：

1. 所需資金一千萬美元，在當時是一筆大數目，孫部長負責籌集。

2. 請潘文淵博士盡快在美國邀請對積體電路學有專精旅美學人，成立「電子技術顧問委員會」，協助工業技術研究院電子技術研究發展工作，並幫忙選擇國外技術合作對象。

3. 國內事宜則由方賢齊接洽。

4. 計畫通過後交工業技術研究院執行。

潘文淵對政府辦事效率及孫部長的擔當和推展「積體電路工業」之決心與魄力，甚感欽佩。而且潘文淵被孫部長說服提前自 RCA 退休，爾後幾年每年至少在台居住六個月，協助工研院推動「積體電路」研究發展。

會後隨即展開行動，63 年 9 月在工研院下成立「電子工業研究發展中心」，10 月孫運璿部長親赴美在潘文淵家中邀請海外學人組成「電子技術顧問委員會」正式成立，聘請潘文淵為召集人，負責邀請、評審、抉擇技術合作對象，及協助辦理派員赴美接受訓練事宜。最後選取美國 RCA 為技術合作對象，於 65 年與 RCA 簽訂「積體電路技術移轉授權合約」，並提供台灣派員赴 RCA 受訓名額，到美國 RCA 各廠直接受訓，先後分兩批共近 40 人赴美接受完整訓練。

民國 66 年 3～5 月赴美受訓人員受訓完畢，陸續返國，同年 10 月工研院積體電路示範工場落成，孫部長在主持落成典禮中指出，這座積體電路示範工場的落成，象徵著我國電子工業正邁向技術密集型發展，強化了我國電子工業在國際市場上的競爭力量。

68 年 4 月工研院「電子工業研究中心」改為「電子工業研究所」，下設「積體電路發展中心」，「積體電路示範工場」改隸該中心之下，並於同年 7 月完成第一批三吋晶圓試作。

當初政府即決定當積體電路試製成功，即將其技術移轉民間工廠，使其發揚光大。於是民營的「聯華電子公司」於 68 年 9 月成立，電子工業研究所即將積體電路技術、設備及技術人員整體移轉聯華公司，不僅將試製的三吋晶圓技術移轉，而且進一步試製四吋晶圓成功，並與美國 RCA 四吋晶圓同步完成，奠訂了台灣積體電路工業發展基礎。

乙、全力推動「超大型積體電路計畫」——成立「台灣積體電路公司」

由於聯華電子公司的設立帶動電子工業的快速發展，李國鼎政務委員認為有進一步發展「超大型機體電路（VLSI）」的需要，遂徵詢工研院院長張忠謀有無可行性。張院長研究可行。於是李國鼎協助工研院電子工業研究所進行了超大型積體電路計畫（VLSI）的建設，建造國內第一座六吋積體電路實驗工廠。建設完成後工研院長張忠謀認為超大型積體電路工廠投資巨大，如僅做研究實驗，經濟效益將無法彰顯，建議將該實驗工廠轉為民營專業代工的公司，為政府接受，遂於民國 76 年 2 月成立「台灣積體電路公司」（TSMC）簡稱台積電，將該實驗工廠轉移到台積電，帶動其上下游及其相關工業空前的繁榮發展，促使電子零組件及資訊產品大量出口，至 79 年（1990）超過紡織品，成為第一大出口品。近 30 年來其出口金額高占總出口的四成以上，一支獨秀，為近 30 年來台灣經濟成長的主導力量。四十多年前潘文淵博士預期的目標完全實現。

五、規劃推動全面性技術密集產業發展

在積體電路積極推動過程中，蔣經國院長為了未來高科技產業能全面發展，特於民國 65 年 11 月行政院院務會議中，宣布行政院設立「應用科技研究發展小組」（簡稱應用科技小組），聘請政務委員李國鼎擔任召集人，並指示會同有關部會，就我國科技研究發展與技術密集產業發展，做全盤的規劃及有效推動。

另方面，行政院經濟設計委員會於民國 66 年改組為經濟建設委員會（簡稱經建會），為因應石油危機、調整產業結構，會同有關部會及李政務委員，於民國 68 年規劃未來十年長期經濟發展計畫，經行政院於 69 年 3 月核定，宣布積極發展機械、資訊、電子、電機與運輸工具等工業，附加價值率高、能源密集度低的技術密集高的工業，明定該等工業為「策略性發展工業」，並且選

擇多項優先發展項目，給予獎勵及策略性融資，積極推動，以促進產業朝向技術密集方向發展。

　　為推動技術密集產業發展，我在民國 60 年代初期即撰寫多篇社論呼籲，過去我所讀過的經濟學方面的論著，都認為經濟發展主要是由於固定資本形成累積的結果。但民國 50 年代以來部分經濟學家進一步研究發現「技術進步」對工業發展的貢獻遠大於固定資本的累積，並分析歐、美國家工業發展實例來證實。如所舉美國 17 家化學公司過去十年的資料，研究發現每增加百元的固定設備投資，所能增加的毛收益率為 9％，而用於研究發展的費用，其毛收益率高達 54％，可見研究發展效果及其重要性。因此，我於民國 60 年 11 月 17 日撰寫「促進經濟快速發展的科學與技術觀」社論，大聲疾呼政府及工業界負責人要重視技術研究與發展工作。

　　民國 61 年我根據國科會發表的委託各大學學者們研究的目錄，親赴國科會借閱某一研究報告。沒想到經辦人對我說，該等研究報告都打包存放倉庫中，你要借閱可以，待我調出來後，下周再來。竟發現國科會委託學者研究所撰寫的研究報告打包「束之高閣」，不知其委託研究之目的何在？因此研究人以撰寫報告交卷了事，即使學者所寫報告真有創見，也被埋沒了。不僅對研究者不公平，也失去委託研究之原義，所花費鉅額委託研究經費，毫無收穫，怎不令人痛惜！於是我於民國 61 年 10 月 14 日撰寫「國科會應支持實用科學的研究與發展」社論，建議國科會每年應函請政府各部門及公民營企業，提供需要研究發展的題目及主要內容，以及需要解決的難題詳細列出，送請國科會整理分類，分送各大學徵求有專長的學者，針對議題提出研究大綱，經審查合格後，再予委託。待其研究報告送到國科會後，即轉送原提政府單位或公民營企業，供其參考並研究是否能達到原提之目標，至於敷衍了事者，列為拒絕往來戶。這樣才能讓委託研究發展產生實際作用，同時也可建立實用研究發展的制度。

　　雖然多年來各方都呼籲要積極推動科技研究發展，其結果如何，因缺乏量化指標測量，無法讓社會了解。因此，我於民國 64 年 4 月 12 日撰寫「建議編製科技發展指標」社論，國科會從善如流，不久後每年都發表科技研究發展的量化指標供各方參考，不僅讓國人了解我國科技研究發展進度，亦可與國際比較，作為改進的依據。

　　行政院應用科技研究小組，在李國鼎政務委員主持下，雖缺乏經費及人手，但在他的聲望與責任感、使命感驅使下，除邀請有關部會參與外，他號召

了學術界與企業界領導人參與研究與規劃，並定於 67 年 1 月 30 日召開為期四天的「行政院科學技術會議」，由行政院蔣院長親自主持，可見政府對該次會議之重視。不過科學技術研究發展經緯萬端，如何就科技研究發展基本問題，先行提出解決之道，於是我於 67 年 1 月 28 日會議前兩天撰寫「對科技會議與會人士的建議」社論，對基本問題提出下列建議：

1. 當時在科技研究發展的決策階層，就有國家安全會議的科學指導委員會，行政院國家科學委員會及應用科技研究發展小組，職權如何劃分，實際工作有無達到設置之目的應加坦誠檢討。至於實際研究單位，在中央各部會直屬設置及支持的，及地方政府設置與支持的研究單位為數眾多，且各自為政，每年花費甚鉅，在當時有限財力下，每年都支出數十億元。因缺乏統籌規劃、協調分工合作，使有限的人力、物力與財力，未能發揮應有的效能。建議在該次會議中，推選出公正而工作熱忱負責之專家組成小組，給予一年時間，就上述所有單位，做全面實際之調查與了解，徹底檢討，提出建立我國科學技術研究發展一套體制之建議，供政府採擇實施。

2. 在各工業國家每年公私機構用於科技研究發展經費極巨，約占 GDP 的 1.5％至 3％，當時我國尚無此項費用的正式統計，估計僅占 GDP 的 0.5％至 0.8％，建議五年內提高到 1.5％為目標。如何達到此一目標，建議與會人士能提出實用可行辦法。

3. 以當時我們的國力，尚難做獨立的基礎科學研究，必須引進國外已有的成就供我利用。但就企業能力而言，除少數大型企業外，絕大多數的中小企業甚難自國外直接引進。建議該次會議研究如何成立「技術引進輔導中心」，以協助中小企業引進國外新技術，並加以消化、吸收、改良研究，逐漸發展成為我國的優良技術。

4. 為加強民間企業參與科技研究發展工作，必須在稅負及融資方面給予優惠。為使從事研究者能安於工作，必須有一套合理的待遇制度；為使科技研究成果，能夠獲得保障，而過時的專利法必須徹底檢討，全面修正。有關各方面的配合措施，希望能在該次會議中提出討論，並獲得具體的結果。

以上建議如能在該次會議中提出討論，並獲得具體結果，相信一套健全的科技研究發展制度必能建立。

會議結束後，據報載與會人士交換意見後，策訂應著手進行之重要科技研究項目與配合措施，對上述社論建議之基本問題並未涉及。

民國 67 年 5 月蔣經國院長就任總統，由經濟部長孫運璿接任行政院長。

而孫院長具有工程科學背景，更重視高科技產業發展，以孫運璿擔任經濟部長期間，破除萬難成立「工業技術研究院」，就可知其對科技研究發展之重視。在孫院長之支持下，對李國鼎而言，如魚得水。在他倆共同努力下，研訂「科學技術發展方案」，於 68 年 5 月經行政院院會通過，立即公布實施。該方案重點有三：

1. 確定能源、材料、資訊、生產自動化、生物科技、光電、食品科技與肝炎防治等八大重點科技，積極全面推動。

2. 發展技術密集產業包括前述積體電路及電子工業發展，作全面性規劃，加強經濟建設。

3. 行政院成立「科技顧問組」，聘請世界一流科學家、工程師擔任顧問，針對台灣科技研發與產業發展方向，予以評估並提供具體可行建議。

該方案除以上述三點為重點外，前述社論所建議的如積極推動科技整體發展，鼓勵民間中小企業投資科技研究發展工作，並指定經濟部所屬各研究機構如工研院、生產力中心等等給予協助指導，以及研究發展經費占 GDP 比例，自當時的 0.5%，五年後增至 1%等，均已納入。

該方案實施後在李國鼎鍥而不捨的推動，及各方的配合下，積極進行，獲得顯著成就，李國鼎被科技產業界尊稱為「科技之父」。

我早在民國 65 年 9 月 11 日即撰寫「促進早日設立新竹科學園區」，以吸引國內外投資者前來科學園區設置技術密集產業；但兩年後未見政府採取行動，再於 67 年 12 月 16 日再寫社論大聲呼籲「期望科學工學園區早日設立」。政府終於在 68 年 1 月 10 日在新竹市東郊金山動土建設，於 69 年 12 月 15 日完工，「新竹科學工業園區」正式誕生。

同時，政府根據前述「科學技術發展方案」，為迎接資訊化時代來臨，促進各階層各單位業務電腦化，和推動發展資訊工業，拓展出口，以及增進國人對電腦的了解與應用，於民國 68 年 7 月成立「資訊工業策進會」，全力推動資訊工業發展與推廣應用。

我為了未來科技產業發展所需要的高級技術人力，應早日規劃培育，於民國 64〜65 年寫了多篇社論呼籲，如 64 年 8 月 23 日的「高級人力的培育與經濟發展的配合」，同年 11 月 1 日再寫「對如何培育經濟發展所需技術人力之意見」，以及 65 年 8 月 14 日「加強培育技術勞力以應六年計畫需要」等。不久後政府擴增各大學理、工、醫各學系招生名額，理、工、醫學院增設研究所，培育碩、博士高級人才。並在國立台灣大學成立「應用力學研究所」、國

立成功大學成立「航空太空研究所」，國立清華大學設置「材料研究中心」，及國立交通大學設置「電子與通訊研究中心」並增添設備等，以培育高素質人才，配合未來經濟升級的需要。至民國 72 年行政院更訂頒「加強培育及延攬高級科技人才方案」。以提升各研究所的水準與研究發展工作品質；培育教育及研究環境，緩和人才外流，延攬高級人才返國工作，配合科技產業發展的需要。

至民國 60 年代末 70 年代初，台灣技術密集產業發展的大方向與架構大致底定，各項配套措施也已完成，相關支援機構，也先後設立，奠定今後技術密集產業全面性發展的基礎。

六、第三階段「獎勵投資條例」的修訂

我國獎勵投資條例係民國 49 年 9 月立法院通過，於 50 年 1 月 1 日起實施，訂定實施時期為十年。59 年 12 月底期滿，當時因客觀環境的需要，修訂後又實施十年，將於 69 年 12 月底期滿，財經主管部門為在該條例期滿後繼續擴大投資，正從事該條例第三個十年的修訂工作。獎勵投資條例初次訂定，主要包括稅捐減免、工業用地之取得及公營事業之配合發展等，條文雖經多次修訂，但此一結構及重點並未改變，據了解，第三階段的修正也同樣照過去方向進行。

不過，我認為經濟發展階段的不同，原有的條例架構已不能適應未來的需要，必須做大幅度的變更，因此我於 69 年 3 月 1 日撰寫「第三階段獎勵投資條例的脫胎換骨」社論，首先指出單純的獎勵投資功能，已無法擔任未來的重任，建議應將此一臨時性的條例擴大其範圍。調整重點，改成基本法，更名為「經濟發展法」。主要內容包括景氣調整、產業結構改善、科技研究發展及公共利益維護等四章，可完全章顯未來經濟發展階段所擔當的任務，並將各章主要內容做簡單建議。

該社論最後還強調，獎勵投資條例的修訂，代表政府政策的方向，行政院最高當局應該給予政策指示，以避免幕僚階層在研商協調時，各居本位，為了若干細節，或為防止有人鑽研法令漏洞或逃稅，而爭論不休，不僅耽誤時間，而且忽略了大的政策方向。我們建議行政院孫院長應召集財經首長，關於獎投條例的修訂，給予政策性的指示，則獎投條例的修訂可獲得事半功倍的效果。

該社論發表後，我很高興看到行政院長孫運璿指示經建會先就政策方面加

以研究，以作為今後修訂獎勵投資條例內容的依據。但該社論的建議，將臨時性的獎投條例更改為基本法的「經濟發展法」，迄今都未能實現。因此，40 年來台灣經濟發展缺乏高瞻遠矚的大政方向，遇到問題都臨時求取因應措施，而缺乏一套完整的因應對策，致使整體經濟每況愈下，淪落到近年保一、保二的境地。

民國 69 年 4 月 9 日行政院經建會委員會議，就財經部會協商完成的獎投條例修訂原則草案提出討論，據報載該次會議通過及否決部分建議案，發覺第三階段獎投條例的修訂在基本觀念上，尚有釐清溝通的必要。因此，我於同月 12 日撰寫「對修訂獎勵投資條例觀念的澄清」社論，提出下列建議：

第一，重提訂定「經濟發展法」，指出我們今天的情況，已非二十年前，甚至兩年前可比（因 68 年初與美斷交），外交政治的更為孤立，我們唯有繼續增強經濟的體質，厚植我們的國力，擴大與各國的實質經濟關係，突破外來的各種衝擊。因此，再度建議將獎投條例，擴大範圍改為「經濟發展法」，加速經濟全面的發展，使我國在今後十年獲得更健全而穩定的發展。

第二，在上述 3 月 1 日社論中，我們建議行政院應先提出「政策方向」的指示，其用意即在提醒財經單位應以國家整體經濟發展為重，不要囿於本位主義，也不要為技術性問題，而忽略了國家正確的政策方向。我們沒想到此次幕僚提出的修正草案，尚能把握上述我們建議的原則。但在經建會委員會議決策階層討論時，反而犯了本位主義作祟及以技術性問題推翻了政策方向，大使我們失望，希望在經建會下周委員會議繼續審議時，能有挽救的機會。

第三，「台灣經濟建設十年計畫」，確認「拓展對外貿易，是促進國內經濟穩定與成長之重要策略之一」，顯見對外貿易在我經濟發展中的重要性，絕不次於投資生產，沒有銷何需產，「產與銷」是不能分離的。可是該次經建會委員會議中否決了大貿易商列為生產事業，是「因多數委員認為現行貿易商管理辦法不夠健全」。我們真不知道「大貿易商管理辦法」是何單位訂定的，明知其不夠健全，為何不予修訂，而且 3 月 26 日剛頒布的「出進口廠商輔導管理辦法」中不予以改進，難道十年後我們外銷還要繼續依賴日本商社與美國猶太商人嗎？

將貿易商納入生產事業，並非給予優惠，祇是不應再歧視，而給予公平待遇而已。

第四，幕僚所提原則草案，為節約能源，對節約能源設備應給予獎勵，但在經建會委員會議審議中遭到否決，理由是標準不易訂定。這是因技術問題不

求解決，而違反了政策，本末倒置的典型例子。可是國際上許多國家都對購置能源設備給予獎勵，如日本對購置節約能源設備，不僅給予低利融資，還採取加速折舊獎勵，日本所訂的標準，應可給我們參考。

社論最後呼籲，我們提出以上四點觀念的看法希望參與財經決策的諸先生們先予溝通，俾對下周經建會委員會議繼續審查時，能有助益。

行政院於民國 69 年 5 月 15 日院會通過經建會所提「修正獎勵投資條例應把握之政策方向及修訂要點」，宣示為配合未來十年我國經濟發展，應採之政策方向。我在讀完報載該新聞後，於 69 年 5 月 17 日撰寫了「論獎勵投資條例應把握的方向與修訂要點」社論，指出行政院通過的「應把握的政策方向與修改要點」的特性及所暴露的問題。

特性指出下列四點：

1. 孫院長在院會中審查該案時，強調「他曾指示經建會先就政策方向加以研究，以作為今天修訂獎投條例的依據，這一政策性的指導甚為必要，亦極重要。」顯然我 3 月 1 日所寫社論建議「行政院最高當局應給予政策指示，以避免幕僚階層在研商協調時，各居本位，為了若干細節，而爭論不休，不僅耽誤時間，而且忽略大的政策方向。」孫院長不僅看到，而且指示統籌國家經濟發展計畫及經濟發展政策研究的經建會負責研擬。孫院長這種從善如流，不僅接納輿論界建言，而且立即採取行動的精神令人敬佩。

2. 增列「投資扣抵」為獎勵工具之一。自第一次石油危機發生後，造成經濟不景氣甚至衰退的現象，我們曾一再著論呼籲採用「投資扣抵」作為促進景氣復甦的工具，各方反應甚為熱烈支持，但由於財政部本位主義為避免犧牲稅收而反對。而今能列入修訂方向中，是一大突破。

3. 加強研究發展方面，我政府雖已設置科學技術發展基金多年，但僅限於支持公立學校及公立研究機構，效果並不顯著，而今擴大該基金範圍，將民營企業及民間研究試驗機構，包括在內，對未來配合工業升級應極有助益。

4. 促進企業經營合理化，該修訂案對生產事業保留未分配盈餘限額提高一倍，以未分配盈餘增資用以更新設備，緩課所得稅，進口品質檢驗機器設備免徵進口稅捐，以及改善合併條件等，對未來企業財務結構之改進、企業規模擴大、生產效率的提高、品質管制等經營合理化等當可加強。

該一修正案，雖有以上特點，但也暴露下列問題：

1. 應把握的政策方向，缺漏甚多，不夠周延，如孫院長在院會中所指出的能源問題、公害問題、及資本大眾化問題都未顧到。據當時報載，在經建會所

提初稿中，曾列有能源節約及公害防治獎勵之建議，但在經建會委員會議審查該案時，因有首長提出執行技術困難，而遭刪除，誠如前文所述，是犯了本位主義及以技術問題推翻了政策。現在孫院長親自提出，不知能否有敗部復活的可能。

2. 應把握的政策方向極為正確，但修正重點未能配合，如政策方向的第一點，繼續保持貿易競爭的優勢與出口的繼續拓展，可是對大貿易商的獎勵，如前文所述因主管首長認為標準難訂而被刪除，在院會討論時無人再提及，看來未來拓展對外貿易，還要延長艱苦的路程。

3. 修正要點的缺失，修正要點之六：「加強研究發展與人力訓練」，與政策方向之三改善工業結構獎勵技術密集工業發展相配合。可是在修正要點子目中並未列有「獎勵人力訓練」的項目。據本報記者的採訪，原草案列有「獎勵人力訓練」的詳細規定，在院會中遭到否決，想必又是有關單位顧慮要撥專款補助及稅捐減免而反對。

由以上分析可知，雖然孫院長希望由經建會以超然立場來草擬政策方向與修正要點，在幕僚階層都有良好的協調與溝通，但在決策討論時，卻犯了本位主義與以技術問題推翻政策，怎不令人扼腕痛惜！

當民國 69 年 10 月行政院院會通過「第三階段獎勵投資條例修正案，送請立法院審議，該修正案於報端披露後，發覺我們過去對該案的建議，雖然頗多已被採納，但仍有若干幫助我們工業升級及因應石油危機的政策性建議，由於主管單位首長以技術問題而拒絕採納。因此，我再於 69 年 11 月 15 日及 29 日撰寫「加速達成工業化國家的目標」及「積極獎勵促進民營事業的升級」兩篇社論，提出建議供立法委員們審議該案時參考。

該兩社論提出的重要建議，有：

1. 要加速工業升級必須要積極提高科技水準，要提高科技水準，必須要全面性推動研究與發展。該修正後的獎投條例對獎勵研究發展僅列一條，而且範圍太小，與該條例草案所標示的「加強研究發展，以支應工業升級」的政策方向，相差甚遠。因此，我們建議中央政府每年預算中，列支千分之一至五，作為研究發展基金財源之一，並擴大其運用範圍，掀起研究發展工作全面開展，以表示政府積極推動研究發展之決心，真正做到加速工業升級。

2. 自石油危機爆發後，進口石油國家，無不採取節約能源或充分發揮能源使用效率的獎勵措施。在經建會幕僚修訂草案均列有，但在經建會委員會議中，被主管機關首長以標準難定而否決，希望立法委員審議時，能將原建議案

重行納入，以達到節約能源的效果。

3. 此次獎投條例修正案納入「投資扣抵」工具，規定「行政院得准生產事業在不超過年度投資生產設備金額 15％限度內，抵減當年應納營利事業所得稅額。但過去多年來，政府為加速經濟成長，對進口機械設備所課關稅降得很低，甚至免進口稅，因此，台灣投資生產機械設備三分之二靠進口，對國內機構工業發展大不利。因而建議投資採用國產機械設備者給予較高的投資扣抵比例。因購買國內機械設備，不僅擴大國內需要，還可帶動產業關聯效果，創造就業與提高所得的效果。

4. 修訂獎勵投資條例開發基金仍然維持，但過去是由財政部代為操作，過於保守，未能發揮應有的效果；建議改移經建會代為操作，配合經建計畫的需要廣為應用，以主動產生誘導民間資金投資於經建計畫需要發展的事業，使開發基金充分發揮促進民間投資的功能。

以上建議供立法委員參考，希望能納入審議中的獎投條例，貫徹執行，十年後能成為工業化國家。

七、創造經濟奇蹟

台灣光復初期，是一個純粹的農業社會，工業本極脆弱，在戰爭期間更遭受盟軍的猛烈轟炸，損失慘重，在光復後的第一年，民國 35 年農工生產、交通營運量不及日據最高時期的 40％，即 60％的設施遭受嚴重破壞不堪生產及營運。因此光復初期生產凋零、物資極端缺乏，加以大陸局勢惡化，大量軍民來台，需要激增，財政鉅額赤字、外匯短缺、大量失業，以及物價波動激烈，陷入惡性通貨膨脹。處於此一局勢下，穩定物價實重於一切，當時物價的激烈上漲，除供應不足外，社會大眾對當時舊台幣完全失去信心，亦為重要因素。因此為穩定物價必須從加速重建工作，增加農工生產，充裕物資供應，及建立人民對貨幣的信心著手。

在當時雖財力、人員、物資極端缺乏的情況下，但政府仍盡全力進行重建工作，及早恢復生產及交通營運，增加物資供應。同時自民國 38 年開始推動了影響深遠的重大改革與措施。包括農地改革、幣制改革、稅制改革和進口及外匯管制等。並選定電力、肥料及紡織等三項工業為優先發展工業。

幸運的是美國對我經濟援助物資自民國 40 年開始到達，加速我重建工作進行，至民國 41 年底農工生產及交通營運已恢復到日據時期最高水準；同年

物價漲幅已逐漸減緩，為未來經濟進一步發展奠定基礎。

因此，政府在美國經援支持下，自民國 42 年開始從事有計畫的經濟建設，政府以「計畫性自由經濟」為最高指導原則，在尊重市場機能的體制下，推動一連串的「四年經濟建設計畫」，開始「以農業培養工業，工業發展農業」的相輔相成的策略，全力改善農工設施與技術加速農工生產，充裕國內需要。繼之，以「進口替代」轉變為「出口導向」的策略發展出口工業。為激勵出口，政府於民國 47 年推動「外匯貿易改革」，在出口激增的情況下，解除了部分進口與外匯管制，讓市場機能發揮，被學者稱為「部分經濟自由化」。

至民國 48～49 年美國經援政策改變，且有隨時停止的可能。於是政府為未雨綢繆，研訂了「加速經濟發展計畫」，並推動「十九點財經改革措施方案」，進行全面性的經濟改革，以及實施「獎勵投資條例」，以減稅、免稅、退稅措施、鼓勵節約消費、增加儲蓄、投資與出口，以及設立「加工出口區」等，期望及早達成「自立成長」的目標。

美援雖於 1965 年（54 年）7 月 1 日停止，但我國經濟並未因美援的停止而下滑，且更快速的向上發展。由於政府早採未雨綢繆措施，並激勵國人團結努力，奮發圖強，在出口快速擴展帶動下，經濟成長率大幅提升，儲蓄率快速提高，充分支持投資的大幅增加，達到上峰期待的「自力成長」目標。

台灣在民國 40 年接受美援時，出口才 1.2 億美元，到 54 年美援停止時增為 4.5 億美元，15 年間出口平均年增加 9.2％。可是到民國 69 年時，出口激增到 198.1 億美元，美援停止後的 15 年出口平均每年增加 28.7％，是接受美援期間出口年增率的三倍。因此，平均每年經濟成長率，亦自接受美援期間的 9.1％，美援停止後反提高為 10.5％。不像許多接受美援國家，接受美援期間，平均每年經濟成長率祇有 5％～7％，美援停止後即下降。而我國在接受美援期間，能有效利用美援，每年經濟成長率已高達 9.1％，美援停止後不久還遭受第一次石油危機，工業國家經濟多陷入負成長，台灣 63 年經濟成長率亦降為 1.1％的低成長，但 15 年平均還能有兩位數成長，而且是全球之冠。

由於經濟快速成長，就業大幅增加，失業率降至 2％之下，達到充分就業，經濟結構也有顯著改善，自農業為主轉變工業為主，被稱為「新興工業化國家」；尤其所得分配的改善更是了不起的成就等等，被國際間稱為「經濟奇蹟」，「開發中國家典範」。

貳、民國 60 年代精選社論

民國 60 年代（60～69 年）共寫社論 512 篇，經就下列主要課題精選 70 篇：

一、經濟政策與經濟計畫　6 篇

二、因應石油危機　8 篇

三、停滯膨脹與穩定物價　9 篇

四、十大建設與重化工業發展　10 篇

五、加強科技研究與發展和全力推動技術密集產業　9 篇

六、培育高級人力　5 篇

七、對修訂獎勵投資條例的看法　5 篇

八、對外貿易　8 篇

九、農業問題　4 篇

十、金融改革　2 篇

十一、注視國際高層經濟會議　4 篇

編按：本書所錄社論文字，基本上原文照錄。僅針對見報時的誤植予以訂正，及若干標點符號加以調整。此外，少數字詞也加以調整（如計劃統一為計畫，共匪改為中共或大陸，數字改為阿拉伯數字等），以求全文用語之統一。特此註明。

一、經濟政策與經濟計畫

1. 自十九點財經改革措施到六項經濟新指示

　　自行政院蔣院長對財經等有關部會首長，所作之六項經濟新指示於本報發表後，本報即發表一系列社論，對該六項新指示逐項加以闡述，並提出我們的看法與建議，以供主管當局執行時之參考。現在我們要進一步以歷史的觀點，來指述我們發展經濟之道。

　　據我們對台灣經濟發展的研究與了解，最近一年來，我們經濟已面臨到一個新的轉捩點，與民國 40 年代末期時的經濟發展背景，可作一具有啟發意義的比較。在民國 40 年代後期，台灣經濟經過兩期四年計畫的有效執行，農工生產不斷增加，物價逐漸穩定。但由於人口的大量增加，失業問題極為嚴重；生產能力薄弱，所得低、儲蓄少，投資中 40％以上仰賴美援支應；以及國內資源貧乏，而需要不能抑低，國際收支無法平衡；再加以美援政策的改變，隨時有停止援助，及威脅我們經濟繼續成長的可能。針對當時的情勢及困難，政府除於 47 年實施外匯貿易改革外，更於 48 年訂定十九點財經改革措施，其主要內容為節約消費，鼓勵儲蓄，以提高投資的財源；放寬外匯貿易管制，鼓勵出口，以改善國際收支平衡；健全預算，改進稅務行政及稅制；創設資本市場，獎勵投資，以加速經濟發展；及創造更多就業機會，解決失業問題等。隨後政府又實施獎勵投資條例，及改善投資環境等。其目的均在克服當時所遭遇的困難，及建立一個自力賡續快速發展的力量。

　　由於民國 40 年代末期所採取的一連串財經措施，並有效的執行，以及全國上下十年來的不斷努力，不僅當時的困難已一一克服，更突破了當時的困局，而創立了小康的局面。十年來不僅維持經濟的快速成長，物價亦相當的穩定；所得的大幅提高，儲蓄能力亦不斷的增進，目前的投資中依賴國外資金的尚不到 5％；失業率已降至 2％以下，某些專技人力已有供不應求的現象；出口的大幅增加，國際收支不僅已能平衡，最近兩年且有出超；外匯準備大幅增加，新台幣幣信較前更為鞏固。距自力成長的目標已屬不遠。

　　不過，我們以現在與十年前比較，雖有顯著的進步，但與已工業化國家比較，仍有相當大的距離。過去的困難雖已克服，但新的問題又不斷的發生；諸如：經濟的快速發展，而基本設施投資不足，形成運輸的許多瓶頸現象；工業生產力的大幅提高，農業所得的相對低落，影響農業的進一步發展；輕工業產

品的出口遭到進口國家的設限，及其他開發中國家同樣產品的激烈競爭，使今後出口的擴展遭遇到更多的困難；今後為改善經濟結構，必須加強重、化工業及高級工業的發展，而此等工業的建設需要鉅額的資金，再加以加強基本設施投資，對資金需要的負荷更加沉重；同時，發展該等工業更需要高級技術及專業人力的配合，但到目前為止尚無改進的跡象；而且在過去經濟快速發展過程中，非經濟因素，如行政、法令規章、教育、甚至人民的觀念等未能迎頭趕上，而使經濟的進一步發展，遭受到很大的阻力；以及最近一年來國際局勢的劇變，均對我們產生不利的影響。

因此，我們認為目前已面臨經濟發展過程中的另一個轉捩點，如我們能即時採取斷然措施，改變過去的作法及觀念，不僅能突破目前的困局，且能邁向更高的境界。

蔣經國先生接掌政院後，自對行政改革指示起，以至最近六項經濟新指示，都是針對現實、莊敬自強的政策性作法。我們認為主管單位如能把握蔣院長此一連串指示的基本精神，以參照本報一系列對六項指示的闡述及建議，編擬一套可行的方案，通令全國上下貫徹實施，不僅能克服目前所有的困難，更能使我們在短期內晉入發展高級工業的新階段，而進入現代工業化國家之林。

（民國 61 年 9 月 6 日　《經濟日報》二版）

2. 向上發展厚植國力——讀蔣院長口頭施政報告有感

行政院蔣院長於昨（23）日上午在立法院第 51 會期第 1 次會議中，提出口頭施政報告，他說：近半年來國際間的詭譎多變，道消魔長，以致敵友分野不清，在一個堅守正義原則、恪遵誠信立場的國家看來，世局的變化顯見更為險惡。這種由姑息逆流激盪而成的混濁局面，在我們的對外關係上，自然增加許多困難。但，不論世局逆流如何險惡，我們決心溯流而上，開創新局！我們要對世局逆流制變，要完成復國建國再開新局的任務，無疑的首先我們必須立於不敗之地。而國力的成長，國防的堅強，更無疑是唯一的憑藉。又國防力量的堅固強大，有賴於雄厚國力的支持。國力的蓄積，則需來自政治、經濟、文教、社會各方面的整體進步與全面發展。

蔣院長指出蓄積國力，除經濟外，尚包括政治、文教及社會各方面的整體進步與全面發展。後三者雖不屬於經濟的範疇，但此三者的改進與否，為影響經濟發展的非經濟因素。本報過去一再呼籲，過去由於非經濟因素的不能配合改進，已影響到經濟的進一步發展。我們的看法與蔣院長完全一致。由此顯見

國力的消長與一個國家經濟的興衰息息相關。蔣院長也強調，國家建設的成果，表現在經濟發展上最為具體，也最明顯。二十年來我們的經濟快速成長，已積儲了雄厚的國力，今後我們仍然要以最大努力、最大投資，來謀求經濟建設的更高發展。

蔣院長在談到科學研究時稱，科學的研究發展是帶動現代化建設的主導力量，科學發展必須與國家建設緊密結合。並指示科學研究發展的今後方向，要加以調整，也就是要在繼續進行基本科學研究之外，更將著重於配合國家現代化建設的需要，致力於國防、經建各項應用科學的研究與發展。對於這點本報去年十月十四日「國科會應支持實用科學的研究與發展」社論亦有主張。我們欣見我們的建議，將告實現。

關於本（2）月 15 日政府宣布調整新台幣對外匯率，對美元升值 5％後，主管單位及各方均認為已能兼顧經濟發展與物價的穩定，但本報獨排眾議，認為此次新台幣匯率的調整，對貿易的擴展及經濟的快速發展有利，但對目前物價的上漲仍不可忽視，並兩度著論建議當局應在其他方面盡更大的努力。今天我們很高興讀到蔣院長對此次新台幣匯率調整的看法，他說：這次的變動，一方面固然可以表示我們的經濟力量足以支持新台幣對美元升值，而另一方面，我們也應該警覺，在未來期間，我們的貿易雖將繼續成長，但可能較前艱苦；同時因經濟成長所帶來對於我們貨幣以及物價的壓力，也將繼續增加，都需要我們以加倍的努力與智慧來應付。我們對蔣院長這種面對現實，不諱疾忌醫，提高警覺，預謀對策，實事求是的精神，深表敬佩。

蔣院長在談到我們經濟方面目前所遭遇的困難問題時說，農業成長滯緩、物價上漲逐步偏高、貿易順差及外資流入所帶來的通貨增加壓力，以及中共正在蓄意多方打擊我們的對外經濟關係，因而不免要遭更多的風波。關於前三項困難過去我們社論已討論甚多，不擬再加重複，現擬就第四點對中共經濟作戰方面，陳述我們的意見。

過去國人對於大陸中共的經濟情況了解不多，工商企業界人士知道的更少，對中共經濟作戰，在過去以為都是政府的事，民間工商界關係較小。但自「日中建交」，最近美中又要互設「聯絡辦事處」，則今後工商界在海外，對中共經濟作戰是避免不了的，故我們建議，朝野上下應面對現實，政府應指定機構加強對中共經濟的研究，尤其對中共對外貿易的產品結構、貿易地區、重要產品的品質、型態、包裝、運銷制度，以及所採推銷策略等加以調查、研究、研判及建議應採對策，不僅供政府內部參考，亦應供有關工商界人士及企

業了解，使致力提高我產品品質，增強在海外的競爭能力。要知對中共經濟作戰是我們全體國民的責任，我們必須知己知彼，集合全國的力量，用實力、實績來反擊中共的經濟挑戰。

最後，我們要強調蔣院長的另一段話，他說：「第六期四年經建計畫，從今年開始執行，我們將貫徹兩項重要原則，那就是：『提高國民的生活水準』，和『縮短貧富之間的差距』，也就是要『向上發展』和『向下紮根』兩個方向同時並進，以期擴大建設的成果，並為全民所共有，為國人所共享！」我們願在此再度籲請國人繼續共同努力，發揮團隊精神，以增長我們溯流而上，開創新局的力量。

（民國 62 年 2 月 24 日　《經濟日報》二版）

3. 我們對六年經濟建設計畫的建議

日前報載政府決定，現行第六期四年經濟建設計畫，執行至本年底止後，將予廢止，而自明年開始至民國 70 年止，改行六年經濟計畫。聞各有關機構已在積極籌劃中，預定本年底完成，明年初開始實施。

我國自民國 42 年實施第一期四年經濟建設計畫以來，一期一期逐步推行，先後已完成五期四年計畫，第六期四年計畫到今年底亦已執行三年，充分發揮了經濟計畫發展自由經濟的功能。現在為配合十項建設，另行訂立六年經濟計畫，對今後經濟建設作中程的規劃，此舉在我國雖屬首次，但在國際間不乏先例。以我們的鄰國日本為例，自第二次大戰以來，日本似乎每年都在草擬經濟計畫，正式實施的中長期計畫，很少待計畫期間終了後，方接續實施下一個計畫。最顯著的例子是 1961～1970 年的十年所得倍增計畫，至 1966 年所得即增加一倍，目的達成後該計畫即被廢棄，而改以 1967～1971 年的經濟及社會發展五年計畫；及日本現行的新五年經濟及社會發展計畫，即為前首相田中上台後，中途廢棄原計畫而實施者。

我國在過去實施的五期四年經濟計畫中，以第四及第五期四年計畫期間，實際經濟成長率平均每年 10％為最高，較計畫目標 7％超出甚多；就成長率而言，四年計畫的目標不及三年即已完成，但我們並未將之放棄而仍穩健的繼續執行。不過自 62 年推行第六期四年計畫以來，所遭遇的國際經濟變動，對我們的衝擊不能謂不大。第六期四年經濟計畫雖已根據過去發展實績將成長目標提高為 9.5％，但第一年（即 62 年）即因國際經濟的高度繁榮，而達到 11.9％的成長率，去年卻因世界性的衰退膨脹，突降為 0.6％；今年的情況雖已逐漸

復甦，但全年看來並不樂觀，要達到年初所預定的 3.3％目標尚待進一步的努力；明年雖全世界經濟情勢都在看好，但要達到原第六期四年計畫預定的 9.5％目標，仍非易事。在第六期四年計畫期間的前三年，不僅經濟成長率有如此高低懸殊的變化，在物價方面的變化尤大，由於進口石油價格高漲四倍及糧食價格的驟漲，兩年多來使國內物價上漲了 70％以上，與計畫目標每年上漲率不超過 3％比較，高出了很多。因此，現行的第六期四年經濟計畫確有廢棄而有另訂新計畫的必要了。

新經濟計畫捨四年而改為六年，是因為我國經濟建設至現階段，往後發展的計畫，除重要基本設施建設，自籌劃至建設完成，均需要五、六年的時間外，今後所需積極推動的重、化工業，亦非四年內所能完成；而且目前積極推行的十項建設，均將於 66 年後次第完成，如新經濟計畫亦為四年，則其所包括的重大計畫，均為現行建設計畫的延續，而無法涵蓋未來重要新計畫，故我們認為新的經濟計畫改為六年，有其客觀的需要。

為使草擬中的六年經濟建設計畫能配合未來的需要，作為全民建設的準繩，我們願提供下列建議，以供主管單位及決策階層之參考。

一、為使經濟發展的成果能為全民所享有，以及實現行政院蔣院長一再指示的維護低所得者的利益，達到均富、安和、樂利的社會的目的，應擴大經濟計畫的範圍，將社會福利建設納入，而計畫名稱改為「六年經濟及社會發展計畫」。

二、自石油危機發生後，改變了世人對「資源」的看法，因此，今後六年內除應維持高度的經濟成長外，更應著重工業結構的改變，積極推動加工層次多的工業發展，進口低價的基本原料，生產更多的增加價值；同時，減輕國外經濟波動對我國不利的影響。

三、現在進行的十項建設除為延續的計畫外，在今後所需要進行的重大基本建設，據我們了解的有很多，如全台灣地區的自來水計畫、下水道計畫、北部防洪計畫、高速鐵路計畫、山坡地開發、國民住宅以及中央山脈開發計畫等等。但今後六年內所能支配的資源有限，不可能百廢俱舉，應就總資源可能支用的範圍內，就未來實際需要，擬定優先建設的次序，避免通貨膨脹的再現。

四、研擬完善的教育及訓練計畫，以配合未來發展人力的需要，同時擬具師資培訓計畫，避免教育及訓練計畫的落空。

五、過去四年經濟建設計畫中，雖已有財政金融措施的配合，但認真檢討起來，可能是最弱的一環。但當前國內外經濟情況已與過去顯著不同，不可能

再恢復過去有利的條件，因此今後六年內要使計畫目標順利達成，積極的財政金融配合措施更有需要，應責成主管單位與計畫設計單位密切配合，擬訂具體可行的措施，適時實施，以促進目標的達成。

六、在今後六年內我們將自開發中國家，進入已開發國家之林，但世界上很少一個國家的經濟，在未能得到非經濟因素的配合，而單獨達到現代化的。因此，今後六年內非經濟因素的改進，如教育、政府組織、行政手續及效率，以及社會風氣及觀念等更有必要，亦應擬具改進計畫配合實施。

總之，草擬中的六年計畫，應使成為全民建設計畫，作全面的推動，以奠下開發國家的鞏固基礎。

（民國 64 年 8 月 11 日　　《聯合報》二版）

4. 為國家建設開闢康莊大道——對蔣院長六年經濟計畫特質的闡述

行政院蔣院長於日昨立法院第 57 會期第 1 次會議中，所作之口頭報告，關於經濟方面，除就過去一年經濟變化的結果，作一扼要檢討外，並說明為適應新的情況，決定從今年開始，到民國 70 年為止，重新訂定一個新的六年經濟計畫；該計畫的基本構想已研擬完成，正由有關部門據以策訂六年經濟的細部計畫。關於六年計畫的主旨，蔣院長於上次立法院會期中已有說明，日昨院會中蔣院長指出六年計畫的三項特質：一、它是今後六年我們國家建設的總體計畫；二、它是促使我們經濟升段的計畫；三、它是我們改善民生造福全民的均富計畫。關於以上三點特質的詳細內容，請閱本報新聞欄，今天我們將就六年計畫的三項特質，加以進一步的闡述：

一、過去的四年計畫，是以經濟為主，雖然亦曾有涉及社會建設及人力的規劃，但內容不夠充實。日昨蔣院長指出六年計畫的第一點特質時，強調該計畫涵蓋的範圍，並非局限於單純的經濟建設，它同時照顧到社會建設與教育文化建設；同時在謀致經濟繁榮的同時，帶動「教育革新」與「社會進步」，期使全面的國家建設獲得均衡發展，整體進步。則六年計畫包括的範圍遠非過去四年計畫可比，而且它的深度要做到「教育革新」與「社會進步」，更非泛泛的表面計畫所能辦到。我們期望主管社會、教育及經濟設計的機構，能把握蔣院長指示的要點，縝密地策劃，釐訂一個完善的六年經濟與社會發展的整體計畫。

二、我們過去雖已自農業為主的社會，進步到以工業為主的社會；但工業的結構迄今仍以勞力密集的輕工業為主。雖然過去兩期四年計畫，亦以發展

重、化工業改變經濟結構為目標，可是進行相當的緩慢；若不是十項重要建設中的一貫作業鋼鐵廠、大造船廠及石油化學工業建設計畫的推行，可能到今天還是紙上談兵呢！造成此種現象的原因，不外業者的短視，缺乏冒險犯難的精神，以及政府政策措施的配合不夠。即是以上所指出的三項重、化工業計畫，表面上是公民合營，實質上，除石油化學工業中下游計畫為民營外，石化的上游計畫及鋼鐵、造船計畫全賴政府及公營事業支持。可是政府的力量是有限的，必須動員全民的力量，來支持重、化工業的發展。因此，如何研擬一套完善且可行的發展重、化工業、資本與技術密集工業的方案，需要財政、金融、經濟行政與經濟設計機構的通力合作，採取必要的措施，誘導民間的力量，朝向政府所懸的目標方向進行。

三、關於我們所得差距問題，在過去二十多年來已有顯著的改善。不過一般認為近十年來，由於大企業及關係企業的形成，所得差距有擴大的可能。但是據日前報載台灣省政府發表之家庭所得資料，如將全省家庭按所得大小分為「五等分組」，以最高所得組的所得為最低所得組所得倍數的變化，來表示所得差距的惡化或改善。在民國 53 年時，最高所得組的所得為最低所得組的5.33 倍，63 年降為 4.37 倍，顯示所得差距在最近十年仍在不斷縮小中。

為避免我國今後經濟的進一步發展，重蹈資本主義經濟的覆轍，蔣院長指出第三點特色，將以財稅政策調節國民財富，以社會建設增進全民福利，是為達成全民均富計畫的必備措施，不過我們認為如能再從教育與人力訓練計畫著手，提高國民的素質及謀生的技能，使其能靠自己的努力而獲得較高的所得，方為一勞永逸的「均富計畫」。

我們期望有關經濟、設計、財、金各有關機構，能把握蔣院長所指示的三點特質及本報的闡述，通力合作，慎擬六年經濟與社會整體計畫，認真執行，則六年後我們將進入現代化國家之境界，是可預卜的。

（民國 65 年 2 月 28 日　《經濟日報》二版）

5. 節約消費增加儲蓄　完成六年計畫的使命

日前行政院蔣院長曾指示各單位，應在六年經建計畫第一年起，對國家現代化的各項問題，妥為規劃設計，努力做好分內工作，使政府成為強有力的政府。我們認為六年經建計畫不僅是政府的計畫，更是全民的計畫；不僅需要企業家來執行，更需要全民的充分合作。

雖然六年經建計畫尚在各單位積極設計中，各方面的任務及所擔任的角色

尚未確定。不過根據六年計畫的構想，發展方向則已確定，在今後六年內不僅
需要繼續完成十項重大建設，更著重資本及技術密集工業的發展，以及許多重
要基本設施建設，而這許多建設皆需要鉅額的投資。今後六年所需投資若干雖
尚未見公布，但我們根據 65 年度計畫需要投資新台幣 1,880 億元，及今後每
年經濟成長率 7.5% 估計，按 65 年固定幣值計，六年計畫期間總計需要投資額
當在 1 兆 5000 億元左右，這是空前龐大的金額，雖然在計畫期內，我們將繼
續引進外資及國外借款，但真正的投資財源則為國內的儲蓄。根據過去的統
計，國內儲蓄的來源約有三分之二來自民間。因此，今後六年內計畫目標能否
達成，投資財源是否充裕則為關鍵所在；而民間的儲蓄能否如過去不斷累積，
則有賴全民的共同努力與合作了。

　　但自石油危機以來的兩年情況觀察，今後六年是否能如數籌集到所需的財
源，不敢樂觀。因過去兩年我們經濟成長率已呈現低度的成長，但是我們的消
費習慣似並未受到石油危機的衝擊；最近兩年來新設立的豪華餐館如雨後春
筍，雖然一席萬金的還不算多，但許多喜宴席開數十桌，花費數十萬元則為常
事，在石油危機以前推行的「十項行政革新」，在石油危機以後不僅未見加強
實施，似乎早已置諸腦後了；新開設的豪華服裝店也不在少數，不論男女服裝
一套萬元左右的，亦是常事；雖然 2,000CC 以上的豪華轎車早已暫停進口，
但馬路上豪華新車仍在不斷增加；尤其豪華的高樓大廈爭相推出，一方面空屋
比比皆是，另方面需屋者無屋可住。此外，過去兩年彩色電視機及冷氣機內銷
量的巨幅增加，也在在顯示我們生活水準的提高，並未因石油危機及資源的缺
乏而有所降低。此雖對維持過去兩年經濟呈低度成長有作用，但對我們現正需
要鉅額儲蓄，以完成六年計畫所懸的目標不利。

　　據日前西德法蘭克福廣訊報指出，世界經濟的萎縮，消費者的節約及冬季
不酷寒，而使去年全世界能源消費量減少 3%，石油減少 4%，其中美國能源
消耗減少 2.6%，西德減少 4%，法國減少 7%。許多有識的歐美人士，都認為
廉價石油及廉價物資的時代已經過去，力主節省資源與消費。可是資源較歐美
貧乏，生產能力與技術遠較歐美為低的我國，去年能源的消費量不僅未因經濟
自高度成長，降為低度成長而減少，卻仍保持過去經濟高度繁榮時期每年增加
11% 的幅度，此與前述最近兩年汽車、冷氣機與彩色電視機內銷量大幅增加有
關。石油價格的驟漲，對我們的消費型態似無改變。

　　另據行政院主計處估計的 64 年國民所得統計，分析發現由於消費水準並
未因所得減少而降低，仍繼續不斷的提高，致增加的消費支出超過了增加的所

得，使我們的邊際消費傾向超過了「1」，而使國民淨儲蓄率自 62 年的
31％，去年驟降至 23％。這誠是當前相當嚴重的問題，但我們希望是短期的
現象，大家了解經濟發展的終極目標就是提高生活水準，但在發展過程中，尤
其今後六年是我們奠定基本設施建設及資本密集工業，進入現代化轉捩點的時
期，應體認鉅額投資的需要，不宜將生活水準提得太高。大家應有所警覺，自
動繼續保持我國「勤儉」傳統的美德，或由政府採取有效措施，節約消費，增
加儲蓄，以充實投資財源，使我們六年計畫的目標，能夠如期完成。

（民國 65 年 4 月 24 日　《經濟日報》二版）

6. 我們對孫運璿院長的祝賀與期望

　　立法院日昨院會投票通過孫運璿先生為行政院院長。過去三十餘年來，孫
運璿氏不論在從事基層經濟建設，或擔任經濟決策工作，都表現了穩健篤實、
誠摯謙沖的作風與忠黨愛國的情操；現在受命組閣，我們認為是適當人選，深
為國家得人而慶幸。

　　孫運璿氏於日前中國國民黨中常會通過蔣經國主席的提名後，曾在對新聞
界的談話中，已為他未來就任行政院院長後的施政，提出了一個大概的輪廓。
他說：「蔣總統在就職大典中昭示我們：『今天我們建國復國共同的行動方
向，就是要充實國家力量，增進國民生活，擴大憲政功能，確立廉能政治，以
實踐三民主義，光復大陸國土。』已為我們劃切的指出了一條復國建國的康莊
大道。運璿如能獲得立法院同意，擔任行政院院長，自當在總統領導之下，竭
智盡忠，遵循國家基本國策，與國人共同努力，來達成時代所賦予我們的復國
建國的使命。」由此可知孫氏擔任行政院院長後的使命，已不局限於經濟方
面，而涵蓋了全局。以孫氏的良好學養與經驗，以及卓越的才能，相信必能在
蔣總統經國的領導下，推動政治、國防、經濟、社會與教育各方面的繼續進
步，邁進現代化國家的境界。

　　我們未來建國復國的共同方向，雖是充實國家力量，增進國民生活，擴大
憲政功能，確立廉能政治，包括了各方面，但我們認為仍以經濟發展為其基
礎，如我們經濟不能壯大，國家力量何能充實；國民生活不能增進，憲政功能
難予擴大，廉能政治更不易確立；故我們認為新閣未來的施政雖是各方面齊頭
並進，但仍應以促進經濟在安定中謀求快速發展為第一優先。今天我們將在新
閣即將組成之際，提出對新閣的期望。

　　一、經濟穩定與成長應予兼顧。在安定中求成長，為我們一向所追求的目

標。但安定尤其是指物價的穩定時,是指在可容忍的範圍內波動,並不是物價一成不變。不過在過去曾有部分官員誤解物價安定的意義,而對某些產品價格採取人為的行政干預措施,不僅使價格機能不能充分發揮,而且為未來物價再度上漲造成了不良的後果。因為成本提高而限制其價格上漲,則利潤減少,投資裹足不前,生產降低,物資供應不足物價更漲;如此,惡性循環則後果堪虞。不僅經濟成長減緩,物價也未能安定。要知物價的緩和上升,有促進經濟成長的作用,由於經濟的適度快速成長,生產力提高,成本降低,物價方能得到真正的安定。在民國 50 年代及 60 年代初期,我們曾在快速經濟成長中,仍能維持物價的安定,為一最顯著的實例。

二、所得差距的縮小與成長兼顧。根據學者的研究,在多數開發中國家,從事經濟發展初期,常使所得差距擴大,至某一階段後,差距方能縮小。而我國在過去二十多年發展的結果,所得差距不僅沒有擴大,而且有顯著的縮小,較早期更有改善。其原因雖然甚多,但我們過去二十年間幾將所有新的投資機會都鼓勵民間經營,加速經濟發展,創造就業機會,使低所得的人收入大幅增加,則為重要原因。過去的寶貴經驗值得重視,所採之策略不宜輕易變更。

三、發展資本與技術密集產業應採積極配合措施。發展資本與技術密集產業,改善工業結構,已為既定政策,但此等產業未能積極進行的主要原因,在該等產業不僅需要大量投資,而且需要高度的技術勞力,在其產品生產初期成本高難以與國外產品競爭,如給予保護則將影響下游產業的發展,而造成的種種困難。為解決此等困難,以便利資本及技術密集產業的發展,加速改善工業結構,至少應採取下列的配合措施:

1. 在一般銀行利率水準不能普遍降低的情況下,應對需要大量資本,而又為經濟計畫需要發展的產業,責成即將改組擔當開發銀行任務的交通銀行,給予特案低利融資,以降低生產成本。

2. 積極推動技術勞力的培育工作,應加強工職教育師資的培育、訓練與充實其設備,及配合產業需要隨時調整增設新科系,在職業技術訓練方面,自職訓金停徵後,雖由政府預算撥給支應,但為數有限,事實上亦非政府能力所能負擔;應訂定辦法對具規模的生產事業,應課以技術勞力訓練的責任,以充裕技術勞力的供應,減少挖角不合理提高工資,增加成本負擔的現象。

3. 發展資本及技術密集工業所採之獎勵措施,與發展勞力密集工業不同,因後者所產產品為最終消費品,可提高同樣產品進口關稅,以保護其發展;但前者所產均為原料,中間產品及生產設備,如用保護勞力密集產業發展的方

式，亦提高同樣產品進口關稅來保護，則因其價格提高，影響下游工業的發展，故宜採取減輕其成本的配合措施，除前述降低利率外，降低稅負亦為重要配合措施，甚至在必要時對某些關鍵產業可採取補貼措施，以降低其生產成本，促進下游產業的發展。

（民國 67 年 5 月 27 日　《經濟日報》二版）

二、因應石油危機

1. 從自由世界石油短缺論我國的能源政策

近年來，自由世界各國除忙於應付國際金融風波外，對石油的供不應求及價格的不斷上漲，亦為一極嚴重與亟待解決的課題。

在過去，美、英七大國際石油公司，幾控制了自由世界所有石油的產權，由於新油田的不斷發現及開採，在 1960 年代石油有供過於求之勢，國際石油價格因而一向較為穩定。由於自由世界的主要產油國家，其本身對石油需用極微，絕大部分是出口的，他們遂於 1960 年 9 月成立了一個「石油輸出國家聯盟」（英文縮寫為 OPEC），以採取聯合行動來防止石油價格的下跌，及爭取石油的控制權。首先參加該聯盟的為沙地阿拉伯、伊朗、伊拉克、科威特及委內瑞拉等 5 國；後來參加的有利比亞、加達爾〔卡達〕、印尼、阿爾及利亞、阿布達比與奈及利亞等 6 國合計 11 國。

這個以中東產油國家為中心的「石油輸出國家聯盟」，自 1970 年 1 月、1971 年 2 月及 1972 年 2 月三度要求提高石油出口價格，均獲成功，乃使穩定已久的國際石油價格，在短期內不斷上升，且達成協議，今後三年內，即 1973、1974 及 1975 年每年 1 月每桶原油價格提高 2.5% 及加美金 5 分。根據專家估計，第一、二次石油售價的調整，在過去兩年就使進口國家增加了 100 億美元的負擔，亦即生產石油出口國家政府增加了 100 億美元的收入。至 1972 年 12 月這些石油生產國家，從國際石油資本家手中，爭得了自由處分石油出口的權利。即 1973 年石油出口國可以保留原油的 25%，由產油國自由販賣；到 1978 年這個自由販賣比例提高至 30%，依次至 1983 年提高至 51%，是時石油出口國家有過半數的控制權。由上所述可知，不僅最近數年來美英國際石油公司已失去了價格的控制能力，將來在產量的分配上亦將失去一半的控制權。

　　由於以上的原因及探勘與開發成本的不斷上漲，各大國際石油公司開發興趣降低，加以某些產油國家為保持石油儲藏量不再增加生產，故自 1970 年以來，石油生產增加緩慢，而需要不斷增加，已自 1960 年代的供過於求轉變為求過於供。最近各產油國家因美元貶值已完成一項要求加價以為補償的計畫，根據德黑蘭及日內瓦的協定，石油出口國家可以提高油價 6.5%。

　　美國到目前為止仍為自由世界產油最大的國家，但因其生產增加趕不上需要的增加，進口數量日漸擴大，在 1970 年尚能自給 80%，20% 靠進口；但在去年（1972）因經濟的恢復繁榮及天然氣的不足，對石油的需要增加 7.1%，為 1950 年以來的最高增加率，但其生產僅增加 0.3%，因此進口較前年增加 20%，進口數量每日達 470 萬桶，占總需要量的 29%，而庫存量銳減 8%，僅有 9 億 6000 萬桶，只夠 58 天用量，在 1971 年時則存有 68 天的用量，據估計至 1980 年每日進口量將提高 1200 萬桶，占需要量的 51%，1985 年需要進口更增至 57%，所需外匯支出將達 250 億美元之鉅。由於情勢所迫，美總統已於本月 18 日向國會提出能源咨文，一方面鼓勵國內增產及廢除對進口原油及其產品的一切現有關稅，以增加供應量；一方面籲請國會迅採行動，對建造一條將阿拉斯加「北坡」原油運銷國內油管工程，所設定的種種限制予以解除，俾以其全副能量將國內原油分配至全國所需的市場。

　　除美國外，歐洲共同市場各國及日本也是石油主要進口國家。據專家估計，在 1980 年代歐洲共同市場各國在石油貿易上的赤字每年將達 170 億至 200 億美元，較 1970 年代增加一倍至一倍半。日本屆時亦將有 90 億至 150 億美元的石油貿易赤字，比現在要增加 2～4 倍的負擔。尤其日本不產石油全賴進口，而其中 90% 係自中東進口，加以日本石油庫存量少，僅及 45 天需要量，故日本石油問題將較歐美更為嚴重及複雜。最近日本積極與各國合作開發石油及計畫設立一所儲備重要輸入品之公營公司，石油即為其最重要增加存儲項目之一。

　　近年來我國由於經濟的快速發展及生活水準的不斷改善，對能源的需要大量增加，同時因煤的減產，對石油的需要快速增加，最近五年來平均每年約增加 20%，石油產品在國內能源消費中估計達到 40%。可是國內生產的原油尚不到需要量的 2%，98% 以上賴進口，去年進口原油超過 900 萬公噸，用去外匯當在 1 億 4000 萬美元左右。雖然今後我們能源政策是多元化，如發展核能發電等，但石油的消費仍將占最重要地位，保守估計至民國 70 年石油消費量當在 2000 萬公噸以上。因此，我們建議盡速加強海域石油探勘工作，在新油

田沒有開發自給自足前，除應繼續與國際大石油公司訂立長期供應合約外，應向產油國家直接洽購長期穩定而低價的原油，使今後經濟發展及生活水準提高所需的能源，能長期穩定而廉價的供應無缺。

（民國 62 年 4 月 22 日　《經濟日報》二版）

2. 及早策劃因應油價上漲形勢

自去年 10 月 1 日石油漲價至每桶 11 元 5 角 1 分美金以來，歷時已一年多，今年 5 月間，石油輸出國家石油部長於印尼巴里集會時，曾考慮油價調整問題，但由於沙烏地阿拉伯的反對，而未採取漲價行動，決議凍結至今年底，預定下月 15 日，在波斯灣王國卡達集會，再度討論油價問題。雖然用油國家一再呼籲油價的上漲，將影響正在緩慢復甦的世界經濟，美國國務院曾直接對石油輸出國家提出警告說：「我們非常反對石油漲價，不論漲幅如何，我們認為這是不合理的，而且不符合世界經濟及產油國本身最佳利益。」但儘管如此，各產油國家仍不斷提出希望漲價的幅度，甚至連一向不主張漲價的最大石油輸出國沙烏地阿拉伯，最近也有了改變。日前沙國國王哈立德，對新聞週刊記者說：「我敢保證，我們將選擇油價凍結到 1977 年底，但是我們對石油輸出國家的承諾與義務，可能妨礙這種凍結。不過，我們將不遺餘力，以免使用油國受到任何損害。」即意味著將同意油價作較小幅度的上升。至目前止，各產油國家提出漲價的希望幅度，約在 10％至 25％之間。

據專家估計，即使油價只漲 10％，將使進口石油國家增加外匯支出 120 億美元，也將使全球的購買力減少約 200 億美元，而且製造商將提高的用油成本，轉嫁到製成品身上，而使間接被削減的購買力將達 300 億美元之鉅，將扼殺整個世界景氣的復甦。至於對各國的影響，日本和歐洲各國所受到的傷害程度將超過美國。據美國一家顧問公司的估計，因美國有 60％的石油由國內供應，而且其政府仍然管制著所有生產的幾乎全部石油的價格，因此，若石油價格上漲 10％，對美國的影響是經微的，不過若漲價 25％，除增加鉅額外匯支出外，國民生產毛額亦將降低 0.7％，即 91 億美元，便將妨礙經濟復甦的速度。尤其對動盪不安的國家，如英國和義大利及非產油的開發中國家，將遭到嚴重的打擊。這些國家為了償付石油價款，很可能無力再作生產性的投資，因而增加通貨膨脹的壓力及有損減低失業率的成效。

我國也不例外，因我國需要石油的 98％賴進口供應，若石油價格上漲 10％，不僅要增加八千餘萬美元的外匯負擔，也將影響國內物價的上升；據最

近經濟部某高級官員表示；假定石油價格上漲 10%，而我國將其漲價全部轉嫁於各種內銷油品的話，則其對物價指數的影響，約 1%，影響的幅度相當的巨大。石油若漲價，其影響是不可避免的，不過，此時亟宜及早策劃因應之道，俾將其影響減至最低的程度。我們願對此方面提供淺見，以供主管當局參考。

　　一、自石油再度醞釀漲價以來，各石油進口國家無不大量採購存儲，美國也不例外，大多儲油量在 90 天用量以上，何況我國石油自給率甚低，石油儲存量應相對提高；最近北部煉油廠建廠完成，儲油槽大量增加，而且今年來貿易順差，外匯準備大量累積，可動用部分外匯準備採購存儲。此項措施雖屬短期，但可節省外匯降低成本，何樂而不為呢？

　　二、國內油價之調整，應以調整消費用油品價格為原則，生產加工用調整幅度則宜較低。同時，石化中間工業所需之原料多需間接外銷，此等原料價格應比照國際價格變動再予調整，避免增加加工成本，削弱外銷能力。至消費用油品，主要係用於運輸方面，為避免運費費率的提高幅度太大，應取消優待票價，同時，可使運輸事業獲得正常的發展。

　　三、在 63 年初油價大幅提高時，家庭用電燈費率調整極微，致近兩、三年來雖在不景氣籠罩之下，但家庭電燈用電增加率較過去更高，難免沒有浪費現象，不僅增加電力投資的負擔，亦與工業爭用電力；宜乘此次油價調整機會，將家庭用電價格適度的提高，以價制量，恢復價格應有的機能。

　　四、除加強探勘及開發海陸上石油及天然氣外，應鼓勵代用品的製造；主管當局應給予積極的輔導，使代用品的發明能夠得到更佳的鼓勵。

（民國 65 年 11 月 22 日　《聯合報》二版）

3. 自各國能源節約措施看我國能源政策

　　在石油危機以前的 50 年間，由於油源的不斷發現，新油井的不斷開發，石油供應極為充裕，而且價格長期保持低廉。因此，石油運用範圍不斷擴大，除充分供應動力需要外，更由於石油化學工業的發明，用途極廣，使人類衣、食、住、行、育與樂均與石油發生關連，因而石油每年消耗量極大，增加率亦速，至 64 年估計全球石油消耗量超過 27 億公噸以上，占能源總消耗量的 45%，故若說第二次世界大戰後的國際經濟繁榮與人類生活水準的不斷提高，以石油廉價並充分供應的貢獻最大，並非過甚其詞。

　　但自 62 年 10 月，第四次中東戰爭發生後，中東波斯灣六個產油國家聯合以石油作為戰爭的武器，採取禁運及提高售價措施，掀起石油危機。石油禁運

雖自 63 年春即解除，但油價在二個半月中上漲了 3.5 倍，三年多來又兩度漲價，而且今後每年均面臨漲價的威脅。因此，各工業國家為了減輕油價上漲所增加的外匯負擔，及應付今後能源供應可能發生短缺的情況，無不採取能源節約政策，紛紛實施各種有效節約能源措施。據國際能源總署最近發表，其會員國自石油危機以來，各國所採節約能源措施，歸納約有下列數項：

一、在 17 個會員國家中，除加拿大、美國、土耳其及紐西蘭四國外，均將國內油價提高至國際市場價格水準或以上，以達到以價制量的效果。其中有些國家將汽油燃料稅提高至油價的三分之二，以提高其售價。

二、對工業增設節約能源設備給予補助，惟各國所採補助方式不同，而以愛爾蘭最為積極，政府對於增設改善能源效率設備，給予 35％的贈款；其他各國，有的給予增設節約能源設備投資貸款利息的全額補助（如奧國）或給予低利貸款（如日本）；有的准予節約能源設備加速折舊（如日本）；有的設立工業能源節約技術研究所，對工業提供節省能源技術之協助（如西班牙）；有的協助訓練技術操作人員（如土耳其）等。

三、對運輸用油的節約，主要對轎車採取累進稅率或按引擎大小分級課稅，如西德、奧國、美國、紐西蘭、挪威、瑞典及瑞士等。強制至某一年度提高汽車效率以減少耗油者，有美國及加拿大等。17 個國家均採有限制行車速度的規定，以及多數國家鼓勵多人乘用轎車及改善大眾運輸等。

至於對建築物保溫節省能源的各項補助辦法，因台灣地區位居亞熱帶，冬天尚不至如此寒冷，無參考價值，故不贅述。

據國際能源總署估計，在 17 個會員國採取以上措施後，確已產生能源節約的效果，其中以荷蘭最有成效，日本次之。荷蘭 64 年實際能源消耗量，與按 57～62 年（即石油危機前）平均成長估計量比較，節約 20％，居國際能源總署各會員國之冠；日本節約 19.7％，義大利節約 16.5％，奧國節約 15.1％，美國節約 12.3％，各國平均節約 15％左右。因此，各會員國近三年來每單位國內生產毛額所耗用的能源，均較石油危機前降低。

反觀我國情形，在石油危機發生之初，亦曾採取節約能源措施，但日久鬆懈。如 65 年能源實際消耗量，與按 57～62 年平均成長估計，不僅沒有下降，而且超過了 11％；與前述各工業國家同時期減少 15％比較，完全呈現相反的趨勢；因此，在 57～62 年間經濟成長率每增加 1％，能源消耗量增加 1.1％；但 63～65 年之三年間，經濟成長每增加 1％，能源消耗增加 1.2％（此處所指能源消耗量僅係動力用，尚不包括工業原料用）。致使最近三年每單位國內生

產毛額，所耗用的能源較石油危機前提高。在各業中以運輸業三年來消耗能源量增加 49％為最高，較能源總消耗量增加 31％，超過六成以上；其他部門（包括商業及家庭等用能源）能源消耗亦增加 41％。顯示我國並無完整有效的能源節約政策。

以美國能源自供比例之高，及財富之充足，卡特總統上台後於 4 月間即提出能源政策，而且係以積極節約能源為重點。而我國至少到目前尚無大量油源發現，能源進口比例高達 75％，所得水準甚低，更需要節約能源。尤其石化工業發展後，所需石油急速增加（三年來已增加 70％），如在動力消耗能源方面不加節制，今後一旦石油供應發生困難，則所遭遇之問題將極為嚴重。我們並非危言聳聽，因為我們了解能源在當前經濟中之重要性，不能不呼籲主管當局參考前文介紹各國所採節約能源措施，擬具全盤有效能源節約具體方案，報請行政當局核准後，即刻積極全面推動實施，亡羊補牢未為晚也。

（民國 66 年 6 月 12 日　《經濟日報》二版）

4. 瞭解當前節約能源的重要

蔣總統日前在財經會談中指示，節約能源一事，必須進一步加強，應訂定具體可行辦法付諸實施，並促請社會大眾，瞭解當前節約能源的重要。蔣總統在最近兩次財經會談中一再指示要節約能源，可能是鑒於今年以來石油供給短缺，價格大幅上漲，但國內油電的消耗不僅沒有減少，反而繼續大幅增加，故特指示要促請社會大眾瞭解當前節約能源的重要。

事實上，我國對國外石油依賴的程度，遠甚於各工業國家，能源需要彈性亦高於各工業國，故能源的短缺，對我經濟的影響亦遠甚於各工業國家，可能這許多事實，非為社會大眾所了解，今天我們願以專業性報紙的責任，對瞭解當前節約能源的重要，作進一步的闡釋。

在石油危機前的民國 61 年，我國進口石油占能源總供給的 65％，到去（67）年提高到 75％，高於日本的 73％，西德的 53％；與美國的 22％，英國的 21％比較，高出了兩倍以上，可見我國能源的消耗，對國外石油依賴的程度遠高於各工業國家。最近有人以我國去年進口石油 15 億 6000 萬美元，僅占總進口 110 億美元的 14％，遠較日本的占 32％，美國占 24.5％，韓國占 15.4％為低，就誤認為我們石油進口的負擔較輕。但不知我國進口石油支出占總進口金額比例，低於多數工業國家及韓國，並不表示我國石油進口負擔輕於她們，因這許多國家，總進口金額占國內生產毛額的比例，遠較我國為低；故

如以進口石油支出，占國內生產毛額的比例，來衡量一個國家對進口石油依賴負擔的程度，則我國去年進口石油 15 億 6000 萬美元，占國內生產毛額 240 億美元的 6.5％，較日本的 2.6％，美國及西德的 2％，英國的 1.3％，高出 1.5 倍至 4 倍之多；較韓國的 5.0％，亦高出三成，顯見我國石油進口的負擔，遠高於所有工業國家及韓國。

再就我國能源需要彈性與各工業國家比較（所謂能源需要彈性就是經濟成長每增加 1％，所消耗的能源需要增加若干而言），在石油危機發生前的十年，即民國 52～61 年，我國平均每年經濟成長率為 10.1％，而能源消耗每年增加 10.6％，即經濟成長每增加 1％，能源消耗需要增加 1.05％，即能源需要彈性為 1.05，與各工業國家為 1 左右很接近。但石油危機後，各工業國家近三年來（即 65～67 年），經濟成長率平均每年為 4.1％，而能源消耗每年只增加 3.5％，即能源需要彈性降為 0.85。但我國最近三年經濟成長率平均每年為 10.9％，可是能源消耗每年增加率則提高達 15.6％，因此，能源需要彈性不僅未較石油危機前降低，反自石油危機前的 1.05，提高至 1.43。在我國與各工業國家能源需要彈性有如此巨大差距之下，如假定今年各國能源供應祇能維持去年水準不增加，則各國欲達到今年經濟成長 5％，在有效需要沒有困難的情況下，各工業國家，在能源方面平均祇要節約 4.25％，即可達成 5％的經濟成長目標；但在我國因能源需要彈性高達 1.43，欲要達到 5％的經濟成長目標，需要節約能源 7.15％，要較各工業國家多節約 2.9 個百分點。亦即在各工業國家，在能源供應短缺的情況下，能源消耗每節約 1％，即可相對供應國民生產毛額增加 1.18％的需要，亦即使經濟成長率較沒有節約能源時，提高 1.18％。但在我國每節約能源 1％，只能使經濟成長較沒有節約時提高 0.7％，如要使經濟成長與工業國家一樣增加 1.18％，則要節約能源 1.7％之多，即要較工業國家多節約 70％之巨。

基於以上的分析，可知我國能源消耗對石油進口依賴的程度，較各工業國家為高；石油進口支出的負擔亦較各工業國家及韓國為重。在石油短缺的情況下，要保持一定的經濟成長率，所需要節約的能源比例，亦較各工業國家為高。因此，節約能源不僅可降低對進口石油的依賴，減輕進口石油的負擔，更可保持經濟的持續成長。可見能源的節約，在我國較各工業國家更迫切需要。故我們要呼籲全國同胞，不論在何種崗位上，都要隨時隨地遵照蔣總統的指示，「節約能源」，不僅利己利人，更有利於國家的經濟發展。

（民國 68 年 6 月 16 日　《經濟日報》二版）

5. 節約能源的具體建議

　　蔣總統在最近一次財經會談中指示：「節約能源一事，必須進一步加強，應訂定具體可行辦法付諸實施……。」在蔣總統指示同一天，新聞報導經濟部已擬就「能源管理法」草案，正在經建會審議中，但報載該法草案內容，所擬採之能源節約措施不夠積極，恐不能達到有效節約的目的。因此，我們就可行且能產生實效的節約能源措施，提出以下的建議，供經建會審議「能源管理法」時之參考。

　　一、實施日光節約時間。應在「能源管理法」中訂明，每年 5 月 2 日開始至 10 月 31 日止，將時鐘撥快一小時，實施日光節約時間。台灣天氣每年 5 月開始白天漸長，清晨 5 時多即已大亮，時鐘撥快一小時後，各行業每天可提早一小時下班休息，大家亦可提早一小時就寢。因此，每天晚上以現在時間開燈 5 小時計，時鐘撥快後開 4 小時即可，電燈耗電量即可減少 20%。今年應即日實施。

　　二、汽油加徵能源節約特捐。最近三年來（即 65～67 年）國內汽油銷售量每年增加 23%，較石油危機前三年（即 59～61 年）每年增加 11%，提高了一倍以上，簡直看不出石油危機的發生。汽油銷售的大幅增加，主要由於汽油價格相對低廉，國內高級汽油每公升 15 元，較之韓國的 20.3 元，日本的 24.8 元便宜太多，致使近三年來小汽車大幅增加造成交通壅塞現象。我們建議每公升汽油加徵 3 元能源節約特捐，這並不是提高價格，當不影響物價指數的上升；以去年銷售汽油 200 萬公秉計，一年可徵收特捐 60 億元，但此款並不繳給國庫，應設置「大眾運輸改善基金」，以無息貸給各大眾運輸事業，增購車輛，改善服務，使大家都願搭乘公共汽車，不僅節省了汽油的消耗，而且預計在二至三年內，使目前嚴重的大眾運輸問題可獲得解決。

　　三、合理調整電費。可就以下兩案擇一行之：（一）電力公司指出，去年夏天冷氣機用電量，高達 90 萬瓩，等於一個半核能機組的發電量，不僅對電力投資增加沉重負擔，而且減少了對生產事業用電的供應。冷氣用電的大幅增加，電價的低廉是主要原因之一，因此，最近三年國內冷氣機銷售量增加了 2.8 倍，平均每年增加率高達 55% 之巨，較經濟成長每年 10.9%%，高出四倍之多。我們建議對用戶每月用電量超過 300 度以上的電費，按現行電價加收 50%，應可產生抑制用電的作用。或（二）實施不同季節的電價制度，即用電高峰季節實施高價，在用電淡季時實施減價。例如在每年 7 月 1 日至 10 月

底，照現行電價加五成收費，11 月 1 日至明年 6 月底，照現行電價打七折收費。實施此制度，對中低所得者，不僅不增加負擔，反可節省支出。為簡化問題假設每度電以 1 元計，中小所得平均每月用電 100 度，在 11 月至第二年 6 月時，電價打七折，每月可節省支出 30 元，八個月合計節省支出 240 元，7 至 10 月每月增加支出 50 元，四個月合計增加支出 200 元，抵銷結果淨節省支出 40 元，如夏天實施日光節約時間，用電減少節省支出更多。但高所得者 11 月至 6 月用電每月 200 度，八個月可節省支出 480 元，但 7 至 10 月因開冷氣，每月用電增為 500 度，每度增加 0.5 元支出，一個月即增加 250 元支出，四個月合計增加 1000 元支出，抵銷結果淨增加 520 元支出，而且夏季用電愈多，增加支出愈大，可產生以價制量的作用。

四、能源優待價格完全取消。目前除軍人用電半價優待外，電力公司同仁用電，及石油公司同仁及經濟部人員用液化瓦斯均有特別優待價格，為節約能源消耗，此等優待價格應一律取消。

五、對耗用能源大的出口產品，應即限制出口。電力公司除已對耗電多的工業，如鋼鐵、鋁、燒碱及電石等工業減少供電外，應對耗用電力、石油或天然氣多的出口產品，限制其出口。此舉雖對目前的經濟成長將產生不利的影響，但如能保存能源，待進口石油再度減少時，可以節省的能源供應國內的需要，就較長期而言，反可使經濟持久成長。但如目前不採取此項措施，雖可保持目前經濟的成長，但待石油進口進一步有困難時，致使國內需要發生困難，對經濟成長將產生更不利的影響。

我們相信上述建議採取之五項措施，如能付諸實施，較之經濟部現擬「能源管理法」，更能產生節約能源的具體效果。

（民國 68 年 6 月 22 日　《聯合報》二版）

6. 中、日、韓油電價格及其結構比較

受國際石油價格大幅上升的影響，國內油電價格已分別於 6 月 30 日及 8 月 1 日調整，燃料油每公秉自 3100 元提高為 4100 元，電價平均調整 29.5％。此次油電價格調整自表面看來，其特徵為：石油方面，為避免運輸成本上升對物價的影響，及減輕運輸工具使用者的負擔，汽油、柴油價格並未調整，僅調整燃料油價格。電價方面營業用電價漲 36％，一般家庭用電價漲 32.9％，工業用電價僅漲 25.9％，其目的在避免使工業生產成本增加幅度太大，而且營業用電與家庭用電價格調整幅度較高，期望產生以價制量的作用。在家庭用電方

面，自過去的三級累進改為四級累進，最低一級每月用電 50 度以下，電價僅上漲 4.35％，以減輕低所得者的負擔，但用電在 501 度以上者，電價則上漲 64.2％，希望能產生節制用電的效果。工業用電方面，增列時間電價，即尖峰時用電價高，離峰時電價較低，期能降低尖峰時用電量，減輕電力投資的壓力；一方面使已有的電力投資獲得充分有效的運用，另方面使有限的資源可作更有效的利用。雖然，目前業者的反應認為，離峰用電事實上有困難，主要是因離峰時間電價與流動電費價格的差距不夠大。這差距如能再予擴大，使採用時間電費用電成本大幅降低，除能克服改採離峰時間開工所增加支出外，尚有相當數額的剩餘，業者也會採行的。時間電費制度的實行，不僅對電力公司及業者可減輕成本負擔，就整個國家資源利用而言，亦有裨益。

此次電價調整幅度不算小，應能產生以價制量的作用。同時，電價結構亦較過去改善；惟與日、韓比較，有待改進之處尚多。就以日前電力公司發表之中、日、韓三國平均電價比較，日本平均電價高過我國 45％，韓國高過我國 65％，雖然我國的低電價政策可減輕用電的負擔，但能源不足已是長期問題，如何有效節約能源已是全世界當前的重要課題，而我國能源對外依存度高達 81％，遠較各工業國家為高，對能源節約更有迫切之需要；反觀日、韓之高電價政策，確能產生以價制量的效果，此可從我國電力集約度較日、韓為高可得到證明。

再就電力公司發表之中、日、韓三國電燈及電力價格結構比較，我國電力價格平均每度 1.5473 元，相當電燈用電價每度 1.9855 元的 78％，而日本此項比例為 68％，韓國衹 59％，日韓兩國電力價相當電燈用電價格的比例遠較我國為小，其作用在於提高消費用電的價格，相對降低生產用電的負擔，亦即抑制消費用電，供生產之用，以促進工業成長；而我國正好相反，盡量抑低消費用電的負擔，相對提高了生產用電的負擔；因此，我國消費用電量占總用電量的比例不斷提高，自石油危機前的 26％，到去年已提高到 29％以上，影響到生產用電的不足，不得不對某些工業採取限電措施。

如再進一步就家庭用電分析，我國分四級累進，最低一級 50 度以下，每度 1.2 元，最高一級 501 度，每度 2.3 元，兩者間每度僅相差 1.1 元或 92％。但韓國家庭用電分為十二級，最低級亦是 50 度以下，每度折合新台幣 1.73 元，500 度以上每度新台幣 10.38 元，兩者每度價相差 8.65 元，即高出 5 倍之多；如與最高級 2000 度以上每度新台幣 33.76 元比較，則最高級與最低級相差 32.03 元，即高出 18.5 倍。可見韓國電價累進幅度之大，遠較我國能產生以

價制量，節約用電的效果。

其次，石油價格方面，日韓石油價格均較我國為高，尤以汽油價格韓國高出我國一倍以上，日本亦高出 65％；可是燃料油價格，相當汽油的比例，韓國為 20％，日本為 19％，我國卻為 27％。可見日韓油價結構，與電價結構如出一轍，其目的在抑制消費性用油，而相對減輕生產用油的負擔，以增加生產用油之供應。

以上中、日、韓油電價格及其結構比較，在過去石油充分供應時期，我國採取低能源價格政策，可減輕負擔，促進出口競爭能力；但自石油危機發生後，進口油國家無不採取高能源價格政策，以價制量使產生節約能源的作用；同時，調整能源價格結構，以增加消耗用能源的負擔，使節省之能源轉供生產之用，以維持經濟的持續成長。我國當前的能源價格政策，與節約能源政策不符，希望在下次調整油電價格時，能加以改正。

（民國 68 年 8 月 4 日　《經濟日報》二版）

7. 密切注意另一次石油危機

近幾天來，至少有三個主要石油輸出國家的石油部長相繼提出警告，認為又一次的石油危機即將出現。先是，利比亞石油部長薩格於上周末表示，石油輸出國家組織應再提高油價。接著印尼石油部長蘇布羅托說，油國組織下月 15 日在巴里島舉行油價會議時，將討論提高油價問題。沙烏地阿拉伯石油部長雅曼尼更預言，油國組織在巴里島會議前，即可能提高油價。這些說法，顯現了山雨欲來風滿樓的情勢，不得不使我們對於又一次石油危機的出現，提高警覺了。

今年以來首八個月，雖 OPEC 國家石油每日產量較去年同期減產 200 萬桶，但由於墨西哥、北海、蘇俄及美國的增產，使全世界今年首八個月平均每日產量還超過 6000 萬桶，而達 6066 萬桶，僅較去年同期減少 110 萬桶，而石油消費國家，尤以四大主要石油進口國——美、日、西德及法國，由於經濟的衰退、節約能源及提高能源使用效率的有效，石油消耗量平均每天減少 207 萬桶。因此，在兩伊戰爭前，遂造成石油供過於求的現象，消耗每日減少 200 萬桶，生產僅減少 100 萬桶，那多供的 100 萬桶就變成了存貨的增加，在這四個主要石油消費國家中，法國的存油自去年初相當於 68 天的消費量，到今年 6 月底提高到 121 天的存量，日本亦自 64 天存量，提高至 102 天存量，西德到今年 5 月底的存量更可用 138 天之多，美國存油量雖僅自 56 天提高至 77 天，

但美國自產的油量供應比例已自去年初的 42%，至 6 月提高到 50%以上，因此美國的存油量，相當進口量的 200 天之多。由於這四個國家的石油存量大幅增加，可用天數大幅提高，故認為兩伊戰爭只要不拖得久，供需緊迫的現象不會太嚴重。

但兩伊經過 50 天的戰爭，油田設備、煉油設備、輸油設備遭受大量破壞，能夠出口的石油已微乎其微，如戰爭再繼續下去，兩伊不僅沒有石油可以輸出，甚至其本身所需要的石油製品都需要進口了。在今年 8 月間伊拉克每天生產石油 340 萬桶，伊朗生產 130 萬桶，其中伊拉克每天出口油約 300 萬桶，伊朗出口約 70 萬桶，戰事爆發後，頓使石油進口國家少了 370 萬桶來源。在今年 9 月中旬，OPEC 各會員國在維也納會議後，阿爾及利亞等國原計畫減產 10%，以緩和當時供給過剩的現象，現因兩伊戰爭供給減少的影響而暫停減產；另沙烏地阿拉伯、科威特、阿拉伯聯合大公國及卡達等，協商願意增產供應，最多約在 100 萬桶左右；另主要石油進口的工業國家，每日增加存量 100 萬桶的不再增加。結果，每天不足量還在 170 萬桶左右，相當石油進口國家每天進口量的 6%左右。如兩伊戰爭繼續下去，而主要石油進口的工業國家，不願動用她們的存油，則這所缺的 3%油量，必將引起其他進口石油的工業國家，及非產油的開發中國家，到現貨市場搶購，使現貨市場油價更形上漲。最近一周來，現貨市場價格已恢復每桶至 40 美元左右：9 月中維也納會議原協議現行公告油價維持三個月，至 12 月中旬再討論，可是自 10 月中旬起阿拉伯聯合大公國將官價每桶提高 2 美元，接著委內瑞拉將工業用燃料油每桶提高 3.74 美元，印尼自 11 月初開始每桶油加 1.3 至 2 美元附加費，科威特要將額外增產的石油，每桶加收 5 美元附加費，使原期望的統一油價更為混亂。這是到目前止的情況，進入冬季後，是工業國家能源需要的旺季，如冬季氣候正常，工業國家消耗的石油要比夏季每天增加 300 萬桶以上，例如今年 2 月與去年 9 月比較，美國石油每天消費量增加 210 萬桶，日本也增加 100 萬桶。則短缺的數量將由目前的 170 萬桶突增至 470 萬桶以上；此一數量相當於 1978 年伊朗政變後停止石油出口的數量，當時使 1979 年油價上漲將近一倍，由 1978 年底每桶 12.7 美元，漲至 1979 年底的 24 美元。如兩伊戰爭再拖延下去，其對石油供應緊迫，及油價上漲壓力之嚴重，可想而知了。

以上的分析，還未考慮到荷莫茲海峽受封鎖的情勢。另據美國國會研究報告之預測，若荷莫茲海峽封閉，則油價可能在幾周內上漲三倍，達每桶 100 美元以上，因每天經過荷莫茲海峽運出的石油，占石油進口國家石油進口總量的

40％之巨，可見該研究報告並非危言聳聽了。雖然大家都認為荷莫茲海峽不可能關閉，但據外電報導，蘇俄一方面透過約旦將大量武器及零件援助伊拉克；另方面又透過敘利亞、利比亞，甚至北韓，將大量武器及零件援助或價讓伊朗。蘇俄這樣對作戰雙方的同時援助，其目的在逐步接管波斯灣油田，及減少或斷絕石油對西方國家的供應。從此點看來，兩伊戰爭是否會立即結束，便不可樂觀。

就是持樂觀的看法，兩伊戰爭可在兩周內結束，不但其煉油廠的修復需要三年以上的時間，就是提油設備、油管及輸油碼頭設備的修復，至少也在半年以後，才能開始逐步輸出原油。

以上的剖析，可知兩伊戰爭對石油供應、油價以及國際經濟影響的嚴重性。蔣總統經國先生於 10 月 21 日兩伊戰爭剛滿一月時，在總統府財經會談中即曾指示：「兩伊戰爭如持續下去，對未來石油供應，將產生嚴重緊迫現象，我們如何節約能源，以及掌握充裕油源，應切實籌劃。」總統洞燭機先，我們不僅希望政府主管部門應即切實遵照蔣總統指示，把籌劃因應事宜列為當前最優先工作，我們也期望工商企業及國人，均應一體遵行總統的指示，努力克服即將面臨石油短缺的更大困難。

（民國 69 年 11 月 14 日　《聯合報》二版）

8. 對台電長期電源開發計畫的意見

日前台電公司發表今後十年長期電源開發計畫，按照每年平均成長率 11.8％增建或擴建水力、火力及核能發電廠，預計到民國 76 年發電系統裝置容量可達到 1222 萬 1000 瓩，較目前的 702 萬瓩增加五百餘萬瓩，足可配合未來經濟發展的需要。雖然我們沒有看到該計畫全貌，但就已發表的數字看來，今後十年裝置容量增加 520 萬瓩，平均每年僅增加 5.7％，而非台電公司所稱的 11.8％，今後十年如以 5.7％的成長率擴建電力，則是絕對的過於保守。因為電力不僅為重要能源之一，為產業發展動力所必需，而且關係國民生活的改善。若電力開發計畫過於保守，將阻礙今後的經濟快速發展及國民生活水準的提高，今天我們願就未來對電力的需要提出我們的看法，以供電力公司修訂長期計畫之參考。

在過去二十餘年間，電力雖然不斷的積極建設，但仍趕不上各方對電力增加的需要，以最近十年（民國 57～66 年）而言，發電量平均每年增加 13.5％，是世界上少數發電量增加最快的國家之一，但在枯水時期仍有暫停供

電的現象，甚至有許多新建工業或擴建對電力增加的新需要，亦有不能即時供電的現象發生。我們雖不能列舉所短缺的統計數字，但就工業成長的快速及國民生活水準改善的情況，就可了解對電力需要所增加的壓力。在過去十年間，工業生產平均每年增加 16.5％，若不是枯水期停電，及新增電力不能即時供應，則工業生產增加率可能更高，而且 63、64 年經濟不景氣，工業成長衰退，否則工業生產平均每年增加率將高達 20％。關於國民生活水準方面，在初期收入增加後首先改善食與衣兩方面的需要，在此兩方面達到相當水準後，收入的繼續提高，隨著必將進一步改善住、行與育樂方面的需要，其中住及育樂的改善，就是電氣化的普及，用電量自然增多。過去十年家庭及商業用電量平均每年增加 15.8％，超過發電量的增加率，可見對電力需要所增加的壓力之大。

　　但今後十年經濟成長率，據我們估計應不致較過去十年平均每年 9％為低，工業生產增加率雖可能較過去緩和，但因重點在發展重工業及石化工業，而且輕工業因勞力缺乏而推行自動化，因此工業生產對電力需要的彈性可能較過去提高，故工業生產對電力增加的需要，不致較過去十年有顯著的下降。在未來生活水準改善方面，不僅電氣化的普及率將繼續提高，而且消費品質的改善，如普通冰箱改用無霜冰箱、黑白電視機改用彩色電視機及冷氣機的普遍裝用等，耗電量均較原來大幅增加。因此，未來為繼續提高國民生活水準，電力需要增加率，不可能較過去降低。以此為基礎估計今後十年對電力的需要，應不致較過去十年電力銷售量每年增加 14％比率降低太多。故我們認為電力公司的長期電源開發計畫，不論是裝置容量或發電量，估計每年僅增加 5.7％是絕對的保守，就是電力公司自稱的 11.8％增加率亦略嫌偏低。期望電力公司參考我們的意見，將原訂計畫加以檢討修訂。

　　此外，就台電公司今後十年工程投資將達 5400 億元而言，是一筆極為龐大的投資，如能全部用在國內，則將帶動國內工業的繁榮。但過去二十年台電的固定投資，折成現值亦應有數千億之鉅，但未能產生向後關聯的效果帶動國內電機工業的發展，坐失良機，實在可惜。雖然當時我們電機工業的基礎脆弱，沒有能力生產電力公司所需要的設備，但電力公司未能善盡輔導之責亦為重要原因之一。近年來我們電機工業已略具基礎，希望電力公司今後 5400 億元的工程投資，除輸配電設備向國內採購外，發電設備亦應逐年提高在國內採購的比例；在長期電源開發計畫定案後，應即將計畫公布，並將所需採購的各項電機設備數量、規格、品質等，供電機業者參考，初期向國外訂購設備時，

也應派遣技術人員前往學習，回國後輔導國內廠商產製台電所需的設備，以及鼓勵與指導業者引進國外一流技術合作，產製合乎國際標準的電機產品，除供應台電公司需要外，亦可展開外銷。期望在今後十年內能夠培養建立起國內重電機工業，使下一個十年電源開發計畫所需的發電設備，我們電機工業都能產製供應。總之，我們除要求電力公司充分供應電力外，還應負起輔導建立國內電機工業的責任，則以後電力公司的鉅額投資即可全部用在國內產生向後關聯，帶動國內工業繁榮的效果。

（民國 67 年 10 月 21 日　《聯合報》二版）

三、停滯膨脹與穩定物價

1. 論穩定當前物價之道

　　最近半年來，物價波動相當劇烈，本報曾一再為文提請政府有關當局注意，並提出改革之建議，尤以我們所需要之主要進口原料，國際價格高漲不已，曾於去年 10 月 27 日「我們對維持物價穩定的看法」社論中，建議業者及政府物資調節機構，利用國外期貨交易，大量採購，以減低國際價格大幅波動對我們的影響。但迄未見採取具體有效措施，直等到 70 天後的本（元）月 7 日，始由行政院宣布擬以外匯準備 4 億美元，進口民生必需物資以穩定國內物價。但在這 70 天內，我們必需的主要原料——廢鋼、玉米及黃豆國際價格已上升 30％至 40％，而且有錢尚不一定能購得到。在去年 10 月間，主管單位如對國際價格變動趨勢稍作研究，或者能從善如流，接受我們的建議，採取緊急措施大量購進，不僅可避免最近國際價格高漲所遭受的損失，而且國內物價波動也不致如此劇烈。

　　據行政院主計處日昨發表的台灣地區 12 月份物價指數，消費者物價一個月間上漲 1.68％，躉售物價上升更巨達 2.58％，尤其後者上漲幅度之高為近十年來少有的現象，甚至超過最近三年合計的上漲率。如以去年 12 月份躉售物價指數與 60 年同月比較，上升 7.25％之巨，亦超過最近八年間合計上漲率（60 年較 52 年上漲 6.3％），與歐洲國家上漲幅度看齊，顯見去年躉售物價波動之激烈。

　　去年躉售物價上漲幅度雖巨，但去年上半年尚相當穩定，直至 8 月後始受國際價格上漲的影響，節節上升，至 12 月達高峰。因此，假定今年上半年躉

售物價指數能維持穩定，不繼續上升，可是因價位已高，與去年上半年比較，仍有相當幅度的上漲；何況，最近國際價格波動仍方興未艾，期望保持穩定已屬不易，而且，去年下半年躉售物價高漲的原因，幾全受國際外來因素的影響；雖然去年貨幣供應量增加率超過 30％，但尚未反映到物價上面，如今後貨幣供應量仍繼續高速增加，則對物價的影響難予避免。若國際價格上漲因素及通貨快速增加因素，會合同時反映到國內物價，則二十年來辛勤建立的經濟穩定基礎將被動搖，更不利於經濟的快速發展，觀察目前國內外物價波動趨勢，情況已很迫切，不宜再等待，必須採取斷然措施，以維持國內物價的繼續穩定。我們願建議下列各點供主管部門參考。

一、政府雖已宣布撥給 4 億美元，供採購進口物資，並降低貸款利率及簡化手續，但因國際價格變化激烈且不定，風險極大，如全賴民間來進行將事倍功半；我們建議政府物資調節機構、貿易及有關公營事業，應直接參與此項工作，但最重要的在政府及公營事業採購稽征辦法未修訂前，應商得監察院同意，充分授權各主辦單位全權處理，並課予責任，如有不法行為當嚴懲。據聞最近台糖公司接到澳洲電報，因台糖公司與澳洲過去往來信譽甚佳，在目前什糧價格高漲情形下，澳洲願按原價供應高粱兩萬公噸給台糖公司，但按照該辦法規定公營事業購買大宗物資，必須透過中信局辦理招標採購手續，因此失去良機，使政府損失當以新台幣千萬元計。故該項消極的限制必須即刻排除，否則積極的效果將難予實現。

二、防止貨幣供應量的大幅增加，除政府現已採取限制短期的外資流入外，我們願建議：1. 動用外匯 5000 萬美元在國外採購黃金回國出售，在黃金買賣未開放前，應充分供應飾金，藏富於民；資金被窖藏對經建無益，但可收縮通貨新台幣 20 億元以上，對穩定經濟有幫助；2. 鼓勵民間提前償還日圓貸款；向日本借款利息雖低，但因日圓升值損失相當鉅大，遠超過利息的差額。政府規定凡願償還日圓貸款者，政府銀行可按向日借款之原利率，貸給半數外匯，另一半必須以新台幣結匯；據估計民間日圓貸款約 1 億美元，亦可收回20 億通貨；3. 高速公路建設公債提前出售 20 億元，提前時間之利息由國庫負擔；此三者如能同時進行，即可收縮通貨 60 億元之鉅。

三、財政方面的配合。因最近國際價格高漲者，均係我們所需要的基本原料，其價格上漲，不僅影響其加工品價格，且進一步影響關聯工業產品價格的上漲，這樣長期波及的結果，將影響到我們全盤物價的上漲，而且此等原料進口均課征關稅，有的加工品尚課征貨物稅，均按比率課征，稅捐負擔相當沉

重；如能減半征收，因完稅價格提高稅收並不一定減少，且可降低對國內物價上漲的幅度。不過財政主管們過去因本位主義作祟，而強調減免稅即係通貨膨脹，殊不知，經濟學教科書所寫的都是指高度工業化國家的現象，他們租稅結構以所得稅為主，減稅時都是減所得稅，當然屬於通貨膨脹行為；但我們現在要減的是關稅及貨物稅，對穩定價格有立竿見影的作用。減稅雖是使政府收入減少，但可減緩物價上升的幅度，維持物價的安定，其所產生的效果，絕非所損失的稅收所能比擬。

　　以上我們不嫌其煩的解釋說明，其目的希望各單位放棄本位主義，坦誠合作，發揮團隊精神，共同為維持我們物價的穩定努力。

（民國 62 年 1 月 21 日　《經濟日報》二版）

2. 兼顧經濟的穩定與經濟的發展

　　財政部李部長於昨（15）日宣布，新台幣對特別提款權由一元合 0.0230263，自本日起改為一元合 0.0218144，亦即對美元升值 5%，新台幣對美元匯率為 38 比 1（按國際貨幣基金計算的方式，新台幣自 40 元兌 1 美元，升值為 38 比 1，是升值 5.26%）。李部長並一再說明此次新台幣的升值，是兼顧到國內經濟的穩定、貿易的擴張及經濟的快速發展，較之前年底新台幣跟隨美元貶值，祇顧經濟的快速發展，已有顯著的進步，此次不再堅持追隨美元貶值，確屬明智之舉。

　　在前年底新台幣追隨美元貶值後，一年來我們的經濟雖然遭受到國際政治、金融及經濟不斷的衝擊，但仍能維持高速的發展，出口增加 44%，工業增產 26%，經濟成長仍高達 11%，已達到了政府預期快速發展的目標。不過我們如進一步深入分析，因為我們不論進出口占國民生產毛額的比例均在 40% 以上，易受國外變化的影響，以及高速擴張出口的結果，使維持了十年之久的經濟穩定，在去年發生了顯著的變化。諸如：

　　一、據行政院主計處發表的去年全年平均消費者物價指數上漲 4.85%，躉售物價指數上漲 4.65%，均較過去數年的上漲率為高，尤其後者，去年 12 月與前年 12 月比較上漲率高達 7.25%，為過去十年來未有的現象，上漲幅度已相當驚人；而且各類物價指數中，除電力燃料類因主要為公營事業產品，在政府管制之下，價格沒有變動外，其他各類幾全盤上漲，有類似通貨膨脹時期物價變動的趨向，頗值主管當局的重視。

　　二、由於前年底新台幣追隨美元貶值，出口迅速擴張，貿易順差擴大，外

匯準備快速增加，使貨幣供應額增加達 236 億元，並造成鉅額的超額準備，為通貨膨脹的潛在壓力，使金融主管當局不安，無時不在預防其流出發生不利的影響。

三、由於出口的快速增加，尤其有利於需用勞力較多的產業發展，因此，近數月來，部分勞動力已有供不應求的現象，各報求才廣告不斷的擴充，所給予的工資亦不斷的提高，造成了勞動力過度的流動與不安現象。

四、由於新台幣的貶值，許多產品出口較內銷有利，因此，大量外銷的結果，而使國內供不應求發生脫節現象，時而停止出口，時而開放出口，使整個市場顯現紊亂與不安。

五、由於出口的高速擴張，刺激工業的迅速增加，然基本設施建設無法跟進，此雖屬老問題，但在去年問題更為嚴重，尤其電力的供應不濟，不僅有礙工業的發展，亦影響到物價的安定。

我們在前年底新台幣對外價值決定前，一再強調新台幣應作小幅度的升值，即預見貶值的結果，將對我們經濟的穩定帶來嚴重的威脅，不幸的是再加上去年下半年以來，重要農工原料國際價格的大幅上漲，其對經濟不穩的影響，較我們預計的更嚴重。現在政府決定新台幣小幅升值，顯見已顧到經濟穩定的重要性。我們欣見我們的建議，終於實現。現在我們還得指出：仔細分析當前國際貨幣情勢，由於各國的對外匯率均已大致決定，日圓將向上繼續浮動，新台幣對美元雖升值 5.26％，但按照我們對各國貿易比重加權平均計算結果，新台幣對外匯率在此次調整中，平均貶值 0.8％，對於我們的出口，如無其他不利因素，可說幾無影響，仍將保持高速的發展；可是在自日本及歐洲進口方面，由於進口成本提高所帶來推動國內物價繼續上漲的壓力，雖較新台幣追隨美元貶值所造成的壓力為緩和，但其影響並未減除，尤其對我們前述所舉五項不安的現象，要想有所改善，還得在其他方面盡最大的努力。關於這方面的問題，本報明日社論將作進一步的探討。

（民國 62 年 2 月 16 日　《經濟日報》二版）

3. 世界性通貨膨脹及對我國影響

據最近一期（8 月 4～10 日）倫敦經濟學人週報刊載之國際商品物價指數，今年 8 月 1 日與去年同期比較上漲 90％，為過去二十年來未曾有之現象，較之過去十年合計上漲率，尤超過一倍以上，可見最近一年來國際物價上漲之巨。在四大分類指數中，以纖維類上漲 1.1 倍最高，其次雜項類上漲

99％，食品類與金屬類各上漲82％，可見國際市場已呈普遍物價大幅上漲之勢，形成世界性的通貨膨脹。

據我們研究分析，一年來國際物價激漲係由於下列原因：

一、自1971年8月15日美國採取新經濟措施，停止美元對黃金兌換後，國際金融制度即陷於紊亂的局面，美元曾兩度貶值，各主要工業化國家貨幣對美元採取浮動匯率，即對美元作不同幅度之升值；因此，使這些國家的出口品，按美元表示的價格，即呈上漲之勢。

二、去年下半年蘇俄及大陸發生嚴重旱災，糧食減產，蘇俄向自由世界（主要為美國及加拿大）採購了約2000萬公噸雜糧，大陸買了六百多萬公噸小麥。因此，自由世界糧食即呈現供不應求，存貨迅速降低，價格大漲。原預期在雜糧價格上漲後，今年美國將大量增產，可是今年4、5月間美國密西西比河河水泛濫成災，影響小麥及玉米生產，更促使小麥、玉米價格高漲。在過去小麥國際行情每公噸60美元左右推持了很多年，最近漲到170美元以上；玉米過去每公噸50美元左右，現漲到120美元左右；黃豆過去每公噸120美元，7月間曾漲到500美元以上。最近因美國農部預測今年9月後美國黃豆收穫量將增產24％，價格回降到三百多美元；這三種主要糧食價格上漲至少在一倍以上。

三、由於前述大量糧食需要從美、加運往蘇俄及大陸，需要大量船隻運輸，一方面刺激航運費漲價，增加運輸成本；另方面本應淘汰的舊船，現為趕運糧食延後退休，因此，鋼鐵工業原以拆舊船作為煉鋼鐵原料的，現無船可拆，因而大家改購廢鋼，刺激美國廢鋼漲價，自過去每公噸40美元左右，現超過100美元。

四、石油輸出國家組織（OPEC）為爭取產油國家利益，自1970年11月以來四度要求石油加價，均獲成功，兩年半來合計油價上漲約90％之巨，影響到電費、運輸等成本的上升。

五、自去年下半年起，美國等高度工業化國家，經濟逐漸恢復繁榮，需要增加，尤其對人造纖維及塑膠需要增多，但這些高度工業化國家為防止公害，限制石油化學工業擴展，因此影響人造纖維原料及塑膠原料的增產，形成供不應求，且有錢購不到貨，而影響人造纖維及塑膠價格的暴漲。

六、由於人造纖維的流行，使羊毛價一蹶不振，長時期維持低價，加以近年的乾旱，使澳洲羊群銳減，自1970年的1億8000萬頭，至今年3月降至1億3000萬頭；日本去年有鑒於羊毛的減產而大量訂購，刺激羊毛價格上漲兩

倍之巨；生橡膠亦因長期低價，一旦需要增加，價格即乘機高漲。

七、日本近年來的大量出超，累積了將近 200 億美元的外匯資產，日本除為避免通貨的大幅增加，鼓勵進口，以降低出超金額外；同時認為大批物資的輸出，換到的是不能兌換的美元，因此到世界各地不問價格高低，搜購各種物資，以把握資源，亦刺激了各種物資價格的上漲。

以上所分析國際價格大漲的物資，如小麥、玉米、黃豆、廢鋼、原油、羊毛、生橡膠、人造纖維原料及塑膠原料等，均係我們大宗需要必須進口的物資，透過進口成本的上升，而影響到國內物價的巨幅上漲；其中除小麥及黃豆政府採取補貼政策，及石油價格上漲，由中國石油公司以降低盈餘方式來負擔，而未有漲價外，其他的進口品及其加工品市價均有大幅的上漲。過去一年來政府為穩定國內物價，曾先後採取了許多措施，尤以自 7 月 1 日起所實施的穩定物價十一項措施，其所包括的範圍較大，其影響亦較深遠。為了求取經濟的安定，我們全體國人，自應站在整體利益的立場，支持政府使各項措施能貫徹執行，減少國外變動對我們的影響。不過，正如我們上面所分析的，台灣物價的上漲主要的是受到國際物價上漲的衝擊，則抽緊銀根，消滅出超的作法，顯然並非治本之道，當前的要務，是善為運用外匯資產，盡可能的輸入重要物資與生產財，以平衡供需，尤其提高本身的生產力，維持經濟的成長。

（民國 62 年 8 月 24 日　《經濟日報》二版）

4. 各國所採穩定物價措施的剖析

8 月 24 日本報「世界性通貨膨脹及對我國影響」社論中，曾引用倫敦經濟學人週刊所刊載之國際商品價格指數，其總指數一年來已上漲 90%，且各類物價均呈大幅上漲之勢，已形成世界性通貨膨脹，影響到各國物價高漲。

根據我們所搜集之各國物價上漲資料觀察，消費者物價指數以香港最近半年來上漲 18% 為最高，其次為泰國一年來上漲 12%，日本上漲 11.5%，歐洲之荷蘭、瑞士及西德等各上漲 8% 左右，美國上漲 5.9%；至於我們台灣地區，上漲幅度為 7.4%。躉售物價則以泰國最近一年來上漲 25% 為最高，其次為印度之 22%，美國 15%，日本 14%，台灣地區 17%。一年來我國物價上漲幅度與各國比較，消費者物價上漲尚屬緩和，躉售物價上漲幅度雖較大，但並非最嚴重者。

各國為克服物價的巨幅上漲，紛紛採取穩定的措施，茲就美、日、西德等所採措施簡析如下：

一、美國　1971 年 8 月 15 日宣布新經濟措施同時，實施第一期物價管制措施，對未加工農產品及少數物資外之一般商品、工資及租金等，凍結 90 天；實施結果，物價上漲率已有減緩。因此，在凍結 90 天期滿後，進入第二階段，即解除物價凍結，改採彈性管制，另規定物價變動範圍，准許物價因成本增加及工資作適當之調整。該階段實施結果，消費者物價指數在 1972 年上升 3.4％，較未實施管制前每年上升 4％或 5％已有成效。因此，乃於今年 1 月 12 日進入第三階段，採取物價工資半自願管制辦法，由業者在政府指定方針下，自動管制物價。但由於管制放鬆，需要增加，生產者擴大投資，結果需求迅速增加，加以國際金融及貿易問題未能解決，國際物價上升，使美國國內物價受到影響而大幅上漲。美政府爰於 6 月 13 日宣布再度凍結物價 60 天，並要求國會授權限制農產品出口。7 月 18 日美總統宣布自 8 月 12 日起之第四階段經濟管制計畫，認為物價凍結使生產減少物資短缺，物價居高不下，故對供應不足的食品（牛肉除外）價格及醫院住院費等的凍結立刻解除；8 月 12 日以後將依產業種類採行選擇性的管制，同時准由成本提高帶來的價格上漲；工資將繼續採行一年提高 5.5％的指標；1970 會計年度聯邦支出削減 90 億美元；大企業提高產品價格，必須在一個月前申請批准。至 8 月 13 日進入第四階段後，除牛肉及石油產品價格繼續凍結至 9 月 12 日外，其餘採取選擇性的管制，但近日來申請提高價格的大企業，有鋼鐵、汽車及機械工業等。

二、日本　本年 6 月 29 日日本物價對策委員會決議，採取十項抑制物價上漲措施，歸納為下列三類：減少需要方面，提高再貼現率及存款利率，各銀行對不動產及商社貸款設限，此收縮通貨；減少年度預算之公共事業支出，除災害復舊及生活環境改善外，一律暫緩支出延期辦理。增加供應及降低成本方面，擴大民生必需品進口；對某些進口品實施減低或特惠關稅。限價方面，對木材、米、黃豆、羊毛、絲及棉花等價格規定不准上漲。

三、西德　於本年 5 月 9 日實施十五點反通貨膨脹措施，其中除促進自低物價國家輸入、減少對出口補貼以增加國內供應，郵電加價減緩實施及通過「限制貿易活動法案」以有效凍結物價外，其餘各項均為降低有效需要，如對新投資及擴充課征 11％投資捐，對個人所得超過一定金額者課 10％安定附加捐，停止對住宅興建之優惠一年及削減公共支出等。

四、韓國　頒布物價安定法，規定政府認為必要時，可對主要物品價格及不動產租金等，指定其最高價格（即限價），並對生產、銷售及消費均得加以管制，同時亦得命令企業合併、強制工廠採用新的生產技術以增加生產力等。

　　其他國家如比利時定有九點反通貨膨脹措施，主要在限制政府公共支出、終止對出口之補助、嚴格限制信用擴張及鼓勵自願儲蓄，以收縮信用降低有效需要。義大利國會則通過凍結物價 60 天，至 10 月底止，期滿後，如欲加價必須事先申請核准。以色列政府亦宣布，自 6 月 25 日起實施物價凍結，至 9 月底止，並對食品採取補貼政策等等。

　　我們以上引述各國所採穩定物價措施，其作用在使國人了解，各國為克服世界性通貨膨脹的影響，大多均採取嚴厲的臨時性緊急措施，此種情形，非我國獨有，且其嚴格的程度甚於我政府的現行措施。因而希望全國上下，能體諒時艱，支持政府降低外來衝擊對我們的影響；同時，提供主管單位研擬穩定物價方案時之參考，以收「他山之石，可以攻錯」之效。

（民國 62 年 9 月 1 日　《經濟日報》二版）

5. 穩定物價措施執行成果之檢討

　　過去十年間，國內物價相當穩定，但自去年 8 月以來，由於國際性物價高漲，進口成本提高，以及國內需求不斷增加，國內物價波動幅度擴大，雖政府陸續採取了許多安定措施，但物價迄未能安定，至今年 6 月，躉售物價指數較去年 6 月上漲了 17%，創二十年來上漲最高紀錄。於是行政院於 6 月 28 日通過穩定物價十一項措施，自 7 月 1 日起實施，至本月底將屆滿半年。半年來執行成效如何，本報當以經濟專業性報紙立場，就十一項措施中較重要者，檢討其執行成效如下：

　　一、首先就緊縮信用而言，實際上該項緊縮信用措施，係自今年 4 月 1 日即開始實施，在 4 月以前，除 4 月份因年節關係，貨幣供給有季節性的大幅增加外，各月年增加率均在 40% 以下，但自 4 月開始即突破了增加 40% 大關，至 7、8 月年增加率均高達 53%，9、10 月雖較緩和，但亦在 50% 左右。就今年 10 月與去年 10 月比較而言，貨幣供應額增加 227 億元，影響通貨增加最大的因素為對民營企業放款增加 556 億元，超過貨幣供應增加額的 1.3 倍之巨；其次為國外資產淨額增加新台幣 186 億元，兩者合計使貨幣供應額增加 742 億元，如不是準貨幣及政府存款的大幅增加，通貨的增加率可能更高。由此可知緊縮信用的效果，至 10 月尚未見產生。

　　二、設置小麥、黃豆平準基金，採取補貼政策。近半年來進口之小麥及黃豆成本已大幅提高，但國內此二者價格迄未上升，自係補貼的效果。不過據我們估計，半年來政府用於補貼黃豆、小麥的資金當在 20 億元左右，雖然小麥

及黃豆價格穩定了，但由於政府支出 20 億元左右的補貼款，一方面使通貨增加，另方面購買小麥及黃豆產品者，因為價格未漲而使其節省對購買黃豆、小麥的支出，用於增加對其他物資的需要，同時產生了膨脹及需要的增加，亦影響到物價的上漲，抵銷了黃豆、小麥未漲價的效果，且使政府犧牲了 20 億元左右的支出。如此情況，政府宜作深入的檢討。

三、對重要民生必需品實施限價措施，在初期顯然頗收平抑漲風之效，但由於外來原料價格上漲成本增加，而限價未能隨時調整，因此，廠商如照限價出售將有虧本之虞，被迫減少生產，更造成供不應求現象，於是黑市價格發生；例如鋼筋限價每公噸 8250 元，黑市已超出 2 萬元，但實際成本可能祇要 1 萬 3 千～1 萬 4 千元，因有限價關係不敢公開買賣，而使黑市價格抬高。因此，限價發生了下列的問題：（一）以限價出售的原料，加工者加工後出售的產品不在限價之列，可按市價出售，因而獲得了暴利；（二）黑市價格交易為避免查出，表面上交易價格均以限價為準，因此，出售工廠超過限價的收入亦不記帳，稅捐也被逃漏；此二者均與均富政策背道而馳，值得注意。

四、限制超過四層樓房屋建築。此一禁令的目的在節省對建築材料如鋼筋、水泥、木料等的需要。半年來四層樓以上的高樓已無新建，但四層及以下的房屋都大量增加，一方面使有限的城市土地不能做最有效的利用；另方面向郊區發展，因郊區大多尚無都市計畫，濫建現象不斷發生，而影響以後都市計畫的執行，對長期而言均屬不利，同時建築材料的需要並未減少；而且已興建之高樓大廈，反變成奇貨可居，不斷抬高售價，半年來已漲了五成以上，更刺激了所有房價及租金的上漲。如此的畸形現象，也應有進一步改進之道。

五、公用事業費率本年內不漲價。公營事業的維持不漲價措施，在穩定物價方面，確實發揮了不小的作用，不過費率低廉易有浪費，同時公營事業收益降低，繳庫盈餘減少，使國庫在銀行存款降低，通貨增加，同樣刺激物價水準上升，而且利用公用事業的工業，其產品售價照樣抬高，形成政府對該工業的補貼；如其產品外銷則等於我政府補貼外國的購買者，顯不合理亦無此必要。所以，公營事業價格的適當調整，當有考慮必要。

政府除採取以上措施外，還採取了許多穩定物價的措施，例如降低進口稅率及低利特案融資等等均產生了良好的效果；如政府不採取這許多措施，最近半年來物價上漲率可能更高。我們對以上各點措施提出坦誠的檢討與分析，是希望能提供主管機構做全盤檢討時有所參考，而有利於未來物價的進一步穩定。

（民國 62 年 12 月 15 日　《經濟日報》二版）

6. 我們對維持物價長期穩定的看法

自民國 42 年開始實施第一期四年經濟計畫以來，二十餘年間台灣物價的波動，很明顯的可劃分為三個階段：第一階段，自 42 年至 49 年即第一、二期四年計畫實施期間，薹售物價平均每年上漲 8.8％，消費者物價上漲 9.7％，雖較當時各工業化國家物價波動幅度為大，但與我們過去比較，如 38 年 6 月台幣改革後至 41 年底，三年半間物價平均每年上漲一倍比較，已有很大的進步。第二階段，自 50 年至 61 年即第三、四、五期四年計畫實施期間，薹售物價平均每年上漲 1.9％，消費者物價上漲 3.3％，不僅較第一階段有顯著的穩定，亦低於經濟學家認為物價每年上漲率超過 5％即為通貨膨脹的水平線，較之工業化國家同時期物價穩定情況，尤為良好，可譽之為當時自由世界物價最穩定的國家之一。第三階段，自 62 年至目前，這一年半來國內物價呈現激烈的波動，62 年薹售物價上漲 22.9％，消費者物價上漲 13.9％；今年 1 月 27 日實施「穩定當前經濟措施方案」後，2 月份物價經過相當幅度的調整，不論薹售或消費者物價指數與去年同月比較，分別上漲 64％及 61％，均創二十餘年來的高峰，較之同時期各工業化國家物價漲幅均有超過；不過，經政府採取該項穩定惜施，各物價合理調整後，三月起即開始回跌，三個月來連續下降，至 5 月與去年同月比較，漲幅分別降至 56％及 55％。而各工業化國家如美國及日本物價迄未穩住，至 6 月仍在繼續上漲中。

第二階段，台灣物價為何特別穩定，而第三階段又為何劇烈上漲？據我們了解均有其特殊原因。第二階段物價穩定的主要原因為：（1）資源供應充裕──過去 12 年中有 9 年為入超，即利用國外資源，增加國內的供應；（2）進口價格的穩定──在過去 12 年的前 11 年，進口單價指數平均每年僅上漲 1.2％，尤其我國進口占國內生產毛額的比重大（同時期自占 19％提高至 42％），對國內物價更具穩定作用；（3）勞力供應充沛，工資上升率低於勞動生產力的提高幅度，降低了單位產品的勞動成本，有助於物價穩定；（4）實質利率較高，長期性儲蓄存款大幅增加，過去 12 年間增加約一千億元，成為抵銷貨幣供給額擴張的重要力量，有助於物價安定，形成一良性循環；（5）政府財政收支不僅逐漸平衡，且有剩餘，亦為通貨收縮的重要因素之一。

至第三階段物價劇漲的原因，主要為受進口價格大漲的衝擊。自去年 9 月進口物價指數較前年同月上漲 29％起，逐月上升，至今年 4 月與去年 4 月比

較之年上漲率高達 53％。此外，工資上漲也超過勞動生產力的提高，單位產品勞動成本增加，形成成本推動式的物價上漲。多年來的高速發展，所得大幅提高，國內有效需要不斷增加，亦成為物價上漲的一大壓力。總之，第二階段有利於物價穩定的因素，除政府財政收支繼續有剩餘仍為一穩定的力量外，其餘四因素均成反方向變動，形成助長物價上漲的力量，再加上國內需要的膨脹，而造成國內物價猛烈的上漲。

雖然最近三、四個月來，物價已有下降之勢，但在此次物價劇烈波動的過程中，我們所遭受的損失亦相當巨大，非短時期所能恢復。故事先有妥善的策劃，至少可降低其上升的幅度，及減少其影響的程度。因此，長期的物價政策應早日確定，配合該項政策應採之措施，及穩定調節物價的工具應盡早具備。茲就我們研究所得提供建議如下：

一、鑒於過去第二、三階段物價變動的原因，主要受國外影響的因素較大，包括進口品價格的波動及出超、入超的變化，因我國對外貿易的依賴程度大，今後亦難避免不受國外的影響；同時，國際貨幣制度短時期內亦難恢復穩定；因此，新台幣釘住美元政策應加調整，準備隨時實施浮動匯率。據我們所知，國內能夠從事浮動匯率操作的人才極為缺乏，中央銀行應即早從各銀行外匯部門優秀工作人員中選拔，派送歐洲學習，以便回國後策劃實施浮動匯率的準備。

二、維持適度的貨幣供給額增加率，過去 12 年貨幣供給額平均每年增加 20％，在國內生產毛額實質每年增加 10％的情況下，保持了物價的穩定；但去年貨幣供給額增加率提高達 47％，今年 5 月與去年 5 月比較，增加率已降至 23％，可是同時期物價上漲 56％，平減後的實質增加率為負的 21％；雖為目前物價穩定的因素之一，但卻有礙經濟的發展。故維持適度的貨幣供給額為維持物價穩定及促進經濟發展的先決條件。

三、指定專門機構及專人，研究調查我國需要進口重要物資國際間供需及價格變動趨勢與原因所在，隨時向主管部門提出報告及建議，以便盡早採取行動把握物資供應及降低進口成本。

四、改革間接稅制度，現行間接稅有重複課征現象，尤其在物價上漲後，形成水漲船高，更加重物價上漲的程度；最近進口稅則的大幅調整，降低原料及半成品的進口稅率，當有助於今後物價的穩定，不過，整個間接稅制仍應及早澈底改革。

五、總資源（包括資金、人力、物資及服務）的供需調配，除藉價格機能

外，必要時政府應採取主動的措施，避免資源的分配不當，而導致物價的上漲。

六、提高行政效率，授權主管單位，在問題發生初期能及時採取行動，不可猶豫拖延，否則，不僅影響措施的效果，且可能產生相反的作用。

以上是我們以經濟專業性報紙立場，對過去物價波動原因的探討、未來物價長期政策應採取之措施及應具備的調節工具，提出我們的淺見，以供中央研究院經濟問題座談會各位專家研討物價問題時之參考。

（民國 63 年 7 月 10 日　《經濟日報》二版）

7. 有效穩定今後物價的探討

中央研究院六位院士，日前所提出之「今後台灣財經政策的研討」，全文中心即在如何有效謀取國內物價的穩定，與當前政府施政目標相合；建議：以自由市場決定均衡利率，維持資金的供需平衡；實施機動匯率（本報社論指出六院士所稱之機動匯率即浮動匯率的另一名稱），維持對外貿易的平衡，以控制貨幣供應量的適度增加，達到物價穩定的目的。

關於這些問題本報上（7）月 10 日「我們對維持物價長期穩定的看法」社論，所建議的第一點：為免避出超與入超的變化，及進口價格的波動，新台幣釘住美元政策應加調整，準備隨時實施浮動匯率；第二點建議為維持適度貨幣供給額的增加，為維持物價穩定及促進經濟發展的先決條件等，與六院士研討的結論，不謀而合。

六院士指出「穩定物價的平均水準比穩定某一種物品的價格或供給量重要；物價水準若能因整體購買力的控制而相當穩定或和緩上升，則某一物品的價格如果因成本增加而上漲，其他物品的價格便會下降。」因此，認為「國內貨幣供給額是物價水準最主要的決定因素。今後穩定物價的重點，應當特別著重貨幣供給額的控制。如果貨幣供給額能夠嚴格的控制，即令有一部分商品價格為成本所推動，平均物價水準的變動幅度，必然很緩和。」此種看法在理論上極為正確，我們也持同樣看法，不過在程度上稍有不同，我們認為「貨幣供給額是物價水準的主要決定因素之一，物價水準的變動並非完全決定於貨幣供給額的變動。」「一部分商品價格為成本所推動，平均物價水準的變動，不一定很緩和，須視『一部分』所包括的範圍及原因而定。」

我們持以上的看法，是基於當前我國的環境與高度工業化國家不同，因為：

一、我國對外依賴程度太深，今年進口占國內生產毛額的比例，估計將超

過 50％；如除去服務部門，則進口相當農工實物生產的百分之百；因此，進口價格的上漲，所造成成本推動絕非一小部分的產品；如再計及引發的影響，則範圍將擴大為絕大部分的個別商品價格上漲，其對物價平均水準的上升，絕非「很緩和」。今年 1〜4 月我國進口單價指數與去年同期比較上漲達 53％，其對今年上半年國內物價上漲 50％左右之影響即可證明。

二、我國進口的商品，90％以上為資本設備與農工原料，價格需要彈性低，並不因價格的上升而減少需要；即是台幣貶值使進口成本提高，進口也不一定減少，將更加重成本推動的壓力。

三、進口品中農工原料所占比例達 60％，而進口之農工原料經過簡單加工後成為最終產品出售，因加工層次少，進口原料占成品的成本比重高；因此，原料進口價格上漲，對國內加工品價格上漲的影響大。

四、某種商品的價格如因成本增加而上漲，在一定的購買力下，理論上而言，對其他物品的需要將減少，價格應該下降；但事實上零售物價具有一種抗拒下降的力量；尤其我國近數年來民間邊際儲蓄傾向高達 40％，在某些商品價格上升後，並不一定減少對其他商品的需要，而常降低邊際儲蓄傾向，以滿足需要；如總的購買力不能提高，勢必減少投資，減少供應，亦將影響物價水準的上升。

五、過去十年貨幣供給額平均每年增加 20％，約超過經濟成長率 10％的一倍，而物價上升尚不到 3％，台幣所得流通速度的降低為其重要因素之一。不過在物價大幅上升後，中央銀行雖能控制貨幣供給額適度的增加，但此時消費大眾不願持有台幣，使台幣的所得流通速度停止下降或轉變為上升，則購買力的控制將被突破，物價平均水準的維持穩定亦不易。

由於以上的原因，我們於 7 月 10 日社論中，除建議採取控制有效需要的兩項措施外，對維持物資的供需平衡，及降低成本推動的壓力，亦提出四項建議。我們今天再度強調，為穩定今後物價，除同意六位院士意見，採取控制有效需要措施外，對物資供需的調節及降低成本上漲的措施也不能忽視。

（民國 63 年 8 月 12 日　《經濟日報》二版）

8. 有效運用國內外匯以降低貨幣增加率

據行政院主計處日昨發表的 9 月份物價指數，不論躉售及消費者物價總指數，已較 8 月回跌；而過去兩月的物價上升，尤其消費者物價的大幅變動，主要是受 7 月下旬兩度颱風侵襲的影響，蔬菜、水果減產，及建築材料需要增

加，而產生供不應求的現象，價格大幅上升。最近兩月來由於各方的努力，生產陸續恢復，供需已恢復正常狀態，物價開始回降。

根據過去我國物價季節變動的型態，每逢 7、8 月由於天氣炎熱，蟲害較多，不適蔬菜生長，加以常遭颱風侵襲的影響，蔬菜、水果價格常呈大幅上升，影響物價總指數的高漲；待至 10 月後，颱風季節已過，蔬菜盛產季節來臨，蔬果價格回跌，物價總指數亦隨之回降。可是今年以來，貨幣供給額增加率居高不下，最近歡月來又繼續提高，對未來物價的穩定，已形成重大壓力；故未來數月的物價能否穩定或回降，貨幣供給額的增加率能否降低，將為關鍵所在。

根據專家的看法，貨幣供給額年增加率，在正常情況下應維持 15％至 20％之間，但為促進景氣的復甦，增加率提高到 20％左右也無妨，可是今年 6 月以來年增加率即超過 25％，且節節上升，9 月更推高至 29.3％。若貨幣供給額的大幅增加，是用於對工商企業放款的增加，還可解釋為促進經濟的快速成長，而採取的權宜措施。但仔細分析情況並非如此。

據中央銀行發表的 8 月份金融統計分析，今年 8 月與去年 8 月比較，金融機構對民營事業放款僅增加 17.9％，而國外資產淨額（亦即一般所稱之外匯準備）同時期卻增加 57.6％，一年來增加之金額達 538 億元（折合 14 億美元）之鉅，遠較貨幣供給額一年來增加 296 億元，超過 80％以上，顯示國外資產淨額的大幅增加，成為影響貨幣供給額大幅增加的重要因素；易言之，一年來貨幣供給額的大幅增加，主要是用來購買外匯，使外匯準備迅速提高。

一年來外匯準備增加 14 億美元，根據海關進出口統計，出超約 7 億美元，僅占其二分之一，另二分之一約 7 億美元當為國外資金流入的結果。在貨幣供給額增加率已高，對外貿易已呈順差的情況下，引入國外資金，不僅應慎重考慮，而且對已積存的鉅額外匯，應作有效的運用。

國外資金的引進，無非表示向國內融資不易，或國外借款利率較低的結果。為緩和貨幣供給額的增加，及提高民間投資意願，除暫停短期國外資金的流入外，中央銀行似可撥出 10 億美元外匯（因目前外匯準備，似已超過六個月的進口額，動用其四分之一，不致產生不良後果），透過數家專業性銀行，根據六年經建計畫所計畫發展的產業，以其需要的迫切性，按照不同的利率貸給各企業進口機器設備，凡對重點發展的產業，如機械、電機產業比照外銷貸款利率貸給；紡織業因設備過剩情況比較艱難，如為更新設備提高生產效率，進口高效能設備，而淘汰原有舊設備二倍以上者，亦應按較低利率貸款。此種作法可產生下列效果：（1）收縮通貨，按照目前規定貸款進口機器設備，需

自籌款 20％，如能貸出 10 億美元，即可收縮通貨新台幣 76 億元，使貨幣供給額增加率降至 20％左右，待廠商償還借款時，尚可陸續產生收縮作用；（2）促進投資意願的提高，加速經濟計畫的執行，維持經濟的持續成長，達到經濟計畫原訂的目標；（3）提高生產效率及生產力，加強出口競爭能力，突破目前外銷的困局；（4）增加進口，減少對外貿易順差，減輕國外限制我產品出口的壓力。

動用現有外匯準備，而且以差別利率貸給不同的產業，雖非某些人士所贊同；但是，如能照上項建議認真去做，除可產生上述四點效果外，而且尚可糾正目前資源未能充分有效利用的怪現象。因將國內有限的資源存在國外，雖可獲取較低的利息收入，但另方面卻以較高的利率向國外借錢，不僅損失利息的差額，而且我們的資金被外國利用，反限制了我們自己的發展，此為智者所不取。我們希望決策當局能慎重考慮我們的建議，認真檢討當前的情況，採取明智的決策。

（民國 66 年 10 月 29 日 《經濟日報》二版）

9. 新台幣釘住美元利弊的分析

自去秋以來日圓對美元大幅升值，去年 9 月底每美元兌 264.5 日圓，至今年 3 月 29 日之 220 日圓，半年來日圓已升值 20％之鉅。而去年一年日圓升值 22％，今年首三個月再升值 9％，合計一年三個月間日元相對美元升值了 33％。由於新台幣釘住美元，新台幣亦隨美元相對日圓大幅貶值。因此，近來國人對於新台幣釘住美元政策是否適當，應否有所改變，討論甚為熱烈。不久前經建會主任委員俞國華在立法院答覆立法委員質詢時稱，新台幣釘住美元政策暫不改變。該會復於日前召開諮詢委員會議時，又將此問題提出討論，請經濟專家學者之諮詢委員表示意見，據報載討論結果專家認為：由於美國外銷市場占我國外銷的 40％以上，同時，目前我國經濟尚未全面復甦，所以我國目前所採取的新台幣釘住美元政策是正確的，將有利於我國經濟的發展。就當前情況觀察，我們也認為新台幣釘住美元的政策正確，不過新台幣隨美元貶值有利的一面，也有不利的一面，而且利的一面是否充分發揮，不利的一面有無採取適當措施，降低其不利的影響，有加以檢討分析的必要，或有助於決策之參考。

先就有利的方面來檢討分析，新台幣釘住美元相對強勢貨幣貶值，不僅不影響對美國的出口，而且因對強勢貨幣國家的出口競爭力增強，而可以擴大對

日、德等強勢貨幣國家的出口，分散出口市場，減少過分對美國市場的依賴。就今年首兩個月的出口資料觀察，對美國出口確較去年同時期出口增加45％，超過總出口24.5％的增加率；顯示除新台幣釘住美元外，我們對美國的出口已作了更大的努力，故對美出口大幅增加。可是對強勢貨幣國家的出口，如對日本僅增加16.4％，對西歐僅增加6.9％，還低於總出口的增加率。因此，使對美國出口占總出口的比重，自去年1、2月的34.8％，提高為今年1、2月的40.5％，對日本出口的比重則自11.6％降至10.9％，對西歐國家出口的比重，更自11.8％降至10.3％；出口更有集中美國市場的現象。顯示新台幣隨美元對強勢貨幣貶值的效果尚未發揮。亦由此可知，對此等強勢貨幣國家輸出的未能大幅增加，不是價格問題，而是我們努力推銷的程度不夠；換句話說，我們未能把握強勢貨幣大幅升值的機會，作各種適當的調整，打入它們的市場，值得我們警惕。主管部門及業者均應深入探討原因所在，宜作及時的努力，為時尚不晚也。

其次新台幣釘住美元，可減少自強勢貨幣國家的進口，尤其自日進口轉向美國進口，以減少對日逆差及降低對美國的順差。雖今年1、2月自美進口較去年同期增加32％，較去年增加率大幅提高，但對美出口增加更大；因此，對美貿易順差更為擴大，自去年的1.77億美元，今年1、2月提高為2.89億美元。同時，自日本的進口並未減少，以致對日逆差亦自2.05億美元提高為2.9億美元，並未達到原預期的效果。值得主管單位進一步檢討。

至於不利的影響，因強勢貨幣大幅升值，以美元表示的該等國家出口價格可能上升；因此，我們自該等國家的進口如不能轉移，則將增加外匯支出，而且由於進口成本提高，影響國內物價的上漲。據進出口統計今年1、2月自強勢貨幣國家的進口較去年同期大幅增加，如自日本進口增加31％，自西歐進口增加45％，均超過總進口增加25.4％的比率。尤其對日進口所占總進口的比重，自30.7％提高為32.2％，進口又有向日本集中的現象。至自強勢貨幣國家進口的大幅增加，是由於進口實質的增加，抑或進口品的價格上漲，因到目前為止尚無進口價格資料可資運用，故無法了解進口真正增加的原因。不過就最近市場反映若干重要進口產品價格上漲的跡象，可了解進口價格上漲已是不可免的事。

雖然一年三個月來，日圓相對新台幣升值33％，而我自日進口不僅未有轉移，且繼續大幅增加，主要因我自日進口產品中，鋼鐵、機械與化學製品占了80％以上，都是生產所必需。而且自日進口的鋼鐵、機械，占我進口鋼

鐵、機械進口總額的二分之一，自日進口的化學品占我化學品進口總額的 52％，可見我國進口此類產品對日依賴程度之大。由於日本此類產品價格低、距離近、運費較廉，而且我國進口關稅係以 CIF 價格為課稅基礎；因此，進口日本產品與歐美產品價格，有時相差一倍以上，不是日貨上漲一兩成可以轉移的。雖然明知有許多日本產品品質不及歐美產品，但在缺乏資金的業者，仍然願意採購日本產品。

　　由以上分析檢討，可知新台幣釘住美元，利尚未充分發揮，不利的影響已經產生。要知出口的拓展，並不完全依賴新台幣的相對貶值，需要各方面的共同努力來達成。在今後新台幣繼續釘住美元政策下，自日進口又不易轉移，有關單位應即研擬採取有效的配合措施，減輕進口價格提高，對國內物價上漲的不利影響。

（民國 67 年 4 月 1 日　《聯合報》二版）

四、十大建設與重化工業發展

1. 為推動重化工業建設催生

　　近十年來我國工業由於快速發展，其在全國總生產中所占比重不斷提高，已遠超過農業所占比重，顯示我國正積極向工業化途徑邁進中。但如進一步分析我們的工業結構，仍以需要勞力較多的輕工業為主，此類工業不僅基礎薄弱，且其產品在國際市場上已遭遇到激烈的競爭，同時在高度工業化國家為保護其國內工業，對此類產品的進口採取保護政策；因此，此等工業的發展遠景，將不若過去之樂觀。政府有鑒於此，早於數年前即訂定加強重工業及化學工業發展之政策。前者主要為推動造船及機械工業，因此兩種工業需要技術勞力較多，不僅可提高技術水準，且可解決失業問題；同時造船工業是一種綜合性的工業，其向後關聯的範圍甚廣，造船工業建立，可促進其關聯工業的發展。可是近年來除已擴充台灣造船公司可建造十萬噸油輪之船塢外，原計畫於高雄港區內新建大型造船廠，迄未見有何進展；而且台灣造船公司建造十萬噸油輪，其材料幾全自日本進口，未能產生促進國內關聯工業發展之作用。

　　機械工業是需要較高技術水準的工業，此工業建立後，不僅可提高國內使用機器生產的各種工業生產水準，同時東南亞各落後國家正積極謀求發展中，而其機械工業尚未建立，對機械的進口需要甚為迫切，因此，我們今後機械的

出口前途寬廣。可是我們的機械工業雖在經濟部積極籌劃推動之下，但進展極為有限，其近兩年來的生產不僅未有增加，59 年機械產量反低於 57 年；本年初財政部及中央銀行利用政府預算剩餘款新台幣 2 億元，撥供交通及中國銀行協助機械工業發展，但為數甚微，折合美金僅 500 萬美元，如能產生效果亦屬有限。

　　至於化學工業主要是推動石油化學工業，因其原始原料天然氣及輕油已有大量生產，可產製產品範圍極廣，如塑膠、人造纖維、人造橡膠、肥料、農藥、染料、清潔劑以及味精等等，其加工程度較高，可產生的增加價值即對國民所得的貢獻極大；同時其最後成品加工業需要勞力較多，對於增加就業機會亦有幫助。因此政府早於六年前即著手籌劃興建南北兩地石油化學工業中心，但徒有計畫卻未認真推行，且在執行過程中又因協調配合不夠而發生脫節現象；如基本原料及成品工廠已開始生產，但中間原料工廠遲遲尚未建立，至部分基本原料未能有效充分利用，祇有供作燃料及轉製汽油；另方面成品工廠所需中間原料仍採用舊法製造，不僅成本高，且阻礙石油化學成品工業的發展。

　　反觀日本，其石油化學工業發展，亦係近十五年來的事，但其積極推動之態度，我們望塵莫及，如基本原料乙烯日本去年的產量已超過 300 萬公噸，明年底將增至 480 萬公噸，而我們去年乙烯產量僅 5 萬公噸左右，且有部分未能充分利用。我們的鄰國除日本外，韓國對發展石油化學工業亦甚積極，明年將有 7 座石油化學工廠完成；此外，泰國亦在積極推動石油化學工業中，籌劃中的石油化學工業，自基本原料、中間原料至成品工廠計有 12 家，將於三至五年內完成。因此，我們的石油化學工業籌劃雖早，但未能有效執行，若不再積極迎頭趕上，將有落於韓、泰後面之虞，則今後東南亞石油化學品市場，我們殆無法插足矣

　　我們因鑒於重、化學工業的能否建立，為今後經濟進一步發展及經濟結構改善的關鍵，故坦誠提出檢討，希藉政府及有關公民營事業竭誠密切合作，積極推動重、化學工業的建設，使我們的經濟早日邁進工業化的境界。

　　　　　　　　　　（民國 60 年 6 月 5 日　《經濟日報》二版）

2. 積極推動機械工業的全面發展

　　日前經濟部就美國對進口貨征收進口附加稅百分之十，及日圓升值對我工業可能發生的影響，召集業者舉行座談會，其中與會的機械工業業者認為日圓升值，將削減日本機械的外銷競爭力，對我國機械工業的外銷及發展，將提供

一次難得的機會，希望政府把握此一良機，從旁給予業者協助，則可加速機械工業的發展。誠然，我們的機械工業需要積極的發展，且為政府多年來一貫的主張，但實際上，過去十年來一般機械工業成長率，尚落於製造業成長率之後，如與電機器具及運輸工具工業比較，不論成長率及產值，均遠落於該兩業之後。造成此種現象的因素很多，今後是否能藉日圓的升值，削弱日本機械工業出口的競爭能力，就能刺激我機械工業發展呢？我們認為問題並不如此單純，首先需了解我機械工業未能迅速發展的原因：

一、生產規模小，不僅不能形成合理化的管理制度，及大規模專業化的經營方式，更因生產規模小，所需原料少，採購成本高；尤其對特殊鋼需要進口，因國內需要少，市場無存貨，臨時進口不僅費用高，且難予配合交貨時間。

二、設備陳舊、技術落後。機械工業產品不是其他各業的生產工具，即是其生產工具的零配件，故其品質必須精良，否則影響各該工業產品的品質。即如俗語所說：「工欲善其事，必先利其器」。因此機械工業必須經常更新，以保持良好現代化設備。但十年來一般機械工業固定投資增加率，遠落於紡織、化學、石油製品、非金屬礦物製品及電機器具等工業之後，技術亦未能跟進，且設備利用率僅有 70％左右；因此產品品質距合理水準尚遠，而成本又高。

三、資本不足，技術人才缺乏。機械工業的固定設備投資較鉅，其資金週轉率亦較慢，而過去十年來資金的不足，亦是限制機械工業的發展。至於技術人才，不僅高級設計人才極少，即連中級之領班、工頭及高級技工亦甚缺乏；此類中級技術幹部非短時期所能培養，至少須接受三至五年的訓練，方能勝任。

根據以上的探討，我們知道我機械工業過去不能迅速發展，除日本強有力的競爭外，內在的原因更為重要；如本身的問題不能解決，縱然日圓升值百分之十，甚至百分之二十，我們所能爭取到的市場亦屬有限。

經濟部孫部長於座談會中說明，機械和電子工業的部分零件，係有關聯的，該兩業如能團結合作，當可減輕零件的成本。積極發展零件產品，向國外市場推銷，則亦可解決美國實施征收百分之十附加稅後所遭遇的困難問題。但我們認為僅靠政府從旁協助及發展機械零件工業是不夠的，必須促進機械工業的全面發展，政府尤應採取積極的措施，將機械工業發展列為第一優先。因機械工業需要高度技術，經過複雜的製造過程，其所創造的增加加值比例較高，對經濟成長的貢獻，較其他多數工業為大；又因機械工業的向前聯鎖範圍廣

大，如機械工業能順利發展，提供價格合理品質優良的生產設備，則有助於其向前的各關聯工業的發展，也增加了對各種機械的需要，刺激機械工業的更進一步發展，以及增加其對向後關聯工業產品的需要，使如金屬製品及鋼鐵工業等亦相應發展起來。故機械工業的發展，除直接間接增進經濟成長及創造就業機會外，更可擴大工業發展的基礎。

同時在今後十年內，正是許多正在發展中的國家，積極從事工業發展之時，對機械產品的進口需要甚為殷切；而美國及日本等工業化國家，因工資高漲對部分需要勞工較多的機械產品勢將放棄生產，正是我機械工業發展出口的好機會。故我們建議：政府應即與民間合作投資（以民間投資為主），並引進國外技術，設立一大規模機械工廠，生產合乎國際標準的整套生產設備，供應國內外需要。俟大機械廠生產上軌道後，即將政府投資出售民間。對於現有各小型機械工廠，政府也應協助其整頓，作為大機械廠的衛星工廠；並輔導其合併經營，擴大生產規模，更新設備，形成零件專業化工廠，生產合乎國際標準的零件，供應大機械廠需要，亦逐漸展開外銷。在發展過程中，政府應採取必要的保護措施，並明定保護期間及逐年減輕保護程度，使在短期內，促進機械工業的全面發展。

（民國 60 年 9 月 11 日　《經濟日報》二版）

3. 石油化學工業宜放手讓民間全力推動

日昨經濟部宣布，為加速石油化學工業發展，已決定將第三輕油裂解工場提前興建，並由公營事業投資，場址將設在屏東石油化學工業專業區內，生產能量較第二工廠擴大，年產乙烯 35 萬至 40 萬公噸，預計 65 年初可建設完成開始生產，屆時足可供應塑膠及紡織工業的需要，另擬訂 18 項石油化學工業中、下游計畫，全部開放民間經營，希望民間踴躍投資。

民間企業界人士對加速石油化學工業的發展亦頗為積極，各大塑膠及紡織工業負責人，即刻發起組織民營的石油化學公司，除願經營各中、下游計畫外，並申請經營第三輕油裂解工場，以達到石油化學工業的一貫作業。惟第三輕油裂解工場是否開放民營，主管部門並未同意，尚在協調中。

我國石油化學工業開始推動並不算遲，自民國 55 年甲醇廠設立以來，已有七年的歷史，但因各方配合不夠密切，進度緩慢。例如，第一輕油裂解工場於 57 年完成後，其主要產品除乙烯用於製造氯乙烯單體及聚乙烯，已加以充分利用外，其餘丙烯、丁二烯及芳香烴等均未能加以有效利用；因利用計畫如

丙烯單體、DMT 及己內醯胺製造計畫，不是未有進行，即是建廠進度緩慢，迄今尚未開工生產；而最後加工工廠早已建設完竣，所需之此三種中間原料則自國外進口。又如第二輕油裂解工場年產乙烯 23 萬公噸，預定明年 6 月可完成開工生產，但其下游計畫，尚有部分因公營抑民營爭執拖延甚久，至最近方有決定；因此待明年 6 月第二輕油裂解工場完成後，其下游工廠部分尚未建成，至所產基本原料在短時期內，又無法得到有效利用，不啻浪費國家資源。我們且看看韓國，去年 10 月底有 9 座石油化學工廠同時建設完成開工生產，其在時間上之配合極為圓滿，其效率之高，為我們望塵莫及。故本報於去年 12 月 23 日社論「為積極推動石油化學工業整體建設催生」，呼籲各方密切合作，加速推動石油化學工業縱橫一貫整體的發展。而今如果第三工場因公民營之爭而使計畫執行拖延，則為國家之莫大損失。

據聞主管部門不同意第三輕油裂解工場開放民營原因有二：一為第三輕油裂解工場，將同時會產生 50% 可供燒用之燃油，而這些燃油由民間生產，將嚴重影響國家稅收與國營事業的財務；二為如第三工場由民間經營，而第一及第二工場係公營事業，則將無法與民營的第三工場競爭。但是，我們認為這兩點原因均不能成立，關於第一點輕油裂解及燃油均非專賣事業，政府沒有理由不准民間經營，民間工場所產之燃油政府同樣可徵收貨物稅，如同課水泥及棉紗貨物稅一樣，並不影響國家的稅收；同樣的，若是第三裂解工場不需公營事業投資，對於國營事業財務亦無何影響可言。關於第二點原因，為保護低效率的公營事業不同意開放民營，則國家何能進步，我們何能在國外與人競爭，所產基本原料又何能加以充分利用。

尤其，在最近一年多來，我國在國際間遭遇到一連串不利形勢的衝擊，現在民間願意投下鉅資發展石油化學工業，政府應該鼓勵唯恐不及，如何不予同意？

目前民間資金充沛，各方正為其缺乏投資機會，怕其到處流竄而產生不良影響，現在正好有此機會，導游資於生產之途，又何樂而不為呢？我們認為政府在核准民間經營第三輕油裂解工場計畫時，若附帶規定其產品售價應比照國際價格訂定及應以充分供應國內需要為優先，則開放民營，有百利而無一害，政府正好將現已準備投資於第三工場的資金轉用在增加 50 萬或 100 萬瓩電力建設，使我們能早日脫離停電的痛苦。

（民國 62 年 4 月 28 日　《經濟日報》二版）

4. 欣聞政府加速機械工業的發展

　　日昨報載行政院於上月間，指示各有關單位，應特別注重機械工業的發展，並將機械工業列為今年工業發展的首要項目，決定予以全力協助。經濟部為加速機械、電機工業的發展，連日特邀請業者及工業、貿易與科技研究主管機構負責人或代表，舉行座談會，研討各項有關加速機械與電機工業發展的事宜；且已洽請有關銀行提撥 500 萬美元，作為買進國外新技術的融資資金，由工業局負責審查中小企業信用保證基金保證；另撥 500 萬美元，作為若干工廠願意自行研究發展，所需進口研究設備的融資資金。以上兩項融資利息由外銷推廣基金補貼一半。保險公司將辦理中長期統保輸出保險，以配合機器外銷貸款條件之實施，免除業者向融資銀行提抵押擔保品等手續；以及政府決定對重要機械產品出口，如整套整廠設備等優先給予出口貸款等等，均有利於今後機械業之加速發展。

　　機械工業（係指廣義機械工業而言，包括一般機械、電機電器、電子產品及運輸工具工業等）需要高度技術，加工層次多，所產附加價值比例高；而且應產製品質優良及價格合理的生產設備，可提高向前關聯工業的生產力，促進其發展；同時也增加各業對機械的需要，刺激機械工的進一步發展，以及增加其對向後關聯工業的需要，如金屬製品及鋼鐵工業的相應發展。因此，機械工業的加速發展，不僅直接間接對經濟成長的貢獻大，且可提高整個工業的技術水準（近年來國外有稱廣義的機械工業為「工程工業」（engineering industry）可見此類工業對技術之重要），提高平均生產力，增強外銷競爭能力；同時，將更加速重工業的發展，改善工業結構，奠定經濟發展的基礎，而且可減少對外的依賴程度。故本報多年來，一再呼籲應積極推動機械工業的發展。

　　就本（4）月初對外貿易協會所舉辦之機械展覽觀察，展出產品，不僅範圍已較數年前擴大，已能產製整套自動化設備，且部分產品品質較前大為提高，顯示近年來機械工業已有相當的進步，實為一可喜的現象。不過就配合我們需要而言，尚需作更大的努力。誠如行政院蔣院長於 61 年 8 月，為適應國際經濟變化，加速經濟發展，所作的六項指示中之第四項：「積極發展及協助國內工業自製機械、電機、電子及汽車零件，以減少對進口的依賴……。」但實際上就兩年來整個機械業的供需而言，對進口的依賴程度不僅沒有降低，且呈大幅升高之勢。如 63 年進口的機械金額較 61 年增加 1.65 倍，而國內生產

同時期僅增加 73％；因此進口之機械占國內需要（係進口加國內生產減出口的餘額）的比例，自 61 年的 54.5％，至 63 年提高為 68.2％，可見我們機械的需要對進口依賴程度之高。

自 61 年 8 月蔣院長所作以上指示後，有關方面已採取若干措施，協助機械工業的發展，但因各方配合不夠，故效果尚不顯著。現行政院既將發展機械工業列為今年工業發展之首要項目，經濟部等亦已在積極策劃；為使其能產生實效，達到蔣院長前項指示所預期的目標，本報除過去已屢有建議外，今天將提出下列三點意見，以供主管單位之參考。

一、過去機械工業發展輔導方案及準則等，缺乏法律的依據，致執行時不免發生偏差。為補救此項缺陷，應即著手搜集國外專業發展法令，例如日本機械工業振興法等，研擬我國機械工業發展法，並盡速完成立法程序公布，以便各方遵照實施。

二、機械範圍極為廣泛，不可能亦無此力量全面一齊發展，應擬定分期發展方案，使我國的機械工業水準能逐期提高，否則趕不上未來市場轉變的需要。而且應釐訂追蹤考核辦法，避免數年後檢討執行成果時，又多數落空。

三、過去為加速發展加工業，對機械進口所課之關稅極低，雖對過去的加速經濟發展產生了很大的貢獻，但卻犧牲了機械工業，使其未能獲得健全的發展。今後為發展機械工業，保護政策更不可免，故財政金融措施的能否有效配合，為今後機械工業能否加速發展的關鍵所在。不過保護應訂有期限，而且保護程度應逐漸減輕，方能使機械工業獲得合理的發展。

發展機械工業除需要有法令的依據，及有效的財經配合措施外，更需要產業界的通力合作，政府的政策方能貫徹實施，使我們能早日進入工業化的境界。

（民國 64 年 4 月 26 日　《經濟日報》二版）

5. 對擴大十項建設效果的建議

十項重要建設檢討會已決定分別於本（5）日及 12 日分兩天舉行，由行政院蔣院長親自主持，檢討會除聽取各項建設主持人的報告外，將針對報告所提問題進行檢討，研擬解決辦法。故檢討會並非消極的檢討，追究未能按照預定進度進行的責任，而是積極性的針對各項建設所遭遇的問題，研提解決的辦法，使十項建設能加速進行。

十項建設是民國 62 年冬行政院蔣院長宣布，自 63 年開始五年內完成，十

項建設包括高速公路、鐵路電氣化、北迴鐵路、台中港、桃園機場、擴建蘇澳港、核能發電廠，一貫作業鋼鐵廠、大造船廠及石油化學工業等。前七項為基本設施建設，不僅為克服當時的電力不足，鐵公路擁擠及港口擁塞等瓶頸，且提供未來發展之需要；後三項屬於重、化工業範疇，此等工業完成後，不僅使我國自勞力密集的輕工業，轉變為資本與技術密集的重、化工業，奠定工業的基礎，且可提供輕工業所需的原料與中間產品替代進口，減少對外依賴的程度，減輕國際經濟變化對國內的衝擊。

不過兩年前宣布從事十項建設之時，正是出口大幅增加，國內需要殷切，經濟高度成長；同時，世界性通貨膨脹不斷蔓延，國內物價開始高漲之時。因此，各方曾考慮，如同時推動十項建設，投入大量的資金，則在建設期間，對總資源需要所加的壓力，與對整個經濟所加的負荷是相當巨大的，可能會產生許多不利的影響。但半年後由於各國為對抗通貨膨脹所採的緊縮措施，影響到需要，再加上石油價格的暴漲，使世界經濟自「停滯膨脹」，更進入到「衰退膨脹」，我國因進出口對外依賴的程度極高，在此國際經濟激變中，原必遭受極大的影響；幸有十項建設的進行，不僅未給我們帶來膨脹的壓力，且成為最近兩年來我國經濟成長尚未淪為負數，能維持低度成長的主要動力。

十項建設在過去兩年中，已產生超過預料中的效果，為使其效果更能擴大，我們願趁十項建設檢討會召開之際，提供下列建議，以供參考。

一、各項建設在建設過程中所遭遇的困難雖不一致，但可能有其相同之處，各項建設主持人不妨就過去克服困難的經驗提出報告，以供其他建設之參考，避免同樣困難發生時，再浪費人力及時間去研究摸索對策，集中力量加強建設工作的進行。

二、我國的各項法令規章，很多均是數十年前所頒布，早已窒礙難行，但為配合十項建設使能順利進行，而採取特案處理方式。希望各建設主持人將這許多特案處理的方式提出報告，由行政院指定專人對這些特案加以研究，如能提出修訂法令規章的方案最佳，如不能即時修訂，亦應使這許多特案變成通案，以提高行政效率，避免十項建設完成後，我們已進入經濟現代化的國家之林，而仍維持一套不合適宜的法令規章。

三、在過去兩年建設過程中，雖未對膨脹產生壓力，但仍有少數材物料有供不應求現象發生，如水泥即是一例。在最近一年多來，國內物價與世界各國比較，已屬相當穩定，惟獨水泥價格卻呈大幅上升，高漲 50% 左右，十項建設需用大量水泥，當為重要原因之一。在未來三年中十項建設所需用之大量重

要物資，應事先加以安排協調供應，避免再蹈過去覆轍。

　　四、檢討各項關聯建設未能適時配合的原因，以及未來可能發生的變化，例如石油化學工業的上下游工業，因事先未能妥為協調，致下游工業完成後，上游工業尚在建設中，使完成的下游工業停工待料；或上游工業完成，下游工業尚在進行或未進行，致生產的原料未能銷售，而遭致資源浪費的損失。又如一貫作業鋼鐵廠原計畫生產鋼板供大造船廠造船之用，但因能源危機及世界經濟的衰退，造船業務短時期內將不能照原計畫進行，因此鋼鐵的銷路應早日策劃，避免事到臨頭，才謀解決。

　　五、十項建設絕大多數都是國內工程師及技術人員所擔任的，在十項建設完成後，他們都累積了豐富的經驗，如任其分散，將是國家一項重大損失；應事先將其組織起來，包括榮民工程處、中華工程公司及民間的工程公司擴大成立國家建設工程公司，除繼續辦理國內未來新建設工程外，更可分一部分人才，打開國外市場，除可爭取勞務外匯收入及促進有關產品之出口外，更可藉此加強國民外交。

　　以上五項建議，如能實現，不僅可擴大十項建設之效果，對未來經濟發展及達成國家現代化的目標均有裨益。

（民國 64 年 12 月 5 日　《經濟日報》二版）

6. 繼十項建設之後的十二項建設

　　行政院院長蔣經國於日昨立法院第 60 會期第 1 次會議中，所作口頭施政報告指出：經濟建設與政治建設不可分開，很多國家經濟發展失敗，就是因為經濟建設未能配合政治目標的結果。這說明了過去曾將經濟學稱為政治經濟學的道理。蔣院長繼續說明我們當前的政治目標是：縮短貧富差距，城市與鄉村並重，創造均富的社會。並進一步解釋說，經濟發展是為要使全體國民大家都變成有錢的人，而不是為了少數人。為未來經濟發展指出一個重要的方向，也就是要在台灣實現國父民生主義的「均富」理想。

　　蔣院長並在會中鄭重宣布，為達成上述政治目標，充實國力，強化經濟社會發展，政府將繼自民國 63 年開始的十項建設完成之後，決定要再進行十二項重要建設，作為我們未來幾年內大家努力的方向。其中屬於運輸方面者有五項：（1）完成台灣環島鐵路網，（2）新建東西橫貫公路三條，（3）延長高速公路至屏東，（4）完成台中港第二、三期工程，（5）拓建由屏東至鵝鑾鼻道路為四線高級公路。農業方面有兩項：（1）加速改善重要農田排水系統，

（2）設置農業機械化基金，促進農業全面機械化。工業方面兩項：（1）擴建中鋼公司第二期工程，（2）繼續興建核能發電二、三兩廠。社會文化與福利方面有三項：（1）開發新市場，廣建國民住宅（平均每年二萬五千戶）；（2）修建台灣西海岸海堤工程及全島重要河堤工程；（3）建立每一縣市文化中心，包括圖書館、博物館與音樂廳。

自以上十二項重要建設項目看來，所涵蓋之範圍較十項建設為廣，除運輸與工業外尚包括了農業與社會文化福利方面。據我們了解，政府在 62 年 11 月宣布進行十項重要建設目的，除在克服當時所遭遇基本設施建設不足、工業結構脆弱及貿易所遭遇的困難問題外，是要使我國工業升級，經濟進入現代化國家的境界。事實上尚未待十項建設的完成，在過去三年多的建設過程中，已產生了非當時所能預料的效果。因在過去三年不景氣中，民間投資衰退，幸十項建設的進行，大量的政府及公營事業投資，不僅彌補了民間投資減緩的缺口，而且支持總投資的繼續增加，刺激了各種相關生產事業的發展，創造了大量就業機會，解決了不景氣中的失業問題，大大的減輕了經濟呆滯的嚴重性。

但至目前世界經濟尚未全面復甦，民間投資尚難迅速增加，而十項建設投資高潮已過，如不能及時提出新的重大建設計畫，則對維持未來的經濟快速發展，不無疑問，誠如經濟設計委員會楊主任委員家麟，於日前在國民黨中常會中報告指出：為了提高經濟成長率，加速國家經濟發展，十項建設第二階段的工程應即繼續進行，原列六年計畫後期之重大建設，亦不妨選擇若干項目，提前推動以補民間投資的不足，並帶動關聯產業的發展。我們相信這是推動十二項建設的目的之一。

十項建設完成後，我們的工業升級，自勞力密集工業轉變成以重、化工業為主的工業，但需要一個現代化農業來配合。因此，十二項建設中兩項農業建設，即是要建設一個現代化的農業，使我們整個經濟進入現代化的境界。亦即要達到蔣院長在口頭施政報告中，所指出的工業與農業兼顧的目標。

環島鐵路的完成及新建三條東西橫貫公路，在經濟意義方面可能尚無此需要；但在政治方面的意義重大，此兩項建設的完成，不僅使東西兩方面獲得平衡的發展，而且充實國防的力量，尤其在國家當前情況下更有需要。

三項社會文化與福利建設，是我們在生活水準提高後，重視生活品質的改善，這是建立安和、樂利與均富社會的必須建設。

繼十項建設之後，推動十二項重大建設，也可使在從事十項建設時所設置的許多工程設備，及有豐富經驗的技術人力繼續發揮他們所長，不使設備閒

置、人力分散，也使有限的資源，獲得充分的利用。

　　總之，我們認為十二項重要建設在此時宣布，有其迫切的需要，不過在建設時尚應衡量我們的財力及總資源的供需，排定建設的優先次序，以求既可發揮最大的經濟效果，而又不致影響到經濟的穩定。

（民國 66 年 9 月 24 日　《經濟日報》二版）

7. 完成十項及十二項建設達到國家經濟現代化的境界

　　日昨立法院第 62 會期第 1 次會議，行政院孫院長運璿於會中提出口頭施政報告，在經濟方面指出充實國家力量與增進國民生活，是我們推動國家建設的基本指標，而策進經濟繁榮發展，又為達成這一目的的主要依恃。孫院長除分析今年首八個月我國經濟繁榮的情況外；強調今年是我們推動六年經建計畫的第三年，政府策進國內經濟發展的基本方針，仍在於穩定與成長兼籌並顧，並以改善工業結構，推行農村建設與加速推動各項基本建設，作為導使我們進入現代化的主要通道。尤其經濟結構的改變，必有賴於堅強基礎的支撐，而基本建設的推動，正是引導我們進入現代化的必經之路。孫院長隨著說明十項建設的進度，如大鋼廠、造船廠、台中港、核能一廠與石油化工五項工程，已經投入生產行列，開始發揮經濟效益，並正賡續進行後續計畫；高速公路、鐵路電氣化和北迴鐵路，也局部通車，並且分別預定今年 10 月、明年 8 月和明年年底全線開放；桃園國際機場預計今年底可以完成，明年年初啟用；蘇澳港第一期工程，也可在明年元月開放營運。孫院長特別指出十項建設的完成，對我們邁向現代化里程來說，確實是大大的跨過一步，但是國家建設，永無止境，眼前的成就，更增加了我們繼續邁進的勇氣和信心，故賡續進行十二項建設，目前大體都已完成初步規劃，一部分已在開始施工，均將在今後數年內，積極推動完成。

　　我們讀過孫院長口頭施政報告關於經濟部分的報告後，了解十項建設將於明年底前陸續完成。十項建設不僅在建設過程中，已發揮支持經濟的低度成長，創造就業機會，促進經濟復甦，度過國際經濟停滯膨脹的困難，所產生的短期效果外，其真正的長期效果，是十項建設完成後，對國家經濟的貢獻。十項建設中有六項屬於運輸部門，在建設完成後，擴大經濟發展能量，提高運輸效能，不僅過去運輸擁擠現象可以減輕外，所增加的運輸能量，可供未來十年以上的需要，便利未來經濟的發展，而且台中港、蘇澳港及北迴鐵路完成後，中部及東部可獲得進一步的發展，使台灣地區間獲得較過去平衡的發展。核能

電廠的完成，可充裕能源供給，將不致再有電力供應不濟的現象發生，而且核能燃料供應穩定，價格低廉，運輸方便，同時分散能源的來源。其餘三項包括大鋼廠、大造船廠、石化工業及其關聯工業的完成，將使重、化工業在整個工業中所占比重大幅提高。尤其大鋼廠的完成，可提供造船、汽車、機械、電機及金屬工業所需的原料，及石油化學工業的上下游計畫完成，使石油化學工業與紡織、塑膠、合成橡膠及其他化學工業完成一貫作業，不僅重要化學工業原料已能自給，減輕對外的依賴及降低國外經濟變動對我國經濟的影響，且自進口初級原料（如鐵礦砂及石油）後，至最終產品皆在國內製造，使國內加工層次增多，增加附加價值，提高出口外匯賺取比例，提高生產技術水準，緩和勞力供不應求及工資上漲的壓力，增加外銷產品種類，分散外銷市場，以及改善主要貿易地區間貿易差額極度不平衡的現象等等，對國家經濟的貢獻更大。

　　十項建設完成的同時，即積極推動十二項建設，十二項建設中，重工業的祇有大鋼廠的第一期第二階段擴建工程，主要生產冷熱軋鋼，此工程完成後，有利於下游工業的發展，亦即在工業方面自礦砂鍊鋼至金屬製品、機械、電機及運輸工具等一系列的金屬機械工業建立完成；及十項建設中自石油裂解、產製石化中下游產業，至紡織、塑膠等一系列的建設完成，則我國的工業結構已進入現代化的階段。十二項建設中交通運輸方面有五項，此五項完成後，台灣環島鐵路及環島公路系統均可完成，台中港的擴建，使國際港的吞吐量大為增加，我國的交通運輸系統亦將進入現代化的境界。農業方面有三項，待此三項完成後農業已全面機械化，農田排水系統大為改善，重要海堤河堤均可修建完成，使農業也邁進了現代化的階段。還有核能工業的擴建，使能源供應更為充裕，因此，十二項建設完成時，我國的農業、工業與交通運輸均進入了現代化的階段，能源供應充裕，也就是我國經濟全面邁入現代化境界之時。十二項建設除前述十項外，尚有新市鎮的開發與國民住宅的興建，和每一縣市建立文化中心，亦即十二項建設不僅包含物質建設，同時還兼及精神和文化建設。讓我們以完成十項建設的魄力、決心和行動，來完成十二項建設，以期國家力量日益增強，國民生活日益增進，締造一個均富、安和、樂利的幸福社會。

（民國 67 年 9 月 23 日　《經濟日報》二版）

8. 策略產業發展需要的配合措施

　　日前行政院院會核定經建會所研提的「當前經濟環境與因應對策方案」，主要內容包括加強策略性產業之發展，及採取有效能源措施兩部分。前者以發

展機械工業（指廣義的機械業，包括汽車、造船工業）及電子工業為重點，建議：（一）選擇目前一百餘家較具規模之機械業廠家，加強輔導與獎勵，銀行給予相當寬額融資；（二）降低機械業享受獎勵之最低資本額，或生產規模之標準，俾使現有之中小機械廠亦能享受減免營利事業所得稅之獎勵；（三）放寬對機械業優惠進口機器設備之免稅規定等。後者重點在深入研究能源政策，採取有效措施，建議：（一）因應油價上漲，國內價格應能反映成本，以促進資源之有效分配，並免給公眾有猜測物價上漲心理，反而會助長物價之上漲；（二）我國使用能源程度較高，應研究產業結構之發展方向，並杜絕能源之浪費；（三）建立大眾運輸捷運系統，以緩和計程車、自用轎車的成長，減低依賴進口石油的壓力。

　　該方案精神，似在發展需要能源少、技術密集及附加價值高的機械及電子工業，以因應能源價格高漲及短缺的衝擊，與本報過去的一貫主張不謀而合。發展方向雖已確定，但欲使機械及電子工業在短期內，能迅速發展並奠定健全的基礎，除該方案建議措施外，應有更廣泛的配合措施。今天我們願就此方面，提供以下之建議：

　　一、該方案雖已建議選擇一百餘家較具規模之機械業廠家，給予相當寬額的融資。但我們過去曾數度建議選擇一百家有發展潛力的機械工廠給予全面的輔導，僅寬額的融資還不夠。應由金屬工業中心、生產力中心、大專院校之機械工業學者、交通銀行及中小企業銀行代表，以及工業局專家，合組機械工業發展輔導小組，就所選之一百餘家機械廠，給予技術、管理、市場推廣及融資等全面的輔導。電子工業經濟部已有電子工業發展小組，係工技院方院長擔任召集人，希望能比照前述辦法，對具有發展潛力的電子工廠亦給予全面的輔導，以加速機械及電子工業的健全發展。

　　二、由於國內市場狹小，機械工業及電子工業未來的發展，仍應以外銷市場為主，不過整廠外銷非短期內所能展開，應作為長期發展目標。短期內應以發展機械及電子零組件為主，為使短期內大量展開機械及電子零組件國外市場，簡捷可行的辦法，是鼓勵國外著名且在國內已設有之電子及機械工廠，如RCA、增你智及福特汽車等公司，利用它們世界性的銷售系統，將我們所產的電子零組件、汽車零配件，供應它們各地生產單位的需要，使外銷能迅速張開。

　　三、目前機械、電子工業技術人力已有不足現象，挖角盛行。政府應指撥專款，在未列入預算前可由行政院開發基金先行墊付，待下年度編預算後歸

還，充實工專、工職及工業訓練中心機械及電子科設備與師資，加強機械與電子工業技術人力訓練，以配合今後該兩業迅速發展的需要。

四、雖然今後機械工業的發展以外銷為主，但內銷市場亦不應放棄，尤其今後國內投資不斷增大，所需機器設備亦不斷增多；惟因政府為鼓勵一般性的投資，而採取了進口機械設備減免關稅的優惠規定，使國內機械工業失其保障。在政府減免進口關稅的優惠下，各業所屬機械設備多願向國外進口，反打擊國內機械工業的發展，使政府積極推動的策略工業無法迅速建立。為彌補此項缺陷，我們建議即刻修訂獎勵投資條例，增列投資扣抵條款，規定在今後五年內，凡投資採購國產機械及電機設備者，准以其投資額的 20%，作為當年所得稅之扣抵，如一年無法抵完，可延至以後年度扣抵，以鼓勵投資採購國產機電設備。採行投資扣抵後，雖然政府損失些許營利事業所得稅，但因此機械及電機工業能迅速建立，產業結構順利改變，增強因應石油衝擊能力，支持經濟的持續發展，自長期看稅收並未損失，我們願財政部慎重考慮採納。

五、現行機械及電子工業技術水準，與各工業國家比較落後甚遠，因多為中小規模經營，業者無能力從事技術研究與發展工作，政府應支持工技院金屬工業研究所及電子研究所設備與人力，為我國機械及電子工業技術研究與發展的中心，協助業者解決各項技術問題；同時，行政院開發基金，應指撥專款低利貸給業者自行從事研究發展工作。如此雙管齊下，我國機械及電子工業技術水準方能迅速提高。

六、設訂未來發展的目標，如電子電機產品去年出口 20 億美元，至民國 75 年設訂出口目標為 100 億美元；機械出口自 5 億美元增至 50 億美元，國內所需機械國產化比例，自目前的三分之一左右，提高至二分之一；而且規定今後七年內每年應發展的重要產品，以供政府及業者共同努力達成的目標。使我國機械及電子工業，到 75 年代替紡織工業成為製造業的主幹，工業結構接近工業國家的水準。

（民國 68 年 7 月 24 日　《經濟日報》二版）

9. 需要一個明確的工業政策

主管工業的經濟部，近數月來在工業方面所做的幾項決策，很使業者感到困惑，無所適從；不僅影響工業的長遠發展，而且對下半年的經濟繼續上升成長，將產生不利的影響。

首先，就經濟部 3 月底宣布禁止產製 3000CC 以下柴油車談起，經濟部禁

止柴油車產銷的最大理由，是柴油的分配問題，因為我國柴油消費量不斷增加，經濟部預料兩年後柴油將呈不足，而做了以上的決定。但事實上柴油車燃料使用效率遠比汽油車為高，據試驗結果，同型大小汽車，每公升燃料柴油車之行程較汽油車高 40％以上，在石油危機後，歐美各國及日本為節省能源消耗，都在積極推動柴油車生產；當經濟部禁止國內產製柴油車後，韓國卻決定開始生產柴油大轎車供應內外銷，可見經濟部此項決定是與世界汽車工業發展趨向背道而馳。而且國內生產柴油小汽車為裕隆公司，該公司在 68 年為遵照經濟部提高自製率的規定，獲經濟部核准，進口製造 3000CC 以下柴油車引擎的生產設備，甫於去年 12 月底安裝完成，本年初開始試車準備生產，突遭經濟部的禁止產銷，使新購的生產設備閒置（據裕隆公司聘請日本專家研究結果，此項設備沒有辦法改製汽油引擎），連同一百多家衛星工廠的配合生產零件設備投資，合計約在新台幣 10 億元以上，不僅廠商發生了鉅額的損失，亦影響今年下半年汽車的生產。同時，經濟部所屬國營的台灣機械公司，卻於最近與美商合作產製重型柴油車，這種大型柴油車所需的柴油更多，不知經濟部核准該項合作投資計畫時，有沒有考慮到柴油的不足問題？為什麼厚彼而薄此呢？

　　據我們了解，近年來柴油消耗量的大幅增加，與石油產品的價格結構不合理有關，石油公司生產柴油與汽油的成本相近，可是汽油售價高出柴油售價一倍以上；因此，多產柴油小汽車就影響到汽油小汽車的銷路，使石油公司利潤高的汽油銷路受到影響，不賺錢的柴油銷售量反增加；經濟部為了石油公司的利潤著想，不從改善石油產品價格結構，提高柴油價格著手，反而決定禁止柴油小汽車的生產，是本末倒置、治絲益棼了。

　　其次，是經濟部國貿局於 6 月 14 日及 24 日，先後收回 11 項石化中間原料的進口簽證，即限制該等原料的進口，對國內生產此等石化中間原料者加以保護。其理由為近數月來美國由於經濟的不景氣，所需石化中間原料銳減，為謀求出路，以低價向世界各國推銷，國內石化中間原料廠商由於其產品價格高，無法與美國貨競爭，銷售量銳減，存貨驟增，若干工廠被迫停工，因而向政府大聲疾呼採取進口管制措施。經濟部國際貿易審議委員會為維護該等廠商的利益，無視下游加工業的困難，竟接受石化中間原料廠的建議，而採取上項管制措施。事實上，近年來國內石化中間原料廠在政府的保護政策下，利潤率極高，尤以去年為最，某些石化中間原料廠投入的資本，去年一年即賺了回來，利潤率高達百分之百，而目前在國際激烈競爭下，不謀求成本的降低，或

採取平均利潤的辦法，以盈補虧，克服難關，而竟要求政府繼續保護，其所造成下游加工廠商的困難更大。

我國石化下游加工產品 90％以上外銷，現政府採取管制進口措施，迫使其在國內採購較進口價貴 20％以上的國產中間原料，但我石化下游加工品的競爭對手國——香港、新加坡，卻買了便宜的美國石化中間原料，因此其加工品出口競爭力增強，若我加工品因原料成本高，無法與彼等產品競爭而一蹶不振，將使數以萬計的加工廠難以生存，更加深下半年經濟的不景氣；石化中間原料廠亦難逃波及的命運。我們認為主管機關對此案未能善加協調，竟根據片面的建議，遽下決定，保護了少數大廠商，卻傷害了多數的小廠商，不僅不能解決石化中間原料廠商的困難，而且最後將造成兩敗俱傷，更影響今、明兩年的經濟成長。

第三、是經濟部為節省能源，將禁止 120CC 以上機車的製造，引起機車製造業者的惶恐與不安。而且行政院曾於去年 10 月 24 日核定限制申請超過 150CC 以上機車的製造，但供外銷者不在此限，而今時隔不到一年，又要將 150CC 降為 120CC，不僅顯示政府政策朝令夕改，無所適從，亦使業者廿餘億元的投資設備，將遭受到極大的損失；事實上能否節省能源也是問題。至 68 年底國內登記使用的機車逾 330 萬輛，其中 120CC 以上者約占 40％，主要為中小企業及農村運貨之用，如禁止製造，將迫使需要者購買耗油量更多的小貨車，不僅耗油量未有節省，而且更增加公路的負荷。

以上三案，現仍在業者間、或業者與經濟部間不斷爭議中，我們期望負責財經協調的經建會，能充分發揮協調的功能，對此等案件分別作全盤的研究，提出持平而具體的解決之道，不僅可平息各方的爭議，亦可促進今年下半年景氣的回升，最主要的還要澄清觀感，認識政府有一個明確的工業政策，使業者有所遵循，增強投資意願，維持經濟的持續成長。

（民國 69 年 7 月 6 日　《經濟日報》二版）

10. 解決石化原料價格問題之根本辦法

石化工業中下游之間，長期以來經常為中間原料供應價格問題爭執不休，最近下游加工業陷入面臨停工危機，中游原料工業又瀕臨存貨不斷累積生產減少之困難，問題益加嚴重，本報為了解其中真實狀況，曾分別邀請石化上、中、下游業者座談，綜合業者意見，當前石化中間原料供應價格問題，應循下述四個途徑予以解決：

就短程言：

一、中游業者的供應價格，應再合理降低。在出口嚴重衰退，下游艱苦經營的情況下，中游業者不宜堅持本身的利潤，即使降價後可能導致今年營業虧損，亦應與下游業者攜手共度難關。

二、中間原料應即開放自由進口，使下游業者能有降低成本的生機，如認為開放進口對中游業者影響太大，可藉「機動提高進口稅率 50％」等方式，予以適度的保護；或藉加強融資等方式，協助中游業者解決存貨增加之困難。

就長程言：

三、政府部門：石化原料應長期維持自由進（出）口的政策，而以「有效稅率」作為保護的手段，避免動輒採取管制措施。

四、業者本身應有利益均享、同舟共濟的真誠，並共同研訂合理的計價公式，澈底解決今後價格調整的問題。

業者座談所獲以上的綜合結論，指出解決問題的途徑，甚為正確。今天我們願就國家整體經濟立場，對此問題提出我們的看法：

首先就此問題發生的基本原因作一分析：

一、國內石化基本原料及中間原料價格，低於日本及歐洲，但高於美國；因美國石油價格低廉，及由於經濟衰退，需要減少，石化原料供應過剩，且其生產規模大，固定設備已折舊完畢，成本低廉，故能以極低價格外銷。我政府為避免美國石化原料低價進口，打擊我中游工業，遂採取了管制進口措施。此雖使中游工業獲得保護，但下游工業被迫採購國內高價原料，成本上升，而香港、新加坡等進口美國低價原料加工出口，相對削弱我國下游產品出口競爭力；尤其下半年國際經濟將更趨惡化的情況下，對我石化下游產品的出口更為不利。

二、歐洲各國及日、韓石化工業同樣遭受到美國低價原料的衝擊，但它們問題不若我國之嚴重，其原因為：

1. 我國石化下游產品對出口依賴過大，人纖外銷比例高達 95％，塑膠外銷比例亦在 75％左右，無法採取內銷補貼外銷的政策，與歐、日各國石化下游產品均以內銷為主的情況不同。

2. 我國石化下游產品加工層次少，原料成本所占比例大，易受原料價格變動之影響；與歐、日各國石化下游產品加工層次多，附加價值高，原料成本比例小，受原料價格變動之影響程度小的情況不同。

3. 韓國石化下游產品依賴外銷比例雖亦大，但其石化基本原料價格，分為

內銷價與外銷價兩種，如乙烯、丙烯外銷加工用價格僅及內銷價格的二分之一左右，甚至此兩種產品外銷加工用價格低於美國，故韓國石化下游外銷工業，受到美國低價原料的影響小。

針對以上造成當前石化工業困難的原因，除採取上述業者綜合四點意見外，我們認為尚應採取下列措施：

一、中油公司所產石化基本原料銷售收入，約占其總收入的 12％左右，比例不算大；而石化基本原料價格的高低，影響到中下游一連串工業的發展，可參照韓國辦法基本原料內外銷採兩價制，如加工外銷用基本原料價格下降10％，則對石化中下游工業裨益甚大，而中油公司損失所占總收的 1％尚不到，這就是拔一毛而利天下，期望經濟部能拿出魄力來，作此重大決策。

二、如中油公司石化基本原料不能採用前述建議，降低價格，則中游原料價格所能降低的幅度也有限，仍然不能解決下游的困難。因此，我們願再對中油公司作第二項建議，即中油公司銷售之石化基本原料暫按現行價格七折收取，另三成採記帳方式，俟此次因難度過後，再由中游業者償還，以減經中游業者資金及利息的負擔。

三、石化下游廠商規模小、廠家多、設備陳舊、經營效率低，而且常以殺價為手段，互相惡性競爭，最後兩敗俱傷。工業主管當局，可趁目前業者經營困難時間，訂定較寬的鼓勵合併辦法，擴大經營規模，並動用 6 億美元貸款，鼓勵更新設備，提高生產力，以增強對外競爭能力。

四、目前我石化下游工業，多屬加工程度簡單，不僅是勞力密集，而且也是原料密集產品，原料成本所占成品售價比例大，易受原料價格上漲的不利影響。財經主管當局應相互合作，訂定鼓勵生產加工層次多，附加價值高的產品，減少對原料的依賴，亦即減輕原料價格波動的不利影響。

五、如美國今後繼續以低價銷售其石化原料，並查明確係有傾銷行為時，應採用關稅法第 46 條之規定，徵收適當之平衡稅，以代替管制進口。

以上五項建議及業者的四點綜合建議，如能認真執行，不僅可解決石化工業當前所遭遇的困難，長期而言，石化工業亦可獲得健全的發展。

（民國 69 年 8 月 8 日　《經濟日報》二版）

五、加強科技研究與發展和全力推動技術密集產業

1. 促進經濟快速發展的科學與技術觀

　　過去一般經濟學家認為經濟的發展，主要由於固定資本形成累積的結果。但近十年來，部分經濟學家進一步研究分析發現，工業與經濟的發展，固定資本的增加雖為重要促進因素之一，但最重要的卻為「技術的進步」。並分析歐洲各國促進經濟成長的原因，絕大部分國家資本累積的貢獻，遠遜於技術的進步。另有學者研究美國 17 家化學工廠過去十年的資料，發現每增加百元的固定設備，所能增加的毛收益率為 9％，而用於研究發展費用者，其毛收益率高達 54％。可見研究發展工作的效果與其重要性。因此各國對於研究發展工作的推動不遺餘力。例如美國 1967 年支用於研究發展費用達 240 億美元，相當美國該年國民生產毛額的 3％，或相當於該年我國國民生產毛額的 7 倍，可見其研究費用之鉅。英、法、德各國所支用的研究發展費用亦各占其國內生產毛額的 2％以上；日本近十年來亦急起直追，1969 年日本支用研究發展費用已增至 26 億美元，占該年國民生產毛額的 1.5％；1970 年日本自歐美引進的技術及專利權的費用即超過 4 億美元。

　　各國研究費用大部分用於應用科學研究與發展推廣方面，此部分工作多為生產事業從事研究，而基本科學研究費用所占比例較小，多為大學及學術研究機構負責。至研究費用財源，在日本生產事業負擔三分之二，政府負擔約三分之一，在歐洲各國政府與企業各 50％，在美國與日本相反，政府負擔三分之二，企業負擔三分之一，美國企業支付的研究費用中，約有二分之一為政府補助。

　　近十年來我國經濟發展相當迅速，但其中究有若干，係由於技術進步的貢獻，因缺乏完整的資料，不易估計。不過根據中央研究院經濟研究所所作技術進步對製造業成長的貢獻估計可看出，自民國 40 年至 57 年間，製造業淨產值平均每年增加 13.3％，其中由於勞動的貢獻占 23％，資本占 30％，技術進步占 47％。可見在我國技術進步對製造業的貢獻亦超過勞動與資本的貢獻。

　　我國製造業在過去雖有快速的發展，其在整個經濟中的比重已不斷提高，重、化工業生產占製造業總生產的比例去年亦提高至 50％。但如進一步分析，可以發現我們所謂重、化工業產品，多係利用初級技術及加工程度簡單的產品，基礎不固，易遭外來打擊。故近年來政府一再強調，我國今後經濟發展

重點，應加速重、化工業的發展，以生產高級及精密產品為主，因而對於科學技術研究與發展的需要，將更迫切。

科學技術研究與發展，需要大量的資金支援，其中尤以基本研究最為困難，不僅需要大量的資金，且研究者必須具有較高的天才，及更基本的訓練，而且並非每項研究均能成功，故此項工作需要長時期的培養與支持，宜由政府負責。數年前政府雖已在各大學設立數學、物理、化學、生物及工程研究中心，但基礎尚淺，今後更應寬籌經費，充實設備，網羅我國在外第一流的專家回國參與基本研究工作。至於應用研究與發展，各國多以生產事業從事為主，我國亦不例外。目前我國雖亦有公私研究所多處，但因經費、設備及人才均缺，有成就的實在太少。而我政府財力有限，不能像美國政府給予鉅額的補助。因此應用研究與發展工作仍需生產事業的支持，而由政府給予鼓勵。雖然我國獎勵投資條例規定，用於研究發展的費用可不列入所得額，但因我國營利事業所得稅率較輕，最高為 25％，如企業用於研究發展費用 100 元，等於減免所得稅 25 元，企業實際負擔 75 元，但在歐美各國所得稅率高達 50％以上，因此企業支用研究發展費用 100 元，等於政府減免所得稅 50 元以上，而企業實際負擔不到 50 元。由此可以看出，我國對研究發展需要雖比歐美各國更為迫切，但獎勵反為不夠。我們建議，凡企業用於研究發展費用 100 元，其中 50 元不列入所得額作費用處理，另 50 元用作抵繳營利事業所得稅（按：50 元×25％＝12.5 元），亦即企業實際負擔 37.5 元，而政府減免所得稅 62.5 元，以資激勵。

事實上，我國企業絕大部分為中小企業，除少數較大企業外，能力有限，無力個別擔當此重任，應獎勵各企業攜手合作，設立各業聯合研究所，邀請第一流專家參與研究工作，其費用由同業分擔，政府給予營利事業所得稅減免優待。

研究發展是長期性工作並非短時期所能生效，為爭取時間，可購買國外技術及專利權。例如日本近年來技術急速進步，但仍大力自國外引進。而我們雖在政府鼓勵之下，去年引進的技術及專利權，據估計僅三百餘萬美元，尚不及日本的百分之一，實在太少。今後政府不僅應給予減免稅的獎勵，更應簡化申請審核手續，及協助業者向國外爭取技術合作，並告知應注意事項，以免僅有技術合作之名，真正的技術並未傳授過來。

總之，為使我們的經濟能向高一層發展，產製高級及精密產品，必須大力推動科學技術研究與發展工作，給予特別的優惠與獎勵，政府雖減少短時期些

微的稅收，但為國家換取長期的利益，想賢明的財政當局，當會同意我們的看法。

（民國 60 年 11 月 17 日　　《經濟日報》二版）

2. 國科會應支持實用科學的研究與發展

近十多年來，許多計量經濟學家，研究各國經濟發展的成因，發現對經濟發展貢獻最大的因素，除傳統所認為的勞力與資本外，科學技術的進步更居重要地位。並應用計量經濟模型分析歐美高度工業化國家，促進經濟成長的原因，絕大部分國家資本累積的貢獻，遠遜於技術的進步。可見技術——實用科學研究與發展的效果及其重要性。因此，各國對實用科學研究與發展工作的推動不遺餘力。以美國 1971 年為例，美國聯邦預算中所列之研究發展費用達 154 億美元，其中用於基本科學研究者僅占 14%，實用科學研究與發展推廣者占 86%，計達 132 億美元，相當我們兩年的國民生產毛額。而且美國政府預算所列之研究發展經費，係透過政府各部委託大學、研究院、專門研究單位以及生產事業從事研究與發展工作，而其中以委託生產事業辦理者所占比重最大，高達 53%計 82 億美元。可知像美國資力這樣雄厚的國家，其研究發展經費絕大部分是用於實用科學研究與發展方面，不僅配合經濟發展的需要，有時走在經濟發展前面，領導著經濟向前發展。

回首看我國，過去由於財力有限，不論政府及民間很少從事研究與發展工作，直到四年前最高當局鑒於科學研究發展的重要性，及配合國家向經濟現代化途徑邁進的需要，曾指示在中央政府預算中，每年撥出數億元，交國科會加強科學研究發展工作。在當時政府不太寬裕的預算中，每年撥出如此鉅額經費，相當不容易，另方面亦可表示當局對科學研究發展之重視。但我們很驚異的是，在過去四年已用去二十餘億元經費的今天，讀到國科會的檢討消息（載 10 月 9 日本報專訊），該會很坦率的指出，在過去四年之第一期科學研究發展四年計畫中，並未能與國家經濟建設作積極而密切的配合；因此，該會鑒於需要，決定將工作重點，由基本科學研究擴及應用科學研究，並計畫另成立一個機構，網羅國內外專家學者，針對國家經濟建設可能招致的問題，向政府提出建議，以應國際情勢變化，加速經濟發展，厚植「自力更生的力量」。

國科會的坦誠檢討，及立即改變工作重點的精神，雖屬可貴，但以四年的時間，二十餘億元的經費，大量的人力，換取這點經驗，所付出的代價實在是太大了。本文開首即以美國為例，說明以美國資力之雄厚，還以其 86% 的研

究經費，用於實用科學研究與發展推廣工作，以表示這是世界的趨勢。而我們此方面的主管們，不是常住美國，即是常來往於中美之間的人士，而竟囿於世界的趨勢，給國家所遭受的損失，非用金錢所能形容的。否則，我們的「自力更生的力量」可早已建立起來了。

我們認為國科會應積極加強實用科學研究與發展工作，並不需要成立任何單位，國內外專家學者被該會網羅的已很多，問題是沒有好好的加以利用而已。如過去支持公立大學教授研究用去大量的補助費，而此項研究結果所撰寫之報告，大多被束之高閣，因此撰寫人以交卷了事，如真有創見的也被埋沒了，不僅對作者不公平，也失去寫研究報告之原意。我們建議，國科會應函請政府各部門及公民營企業，將他們當前及未來可能遭遇到的困難問題列出送給國科會，國科會將此等問題整理分類作成各個研究題目，分送各學校徵求教授們針對該等困難提出研究大綱，經審查合格接受後，再給予研究補助；另撥出部分經費補助有特殊專長，自行擬定研究題目，而與當前經濟有關者。每年將所有研究報告鉛印發表，一方而可激勵作者認真從事，另方面便於各方運用參考，亦可使各報告得到公平的評價。對有特殊價值者，應再給予特別研究獎金。

其次，國科會所邀請回國之學者專家，除從事教課任務外，並宜依各人專長指定為生產事業之義務技術或管理顧問，協助各事業解決所遭遇之困難問題，及研究改善生產及管理方法，以提高產品品質及降低成本。

第三、國科會應調查公民營大企業有研究發展單位者，予以協調分工合作，並給予財力人力支持；如缺乏設備者，給予免息貸款添購設備；缺乏人力者，可由國科會以高薪在國內外聘請在該方面有實際經驗及有成就者，參與該項研究發展工作。

第四、對於需要較高技術之中小企業，因彼等無力從事研究發展工作，國科會應會同主管單位，聯繫各同業，由國科會支持設立同業小型聯合技術研究所或室，代辦或供中小企業從事研究試驗之用，並協助解決疑難問題。

以上四點如能認真做到，不僅實用科學研究發展與經濟發展可以密切配合，國家所遭遇之問題，大半亦可循此途徑得到解決，並且可使全國有從事研究發展能力的人士，均可動員起來，使人力資源得到最有效的利用。

（民國 61 年 10 月 14 日　《經濟日報》二版）

3. 建議編製科技發展指標

在上（3）月政府召開的經濟會議中，不論與會的政府官員、學者專家與工商界人士，都了解到，要使我們國家早日進入開發國家的境界，必須加速工業結構的改善，發展資本及技術密集的工業。但要建立資本及技術密集的工業，則有賴科學和技術的支持，而且要不斷的提高其水準。故科學與技術為現代化國家的基礎。故總統蔣公對科技的研究與發展極為重視，除於 40 年前即提出「科學救國」的主張外，最近於民國 57、58 年間，又一再剴切訓示我們科技的重要，他老人家說：「我們要建設現代化的國家，必須以科學為基礎，否則國家將永遠落後，不能進步達到現代化的境地。」「只要我們在科學上不落後，國家便有光明的前途。」「學術研究之發展，生產技術之進步，社會經濟之繁榮，特別是國家的現代化，則無一不有賴於科學的昌明發達。」並進一步指示如何去實踐：「不僅要吸收進步國家的科學知識和科學技術，並要參考進步國家的經驗和方法，但是更要根據自己國家社會實際的狀況和需要，把定其發展與實踐的方向。」「發展科學當然非一蹴可幾，然而只要我們有方針、有計畫、有步驟，由小而大，由淺而深，分別輕重緩急，切切實實的去做，一定能夠達到預定的目標。」故總統蔣公而且親手草擬科學發展之要點，將研究發展科學之進程分為三期進行，以四年為一期，三期合計 12 年，並按年指撥專款，指示主管機構研擬科學發展具體計畫。可見故總統蔣公對科學研究與發展指示之周密與期望之殷切。

但自 58 年迄今科技發展 12 年計畫已過去大半，其執行進度及成果如何？美國科學史權威學者普萊斯（Derek J. de Solla Price）於去年 8 月間訪問我國後，曾就我國著作科學家人數加以統計，指出民國 56 年時僅 72 人，至 61 年提高為 206 人，五年間增加將近二倍；與美國比較，同時期自占美國的 1.38‰，增至 1.84‰，雖然我國所占美國的比例極低，但該項資料顯示我國著作科學家人數增加較美國為快速，符合故總統由小而大的指示。但除此以外，我們再沒有發現政府主管機關有任何具體執行成果的檢討發表。我們亦了解在當前缺乏有效的科技測量工具情況下，不僅無法檢討，亦無法確定發展目標與進度。因此我們建議，除積極加強科學技術研究與發展外，更應及早編製「科技發展指標」。有此「指標」不僅可確定未來發展的目標及其執行進度，更可藉此了解各部門需要及不足的情況，適時調整計畫重點，使有限的科技資源，能獲得最有效的利用。

　　我們認為下列五項科技指標，必須及早建立：

　　一、定期調查及統計每年用於科學技術研究與發展的支出，及其占國民生產毛額（GNP）的百分比，以觀察我們努力的程度。例如美、英、法三國最近十年來用於研究與發展的費用占 GNP 的比例有下降趨勢，而日本與西德則有顯著的上升；因此同時期美、英、法三國工業生產力提高的程度遠落在日、德兩國之後。最近幾年來該五個工業化國家的產品，在國際市場上競爭能力的消長，及國際收支的變化，最能反映對科技發展努力與否的結果。

　　二、定期調查及統計國內從事研究與發展的科學家及工程師人數，及占總人口的百分比，以了解培養的程度及科技的水準，以及未來發展的潛力。如 1971 年美國及日本每萬人中有從事科技研究者 25 人，西德 15 人，法國 12 人：但與 1961 年比較，日、德各增加一倍以上，法國僅增加 70％，美國沒有增加，與前一指標所表示之趨勢完全一致。

　　三、調查第一項指標時，應同時調查其資金來源，如政府、公、民營企業及私人捐助與在各部門支用情況，以了解各方面對研究與發展貢獻之程度，是否已盡到應有之努力，以及科技資源分配是否適當，能否配合實際需要，以為未來調整分配之依據。

　　四、統計每年核准專利權案件，分國人所有及外人所有，以及每年自國外引進專利權之件數與金額。以了解我國技術進步實況與對外依賴程度。如美國為自由世界專利權輸出最大國家，十年來售出專利權金額增加 1.5 倍，售給日本者同時期增加 3.3 倍，占美國專利權售出總額的三分之一以上，可見日本對國外技術引進之積極程度。

　　五、分析我國各年進出口產品中，技術密集產品的金額及占總額的比例，其作用較第四項指標更可進一步了解國內科技實用的情況與對外依賴的程度。如美國技術密集產品出口金額近十年來不僅不斷增加，且占出口總額的比例亦不斷提高。不過進口的技術密集產品金額增加幅度更大，超過技術密集產品出口增加的幅度，如在 1961 年美國進口的技術密集產品，占其技術密集產品出口的五分之一，至 1971 年已提高到五分之二以上，雖然美國仍是技術密集產品出超的國家，但顯示美國以外的科技發展速度及實用的程度遠超過美國。

　　在編製以上各項科技指標時，每種指標的內容及所包括的範圍，必須參照國際標準，否則無法與國際間比較。我們如能建立以上合乎國際標準的科技指標，不僅可供我們科技發展測量的工具，將因此導致科技發展走向正確的方向，使我們能更積極的加強科技研究與發展工作，使有限的科技資源，得到最

適當的分配，使我們國家早日邁向現代開發國家的境地，以慰故總統蔣公在天之靈。

（民國 64 年 4 月 12 日 《經濟日報》二版）

4. 我國科學發展的評價與我們的期望

美國科學史權威學者普萊斯（Derek J. de Solla Price），對世界各國的科學發展情形曾作過許多統計，普氏於今年 8 月間訪問我國，親自看過我國科學發展的措施，也瞭解我國科學發展的情況，普氏亦曾就我國著作科學家人數加以統計。該項統計乃是專以在台灣有研究著作，而發表於國際水準的科學期刊之科學家為限，至於著作發表於在台灣出版的期刊，以及在國外的中國著作科學家，則未包括在內。普氏統計我國「著作科學家」於 1967 年時僅 72 人，至 1972 年已增至 206 人，短短五年間增加將近二倍。普氏並指出，在絕對人數上，我國「研究著作中的科學家」人數，與美國比較，同時期自占美國的 1.38‰，增至 1.84‰；亦即在過去五年中，我國「研究著作中的科學家」人數增加率，較美國為快；如以美國為標準，則我國「著作科學家」人數占美國的比例，在這段時期中每年的增加率約為 7%。普氏這項有關我國著作科學家人數的統計傳到我國後，不僅使科學研究主管部門深為欣慰，數年來他們的苦心努力並未白費，亦使自認我國科學研究落後的國人值得喜悅。不過就「研究著作中科學家」與總人口的比例來看，美國每十萬人口中有 53 位著作科學家，而我國每十萬人中僅有 1.3 位，竟弱於美國 40 倍以上，又怎不使我們慚愧與警惕。

普氏所統計 1972 年我國有 206 位著作科學家，但所包括的範圍如何不得而知。不過以我國當前的財力、人力與物力而言，不宜過於重視「基本科學的研究」，而應盡全力於「實用科學的研究與發展」，就以富甲天下的美國而言，其每年自聯邦政府總預算中，約撥出 7% 至 8% 的經費用於研究與發展，如 1972 年研究與發展費用高達 167 億美元，其中用於「基本科學研究」者不及 15%，「實用科學研究」者占 25%，用於「發展」者高達 60%，可見美國對「實用科學研究與發展」的重視，而美國近數十年來工業與經濟的進步，以及國民所得及生活水準的提高，得力於「研究與發展」者至鉅。

我們了解政府每年用於「科學研究與發展」的經費雖屬有限，不過政府能於六年前財政不寬裕的情況下，每年撥出新台幣 4 億元供科學研究發展之用，亦屬難能可貴，我們自希望在政府財力可能之範圍內，充實研究與發展的經

費。同時，我們為使我國還在萌芽的科學研究與發展工作，能對經濟發展有所貢獻，特提出我們的三點期望：

一、過去國科會每年支持公立大學教授研究的補助費為數甚巨，占去整個科學研究發展經費相當大的部分，其成果如何，因未見發表尚難論斷，不過一般反映不佳，但自本學年開始公立大專教授待遇大幅提高後，此項補助費似可取消；而將此筆經費撥給真正從事實用科學研究者，充實其設備及人力，並將所研究之結果印刷公開發表，除可激勵研究者認真從事，亦可使有關之學者有進一步討論之機會，並可使各研究結果得到公平的評價。對有特殊價值者，各再給予特別研究獎金，並將其研究結果譯成英文，送國際水準期刊發表。

二、過去科學研究發展經費用途，僅限於政府研究機構與公立學校，故效果不夠顯著。今後應對民營企業有真正從事研究發展單位者，給予財力人力的支持；要知企業研究獲有成果，雖然增加其利潤，但整個國家亦受其惠。例如美國聯邦政府每年的科學研究發展費用中，委託企業研究部門辦理者超過50％以上。

三、不論過去及現在，公私機構對科學技術研究有成就者，多被提升擔任行政主管的工作，目的在酬勞其貢獻，用意至善；但實際上卻是埋沒了科學人才。據美國國家工程研究院發表著名工程學者弗瑞斯特（Jay W. Forrester）的一項研究結果，由於科技的迅速發展，如不能隨時吸收專業新知，則將加速落伍。一個現代工程師至少需要以 10％的時間補充他所有專業知識的折舊部分；如欲增進自己的知識與能力，則更須再加上 10％至 15％的時間來從事研究。科學技術研究者一旦擔任了行政工作，勢必大大的剝削其從事研究工作的時間。今後希望此類事件能夠避免，使我們僅有的少數科學技術研究者，能在其本位上發揮其專長，有助於我國經濟向更高一層的發展。

（民國 63 年 12 月 21 日　《聯合報》二版）

5. 對科技會議與會人士的建議

行政院為策訂當前國家科學技術政策，加強農、工與資源應用科學技術的研究發展、及科技人才的羅致與培育，以加速國家經濟建設，進入現代化國家境界；決定於本（1）月 30 日開始，舉行「行政院科學技術會議」，為期四天，由行政院蔣院長親自主持，可見政府對此次會議之重視。

該項會議分四組進行，包括（1）科技人才的培植、羅致與利用；（2）科技與工業發展；（3）科技與農業發展；（4）能源、天然資源、環境、醫藥衛

生與科技。而且各組在會前已聘請專家學者數百人，對各組中心議題研提議案。便於分組會中討論，經大會通過後，以供行政院決定今後科技政策之參考。顯示該項會議邀約之專家學者甚為廣泛，事前之準備工作亦相當充分。

不過，科學技術研究發展問題經緯萬端，我們今天將就科技發展的基本問題提出我們的意見，以供與會人士之參考。

一、組織專案小組就現有科技發展的行政決策領導機構及各研究所，作一全盤調查與檢討，提出改進建議。目前在決策階層有安全會議的科學指導委員會、行政院國家科學委員會及應用科技研究小組，職權如何劃分，實際工作有無達到設置之目的應加坦誠檢討。至於研究單位，在政府設置及支持的有：中央研究院、行政院原子能委員會、國防部中山科學研究院、工業技術研究院、國營事業所屬之各研究試驗單位，國立大學設立之各研究所與中心，以及省政府所設置之各研究試驗機構，因其各有主管單位，前述之科導會、國科會及科技研究小組，對此等研究工作均無權過問。因此，政府在此等機構所花費之所謂科技研究發展費用，每年均有數十億元，以我國財力而言，並非小數，但因缺乏統籌規劃，協調分工合作，使有限的人力、物力與財力，未能充分發揮應有的效能。我們建議在此次會議中，推選公正而工作熱忱負責之專家組成小組，給予一年之時間，就上述所有單位，作全面實地之調查與了解，澈底檢討，提出建立我國科學發展一套體制之建議，供政府採擇實施。必要時可赴韓國訪問，了解其近十年來科技研究發展成功之原因與做法，以供我國借鏡。

二、確立我國科技研究發展經費目標。在各工業國家每年公私機構，用於科技研究發展之經費極巨，以美國最高，每年相當其國民生產毛額的 2.5% 至 3%，歐洲各國亦在 2% 左右，日本在 1.5% 至 5% 之間。我國尚無確實統計，不過就各機構零星發表的資料來觀察，估計每年在 50 億元左右，相當國內生產毛額的 0.7% 至 0.8% 之間，雖較各工業國家比率低了很多，但主要係政府之支出，以當前政府之財力，每年能有這樣的比率已難能可貴。不過為配合今後資本及技術密集工業發展，此等經費似嫌不足，必須鼓勵民間加強參與科學技術發展工作，充裕經費，使占國內生產毛額的比例，在五年內能提高至 1.5% 為目標。如何能達成此目標，希望與會人士能提出實用可行的辦法。

三、設立「技術引進輔導中心」，加強科技的引進。以我國目前及今後數年內之國力與科技水準，尚難作獨立的基礎科學研究，必須引進國外已有的成就供我利用，但就我國企業能力而言，除少數大企業外，大多數中小企業甚難自國外直接引進。我們建議網羅專家設立「技術引進輔導中心」，以協助業者

引進國外新技術，並加以消化、吸收、改良研究，逐漸發展為我國的優良技術。

　　四、調查研究目前及今後國內建設所需要之科技，以為配合。目前各科技研究發展機構，所作之研究工作，尚難配合國家建設的需要。一方面由於研究單位不了解業者的需要，另方面業者不信任研究機構的能力與研究結果，故很少委託研究機構從事研究工作。期望此次會議中，能建議會後設立另一專案小組，先就目前工業在科技方面所遭遇之困難作一重點調查，繼就政府發展重化工業所需之新科技作一研究，提出解決當前工業困難及配合工業今後發展所需新科技的研究方案，及科技人力羅致與培養計畫，以供各研究單位參照實施。

　　五、研提科技研究發展所需之配合措施。為加強民間企業參與科技研究發展工作，必須在稅負及融資方面給予優惠。為使從事研究工作者能安於工作，必須有一套合理的待遇制度，不受政府的各項法規的限制。為使科技研究成果，能夠獲得保障，健全的專利制度不可缺，而目前這套過時的專利法必須澈底檢討全面修改。有關各方面的配合措施，希望能在此次會議中提出討論，並獲得具體的建議。

　　以上五項雖不是解決我國科技發展問題的全套方案，但如在會議中經過熱烈的討論，獲得具體的建議，而且各主管單位確能認真執行，則在五年內一套健全的科技研究發展制度必能建立，重、化工業的順利發展及進入工業化國家的境界，必可預期。

（民國 67 年 1 月 28 日　《經濟日報》二版）

6. 如何有效推動科技研究發展工作

　　日前行政院孫院長運璿於院會中，指示教育部等有關單位，對於今春召開的行政院科技會議所獲結論中，應辦及可辦的，希望立即著手推動，所需經費在編製 69 年度總預算案時衡酌列入。今年春行政院為策訂當前國家科學技術政策，加強農、工與資源應用科學技術的研究發展，及科技人才的羅致與培育，以加速國家經濟建設，進入現代化國家境界，特於今年 1 月 30 日開始，舉行「行政院科學技術會議」，為期四天，與會人員數百人，由前行政院蔣院長親自主持，可見政府對此次會議之重視。會議分四組進行，包括（1）科技人才的培植、羅致與利用；（2）科技與工業發展；（3）科技與農業發展；及（4）能源、天然資源、環境、醫藥衛生與科技。而且各組在會前聘請專家學者數百人，對各組中心議題研提議案，經四天之分組熱烈討論後，獲得決議數

百件，以供行政院決定今後科技政策之參考。

　　不論政府主管當局、學者專家，與工商界人士，都深切了解，我們勞力密集產品的品質改良、品級提高，及資本與技術密集工業的發展，無不以科技為關鍵所在，今春召開之科技會議已有遲來之感，故當蔣前院長主持閉幕會議致詞時，強調將會議結論立刻整理付諸實施的指示。沒料到該項會議已結束半年後的今天，還要勞現任行政院長指示有關單位，對該項會議所獲結論中，應辦及可辦的立即著手推動，顯示各有關單位辦事缺乏主動精神。但即是遵示立即辦理，所需經費還要衡酌列入下年度（明年 7 月開始之 69 會計年度）預算，距該項會議決議將一年半矣。

　　不過，檢討該項會議所獲之決議，是否皆立即可行不無問題。故本報曾於 2 月 4 日在該項會議結束後，撰論「全國科技會議後應有的作法」，指出該項會議的閉幕，並非結束，毋寧是我國加強科技研究發展的開始，並且強調及建議有關各機構派遣高級主管人員，會同專家學者組成工作專案小組，就該項會議所獲結論，加以整理、補充、協調與調整，研擬一套「整體科技研究發展推行方案」，以及需要立法的部分，應更進一步草擬「獎勵科技研究發展條例」完成立法手續，以便各部門遵照實施。

　　可是，我們看到經濟部日前發表消息，該部已訂定「科技發展準則」，其目的在集中力量研究發展我國工業所需的科技，促使經濟發展進入更高境界。但是仔細研究其內容，並未能照顧到全國科技會議決議，而且即是符合該項準則的科技研究發展計畫，亦是零星而缺乏整體的做法。

　　我國的科技研究及行政單位，顯現出政出多門各自為政的毛病，為今之計，必須遵照蔣前院長在科技會議閉幕致詞時的指示：「各級主管對於科學技術的研究，必須要有開明的作風，打破門戶之見及各自為政的觀念」，及「各科學技術研究機構之間，要加強聯繫協調、相互支援，避免重複，以免浪費人力物力。」更需進一步團結合作，組織專案工作小組，研擬一套整體推動方案，包括在今後若干年內我們要發展的工業，所產的高級產品，目前已擁有的技術，需要進一步研究發展的技術，或需要向國外引進的技術，以及要從事這一類的研究與發展工作所需科技人才的培養，租稅的減免，經費及金融的支持等等，均詳為規畫；經行政最高當局核准後，由公民營科技研究與發展，以及科技人才培育單位，分工合作共同推動；而且與經濟發展計畫並行，以支持我國工業能夠早日邁進高級化的境界。

　　　　　　　　　　　　（民國 67 年 7 月 29 日　《經濟日報》二版）

7. 促請早日設立新竹科學工業園區

　　本報鑒於科學技術研究發展工作，在經濟發展過程中所居的重要性，一貫著論鼓吹積極加強，早在四年前檢討國科會所推動的研究發展工作，未能與國家建設需要作積極而密切的配合時，即於 61 年 10 月 14 日曾撰述社論「國科會應支持實用科學的研究與發展」一文，呼籲國科會應改變方針，積極加強實用科學的研究與發展工作。今年 5 月間看到國科會近年來已將工作重點轉到實用研究與發展方面，而且獲得許多成就，於今年 5 月 15 日復撰社論「欣聞國科會積極展開實用科學的研究」，期望國科會能百尺竿頭更進一步，協助解決我國正在大力推動的，以大鋼廠為基礎發展金屬、機械、運輸工具和電機、電子工業；以及以輕油裂解為基礎之中下游石油化學工業，與紡織、塑膠、合成橡膠和肥料工業等兩系列之一貫作業發展所遭遇之科技問題。亦即期望國科會所推動的科學技術研究發展工作，能與工業建設打成一片。

　　今天我們很高興看到國科會與經濟部共同研訂的「設置科學技術工業園區工作綱要」的宣布，決定在新竹清華大學至竹東玻璃研究所地區，約二千公頃土地，設置科學技術工業園區，並以此園區作為技術引進及創新的先驅。我們高興的不僅是我們的期望得以實現，而更高興的是六年經濟計畫發展重點，資本與技術密集的工業得以迅速推展。不過，我們了解在新竹設置科學技術工業園區的構想，早在十年前，當時經濟部李國鼎部長任內即已提出，但不知何故曇花一現後，即無下文，一拖就是十年。我們希望這次的提出不要再步過去的後塵，僅具構想，而無具體的計畫。故特提出如下的建議，期望能積極認真的去推動：

　　一、成立「新竹科學技術工業園區推動工作小組」，由經濟部長及國科會主任委員任共同召集人，除召集人為兼任外，所有工作人員、不論是向有關部、會、省政府及新竹縣政府調用人員，或新聘專家學者擔任，一律專任。並責成該小組於一年之內，提出該園區全盤開發計畫，報請行政院核定實施。

　　二、該工作小組研擬全盤開發計畫時，應配合六年計畫的需要，避免閉門造車，或過於好高騖遠，要腳踏實地按照計畫進度研擬。重要工作人員應赴韓國考察韓國科學技術處的作業，以及韓國科學技術計畫與五年經濟計畫如何配合的作業。

　　三、在開發計畫核定後，前項工作小組即撤銷，另成立「新竹科學技術工業園區開發處」，其下應設兩大部門，一為行政管理、一為研究發展。前者負

責研究機構與工廠設立核准及管理事宜，凡經開發處核准設立者，不必再向各主管官署申請，以簡化手續，提高效率，與加工出口區性質相同。後者則負責研究發展工作的推動，人才培育的規劃以及研究與生產單位有關科學技術的協調事宜。

四、該園區不僅包括科學技術研究單位，尚應包括科技人員的培訓單位與技術密集工業在內，使研究、人員培育與生產單位打成一片，互相配合。

五、開發計畫核定同時，即由行政院在中央政府預算中，分年指撥專款供該園區徵購土地、規劃及公共設施建設經費，包括道路、水、電及電訊等基本設施建設。

六、園區內所有工業以民營為原則，至研究單位亦鼓勵民間參加經營。

七、注意引進工業先進國家技術時，應加以消化改進，適合我國的需要，並培養創新的能力，使技術在國內生根，奠定國內科學技術的基礎，提高我國工業生產技術水準。

我們期望該科技園區於六年計畫結束時，同時建設完成。

（民國 65 年 9 月 11 日　《經濟日報》二版）

8. 期望科學工業園區早日設立

籌劃多年的新竹科學工業園區，由於「科學工業實驗園區設置管理條例」於日前經行政院院會通過後，已向前邁進一大步，該條例即將送請立法院審議，完成立法程序。這是民國 49 年頒布獎勵投資條例，促進經濟全面發展以來，為使今後進一步發展技術密集工業，有了一個法令的根據。

科學工業試驗園區內之工業，必為技術密集工業，而此類工業必須具有創造性，其產品需要不斷改良與創新，以爭取市場；因此，該等工業必須仰賴高等的科學研究、完善的研究設備及專業的技術人才。例如美國波士頓附近之科學工業園區，於 1950 年設立，因有著名之哈佛大學、麻省理工學院及東北大學等學術機構，人才薈集、科學發達、技術領先；因此，各種工業相繼遷入，建教合作相輔相成，工業與學校人才技術相互交流，人才愈集愈多，工業愈形發達，且不斷蛻變擴散，使成為世界科技發展中心之一。此外，美國加州舊金山以下之 Palo Alto 半島上之科學工業園區，於 1960 年設立，因有史丹福大學及幾所加州大學，亦是科技人才薈集之所；因此，許多高級工業相繼遷入，與各大學從事建教合作，相得益彰，形成美國第二大科學工業園區。我們的鄰邦韓國，為發展技術密集工業，亦設有類似的科學工業園區，韓國稱之為「科學

城」，一在漢城附近，一在大德，是韓國科技研究配合五年經建計畫有效執行的例子；區內設有重化工業研究所、船舶研究所及工業檢驗標準研究所等，擁有最新原子能設備。區內研究機構可接受工業機構委託，實際參與解決高級工業在研究發展或製造上，所遭遇之迫切問題。由此可見，科學工業園區，應包括科學技術研究機構、科技人才培育單位及技術密集工業，使科技研究、科技人才培育與工業生產打成一片，相互配合，方能收到預期效果。

我國第一個科學工業實驗園區選擇新竹地區，因區內有清華大學、交通大學、工業技術研究院、國科會精密儀器發展中心、食品工業研究所及中國玻璃工業研究所等。該地區已擁有數所科技研究單位、高級研究人才及科技人才訓練單位，可說已具備了良好條件，祇要該條例完成立法程序後，引進大量技術密集工業在該地區設立，必將成為一個完善的科學工業園區。

科學工業試驗園區的設立，不僅在經濟方面有其重要性，即使在政治、教育及國防方面，亦有其貢獻。如（1）創設科學工業試驗園區發展技術密集工業，提高工業技能水準，並可帶動全國高級工業發展；（2）發展技術密集工業，需要大量的專門人才，實為對我國旅居海外的科技人才回歸，為祖國服務的有力號召；（3）創設科學工業試驗園區，可以開發高級科技人力資源，創造高級知識青年的就業機會，緩和人才外流的現象；（4）園區內工業可與學校和研究機構，在科技方面彼此合作，教育支援工業，工業帶領教育，以建立健全的建教合作系統，並可達成學以致用，才有所寄之目的；（5）創設科學工業試驗園區，可使一般金屬工業、材料工業、化學工業、機械工業、電子電機工業、運輸工具工業及精密工業等技術水準升高，以配合國防工業發展的需要。

經行政院通過之「科學工業試驗園區設置管理條例」，除規定須設置一有效率而負責任之機構，使事權統一，行政手續簡化，並能提供高度之服務與便利外，因技術密集工業，遠較一般工業經營困難，故在稅捐減免及工業用地取得方面，給予特殊之優惠，而且規定園區內工業之產品，可以依法課稅後無條件內銷。此等規定都是目前加工出口區及一般工業所不能享受之優惠，可見政府對發展技術密集工業之決心。我們期望該條例能在立法院迅速通過後，主管單位國科會及經濟部，通力合作有計畫的引進國外高級工業、技術與人才，及鼓勵國內企業家前往設置技術密集工業，教育部及金融機構給予充分的支援，使我國的科學工業試驗園區能夠迅速建立及茁壯，並帶動全國高級工業的發展，使成為改善我國工業結構的基礎。

（民國 67 年 12 月 16 日　《經濟日報》二版）

9. 突破技術密集工業發展的觀念問題

廿餘年來，我們積極推動勞力密集工業發展，以之大量出口，帶動了全面經濟的發展，所得大幅提高，對整體經濟的發展貢獻至巨。但最近數年來，由於勞力已有不足現象，工資不斷大幅上升；如今後繼續發展勞力密集工業，將加深勞力不足的壓力，廉價勞力的優勢逐漸消失，削弱國際競爭能力；而且此等產業不需要大量投資，也不需要高度技術，此外，勞力充沛的若干開發中國家，他們的工資較我們更低廉，他們正積極發展此等工業，其產品已開始進入國際市場，因此，未來勞力密集產品的國際市場，競爭將較過去更激烈。同時，許多進口勞力密集產品的工業國家，為保護其國內同類工業，不使失業增加，都紛紛採取保護措施，我國出口的若干重要勞力密集產品，都遭遇到進口國家限額的限制，或課徵平衡稅，而削弱了我產品出口的競爭能力。此等現象均不利於我勞力密集工業的持續發展。

為克服以上的困難，發展高級工業及重、化工業，是唯一可取的途徑。雖近年來我們已朝此方向進行，但進度緩慢，做法不夠積極。在過去，發展此等工業不夠積極，祇是我們工業升段的目標延緩達成而已，但自美國與大陸建交後，我們出口的勞力密集產品，除有以上的困難外，今後更將遭遇大陸勞力密集產品競爭的壓力；雖然大陸的四個現代化目標很難達成，但以大陸充沛的勞力及不計成本的低廉工資，如集中力量發展少數幾項勞力密集工業，以其產品出口，則給我們勞力密集產品出口的衝擊，是不可忽視的。因此，積極發展高級產品及重、化工業產品，除不致遭受工業國家保護措施的限制外，且可避免落後國家及大陸勞力密集產品的激烈競爭。面高級工業及重、化工業的發展，需要較過去更高級的技術，過去十年來，此等工業發展的進度緩慢，原因雖然很多，但各方對技術需要的認識不夠，尤其在現階段下技術對我國迫切需要的認識不清，也是重要的原因之一。現在我們願就突破技術密集工業發展的觀念問題，提出下列的看法；

一、對政府主管當局及立法者的期望：自民國 40 年代開始，我們為發展勞力密集產業，政府採取了積極的政策，以減免稅措施鼓勵儲蓄、投資與出口，實施出口退稅辦法及獎勵投資條例，歷年來雖然政府減免及退了二千多億元的稅，但稅收增加更多，不僅自財政發生巨額赤字，轉為年年有歲計剩餘，而且促進經濟的全面發展，提高了我們的生活水準。而今後發展技術密集工

業，不單單是工業升段，而是我國產品在國際市場上能否維持競爭力，以及我國經濟能否在自由世界屹立不搖的關鍵所在。我們應該特別重視這一種努力。

最近行政院檢送立法院審議的「科學工業實驗園區設置管理條例」，將使我國技術密集工業今後發展有了法令的依據。不過，聞國科會在提出原案時，其中若干關鍵的免稅優惠待遇及行政授權，未為財經兩部所支持；行政院如何裁決，因草案未見發表不得而知。不過，我們期望立法委員先生們，審查該法案時，能參照 20 年前審查獎勵投資條例時的精神，給予充分支持迅速完成立法程序。甚至，如認為該法案對激勵技術密集工業早日進入該園區設廠的鼓勵不夠的話，應予以加強，使國科會原預定十年內完成的三期計畫，能提前於五年內完成，而於十年內能擴張到使全台灣地區重要的工業，都能進步到高級技術的水準，支持我國經濟永遠屹立於自由世界而不墜。

二、對業者及投資人的期望：過去我們絕大多數的業者與投資人，只顧近利而缺乏長遠的打算，只重量的擴充而不重品質的提高，只知業務的擴張而忽視技術的改進。在過去整個國際經濟繁榮時期，我們的工業雖然一樣的可以長大茁壯；但一旦國際經濟衰退，我們所受的打擊亦最大。自石油危機以來，過去國際經濟的高度繁榮難期再現，金業界面對新的形勢，必須作長遠的規劃，重視並積極推動技術的研究與發展工作，企業界本身如無力進行，可委託專業技術研究機構，或與大專院校或教授合作進行，亦可集合同業的力量來推動此項工作，使能迅速改善現有產品的品質、提高生產力、創造新產品及提高出口競爭能力。

我們更期望國內許多投資者，能與國內或旅居外國有成就而缺乏資本的科技專家合作，創建技術密集工業，開拓技術密集產品的出口，這不僅使我國工業能迅速升段及壯大，投資者自長期看亦可獲得厚利。

三、對教育與技術研究機構的期望：我國高等教育相當發達，工業技術研究機構也成立了許多，但成就不著；最主要的原因是這許多學校與研究單位所作的研究工作，與實際需要脫了節。我們期望在科學工業園區內的大學、工業技術研究單位，應主動的積極的與區內工廠合作，提供設備及高級技術人才，協助工廠解決各項困難及代訓在職員工，並接受委託進行各項研究工作，以及邀請工廠特殊專門技術專家到學校授課，講授特種技術知識，使學術機構與工廠知識經驗互相交流，提高雙方的水準，而有利於技術密集工業的發展。

（民國 68 年 4 月 14 日　《聯合報》二版）

六、培育高級人力

1. 高級人力的培育與經濟發展的配合

　　由教育部主持召開的「教育計畫與經濟發展研習會」，自本月 20 日揭幕以來，為期四日，將於本日閉幕。與會人士除教育部及中央部會官員外，多為省市教育廳局科長、縣市教育局長等，三天來除邀請有關部會首長報告外，並有專家學者之專題講演，其目的在使全國地方教育行政人員溝通觀念，結合力量，使教育配合國家需要發展。過去教育及人力配合經濟發展會議，多為經濟發展單位召開，今由教育單位主持，則為首次，為一可喜現象。

　　在過去三天會議中，機關首長及專家學者的報告中，使我們了解到，過去教育培育的人力，確實未能配合經濟發展的需要。不過這並非我國如此，乃為開發中國家的通病。不過我們近幾年來的積極建設，經濟方面數年後即將進入開發國家之林，如我們的教育仍停滯於開發中國家的水準，不僅浪費了我們的教育投資與人力；同時，也阻礙或減緩經濟邁向工業化國家的進程。

　　根據過去三天的專家學者及有關機構首長的專題講演，以及各項調查報告，我們發現下列各項問題，希望在最後一天的檢討會中，能獲得討論及解決的途徑。

　　一、我國的經濟結構近年來已不斷的改進，工業所占的比重已大幅提高，高級人力占總就業人數的比重應該提高，一方面表示經濟結構的升高，另方面高級人力比重提高，亦顯示生產力的加速發展。但根據勞動力調查統計，56 年時高級人力占總就業的 9.1%，至 63 年降為 6.1%，與經濟結構的改變背道而馳。這是否意味我們的高級人力供應不夠？但事實上，同時期，大專在學學生平均每年增加 12%，畢業的學生增加率更達 22%，最近一年估計約五萬人，遠超過我們的需要。其原因又何在？教育部研究報告指出，近四年來大專院校所學與所需不能配合，使得未就業率在 60% 的科系有 18 科之多，未就業率在 50% 至 60% 者有 7 科……等。其根本原因在於大專科系的調整受到人為的控制，及聯考分發制度與志願不符。

　　二、青輔會統計，該會主辦的工作甄試，文法科的畢業生，求職人數與工作機會，往往是 30：1 或 40：1，而去年以前工科的工作需要名額超過參加應試的人數，顯示工科人力不足，需要超過供給。但是根據教育部統計，高等教育工科在學人數，最近十年來平均每年增加 16%，為各類學科學生增加最快

者；畢業的人數同時期平均每年增加達 28％。63 年畢業人數估計 1 萬 5000 人左右，占 63 年就業人數中專門技術人員 23 萬 3000 人的 6.4％，為過去每年增加率 2％的三倍以上，何以有不足之虞。

三、根據高雄師範學院所作之性向測驗調查，性向發展符合入大學深造的，祇占高中畢業生的 21.5％，但目前卻有 75％以上的高中畢業生升入大學，因而使高等教育過度膨脹。今後四年內平均每年大專畢業生將超過五萬人，平均每十萬人口中，每年有大專畢業生 300 人以上，不僅高過所有的開發中國家，亦超過歐洲各工業國家，較德國的 145 人超過一倍以上，雖表示人力素質的提高，但如不能充分有效利用，不啻是人力資源的浪費。此種大專畢業生年復一年增加的主要原因，乃是近年來所得大幅提高，高等教育費用的低廉，幾使每個人都有接受高等教育的能力，以及社會風氣及人們觀念，迫使每個人都向高等教育進軍。

四、根據農復會估計，今後五年內需要大專農業科系人員 3,233 人，高職程度 4,258 人；但根據目前大專農業科系及高農在校學生估計，今後五年將各畢業 12,000 人及 16,000 人，超過需要的三倍以上。但事實上，學農的並不願到農村工作，反有不足之憾。

五、根據勞動力調查資料，近十年來，按不同教育程度的勞動參與率比較，教育程度水準較低的勞動參與率，有逐年提高之勢，如在民國 53～55 年小學教育程度的勞動參與率平均為 64％，至 62 年提高為 72％，初中程度更自 36％提高至 62％；而高等教育水準的勞動參與率，則有下降趨勢，同時期自 66％，至 59 年降至 53％，62 年因經濟的高度繁榮又提高至 57％，但與 53～55 年比較，卻下降了 14％。顯示教育程度愈高者，愈不願進入勞動市場，也顯示高級勞動力的浪費及教育投資方向的錯誤。

以上所發生的各種矛盾現象，均是事先缺乏完善規劃的結果，希望自此次研習會後，能有澈底的檢討與訂定改進方案，俾使人力的培育與訓練，能與經濟發展的需要，密切的配合。

（民國 64 年 8 月 23 日　《經濟日報》二版）

2. 對如何培育經濟發展所需技術人力之意見

行政院召開之教育會議，已決定本月 3 日起舉行三天，將由蔣院長親自主持，預定邀請專家學者及各單位主管人員一百廿餘人參加，其規模與方式，與今年 3 月召開之經濟會議相似。會議計有六項中心議題，已由教育部擬定，將

提會分組討論，經綜合討論獲得最後結論後，交主管單位分別實施。本報今日將就其中第三議題：「如何培育經濟發展所需技術人力」，提供我們之意見，以供與會諸君子參考。

首先我們要指出的是經濟發展需要大量的技術人力。今後如何培育與配合需要，是為當前迫切應予解決之課題，但一個現代的企業如僅有訓練良好的技術人力，而缺乏具有科學管理知識與才能的管理階層，不僅使企業組織不健全，技術人力不能充分發揮其潛力，生產效率不能提高，終於使成本高產品無銷路；而且會影響到企業的存亡興衰，不啻浪費國家有限的優良人力與資源。因此，企業的管理人才較之技術人力更為重要，不過現有企業管理階層未能自覺，而未被重視。故我們建議將第三中心議題範圍擴大為：「如何培育經濟發展所需要之管理及技術人力」。

其次，在我國工商企業的管理階層，不僅在中小企業必須是與資本主有關係的人士擔任，即是在許多公司組織的企業管理階層，亦重關係而不講能力，因而許多企業未能發揮其組織與人員應有的潛能。但此等管理階層在現在競爭激烈的社會裡，亦想學習科學管理方法與技能而苦無機會。近年來若干企管中心或公司開辦講習班，學習人數非常踴躍，可見他們對求知需要之迫切，不過此等講習班所講授者多為片段，而缺乏有體系的教學。因此，我們建議各大學企管學系或企管研究所，除培育正規學生外，應於課餘開班，接受在職人員受訓，灌輸整套的現代的科學管理觀念、方法與技能，對受訓者不必限制學歷，祇要具有高中程度即可。彼等在接受新的知識後，立刻可運用於其所服務的企業，使我國的企業組織與管理有所改進，達到現代化與合理化的目標，對縮短我國進入工業國家之林的里程，將極有貢獻。

第三，多年來各方面不斷的呼籲，教育應配合社會的需要，大專科系方面應逐年調整。但事實上，根據教育部調查，若干學系畢業的學生，未就業率高達 21％以上至 60％的學系，近年來招收的學生還在不斷的增加，例如數學系今年錄取的學生數較五年前增加 354 人，增加率為 37％、戲劇系增加 66 人，增加率達 1.5 倍、歷史系增加 133 人，增加率為 30％、法政社會系增加 237 人，增加率為 24％；可是近年來一再強調發展的重、化工業，但今年化學工程系僅較五年前增加 94 人，增加率亦僅 20％，機械系增加 49 人，增加率更少僅 7.4％；又如近年來積極推動十項工程建設，但土木工程系五年亦僅增加 135 人，增加率為 28％，與前述出路較差的學系相比，卻有相對萎縮之感。故使近年來社會上一方面有人才不足，另方面又人力過剩大才小用之矛盾現象。

我們建議今後教育部每年辦一次大專學生出路調查，就業率低或學非所用的科系，核減其當年招生名額，而將此等名額增加到需要迫切的科系，不過教育當局應協助其解決設備與師資的困難。

第四，以上三點為要求教育界配合經濟發展的需要，現在我們也要建議經濟方面相對的配合教育。例如今後經濟發展需要哪些人力——職種、人數及訓練年數的高低，教育方面方能適時供應，可是我們知道過去經濟建設當局，從未能提出一張清單來給教育當局參考，也無怪他們不能配合了。事實上要提一張精確的人力需要清單是不可能的，不過至少要有一個大略的概數，以供培育之參考。

第五，技術勞力的缺乏多年前即已開始，可是近年來，讀工職的學生已大幅增加，不過讀商職的並未減少，亦在繼續增加，商職與工職學生相比約各占一半。為什麼讀商職的學生還這麼多不去讀工職呢？據我們了解，商職畢業後找事固然困難，但一旦有工作做，在企業可當會計助理，坐辦公桌有電話，好不神氣。可是工職出身者，到工廠祇是一名小小的技工，無辦公桌更無電話，然則，又有誰願去讀工職？此雖是觀念問題，但企業對受同等教育者的待遇，竟然有如此大之差別，亦應加以檢討。

最後，我們認為，這次召開的雖是「教育會議」，邀請的一定是教育界的專家學者，但我們認為至少第三中心議題小組，於分組討論時，應邀請經濟發展主管單位主辦人員及工商企業主持人參加列席討論，使所得結論，更能符合實際需要。

（民國 64 年 11 月 1 日　《經濟日報》二版）

3. 加強培育技術勞力以應六年計畫需要

在民國 50 年代，由於出口的迅速拓展，推動工業高度發展，尤其民營工業平均每年成長率高達 23％，使其在整個製造業中所占比重大幅提高，自民國 50 年的 55％，至 60 年提高至 82％，整個製造業已以民營為主；同時期製造業就業隨之大幅增加，平均每年增加 10％，而整個勞動力平均每年增加 4％，因此，至 61、62 年間製造業已感勞力供應不濟的現象發生。由製造業就業的大幅增加，表示所發展的民營製造業多以勞力密集的輕工業為主。雖然多年來政府與專家學者強調發展資本與技術密集工業，但製造業結構並未有改善。可是勞動密集的輕工業在國內已遭遇到工資大幅上升，勞工供應不足的問題；而其產品出口在國際市場，一方面遭遇強力的競爭對手，而且較我們落

後，而人力充沛工資低廉的開發中國家，今後均將發展勞力密集產業產品出口，另方面進口國家保護主義抬頭，實施進口限額制度，使未來勞力密集產品出口更加困難。故此次中央研究院經濟研究所，所舉辦之「台灣經濟發展方向及策略研討會」時，各與會之專家學者一致主張，應積極推動資本與技術密集工業發展，並經大會決議通過送請政府參考。

發展資本與技術密集產業已列為六年經建計畫發展重點之一，發展此等產業除需要大量資本外，尚需要大量的技術勞力，同時，為提高勞力密集產品品質亦需增用技術勞力，因此，六年經建計畫能否貫徹執行，目標能否達成，技術勞力的能否充分供應為一重要關鍵因素。工業技術勞力依照美國的定義範圍，包括工程師、技術師、技術員、技術工與半技術工等，而此等人力除需要正規教育培育外，更需要長期的養成訓練供應。此等技術人力隨各國工業技術水準，而保持一適度的比例組合。在工業化國家一般而言，一工程師常須有 5 位技術員及 30 至 50 位技術工與之配合。但在我國根據 63 年 10 月，台灣省勞動力調查研究所所做之製造業專技人力調查，顯示此項搭配比例，約為 1 與 1.5 與 10 之比，似未構成有效的平衡配合，同時亦表示勞力密集產業所需要的多為普通勞工。

據政府有關部門在去年完成一項「未來六年工業建設所需技術人力供需調查」，調查結果今後六年內需要約 20 萬技術勞力，在工程人員、技術人員與熟練技工人數間之比例，亦為 1 與 1 與 10 之比，未來需要的技術人力與 63 年的結構未有改變；但與 64 年 10 月製造業專技人力調查，現有專技人力 23 萬人比較，今後六年要增加 86％，平均每年增加 11％，需要如此快速的增加，是否能夠充分供應；據該次調查估計供應能力，工程師及技術員將有供過於求之勢，但熟練技術工則相差甚鉅，再加上退休遞補需要的技工，每年約差三分之一，計一萬二千人無法供應，則有賴職業訓練予以補充。今後如何透過職業訓練，培育這一萬二千人的技術勞力則為一關鍵問題。

日前國建會社會建設研究組學人，所提有關職業訓練之結論頗有見地，茲就其中重要結論闡釋如下，以供主管單位深入研究之參考。

一、早日完成職業訓練法的立法程序。該法應規定將所有職業訓練納入管理體系，並訂定各種職業訓練規範，使從事職訓工作者有所準繩。

二、編列大量預算，辦理職訓工作。政府雖規定在 62、63 年間徵收職業訓練金，但兩年所積也不過七億餘元而已，無法做到每年訓練一萬二千技術勞力，所以這項經費應由政府預算支應。民國 64 年度各級政府用於教育之經費

達 200 億元之鉅，如能每年撥支 5%計 10 億元辦理長期性的技工養成訓練，則若干問題當可迎刃而解。

　　三、擴大辦理技能檢定工作，以提高技術水準。同時應規定各生產事業單位所僱用技工中，應保持一定之比例為檢定合格之技工，否則處予罰鍰。

　　四、改變社會職業觀念，重視勞工，提高勞工待遇。重視勞工除提高勞工待遇外，應使勞工有參與決策的機會，尤其技術勞工教育程度較高，其參與的意識亦較強，如能使其參與決策工作，不僅可提高員工的責任感，而且亦可增進員工的向心力。

　　　　　　　　　　（民國 65 年 8 月 14 日　　《經濟日報》二版）

4. 欣聞成立專技訓練與研究發展兩工作小組

　　行政院蔣院長於上月 27 日在第 41 屆工程師學會暨各專門工程學會聯合年會中表示，六年計畫的目的在使我們邁向開發國家，為達成這項目標，我們必須具備下列二項條件：（1）培養建設人才，經費等財政問題固然重要，但最重要的還是人才問題，為使工程人才輩出，提高水準，增多人數，在教育上應以此為目標努力，不但工程師要培養，技術工人也要培養。（2）加強科學發展研究，以發揮工程師的高度效能，其研究方向，並需著重國家建設需要。也就是說，第一要縮短建設的時間，第二要降低成本，第三要注意各項建設的品質。研究發展是發揮高度智慧效能，運用多方面經驗，吸取外國技術，以求加速加深我們的建設。

　　於上周行政院院會中，蔣院長復指出，六年經濟建設計畫的主要目的是改善生產結構，增加生產力，因此要全面推行農業機械化、發展高級及精密工業。改善生產力，強化競爭力實為必要之舉。在這種迫切需要下，他認為今後六年內應做好兩項工作：（1）加強專技及職業訓練，（2）擴大應用技術的研究發展。蔣院長在此兩重要場合中，連續的作同樣的指示，可見他對此兩方面的重視。上周行政院院會中旋即正式決定成立兩個工作小組，一為專技及職業訓練小組，由政務委員李登輝任召集人，一為應用技術研究發展小組，由政務委員李國鼎任召集人，均由各有關部會共同組成，以便協調有關單位發揮有效之工作效能。該兩工作小組於上周院會決定當日即行成立，並積極展開工作，而且於日前分別召開首次會議，確定工作範圍。

　　本報鑑於專技人力的培訓及應用科學的研究與發展，在經濟發展過程中的重要性，多年來不斷著論呼籲積極加強；即以最近而言，在六年經建計畫尚未

核定發表前，本報即於本年 8 月 14 日發表社論「加強培育技術人力以應六年計畫需要」，強調技術人力的能否配合供應為六年計畫目標能否達成的關鍵所在。關於應用科學的研究與發展方面，在我們見到國科會的工作重點轉向實用科學方面，我們於今年 5 月 15 日的社論「欣聞國科會積極展開實用科學的研究」中，亦鼓勵國科會百尺竿頭更進一步。協助解決我國正在推動重化工業所遭遇的技術問題，本年 9 月 11 日的社論「促請早日設立新竹科學工業園區」，呼籲奠定我國應用科學的基礎。今天我們願就過去所提之重要建議，摘要提出，以供兩工作小組展開工作之參考。

關於專技與職業訓練方面，我們建議：（1）大專科系及職校的設立與擴充，應具有彈性，配合未來的需要隨時調整；（2）完成職業訓練法的立法程序，使各方面職訓工作有所準繩；（3）由政府編列預算辦理職訓工作，加強長期性的技工養成訓練；（4）職訓金恢復徵收以後，應改由主管經濟發展的經濟部主管，俾使訓練與需要相配合；（5）擴大辦理技能檢定，以提高技術水準。

關於應用科學的研究與發展方面，政府於最近送請立法院審議的所得稅法修正案，對企業研究發展支出，自現行法規定不得超過營業收入的 2%，改為不加限制，即此方面支出可全部列支，我們除希望立法諸公支持通過外，並建議：（1）提高政府預算中之研究與發展費用；（2）過去國科會科學研究經費僅支持公立學校及公立研究單位，希望今後能將民營企業及民間研究機構納入國科會科學研究發展支持的系統，擴大研究發展的成果；（3）對中小企業無力展開研究發展工作，應鼓勵同業公會設立，所需開創經費由政府科學研究發展經費中資助一部分；（4）成立「新竹科學技術工業園區推動工作小組」，積極推動工作，期能早日設立；（5）凡向國內外採購研究發展用之設備，金融機關給予專案融資，而且進口國內尚無生產之設備，給予免繳進口關稅之優待。

我們期望自今以後，由於該兩工作小組的成立及積極展開工作，使我們過去人力培訓與經濟發展脫節的問題都能解決，應用科學的研究發展能積極加強，不僅可使六年計畫的目標能預期達成，這也是我國長期經濟發展應有的基本工作。

（民國 65 年 12 月 11 日　《經濟日報》二版）

5. 職訓工作的一大步

　　現行六年經建計畫，已將發展資本與技術密集工業列為重點之一，惟發展此等產業除需要大量資本外，尚需要大量的技術勞力；另方面為應付各國保護主義的盛行，需要提高勞力密集產品的品質，亦需增用技術勞力。因此，六年經建計畫能否貫徹執行，目標能否達成，技術勞力的能否充分供應，為重要關鍵所在。

　　據政府有關部門完成的「未來六年工業建設所需技術人力供需調查」，顯示六年計畫期間內共需約 20 萬技術勞力，其中工程師及技術員可由大專院校培育，除少數職種尚有短缺需要設法調整外，就總人數而言，尚有供過於求趨勢，惟技術工的供應已有不足之現象，再加上退休死亡的遞補，技工的短缺更大，估計每年高級工職畢業進入就業市場的技工約二萬五千人，祇能供應需要的三分之二，尚不足三分之一約一萬二千人，則有賴職業訓練予以補充。如何透過職業訓練，培育這一萬二千人的技術勞力，則為一關鍵問題。

　　我國推動職業訓練工作，雖為時甚久，但因觀念有欠正確，主管機構權責不清，除經濟部設有南北訓練中心，配合經濟部所屬國營事業需要辦理之訓練卓著績效外，政府預算並未編列職業訓練經費（但在預算中教育經費每年高達兩百數十億元），職業訓練工作未被重視，故成效始終不彰。

　　行政院蔣院長有鑒於此，為使六年經建計畫能貫徹執行，特於去年 12 月行政院院會中，指示成立「專技及職業訓練小組」，由政務委員李登輝召集，負責專技及職業訓練政策之策劃、審議、聯繫、協調與推行工作。該小組成立後，除召集各有關部會商討推展職業訓練工作外，李召集人並多次訪問各地公私職訓機構；在深入了解後，認為要突破職業訓練困難，辦好職業訓練工作，最重要的就是由政府預算撥列經費，以作倡導。此與本報於去年 8 月 14 日「加強培育技術勞力以應六年計畫需要」社論中，建議：「政府編列預算辦理職訓工作，如能每年撥支教育經費的 5% 計 10 億元，辦理長期性的技工養成訓練，則若干職業訓練問題當可迎刃而解」的看法完全一致。

　　行政院專技及職訓小組，曾就下年度（67 年度）所短缺之一萬二千技術工如何培訓加以策劃，除其中七千餘人由各公民營事業單位自行訓練外，需經職業訓練單位提供者約五千餘人，其中半數可由職訓金恢復繳納後辦理，另半數必須政府撥款支應。因此，該小組即擬就「67 年度職業訓練方案」，提報日前行政院院會通過，核准由下年度中央政府預算，核撥新台幣 8,076 萬元，補助

11 個職業訓練單位，訓練 2,775 位技術工，包括電銲、氣銲等 34 個職種。

　　雖然核撥的金額不足一億元，與本報前建議十億元距離尚遠，但在下年度中央政府預算極為艱難的情況下，政府毅然撥出八千餘萬元已屬不易；而且這是政府首次使用大筆經費大規模辦理技工的培訓工作，對於提高我國職工技術水準發展精密工業，尤具倡導意義，顯示政府對六年經建計畫貫徹執行的決心。我們認為這是政府重視職訓工作的開始，今後祇要有需要，政府預算當可列更多的職訓經費以為支應。

　　在政府現行體制下，職訓工作由內政部主管，而需要技工的工業則為經濟部主管，今後希望在行政院專技及職訓小組客觀的領導下，連同職訓金的適當運用，辦好職業訓練，建立國內短長期職業訓練的整體發展。同時，注意就業機會的配合，使接受訓練的技工，均能獲得適當的工作，則六年經建計畫目標的達成可以預期。

（民國 66 年 2 月 12 日　《經濟日報》二版）

七、對修訂獎勵投資條例的看法

1. 第三階段獎勵投資條例的脫胎換骨

　　我國獎勵投資條例第一次完成立法程序，是民國 49 年 9 月，而於 50 年 1 月 1 日起實施，訂定實施時期為十年，於 59 年 12 月底期滿。當時由於客觀環境的需要，修訂後，又實施十年，將於本年 12 月底期滿。財經有關單位，為了在該條例期滿後繼續擴大投資，現正從事該條例的修訂工作。

　　我國在民國 40 年代末期，為突破當時困境，必須增加投資，加速經濟發展，一方面創造就業機會，解決嚴重的失業問題，同時提高所得；另方面提高競爭能力，拓展出口，解決國際收支不平衡問題。但動員投資必須給予鼓勵，而當時各種法令規章，多為消極的防弊，缺乏積極的鼓勵。為配合當時的需要，修訂各項法令規章，則非短時期內所能完成，因此，參照其他國家辦法，訂定特別法，因特別法優於普通法，訂定特別法即可排除當時現行的所有法令，可產生迅速的效果，因而訂定了「獎勵投資條例」。但此條例是一個臨時法不宜長期實施，故給予十年的時間，希望逐步的將各項基本法令修訂，十年屆滿此一臨時條例即可不再需要。可是第一個十年及第二個十年的過去，各項基本法令並未有按照當時的構想，予以逐步修訂，因而二十年後的今天，各方

對此一臨時性的條例，認為仍有繼續實施的必要。不過，由於發展階段的不同，原有的條例已不能適應未來的需要，必須做大幅度的修訂。

雖然財經機構對獎勵投資條例的修訂，秘而不宣，但自新聞的片段透露看來，修訂的內容，好像並無突出的變化，大致維持原狀。可是，自石油危機以來，國內外的經濟情況，已有顯著的變化，為因應 80 年代多變的時代，及使我國在今後十年內，能進入工業國家之林，如獎勵投資條例祇做小幅度的修正，似無法擔當此一重任；我們認為為要因應未來國際經濟的變化，及使我國早日邁入工業國家境界，獎勵投資條例必須脫胎換骨全盤的修正。好在現尚在研討修訂階段，今天願將我們對獎勵投資條例修正的看法，提供參考。

一、現行獎勵投資條例，主要包括稅捐減免、工業用地之取得、及公營事業之配合發展三章，條文雖經多次修訂，但此一結構及重點並未變動。而單純獎勵投資的功能，已無法擔任未來的重任，而應將此一臨時性的條例，擴大範圍調整重點變成基本法，更名為「經濟發展法」，主要包括景氣調整、產業結構改善、科技研究與發展、及公共利益維護等四章，可完全表顯未來發展階段所擔當的任務。各章主要政策方向簡述於後。

二、未來我國對國際經濟依賴的加重，是不可避免的，但未來國際經濟的多變，也是不可否認的。因此，如何有效利用財政與金融工具調整景氣，維持經濟的穩定與適度的成長，為「經濟發展法」的重要任務之一。應在本章內明定景氣衰退時，可用的財政、金融工具，包括減征所得稅、實施投資扣抵、增加公共支出（可不必經過預算程序），及給予特別融資等，授權行政院於必要時彈性運用。在景氣過熱時，可在適當範圍內提高稅率、開征新稅如出口稅、投資稅、經濟穩定捐，以及限定信用的擴張額度等，以達到經濟穩定與適度成長的目的。

三、不論為因應國內普通勞力的不足、工資的上升、出口競爭力的衰退，或國外進口國家的設限，開發中國家及中共出口產品的競爭，以及石油的短缺、產業結構的改變已刻不容緩；但若任由民間自然發展，不僅荒廢時日，而且中共出口的壓力，已使我們不能緩慢進行，必須採取有效措施加速其轉變。除現行獎勵投資條例中，已有的五年免稅、加速折舊、限額納稅及進口機器設備關稅減免的繼續採用外，應重用開發基金，擴大其財源，積極主動對十年經建計畫中發展的策略產業，參與投資與給予低利長期融資雙管齊下，以加速策略產業的發展。

四、科技研究與發展，為改善產業結構、提高產品品質與品級的基本條

件，亦即為我國今後經濟能否維持適度發展的關鍵所在。因此，必須盡全力加強，除現行獎勵投資條例中，對研究發展支出全部可作費用列支、進口研究發展用設備免納進口關稅，及研究設備可加速折舊外，應進一步准許研究發展支出的 20%至 50%，得在課稅所得額中扣減，及設置科技研究發展基金，自中央政府每年歲出預算中，撥給 1%作為該基金之財源，用於公民營事業及研究機構之研究發展補助及無息融資，以加速奠立科技研究與發展的基礎。

五、能源與資源的節約與有效利用、公害的防止及區域的平衡發展，均為我們未來經濟發展的重要課題，「經濟發展法」不僅對此方面應給予各種鼓勵，尚應規定企業家應擔負的社會責任。使今後由於「經濟發展法」的實施，不僅能維持穩定及適度的成長外，尚可提高生活的素質。

我們以上的意見，有許多突破性的建議，可能不為保守者、怕事者所能接受；但我們今後的情況，亦非二十年前、甚至兩年前可比，外交政治的逐漸孤立，我們唯有盡速增強我們經濟的體質，擴大與各國的實質經濟關係，使他們重視我們的存在。同時，亦可厚植我們的國力，突破外來的各種衝擊。

最後，我們還要強調，獎勵投資條例修訂，代表政府的政策方向，行政最高當局應先給予政策的指示，以避免幕僚階層在研商協調時，各居本位，為了若干細節，或防止少數人鑽研法令漏洞或逃稅，而爭論不休；不僅耽誤時間，而且忽略了大的政策方向。我們建議行政院孫院長應召集財經首長，關於本案給予政策性的指示，則獎勵投資條例的修訂可獲得事半功倍的效果。

（民國 69 年 3 月 1 日 《經濟日報》二版）

2. 對修訂獎勵投資條例觀念的澄清

財經有關部會經三個月協商完成的獎勵投資條例修訂原則草案，於日前行政院經濟建設委員會議中，正式提出討論。據報載該次會議通過及否決部分建議案，其餘部分留待下周繼續討論。雖然該修正原則尚未討論完畢，但我們就報載已通過或否決部分建議看來，發覺第三階段獎勵投資條例的修訂，在基本觀念上，尚有待溝通的必要。我們希望在下周經建會繼續審議前，先將觀念溝通，方有助於該會的繼續審議，對已否決的部分，能提出復議，再作深入的討論、分析及審慎的決定，俾使第三階段獎勵投資條例的修正，真正能代表國家未來發展的方向，配合未來十年經濟發展的需要。有待溝通的主要觀念約略如下：

一、部分人士認為獎勵投資條例是一臨時性法律，廿年來我國經濟已逐漸

壯大，有些地方不需要再繼續獎勵，應在有關法規修訂後，將此一特別法廢止。這在理論上是對的，但就現實與國家當前的需要上，此一觀念則不適宜。我們應認清目前的處境，今日何日，並非太平盛世，不宜唱高調講理論，追求美麗的夢境。3 月 1 日本報「第三階段獎勵投資條例的脫胎換骨」社論中，即曾指出：「我們今天的情況，已非廿年前，甚至兩年前可比，外交政治的逐漸孤立，我們唯有繼續增強我們經濟的體質，擴大與各國的實質經濟關係……厚植我們的國力，突破外來的各種衝擊。」因此，並建議，今後不僅對工業升級需要繼續獎勵，更應擴大範圍，將「獎勵投資條例」變成「經濟發展法」，加速經濟發展，使我國在今後十年內獲得更健全而穩定的發展。

二、上述本報社論中，曾指出：「此次獎勵投資條例的修訂，應代表政府的政策方向，行政最高當局應先給予政策的指示，以避免幕僚階層在研商協調時，各居本位，為了若干細節，或防止少數人鑽研法令漏洞或逃稅，而爭議不休；不僅耽誤時間，而且忽略了大的政策方向。」其用意即在提醒財經單位，應以國家整體利益為重，不要囿於本位主義，也不要為技術性問題，而忽略了國家正確的政策方向。我們沒想到在此次幕僚階層協商時，似尚能把握我們陳述的原則，可是在經建會決策階層討論時，反而犯了本位主義濃厚，及以技術性問題推翻了政策方向，大使我們失望。好在整個修正案尚未審議完畢，下周繼續審議時，還有挽救的機會。

三、根據行政院通過的「台灣經濟建設十年計畫」，確認「繼續拓展對外貿易，是促進國內經濟穩定與成長之重要策略之一」，即使略具經濟知識的一個普通人士，亦了解外銷在我經濟發展中的重要性，絕不次於投資生產，沒有銷何需產，「產銷」是不能分離的。二十多年來我們大力拓展外銷到今天，還需依賴日本商社及美國的猶太商人替我們推展外銷，受他們的控制，就是主管當局未能重視我國自己貿易商的結果。日前經建會委員會否決了大貿易商列入生產事業，是「因多數委員認為現行大貿易商管理辦法不夠健全，如列入獎勵後，恐弊端叢生，宜暫緩實施。」我們真不知道「大貿易商管理辦法」是何單位訂定的，明知其不夠健全，為何不予修正，而且在 3 月 26 日剛頒布的「出進口廠商輔導管理辦法」中，不予以改進，難道十年後，我們外銷還要繼續依賴日本商社及美國猶太商人嗎？

再退一步想，我們每年觀光外匯收入不過五、六億美元，而國際觀光旅館卻已列為生產事業，不僅享受 25％的納稅限額，而且還有五年免稅的優待。但去年擔當外銷 161 億美元，今年將達 190 億美元以上的貿易商，不認為是生

產事業，不僅不能享受五年免稅，而且要負擔 35％的營利事業所得稅；其所受優待較之製造糖果甚至生產強身藥劑的股份有限公司，祇繳 25％營利事業所得稅還不如，這不僅是不公平，簡直是對大貿易商的一種歧視。

我們希望主管單位要認清，貿易商在推銷方面不再是過去祇拿佣金的買辦，其所擔當的任務，有時比生產者還重要。在當前的情況下，我們建議至少應給予大貿易商能獲得與一般生產事業同樣繳納 25％的營利事業所得稅的待遇，此並非給予優惠，祇是不應再歧視而給予公平待遇而已。

四、今後石油的短缺，價格的繼續高漲，應該節約能源，對節約能源應給予獎勵，是大家認為必要的。但在日前經建會委員會審議的結果：「對於生產事業採用節約能源設備列入獎勵，因其標準不易訂定，決定取消。」這是因技術問題不求解決，而忽視了政策，本末倒置的典型例子。本報 66 年 6 月 12 日「自各國能源節約措施看我國能源政策」社論中，即曾介紹國際能源總署於當時發表其會員國，在 64 年所採節約能源措施獲得的效果報告中，指出其 17 個會員國所採取鼓勵節約能源的指施，諸如：愛爾蘭政府對增設改善能源效率設備給予 35％贈款，奧地利對增設節約能源設備投資貸款利息，給予全額補助，日本給予低利貸款及對節約能源設備採加速折舊辦法等等，這些國家所採獎勵措施一定有一套辦法或標準，難道我們技術人員真的比他們差，訂不出標準來？最笨的辦法可先將別國實施辦法抄過來，配合我們的環境略加修正，一方面試用，一方面再研究改進，總不能因技術的困難不去設法謀求解決，而放棄政策，這種因噎廢食的做法要不得。這種鄉愿作風，使我們了解石油危機後，各工業國家以及韓國能源需要彈性，都較石油危機前大幅下降，而我們不僅未下降反有大幅提高的原因所在了。

今天對以上四點觀念問題，提出我們的看法，希望參與財經決策諸先生們先予溝通，俾對下周繼續審議獎勵投資條例修正原則時，能有助益。

（民國 69 年 4 月 12 日　《經濟日報》二版）

3. 論獎勵投資條例應把握的方向與修訂要點

行政院日前院會通過經建會所提「修正獎勵投資條例應把握之政策方向及修訂要點」，宣示了為配合未來十年我國經濟發展，應採之政策方向。今天我們爰就該修訂案的特性及所暴露的問題，提出我們的看法，以供進一步修訂時之參考。

首先，我們認為此一修正案具有下列四項特點：

　　一、誠如行政院孫院長運璿在院會中審查該案時所強調的：「獎勵投資條例於民國 59 年修訂公布實施後，為期十年，將於今年底屆滿，為適應今後十年經濟發展的需要，行政院曾指示經建會先就政策方面加以研究，以作為今後修訂獎勵投資條例內容的依據，這一政策性的指導甚為必要，亦極重要。」由於經建會統籌國家經濟發展計畫及政策方向的研擬工作，能深切了解國家未來發展的需要，以客觀立場提出有效配合政策的建議，而避免財經兩部在修訂過程中，本位主義作祟而產生不協調及矛盾的現象。

　　二、增列了「投資扣抵」為獎勵工具之一。自第一次石油危機發生後，造成經濟不景氣的現象，我們曾一再著論呼籲採用「投資扣抵」作為促進景氣復甦的工具，各方反應甚為熱烈，並獲得學者專家的支持，但由於財政部為避免犧牲稅收而反對。而今能列入修訂方向中，不能不說是一大突破；而且除用於調節景氣變化外，兼顧特殊政策目的，予以彈性運用，對未來策略產業發展及產業結構的改變，頗有助益。

　　三、加強研究發展方面，在工業先進國家，多由民營企業及民間研究試驗機構進行，政府給予財力支援及稅捐減免之獎勵。我國政府雖已設立科學技術發展基金多年，但僅限於支持公立學校及公立研究機構，由於範圍小效果不顯著。而今能擴大該基金運用範圍，將前者亦包括在內，對配合未來工業升段應極有幫助。

　　四、促進企業經營合理化雖已倡導多年，但政府在做法上給予獎勵的少，而抑制的多。該修訂案對生產事業保留未分配盈餘限額提高一倍、以未分配盈餘增資用以更新設備，緩課所得稅、進口品質檢驗機器設備免徵進口稅捐，以及改進合併條件等，對未來企業財務結構之改進、規模擴大、生產效率的提高、品質管制等經營合理化當可加速。

　　該一修正案雖具有以上特點，但美中不足的還暴露了下列三項問題：

　　一、應把握的政策方向，缺漏甚多不夠周延，如孫院長在院會中所指出的能源問題、公害問題及資本大眾化問題均未顧到。據當時報載，在經建會初稿中，曾列有能源節約及公害防治獎勵之建議，但在經建會委員會討論中，有人提出執行技術困難，而被刪去。本報曾於 4 月 12 日「對修訂獎勵投資條例觀念的澄清」社論中，指出這是犯了本位主義以及以技術性問題推翻了政策。現孫院長以決策者的地位作以上的指示，我們想技術上的困難應該可以克服，使敗部能夠復活。

　　二、應把握的政策方向極為正確，但修正重點未能完全配合，如政策方向

的第一點繼續保持貿易競爭優勢與出口繼續拓展，可是在修正要點中，勉強可拉得上關係的祇有加強獎勵研究發展與進口品質檢驗機器設備免徵進口稅捐兩項而已。可是未來出口競爭之劇烈，非現有貿易商所能為力，為眾所周知之事。未來新市場的開闢、出口產品種類的擴大，均有賴大貿易商的努力擔當此任務。雖然主管機關也強調應鼓勵大貿易商給予優惠，但均是口惠而實不至，且對大貿易商予以歧視，例如所有公司組織的製造業，包括糖果及興奮劑的製造廠，均享有繳納 25％營利事業所得稅限額的優惠；而大貿易商雖規定要在國外建立情報網，冒大風險開拓新市場的重任，反而要繳納 35％的所得稅；據當時報載該修正案在初稿中亦建議以繳納 25％營利事業所得稅為限，但在經建會委員會討論時，被主管單位首長所反對未能通過。而在日前院會中，此點未被再行提出，看來未來我們拓展對外貿易，還要延長艱苦的路程。

三、修正要點的矛盾，修正要點之六：「加強研究發展與人力訓練」，與政策方向之三改善工業結構獎勵技術密集工業發展相配合，可是在修正要點之文內子目中，並未列有「獎勵人力訓練」的要點，據本報記者的採訪，原草案中原列有：「政府提撥專款補助民間從事技術密集工業、人力訓練計畫，以及民營事業訓練技術人力所須進口機器設備免納進口稅捐等之建議，在院會中都遭到否決」，想必也是有關單位為了顧慮要撥專款補助及減免稅而加以否決。

由以上的分析看來，雖然孫院長希望由經建會以超然立場，來草擬政策方向與修正要點，但在決策討論時仍然逃脫不了本位主義的困擾，這實在是很可警惕的現象。

（民國 69 年 5 月 17 日　《經濟日報》二版）

4. 加速達成工業化國家的目標

第三階段獎勵投資條例的修訂，已於上（10）月間經行政院院會修正通過後，於上月底函達立法院送請審議，由於時間的迫促，立法院必須於本年 12 月底修正通過完成立法程序，送請總統公布，於明年 1 月 1 日開始實施新的條例。因此，立法院已於本周聽取各主管部會首長報告後開始審議。

當該草案在上月於報端披露時，本報即於 10 月 19 日就修訂後草案的特性作一分析，認為該修訂草案對未來工業發展升段的需要，及減輕石油危機對我國的不利影響，將有助益。但在該條例通過實施後，是否在該條例有效實施期間（十年）內，使我國工業加速升段，進入工業化國家境界，及因應不斷掀起高潮的石油危機，則不無疑問。我們過去對修改獎勵投資條例的建議，雖然頗

多於此次修訂時被採納，但仍有若干幫助我們工業升級及因應石油危機的政策性建議，聞主管單位以技術問題的理由而捨棄，這將會使該修訂草案通過實施後的效果大為遜色的。因此，我們建議立法委員先生們，審議時間雖短，想分批邀集學者專家與業者座談討論或已不可能，但不妨一方面審議，一方面即刻宣布在一星期內，歡迎各界對審議中的獎勵投資條例草案提供書面意見，以及將過去數月間報章雜誌已發表的意見，盡速加以整理分析後，作為審議該條例之參考，當也可收到集思廣益之效果。

今天我們願就今後十年加速我國工業升段，早日達到工業化境界應採之政策，提出我們的看法，以供立法委員先生審議該條例之參考。

首先，要加速工業升段必須積極提高科技水準，要提高科技水準，必須全面推動研究與發展，但修訂後的獎勵投資條例，第二章第四節「獎勵研究發展之減免」，僅列有第卅四條一條而已，與該條例草案所標示的「加強研究發展，以支應工業升級」之政策方向不相稱，亦與本報於今年 3 月 1 日社論「第三階段獎勵投資條例的脫胎換骨」中，建議設置「科技研究與發展」專章內容相去甚遠。該條例草案第三十四條規定受獎勵之生產事業，其生產或營業規模達規定標準者，每年實支之研究發展費用，不得低於當年度營業額之規定比率，其低於規定比率者，應於規定期間內，將差額繳交設置之研究發展基金。根據該條規定適用之範圍，可能僅限於受獎勵之大規模少數生產事業而已，尚不能產生全面推動研究發展的作用。我們建議比照第八十二條設置開發基金，規定其財源與用途的方式，對設置研究發展基金，亦於條例中規定其財源與用途。該條例既然規定未按規定比率支用之研究發展費用差額，繳交該基金，則政府對研究發展基金更應有所貢獻，例如規定中央政府每年應支撥總支出預算的千分之一至五，作為研究發展基金財源之一，自該條例實施後第一年提撥千分之一，逐年提高，至第五年提高至千分之五，與企業所繳交之差額款共同配合使用，以表示政府積極推動研究發展之決心。至其用途建議如下：（1）對民間大規模企業自設獨立研究試驗發展單位者，給予低利融資；（2）對中小企業同業間共同出資設立之研究試驗機構，其設備投資，由研究發展基金補助二分之一；（3）對民間生產事業、研究單位或個人，所提之研究發展計畫，向研究發展基金申請，經核准後可給予所需費用 50％之補助；惟在研究成功且推廣有收入後，應將補助款全數繳還基金，以供循環運用；（4）基金得接受民間研究單位申請，在國內外聘請專家，協助培訓研究發展人才，聘請專家費用由基金支援，最長不得超過兩年。研究發展基金如再將上述四項任務貫徹

實施，則研究發展工作當可全面展開。

其次，自第一次石油危機發生後，進口石油國家無不採取節約能源或充分發揮能源使用效率的獎勵措施，因此，最近六年來各工業國家能源使用效率大為提高。而我們對石油進口依賴高達 99％，能源使用效率不僅未見提高，反較六年前降低；近年來我們雖一再撰述社論呼籲對節約能源或提高能源使用效率的投資，應給予減免稅或低利融資的優惠，聞財政單位並未反對，可是經濟首長卻以節約能源或提高能源使用效率之標準難定，何者方是節約能源設備難予認定等技術問題，而否定了國家節約能源的重大政策。結果，今年我們每生產 1 元的 GNP，要花去 1 元進口石油，其負擔之重，超過日本與西德一倍以上。審議中的獎勵投資條例，對節約或代替能源的機器設備，僅給予二年加速折舊優待，實嫌缺乏獎勵功能。節約能源或提高能源使用效率，不僅可減少對石油的依賴及減輕石油危機的不利影響，而且還可產生工業升級的效果。因此，在許多高度工業國家，對採購節約能源設備，或代替能源設備，給予投資扣抵、低利融資或補貼利息差額等優惠．甚至有的工業國家，直接對每單位產量所耗能源較上年度減少者即給予補助。我們希望審查該條例的立法委員先生們，可參考美、日、歐洲國家對節約能源的鼓勵措施，納入獎勵投資條例中，不僅可減輕我們對石油的依賴，同時還可加速工業升級。

第三、審議中的獎勵投資條例草案第十條，列有為適應經濟情況特殊變化或基於政策需要，行政院得准生產事業在不超過年度投資生產設備金額 15％限度內，抵減當年度應納營利事業所得稅額。據我們了解美國與西德利用投資扣抵，促進經濟復甦已實施多年，但我們要知道，美國及西德所用的生產設備絕大部分為國內生產，此方面需要增加後，即可產生產業關聯及乘數作用，促進經濟的復甦。而我國所需生產設備約有三分之二賴進口供應，此部分並不會產生產業關聯的效果，使經濟復甦打了折扣。因此我們建議對採購國產生產設備給予較大的投資扣抵；此不僅使經濟復甦效果能夠充分發揮，同時亦可帶動國產機械及電機工業的發展。

以上三項如能被納入第三階段獎勵投資條例中，貫徹實施，則在未來十年中，必可達成蔣總統經國先生於去年 12 月執政黨十一屆四中全會開幕詞中指示的，在今後十年成為工業化國家的目標。

（民國 69 年 11 月 15 日　《經濟日報》二版）

5. 積極獎勵投資促進民營事業的升級

　　我國自民國 42 年有計畫的推動經濟建設以來，不僅各項新興計畫讓由民間經營，而且在財政金融方面採取各項鼓勵投資的措施，使民營事業不斷壯大。在這過程中，政府雖犧牲了大量稅收，但因民間投資的大量增加，一方面創造了大量就業機會，解決失業問題提高所得；另方面促進工商繁榮，租稅負擔能力大為提高。25 年來政府為鼓勵投資減免稅及外銷退稅，犧牲了稅收新台幣三千多億元，可是實際稅收淨額累計達一兆二千億元之多，雖然政府支出大幅增加，政府功能亦得於充分發揮，而政府的財政收支自民國 53 年度以來，即轉赤字為剩餘，據估計僅中央政府部門十餘年來的歲計剩餘即超過一千億元之鉅，使政府有能力加強各項建設工作，改善投資環境。另一方面金融機構充分支持工商業資金的需要，而且還能保持經濟的穩定，更進一步有利於民營事業的投資發展。此一相輔相成的結果，使我國長期保持高度的經濟成長，達到充分就業境界，國民所得與生活水準不斷提高，其成功的因素雖多，但前述政府的鼓勵投資措施，當為最重要的因素之一。

　　過去由於資本的不夠充裕、技術不高，發展的民營工業多為加工層次簡單，附加價值率較低，而且為勞力、能源及資源密集的工業。但自民國 62 年石油危機爆發以來，使我們的工業（因為民營占 85.5％，民營即可代表全體工業）又面臨了許多新的困難，如石油價格的高漲及依賴石油程度過重、工業國家保護政策盛行、開發中國家工資較我更低廉的競爭，及國內普通勞力不足工資大幅上升等等。為克服以上的困難，可從三方面同時進行：（1）對現有出口的勞動密集產品，延長其加工層次，提高產品品質及生產高級產品，一方面可突破工業國家進口的設限；另方面可避免在低級市場與較我落後國家產品激烈競爭；而且由於品質提高，附加價值率提高，使出口同樣單位產品其所含的能源及原料價值，在銷售價值中所占的比例大為降低，亦即增強我工業對能源及原料價格上漲的吸收能力。（2）現有工業所需的原材料及零組件多為進口，今後如所需數量適合經濟規模生產的，在國內生產，即發展第二階段進口替代工業，同樣可提高產品的附加價值，支持經濟的快速成長。（3）發展技術密集工業，此等工業能源密集度低，需要資源比較少，附加價值率高，產業關聯效果大，如機械、電機、電子、運輸工具及精密工業等。但此三方面的發展不僅需要大量投資，而且其產品競爭的對象為工業國家，其產品品質必須達到工業國家產品的水準，因此，生產此等產品的設備必須高精密度的設備，需

要投資更多，風險亦大。政府對此類投資的鼓勵應較過去發展勞力密集工業時更為積極，否則任由民間緩慢進行，不僅使我國工業升級落後，即面臨的許多困難亦無法解決。因此，我們認為今後政府對此三方面的民間投資，應採取更積極的鼓勵措施，除過去六天本報一系列社論亦有各項鼓勵投資的建議外，今天進一步再作下列的建議：

一、正在立法院審定中的修正獎勵投資條例，對投資並未有較過去更積極的鼓勵，但該條例第十條增列「投資扣抵」的工具，乃是立法院授權行政院運用，如行政院能善加運用「投資扣抵」的工具，對前述三方面的投資可以產生積極鼓勵的作用，尤其近年來對進口機械設備關稅率的降低，甚至免稅進口，對國內亟需發展的機械工業是一重大打擊，故近年來國內機械工業的投資裹足不前，不僅影響機械工業的發展，更不利於工業的升級。若行政院在修訂獎勵投資條例完成立法程序公布實施後，可即宣布在今後兩或三年內凡增加投資，而採購國產機械設備者，准以投資的 15％抵減當年度的營利事業所得稅額。不僅可促進經濟景氣，同時可帶動國內機械工業發展。我們希望財稅當局要了解，此項投資扣抵的採用，雖目前犧牲稅收，但可增加未來更多的稅收；如不實施投資扣抵，此項投資並不會發生，未來稅收也不會增加，如明年景氣不振稅收同樣會減少。

二、現行獎勵條例及修正中的條例對重、化工業及技術密集工業所納營利事業所得稅有不超過 22％的優惠。但現行辦法所定範圍過狹，標準過高，民間企業很少能享受到此項優惠。我們建議在修訂獎勵投資條例通過後，對此一獎勵事業的範圍及標準作一檢討，不妨放寬，使民營企業能夠享受到此項優惠，願意對此等事業投資，不過規定在幾年後必須要達到某一標準，否則即取消獎勵，以迫使該等企業不斷謀求進步。

三、去年 2 月蔣總統經國先生於財經會談中指示中央銀行提撥 6 億美元，其中 3 億美元貸給技術密集工業，3 億元貸給出口工業進口設備之用。此即表示總統要照顧民營事業，貸款其更新設備，提高生產力增強其競爭能力。如各主辦單位都能體會總統的德意，而很快的將此 6 億美元貸出，則今年各有關事業設備都能更新，生產力亦可大為提高，也不致落到今天這樣的困境，而且一年八個月前購買的設備至少要比現在便宜二、三成之多。不過亡羊補牢未為晚也，我們希望中央銀行將此 6 億元轉融資給各銀行，放寬條件，放手讓各銀行去做，6 億美元不足應繼續增撥循環應用，以增加民間投資的財源。

四、修訂中的獎勵投資條例，仍然保留了行政院開發基金，可參與投資民

間經營之技術密集工業的規定，但過去該基金做法過於保守，未能發揮該條例設置開發基金應有的功能。我們希望在該修正條例通過立法程序後，應將該基金由現在的財政部代管，轉移到經建會代管，配合經建計畫的需要廣為運用，以主動產生誘導民間資金投資於經建計畫要發展的事業，使該基金充分發揮促進民間投資功能。

　　總之，政府與民間通力合作，積極鼓勵民間增加投資，不僅加速經濟發展、工業升級，亦是增強國力及提高因應國際經濟劇變的能力。

（民國 69 年 11 月 29 日　《經濟日報》二版）

八、對外貿易

1. 非棉紡織品設限後的急救之道

　　美國尼克森總統為實現其對選民的諾言，對非棉紡織品進口設限問題，曾一再派遣大員前來遠東協商。最近美總統特使甘乃狄之首席顧問朱里奇前來，且以近於「最後通牒」的強硬態度，通知遠東四大非棉紡織品出口國家及地區，以其所提之條件於限期前，與美國簽訂政府間的非棉紡織品輸美限制協定，否則美國政府將根據有關法規，實施單方面的限制。

　　朱里奇在台期間，我政府雖一再堅持按照與甘乃狄特使所達成之協議辦理，均未能獲得結果，最後在朱里奇讓步將非棉紡織品對美輸出每年增加7%，提高為 7.5% 後，我政府在不得已的情形下，原則上同意簽此協定，至於細節現正派員赴美作進一步的協議。傳聞韓國及香港亦將比照我國方式與美國達成協議，日本政府雖然顧全大局同意簽此協定，但日本業者仍堅持反對中。在表面上看，去年日本銷美紡織品高達五億六千餘萬美元為最多，但美國採取此措施後，實際上受影響最大者則為我國。因為日本紡織業在日本經濟上的重要性，近年來已大為降低，去年日本紡織工業員工僅占總就業人數的 1.8%，其生產毛額僅占國內生產毛額的 1.7%，紡織品出口占總出口的 12%，占紡織業生產總額的四分之一，紡織品對美出口僅占紡織品總出口的 24%，因此紡織品對美出口金額僅占國內生產毛額的千分之三。反觀我國，去年紡織業員工占總就業人數的 3.3%，其生產毛額占國內生產毛額的 5.1%，其出口占總出口的 27%，占紡織業總生產的一半，紡織品對美出口亦占紡織品總出口的一半，因此紡織品對美出口高占國內生產毛額 3.6%，其在整個經濟上的重要性

高出日本 11 倍之多。而且我紡織品對美出口，近三年每年增加 73％，正方興未艾，如不設限將繼續大幅增加，而日本紡織品對美輸出已開始走下坡。故此項限制，對我國經濟的影響最深，問題亦最嚴重。

不過，美國對非棉紡織品進口設限問題已醞釀兩年多，在此期間，我銷美實績增加將近兩倍，今後增加率雖將降低，但基數增大，已不無小補。可是如進一步分析我銷美紡織品，均係價廉低級品，而美國設限係以數量計算，我如能按同樣的限額改產高級品銷美，則在兩三年內對美紡織品輸出金額增加兩倍，亦極為可能。因此在解決當前供過於求問題外，更應為長期策劃，發展高級出口品。雖然政府現已聘請專家，籌設工作小組研究對策，但遠水救不了近火，況且此問題不是今日方發生，想主管當局對此問題早已了解。因此，我們建議政府應即採取下列措施：

一、貸予充足的週轉資金，對於成品已大量產製，因美國碼頭工人罷工，或我國港口擁擠，現又遭遇限額問題，一時不能運出產品者；以及已購大量原料，計劃短時期內加工輸出者，現因美國設限，出口期限將延長，鉅額資金將被擱置者，政府應通知各銀行，優先給予資金融通。

二、美國設限後，日、韓、港的非棉紡織品，均將積極拓展美國以外的外銷市場，其在國際市場上的競爭，將更趨激烈，政府應輔導業者增強競爭能力，協助爭取美國以外的外銷市場。

三、鼓勵產製高級品，對此問題，當局雖然已籌措多年，但迄無進展，因低級品輸出有利可圖，業者不願增加鉅額投資生產高級品。政府應趁此時機，採取下列更積極措施，鼓勵及誘導業者產製高級紡織品！

1. 由中央銀行撥外匯一億美元給中國銀行，以低利貸給業者進口高級品製造設備（高級品的標準政府應先公布）；

2. 進口高級品製造設備，減免進口關稅 50％，此在立法院授權範圍之內，行政當局有權決定，無須經過繁複立法程序；

3. 凡進口高級品製造設備者，其原有舊設備，可以分期付款方式輸出，政府應比照外銷貸款條件，指定銀行給予貸款資助；

4. 對美輸出每年增加 7.5％的配額，應優先分配給改製高級品的工廠，對最先產製高級品的工廠，尤應給予增加一倍增加率配額的優待。

四、我們不能產製高級品，缺乏中高級技術及設計人員，亦為最重要原因之一，政府應即在各大專院校增設紡織工程、設計及印染科系，加速培養中高級人才。

　　總之，處此非棉紡織品輸美的逆境，我們更應實現總統昭示，發揮莊敬自強的精神，化困難為建設，方能開創新的局面。

（民國 60 年 10 月 12 日　《聯合報》二版）

2. 注視關稅及貿易總協定第七次談判之動向

　　關稅及貿易總協定（簡稱 GATT）第七次會議，定於本日在東京揭幕，其81 個會員國均派遣財政部長出席會議，很多非會員國亦已派出觀察員與會，可見各國對該項會議之重視。

　　關稅及貿易總協定成立於 1948 年，其目的在消除國際關稅壁壘、非關稅障礙，取消歧視待遇，促進國際合作，以多邊自由貿易精神，擴大世界貿易共同利益為目標，而結合的一個國際組織。總協定成立迄今已有 25 年歷史，參與締約國家，由初期之 23 國，至最近增至 81 國。自由世界中所有工業化國家均已納入該組織，全球 85％以上的貿易額，皆由該協定締約國進行。我國曾於民國 37 年 5 月正式簽署，成為該協定締約國之一，但至 39 年大陸淪陷，政府為避免中共享受他國給我之優惠待遇，宣布退出該協定。

　　關稅及貿易總協定成立以來，已舉辦過六次貿易談判，第六次貿易談判即是著名的「甘迺迪回合」（Kennedy Round）。自 1964 年開始舉行，直至1967 年方完成。實施以來已使工業化國家間工業產品的關稅率平均降低了35％，其他產品降低 50％。

　　由本日起至 14 日在東京舉行的貿易會談，最重要的任務是決定自今年 11月開始，至 1975 年完成的第七次談判所應達成的目標，並指派成立一個談判委員會負責今後兩年的談判任務。此次談判可能被命名為「尼克森回合」（Nixon Round）。「甘迺迪回合」祇牽涉到整批性的關稅削減，而第七次新的談判，其目的在謀國際貿易整個方案的澈底改革，除降低關稅外，還包括進一步促進農產品的自由貿易、廢除非關稅障礙、制止一個國家對另一個國家過分銷售所需要的保護措施，以及對開發中國家的特別優惠等等的談判。一般而言，「尼克森回合」所包括的範圍，遠較「甘迺迪回合」為廣泛，其未來的影響亦比較深遠，故深為世界各國所重視。

　　由於總協定締約國間的經濟規模與重要性，有著很大的差異，故總協定規章的修訂，必須由大國協商決定。因此，如美國與歐洲共同市場國家有不同的意見，則任何一項措施都難通過。美國政府為使其在此次談判中壯大聲勢，曾於今年 4 月即擬就「貿易改革法案」，送請眾院審議，要求給予廣泛的授權，

但至 8 月 6 日外電報導，美國眾院對該新貿易法案尚未通過，其關鍵在是否給予蘇俄及中共最優惠國待遇。因此，美國政府能得到國會多少授權，到目前尚不得而知。不過尼克森本人是贊成自由貿易的，可是在國會內保護貿易氣氛很濃厚。一般而言，美國政府對此次談判的基本態度，是贊成削減工業產品的進口關稅，為美國農產品擴大海外市場，制止外國產品傾銷的適當保護措施，以及降低非關稅障礙等。同時美國政府強調，貿易談判與國際貨幣制度的建立，是兩回事，應分別進行。

可是歐洲共同市場國家則持與美國不同的看法，它們早在去年即集會商討，決議國際貨幣制度的改革，是全面貿易談判的先決條件，故在今年 6 月 26 日的歐洲共同市場部長理事會中，通過如下對第七次貿易談判所持的立場：「十分明顯，使世界貿易趨向自由化的政策，是無法成功執行的，除非同時努力建立一項國際貨幣制度，使世界經濟不再受像最近所遭遇的動盪與不平衡的影響。」

由以上所述，可知美國及歐洲兩大集團，對第七次貿易談判所持的立場頗有距離，未來兩年間的談判歷程相當艱辛；不過談判中不論獲得任何協議，對未來世界的貿易，均有極深遠的影響。尤其我們是以擴展貿易為經濟發展形態的國家，進出口金額均占到國內生產毛額的 50％ 左右，而且是非會員國，現在又不被認為是「開發中國家」，所以我們必須對此次的談判作密切的注視。政府如尚未決定派遣觀察員赴東京參與該項會議，應該即刻選拔對貿易談判有經驗者前往與會；同時，今後仍應派員至關稅及貿易總協定所在地之日內瓦，隨時注視搜集「談判委員會」談判的內容向國內主管機關提出報告，使我們能隨時採取適當的因應措施，在今後國際貿易中能立於不敗之地。

（民國 62 年 9 月 12 日　《經濟日報》二版）

3. 二十年來外匯貿易改革的成就

二十年前的今天——47 年 4 月 12 日，政府實施「外匯貿易改革方案」，由於該方案的有效執行，促進出口的快速增加，帶動整體經濟的迅速發展，使我國在最近二十年來獲得輝煌的成就。

一、經濟成長與所得的提高。在 47 年至 66 年的二十年間，我國出口實質增加 30 倍；在此期間經濟成長率平均每年高達 8.4％，其中由於出口增加直接的貢獻高達三分之二，如包括間接的貢獻則更大。使國民生產毛額自 46 年的 16 億美元，至 66 年提高到 195 億美元。每人國民生產毛額同時期自 160 美

元，提高到 1,168 美元。使我國每人所得自極度低落，進步到開發中國家高所得組，且為經濟發展最有成就的國家之一。

二、經濟結構的改進。在 46 年國內生產淨額中，農業占 31.3％，工業僅占 23.6％，農業產值超過工業的三分之一；在出口總額中農產品及農產加工品出口占 87％，而工業產品出口僅占 13％，純屬以農業為主的社會。但到 66 年工業產值已超過農業的 1.9 倍，在國內生產淨額中工業所占比重提高到 38.7％，而農業僅占 13.4％；工業產品出口高占出口總額的 87％，而農產品及農產加工品出口僅占 13％，與二十年前完全相反。同時工業就業在 66 年占總就業的 37.8％，而農業就業則占 27.1％。可見我國已自農業國家，轉變為以工業為主的國家了。

三、物價的穩定。在早期因國內物資缺乏供不應求，物價高漲，外匯貿易改革後，由於出口的迅速展開，進口能力增強，國內所缺乏的物資，均可自國外進口供應，因供應充分及調節得當物價漸趨穩定。在最近二十年間，除 63、64 年因受世界性通貨膨脹的影響，國內物價漲幅較大外，其餘十八年躉售物價與消費者物價指數，平均每年各上漲 2.9％及 4.1％，在自由世界各國中，我國為少數物價穩定的國家之一。

四、充分就業目標的達成。在外匯貿易改革之前，當時的失業問題相當嚴重。經過外匯貿易改革後，推動勞力密集產品的大量出口，直接間接創造了大量就業機會，使二十年來就業人口平均每年增加 3.4％，超過了總人口增加率，不僅使每年新增加的勞動力有了工作，而且將過去失業的人口，及農村流出的勞動力，都加以吸收，使近十年來的失業率，除 64 年因經濟不景氣超過 2％外，其他九年均在 2％以下，平均每個家庭已有兩個人就業，已達到充分就業的目標。

五、國際經濟關係的增強。在 46 年時我國對外貿易總額僅三億六千萬美元，對美、日貿易即占了 60％，貿易往來的國家不多；但至 66 年貿易總額已達 179 億美元，貿易往來國家已在 140 國以上。對外貿易總額占國內生產毛額的比例，亦自 24％提高到 104％。易言之，對外貿易總額已超過國內生產毛額，可見我國是以貿易為主的國家了。

六、所得差距的縮小。在早期由於失業問題的嚴重，故高低所得差距較大，在就業人數大幅增加後，使低收入的家庭所得大幅提高。因此，使高低所得組間所得差距縮小。自 53 年 20％最高所得組的所得，較 20％最低所得組的所得，高出 4.3 倍，65 年已降為 3.2 倍，顯示所得差距有顯著的改善，我國已

為少數所得比較平均的國家之一。

以上的分析告訴我們，近二十年我們在經濟方面所獲得的成就，由於二十年前外匯貿易改革方案的有效實施，出口的大幅增加，貢獻至大。最近數年來，我們在經濟發展方面雖然已獲得了如上所述的各項成就，但也發現了一些困難和遭遇到許多新的問題，不是採取零星的補救或改善措施所能奏效，這個時候需要澈底全盤的檢討與改革，方能使我們更上一層樓，進入工業國家的境界。

（民國 67 年 4 月 12 日 《經濟日報》二版）

4. 由日圓再度暴漲看我國經濟趨向

日圓兌美元匯率自去年 9 月的每美元兌 264.5 日圓後，即節節攀升，至今年 4 月 3 日升至 218.15 日圓，創有史以來的最高紀錄，當時即有部分人士認為美元幣值已跌過應有的價位，以及美國聯邦準備銀行為對抗通貨膨脹的壓力，而採行信用緊縮政策，提高利率，使國外資金大量流入，美元得以回升；由是，日圓兌美元匯率開始回跌，至 5 月 23 日曾一度跌至 230 日圓。但至此以後，又由於美國 4 月物價呈現兩位數字的上升，貿易逆差的難以控制，以及日本大藏省發表 6 月上旬貿易順差，自去年同期的 1 億 7000 萬美元，劇增至 9 億 8000 萬美元，顯示日本貿易順差之根深柢固，一時扭轉不過來；加以一連串國際會議的舉行，更是導致日圓匯率再度暴漲的導火線，日圓兌美元匯率又節節上升，至本（6）月 21 日曾再度創下每美元兌 208.65 日圓的最高紀錄，當日以 209.55 日圓收盤，打破日本人認為 210 日圓的防守線。

就理論而言日圓的大幅升值，而我國新台幣隨美元貶值，將增強我國出口產品對外價格競爭能力，有利於我國產品的出口拓展。雖在事實上，今年第一季我國對日本的出口，並不若理論上所應有的大幅增加，但自 4、5 月份對日出口的大幅增加，顯示新台幣相對日圓貶值已產生了顯著效果，使我國總出口的增加率，自第一季的 27.4％，4、5 月提高至 46.8％及 42.1％，5 月份的出口金額達 11 億 5000 萬美元，超過去年 12 月 10 億 2000 萬美元，而創歷年來最高峰。進口雖亦有增加，但出超仍達 2 億 4000 萬美元，亦創歷年最高峰。使 1 至 5 月的出超高達 5 億 1000 萬美元，而去年同期則不及 5000 萬美元。

由於出口的大幅增加，帶來全面的經濟繁榮，本年 1 至 5 月工業生產較去年同期增加 20％，上半年經濟成長率占計超過 10％。但另一方面，由於出口產品仍以勞力密集產品為主，出口的增加，帶來大量勞力的需要，在某些行業

及某些地區已發生勞力供應不繼的現象，如紡織廠及電子工廠即無法招足所需要的勞工；因此，工資不斷升高。今年首五個月躉售物價與去年同期比較，雖尚稱平穩，但 4 月及 5 月較上月上漲率，折合年率已變成兩位數字的上升，消費者物價已較去年同期上漲 7% 以上，不能謂不高。

鑒於過去每於國際經濟會議召開之時，日圓每多上漲，主要因為日本為了避免在會議中，遭到其他國家對其巨大貿易赤字的指摘，在會議舉行之前，即有不便明顯而大規模干預外匯市場之苦，投機者乃利用這種機會向日圓進攻。可以預見在 7 月 16 日起召開的西方主要工業國家經濟高峰會議之前，日圓匯率勢難回跌。在日圓繼續維持高匯率情況下，對我國產品的出口極為有利，有部分廠商的訂單已可做到年底，估計今年出超將超過 10 億美元，將創歷年來最高紀錄，似已恢復到 62 年景氣繁榮的局面。

出超的大幅增加，雖可支持經濟的快速成長，但因物資的大量外流，又外匯準備的增加，使貨幣供給額增加率居高不下，對未來物價上漲將產生不利的影響。因此，部分人士認為景氣的過熱即將來臨，為抑制通貨膨脹的惡化，應採取抑制出口的措施，例如新台幣的升值或提高利率等等。我們對此略有不同的看法。我們必須指出，62 年是全世界國家景氣過熱，國內各行各業全面繁榮，以及世界糧食危機與能源危機接踵而至；而目前是除我國及韓國外，絕大多數國家包括所有工業國家，都在緩慢成長中，尤其對美國未來經濟景氣的看法均不樂觀；而我國內雖有部分行業已達到高度繁榮境界，但仍有少數重要行業，剛剛復甦，如採取激烈緊縮措施，則對剛趨繁榮的局面，即有轉趨衰疲的可能。故我們認為緩和通貨膨脹的壓力，應先從降低外匯準備著手，除中央銀行已採取限制國外短期資金作週轉之用外，最近復宣布八項放寬外匯支用的措施，均極為正確；應再進一步開放進口，對許多有條件進口的項目全面開放；除可減少外匯準備的增加外，又可增加物資的供應，對穩定物價應有雙重的效果。不過各界應認識清楚，為了繼續保持繁榮局面，似應作有限度的忍受物價上漲的壓力。同時，所擬採取的較激烈的緊縮措施，似不需全面採行，而作選擇性的實施，對某些過度繁榮的行業，稍加抑制，而不影響艱苦行業的復甦。在業者方面，應趁此好時機，即做更新設備提高生產效率的準備，一方面抑制大量勞力的需要；一方面在國際經濟尚未全面復甦聲中，保持我產品的競爭能力，繼續維持快速而穩定的經濟成長。　（民國 67 年 6 月 24 日　《聯合報》二版）

5. 出口突破一百億美元大關

我們根據今年 1 至 9 月的出口統計資料，平均每天出口金額推估，今年以來至本（10 月 28 日）日止，累計出口應已超過一百億美元，這在我國對外貿易史上是值得大書特書的一件大事，就整體經濟發展觀點看，也是值得慶賀的一件大事。在六年前的 61 年 3 月 3 日，本報社論曾以「應努力突破五十億美元的對外貿易目標」為題，鼓勵國人努力推展對外貿易，使 61 年的進出口合計突破 50 億美元大關；實際上是年對外貿易超過了 55 億美元，較 60 年增加 40％以上，促使該年經濟成長率高達 12％，創下了一年的最高紀錄。而六年後的今年，不到十個月的時間，單單出口一項即突破了百億美元大關，估計全年進出口合計將達 240 億美元，較六年前增加將近四倍之多，形成少數對外貿易高速成長的國家之一。

在我們推動出口的初期，在 40 年代平均每年出口增加率尚不到 4.5％，出口金額始終維持在兩億美元以下；至 50 年代由於政府大力拓展出口，採取財政、金融及外匯貿易等各種激勵措施，平均每年出口增加率提高至 25％，但由於出口基數較小，至 59 年出口尚未達到 15 億美元；不過，進入 60 年代由於基數已高，再加以出口增加率的提高，至今年即可突破百億美元，而創下出口 128 億美元的最高紀錄，與十年前的不足 8 億美元比較，平均每年增加率高達 32％；而其中由於工業產品出口增加的更為快速，使工業產品出口占總出口的比例，自 41 年的 8％，十年前提升為 68％，今年將達 88％，可見我們出口已不再是過去糖與米的天下，而是絕大多數為工業產品了。

至於出口地區，在早期僅是少數國家，而以日本為主占 50％左右；但最近十餘年來的努力拓展，除共產國家外，我們的出口產品已廣及全自由世界，日本衹占 12％左右，而改以美國為主要出口地區，占整個出口的三分之一左右。而且，我們對外貿易過去長時期陷於入超地位，但自 59 年開始轉為出超，最近八年來，除 63、64 年由於世界經濟的不景氣恢復過去的入超外，有六年是出超，而以今年的出超估計可能達 18 億美元為最大。在美國經援時期，自 40 年至 54 年的 15 年間，美國經援我們總計 15 億美元，平均每年 1 億美元，而我們今年一年出超即達 18 億美元之鉅，顯示我國經濟壯大的結果。早在 40 年初，當時台灣銀行，由於外匯儲存不但告罄，且積欠國外銀行外匯一千餘萬美元，開出的信用狀已被國外銀行拒絕接受；而今我們的外匯儲存已超過 60 億美元，而且國外銀行均樂於借款給我們，這顯示了政府政策正確，

及全國上下共同努力的結果，也是自助人助的道理。

二十餘年來，由於出口的大幅拓展，促進了經濟的全面繁榮，不僅創造了充分就業，消滅了財政赤字及入超，穩定了物價，提高所得及生活水準，即使與國際間比較，也有其輝煌的一面，以最近十年為例，我們的出口平均每年增加 32％，較自由世界每年增加 18％，超過七成以上，可見我國出口增加之快速。因此，在十年前的 57 年，我國出口僅占全世界出口的 0.35％，去年已提高到 0.9％，今年由於出口的大幅增加，而全世界出口仍維持過去的增加幅度，故今年我國出口占全世界出口的比例，將超過 1％。在全世界一百數十個國家中，一個國家出口超過全世界總出口 1％的國家並不多，我們能超過1％，應屬貿易大國了。

在十年前我國出口在全世界一百數十個國家中，尚排名在第 40 位以後，至 62 年由於出口的年年大幅增加，提升至第 21 名；但是年由於石油危機爆發，油價大漲，石油輸出國家出口劇增，使我國名次退後，64 年已退至第 31 名，經過最近三年的努力，出口競爭能力增強，出口大幅增加，今年可能恢復至 21 名以前的名次。在一百數十個國家中，能列在前 20 名，應屬貿易大國，似無庸置疑。如我們的進口亦能隨出口的大幅增加，一方面減少鉅額出超，對物價上升所增加的壓力；另方面我國在國際市場中，亦為一大市場，誰還敢忽視我們！

（民國 67 年 10 月 28 日　《經濟日報》二版）

6. 注視美國美元保護措施所產生的影響

自去年 10 月美元對歐日強勢貨幣大幅下跌以來，美國政府認為美元的下跌，一方面是其幣值過去偏高，另方面是外匯商人投機鼓動風潮。而且相信，只要美國基本經濟情況改善，包括貿易逆差的減少、預算赤字的降低及通貨膨脹的改善，美元問題即可迎刃而解，故美國政府雖採取干預美元的保護措施，但不夠積極，效果不著。至今年 10 月下旬，外匯市場美元的再度急劇下落，使美國官方相信等待基本經濟情況的改善已緩不濟急，而採取了卡特的反通貨膨脹方案，宣布工資物價基準，限制工資上升不超過 7％，物價上漲不超過5.75％。原希望藉反通貨膨脹方案能提高國際間對美元及美國經濟改善的信心，但因該方案缺乏具體有效的措施，各方對其效果持懷疑態度；結果適得其反，外匯市場美元狂跌，美國股市大瀉。美國政府認為事態嚴重，若不即時進一步採取更積極有效的措施，可能的影響是促成石油輸出國家組織藉口美元的

大幅貶值，而大幅提高油價，將增加美國石油進口的支出（估計美國今年進口石油超過 400 億美元，如明年油價上漲 10％，美國購油支出即增加 40 億美元之鉅），而使美國貿易逆差再行擴大，美元更形不穩。同時，由於進口成本提高，物價上漲，使卡特總統的反通貨膨脹政策失敗，將導致更深的經濟危機。美國政府遂改變過去作風，而於本（11）月 1 日進一步採取比較積極的維護美元的措施，以阻止美元的繼續下跌。

美國此次所採取積極性保護美元措施，包括外匯市場對策及加強金融緊縮兩方面。前者為美國外匯當局與西德、日本及瑞士三國中央銀行協助大規模干預外匯市場，籌措 300 億美元，用以買回在國外的美元，和財政部出售黃金數量，每月提高至 150 萬盎司。後者在加強緊縮金融方面，提高聯邦準備銀行貼現率，自 8.5％提高至 9.5％，以及調整銀行存款準備率，10 萬美元以上長期存單提高 2 個百分點。此一涉及外匯、黃金及金融市場的緊縮措施，初步反應均甚良好。日本及歐洲各外匯市場美元匯價全面回升，一年多來美元的衰弱趨勢因此而改觀，至目前為止美元的價位已暫時穩住。

但在美國聯邦準備銀行提高貼現率及銀行存款準備率後，各銀行立即跟進，提高基本利率達年率 11％的高水準，至明年有提高達 12％的可能，一般商業信用貸款更提高達年率 14％，而且告貸不易。因此，大多數經濟專家認為美國政府大幅提高利率，積極緊縮信用，將產生明年經濟衰退的影響。

由於美國採取積極性保護美元措施，所產生的效果及其副作用，可能對我國經濟發生的影響，值得注意因應的有下列數端：

一、我國外匯準備已超過 60 億美元，其中絕大部分是美元，在美元不斷貶值過程中，我們已蒙受鉅大的損失。就長期看美元匯價難以維持，長久還是會下降，應趁此美元匯價回升機會，運用美元換取強勢貨幣，以調整外匯準備結構，減少美元再度下跌時的損失。

二、我們向國外所借的長短期外債中，有部分是借的強勢貨幣，如日圓、馬克及瑞士法郎借款等，當該等貨幣對美元升值時，即增加我們的負擔。應趁此美元匯價回升期間提前償還，或購買強勢貨幣儲存待到期償還，以避免此等強勢貨幣再度上升時增加我們的負擔。

三、在美元匯價大幅下降時，石油出口國家醞釀明年初油價大幅上升之勢甚為強烈，自本月 1 日美國採取積極保護美元措施美元匯價回升後，油價上漲呼聲已轉緩和，上漲幅度可能在 10％以下。我們應在國際油價緩和上漲時，調整國內油價結構，來因應進口成本的上升，一方面減輕對國內物價上升的影

響，另方面避免能源的浪費，而能達到節約能源的目的。

四、此次美國政府大幅提高利率，積極緊縮信用，對美國明年經濟成長降低的影響已不可避免，據估計美國明年經濟成長率祇能達到 3％，而且為了縮小貿易逆差，進口增加率將減緩。美國是我國主要出口市場，面對美國進口增加的減緩，為避免明年我國對美國出口不能繼續大幅增加的情勢下，如何擴張對其他地區的出口，以維持我國經濟的持續成長，應早日採取對策，以避免美國經濟減緩，對我國不利的影響。

（民國 67 年 11 月 25 日　《經濟日報》二版）

7. 出口競爭能力的分析

美國海灣石油化學公司總裁鮑納，來華訪問四天，參加其在華第三投資事業——亞洲聚合公司的開工典禮，並決定購買台達化學公司為其在華第四投資事業後，於日前離華前，接受本報記者訪問，暢談他對我國石化工業前途及石油問題看法時，表示對我國石化工業前途相當樂觀，而且強調國營的中國石油公司對石化工業非常支持，一直以較低的價格，供應石化業需要的乙烯、丙烯及丁二烯等，使台灣的石化產品相對競爭能力提高。日本石化原料由民間企業經營供應，售價偏高，迫使日本的石化產品逐漸被逐出東南亞市場；相反的，台灣的石化工業由於原料價廉，得以壯大，推廣海外市場。實際上，政府多年來，都在維持物價的緩慢上升，及促進生產力的提高，其目的都是在減輕生產成本，提高對外競爭力。尤以最近三年來，我國的物價上漲率，均較我們主要出口對象國家及主要出口競爭對手國家為低。而且我國製造業工資上升幅度，低於製造業勞動生產力的增加率，使每單位產品勞動成本較三年前降低；而同時期我們的主要出口對象國家及競爭對手國家，工資上升的幅度超過其勞動生產力的增加率，使其每單位勞動成本上升，即相對我國出口產品價格競爭能力的大幅提高。

以去年為例，我國製造業工資雖上升了 16％，但製造業勞動生產力，較上年提高達 23％，致使製造業每單位產品勞動成本，較上年下降了 5.7％。反觀我國主要出口對象的美國，去年製造業工資雖僅上升 7.7％，但其製造業勞動生產力僅提高 2.2％，致使每單位產品勞動成本反較上年上升 5.4％，與我國相比之下，我國產品在美國市場競爭力大為提高。雖然美國去年進口僅增加 16.5％，可是我國對美國出口增加達 37.5％，超過其進口增加率一倍以上。我

國第二大出口對象的日本，去年由於日圓大幅升值，物價較為平穩，工資上升亦緩和，去年工資僅增加 6.9％，低於其製造業勞動生產力提高 9.4％比率，致使其每單位產品勞動成本較上年下降 2％，但仍不及我國下降 5.7％之大，故去年我產品出口至日本市場大增 42％，今年 1、2 月再增加 85％。最近一年多來，我產品在美、日市場占有率的提高，主要由於我產品出口競爭能力，相對美、日兩國大幅提高所致。

再與我國主要競爭對手國的韓國比較，過去一年間韓國製造業工資上升了 34％，而其勞動生產力的提高尚不及 20％，致使其每單位產品勞動成本，較上年提高了 12％之巨；而且去年韓國不論躉售物價或消費者物價的上漲率，均超過我國一倍以上。因此，比較去年中韓兩國出口產品價格競爭力，顯然的我國較韓國大為提高。以致去年韓國出口增加 26.5％，較我國之增加 35.5％，低了四分之一；至今年首兩月增加率差距更為擴大，韓國今年 1、2 月出口僅較去年同月增加 15％，而我國同時期出口增加率，則高達 43％，幾超過韓國增加率的兩倍。

由於我國出口產品競爭能力，相對較主要出口對象國家及競爭對手國家大幅提高，使出口大幅擴張，促進經濟的全面繁榮，去年經濟成長率高達 12.8％，創歷年來的最高峰；今年第一季據行政院主計處估計，仍將超過 10％ 以上。經濟的快速發展雖使國民所得大幅提高，但由於出口的過度擴張，及經濟的高度繁榮，亦帶動了物價的大幅上升。近數月來物價的上升幅度擴大，雖受進口成本提高的影響，但需求的大幅增加，亦為物價大幅上升的主要因素之一。鑑於韓國工資與物價的大幅上升，削弱了出口競爭能力，我們面對目前物價的大幅上升，如何使其上升幅度減緩，則為當前的重要課題。同時應注意，過去韓國遭遇到工資與物價大幅上升，損害出口競爭能力時，都採取了貶值的措施，以挽救其出口競爭能力。韓國目前的情況如繼續而不能改善，不能說其不會採取貶值的途徑。為了保持我產品在國際市場的競爭力，應密切注意韓國決策的動向，早為籌謀，俾即時採取因應對策。

（民國 69 年 4 月 9 日　《經濟日報》二版）

8. 對改善中日與中美貿易差額的看法

日前經濟部國際貿易局局長邵學錕，在立法院經濟委員會就改善中日、中美貿易的鉅額差額提出報告，政府擬採取的措施，大致均甚正確，如在五至六年內，將關稅完稅價格另加 20％部分取消，因過去在完稅價格另加 20％，完

全是以稅收為目的，只有增加進口負擔，別無其他作用，而且是我國所獨有，如一次取消將損失關稅達新台幣百億元之鉅，現擬分五、六年逐步取消，影響比較緩和。不過在將採取之措施中，有兩項應再審慎考慮，茲就我們的看法，分析如下：

一、邵局長建議，改變關稅法計算完稅價格的方式，自現有的 CIF 改為 FOB，使日貨無法再占運費上之便，以減少自日進口數量，並相對提高美貨競爭力。我們認為此種做法影響稅收事小，但違背世界關稅完稅價格的計價趨勢，恐亦難有實效，茲就此兩方面做進一步分析。

先就實效而言，CIF 及 FOB 兩種計價的方式相差在於運費及保險費，因為美國距我國較遠，日本較近，因此自美進口貨物，運保費較自日進口為高，進口關稅負擔亦比例增加。實際上據業者的經驗，目前自美進口一般貨物運保費約占運價的 10% 左右，自日進口約占 5% 左右，兩者相差僅 5%；而我們實際進口平均關稅負擔（扣除退稅）約在 10% 左右。因此，自美進口貨物按 CIF 價格計算所負擔之關稅，較按 FOB 價格計算所增付的關稅，比自日本進口同樣貨物增付的關稅，僅為貨價的 0.5%（即 10% 乘以 5%）而已。實際上，同樣的貨物美國售價要較日本貨售價高出五成以上，如將關稅完稅價格自 CIF 改為 FOB，使其所付關稅較日本貨降低僅有 0.5%，即使高稅率貨品，其差額亦不過 2%、3% 而已，以此細微之差，如何能與其價格相差五成以上比較。要想完稅價格自 CIF 改為 FOB 即能提高美貨在我國的競爭力，減少自日進口的數量，似無可能。國貿局在提出該項建議前，如能經過像我們這樣簡單的分析，了解其差額之微，恐亦不會提出是項建議了。

再就理論而言，目前世界各國所採用的計算進口完稅價格的方式，歸納為有七種之多，但根據關稅暨貿易總協定（即 GATT）第七條規定，是以起岸價格即 CIF 價格為計算基礎。因此，全世界有英、法、德、義、日、韓及我國等一百一十多個國家採用 CIF 為計價基礎；採用 FOB 計價基礎者，僅美、加、澳、紐等十多國而已。可見世界趨向是以 CIF 為計價依據。故國貿局建議將進口關稅完稅價格自 CIF 改為 FOB，我們不敢苟同。

二、邵局長建議，鼓勵公營事業現向日本採購的重要大宗產品，其所需設備規定採用美貨，如此可同時縮小對美國順差及對日本逆差，並建議採取措施，嚴格要求公營企業及政府機關在編訂年度採購計畫或預算時，即應以歐美貨價為基礎，不得臨時以預算不足為理由要求採購日貨，即或成本容有增加，致影響盈餘，也應全力支持。此項建議似以減少對美順差與對日逆差為目的，

卻未顧及國家整體經濟的發展。鼓勵公營事業現向日本採購的重要大宗產品，改向美國採購，以減少對日輸入，構想雖很正確，但生產設備限向美國採購，因美國機器設備一般較日貨高出五成至一倍以上，則成本增加，使公營事業盈餘減少事小，但其所生產之產品成本提高後，將影響下游加工業的發展，如何能與日貨競爭？不啻阻礙了下游工業的發展；另方面對日貿易逆差縮小了對我們又有何益？逆差不縮小害處又在那裡？我們認為縮小對日逆差，應以積極拓展對日輸出，加速國內工業發展為正途；減少日本低廉產品的進口，購買高價的美國貨，不僅有違國際貿易比較利益的原則，且將增加全社會的負擔，當是不智之舉。

　　至於減少對美貿易順差，據邵局長在立法院報告，今年 1 至 3 月未再擴大，顯示去年組團對美採購，及國貿局勸導增購美國產品已發生效果。事實上，美國對我進口產品設限，尚無以對我貿易有逆差為設限之理由，何況今年我對美貿易順差，據我們估計不致超過去年水準，國貿局只要維持去年的做法，組團採購與勸導增購美國大宗物資與耐久消費品，即已足夠，不必再進一步採取硬性規定，勉強採購美國高價的生產設備及原料，不僅影響我國工業進一步發展，亦扭曲價格機能的作用，增加全社會的負擔，應予避免。

　　根據以上的分析，邵局長的兩項建議，似應作深入研究，以免對美日貿易差額未見縮小，反而傷害了整體經濟的發展。反觀日本，去年對美貿易順差接近 120 億美元，為我國對美貿易順差的五倍，但日本提出平衡美日順差的辦法，是向美國採購鉅額的國防武器、核能發電燃料——鈾、及飛機，我們亦可向美國提出相同要求，如美國不同意，則順差問題咎在美國並不在我，不知國貿局以為然否！

（民國 68 年 5 月 9 日　《經濟日報》二版）

九、農業問題

1. 再論我們對解決農業問題的看法

　　過去我們的農業生產，在「實施耕者有其田條例」後，由於農民增產的所得，完全為自己所享有，因此，在擁有的小塊耕地上，使用較多的勞力及資本，採取勞動集約的耕種方式，以提高單位面積產量，不僅使農民的所得大幅增加，生活亦有顯著改善，而且每公頃產量在國際間比較，已居於較高的地

位。但由於採用勞動集約耕作方式，在單位耕地面積上，使用大量的勞力，因此平均勞動生產力，與其他各業比較，有逐漸相對降低之勢。如欲促使農業勞動生產力的提高，有二種途徑可循：一為維持原有勞力擴大耕地面積，藉總生產的增加，促使勞動生產力的提高；其二則為在單位耕地上，增加資本使用量，以代替勞力，一方面繼續提高單位面積產量，另方面藉勞動者的移出，而使勞動生產力能有大幅的提高。一般所謂資本代替勞力，即為農業機械化的推行。

在臺灣可耕地面積早已全部開發，增加耕地幾為不可能，故欲提高勞動生產力，唯賴第二種方法的大力推行。可是機械化推行的先決條件，必須要有較大規模的農場面積，但十餘年來，由於農戶的不斷增加，而耕地面積增加極微，平均每戶耕地面積不僅未有擴增，反而愈形縮小，目前每戶僅約一公頃，且以小規模經營為主。雖然近年來工業的快速發展，工資不斷提高，農村勞工大量流向都市，原為農業勞動生產力提高的好時機，但因機械化未能即時大量推行，以代替移出的勞力，反促使農業生產增加率的遲緩，與快速發展的工業比較，農民的對等所得，有愈形偏低的現象。

機械化未能大量推行，除部分農民購買力有限，無力採購耕耘機外，農場面積的未能擴大為其主要原因。而農場面積未能擴大，主要係受對土地傳統觀念的約束，及耕者有其田政策，以及法令等的限制。在過去以農業為主的社會裡，土地為主要的財產，握有大量土地者，即能操縱該地的經濟，甚至以剝削佃農的手段，獲取不當暴利。故政府在該時為保護多數農民的利益，實施耕者有其田政策極為正確。但在以工業為主的社會裡，因利用機器設備可以從事大量的生產，亦不受自然環境的限制，故投資於工商業所獲得的利潤，遠超過耕地所獲得的利益，因此耕地在整個社會中的重要性，已相對降低。然在工業社會裡，允許一個企業或資本家，擁有數億資本，僱用數千上萬的員工從事生產，而不允許一個小地主，擁有限額以上的耕地，僱用勞工從事生產；此種限制顯不公平亦不合時宜，而且影響農業現代化的進行，及為配合工業快速發展的重要障礙。尤其在以工業為主的社會裡，勞動者的就業機會已不限於農業，地主剝削佃農的現象，不可能再出現。故當一個國家，自農業社會，進入以工業為主的社會，其對土地的看法，及法令規章的種種限制，必須配合作適當的修正，否則農業所遭遇的問題，無法澈底解決。

本月初執政黨中央在檢討農業問題時，所提改進意見，歸納急待解決的三大農業問題之一，即鼓勵農業經營企業化，並建議應充分供應長期低利資金，

及於獎勵投資條例中，增加獎勵農業經營企業化之條款。但對土地法第三十條「私有農地所有權之移轉，其承受人以承受後能自耕者為限」，同法第六條解釋「自耕係指自任耕作者而言，其為維持一家生活直接經營耕作者，以自耕論」，又實施耕者有其田條例第十及第十一條，限制自耕及出租耕地，不得超過七至十二等則水田 3 甲等等之法令規定不予解除，農業經營如何能夠企業化？又內政部徐部長於本月 7 日在國父紀念週會上，發表之「經濟發展與土地政策」專題報告中，指出將修正實施耕者有其田條例，應補充：「對承耕農地有耕作能力者，得准許包括農業企業經營的法人在內，不限於耕作者，以促進農業發展。」原則極為正確。但能成立農業經營的法人，為數究屬有限；而目前有部分自耕者有能力購買耕耘機，但因耕地面積在種種限制下，不能擴大，如購買耕耘機，將不能得到充分利用，而發生損失，故不願購買耕耘機操作，此等自耕者並非法人，即無法適用徐部長所建議之補充規定，而此等農民可能占有大多數。我們認為今後經濟發展能否順利快速進行，農業問題為其關鍵問題之一；我們過去亦曾提出很多建議，但鑒於各方檢討時，仍未能把握農業問題的核心，故我們不嫌其繁的再度指出農業問題的癥結所在，並建議如要根本解決農業問題，必須先自土地法及實施耕者有其田條例的基本精神，即立法原則，作坦誠而澈底的檢討，並提出可行的澈底解決方案付諸實施，不使前年執政黨二中全會通過的「現階段農村建設綱領」落空，農業現代化的目標能早日實現。

（民國 61 年 2 月 12 日 《經濟日報》二版）

2. 我們對農業發展條例的看法與建議

去年 9 月 27 日行政院宣布「加速農村建設措施」，並指撥新台幣 20 億元，支持農村建設，預定今明兩年內分期進行，作為解決當前農業所遭遇困難問題的短期措施；另為澈底解決農業問題，促進農業長期發展，加速農村現代化，增加農業生產，提高農民所得，以達到提高農民生活水準之目的；復擬就「農業發展條例」草案，於本年 3 月間送請立法院審議。據報載立法院經濟及內政兩委員會已開始對該條例審慎審查中。「農業發展條例」草案雖未見公布，但其立法要點曾有披露，本報本於經濟專業報紙立場，要對該草案立法要點，表示我們的看法及意見，以供立法委員先生們審查時之參考。

一、關於籌集農業發展基金，亦為本報過去一向的主張，農業發展基金設立之作用，在調節供需，穩定農產品價格，以達到穩定農民收益之目的，避免

收穫季節價格暴跌，使農民遭受損失。不過設立農業基金同時，必須使農產品的產與銷互相配合，否則生產過多，基金亦沒有能力全部收購，價格無法維持，則農業基金之功能亦無從發揮。

二、開發及有效利用農地資源方面，該條例以減免租稅的方式，鼓勵農業企業機構及農民投資開發未開墾土地。由於開發初期收益低，在經營上不無困難，政府給予減免稅優待，並在規定條件下，無償取得使用權及所有權，此等做法極為正確。不過對於既經開發耕地的有效利用方面，該條例僅規定，須依照土地可利用限度使用，並依其需要實施水土保持處理及維護。我們懷疑僅賴此項條文規定，而不採取有效措施，即能使已開發的耕地得到有效的利用。事實上，根據 60 年農業普查資料，耕地面積在半公頃以下的農戶占 44％，在目前的生活費用情形下，半公頃耕地如何能維持一家六口的適當生活？因此離村的農民日多，農耕工作無形中荒廢，使耕地未能有效利用；同時農民如出售耕地，因受土地法及耕者有其田條例的限制，甚為困難，地價乃不斷下降，更使農民減少農耕的興趣，形成農業發展的一大隱憂。

三、改進生產結構方面，該條例以下列三項方式進行：（1）擴大農場經營規模，獎勵家庭農場實施共同經營、委託經營，或組織合作農場方式，以謀耕地在不變更所有權之情形下，擴大其經營規模；（2）推行農業機械化；（3）擴大實施農產專業區。此三點在原則上均甚正確，但實際上執行效果，都有緩不濟急之虞。我們推行農場共同經營係自民國 55 年開始，至今已有七年多的歷史，真正參與共同經營的寥寥無幾，其面積占總耕地 90 萬公頃的比例尤微不足道。至於推行農業機械化的歷史更久，前年政府且撥有專款 8 億元供農業機械化三年之用，但到目前止貸出金額究有多少？農場經營規模如無法擴大，農業機械化實難大量推廣的。如今後仍採此種方式進行，不僅農業現代化目標遙遙無期，農民的生活水準亦無法改善。

根據以上的分析，我們可以了解，要使已經開發的耕地能充分有效利用，必須加速農業機械化的推廣，而農業機械化的實施，必先擴大農場經營規模，關於如何擴大農場經營規模，本報早於去年 12 月 9 日「解除農業企業經營的困難」社論中指出，擴大農場規模的捷徑，唯有鼓勵採取企業經營的方式，設置自營農場，擴大經營面積；但因受土地法及實施耕者有其田條例的限制，投資者無法購買耕地；因此，我們曾建議，在草擬中的「農業發展條例」，加入排除投資者購買耕地限制條文；同時，為避免耕地被集中，利用為投機的對象，我們亦曾建議，對投資者購買耕地加以必要的限制，規定在未獲得政府主

管局的核准，不得改變為農業以外的用途。另外對於出售耕地離農之農民給予轉業的訓練，並協助其就業，以避免耕地出售後生活無依之虞。但「農業發展條例」之立法要點，對有意作農業投資者參與已經開發耕地之經營未曾提及，現在，我們仍認為非直接自耕者能否參與農業經營，為能否早日達到農業現代化目標的關鍵所在；如農業不能現代化，將阻礙整個經濟現代化目標的達成。從而，我們要再度提出我們的看法，希望負責審查「農業發展條例」的諸位立法委員先生三思！

（民國 62 年 5 月 11 日　《經濟日報》二版）

3. 農業需要全面政策性的改革

在這一系列社論的最後一篇，我們要為政府的農業政策獻言。過去三十餘年間，我國農業曾以低廉而穩定的價格，充分供應國內所需要的糧食，及農產加工業所需要的原料；以高於國際價格購買農業用品，以培養國內工業發展；以農產品及農產加工品外銷賺取外匯，進口工業發展所需的機器設備，國內所缺乏的原料，和生活必需品等，以促進工業發展及滿足國內的需要。同時，由於農業生產的大幅增加，農民所得提高，農民購買力隨之增加，為工業產品帶來廣大市場，以誘導工業的進一步發展。而農民所得的提高，可透過儲蓄的匯集，提供工業投資所需的財源，促進整個經濟的快速發展。故我國農民過去在促進工業及一般經濟的發展與穩定，及提高國民生活水準等方面，已盡了極大的貢獻。

過去我國農業生產的增加，先是從實施土地改革著手，增加耕種者的收益，提高其增產的興趣；繼之在有限的耕地上，利用農村過剩的勞力、生產技術的改進及肥料施用的增加等，採取資本節約、勞力集約的精耕方式與多作制度，藉單位面積產量的提高，以增加農業生產，使我國每公頃耕地所生產的價值，在國際間已是最高的國家之一。

但以上農業發展策略的運用有其一定的限度，在經濟結構改變後，農業發展策略亦應隨之調整，尤其在國內工商業蓬勃發展，對勞動力需要增加，而國內已無剩餘勞動，工資不斷上升，誘使農村勞力外移時，農業發展政策必須作適當的轉變，以促進農業的進一步發展。事實上，過去雖已採取了各種因應措施，但缺乏全面政策性的改革，致使最近十年來的農業遭遇了許多問題，諸如複種指數的下降，有限的耕地未能有效利用；生產增加率下降（42 年至 57 年間平均每年增產 5.1%，58 年至 64 年間僅增加 1.7%），使農民所得相對降

低，農工部門與勞動生產力差距擴大，以及農業結構落後等，距農業現代化目標尚遠。

為避免農業成為未來經濟進入現代化的阻礙，而使農業能早日邁入現代化的境界，必須積極採取全面政策性改革，突破目前所遭遇的重要困難。我們爰作如下之建議：

一、修訂有關法令鼓勵擴大農場經營規模。雖政府一再強調鼓勵擴大農場規模，積極推行農業機械化，倡導農業經營企業化多年；但在法令方面不僅在四十年前頒布的「土地法」，即在四年多前實施的「農業發展條例」，也在限制農場耕地面積的擴大及資金流入農業，使企業農場無法產生；雖政府積極推行農業機械化，但成效不彰；因在家庭農場制度下，農業機械不能普遍充分有效利用。據調查結果，耕耘機利用率僅 24％，水稻收穫機 30％ 及動力噴霧器 42％。因此，到去（66）年 9 月底農業機械化程度，以整地 68％ 為最高，但水稻插秧僅為 24％，收穫更少祇占 9％，烘乾 19％ 而已，與全面農業機械化目標尚遠。

過去限制耕地面積的擴大及防止企業參與農業經營，其目的在保障農民，避免農民將耕地出售離村後，生活無著而造成社會問題，在當時確有需要。但三十年來經濟迅速發展的結果，耕地已非國人賴以生活的唯一資源，及在現階段工商業發達的社會中，投資於工商業所能獲得的利益，遠超過投資於耕地（何況出售土地要課增值稅），而且藉土地放租收取地租，剝削佃農的地主階級，在今日開放經濟社會中已無法生存。同時農業本身已無法維持農村龐大人口的需要，即使今後農業生產可以不斷增加，但占總農戶 71％ 的農家，僅擁有一公頃以下的耕地，他們終年辛勤耕作的所得，如何能與非農部門的所得相比。

故不論從農業現代化或提高農民所得改善農民生活的立場，應修改「土地法」及「農業發展條例」，准許農業企業經營，擴大農場面積，便利農業機械化的推行。惟為避免企業無限制取得耕地，易造成壟斷投機行為，應採有效配合措施，使在所得提高過程中求其均，而不是阻礙所得的提高，變成「均貧」。

二、調整農業機構。三十年來我國經濟結構已有顯著改變，農業問題的特質已隨之發生變化，但農業機構的組織型態及機構間的權責劃分和功能，則毫無變動，應付新的問題，舊機構實有力不從心，無法推行新的農業政策。為今之計，應邀請專家學者對現行各級農業機構及其職能作一全面檢討，並擬具適

當調整方案，貫徹實施。

三、小農經營的現代化。第一項建議修訂有關法令，擴大農場經營規模，非一蹴可幾。因此，在這過程中，必須加速小農經營的現代化，重視技術突破與組織效率，尤其應加速研究試驗，發展一套適應我國小農之農具機，解決小農體制下所產生的農業產銷問題，建立農業產銷現代化組織系統。如農業進步國家集合政府有關機構、農民及加工廠商等代表，所組織的專業性產銷管理委員會，頗可供我借鏡。

四、調整當前林業政策。近年來為維護水土保持，減少森林砍伐，因此，林業生產不斷降低。但事實上，破壞水土保持者是森林的盜伐，如全面減少砍伐，不僅原有森林材積不會增加，而且逾齡森林還會腐壞，不啻資源之浪費，長期而言並不能產生水土保持之作用。當局應就現有林相作全面調查，對低材積地區應作有計畫的加速砍伐，改植高材積林木，不僅可維護水土保持，而且二十年後，森林材積可增加一倍以上，產生積極的水土保持及增產作用。應即請由林政及林業專家，作深入研究提一可行方案，供決策階層採擇。

五、釐訂明確的畜牧政策。畜牧事業以養豬為主，除供應內銷外，尚有多餘外銷日本，可是飼料幾全賴進口雜糧供應，約占毛豬成本的四分之三，而且時而開放出口時而停止出口；又養牛事業一方面大力推動，另方面又大量進口廉價冷凍牛肉，來打擊國內養牛事業，使農民與業者無所適從。為解決此種矛盾，應邀請專家作一全面檢討，站在整體經濟立場，擬訂畜牧事業發展方向，經行政當局核准後公開發表，以利農民及業者有所遵行。

六、增加漁業投資。近年來因受能源危機及各國紛置二百浬經濟海域之影響，我國漁業一度陷於困境，但近兩年來因國內外銷需要增加，生產迅速恢復增加。同時二百浬以外的公海漁業資源仍極豐富可供自由開發。當前急務應鼓勵現有漁業合併，金融機構給予支援增建現代化大型漁船，前往南極及深海作業。

七、充實及調整現有農業研究及試驗機構。過去各級農業研究、試驗及推廣機構，對過去農業的發展，已盡了極大的努力與貢獻。但在一般所得水準不斷提高的情況下，省級及以下的農業研究試驗機構工作人員之地位與待遇，與一般比較相差過鉅，使原有人才不能久留，優秀人才難予羅致。為促進未來農業的進一步發展，應比照工業研究機構，將政府各級農業試驗及研究機構作全面的調整，以財團法人組織，提高研究人員的地位與待遇，充實其設備，及綱羅優秀專才加強農業研究試驗工作，以支持農業早日進入現代化境地。

（民國 67 年 4 月 27 日　《經濟日報》二版）

4. 第二次農地改革的基本認識

　　行政院院長孫運璿，於日前在高雄舉行的台灣地區農民節大會中宣布，政府今後將積極推行第二次農地改革，籌劃工作已由經濟部、內政部、農業發展委員會與台灣省政府共同研議中，籌劃完成，即可推動施行。第二次農地改革政策的形成，始於去年 12 月中，國民黨召開的第十一屆四中全會，蔣主席經國先生於開會典禮講詞中指示：「推動第二階段的土地改革，更進一步實現『地盡其利、地利共享』的目的。」四中全會並旋即通過「復興基地重要建設方針案」，明確指出今後十年要推行第二期農地改革，促進農業經營現代化，提高農民生產力及農民收益。

　　台灣當前的農業問題，主要在於土地尚未能充分利用、農民生產力與非農民生產力比較、農民所得與非農民所得比較，均有偏低現象，必須藉第二階段的土地及耕地改革，方能實現地利共享，及提高農民相對生產力及相對所得，而達成民生主義「均富」的目的。

　　形成農民生產力及所得相對偏低的原因，是由於農場面積過小。在三十年前平均每戶耕地面積尚有 1.39 公頃，最近十年來僅維持在 1.04 公頃上下，而且耕地面積小於 1 公頃的農戶，占總農戶 71 % 之多。由於耕地面積小，不僅無法從事現代化農業經營，亦無法使這些小農所得增加，農民為補貼家庭開支只有在農場外兼業，照顧農場的時間乃相對減少，農地利用因此粗放而不經濟，農民生產力與所得，無法與非農民的生產力與所得相應提高。

　　農戶耕地面積的縮小，主要是由於第一次土地改革，實施三七五減租及實施耕者有其田政策下所訂定的法令規章，過度保護佃農，使農地制度僵化。農民於移出農村後，既不願將耕地出售，亦不敢將耕地出租，只得任其荒廢，造成近年來耕地荒廢面積增多的現象。另方面由於法令規定必須自耕農方能持有耕地，因此有些農民雖已移出農村，但戶籍並未遷出仍然保持自耕農的身分，使農民人數膨脹，造成不合理的現象。

　　今後為要使農民相對生產力及相對所得提高，達到民生主義的「均富」目標，必須擴大農場經營面積；要擴大農場經營面積，必須針對阻礙農場經營面積擴大的各種法令規章予以廢除。雖然在過去三十年間此套法令規章，的確產生了激勵農民生產意願、增加生產、提高所得、改善農民生活，而且奠定經濟發展基礎，及改善所得分配等不可磨滅的貢獻；但三十年來的情況變化極大，

原有的這許多法令規章，不僅不能適應當前的需要，更成為阻礙農場經營規模擴大的絆腳石。因此，第二次農地改革，應針對現行各種有關法令規章不合時宜的部分予於廢止，而進一步訂定一套新的法令規章，不僅要排除現有的各項不利農場規模擴大的因素，更要積極鼓勵農業走向現代化經營的途徑。

根據以上對第二次農地改革的基本認識與要求，再來看日前行政院孫院長在農民節大會中所宣布的第二次農地改革的內容是否能達成上述任務。孫院長指出第二次農地改革方案主要目的在於擴大農場經營規模，在宣布的四項主要內容中，與擴大農場經營規模有關者為第一及第三項；第一項內容為：有計畫的輔導小農戶轉業外移，例如三分地以下的農戶，由政府指定機構收購他們願意出讓的農地，以長期低利貸款方式轉售給專業農戶，擴大家庭農場面積；第三項為推行共同經營、合作經營、委託經營，以及農業機械化，以提高生產。就此二項內容而言，第三項之共同經營、合作經營與委託經營，早在 62 年 9 月公布的「農業發展條例」中即有規定，此確為達成擴大農場經營面積的途徑，但六年多來執行成果並不顯著，而且亦不需要第二次農地改革，已在推行了。至於第一項由政府收購三分地以下農戶之耕地，再以長期低利貸款方式，轉售於專業農戶，此舉雖可擴大家庭農場經營面積，但效果有限，距提高農民相對生產力及相對所得的目標尚遠。據農業普查統計，三分地以下農戶有 20 萬戶，即令以此 20 萬農戶耕地全部出讓轉售於專業農戶，祗能使平均每戶耕地面積自 1.04 公頃，增至 1.34 公頃，尚不及三十年前的 1.39 公頃。因此，第二次農地改革方案有關擴大農場經營面積的內容，如僅有此兩項，恐不能達成執政黨主席及四中全會決議的期望。我們希望籌劃小組除埋首於籌劃工作外，更應廣泛徵求各方高見，集思廣益，擬具能達成民生主義「均富」目的的具體農地改革方案。

（民國 69 年 2 月 8 日　《經濟日報》二版）

十、金融改革

1. 金融改革不可再拖

財政部民營企業融資研究小組，連日來所召開的各業座談會，與會業者幾乎一致對金融界有不滿之言，此一現象，並非工商界要求過高，實係金融界作風太保守。根據中央銀行發表之「金融統計資料」觀察研究，我們便可發現過

去一年（今年 7 月與去年 7 月比較），貨幣供應量增加 26％，而金融機構對民營企業等的貸款僅增加 23％，但同期在台的外國銀行放款增加額高達44％，其增加幅度較我國金融機構將近高了一倍。而且外國銀行除利用其自有資金從事放款外，還向我中央銀行及其他本國銀行透支資金來作放款之用；同時期外國銀行向我國銀行透支淨額增加了 52％，可見外國銀行對擴張業務態度之積極。反觀我國銀行放款增加緩慢，亦並非由於資金短缺，反之各銀行尚有鉅額的資金呆置。以今年 7 月下旬為準，各商業銀行不僅沒有向中央銀行透支，而且存在中央銀行的超額準備淨額高達 31 億元之鉅。其保守之作風與前述外國銀行呈現明顯的對照，亦難怪我們工商企業對金融界深表不滿了。

　　銀行作風的保守，使它們的利潤不能大幅提高，不僅阻礙了我國經濟的進一步發展，更加重我國工商企業對日本的依賴。日前本報報導的天鵝公司案不過是千萬中之一而已。

　　我國銀行法規定銀行放款有信用與質押兩種，但實際上各銀行皆以質押放款為主，其數占放款總額的 60％；信用放款雖亦占 40％，但主要對象為對政府及公營事業的融通。質押放款條件，如係以土地抵押者，應先扣除土地增值稅後，再按七折貸給；如係以其他固定資產抵押者，應先扣除折舊準備，再按五至七折貸給；如係不動產，通常按市價對折貸給；甚至以政府公債抵押者，亦按七折貸給。如此七折八扣計算後，企業能貸到的資金實屬有限，而且照目前的規定，每筆貸款除抵押品外，還須申請之企業全體董監事以私人身分聯名保證，其中如有一位董監事有異議，即無法借到。在如此多之苛刻條件下，使許多工商企業對於本國金融業望而卻步，不得已而向日商融資，而形成不論生產、出口及進口均有依賴日商的現象。

　　最近日本的背信忘義行為逐漸暴露，雖然還有很多廠商願意與我們維持經濟關係，但誰也不敢預料將來會發生如何的變故。如在最短期間內，我國的金融機構不能改變作風，來接替支持我國的工商企業，以減少受影響的程度，則對我們今後經濟發展及穩定，均將有很大的損害。

　　58 年底行政院財政經濟金融會報，曾經核定「促進銀行業務現代化方案」，但三年後的今天，我們的銀行仍寧願將鉅額資金存放於中央銀行，亦不願貸放給工商企業，可見該方案未能有效貫徹實施。考其原因不外牽涉到法令規章問題，非短期內所能完成法律程序，故無法澈底實施。我們希望最近成立的財政部民營企業融資研究小組所研議的改革方案，勿重蹈覆轍。此時此際，已不容許我們再在手續及程序上兜圈子。應採取斷然的措施，至少要做到下列

兩點：

一、銀行貸款業務改進方案，應具有特別法案的權威，其他法令與該方案牴觸者，以該改進方案為準；即除憲法外，對其他法律有排除作用。避免等待其他法令逐項修改之困擾。否則，任何的改進方案都難生效。

二、將三省營商業銀行開放民營，不能再按照目前的各項程序、法規辦理；亦不可再步中紡、中本出售民營之後塵，而應比照中國銀行改為民營的各項手續辦理；但改組後的商業銀行必須改變營運方針及作風。

民營企業融資研究小組所研擬的方案，如能把握上述兩點精神，而且能認真貫徹實施，短期內我們工商企業所困擾的資金及依賴日商問題，當可迎刃而解。

（民國 61 年 9 月 9 日　《經濟日報》二版）

2. 對公營商業銀行開放民營的看法

去（63）年 1 月 27 日政府實施「穩定當前經濟措施方案」，調整油電價格及運輸費率，並採取積極的緊縮措施，使強烈的有效需要終被抑制，各項物價經過短時期的調整後，自去年 3 月開始逐漸穩定下來。但工商企業因在 62 年下半年及去年初，在國外高價時搶購的原材料及生產設備於 3 月後陸續到達，而出口自四月後即開始遲緩，因此，工商企業存貨大量累積，資金週轉困難。政府鑒於工商企業的困難，關係國家經濟盛衰至鉅，同時認為工商的困難，亦就是政府的困難。於是自去年 5 月初採取選擇性信用放寬措施，降低外銷貸款利率，以蘇解外銷廠商的困難。可是進入去年下半年後，國際經濟情勢不僅未有好轉，且有每況愈下之趨勢，我國出口及工業生產開始衰退。政府為解救工商業之困難，曾連續採取多項措施，金融方面兩度普遍降低存放款利率及降低定期存款準備率，期以降低資金成本，提高各銀行貸款能力，以蘇解工商企業資金週轉之困難。

雖然自去年 5 月以來，採取了許多信用放寬措施，但實際上，貨幣供給額各月增加率（與上年同月比較），不僅未有增加，且逐月下降，至去年 11 月較前年 11 月僅增加 7.4％，不僅遠低於專家學者所建議的 15％至 20％增加率，亦較美、歐及日本同時期貨幣供給額的增加率為低。工商業資金週轉困難迄未能解除。

際此重要時刻，各方都期望各商業銀行，應較國家行局及省市銀行對民營企業，更能發揮主動的精神和積極的態度，予以及時的資金融通。但根據中央

銀行編印之《金融統計月報》資料分析，我們發現過去一年（63 年 11 月較 62 年 11 月），國家行局、省市銀行及專業銀行對民營企業放款增加 57%，而商業銀行對民營企業放款僅增加 19%，後者增加率僅及前者的三分之一；尤其去年 5 月後，中央銀行逐步採取信用放寬措施，但半年來商業銀行對民營企業放款僅增加 5.8%，對公營事業放款卻增加 51%，同時，超額準備大量累積，並非無款可貸。同時期外國在華銀行放款，在最近半年間增加達 24%，較本國商銀行對民營企業放款增加率高出三倍之巨。本國商業銀行係以省營華南、第一及彰化三銀行為主。因此，最近又再度醞釀省營三商業銀行開放民營之建議。

　　本報過去一向主張商業銀行應開放民營，係鑒於商業銀行公營，不僅受制於政府各有關主管機關，且易被民意機構所左右；在法令規章方面，預算法、會計法、審計法及各項人事法規，亦莫不使商業銀行受到約束，經營為之缺乏彈性，使主持人無法發揮其才能；以及待遇較民營銀偏低，無法羅致優秀人才，原有之少數優秀人才年來多被國外銀行在華分行以高薪網羅；再加以組織不健全，制度不完善，人才素質退化，雖然政府三令五申著其改進，配合政府政策，而表現卻距理想甚遠。待青年公司冒貸案爆發後，公營銀行的缺點尤其更加暴露。所以，我們認為在現有法令規章、組織及制度下，欲謀銀行改革雖並非不可能，但將事倍功半，時日漫長，在世界經濟恢復景氣的過程中，國際貿易競爭的劇烈，將較過去更為猛烈，如果我們的工商企業不能得到金融機構有效的支持，在這激烈的競爭中，將難操勝算。故我們建議公營銀行應開放民營。即令有些公營銀行有其特殊任務，如地方性銀行及專業性銀行，在現階段下不宜開放民營；但商業銀行沒有必要公營，應盡早開放民營。

　　公營商業銀行開放民營後，可以解除經營上種種束縛與干預，網羅優秀人才，縮短決策所需過程與時間，能機動迅速處理業務，提高工作效率。民營商業銀行增加後，由於彼此間的競爭，亦將更能提高其對社會及工商的服務，有助於國家經濟的發展。最近歐美各國已陸續採取促進經濟景氣恢復措施，下半年後國際經濟可能好轉，面臨此一情勢，期望決策當局早作決定，將公營商業銀行開放民營，以便支持我們工商業迎接未來的挑戰。

（民國 64 年 1 月 18 日　《經濟日報》二版）

十一、注視國際高層經濟會議

1. 對六國高階層經濟會議的看法

六國高階層經濟會議，定於今（15）日在巴黎近郊舉行，為期三天，出席者為美國、法國、西德、英國、義大利及日本等六國領袖。

數月前法國總統季斯卡建議，為增進對當前世界經濟問題的了解，各主要工業國家領袖齊集一堂，共同討論交換解決的意見；雖然某些國家人士，認為當前世界經濟問題，已在各種國際會議中先後提出討論，未能獲得具體結論，召開高層會議亦不能得到重要協議，而持悲觀看法。不過，由於各國間的經濟相互依賴關係，愈來愈密切，例如過去各國之景氣變動，時間上均有參差，可是最近兩年來自停滯膨脹到衰退膨脹，在各工業國家間均同時發生，顯示相互影響之深；因此，要謀求經濟的復甦，亦非任何一個國家完全孤立的可以成功，必須有賴各國間的密切合作。因此，西德總理舒密特首先響應稱：「為了不使西方國家，因為經濟問題而動搖社會與政治體制，美國、英國、西德、法國及日本，應建立一良好的協議制度。」美國國務卿季辛吉相繼指出，高階層經濟會議，不僅止於在特殊經濟問題的解決，尚有更廣泛的政治目的，它可恢復西方國家公眾對政府的信心。況且各主要工業國家元首會聚一堂，共商世界經濟問題，乃有史以來之創舉，即使不能獲得重要協議，對當前經濟問題之了解與解決應有其貢獻。所以，高階層經濟會議在這許多悲觀及樂觀的氣氛下，終於今日召開。

會議討論主題，將包括經濟萎縮與復甦問題、通貨再膨脹的防止、貿易的自由化、國際貨幣制度的改善、能源的自主及與開發中國家的關係等，甚為廣泛。而且各國領袖對此等問題的看法，可能均存有很大的歧見，不過與會者均了解，這一會議並非在決定世界經濟的前途，而是比較各方的看法，如需要採取何種行動，則將由適當的國際組織決定。

我們的看法是，在當前嚴重的世界不景氣籠罩下，舉行高階層經濟會議，雖不能寄予厚望，但毋寧採取較樂觀的看法。例如促進經濟復甦問題，日本今夏雖曾有復甦跡象，但 8、9 月情況又有惡化之勢；而歐洲各國迄無復甦徵兆，各方所期望之西德能夠早日復甦，但因政策過於審慎，實際情況遠較原預期者為劣。不過美國自第二季開始經濟復甦以來，逐漸走向佳境，尤其第三季國內生產毛額實質增加年率達 11％，使與會各國領袖了解美國有力的復甦實況後，

將增強該等國家對經濟甦蘇的信心與力量，對國際經濟全面的復甦當有助益。

各方咸認美法之間歧見最深的國際貨幣問題，法國一向主張採取「穩定而可資調整的固定匯率制度」，而美國政策係讓市場的供需力量來決定匯率（即採浮動匯率），雖然也期望匯率能趨於穩定，但不應藉人為的力量干預去達成。歐市的聯合浮動及日本所採取的浮動匯率，實際上即是美元匯率的向下浮動，增強美國產品在國外市場的競爭力量，此對美國今年出口的繼續增加，今年 1 至 9 月對外貿易的順差達 84 億美元之鉅，及促進經濟的復甦等均有極大的貢獻，故欲美國放棄其此項主張殆不可能。不過法國總統季斯卡，於高階層經濟會議召開前夕，接受巴黎費加羅報的訪問中說，法國將不再敦促恢復固定匯率制度，但其認為貨幣制度宜具有最低的穩定性，主張有限彈性匯率制度。此與法國過去的主張不同，如此項報導屬實，則顯示法國已改變其傳統觀念。季斯卡主張的有限彈性匯率制度內容如何，尚不得而知，其與目前各國實施的浮動匯率當有距離，不過由於各國通貨膨脹的克服，通貨膨脹率的差距縮小，雖然實施浮動匯率國家，但其匯率變動的幅度將會縮小，此將使美法的觀念漸趨接近，此次高層會議中當不致達成一致看法，但對明年 1 月在牙買加舉行的二十國財長會議，討論新國際貨幣體制的建立，將極有幫助。

今年以來，各工業國家貿易收支逆差問題已有顯著改善，但此項改善一部分是各國進口縮減的結果，因此使非產油的開發中國家出口更加困難，貿易逆差更為擴大，自去年的 278 億美元，今年估計將提高至 350 億美元。此項問題在高階層會議中提出討論，使各國元首了解其嚴重性，對國際經濟新秩序的維護是一潛在的壓力，將對彼等未來在決定進口管制政策時有所警惕。

由於對以上諸問題的看法，故我們認為此次高階層經濟會議的召開，對未來解決當前世界經濟問題，是有積極意義的。

（民國 64 年 11 月 15 日　《經濟日報》二版）

2. 注視國際經濟會議可能對我國的影響

自 1971 年 8 月 15 日，美國前總統宣布實施新經濟措施，同時停止美元兌換黃金以來，以及 1973 年 10 月 16 日波斯灣六個產油國家掀起的石油危機，使國際經濟金融產生激烈的變化，自由世界各國經濟無不受其影響。各國除紛紛採取各項因應措施外，國際間的各項經濟性會議亦頻頻召開；雖過去由於各集團或各國間的立場與本位主義，甚少進展，但自去（64）年 11 月 15 日至 17 日，在法國巴黎近郊蘭布葉堡所舉行的六國高階層會議，所發表之宣言看

來，各國已體認到，由於各國間的相互依賴關係極為顯著，非任何一個國家能獨立克服當前所遭遇的困難，必須加強國際間的協調與合作，而從事區域間與國際間建設性會談，為必須採取的途徑。因此，近三月來，所召開的各項國際金融與經濟會議，已獲得顯著進展。這些會議的目的大致可分為兩類：一為穩定國際貨幣方面，另一為解決資源生產國與消費國間對立的問題。

先談穩定國際貨幣問題，過去由於美法兩國間意見的對立，一直毫無進展；直至蘭布葉堡六國高階層會議中，法國不再堅持恢復固定匯率，而美國亦認為匯率亦應漸趨穩定，兩國意見的接近，使於今年 1 月 7、8 日在牙買加首都金斯頓，所舉行的國際貨幣基金（IMF）臨時委員會議中，各國一致同意修改 IMF 協定條款：各國可以自由選擇浮動或固定匯率制，但在 IMF 的監督與各國貨幣當局的協商下，謀求匯率制度的穩定。易言之，過去 IMF 協定條款祗列有固定匯率，現為遷就事實，浮動匯率亦被正式納入協定條款正式實施。黃金官價由是為之廢除，黃金不再作為貨幣價值的標準，而改以特別提款權（SDR）為各國貨幣的共同標準。至於對 IMF 所保有黃金的處理，各國達成協議，將其中六分之一歸還出資國，另六分之一約 2500 萬英兩，分四年在市場出售，所得資金設置「特別信託基金」，對最貧窮國家給予援助或提供低利貸款。此次會議各國所達成的協議，使 1971 年以來，國際貨幣制度的重建問題，已獲得初步解決。

其次談資源生產國與消費國的對立問題，由於生產資源的大多數貧窮國家在南半球，而大多數富裕的消費國（即工業化國家）在北半球，故又稱「南北問題」，討論此問題的會議稱為「南北會談」。

第二次世界大戰結束後，各國經濟發展的結果，貧富國之間的差距愈來愈大，尤其最貧窮的 29 個國家，自 1960 年代中期以來，經濟不僅沒有成長，反下降了 37%，使差距更為擴大。因此，開發中國家不斷的呼籲，要求世界財富的公平分配；雖然在早期並未受到富裕的工業國家重視，但自 1973 年 10 月石油出口組織國家團結漲價成功，加強開發中國家組織——七七國集團的信心，於 1974 年正式向聯合國提出要求而被採納，形成世界經濟的新問題。

為解決南北問題而召開的國際經濟合作會議（CIEC），終於去年 12 月在法國巴黎召開，會中工業國家為緩和此問題，建議並經會議決定設立能源、開發、初級產品與金融等四個委員會，同時決定，自本年 2 月 11 日起，四委員會分別召開從事實質問題的討論。七七國集團為使開發中國家在參與各委員會討論前，能取得一致的意見，以及便於 5 月間在肯亞舉行之第四屆聯合國貿易

暨開發會議中，爭取改善世界新秩序時，堅定共同立場，而於本月 2～7 日在菲律賓馬尼拉召集部長會議，會中意見雖有紛歧，但最後終於對建立新的國際經濟秩序達成協議，並發表馬尼拉宣言。會中曾就七七國集團所研擬之「世界經濟新秩序憲章」草案細節提出討論，其主要內容有四：一、要求工業國家每年提出 GNP 的 0.7％，協助開發中國家；二、以 10 億美元作為建立統合商品方案初期基金；三、要求工業國免除低度開發中國家的商業債務；四、要求工業國傳授技術，從事多邊貿易，促使關稅優惠普遍化等。此次馬尼拉會議的結果顯示，開發中國家的團結已有加強，討論的內容已進入到實質的問題，為一可喜現象。至於前述四個委員會，已於本月 11 日分別召開，在今年內該等會議將陸續舉行，期於年底前獲得共同之結論，以解決南北對立之問題。

　　由於我國對外貿易依賴程度甚高，受國際經濟與金融變化影響亦大，而我們又未能參與該等會議；因此，政府主管部門及業者，應隨時注意該等國際會議之發展，並設法搜集該等會議討論之問題資料與決議，研究可能對我國之影響，以便採取對策，以免再蹈過去事實已發生後，我們方臨事周章之覆轍。

（民國 65 年 2 月 21 日　《經濟日報》二版）

3. 對經濟高層會議的展望

　　七國經濟高層會議，將於今日起在東京舉行，參加者有美、日、西德、英、法、義大利及加拿大七國行政首長，以及歐洲共同市場主席任金斯等。工業國家經濟高層會議，是於 1975 年各工業國家為擺脫當時世界經濟的停滯膨脹，採取共同的對策而召開的，嗣後每年召開一次，至目前已舉行了四次，今天在東京召開的是第五次。在過去四年的會議中所獲得的結論，雖不為各方滿意，但每年一次經濟高層會議，使各工業國家對當前共同性的國際經濟問題增進了解，於採取政策措施時，不致背道而馳，對解決世界經濟問題，還是有很大的幫助。就以去年在波昂所召開的第四次經濟高層會議而言，當時與會國家分別對促進經濟成長、對抗能源問題及通貨膨脹問題，都作了承諾；而一年來日本與西德均採取了刺激經濟成長的措施，美國也於去年 11 月 1 日實施了支持美元的方案、採取緊縮政策對抗通貨膨脹，及放寬油價管制，以達到節約能源的目的。雖然如此，就整體而言效果還不顯著，不過，各工業國家如不採取這些措施，則今天的經濟問題可能更大。

　　今天在東京召開的第五次經濟高層會議，討論議題亦將包括經濟成長、能源問題、貿易問題、通貨膨脹問題及南北經濟發展差距問題五大類；但以目前

能源情勢的惡化，議題的重點將集中在能源問題上。

今年以來能源問題的惡化，除受伊朗政變石油供應短缺，及阿拉伯產油國家反對以埃和談，而使能源問題摻雜政治因素外，主要由於工業國家石油進口量不僅未因能源危機而減少，且仍繼續不斷的增加，及工業國家通貨膨脹的加深，使石油出口國家進口工業國家的工業產品價格大幅上升，而削弱了石油出口國家的進口能力；如不再調整油價，則石油出口國家的國際收支剩餘，今年將降為零。因此，前兩天在日內瓦召開的石油出口國家組織部長會議中，要求大幅提高油價聲勢特別強烈。工業國家亦深切了解，為避免石油價格的大幅上升，必須減少對石油的需要，但至目前止，與會七國對減少進口石油的幅度，尚未能達成一致的看法。歐洲共同市場各國建議，將他們自今年至 1985 年的石油進口凍結在 1978 年的水準上，而美國建議基於 1977 年的石油消費量，設定今年與明年的石油進口目標，反對歐洲共同市場所提以 1978 年進口石油為基礎；日本則同意美國的建議，美、日兩國之所以堅持以 1977 年進口石油量為基礎，主要為 1977 年為美、日兩國石油進口的最高峰，1978 年進口量各較 1977 年減少 4.6％與 2.5％；可是美國 1978 年進口的原油仍高達 26 億 1000 萬桶，較石油危機前之 1972 年進口 10 億 4000 萬桶，增加達 1.5 倍之巨，而西歐各國同時期進口石油則呈減少之勢。如美國為了少進口此 4.6％的石油，而與西歐各國不能達成協議，則將是自由世界的悲哀。不過，我們認為以世界領導者自居的美國，在此次經濟高峰會議中，對能源問題，應顧及全世界的利益，稍作讓步，同意歐洲與會各國的建議而達成協議，採取一致的節約能源步驟，避免將來遭遇更大的災禍。

至於美國建議設立 100 億美元的國際能源基金，用以開發代替石油的能源，我們認為此種構想，必能得到與會各國的支持，至於基金數額當有商討的餘地，此案如能通過，對未來減輕石油危機的壓力極有助益。

本次經濟高峰會議，除中心議題——能源問題外，世界貿易問題，亦頗重要；由於日本對美歐貿易大幅順差問題的解決事先已有諒解，日本將會在會中作大幅的讓步，或不致產生太多的困難。惟東京回合多邊貿易談判，雖已於 4 月 12 日完成初簽，但開發中國家對初簽內容不滿，顯然否定了以工業國家為主的東京回合世界貿易協定，會議中恐將難於獲得圓滿解決的途徑。至於南北經濟發展差距問題，由於本月初在馬尼拉召開的第五屆聯合國貿易暨發展會議，對成立初級產品聯合基金的籌集，與會各國反應不夠熱烈，到日前止僅籌集 4 億美元，與原來目標 60 億美元相差甚遠；更由於油價的大幅上漲，開發

中國家國際收支逆差將更為擴大，雖 OPEC 部長於日昨會議中決議增撥 8 億美元，作為開發中國家因應油價上漲的融通；但與增加的負擔相比尚有一大段距離，而與會各工業國家有無誠意協助開發中國家解決此問題，頗有疑問，因此，在此次高層會議中南北問題，亦難獲得顯著的進展。至於經濟成長與通貨膨脹問題，會議中雖然可能達成若干協議，但由於石油的供應短缺及價格的大幅上升，看情形，不致會有顯著的效果。

根據以上的分析，此次經濟高層會議，在 OPEC 大幅提高油價的壓迫下，對能源問題可能達成一致的協議。如能做到這一點，雖然其他問題不一定能獲得圓滿的解決、但已將是此次會議的一大成功了。

（民國 68 年 6 月 28 日　《聯合報》二版）

4. 對國際貨幣基金代表意見的看法

國際貨幣基金與我國在台北舉行的 1977 年諮商會議，經過十天廣泛的討論已於前天結束。國際貨幣基金代表於結束會議中指出：我國近年來所採取的各項財經金融政策措施相當正確，在致力於經濟復甦及經濟安定的表現也值得稱道。對我國明年的經濟計畫，亦認為相當切合實際，但對當前宜注意的問題，提出三項：（1）經濟成長雖相當穩健，但貨幣供給增加速度太快；物價雖平穩，但仍比去年稍高，故對貨幣供給擴充，應適時採取適當調節措施；（2）財政預算保守穩健，已為貨幣供給的收縮因素，但對銀行體系偏高的流動性應妥善控制，及對於公用事業等價格應力求合理化；（3）注意非價格方面的外銷競爭能力，以抵銷國際貿易保護主義的不利影響。貿易逆差應從整體觀察，不宜只注重雙邊貿易的平衡，且避免採取妨礙自由貿易的措施。限制少數產品進口，只應列出限制進口的項目，不宜限制進口地區。以上國際貨幣基金代表所提之建議，一般而言頗有見地，其中也有部分是我們過去一再強調應注意的地方；不過也有部分在實務上，尚有商榷之餘地。今天我們願就國際貨幣基金代表所提之三點建議，提出我們的看法如下：

一、關於貨幣供給額的增加率，至今年 6 月與去年同月比較即超過了 25%，九月開始續增至 29% 以上，而且各銀行尚擁有相當多金額的超額準備。我們經分析結果發現國內經濟部門由於儲蓄性存款增加的金額，超過了對公民營事業放款增加的金額，產生了收縮作用；而國外部門由於國外資產金額的大幅增加，構成貨幣供給額大幅增加的最主要因素。為避免貨幣供給額長期大幅增加，對物價產生不利之影響，本報 10 月 29 日「有效動用國內外匯以降

低貨幣供給額增加率」社論，曾建議暫停短期國外資金的流入，及撥出 10 億美元外匯，貸給各項新投資計畫進口機器設備，以降低外匯準備對貨幣供給額增加的影響；同時尚可產生促進投資意願的作用。

二、第二點計包括三部分。第一部分認為財政預算保守穩健。但據我們了解，實際上近數年來政府支出增加率並不低，尤其十項建設的進行，政府投資大幅增加，已彌補了民間投資的衰退，而使總投資繼續增加，促進了經濟的復甦及持續發展；祇不過政府稅收增加幅度亦很大，因此每年產生巨額的歲計剩餘而已。第二部分認為對銀行體系偏高的流動性應妥善控制。此點應從改變銀行的做法著手，不應以放款為唯一資金運用的途徑，應加強貼現業務，及積極參與貨幣市場操作，使一般企業除向銀行融通外，亦能自貨幣市場籌得所需的週轉資金。第三部分認為對公用事業等價格應力求合理化。關於此點我們過去亦有同樣的主張，公用事業價格的合理調整，雖將增加用戶的負擔，但可避免資源的浪費及不合理的分配。如過去工業用電價格偏低，使原屬不經濟的電爐煉鋼工業有利可圖，而於 62 年間大幅擴充，而造成目前鋼鐵工業的嚴重困難及電力投資的負擔；以及政府為照顧國民生活，63 年初油價上漲時，電燈用電價格僅微幅調整，致 63、64 年經濟不景氣期間，電燈用電量，仍繼續大幅增加 25％，加重電力建設投資負擔的壓力。

三、第三點包括兩部分，第一部分認為應注意非價格方面的外銷競爭能力，以抵銷國際貿易保護主義的不利影響。這也是我們過去一貫的主張。至於第二部分避免妨礙自由貿易的措施，這是國際貨幣基金成立以來的一貫主張，但實際上世界自由貿易早被那些工業國家，也是貿易大國破壞無遺；雖然國際貨幣基金與各國舉行諮商會議時，不斷的一再強調，促請改善，各國不僅不理會，近年來保護貿易措施而且變本加厲在進行。我們希望貿易主管當局，不必違背我們國家的利益而去進行什麼貿易自由化，與各國商談經濟合作及貿易協定時，多顧到國家當前的需要，不能奢談貿易自由化。

（民國 66 年 12 月 17 日　《經濟日報》二版）

第二章

民國 70 年代
（1981-1990）

壹、民國 70 年代大事紀要

一、總體經濟失衡
　　甲、超額儲蓄造成的影響
　　乙、鉅額出超造成的問題

二、對美鉅額貿易出超引發貿易摩擦──美國鋪天蓋地壓迫新台幣升值

三、超額儲蓄與鉅額出超造成台灣錢淹腳目──地下投資公司猖獗、股市及房地產價格飆漲，泡沫經濟形成

四、化解總體經濟失衡對策──落實經濟「自由化、國際化、制度化」改革
　　甲、俞國華院長宣布經濟「自由化、國際化、制度化」為今後經濟施政的基本政策
　　乙、召開「經濟革新委員會」
　　丙、執行「經濟自由化政策」遭遇困難
　　丁、終於找到化解之道

五、政府主動揭破泡沫經濟
　　甲、地下投資公司的崩潰
　　乙、股市泡沫的破滅

六、加強科技研究發展、積極推動高科技產業

七、台灣沒有「五鬼搬運」之事

八、蔣經國總統的豐功偉業

一、總體經濟失衡

　　進入民國 70 年代由於受到第二次石油危機影響，全球經濟又陷入不景氣，1982（民國 71 年）全球經濟成長率降為-0.36％，美國經濟成長率 1980（69 年）為-0.26％，1982 更降為-1.80％。美國是我國最主要出口對象國家，當時對美出口高占我總出口的三分之一以上，美國經濟的衰退，自影響我對美出口；再加以石油價格飆漲，致使我進口能源金額高占 GDP 的 10％以上，負擔之重遠高於其他進口油國家，嚴重衝擊我國投資意願，投資的萎縮，致使超額的儲蓄飆漲；另方面，由於投資的萎縮，致使進口增加率遠落在出口增加率之後，造成對外貿易鉅額出超，引爆總體經濟失衡，給我們帶來很大的隱憂，造成經濟危機。

　　造成總體經濟失衡原因，除上述國際因素外，國內經濟政策未能與時俱進，亦是關鍵所在。此可從民國 40 年代談起，民國 40 年代中期，台灣經濟發展政策，自「進口替代」轉為「出口導向」，政府於民國 47 年實施外匯貿易改革，大力推動出口時，雖逐漸解除部分管制與減輕保護程度，恢復部分市場機能，亦是學者們所稱的「部分經濟自由化」，培養民間活力與競爭力，促進經濟快速成長。

　　但在當時環境下未能繼續擴大經濟自由化：

　　1. 國內市場狹小，許多產業無法從擴大經濟規模中，享受到成本遞減的利益。

　　2. 拓展出口初期，對外貿易仍然有入超存在。

　　3. 國內產業基礎薄弱，無力因應市場大幅開放，外來的強烈競爭。

　　4. 國民所得低、儲蓄少，沒有能力進行大規模投資。

　　面對此等環境，加以當時國內缺乏具有國際觀、高瞻遠矚，且敢冒險犯難的企業家，政府不得不繼續採取下列政策措施，進行干預與保護。

　　1. 促使新台幣大幅貶值，達到合適水準，但在經濟不斷快速發展，情況改變後，仍然採取固定匯率，維持略低的水準，以利於出口的拓展，而不利於進口。

　　2. 對儲蓄、投資與出口，繼續採取財稅、金融優惠措施。

　　3. 對進口仍有許多限制，亦即對國內相同產業給予國內市場的保障。

　　4. 對國內若干產業的設立，必須經過特許的程序，而加以限制。

　　以上政策的繼續執行，在過去二十多年確實發揮顯著效果，使台灣所得、

儲蓄與投資急遽提高，出口不斷快速成長，成為帶動經濟成長的主力。但不可諱言，其中若干政策已到功成身退的時候，因未能即時改弦易轍，已產生後遺症。諸如：

1. 部分企業在長期保護下，成為既得利益者，怠於進取，不願投資於研究發展，甚至更新設備。

2. 在對外市場不開放及必須特許下，阻礙新投資的進入。

3. 在長期優惠的財稅措施下，犧牲了政府稅收，削弱了政府公共支出能力，造成基礎設施投資的落後，趕不上經濟成長的需要。

4. 在進口限制、高關稅及特許之下，犧牲了消費者利益，影響消費支出的增加與消費水準的提升。

5. 在長期「出口導向」政策下，甚至為出口而忽視汙染防治、環境維護的投資。

以上各項顯示內需包括消費與投資的增加落在經濟成長率之後，而產生大量超額儲蓄，引爆對內經濟的失衡。

6. 進入 70 年代不論經濟榮枯進口增加率都落在出口增加率之後，對外貿易均產生鉅額出超，出現對外經濟的失衡。

在以上症狀下，台灣經濟進入 70 年代上半期國民所得持續增加，儲蓄能力大幅提高，但投資萎縮，產生「超額儲蓄」且不斷擴大；另方面出口快速成長，而進口因投資萎縮相對落在出口之後，產生鉅額出超亦不斷擴大。此與台灣光復初期至民國 50 年代末，國內生產不足支應國內需要，投資財源不足，以及進口大於出口，有大量入超，均賴美援及外資支應。而 70 年代上半期所遭遇的問題，正好相反，一個是不足，一個是過剩，但過剩與不足都是總體經濟失衡問題。

甲、超額儲蓄造成的影響

台灣經濟進入民國 70 年代上半期，平均每年經濟成長率雖較 60 年代略緩，但以當年幣值計的國民生產毛額（GNP），平均每年增加率仍高達 13.4％，而內需因投資的萎縮，每年降 1.3％，致使內需每年增加率僅 7.4％，只及 GNP 增加率的一半多一點（55％），致超額儲每年遞增 1.2 倍，自 70 年的 270 億元，到 75 年暴增至 6.350 億元，短短四年間急增 22.5 倍；超額儲蓄占 GNP 的比例，自民國 70 年的 1.5％，到 75 年飆到 21.3％（見表 2-1），對內經濟的嚴重失衡。即該時期每生產 5 元 GNP，即有 1 元以上，在國內未能

有效利用，除形成資源的浪費外，還造成下列的不良影響：

　　1. 不利於未來經濟持續發展；

　　2. 產業結構調整緩慢，影響工業升級；

　　3. 影響國民生活品質的提升；

　　4. 流動性資金過剩，威脅金融安定，成為泡沫經濟的罪魁禍首。

表 2-1　國民生產毛額（GNP）、國內需要、超額儲蓄、進出口與出超

	國民生產毛額 GNP	國內需要			超額儲蓄	進出口		出超
		合計	國民消費	投資		出口	進口	
	1	2=3+4	3	4	5=1-2	6	7	8=6-7
I. 金額（新台幣 10 億元）								
民國 70 年	1,804	1,777	1,245	532	27	921	894	27
民國 75 年	2,982	2,347	1,838	509	635	1,662	1,027	635
70-75 年平均每年增減（%）	13.4	7.4	10.2	-1.3	120.0	21.0	2.8	120.0
民國 79 年	4,529	4,209	3,193	1,016	320	2,021	1,701	320
76-79 年平均每年增減（%）	11.0	15.8	14.8	18.9	-16.0	5.0	13.5	-16.0
II. 占 GNP 百分比（%）								
民國 70 年	100	98.5	69.0	29.5	1.5	51.1	49.6	1.5
民國 75 年	100	78.7	61.6	17.1	21.3	55.7	34.4	21.3
民國 79 年	100	92.9	70.5	22.4	7.1	44.6	37.5	7.1
民國 82 年	100	96.6	71.1	25.5	3.4	42.5	39.1	3.4

資料來源：行政院經建會「*Taiwan Statistical Data Book, 2008*」

　　因此，我早在民國 71 年初發現總體經濟開始失衡初期，為激發投資糾正經濟失衡，促進經濟早日復甦，即寫了多篇社論刊登於《聯合報》，其中 71 年 4 月 21 日社論「工商界必須自反、自救、自強」，我認為糾正經濟失衡、促進經濟早日復甦，除政府政策要調整外，民間工商界亦必須檢討自省，突破下面三個基本觀念：

　　1. 突破依賴政府的心理。過去業者一旦遭遇困難，無不伸手要求政府救濟，不是要求政府減稅或免稅，就是給予低利貸款，延期還款或延期繳稅等，此一觀念如不能突破，不僅阻礙工業全面升級的進行，亦削弱企業應變的能力。

　　2. 改變重量不重質的觀念。許多企業是利用進口大量原材料及能源及國內低廉勞力，經簡單加工後低價出口，利潤微薄，故不得不求出口數量的擴大，以增加利潤。為突破此一困境，業者必須建立重質不重量的觀念。利用少量的原材料及少量的能源，利用較高的技術生產高價品，提高附加價值，不僅可突破工業國家進口的設限，減輕對國外的依賴，且可加速工業的升級。

　　3. 突破只重生產設備忽視管理的觀念。許多企業買了一流生產設備，因管理沒有改進操作不善，一流設備未能有效利用，產品品質並未能提高。殊不知一個成功的企業，生產設備固然重要，有效的管理尤有過之。尤其企業規模愈大時，管理的問題更重要。

　　當工商界突破以上三個觀念後，在作法上亦應力求改變，我建議下列五項：

　　1. 改變投資方向。將過去重視設備能量擴充的投資，轉為重視設備的更新、進行自動化、能源節約及防治公害的投資，以提高生產效率、提升產品品質、節約能源消耗、提升產品競爭力。這方面近年來日本做得最有成效，值得業者參考。

　　2. 加強培訓人員。過去我們企業在需要時常採取挖角的方式，不僅導致工資大幅上升，且因流動率高，技術經驗亦無法累積。而技術的發展依賴人才的培養，每一企業都有其特性，故企業必須培養自己所需的人才，才能使人力資源運用充分發揮，對本企業做出更大的貢獻。

　　3. 建立現代化的組織與管理。我們大多數企業，仍屬家族式經營，使業務發展受到限制，無法應付時代的變遷，易遭淘汰。為了迎接工業升級與因應瞬息萬變的國內外經濟環境，企業經營與管理水準亦必須隨時提升。企業所有權與管理權必須分開，聘請專業人士擔任經營管理工作，使企業的組織與管理現代化，以提高經營效率。

　　4. 加強研究發展。近年來科技發展迅速，企業若不加強研究與發展，以探求新技術、新知識，開發新產品，則難在國內外市場占有一席之地。但我們企業每年用於研究發展費用，占其營業額的比例，不及美、日企業的十分之一。現在政府對企業從事研究發展，已有各種獎勵，期望國內企業突破過去保守作

法，積極加強研究發展工作，以加速技術更新，提升技術水準，才能提高生產力，降低成本，增強產品對外競爭力。

5. 改善財務結構。我們企業自有資金比例本不高，而且在高度繁榮時，不斷借入資金擴充設備，待以後賺錢償還；但一旦遇到不景氣，一切缺點就暴露無餘。政府為改善企業財務結構，已決定修改獎勵投資條例，提高企業保留未分配盈餘的比例。我們除期望企業利用政府給予的優惠提高未分配盈餘外，更能增資以提高自有資金比例，降低財務負擔，以增強應變能力。

另於民國 73 年 11 月 3 日及 9 日一周內，我連續寫了「鼓勵投資突破當前景氣阻滯形勢」及「打開投資呆滯局面的作法」兩篇社論刊登於聯合報，向政府有關財經主管部門提出呼籲。

首先指出經濟部為鼓勵民間投資，提出恢復投資抵減，及國內尚未生產的機械設備進口關稅減半之建議，遭到財政部的反對。我們呼籲財政部在此不景氣時期，應發揮犧牲小我成就大我的精神，犧牲短期小額的稅收，可創造未來長期的稅收。

其次，金融當局以當時利率已是光復以來最低水準，因而在資金供過於求的局面下，仍以人為的力量阻止利率下降。殊不知當時物價下降，實質利率偏高，致使投資者觀望不前。我們期望金融當局既然決定利率朝向自由化發展，自應以資金的供需來決定，減少人為的干預。

第三，政府雖積極推動「策略性工業」發展，但國內多係中小企業規模，經濟部有意引進國外第一流企業來台投資合作。但在當時稅制下，未分配盈益累積到資本額的一定比例後，必須分配，不僅影響到企業自有資金的累積，使財務結構惡化，亦干涉到企業自有資金的處分。

同時，在外匯管制方面，對外人投資所獲利潤的匯回也有種種限制，使企業對自有資金不能任意運用，外國投資者因而卻步。最近世界最大產製積體電路的英特爾公司，原向我國申請投資，後轉向新加坡投資，即是顯著的一例。

這許多法令規章都是多年前所訂，未能隨時間環境的改變即時調整，而成為當前阻礙投資的絆腳石，必須即早改正。不過此一工作牽涉到政府多個部門，我們建議行政院成立「行政改革委員會」，聘請學者專家、企業界及行政部門有見地的人員，以一年時間研究設計一整套具體可行的「行政改革方案」，貫徹實施，讓我國能有一套進入現代化國家應有的高效率行政體系，開展國家現代化的光明前途。

我們社論以上的建議，在開始兩年並未得到迴響，不過至民國 75 年後逐

步實現；再加以美國總統雷根推出供給面經濟改革，促進經濟復甦，進口恢復增加，我企業利用此有利機會積極推動對美出口，帶動投資的增加，民國76～79 年固定投資平均每年增加率恢復兩位數成長，高達 18.9％，致使國內需求大幅增加，超額儲蓄自 75 年的 635 億元，至 79 年降為 320 億元；超額儲蓄占 GNP 比率，同期亦自 21.3％降至 7.1％，82 年更降至 3.4％（詳見表2-1）達到可接受的範圍。

乙、鉅額出超造成的問題

台灣對外貿易於民國 60 年代中期自入超轉為出超後，進入 70 年代即不斷擴大，在 71 年出超 33 億美元，至 75 年驟增至 156 億美元，雖低於同年日本及西德分別出超 827 億美元及 522 億美元；但台灣出超占 GDP 的比例高達20％（此處是指海關商品進出口統計），則遠較日本及西德出超所占 GDP 比例不及 5％，高出三倍之多，因此造成的問題更嚴重：

1. 引發與出超重要對象國家貿易摩擦；
2. 壓迫新台幣大幅升值，影響出口；
3. 形成通貨膨脹潛在壓力；
4. 削弱銀行中介功能；
5. 累計大量外匯存底等於資源未能有效利用。

因此，在台灣對外貿易由入超轉為出超，出超不斷擴大，外匯存底大量累積時，我就深感解除進口及外匯管制，大幅降低進口關稅，開放市場，邁向經濟全面自由化的時候了。我除建議新任行政院長俞國華將經濟「自由化、國際化、制度化」列為未來施政的基本政策外，也寫了多篇社論呼籲。

當民國 75 年 3 月中央銀行答覆立法委員質詢時，表示正在研擬的「管理外匯條例修正草案」，差不多已把對進出口商品外匯的管制全部取消，由目前的許可制改為申請制，引起我的特別關注。經研究「管理外匯條例修正草案」，發覺僅是結匯手續的簡化，並非政策性外匯管制的放寬，於是我於 75年 3 月 15 日撰寫「管理外匯條例要作基本政策的突破」刊登聯合報社論，建議行政院當央行將該修正條例報院時，退還央行重作基本政策的修訂。

在過去外匯短缺，工商企業體制脆弱時，誠如前文所述業者都希望政府伸出援手干預保護。當經過二十多年政府的保護，許多企業已成長壯大，他們的許多觀念已有改變。因此，本報記者特於 75 年 6 月做了業者實地訪問，專訪了台灣區製鞋公會、玩具公會、家具公會、藝品禮品輸出公會及部分自行車業

者，一致認為他們的產品銷行全球，已可稱外銷王國，國內市場早已無法滿足他們的生產能力，政府實在沒有必要曲意保護。而今進口關稅太高，落人以口實，指責我國不公平競爭導致國外對我進口設限，反而影響到業者的外銷機會。我們需要引進國外進步的高品質產品，以刺激國內同業提高產品品質。但政府的進口管制及高關稅，把外貨阻絕於外，使國內業者遲遲無法受到外來競爭刺激加速長大。台灣區家具公會理事長更指出，木製家具進口關稅，從目前的 40％降到 5％也無妨。如國外的高品質家具能因此進入我國市場，對於提高國內消費者品味，以及帶動國內家具業向高級品發展，幫助必然很大。因此，我於 75 年 7 月 5 日撰寫社論大聲疾呼「只要競爭、不要保護」。

在上述社論發表不久，行政院長俞國華即在院會中指示：「財經二部，要在二個月內研訂放寬外匯管制、取消僑外資在台投資資金與利潤匯出限制、准許個人對外投資設廠，及解除進口管制、降低關稅等有效措施，以減外匯存底不斷增加造成通貨膨脹的潛在壓力。」俞院長此一指示，對我寫社論的呼籲似有了明確的回應。但如何使俞院長的指示，真能落實執行，我又於 75 年 7 月 21 日撰寫「放寬外匯管制的三大要求」社論，提出下列三點看法，供主管部門參考：

首先應從基本觀念上改變，在過去外匯短缺，國際收支有極大逆差時，不得不實施嚴格的外匯管制。但近年來不僅年年有鉅額貿易出超，且外匯存底快速累積超過 300 億美元，誠如俞院長指示已對通貨膨脹產生潛在壓力。期望中央銀行外匯主管當局，應把握俞院長在院會指示的精神，放手去做，我國管制外匯的許多弊端，當可一併清除。

其次，應認清外匯也是「商品」的一種，而且在當時有跌價（台幣升值）的趨勢，越早售出越好，否則死守，待新台幣大幅升值，央行將虧慘了。

第三，為國家整體利益著想，放棄本位主義，解除進口管制，大幅降低關稅，反有刺激國內產業向上努力的作用，改善產業結構；同時，在關稅降低後，可消除高級品走私，改為正式進口，關稅收入反而會增加。

在俞院長指示下及我們社論的呼籲，主管機關是否認真執行，尚待觀察，但中央銀行主管外匯的副總裁俞政卻置若罔聞。他於 75 年 9 月初在國民大會憲政研討會，以「超額外匯對經濟金融影響之研究」作專題報告後，答覆與會者問題時，指出「……十餘年來，我國現在已無短期外債，中長期外債亦不過四十多億美元，但外匯存底已超過 360 億美元，成為世界上外匯存底較多的國家。」因此，俞政繼續說：「他無法理解所謂外匯存底過多，對經濟產生不利

影響的論調；目前國內並無通貨膨脹或大量失業問題。最近外界對外匯存底的爭辯，一切都是反應過度。」

央行副總裁俞政此番談話，震驚經濟學界，他對大量外匯存底，對經濟金融的嚴重衝擊無知到這種程度令人詫異，而且他是外匯、金融政策的主要決策人士之一，對今後外匯、金融所造成的不利影響，不容忽視。因而我於 75 年 9 月 7 日撰寫「鉅額外匯存底對經濟金融衝擊的認知——就教於中央銀行副總裁俞政」社論刊登於聯合報，根據中央銀行發表的「金融統計月報」，分析鉅額外匯存底不斷大量累積，已對經濟金融造成的四大嚴重衝擊，給俞政副總裁狠狠地上了一堂課。不過由於俞政能將其想法公開說出來，使我們有機會溝通，如能獲得共識，而避免政策的誤導，則為不幸中之大幸。

最後，由於中央銀行當時總裁張繼正的堅持，將「管理外匯條例」，自「原則管理，例外自由」，改為「原則自由，例外管理」，使該條例脫胎換骨，於民國 76 年 7 月 15 日正式實施，後文有詳細敘述。

二、對美鉅額貿易出超引發貿易摩擦——美國鋪天蓋地壓迫新台幣升值

進入民國 70 年代美國總統雷根採取供給面經濟政策，促使其民國 72～73 年經濟快速復甦，1983 年美國經濟成長 4.6％，1984 年更高達 7.2％，台灣趁機積極拓展對美出口，兩年間增加 70％，促使該兩年對美出口金額高占我出口總額的 48％以上，台灣出口商品幾乎一半外銷到美國。對美國出超亦隨之擴大，至 74 年已達 100 億美元，76 年更超過 160 億美元，占台灣總出超 187 億美元的 85％。

另方面美國入超亦不斷擴大，73 年（1984）超過 1,000 億美元，至 76 年（1987）更超過 1,700 億美元，使美國自債權國淪為債務國，且成為全球最大債務國。美國在民國 70 年代中期及以後經濟成長率減緩、失業率上升，自債權國淪為債務國，咸認為是進口快速增加，而出口不振，入超不斷擴大所致。而台灣在美國入超來源國家中，於民國 72 年進入第四名後，75 年更進到第二名，僅次於日本，因此，我國成為美國縮減貿易入超的第二位報復對象。

美國是全球最大生產國家，因其人民的過度消費，其生產尚不足以支應其國內需要，需以大量入超來支應。美國民間消費占 GDP 比率，進入民國 70 年代超過 60％，且不斷擴大，超過歐、日國家 10 個百分點。美國入超的不斷擴

大，不檢討其人民的過度消費，而將責任推向其大量入超來源國家，採取不公平貿易對其施加壓力。

於是美國在 1985 年（74 年）9 月主導邀請日、德、美、法國家財政部長及中央銀行總裁，在美國紐約廣場飯店集會，簽署了「廣場會議」宣言，聯手促使日圓、馬克及新台幣對美元大幅升值，以解決美國貿易巨額入超問題。不過，該宣言同時也要求美國縮減國內需求，提高儲蓄，縮減貿易入超。

日本在美國強大壓力下，日圓對美元匯率，自 1985 年 5 月 1 日的 251.54 日圓對 1 美元，至 1987 年底升至 122 日圓對 1 美元，兩年半間日圓大幅升值一倍；到 1995 年 4 月更升值到 83.67 日圓對 1 美元，十年間日圓升值兩倍。致使日本經濟在日圓過度升值衝擊下，自 1992 年開始經濟一路下滑，一蹶不振，至 2001 年的十年間日本平均每年經濟成長率，自前十年的 4.1%，遽降為 0.8%，被稱為「失落的十年」，到如今，已是「失落三十年」都止不了。

而新台幣對美元匯率在 1985 年「廣場會議」後，並未立即升值，於是美國於翌年中開始，藉密集邀我國召開雙方諮詢會議，對我施加壓力。不斷要求開放市場、降低關稅、解除外匯管制、中央銀行不應操縱新台幣匯率，逼新台幣大幅升值，以及加強智慧財產權的保障，並宣布將以 301 條款相報復。

在美國對我所要求的條件，除新台幣不能過度升值外，其他都是開發中國家升入已開發國家必經的過程，明智的政府，都應接受謀求改進，只是要有秩序的推動，減短衝擊的程度。可是許多開發中國家怕衝擊太大而抗拒，台灣政府也不例外，除讓新台幣緩慢升值，自 1985 年（74 年）9 月 1 美元對新台幣 40.41 元，至 1986 年（75 年）9 月的 36.83 之新台幣，一年間升值 9.7%，遠落在同期間日圓升值 53%，馬克升值 39% 之後；其他要求我政府各主管機關均置之不理。致使美國保護主義鋪天蓋地而來，強力壓迫新台幣大幅升值。自 1986 年 9 月的 1 美元對新台幣 36.83 元，至 1989（78 年）5 月升至 25.82 元新台幣對 1 美元，兩年八個月間暴升 42.6%，如以 1985 年 9 月的 40.41 元比較，三年八個月間升值了 56.5%，致使台灣對外貿易出超，自 1987（76 年）187 億美元高峰，至 1990（79 年）下降到 125 億美元，三年間下降三分之一，顯然在新台幣大幅升值的壓力下，國內許多廠商失去競爭力，不是出走轉向國外投資生產，即是倒閉。導致台灣經濟成長率自 75 及 76 年平均每年兩位數成長，高達 12.2%，77 年即大幅下滑，至 79 年更腰斬至 5.7%。

在美國對我國強力施壓的過程中，我寫了多篇社論，一方面指責美國保護主義及強力壓迫新台幣大幅升值的不當；另方面也忠告我政府，開放市場，降

低進口關稅、解除外匯管制及保護智慧財產權等應先進行，否則讓新台幣先大幅升值會對我經濟造成更大傷害；三方面也激勵企業界增加投資及加強研究發展，提高生產力與競爭力，方能因應未來的挑戰。

如民國 75 年 5 月 25 日我寫「美國保護主義害人害己」社論，首先指出，國際貿易的最大功能，是促進全世界資源的有效利用，透過生產與進出口交易的增加，創造充分就業與提高人民生活水準。美國是世界最大貿易國，其所推出的保護法案是在限制進口，即在阻止出口國家具有比較利益部門的發展；而在美國受保護的產業，原本不具比較利益，因在保護之下，反有能力在國內生存，而與具有比較利益的產業爭取資源，這不僅阻礙全世界資源利用效率的提升，也使美國整體資源利用效率降低。誠如美國總統雷根批評眾議院通過的綜合貿易法案，是減少貿易法案，違反許多最基本的國際貿易規則。（雷根雖是「自由主義者」，但因選擇連任考量，他也簽署讓該法案生效）……最後指出美國保護法案，不僅不能解決問題，而且會為美國帶來更進一步的災害。

另方面我於 75 年 6 月 14 日撰寫「因應美國保護主義應有的作法」，刊登在聯合報社論，建議我政府各主管機應採取下列作法：

1. 緩和對外貿易鉅額出超應為當前經濟重要課題，但基本原則是在貿易持續成長的條件下，縮小貿易出超，亦即在出口持續擴大的情況下，大幅提高進口的幅度。此一原則，不僅可支持經濟的繼續成長，亦可加強國內市場競爭，提高資源利用效率。因此，開放國內市場為首要作法。

2. 行政院長俞國華早在 73 年 5 月即宣布「自由化、國際化、制度化」為今後經濟施政的基本政策，並頒布了實施經濟自由化的落實方案，但兩年後的今天，除新台幣在美國強大壓力下升值外，其他可說什麼都沒做。如解除進口管制，表面上自由進口的項目占總進口的 97.5％；但實際上准許進口的產品中，還有限制申請人，限採購地區，必須檢附文件及必須有關單位加蓋戳記同意進口等等限制，等於沒有開放。還有進口關稅偏高，如大宗出口的紡織品，其進口關稅仍高達 67.5％，鞋類進口關稅亦高達 30％。此等進口管制與高關稅，即使美國不對我施壓，為使政府既定政策能夠落實，亦應盡速放寬與降低。

3. 民國 74 年經革會建議投資自由化。改採「負面表列」經行政院核定限經濟部一年內完成。所謂「負面表列」，即在表列的產業不歡迎外人投資外，凡不在表列的產業，均在歡迎之列。此一放寬不限製造業還包括服務業。尤其國內金融保險業的落後，更需要國外業者競爭與刺激，期望年底前能公布實施。

民國 76 年 3 月 21 日我寫「要達到最適匯率應先貫徹自由化」社論刊登於《聯合報》，指出美國政府要求對美貿易有鉅額順差國家，調整其貨幣價值，即要該等國家貨幣對美元匯率達到均衡水準，亦即所謂最適匯率。就理論而言，假定在政府對外匯收支、進出口貿易，不加任何干預的前提下，任由市場上外匯供需來決定匯率，當外匯供需平衡時，那時的匯率即所謂的均衡匯率或最適匯率。

但實際上，我國不但外匯收支有管制，進口關稅高，且有種種進口限制，在這多層干預之下，如要任由市場外匯供需決定，不僅最適匯率不可得，如硬要新台幣升值到使外匯收支平衡，則整體經濟將無法承受。因此，貫徹自由化是唯一選擇，除前述社論已建議解除進口管制、降低關稅及投資改為「負面表列」外，特別強調解除外匯管制，不僅經常帳限制全面取消，資本帳管制也要完全取消。在外匯管制、進口限制全面取消、進口關稅降至工業國家水準，及外人投資改為「負面表列」後，即令新台幣對美元匯率升值而達到最適水準，不僅對我經濟傷害降至最小，而且可使資源獲得真正有效的利用。

三、超額儲蓄與鉅額出超造成台灣錢淹腳目——地下投資公司猖獗、股市及房地產價格飆漲、泡沫經濟形成

誠如前文所述，進入民國 70 年代上半期超額儲蓄即大幅增加，71～76 年的六年間超額儲蓄累積高達新台幣 2 兆元，高占 75 年 GDP 的 70%。超額儲蓄大量累積卻缺乏有效投資管道，這也是對外貿易出口大於進口，產生鉅額出超的根源。

由於當時外匯在嚴格管制下，所有出進口外匯都是由中央銀收購及出售，由於央行收購外匯大於出售外匯，於是央行外匯存底迅速上升，自民國 70 年底的 72 億美元，至 76 年底遽升至 767 億美元，六年間增加十倍，幾達 700 億美元，放出鉅額強力貨幣，雖央行採取沖銷措施，但市場資金仍然過多；因缺乏正常投資管道，而變成游資。惟「水能載舟，亦能覆舟」，游資太多到處亂竄，導致嚴重後果，造成社會的危機與災害。

在一般情況下，持有資金的人，都希望賺更多錢的慾望驅使，因而使社會上瀰漫著投機的心理，紛紛將資金投入地下投資公司、股市、房地產，形成泡沫經濟。

由於資金過度氾濫，被形容「台灣錢淹腳目」，銀行存放款利率大幅下

降，甚至拒絕吸收大額存款。於是資金大量流向股市及不動產，股市狂飆，房價飛漲，同時地下投資公司應運而生，且如雨後春筍般的擴展，以高額利息吸收民間資金。當時銀行最高存款利率為年息 6%～7%，正規廠商吸收同仁存款月息平均也不過 1.5% 上下，而地下投資公司則以數倍的月息高達 4%～6% 引誘民間大量投資。據估計地下投資公司最盛時有兩百多家，參與投資人近 20 萬人，吸收資金超過千億元，地下金融如此猖獗，帶給社會極大衝擊。因地下投資公司所吸收之存款除付給存款人高額利息外，一部分轉入主持人及有關高階人員名下，還有一部分投入股市及房地產，助長投機風氣。尤其股市在地下投資公司操作下，股價狂飆，股價指數自 75 年底的 1,012 點，至 79 年 2 月 10 日狂飆到 12,495 點最高峰，三年一個多月間驟漲 11.3 倍，平均每年上漲 1.3 倍。房地產價格同期間中古房價上漲一倍以上，預售屋價更上漲兩倍多，泡沫經濟大幅膨脹，使年輕人一生買不起自己居住的房屋。

股市最盛時有 250 萬人開戶，當時台灣家庭不到 500 萬戶，參與股市的家庭超過一半以上，故台灣有「傾城賭國」之稱，有人將「R.O.C.」戲稱為「Republic of Cosino」。因當時一般上班族，勞工工資月入 2～3 萬元，白領階級薪資月入 4～6 萬元，若有 100 萬元投入股市一年可收入 130 萬元，平均每月收入超過 10 萬元，遠高於薪工資收入。因而大家抱持著「大有大賭、小有小賭」的心態，社會上一窩蜂的投入金錢遊戲的賭局中，上班族無心工作，或工作意願低落；企業投資者又以勞工短缺、生產效率低落、新台幣不斷升值、利潤微薄，再加風險高，致使投資意願大減。此一不正常歪風，如不能及早制止，任其繼續下去，不僅不利於長期經濟發展，將帶來更嚴重的傷害。

因此，我於民國 77 年 10 月 1 日撰寫「應拿出魄力與勇氣解決游資氾濫問題」社論，指出鉅額游資對國家經濟產生嚴重的傷害，認為解決游資氾濫問題應是當前財經當局亟待解決的最重要課題。同時，介紹日本超額儲蓄過多及貿易鉅額出超所產生的國內資金過多問題的解決作法，日本除擴大國內投資外，更採取了積極對外投資政策，五年間日本對外淨投資高達 4,000 億美元，使日本成為全球最大債權國家，並獲得多重效果：（1）避免外匯存底過多累積，抑制貨幣供給額的大幅增加；（2）資源獲得有效運用，防止游資的產生；（3）穩住日圓匯率，爭取時間，便利政府及業者進行各種調整工作；（4）掌握國外資源，穩定對國內供應來源；（5）掌握國外市場避免進口國家之進口各項限制；（6）投資國外高科技產業，引見先進技術，加速國內產業結構調整與產業升級。日本之作法可供我主管當局及業者參考。

該社論特別提及日本友人國際知名經濟學家稻葉秀三先生再度來台訪問，看到我們資金過剩的情況非常驚訝！他建議把台北市建設成一個現代化都市，由此投資 5,000 億元是很簡單的事。這簡單一句話，讓我當場聽到極為震撼，除在內部會議中提出，也在社論中特別強調，均未引起決策階層的關注。顯然我們缺乏有高瞻遠矚思維、現代化眼光的領導人，怎不令人痛惜。

四、化解總體經濟失衡對策──落實經濟「自由化、國際化、制度化」政策

實際上，早在民國 73 年初，萬安擔任經建會研究處長，每年初都要檢討過去一年經濟發展及當年的經濟預測；發現誠如前文所述進入民國 70 年代後，超額儲蓄及貿易出超，不論經濟榮枯都持續擴大，其占 GDP 比率亦不斷升高。我認為這種對內與對外經濟失衡的擴大，顯示台灣經濟已到一個新的轉捩點，不再是短期的景氣循環變化，而是制度性、結構性的問題，政府若干經濟政策已有調整的必要。

另方面許多產業經歷了長期保護，至當時已有相當基礎，保護政策大致上已善盡其扶植幼稚產業的功能。如再持續保護下去，除消費者將付出龐大代價外，勢必也影響到產業效率的提升與投資的意願，必須全面加以檢討。

同時，估測 73 年超額儲蓄及對外貿易出超，將急遽擴大，在當時外匯嚴格管制下，所有出超外匯都由中央銀行收購，釋出大量強力貨幣，即使不考慮乘數作用，也不採取沖消措施，將使當年貨幣供給額增加率劇增至 50％，對經濟及物價的穩定，勢必產生嚴重衝擊。

萬安將研究結果，先向經建會主任委員俞國華提口頭報告，並指出過去部分經濟政策，如鼓勵出口、限制進口、高關稅、管制外匯等政策，已到功成身退的時候了。若不改弦易轍，必將產生更大後遺症。俞主委聽後表示茲事體大，指示繼續研究提出書面報告，將與有關財經首長商討後，再向行政院長報告。

甲、俞國華院長宣布經濟「自由化、國際化、制度化」為今後經濟施政的基本政策

當民國 73 年 2 月向俞主委提出上述書面報告時，行政院長孫運璿病倒，不久蔣經國總統提名俞國華主委接任行政院長。當年 5 月初俞主委來到我辦公

室，一方面感謝我多年來為國家所作的貢獻，二方面告訴我，他到行政院會將我的職位調整，三是指示當立法院通過他擔任行政院長後，當天下午他要召開記者會，答覆記者所提問題，有關經濟方面的問題，請我先擬答覆初稿供他參考。當時聯合報記者沈蓉華提問俞院長上任後的「經濟政策」是什麼？我遂趁此機會向俞院長請示，可否將前些時向院長所提的報告，將當前的鼓勵出口、限制進口、管制外匯等政策，改變為進出口並重，解除各項管制，實施「經濟全面自由化」作答覆。俞院長隨即同意將「自由化、國際化、制度化」作為未來經濟發展的基本政策。於是 73 年 5 月 25 日下午他在記者會宣布，翌日各報立即刊出此一重大經濟政策變革的消息。

台灣自民國 47 年推動經濟局部自由化之後，即少有進一步自由化的政策，其間雖經許多經濟學者不斷提出自由化改革建言，但並無首長敢做巨大變革。俞國華院長毅然作此重大決策的勇氣與魄力，深受當時經濟學界肯定與敬佩，萬安只是扮演臨門一腳的腳色而已。

俞國華就任院長後，於 73 年 6 月 12 日向立法院做第一次施政報告時，在報告中正式宣布經濟「自由化、國際化、制度化」是政府今後經濟施政的基本政策。在政策確定後，如何能有效執行，萬安在經建會擬就「當前貿易鉅額出超因應方案」，實際上就是「經濟自由化」的落實方案，經提經建會委員會通過後，報請行政院於同年 7 月 19 日院會核准實施。

但經濟全面自由化方案真正執行時，卻遭遇到相當大的阻力，再加上翌年全球經濟不景氣，以出口為導向的台灣深受影響，經濟成長率自 73 年的10.1％，74 年腰斬到 4.8％，亦不利於經濟自由化的落實執行。不過，此時行政院為因應國內外經濟情況的顯著變化，及振興國內經濟，指示經建會召開「經濟革新委員會」（簡稱經革會）。

乙、召開「經濟革新委員會」

萬安奉命策劃「經濟革新委員會」召開事宜，行政院指示要由產、官、學三方面代表組成，萬安認為經革會應是研討如何落實「自由化、國際化、制度化」政策的大好機會。於是在規劃經革會組織，討論議題及提名參與經革會人選名單時，即將討論經濟「自由化、國際化、制度化」政策列為討論的基本方向。

實際上，早在經革會成立半年前，經建會為落實經濟全面自由化的執行，曾委託四位大學教授研究，如外匯自由化委託梁國樹教授（前央行總裁彭淮南

為其共同研究人）、金融自由化委託潘志奇教授、貿易自由化委託劉泰英教授、投資自由化委託侯家駒教授，他們都已提出精闢的研究報告。故 74 年 5 月經革會成立時，這四位教授都被聘為經革會委員。經革會分為財稅、金融、產業、貿易及經濟行政五組討論，這四位委員研究的結果，自然都成為經革會各組研討的重要議題。在經革會五個月的研討議事中，與會者始終秉持「自由化、國際化、制度化」的基本信念，作為研提各項興革建議的重要依據。因此，在經革會先後向行政院提出的 56 個興革建議方案中，許多重要議案都可以看出「自由化、國際化、制度化」的精神。

　　這種廣泛持續的討論，不僅讓與會者對討論的議題有深刻的體認與共識，更透過媒體的深入持續報導，使政府的公務人員及社會大眾，對於經濟自由化的理念和內涵，都逐漸進一步有了較明確認識與了解，此對推動經濟全面自由化政策落實執行，應有助益。

丙、執行「經濟自由化政策」遭遇困難

　　經過經革會五個月長期討論及媒體深入持續報導，以為有助於「經濟全面自由化方案」的落實執行，但在真正執行時，由於各主管機關首長的本位主義作祟，仍然寸步難行。

　　當萬安與各主管機關首長或副首長談及落實「經濟全面自由化方案」中各項目執行時，沒有一位能給正面答覆。如談到降低關稅時，主管機關的財政部解釋，關稅是重要稅收來源，高居稅收的第二位，現在財政有赤字，怎能降低稅收；談到解除農產品進口管制及降低進口關稅時，農業主管稱，台灣農業發展很有成就，真是了不起，但成本太高，如開放進口，降低關稅，台灣農產品無法與進口品競爭；在談到解除工業產品進口管制與降低關稅時，工業主管則稱，好不容易多年來培養的「民族工業」雖有不錯的成就，但體質仍然很脆弱，現在還不是解除保護的時候。最離譜的是央行主管外匯的一位副總裁，當我向其探聽「管理外匯條例」解除管制修訂情況進度如何時，他說：「萬安兄，你真健忘，你不記得當年外匯短缺時的痛苦，外匯是『稀有資源』，怎能解除管制。現在這點外匯存底，一旦解除管制會一窩蜂的很快被搶購光。」我說：「現在外匯存底近 300 億美元，怎麼可能很快被搶購光，而且『管理外匯條例』解除管制後，隨時都可結匯，何況每年都有出超，台幣又有升值趨向，解除管制不會有搶購。」對方說：「現在還不是解除外匯管制時機」，我深感不能與時俱進的官員，再討論也不會有結果，只有另找管道解決，而離去時，

還聽到對方諷為「書生之見」。誠如前文所述，75 年 9 月初央行副總裁俞政到憲政研討會報告時，答覆與會者提問，指出「最近外界對外匯存底過多的爭辯，一切都是反應過度」，於是我於同月 7 日寫了「鉅額外匯存底對經濟金融衝擊的認知——就教於央行俞副總裁」社論，給他上了一課。不過經濟全面自由化的落實，需要長期的努力。

丁、終於找到化解之道

經過上述與各主管機關首長或副首長聯繫溝通之後，雖然不滿意，但並未氣餒，最後終於想出利用經濟學最基本的供需曲線圖分析，分解對外貿易失衡的關鍵所在，於民國 76 年春的經建會委員會中提出報告，分析指出化解總體經濟失衡，除擴大國內需要外，對外貿易失衡還有兩個解決途徑，一是解除進口管制，開放國內市場，一是新台幣大幅升值。若政府不大幅降低關稅、開放進口、解除外匯管制、取消出口優惠，而任由新台幣在出超不斷擴大情況下繼續升值。一旦新台幣過度升值後，不僅扼殺出口產業，抑制經濟成長、增加失業；而且在新台幣過度升值後進口大幅增加，有高關稅、外匯及進口管制的產業，因有政府保護，還能持續生存；而那些沒有高關稅及外匯、進口管制的產業，因沒有政府保護，而被低價進口擊倒。而前者一般都是生產成本相對偏高，比較利益相對低，缺乏效率的產業，因有政策保護反能持續發展；而後者未受政府保護的產業，均為生產效率比較高，在適當匯率下比較有競爭力，但新台幣過度升值後，失去競爭力而被淘汰。結果，不取消保護開放市場，任由新台幣大幅升值，低效率產業有保護而持續生存，高效率產業反受重大打擊而犧牲；亦即劣幣驅逐良幣，產業結構發生逆調整，國家整體生產效率下降，對整體經濟產生極嚴重衝擊。（該報告原文請見拙著《為什麼台灣經濟由盛到衰？》第四章第 113-132 頁，天下文化遠見出版，108 年 10 月）。

報告後，終於獲得與會財經首長的首肯，同意重新檢討他們主管的政策與措施。尤其央行總裁張繼正比較積極，建議解除管制愈快愈好，或許他受到新台幣升值的壓力。不過張總裁說明「管理外匯條例」修正，在技術上遭遇困難，因條例「管理」是基本，條例中多條都是管制，如將各條管制取消，則與條例標題「管理」抵觸，如將標題「管理」兩字拿掉，就變成為新條例，茲事體大，將會遭到立法院的反對，央行正在想如何突破此一困境。

萬安在聽到張總裁的說明，會後即電話行政院第四組趙捷謙組長，因他在行政院審議財經部會新訂法案及修訂法案，經驗豐富。當趙組長聽完我說明張

總裁遭遇的困難後，就說不要大動干戈的逐條修正，只要在適當條文間加列一條排除條款，將有關管制各條加以暫時凍結就可以了。我喜出望外地將此一訊息隨即向張總裁報告。

結果，民國 76 年 6 月 16 日立法院通過「管理外匯條例」修訂案，增訂第 26 條之一，其條文為「本條例於國際貿易發生長期順差、外匯存底鉅額累積或國際經濟發生重大變化時，行政院得決定停止第 6 條之 1、第 7 條、第 13 條及第 17 條全部或部分條文之適用。」「行政院恢復前項全部或部分條文之適用時，應送請立法院審議。」於是總統於民國 76 年 7 月 15 日公布該條例修正案（與解除戒嚴同天公布）後，中央銀行除怕熱錢大量流入，對 500 萬美元及以上的匯入款繼續限制外，其他所有外匯管制，包括經常帳部門及資本帳部門全部解除，外匯買賣完全自由化。自此以後，外匯存底確自 76 年底的 767 億美元，79 年底略降至 724 億美元，並未發生央行主管外匯的俞政副總裁所說的「一窩蜂搶購光」，而且 80 年底就回升至 824 億美元，以後更持續增加。

當 76 年 5 月 21 日行政院院會通過「管理外匯條例」修正草案，送請立法院審議後，我立即於同月 23 日撰寫「欣聞外匯管理大幅放寬」登載《聯合報》社論大力給予支持，指出該條例經立法院通過實施後，准許所有出口廠商外匯所得可以自由持有、自由運用；國民亦可自由向指定銀行辦理結匯使用，自由向國外投資，投資範圍亦不限制。可說是對長期外匯管制的徹底放寬，雖姍姍來遲，但是一大突破，未為晚也。

同時建議，「管理外匯條例」已修改，但在實際執行時，各項手續亦應簡化，不要使結匯人感覺，政策上確已作到全面放寬，而在手續上給予種種留難的壞影響。以及其他有關法令，如外人及華僑回國投資條例等，亦應配合修正。更希望立法院能盡速審議通過實施。

另方面，進口關稅亦大幅降低，實質平均進口稅率自過去的 10％以上，77 年降為 5.7％，90 年更降為 2.6％，與工業國家相仿。進口管制，至 78 年 3 月，在 HS 貨品分類表所列 8,848 節中，准許進口類 8,613 節，高占 97.3％。另限制申請人資格及限制採購地區，幾全部解除。在關稅大幅降低後，出口退稅亦逐步取消。

投資自由化方面，取消暫停設廠、外銷比率及自製率限制，大幅開放民間投資機會，至於外人投資改為負面表列。同時積極推動「十四項重要建設計畫」擴大公共投資，使資源有效利用，兼具維護生態環境，提高人民生活品

質，平衡區域發展的作用。

至此，貿易出超占 GDP 比率大幅下降，自民國 75 年的 20%至 79 年降至 6.9%，82 年更降至 3.6%，可容忍的範圍。

自民國 76 年下半年開始，經濟全面自由化的步伐終於加速進行，有人認為，政府是在美國壓力下，不得不如此。事實上，經由具體、有說服力的實例，消除主管首長的心結，減少在推動自由化時的許多疑慮，對自由化的加速落實，其功能不可忽視。換言之，我們是在既定的自由化政策下，將美國的壓力化為落實經濟全面自由化的助力。

在化解總體經濟失衡、落實經濟全面自由化的過程中，除前文已提及的諸篇社論外，還寫了多篇社論強調擴大公共投資，激勵民間投資，要特別加速自由化、國際化的步伐，甚至合力重建勞資和諧關係、建議修改勞基法，以及防治公害維護環境的基本觀念、工業發展與環境保護必須兼顧等等社論，為建立現代化國家做奠基工作。

在加速自由化步伐方面，公營事業民營化是重要的一環。民國 77 年 4 月 8 日李登輝總統指示「三商銀可考慮開放一家為民營」，使三商銀開放民營的議論又掀起高潮，近二十年來三商銀開放民營每隔幾年都會提出來討論一次，結果都是虛晃一招。因此，我於 77 年 4 月 30 日撰寫「開放民營洪流無以抵擋」社論，坦率指出：三商銀係屬省營，但中央的財政部、省政府及省議會都有好處來自三商銀，暗地裡反對三商銀民營化。因而我在社論中特別強調近數年來，國際間不論國家貧富、不論奉行什麼政治思想，都已獲得一個共識，那就是公營企業經營遠較民營企業沒有效率，而紛紛將公營企業開放民營。據非正式統計近數年來已有五十多國，約有一千多家公營企業開放或即將開放民營。希望這次不要再蹈過去覆轍認真執行，建議公營企業的各級主管機關首長、民意代表，以及公營企業的員工，應以國家整體利益為重，放棄個人的私利，協助政府將公營事業逐步開放民營。強調這是當前世界潮流，不是任何人可抵擋得住的，否則我們如何能成為現代化國家。

為貫徹公營事業民營化，我接著於 77 年 5 月 14 日撰寫「電信事業必須開放民營」社論，指出最近電信總局數位交換機採購議價未決延緩採購，加以特權干預未成，更增加問題的複雜化，首先受害者是北區人民申請裝設電話，不僅要等候相當時日，且是遙遙無期。估計目前申請無線路供應者約有一萬戶，至明年六月底將超過五萬戶。如此罔顧消費大眾的情況，充分暴露了公營事業的弊端。

　　並進一步指出，由於科技的發展，電信事業已由過去純粹電話、電信業務，已經進入數位化時代；將電話、傳真、數據、資訊及電腦等結合，不僅加強電話功能，廣及電化教育及文化傳播的有效運用，不論對行政部門、廠商以及家庭，增進工作效率、提高生產力，均極有貢獻。由於電信事業向多功能發展，其所需的科技配合，不僅範圍相當廣泛，而且多屬高科技，如電腦技術、軟體技術、光電技術、智慧型介面技術、超大型積體電路技術、數位通訊技術等等；而且該等技術進步極快，稍有疏忽即成落後，不僅影響到現代化電信服務的提供，更影響到國內電子資訊等高科技產業的發展。因此，電信事業已不是一個受多層主管機構管制，眾多法規約束，缺乏效率及無能力吸收高科技人力的公營事業所能勝任。難怪許多工業先進的電信事業都紛紛開放民營。

　　舉例美國政府於 1981（70 年）訂定「美國電信法案」，不僅將美國電信公司（BT）移轉民營，還核准另一家電信公司設立，俾與 BT 競爭。日本政府於 1985（74 年）將日本電信電話公社（NTT），改組為「日本電信電話株式會社」（即股份有限公司），轉移民營，同時核准另四家新電信公司設立，使日本電信事業，自過去的獨占，進入自由競爭時代。

　　根據美、日兩國先例，我們作如下的建議：一、我國電信事業不能再繼續國營，移轉民營的基本政策必須先確定；同時開放國內電信公司的設立。

　　二、立即將電信總局改組，行政、管理、監督工作，移歸交通部郵電司，業務部分成立「台灣電信公司」，轉移民營。

　　三、電信研究所，改為財團法人組織，現所有設備完全由政府捐贈，並另撥 20 億元作為基金。使其有能力網羅高技術人才，擔當整合電信、電腦、自動化及積體電路等前瞻性科技研究、開發種子，扮演銜接學術界基本研究及工業界新產品開發，以及與資訊工業策進會合作進行建立我國資訊化社會研究等四大任務。

　　以上建議如能在兩年內落實，相信到公元兩千年我國為現代化國家同時，亦可建立資訊化社會，並躋身世界資訊行列。

　　該社論的建議，交通部雖未立即採取行動，直到 82 年劉兆玄擔任部長時，才積極修訂電信法，至 85 年將電信總局改為「中華電信公司」轉為民營，並准許新公司設立，才有今天電信事業的盛勢，與國際並駕齊驅。

五、政府主動揭破泡沫經濟

　　台灣經濟在經濟高速成長中進入民國 70 年代，負面問題不斷出現，最嚴重的是超額儲蓄與出超不斷擴大，游資充斥到處流竄，使地下投資公司如雨後春筍般興起，股市及房地產價格狂飆，泡沫經濟不斷膨脹。此一情勢，不僅造成資本市場的畸形發展，也使得社會投機心理瀰漫，更使正當投資意願低落，影響人民正常生活，也降低勞動者的工作意願。另方面擴大了貧富差距，使固定薪資所得者，窮其一生積蓄，也無法購得適合的住宅，更造成社會的不公平。此一情勢，若不能即時遏止，將會給國家帶來更嚴重的災難。

甲、地下投資公司的崩潰

　　民國 76 年間，當時我擔任經建會副主任委員，得知某國營企業一位退休廠長，將其退休金 300 萬元存入鴻源投資公司，月息 4%，月收入 12 萬元，比其退休前的薪資還多；為貪圖高利，更將其住屋向銀行抵押 400 萬元，全數存入鴻源公司。鴻源聘請其為推銷經理，囑其廣徵下線存款人，每筆他都有紅利可分，因此該退休廠長月入 50～60 萬元，變成小富翁，更積極拉攏其親朋好友參加，萬安亦為其拉攏者之一。

　　萬安得知此一訊息後，認為此種投資公司是否合法存疑，而其非金融機構吸收存款是違法行為，尤其這種老鼠會性質公司，吸收新存款除付給舊存款利息外，其他資金用途從不公開，一旦新存款來源減緩就會周轉不靈而倒閉，使存款人血本無歸，將給社會帶來災害。而此種地下投資行為有害無益，萬安遂指派經濟研究處某專門委員暗中查訪鴻源投資公司。據其提出之查訪報告，由於高利誘惑，有許多退休老人及家庭主婦排隊等著進入存款；其訪問的一位存款人稱，她原存入 100 萬元，屆滿一年利息收入 48 萬元，上線建議她，再加 52 萬元共存 200 萬元，以後每月利息可領 8 萬元，她現正排隊將存入第 2 個 100 萬元。老鼠會就是這樣厲害，雖付給高利，它會利用各種方式引誘存款人加碼回存，損失慘重。

　　據該專委查訪了解，鴻源是最大的地下投資公司，其存款人超過 10 萬人，當時吸收存款估計超過 200 億元。萬安將該報告面呈主任委員趙耀東，他看後指示密呈行政院長俞國華。據了解俞院長已將該報告交財政部會同法務部查辦。不久後媒體報導法務部調查局調查出地下投資公司已有 263 家，其中 97 家吸收資金超過新台幣 600 億元，因銀行法條文不夠明確，主管機關除警

告風險大外，不能依法取締。

　　另據財政部資料顯示 77 年倒閉的地下投資公司約有 40 家，所吸收資金估計超過 200 億元，沒有一家倒閉時帳目是清楚的。再據調查局經濟犯罪防治中心與各地檢查處偵辦地下投資公司檔案記錄，77 年倒閉的「憶扶」、「富格林」、「嘉駿」、「超氧」四家中型地下投資公司倒閉後，經整理該四家公司共吸收資金 77 億元，而其中下落不明及被主持人私吞的有 33 億元，高占四成以上，另 44 億元已支付利息，使投資人血本無歸。這些地下投資公司的倒閉，都引起許多糾紛，危及金融與社會的安定。

　　因此，過去主管機關未能積極處理地下投資公司，除銀行法訂定不夠明確外，主管機關亦恐取締後產生的負面影響，引發金融風暴，及存款人在資金血本無歸後走向街頭造成社會問題，因而不敢正式面對，一拖再拖，使地下投資公司，如滾雪球似的不斷擴大，愈晚處理問題將愈大。

　　民國 78 年 6 月行政院改組，李煥接任行政院長，他於上任後的 6 月 13 日首次向立法院提出施政報告中，指出對於未經核發執照的投資公司，應予取締。說明日前行政院所提到的「當前重大經濟問題參考資料」，已將股市狂飆及地下投資公司問題，列在七項亟待解決的重大經濟問題之首。顯示行政最高當局，對於股市狂飆受地下投資公司之操作為重要因素之一，已有深切了解，但未見採取行動。因此，我於 78 年 6 月 24 日撰寫「應採更有效措施處理地下投資公司問題」社論，指出到目前地下投資吸收存款已超過 2,000 億元，其存款人多為退休之軍公教人員與一般家庭主婦，多達數十萬人，一旦地下投資公司倒閉，其所帶來的金融風暴與社會問題，其嚴重性遠較過去「十信」及「國信」數倍之上，建議即日採取更積極有效措施與決心和魄力來處理此一問題。須知此一問題愈拖愈難解決，問題愈後爆發，其後果更嚴重，希望新任行政院長三思。

　　行政院長李煥於兩周後的 7 月 7 日舉行記者會，明確表示，銀行法修正後當即執行取締非法投資公司，並無所謂緩衝時間。投資的風險應由投資人自負，政府不能負責人民違法行為的損失。我為了政府真正執行取締地下投資公司，減輕其不利衝擊，在 78 年 7 月 8 日所寫的「李院長對處理地下投資公司的明確說明」社論中，特別強調，事前應做好準備工作，並提出五項具體建議，供政府當局、投資人及投資公司參考，如都能做到，相信解決地下投資公司問題，所引發的負面不利影響，應可大為降低，使我們整體經濟恢復正常健全的發展。

　　沒想到兩星期後情況有了顯著的改變，兩星期前的 7 月 7 日李煥院長一再重申，銀行法修正案通過後，決依法執行，沒有緩衝期。但 7 月 20 日李院長在國建會中，答覆記者問到取締地下投資公司問題時，已改口說：「地下投資公司已向有關機關登記，是合法的，嚴格地說應該不是地下投資公司，祇有吸收存款不合法、違法的。」並指出：「如果有投資人檢舉，政府一定會移送法辦。如果沒有人檢舉，政府也要主動辦理。」不過行政院秘書長王昭明，在同一場合答覆記者時說：「要有投資人檢舉，才會追究，如果沒有人檢舉，政府不知道，就不會辦理。」顯然問題會再拖下去，於是我於 78 年 7 月 22 日所寫「兩害相權取其輕，早作明智決策——對處理地下投資公司的看法」社論中，指出政府對處理地下投資公司態度轉變的心理，應是可理解的。明知地下投資公司是社會隨時可能爆發的定時炸彈，但如現在取締，使問題即刻產生，而年底選舉在即，將會帶來不利的影響，擔當不起；不如現在不取締，或把取締腳步放慢，拖到明年選舉後再說。政府此一心態，是對即刻取締與拖一拖，所產生不利影響間的一種抉擇。此兩種政策的不利影響，值得提出來公開討論，供政府參考，避免作成錯誤的抉擇。

　　過去我們一直主張處理地下投資公司，自然了解到取締會立即產生棘手的問題；但也指出如不取締會使地下投資公司如滾雪球般愈滾愈大，愈到後來愈難處理，其影響亦愈深遠，長痛不如短痛；而且愈早處理，問題的嚴重性愈小，同時早處理也有其正面影響。於是我提出六點分析結果，提供李煥院長及其有關財經首長參考；兩害相權取其輕，盡快作出明智決策。

　　實際上銀行法主管機關的財政部並未採取修法行動，而是由經建會的經社法規小組主動修訂，報院及立法院通過於民國 78 年 7 月 17 日銀行法修正公布實施後，取締投資公司違法吸收存款，有了法律依據，但主管機關並未積極採取行動，顧慮取締後產生的負面影響廣大而拖延，可是社會上已產生恐慌導致鴻源投資公司連續發生四次擠兌風暴，支付 200 億元現金，而於 79 年初倒閉，留下債權人 16 萬人、負債 940 億元的殘局，16 萬人血本無歸，而鴻源公司負責人沈長聲僅被判刑七年，併科罰金 300 萬元；另一負責人於勇明亦被判刑 5 年 6 個月。處理該公司資金只拿回 40 億元，每位投資人收回極少資金，損失慘重。其他投資公司亦先後紛紛倒閉，據估計整個投資公司所吸收資金超過新台幣 2,000 億元，存款人二十多萬人。其中許多存款人終身積蓄頓時化為烏有，損失慘重，亦給社會帶來重大衝擊。

乙、股市泡沫的破滅

民國 73 年 6 月俞國華就任行政院宣布「自由化、國際化、制度化」為今後施政基本經濟政策，並於同年 7 月 19 日通過「經濟自由化實施方案」，但直至 76 年上半年都未能有效推動已如前述。因此，超額儲蓄與出超持續擴大，加以新台幣有升值壓力，熱錢大量流入，導致「台灣錢淹腳目」；由於缺乏正常投資管道，於是大量資金流向股市、房地產及地下投資公司，造成股市狂飆，房地產價格飛漲，泡沫經濟形成。

股價指數自 75 年的 1,012 點，到 77 年暴升到 5,857 點，兩年間飛漲 4.8 倍，在那個時候我深深感覺到，股價暴漲造成經濟不安，對未來經濟將會帶來更嚴重問題。於是我在 77 年中的經建會委員會議中，提出當前「穩定」比「成長」重要，政府應採取對策的看法，但沒想到與會的財政部長譏諷我，指「你建議院長推動經濟全面自由化，現在又要干預，不是很矛盾嗎？」我立即回答稱「當前情況不是市場機能所能調節，是市場的失能，所以政府應採取行動調節」，但沒有首長呼應我，沒有成案。78 年初股價繼續飆過 7,000 點，我再次在委員會中提出「穩定」比「成長」重要，這時，中央銀行總裁張繼正呼應我了，他說：「葉副主委提出的看法我們要重視，央行研究人員向我報告，在貿易出超不斷擴大，再加熱錢的大量流入，僅靠貨幣政策無法將貨幣供給額增加率壓下來」。我即解釋說：「這時單靠央行採取貨幣政策緊縮措施，是沒有效果的。必須進行全面性的改革，第一發行建設公債，吸收民間資金，擴大公共投資，提高內需，降低超額儲蓄；第二，近兩年推動的解除進口與外匯管制還要加強執行，出口優惠措施要盡快取消，降低貿易出超。這兩點都能做到，央行採取緊縮措施才能有效。」會議討論結果，請葉副主任委員研擬因應方案初稿，中央銀行、財政部及經濟部各派一位副首長與其會同研商後，再提經建會委員會議討論。

我提出以上三點看法是鑑於三年來貨幣供給額大幅增加，因當時新台幣升值，進口品價格下跌消費者物價平均每年上漲不到 1%，現在沒有問題，但潛在未來物價上漲問題不能忽視。因此，我就以上看法三管齊下的研擬了因應方案初稿，與央行總副裁邱政雄、經濟部次長徐國安與財政部次長聚會討論兩次定稿，提報經建會委員會議通過呈報行政院，行政院於民國 78 年 3 月 28 日院會核定「當前物價穩定因應措施方案」，並公布實施，那時還不敢講穩定股市，怕被認為政府打壓股市。

　　在該方案公布實施後，中央銀行劍及履及的，採取強烈緊縮措施，將存款準備率提高 2～4 個百分點；重貼現率由 4.5％提高到 7.75％，增加 3.25 個百分點，相當提高 72％；放款利率由 9％提高至 12％，增加 3 個百分點，相當提高 33％；外銷貸款利率由 4.5％提高到 7.75％，增加 3.25 個百分點，相當提高 72％；三年期儲蓄存款利率由 6.75％提高到 9.75％，增加 3 個百分點，相當提高 44％。顯見緊縮力道之強大，亦顯示央行總裁之決心與魄力。我也隨即於 4 月 2 日撰寫「支持央行採取強烈性的緊縮措施」社論全力支持。

　　可是在央行採取強烈緊縮措施後兩周股市仍持續狂飆，而在穩定措施方案公布後，除央行採取劍及履及的強烈措施外，其他財經部會似毫無動靜，於是我於 4 月 15 日撰寫「要物價金融恢復安定必須財經兩部配合」社論，大聲疾呼，指出 3 月份消費者物價指數較去年同期上漲 4.9％，而其逐月上漲趨勢，仍然旺盛，對物價膨脹壓力並未減緩；貿易方面 3 月份出超又恢復擴大，不僅美國對新台幣升值壓力又要加強，而國內資源供需失衡的調整亦趨減緩。遂強烈要求財政部即刻採取如下的有效措施：（1）盡速發行公債，雖及早發行將增加利息負擔，但因此而穩定物價，則全民受益遠超過國庫利息的負擔；（2）降低關稅，在年度關稅調整方案實施前，應先就進口之原料及生活必需品關稅，利用立法授權方式減稅；（3）三商銀公股股票應盡速及早出售；（4）開放國人投資國外股市，盡速訂定辦法實施；（5）去年由於開徵證券交易所得稅，造成股市連續無量下跌，而將證券交易稅減半徵收，如今股市已狂，應恢復全額徵收。

　　其次要配合的是各公營銀行，過去一年貨幣供給額的大幅增加，已非外匯存底的增加，而是銀行信用的擴張；另方面是各公營銀行壓低定期性存款利率，並限制大額存款，應盡速改正。

　　同時也要求經濟部展開如下配合措施：（1）中鋼第二批股票及中石化公司股票應及早上市出售；（2）放寬進口限制工作，應盡速推動，聞已遭抗拒，應請經建會協調化解，不能再妥協或拖延了。最後呼籲各部會為國家整體利益，應放棄本位主義，遵照行政院核定的穩定物價方案，積極推動貫徹實施。

　　在各方強烈要求及呼籲，有關部會才積極開始行動，行動一開始即產生顯著效果，如超額儲蓄及貿易出超占 GDP 比率即開始下降，央行採取的緊縮措施也漸產生效果，貨幣供給額增加率，自該方案實施前的 30％，至 78 年 6 月驟降為 7.4％，但股市仍然上升，直到 79 年 3 月貨幣供給額變為負成長

8.7%，股價指數，才自 79 年 2 月 10 日的頂峰 12,495 點開始下降，至同年 10 月 31 日下降至 2,912 點，計下降 9,583 點，幾達萬點。同時房地產價格也大幅回降，至此泡沫經濟終於破滅。

股市泡沫破滅後，所有持股股民全部被套牢，損失慘重。不過央行在股市大跌後，逐步鬆綁降低利率，在兩個月後，股市自最低點的 2,912 點，回升到 4,400 點，83 年即超過 6,000 點，86 年更超過 8,000 點，股市又活潑起來。

台灣股市破滅，如與日本比較，我們強得多。我們政府在股價指數 7,318 點時採取因應對策，在股市高漲到 12,495 點高峰後下降近萬點。而日本在股價指數漲到 32,000 多點才採取因應措施，時間也比我們晚兩個月，日本股市漲到 38,916 點後大幅下跌到 15,925 點，暴跌超過二萬點的 22,964 點，比台灣超跌一倍以上；再加上日圓過度升值，衝擊日本經濟一蹶不起，自「失落的十年」，延伸到現在的「失落三十年」，顯示日本股市爬得高，跌得亦重。而我國股市雖也大跌，但與日本比較，我們能早日採取因應對策，致股市漲得不是太高，所以跌得比日本輕，而且很快回升，經濟亦能維持中度的成長。

六、加強科技研究發展，積極推動高科技產業

在進入民國 70 年代，大家雖忙著化解總體經濟失衡及積極推經濟全面自由化的落實工作，但我們對加強科技研究發展，加速推動高科技產業發展並未鬆懈。我曾撰寫多篇社論強調加強推動科技研究發展工作、建立健全的科技研究發展體系，與建設台灣為「科技島」等的作法。

如民國 70 年 10 月 27 日蔣經國總統在總統府財經會談中，指出：「行政院最近採取的舒解當前工商困難措施，尚屬治標辦法，祇能有助解決短期問題。就長期而言，我國經濟本質主要的弱點是技術水準進步緩慢，以致生產力的增長有限。因之，要克服此一弱點，今後經濟設計單位，在研擬長期經濟發展計畫時，應以『全力提高技術及生產力』作為追求長期穩定成長的主要策略。認定唯有科技更高之研究發展才能帶動工業更大之創新進步，據以研訂周詳計畫，採取各種措施，……以期在工業科技上早日出現重要之突破，奠立我國經濟長期發展之雄厚基礎。」蔣總統此一提示，指出了我國未來經濟長期發展的正確方向。

蔣總統對科技研究發展一向極為重視，早在其任行政院長時，65 年 11 月在行政院設置運用科技研究發展小組，請李國鼎政務委員擔任召集人，會同有

關部會積極推動科技研究與發展工作。繼之，66 年 8 月 4 日在行政院會中，便就今後整體經濟發展方向，提出 11 項裁示，其中一項即：「我們應加速科技發展，由勞力的輸出轉變為技術的輸出，由數量的增加，轉變為品質的提高，使我們的經濟發展邁向更高的境界。這就經濟長期發展而言，是一項極重要的工作。」等等。

當蔣總統在 70 年 10 月 27 日在財經會談中的提示後，我立即於 10 月 29 日在《聯合報》撰寫「加速科技研究發展的作法」社論，與之相呼應並提出我們的建議。

72 年 4 月底行政院政務委員李國鼎已從政黨員身分，於執政黨中常會中報告「當前科技發展的作法」時指出，引進國外尖端技術、延攬國內外人才並不太難，但要拓展國內科技生根的環境，實在不易；他很感慨地表示：「深感力不從心。」李政務委員認為，如何使各部門了解，經濟必須使其成長、工業必須使其升級、科技必須使其生根，將是他個人努力的目標。但三十年來所建立的有關制度與法令，已不甚適合上述目標之達成。必須集合政府、社會、民間的力量，形成一項全民性、國際性、前瞻性的行動，以改弦易轍，從決策到執行皆能一貫推行，爭取時效。李政務委員在執政黨最高決策會議中，這樣坦誠檢討，誠可欽佩。

在我讀到李國鼎政務委員的坦誠檢討報告後，據我的接觸與了解，乃因我國缺一個強有力的「健全的科技研究發展體系」。我研究日本戰後經濟能夠快速發展，認為積極推動科技研究發展，帶動高科技產業快速發展，促進產業結構不斷向上調整，作出重大貢獻。而日本重視科技研究發展且能與產業配合，我發現日本有一套「健全的科技研究發展體系」。日本政府由內閣總理擔任會議議長的只有兩個，一個是「國防會議」，另一個就是「科學技術會議」，可見日本政府對科學技術發展研究工作的重視，且建立一套健全的完整體系，整合中央與地方政府及民間企業共同積極推動科技研究發展與高科技產業發展工作。因此，我於 72 年 2 月 5 日撰寫「如何建立健全的科技研究發展體系」社論，介紹日本的作法供決策當局參考。

78 年 2 月 20 日總統府國父紀念月會，首次邀請民間企業家，宏碁企業創辦人施振榮報告，施振榮以「對民間高科技工業的展望」為題提出報告。施振榮以他創立的宏碁企業發展為例，現身說法。他於民國 65 年投資新台幣一百萬元開始創業，到今（78）年估計營業額將超過 200 億元，已成為我國少數跨國性高科技企業。他指出宏碁企業成長之速，主要因政府設置了新竹科學園

區，奠定了一個良好的高科技企業投資發展環境，證實我國高科技工業的成就。他並建議及早策劃進一步將台灣建設成科技島。

施振榮建議將「台灣建設成科技島」的構思，與我多年來所強調的積極調整產業結構，加速工業升級，將台灣建設成以技術密集為主的經濟體，不謀而合。因而我於 78 年 2 月 25 日撰寫「我們有能力將台灣建設成科技島」社論，提出我們的看法，希望凝聚國人共識，共同努力完成。

七、台灣沒有「五鬼搬運」之事

中央研究院院士，美國康乃爾大學教授，曾為諾貝爾經濟學獎候選人之一，中華經濟研究院院長蔣碩傑博士，其聲望之隆重，為有識之士所尊敬，政府才聘請他回國擔任中經院院長。但沒想到他接任中經院院長不久的民國 71 年 7 月 17 至 19 日連續三天在《中央日報》發表他的大作〈紓解工商業困難及恢復景氣途徑之商榷〉，指企業人士慫恿中央銀行加速增加貨幣供給額，用極低的利息來貸款給他們，以非從事生產所獲的新製貨幣，來攫取別人所生產的資財，也就是等於讓中央銀行來施展「五鬼搬運法」，替他們搬運資財。這種「五鬼搬運法」不免使物價上漲，那時他們正好利用之以減輕他們過去的負債，而他們資產早已立刻投資在實務及外匯上去了，最後再配合台幣貶值，那麼他們接著以「五鬼搬運法」取得資產後，又順利的用「金蟬脫殼法」將債務推卸去了。

該文發表後蔣博士復在各種不同場合重複強調「五鬼搬運法」的說詞，在社會上引起觀念的混淆，工商界也受到很大的困擾。所以台塑董事長在《經濟日報》發表〈我看台灣經濟問題與對策〉專文中，呼籲對此說詞應該澄清。

以我身在台灣從事台灣經濟研究三十年的親歷經驗，認為蔣碩傑所發表之文不僅有偏差，簡直是荒謬。因此，我於 71 年 8 月 18 日撰寫〈何來「五鬼搬運」之事？〉加以駁斥。就以蔣文所提出的五項重點：（1）中央銀行有未加速增加貨幣供給額？（2）政府銀行有未用極低利率貸給企業人士？（3）我們企業人士有無以非從事生產所獲的新製貨幣來攫取別人生產的財貨？（4）中央銀行加速貨供給究竟貸給誰？（5）企業界有無利用物價上漲及貶值施展「金蟬脫殼」將債務推卸？我運用中央銀行出版《金融統計月報》的資料，將以上問題一一澄清。證明台灣二十年來完全沒有蔣文所說的「五鬼搬運」及「金蟬脫殼」的事實。

聽說蔣碩傑看到《經濟日報》駁斥他「五鬼搬運法」，甚為震怒，又於同年 8 月 31 日在某報再發表他的〈五鬼搬運觀念的澄清〉文（簡稱蔣乙文），依然堅持成見。我撰述上述社論其目的，期藉該社論的客觀實證分析，增進讀者的了解，為蔣碩傑說詞作觀念的澄清，以消除因該說詞之不當，以免造成對國家社會的傷害。然蔣乙文並不承認我所寫社論所舉的事實，且確認有「五鬼搬運」及「金蟬脫殼」之事。但其所提出之論據及引用之數據則頗可商榷之處，於是我又寫了〈再談何來「五鬼搬運」之事？〉社論，將蔣乙文所提出之證據一一駁斥，並指出蔣乙文本身相互矛盾之處；最後很嚴肅地指出蔣乙文經過我們的剖析，不僅不能使其「五鬼搬運法」的觀念獲得澄清，反而更暴露其為達到某種我們無法想像的目的，竟不顧事實真象，而玩弄數字魔術，很使人覺得他這樣作太不值得了。

《經濟日報》第二篇駁斥社論發表後，未看到蔣頌傑再有任何行動。但是另一位中研院院士，也是康乃爾大學經濟學教授，回國出任台灣經濟研究所所長的費景漢博士，於同年 8 月 15 日在一項經濟問題討論會中，講演說：「在座的企業家都是白手起家，而變成今日的企業家」，當時在場的企業家對費景漢的發言，都極為不滿，台塑王永慶董事長及遠企徐有庠董事長憤而退席抗議，會後引起社會不良反應。蔣、費兩位都是長住美國，回台擔任台灣經濟研究負責人，但對國內實際經濟情況之不了解，實出大家意料之外，其為文及發言，不僅造成社會之不滿，也引起蔣經國總統之關注，於同年 8 月 23 日在總統府財經會談中，特別強調過去我們經濟發展所獲成就，民間企業的貢獻甚為彰著。蔣總統此一指示，並未表明針對蔣、費之言，但對民間企業家在過去三十多年間的辛勤努力，對國家經濟建設的貢獻，則作了正面的肯定。

兩星期後的 71 年 9 月 3 日蔣總統主動邀請民間工商企業界負責人舉行座談，會中除聽取業者當前所遭遇的困難，及他們對克服困難的看法外，蔣總統對過去三十多年民間企業對經濟快速成長的貢獻，至表慰勉。同時指出今後政府將一秉以往鼓勵民間企業的態度，更積極努力於提供一個有利於企業投資經營的環境，盼民間企業增加投資，盡速促進經濟復甦，並為工業升級而努力。很顯然的，蔣總統這一連串的動作都是在安撫工商企業界，化解蔣、費言論對企業界所造成的傷害。我也於同年 8 月 24 日撰寫〈民營企業對經濟發展貢獻的肯定〉社論響應蔣總統在財經會談中的指示，作進一步闡釋。接著於同年 9 月 4 日在總統邀請工商界座談會的翌日，我又寫了〈民間企業界的努力方向〉社論，鼓勵民間企業增加投資，在工業升級同時，增強其出口競爭力量。

八、蔣經國總統的豐功偉業

　　蔣總統經國於民國 77 年 1 月 14 日崩逝，全國同胞不分老幼、黨派都萬分悲痛哀傷。經國先生主持政府施政，一開始便受命於危難之秋，他於民國 61 年出任行政院長，適值我國退出聯合國不久，其後又發生兩次石油危機，與日、美斷交，以及退出國際貨幣基金與世界銀行等，所遭遇的打擊及困難阻力，遠超過其他國家。但在經國先生堅定的毅力、卓越的領導之下，不僅克服了萬難，而且使我們的國力蒸蒸日上、國民所得不斷提高，國民生活水準大為改善，使全民都能受到他的恩澤。他離我們而去，我們哀痛、悲傷與懷念之情，實無以言表。

　　因此，我在他逝世翌日的民國 77 年 1 月 15 日撰寫〈蔣故總統經國先生領導台灣經濟發展的偉大勛業〉社論，以資悼念。指出經國先生擔任行政院長後，正式擔負了國家建設的重責大任，作了許多對國家有深遠影響的重大決策，他每次對立法院院會所作的口頭施政報告，都是國人瞭解國策及未來發展方向的重要指針。他就任總統後，主持過 84 次財經會談，所發表的各項看法與指示，不是解決當時所遭困難的辦法，就是未來國家發展的大政方針，以及關愛人民的談話。今天我們回憶這 16 年間經國先生在經濟方面所作的各項重大決策與指示，深深感覺以下四點是建設國家，激發國人參與經濟活力，極為國人懷念之所在。

　　一、為國家奠百世之基。經國先生於 61 年就任行政院長之後，第二年提出「十大建設」，不僅在建設期間，擴大國內需要，克服當時國際經濟「停滯膨脹」的危機，領先各國提前恢復經濟景氣；而且在建設完成後，使我們成為一個現代國家應該擁有的高效率的交通運輸建設，與改善工業結構奠定重化工業發展基礎。

　　二、鼓勵士氣發揮團隊精神。自經國先生提出「十大建設」，很多人擔心我們是否有能力，在五、六年內一氣呵成。但在經國先生的精神感召及督導下，激發了國人的向上心與活力，全國動員充分發揮了團體的力量，而順利如期完成。

　　三、奠定科技研究與發展、及高科技產業發展的基礎。早在民國 63 年初，經國先生即發現他推動的「十大建設」中的重化工業都是能源密集產業，在石油危機爆發後，重化工業發展不是長久之計，因而他指示行政院費驊秘書長會同有關部會研究產業發展如何做重大突破。由於費驊秘書長及經濟部孫運

璿部長的共同努力，才有發展「積體電路」（IC）計畫的推動，以及「聯電」及「台積電」的設立，而有今天的輝煌成就。

民國 65 年 11 月蔣院長於行政院院務會議中，宣布行政院設立「應用科技研究發展小組」，聘請政務委員李國鼎擔任召集人，會同有關部會就我國科技研究發展與技術密集產業發展，做全盤的規劃及有效的推動。由於李國鼎的努力於 67 年初召開第一次「全國科技會議」，蔣院長親自主持，可見他對科技發展的重視。同年 5 月他接任總統後，經濟部長孫運璿接任行政院長，在孫院長及李政務委員共同合作努力下，研訂「科學技術發展方案」，於 68 年 5 月行政院院會通過，立即公布實施。在李國鼎鍥而不捨精神下，及孫院長大力支持，該方案能劍及履及的貫徹執行，至民國 70 年代已著有成就，奠定高科技產業能在日後三十年蓬勃發展基礎。

四、具有前瞻為國家經濟進一步發展，開創自由化、國際化的基本政策。蔣經國總統於民國 70 年代初的一次財經會談中指出，民國 70 年代的開始是我國經濟邁向新境界的關鍵年代，未來面臨的困難，不是過去保護、鼓勵政策所能解決，必須為民間企業創備一個充分競爭的環境，重視市場機能的發揮，突破各種瓶頸，開創未來光明遠景。於是 73 年 5 月俞國華就任行政院長宣布「自由化、國際化、制度化」為今後經濟施政的基本原則。

該社論並列舉我國經濟在經國先生睿智領導下，16 年來所獲得的多項成果，引用實際數據一一列舉，極為豐碩。

蔣總統除在經濟方面對國家經濟作出重大貢獻外，在我國民主化的發展，也作出重大決策，民國 76 年 7 月 15 日蔣總統宣布，已實施近 70 年的「戒嚴」解除，接著開放「黨禁」與「報禁」，並開放人民赴大陸探親，開始了兩岸人民往來與交流，邁向政治民主化發展。我相信若當年蔣總統不作如此大膽的決策，日後國家領導人即使也有此心願，但遭到反對力量，難於落實，也不可能有總統直選及三次政權輪替了。

貳、民國 70 年代精選社論

民國 70 年代（70～79 年）共寫社論 565 篇，就下列主題精選 70 篇：

一、景氣衰退與投資不足問題　8 篇

二、解除外匯管制　邁向經濟全面自由化　6 篇

三、美國保護主義鋪天蓋地而來　7 篇

四、美國逼迫新台幣大幅升值　8 篇

五、穩定物價　4 篇

六、開放民營　4 篇

七、金融、游資與泡沫經濟問題　6 篇

八、加速科技研究與發展　6 篇

九、台灣沒有「五鬼搬運」問題　4 篇

十、蔣經國總統的豐功偉業　5 篇

十一、環境維護問題　4 篇

十二、勞資與勞工短缺問題　4 篇

十三、能源問題　4 篇

一、景氣衰退與投資不足問題

1. 經濟部必須立即推展的措施

趙耀東先生自去年 12 月 1 日就任經濟部長以來，所言所行，均表現其敢擔當、肯負責的態度，已為經濟部建立了新的形象；尤其上月中央早餐會報時，趙部長所作之專題報告「工業發展的觀念與作法」，提出為了未來工業發展必須先溝通的五個基本觀念——把握比較利益原則、適度的保護政策、積極推動策略性工業發展、重視企業規模及幫助中小企業健全發展，以及重視實力成長等，提出了他個人的看法。其看法不僅正確，而且業者亦有共同的體認。

在經濟發展的基本觀念溝通後，經濟部應即採取有效措施，突破當前的困局，謀求經濟進一步發展。趙部長 16 日在經濟部記者會中表示，經濟部將根據日前行政院通過的「改善投資環境及促進投資方案」與九項措施，就發展策略性及重要工業，給予租稅的激勵及長期低利融資的優惠，以及改善投資環境、簡化各種經濟行政手續、強化投資機構與全面研究投資機會等各方面推展四項重點工作，這是很令人興奮的消息，但為了激發投資促進經濟的全面復甦，我們認為經濟部尚應採取下列措施：

一、目前投資意願低落的原因之一，就是業者苦無適當的投資機會。過去兩年經建會通過的紡織工業、石化工業、電子工業、電訊工業及機械工業等計畫，在送往經濟部後一直不見下文。近聞趙部長已要求工業局就該等計畫，研擬執行推動方案，於 6 月底前提出。但在工業局人力尚未充實的情況下，屆時這許多執行推動方案能否提出，頗有問題；即使提出是否能符合實際需要，即刻展開推動，亦頗值懷疑。而促進投資方案中，雖列有全面研究新投資機會，將聘請有經驗之研究機構，重新研究我國工業今後發展途徑，並發掘新投資機會，但這是長期性工作，緩不濟急。為能把握時效，發揮事半功倍的效果，經濟部應即邀請業者方面從事實際工作有經驗的工作人員、研究諮詢機構的學者專家，與工業局工作同仁，組織相關的專業工作小組，就經建會過去所通過的計畫，進一步研擬各該業的執行推動方案，並選擇若干具有發展潛力的產品先行提出，以供業者投資之參考。

二、為輔導中小企業健全發展，經濟部中小企業處已成立年餘，但人手有限，全面輔導工作迄未有效展開。惟中小企業範圍極為廣泛，家數眾多，即使中小企業處按編制用足了人員，也無法直接負起全面輔導中小企業的工作。我

們建議經濟部中小企業處應負責策劃與協調的工作，至於實際輔導工作，應動員經濟部外圍組織，如中國生產力中心、工業技術研究院，及中小企業銀行、同業公會、財團法人的工業諮詢與管理單位專家和學者等，組織各種輔導小組，負責推動及實質擔當輔導工作。尤應訂定鼓勵辦法，責成大企業以中心工廠的立場，指派專業人員協助指導其衛星中小企業工廠，改進生產技術與管理，建立健全的中心衛星工廠制度。唯有利用業者的相互合作，輔導工作才能全面展開。

三、最近出口不振為投資意願低落及景氣未能復甦的基本原因。而政府的駐外商務機構及有關單位在國外的分支單位，不僅未能盡到協助業者推展外銷的責任，而且相互排斥，使有限的人力、財力分散抵消，這已是公開的事實，一向為業者所詬病。我們建議經濟部聘請學者、專家及業者組成一個駐外商務機構工作改進小組，先在國內訪問外銷廠商，徵求意見，然後到國外實地查訪，提出具體有效改進方案，使各駐外商務單位能夠互助合作，在統一指揮之下，共同為推展外銷服務工作而努力。

四、我們的貿易商規模小，家數多達三萬六千餘家，常有相互殺價惡性競爭，而失去外銷機會。國貿局輔導的大貿易商，到目前止僅有五家，而去年貿易實績五家合計僅 2.3 億美元，僅佔占出口總額的 1％，不僅無法與日本歷史悠久的綜合商社相比，就是與韓國的綜合大貿易商 10 家去年出口 91 億美元，占韓國出口總額的 43％相比，亦遠落其後。日前行政院公布的促進投資方案，已將大貿易商營利事業所得稅適用稅率自 35％降為 25％，我們期望經濟部對「出進口廠商輔導管理辦法」有關大貿易商的規定加以檢討修訂，鼓勵大貿易商增設，並協助其在國外建立商情網及培訓對外貿易人才，充分發揮大貿易商推廣外銷的功能。對於眾多的小貿易商，經濟部於上月已就出口實績為零及未達標準的貿易商及出口廠商 5,537 家依法註銷登記，這是過去經濟部長不敢執行的。我們除希望經濟部嚴格執行依法淘汰未達實績標準的出口廠商及貿易商外，尚應鼓勵現有進出口貿易廠商合併經營，擴大規模，提高出口競爭能力。

五、我們現行獎勵投資條例，對投資人已有相當的優惠，修訂後優惠將更大。但能夠享受獎勵投資條例優惠的，除大企業外，一般企業很少享受。主要由於一般企業對該條例的不了解，甚至不知道有獎勵投資條例的存在，而失去享受獎勵的機會，降低了投資意願，可見宣傳之不夠。建議經濟部立即將獎勵投資條例的各項對投資、出口與防止公害及節約能源等的優惠規定，用通俗文

字列一簡明表，一方面透過大眾傳播工具，廣為介紹；一方面透過各縣市投資策進會，分送業者增進其了解；另方面責成各種企業管理經營訓練機構，在開班講習時，加開投資獎勵的課程等，以增進企業界的了解，增加投資提高生產力及出口競爭能力。

總之，我們很高興聽到趙部長明確表示，經濟部將根據行政院通過的「改善投資環境及促進投資方案」推展四項重點工作，我們希望經濟部同時再採取以上五項措施，以掀起投資的高潮，促進景氣的早日復甦，使投資方案獲得事半功倍的效果。

（民國 71 年 4 月 19 日　《聯合報》二版）

2. 工商界必須自反自救自強

本報這一系列社論先後已發表的六篇，是為激勵投資促進經濟復甦，向政府建議應採的各項措施；在此期間，蔣總統經國先生關切當前經濟情況，於本月 15 日召開財經首長會議，對當前經濟的作法作了四點重要指示，行政院院會亦於同日通過「改善投資環境及促進投資方案」，與通過經建會所提加強執行紓解當前工商業困難的九項措施；中央銀行旋即於 16 日核定銀行存放款利率一律降低一個百分點。外匯市場本（4）月以來，經常出現賣超，新台幣對外匯率亦作了兩次貶值。這一連串的措施，及利率下降、外匯貶值，對目前在谷底盤旋的景氣情勢，都有振奮作用，相信對降低生產成本，增強出口競爭力，提高投資意願，促進景氣早日脫離谷底轉向復甦，應可收到效果。但工商界能否藉政府採取的各項措施，堅強的站起來，不僅幫助國內景氣早日復甦，而且在國際景氣復甦來臨之際，掌握機先取得競爭優勢；則仍有賴業者自己的努力，然後才能運用政府輔導、獎勵的政策，改善結構，提高生產力，向上起飛。基於這一認識，我們願在這一篇社論裡向工商界提出自反自救自強的呼籲與有關作法上的建議，作為這一系列社論的結尾。

我們認為為促進景氣的早日復甦，及兼顧未來工業的全面升級，業者必須檢討自省，突破下面三個基本觀念：

第一，突破依賴政府的心理。在過去順境時期，業者不知謀求企業體質的改善，增強應變能力，一旦困難發生，無不伸手要求政府救濟，不是要求免稅減稅，就是降低利息、延期還款或延期繳稅。如政府不予救助，則倒閉後所欠鉅額銀行債務將變成呆帳，而銀行絕大部分是公營，其損失更大，便不如允其所求給予救助，結果是業者困難愈陷愈深不能自拔。此一觀念如不能突破，不

僅阻礙工業全面升級的進行，亦削弱企業應變的能力。

第二，改變重量不重質的觀念。許多企業是利用進口大量原料、能源及國內低廉勞力，經過簡單加工後即行低價出口；因每個單位產品的利潤很薄，故不得不求數量的大幅增加，以謀鉅額利潤。於是造成今日對外貿易依賴程度的升高，能源負擔加重，及勞力不足工資大幅上升的現象。為突破此一困境，業者必須建立重質不重量的觀念，利用少量的原料，少量的能源，利用高度技術生產高價品；發展此種高附加價值的產品，不僅可突破工業國家進口的設限，減輕對國外的依賴，而且可加速工業的升級。

第三，突破只重生產設備忽視管理的觀念。我們常常發現很多企業買了第一流生產設備，因管理不善，而未能有效利用，且生產次等產品。這可能是生產設備比較具體，也就是工欲善其事，必先利其器的道理，但對管理則認為是常識人人可做的事，反不講求。殊不知一個成功的企業，生產設備固然重要，有時管理的重要性尤有過之，尤其是在經濟愈發達，企業組織規模愈大時，管理的問題更重要。

工商界在上面三個基本觀念突破後，作法上亦應力求改變：

一、改變投資方向——在石油危機前由於國際經濟的繁榮，需求不斷增加，企業無不增加投資擴充設備，增加生產能量；但石油危機後，一方面能源及原料價格高漲，另方面成長遲緩，需求增加亦隨之緩慢。於是有眼光的企業家改變投資方向，將過去重視設備能量擴充的投資，轉為重視設備的更新、推行自動化、能源的節約及防治公害的投資，以提高產品品質，降低成本與能源的消耗，增強其產品的競爭能力，這方面近年來日本做得最有成就。期望我們的企業家在政府實施投資抵減、進口機器設備關稅減半徵收及利息降低之時，把握時機，增加更新設備、自動化設備、節約能源及防止公害的投資，不僅可刺激國內景氣的復甦，把握國際景氣復甦的先機，更可改善企業今後應變的能力。

二、加強培訓人員——過去我們的企業對其工作人員的訓練未予重視，需要時採用挖角的方式，不僅工資大幅上升，且因流動率大，技術經驗亦無法累積。而技術的發展依賴人才的培養，每一行業每一企業都有其特性，故企業界必須培養自己所需的人才，才能使人力資源獲得適當的發展，對本企業作更大的貢獻。

三、建立現代化的企業組織與管理——我們大多數企業，甚至股票上市的公司，仍屬家族式的經營，使業務發展受到限制，無法應付時代的需要，而易

遭到淘汰。為了迎接工業升級與因應瞬息萬變的國內外經濟環境，企業經營與管理水準亦必須隨而提升，企業所有權與管理權必須分開，聘請專家擔任經營管理工作，使企業的組織與管理現代化，經營合理化，以提高經營效率。

四、加強研究發展——尤其在石油危機發生後，科技發展迅速，企業若不加強研究，以探求新技術、新知識，開發新產品，則難在國內外市場上占有一席之地。我們的企業界亦了解研究發展的重要性，但實際上並未給予應有的重視。國內企業每年用於研究發展的費用，占其營業額的比例，不及美、日企業的十分之一。現在政府對於企業從事研究與發展，已有各種獎勵與規定。期望國內企業突破過去的保守作法，積極加強研究發展工作，以加速技術革新，提升技術水準，才能提高生產力，降低成本，增強產品對外競爭力。

五、改善財務結構——我們的企業自有資金比例本不高，而且在高度繁榮期，不斷借入資金擴充設備，以待以後賺錢時償還；但一旦遇到不景氣，一切缺點暴露無遺。政府為改善企業財務結構，已決定修改獎勵投資條例，提高企業保留未分配盈餘比例，我們除期望企業利用政府給予的優惠提高未分配盈餘外，更能增資以提高自有資金的比例，降低財務負擔，以增強應變的能力。

（民國 71 年 4 月 21 日　《聯合報》二版）

3. 鼓勵投資突破當前景氣阻滯形勢

行政院經建會於日前發表之 9 月份景氣指標，無論景氣對策信號、領先指標或同時指標，均降至今年以來最低水準；其中同時指標自今年下半年以來，即呈下降趨勢，顯示國內景氣擴張速度已趨緩和；而領先指標自今年 2 月以後雖呈上下起伏波動，但其趨勢卻呈下降，除反映在同時指標第三季的下降外，還顯示短期未來三、四個月內，經濟成長速度可能繼續趨緩。

由於我國經濟發展係以出口為導向，故出口的消長對景氣變化有相當大的影響，尤以今年 8、9 月出口增加率，自今年首七個月增加 29％，降為 13％，下降了一半以上，對景氣對策信號與領先指標的下降，衝擊甚大。出口增加率的迅速下降，與美國第三季經濟成長，自第二季的 7.1％降為 2.7％有關。因我國出口對美國過分集中，幾以總出口的一半銷往美國，當美國第三季經濟成長迅速減緩時，我國今年 8、9 月對美出口的增加率，即自首七個月的增加 45％，降為 19％，是我國今年 8、9 月總出口增加率大幅降低的關鍵所在。

出口增加率的下降，迅即反映在當前的景氣上，並未發現緩衝的力量；主要因自去年景氣強勁復甦以來，雖然民間投資在去年下半年至今年上半年已開

始回升，但因過去兩年民間投資的下降，尚未恢復到過去原有的水準；再加上政府與公營事業投資仍持續下降，致固定投資總額僅增加 3.8％，遠落在今年上半年經濟成長 12％以下，並未因投資的增加產生支持經濟成長的力量，因此當美國景氣減緩時，迅即影響到我國的經濟成長。

　　以上分析顯示，當前景氣的轉趨向下，除受對美國出口增加率減緩的影響外，國內投資的不足亦為重要原因。由於投資的不足，除影響當前景氣變化缺乏緩衝力量，造成沉悶的局面外，更因投資的不足造成鉅額出超與工業升級進度緩慢，而帶來許多後遺症，亟待克服。所謂投資不足，即投資小於儲蓄，國內資源未能有效利用必須外銷，致產生鉅額出超現象。由於我國是外匯管制國家，鉅額出超的產生，不論從實物面或金融面，都構成物價上升的潛在壓力；更由於我國出口過分集中美國，致今年對美國出超將達 100 億美元左右，成為美國今年入超的第三位最大國家，因而招致美國各方對我國減緩對美出超的壓力，以及醞釀限制或削減自我國進口產品所給予的優惠，對我產品出口將產生不利的影響。

　　所謂工業升級，即從多用普通勞力的工業，轉向多用資本與技術的工業，不論多用資本或技術的工業，均需要大量投資。但近三年來投資的不足，減緩了工業升級的步伐；以致到目前我國的工業，仍然是進口大量原料、能源，經簡單加工後，出口的廉價中低級品，不僅是勞力密集產品，亦是資源或能源密集產品，附加價值率低。因而較易受到工業國家的進口設限限制、低工資國家的激烈競爭，以及國內由於勞力需要的大幅增加，而迫使工資迅速上升，使過去以低廉工資為主的比較利益，基本上已產生變化，削弱了出口競爭力。如不積極增加投資，加速工業升級，則對未來經濟發展，將產生極不利的影響。

　　當前景氣轉變，缺乏緩衝力量、貿易鉅額出超，及工業升級步伐緩慢的基本原因，既係由於投資不足；投資如能迅速大幅提高，便不僅將增加有效需要，促進景氣的恢復上升，亦是從根本上緩和貿易出超，及加速工業升級的關鍵所在。行政院俞國華院長，對立法院施政報告中曾提出十四項重點投資計畫；復於日前中央預算會議中，指示下年度大幅提高公共建設投資，這是增加公共投資的有力作法。但各方對鼓勵民間投資的增加，尚缺乏一致的看法。如經濟部為鼓勵民間投資，提出恢復投資抵減及國內尚未生產之機器設備進口關稅減半征收之建議；但財政部認為近數月來進口之機器設備已大幅增加，民間投資意願已提高，如再給予優惠，可能造成過分或不當之投資。可是近數月來進口機器設備之增加，是去年 12 月底以前實施投資抵減的結果，況且機器設

備進口增加，只是使資本設備進口占總進口的比例，自去年的 20％左右提高
到 23％而已，與過去占 30％以上比較，仍相差一大段距離；如再以民間固定
投資占國民生產毛額的比例而言，今年上半年僅占 9.6％，與 69 年的 15.8％比
較，還差三分之一以上，絕不致產生過分投資現象，否則，出超金額亦不會如
此之大了。而且在過去實施投資抵減的進口機器設備，到今年底都運到後，明
年機器設備進口是否持續大幅增加，頗有問題。所以我們認為財政部宜同意恢
復實施投資抵減與機器設備進口關稅減半征收的鼓勵投資措施。

　　金融當局以當前利率已是光復以來最低水準，因而在資金供給遠超過需要
的局面下，仍以人為的力量阻止利率的下降。這也是值得檢討的作法，因為當
前名目利率水準雖低，可是當前物價不僅平穩，而且下降，因此，實質利率仍
然偏高，致使投資者為之瞻徊觀望。我們期望金融當局既然決定利率朝向自由
化發展，自應以資金的供需來決定，減少人為的干預，以降低投資成本。

　　總之，我們期望財金當局認清當前景氣阻滯的基本原因所在，採取有效鼓
勵投資的措施，促進經濟的持續繁榮成長。

（民國 73 年 11 月 3 日　　《聯合報》二版）

4. 打開投資呆滯局面的作法

　　蔣總統經國先生於 6 日財經座談中，作了五項指示，不僅指出當前經濟情
勢、問題及其癥結所在，且從長短期方面指示應有的作法，以突破當前景氣阻
滯局面，並為未來長期經濟繁榮發展奠定基礎。

　　蔣總統指出，當前許多經濟問題的根源，在於投資意願仍欠旺盛所致，有
關機關亟應採取鼓勵投資措施，但當前投資意願的不夠旺盛，不在資金的缺
乏，而是投資環境的惡化，及對現代技術的認識不夠與技術水準落後的結果。
因此，除在短期應採取激勵投資措施外，更應從長期著手，就當前各項制度、
法規進行檢討，需要修訂或設計新的法規制度者，應盡速進行；同時，加緊培
育科技人力，有效運用科技資源，加強研究發展，為未來長期經濟發展鋪路。
總統的指示，不止剖析了當前經濟發展的問題所在，而且也指出了政府及工商
界努力方向。我們認為，亟有為朝野人士作進一步闡釋的必要。

　　一個國家的經濟成長，主要靠兩種力量，一是國外的需要——即出口，一
是國內需要——由於國民消費在短期內變化不大，故國內需要主要是投資。但
我國近年景氣的復甦，主要有賴出口的增加，而且集中在對美國出口的增加；
國內投資雖有增加，但為數有限，尚未產生支持成長的力量。因此，一旦美國

經濟在第三季成長趨緩時，迅即影響到國內景氣的轉緩。由於投資增加有限，趕不上儲蓄的提高，致國內無法利用的資源必須外銷，因而形成鉅額出超，並帶來許多後遺症；另方面由於投資不夠旺盛，使我們的產業結構改善緩慢，削弱了對外競爭能力；亦由於投資不足，資金缺乏有利出路，而造成資金過剩、泛濫的現象。故當前經濟而臨許多問題的基本關鍵，在於投資的不足。鼓勵投資，是對症下藥的作法。我們期望，財經主管單位遵奉總統指示，迅即研擬鼓勵投資的具體有效方案，並貫徹執行，以突破當前景氣趨緩的局面。

當前投資意願的不夠旺盛，除政府緊縮對公營事業的投資外，民間投資未能恢復過去水準，更未配合政府政策，大幅增加民間投資，以替代公營事業投資的減少，是主要的原因。民間投資意願的低沉，一方面是對傳統出口產業的投資受到配額的不利影響，獲得配額者因出口有保障而不求進步，甚至不事生產，坐享配額，造成既得利益。但有許多願投資生產高級品者，因無法取得配額，而裹足不前。此外，亦有許多傳統產業在保護政策下，有利可圖，過去已一窩風投資，造成生產過剩，而目前又缺乏新的投資機會，乃致形成投資的呆滯。另方面政府雖然積極鼓勵投資策略性工業，但此等工業多係技術密集產業，具有實力的老一輩企業家，對科技陌生，不敢投資；而新的一代雖有技術，但缺乏實力，亦未具備組織能力與經營推銷經驗，故除有小額投資外，缺乏舉足輕重的大投資。經濟發展單位雖然積極爭取國外第一流公司來華投資合作，不過在我們的現行稅制下，未分配盈餘受到嚴格限制，累積到資本額的一定比例後，必須分配；不僅影響到企業自有資金的累積，使財務結構惡化，亦干涉到企業自有資金的處分。同時在外匯管制方面對外人投資所獲利潤的匯回，有種種的規定與限制，使企業對自有的資金，不能任意運用，因而國外投資公司為之多有瞻循。最近世界最大產製積體電路的英特爾公司，自原向我國申請投資，後轉向新加坡投資，即是顯著的一例。這許多影響傳統性產業投資，與新興工業投資，影響國人投資與外人投資的問題，都出在多年前，為因應當時需要所訂定的規章制度，到目前環境、條件已完全改變，但這許多法令規章制度，未能配合修訂，而成為當前阻礙投資的絆腳石。

總統深切了解當前的問題所在，在展望未來時，特別指示行政院，妥慎擬訂未來經建計畫，在自由化、國際化、制度化的政策原則下，明確的勾畫出國家經濟發展的途徑與前瞻，而其中有關經濟發展各種制度與法規的應興應革事項，尤為重點，妥為設計。總統這一指示極為重要，但這一工作任務繁重，包括範圍極廣，不僅涉及到有關財經機構，更關係到教育、司法、安全及行政效

率等因索，涉及到政府所有部門。我們期望行政院立即成立一行政改革委員會，聘請學者專家、業者及行政部門有見地的工作人員，以一年時間，研究設計一整套具體可行的行政改革方案；並以兩年時間完成立法程序及貫徹實施，使在三年後，我們能有一套進入現代化國家應有的新體制，開展國家現代化的光明遠景。

（民國 73 年 11 月 9 日　《聯合報》二版）

5. 企盼景氣回升應有的警惕

日前經建會主任委員趙耀東，在行政院院會報告指出，9 月份景氣領先指標遽升 1.26%，為一年半來最大升幅；同時指標亦大幅上升 2.31%，顯示景氣呈明顯回升趨勢。趙耀東同時表示，9 月份失業率已由 8 月份的 4.1% 下降為 3.6%，顯示景氣未再惡化。自去年下半年國內經濟景氣下降以來，至今年有每下愈況之勢，再加上十信、國塑、國信事件的爆發，更使國內經濟局勢沉悶異常，因此，各方對景氣回升企盼甚切。當 9 月下旬五國干預外匯市場，使美元價值回跌後，國人即認為新台幣隨美元對歐洲貨幣及日元貶值後，有利於出口的展開；待行政院主計處發表 9 月出口及工業生產均較去年同期增加，為連續四個月下降後的第一次回升時，股票市場立現活絡，大家至為興奮。

但是如進一步分析，行政院主計處發表的出口及工業生產統計資料，我們發現去年 9 月出口較 8 月大幅下降了 12.8%，工業亦減產 8.9%，致使去年 9 月景氣對策信號綜合判斷分數較 8 月下降五個百分點，顯示去年 9 月國內景氣開始顯著下沉，以後即每下愈況，至今年 9 月始恢復到去年 9 月水準，但與去年景氣下沉前比較，不論出口或工業生產仍落在去年 8 月之後。新台幣隨美元對歐、日貨幣貶值，有利我國產品出口，但其影響應在兩個月以後，對 10 月份不致有影響，故今年 10 月出口與去年 10 月比較能否持續增加，仍待證明。另根據經建會編製之景氣領先指標，今年 6、7 月曾有微幅上升，但 8 月即轉呈下降，9 月份雖有大幅回升，不過這種起伏不定的變化，尚難斷定當前甚或三個月後景氣能夠回升，尚需要觀察一段時期。

上述分析，並不是給大家澆冷水，因為唯恐大家坐待景氣復甦，而疏於繼續採取對策，反使景氣復甦延後，導致不利的影響；但更重要的是民國 72、73 年的景氣短暫復甦，頗不尋常，給我們帶來的教訓，不得不使我們提高警覺。在過去三十年間，台灣五次景氣循環的經驗，擴張期平均 50 個月，但 72 年第二季開始的景氣復甦，擴張期僅 15 個月後即結束，其擴張期之短不及過

去的三分之一，其原因值得探討，以為警惕。

我國雖是出口導向國家，但對國內需要亦不應忽視。不過在國內需要中，民間消費之提高是漸進的，政府消費支出受預算的影響，不致有大幅的變化，惟投資情況則不同，變化較大；因此，自需要面看，影響我國經濟成長變動的主要因素，是出口與投資。如在 62 年 10 月第一次石油危機爆發後，各國為對抗物價的大幅上升，無不採取緊縮措施，使投資大幅下降，有效需要減少，以謀物價的安定；但結果是景氣衰退，物價並未穩定，而造成停滯膨脹局面。我國也不例外，民間投資大幅下降；不過，我國在 63 年物價漸趨穩定時，政府大力推動十項建設，此等建設幾全為政府及公營事業投資，不僅彌補了民間投資的不足，而使整個投資大幅增加，促使我國經濟自 64 年 2 月開始復甦，而工業國家落後一年於 65 年開始復甦時，我國出口亦隨之增加；因此，在投資與出口大幅增加的情況下，使我國維持了較長期的經濟繁榮，直至 69 年 1 月擴張期長達 59 個月之久。但 72 年第二季開始的最近一次景氣復甦，可以說完全受美國景氣復甦，對美出口大幅增加的貢獻，72 年國內固定投資不僅未增加，反較 71 年減少 3.5％，而 73 年投資雖已恢復增加，但僅較 72 年增加 2.4％，尚未恢復到 71 年投資水準。因此，在 73 年下半年出口增加率下降時，經濟景氣隨之下降；若在出口增加率下降時，國內投資能有大幅增加，亦可支持景氣再持續一段時期。由此可見我國最近一次景氣復甦期間短暫，除出口好景不長外，投資的不振是最主要原因。

再觀察今年以來的情況，不僅出口持續不振，投資更呈衰退之勢，今後如僅藉美元的貶值，出口恢復增加，帶動景氣的回升，而投資不能大幅增加，則恐怕景氣復甦的程度有限，期限亦不會長。故我們今天要呼籲，即使今後三個月國內景氣能夠復甦，公共投資的積極推動，絕不能緩下來，政府採取鼓勵民間投資的措施，還需要繼續進行；民間的投資活動必須加強。否則，景氣即使復甦，恐亦難落實。

（民國 74 年 10 月 26 日　《聯合報》二版）

6. 當前擴大公共投資的必要性

今年以來，由於石油價格的大幅下跌，利率的下降，及美元的大幅貶值，均有利於我國產品出口的增加。今年首七個月我國出口與去年同期比較，增加 21％；由於出口的大幅增加，帶動整體景氣的上升，據行政院主計處估計，今年上半年經濟成長率超過 8％。加以進口增加仍然緩慢，同時期只增加 11％，

僅及出口增加率的一半，因而出超更形擴大，今年首七個月出超高達 83 億美
元，比去年同期的 58 億美元增加了 42%，肇致新台幣升值速度加快，七月貨
幣供給額年增加率，超過 30%，已超過大家認為貨幣供給額適度成長最高
20%的上限。因此，引起了若干學者的擔憂，認為最近景氣已經上升，貨幣供
給額增加率已超過 30%，此時，如再加強積極推動公共投資，將使綜合需求
上升，變成火上加油，景氣過熱，物價必然有上升的壓力；而建議政府當前不
應將投資的重點，過分置於公共投資之上，而應開放外人投資，來啟發國人新
的投資出路和新產品開發。關於開放外人投資，我們有條件的贊同，但建議不
要將投資重點過分置於公共投資之上，我們認為頗有商榷之餘地。

　　首先我們要指出的，是當前我國經濟問題的核心，在於國內投資不足，儲
蓄大於投資，產生鉅大的超額儲蓄，在貿易方面表現的就是鉅額貿易出超，所
引發的各種問題。而目前景氣的上升，可說全賴出口的大幅增加，投資仍未見
起色。因此，景氣的上升全賴出口的大幅增加，固可提高經濟成長率；但另方
面卻使出超更為擴大，目前因鉅額出超帶來的許多問題，不僅未能解決，將更
增加其嚴重性。

　　其次要指出的，是僅靠出口的大幅增加，支持經濟成長，若無投資的增
加，將無法持久。一方面過分依賴出口的增加，易遭受國際經濟波動的影響，
一旦國際景氣改變，出口增加幅度減緩，即影響到國內經濟的成長；另方面由
於近年來投資的衰退，工業升級緩慢，出口的增加，又是傳統的勞力密集產品
出口增加，需要大量的勞動力，促使近數月來工資已有大幅上升跡象，此一趨
勢如持續下去，將削弱我產品出口競爭力，對未來經濟成長產生不利的影響。
民國 73 年經濟的快速成長，而 74 年衰退的經驗，正是此一情景，如國內投資
不能及時增加，難免不重蹈覆轍。

　　根據以上分析，可知投資的大幅增加，為解決當前困境的最主要課題；但
民間投資受經濟及非經濟因素的影響，短時間難望提高；外人投資在整個投資
中所占比重有限；因此，唯有賴公共投資的大幅增加一途了。當前公共投資的
增加，不僅有迫切性，更有其必要性，因為：

　　第一，許多公共設施建設，如都市下水道、垃圾處理、公害防治、河川整
治、生態環境保護、國家公園建設，以及破舊校舍的整建等，都需要公共投
資，但過去由於國家窮，無力進行，或者民間投資旺盛，怕產生排擠作用，致
使這方面公共投資都未積極推動；而近年來所得不斷提高，又都市化結果所產
生的問題，都與此方面投資不足有關。現在政府收支雖然仍有困難，但整個社

會有大量超額儲蓄，政府應以發行公債方式，運用民間的超額儲蓄，加強此方面的公共投資，以應社會的需要，提高國民生活品質；同時，不致產生排擠作用，而且此等建設是邁向現代化國家必備的條件，現在正是積極推動此方面公共投資的大好時機。

第二、公共投資的增加，使資源在國內獲得有效利用，而且有誘導民間投資的作用，使超額儲蓄減少，緩和貿易鉅額出超，外匯累積及物價上漲的壓力。

第三、公共投資的增加，會產生外部效果，對未來生產力的提高，出口競爭的增強，及經濟的持續成長，均有正面的貢獻。

至於說當前景氣已經回升，再積極加強公共投資，會使綜合需要增加，造成景氣過熱，影響物價上漲。但我們有不同看法，可從下列三方面來分析：

一、公共投資增加所需要的物資，一部分需要進口供應，使供應相應增加；另方面動用國內物資使出口減少，只是將出口需要轉為國內需要，不致產生超額需要。何況我們的外匯存底超過 330 億美元，只要政府不管制，隨時可由進口供應，不致對物價產生上漲的壓力。

二、政府正在積極推動自由化、國際化，加上美國的壓力，今後對進口的開放，關稅的降低，將更積極進行，以及新台幣的升值，都是充裕進口供應，降低進口成本的有利措施；同時，在目前預測今後一年內世界重要物資大多是供過於求，除非有突發事件，國際間物價將持續保持穩定局面。

三、在當前情況下，公共投資大幅增加，引發價格上漲的可能是「工資」。不過公共投資建設所需要的人力不多，絕大部分都是機械操作；同時，目前新台幣有低估現象，今後新台幣的持續升值，是不可避免的，就當前情況觀察，新台幣要升值至適當價位，必有若干邊際產業即不具競爭力的產業被淘汰，將釋放出一部分勞動力，增加供應；如政府能加強訓練工作，使目前一部分閒置的勞動力，能擔任適當的工作，均有緩和工資上漲的作用，只要調配得宜，工資不至於大幅上漲。

總之，當前擴大公共投資，不僅有其必要性，而且是最佳時機，期望政府放手積極進行，以紓解當前經濟困境，並為邁向現代化國家作好奠基工作。

（民國 75 年 8 月 17 日　《聯合報》二版）

7. 當前經濟問題的根源及其基本對策

當前國內面臨的經濟問題，首推貿易鉅額出超帶來許多困擾，這些困擾，

主要有三：一是鉅額資源在國內未能有效利用，借給國外運用，對我國未來生產力的提高，出口競爭力的增強及經濟成長，均將有不利的影響；二是貿易出超過度集中在美國，引起了中美貿易摩擦，最近中美貿易談判美方對我國所施加壓力之大，是過去所未有，弄得我方窮於應付；現在雖然告一段落，但中美貿易鉅額順差一天不縮減，而我們國內保護政策一天不去除，美方的壓力隨時會有第二波的出現；三是貨幣供給額的增加率，已超過 30%，目前物價雖不致受影響，但如這樣持續下去，則對未來物價膨脹已產生潛在的壓力。產業結構轉變緩慢，是貿易鉅額出超以外我們所面臨的另一重大問題。產業結構轉變緩慢，影響工業升級，到今天我們工業還是以進口原材料經過簡單加工，所產中低級產品，賺工資為主；不僅使我們在未來國際競爭中，遭遇更多更大困難，也是我國邁向現代化國家的阻力。公共建設不足，也是我們所面臨的一大經濟問題。公共建設不足，不僅不能滿足國人所得提高，生活品質改善的需要，而且造成公害汙染、環境破壞、下水道堵塞、交通擁擠等問題。我們所面臨的第四個重大經濟問題，是物價的持續下跌。躉售物價幾連續下降了四年，消費者物價也下降了兩年多，不僅使廠商存貨出售後，不急於補進，消費者在物價持續下跌的情況下，對耐久消費財的購買亦延緩，更影響投資意願，對未來經濟發展產生極為不利的影響。

以上所舉當前面臨的四個重大經濟問題，其根本原因何在，據我們研究，共同的基本原因是「投資不足」，茲進一步分析如下：

一、貿易鉅額出超，在貿易方面看是出口大於進口，但從國內總資源供需觀察，乃是國內資源供給超過國內需要，也就是國內儲蓄超過了國內投資，這個超過的部分經濟學家稱為「超額儲蓄」。「超額儲蓄」在國內未能有效利用，而將之出口；出口所賺取的外匯並未用之於進口，就變成出超。「超額儲蓄」的產生，是儲蓄過多呢，還是投資不足？根據行政院主計處所發表的國民所得統計資料分析，我國儲蓄率（即儲蓄占 GNP 比率）自民國 61 年至 74 年的 14 年間，都維持在 30%～34% 之間，變化不大，可見儲蓄並未大幅增加；可是投資率（即投資占 GNP 比率）在民國 62 至 70 年間，尚維持在 30% 上下，但自 71 年開始下降，而且是每下愈況，71 年即下降至 25%，74 年更下降至 18.2%。顯然「超額儲蓄」是投資率大幅下降的結果，也就是「出超」由於「投資不足」的結果。

二、所謂「工業升級」，就是提升現有勞力密集產品的品質與品級，生產高級產品，以及進一步發展技術密集產業。但不論是提高勞力密集產品的品質

與品級，或發展技術密集產業，都需要持續的大量投資；而近四年來此兩方面的投資，卻裹足不前，故「投資不足」成為產業結構轉變緩慢、工業升級的最主要原因。

三、本文所稱之公共建設是指除公路、鐵路、機場、港口及電力以外之公害防治、河川整治、都市下水道建設、生態環境的保護及都市大眾捷運系統的建設等。而這許多公共建設都是需要大量投資，而且投資期間長、回收慢甚至沒有回收，民間不願投資也沒有能力投資，主要是靠政府投資。但近數年來，由於政府財政困難，對這方面投資極為有限，因而有落後現象。故「投資不足」亦是公共建設落後的根本原因。

四、物價下跌，不是成本降低就是供過於求的結果。今年國內物價的下跌，主要係進口石油價格大幅下降的影響；但過去四年進口油價下跌有限，物價下降主要受供過於求的影響，亦即國內需求不足。國內需求中的國民消費占 GNP 的比率，自民國 70 年的 67.6％，至 74 年提高至 69％，不僅未減少而且還在提高；但投資率同時期卻自 30.3％，降至 18.2％。顯然國內需求不足主要是受投資衰退的影響，亦即物價的下降亦係「投資不足」的結果。

據以上分析，當前面臨重要經濟問題的根源所在，即「投資不足」；因此，解決當前經濟問題的根本作法，就是「增加投資」。增加投資不僅使資源在國內獲得有效利用，而且可降低「超額儲蓄」，減少「貿易出超」，緩和貿易摩擦及物價膨脹壓力；若在投資之前政府採取誘導措施，鼓勵投資高級工業及技術密集產業，以及加強公共投資，則可加速產業結構改善，工業升級及滿足提高國民生活品質之需要；同時，投資的增加，提高國內需求，可遏止國內物價的持續下跌。「投資增加」一舉可克服當前所面臨的四大經濟問題。

增加投資有三個途徑，即民間投資、外人投資及政府公共投資。前兩者的決定在國內外的投資人，政府不能直接干預，只能採取激勵措施，鼓勵他們投資，需要時間，但目前面臨的問題不能再拖，愈往後問題愈嚴重，亦愈難解決，最後，雖然終於會解決，但就國家整體經濟而言，受了大害。因此，欲及早克服當前面臨之經濟問題，唯一只有靠政府的公共投資了，但政府正在進行中的十四項計畫，本年度預計投資 1,100 億元，而其中一半以上是公營事業投資，政府公共投資不足一半，其規模之小，不足以提高投資率，產生「投資增加」的效果。因此，我們建議最高決策當局，應採取緊急措施，擴大公共投資範圍與金額，政府目前財政困難，但民間富裕，政府應增發公債，動用民間「超額儲蓄」，支持公共投資，不僅不會動搖國本，引發物價膨脹，而且一舉

可克服當前面臨的四大經濟問題。我們當前面臨經濟問題能否及早解決，其關鍵則在決策當局的一念之間了。

（民國 75 年 8 月 29 日 聯合報二版）

8. 不能一錯再錯

　　行政院已於日前完成「都市計畫法」修正草案，決定刪除公共設施保留地期限，亦即無限期延長，不過對未徵收土地的地主予以優惠。此一消息透露後，公共設施保留地地主不再沉默，籌組自救協進會，計畫以集體行動，維護他們的權益。多位立法委員也相繼提出質詢，警告行政部門若不妥善處理，可能會付出高昂的政治代價。

　　都市計畫法在民國 53 年修訂時，將公共設施保留地保留期限定為十年，但至民國 62 年 9 月 6 日修正之「都市計畫法」第 50 條條文為：「公共設施保留地，在民國六十二年本法修正公布前尚未取得者，應自本法修正公布之日起十年內取得之。但有特殊情形，經上級政府之核准，得延長之；其延長期間至多五年，逾期不徵收，視為撤銷。」保留期限更延長了 5 年計 15 年；不過明文規定逾期不徵收，視為撤銷。自 62 年 9 月 6 日修正公布算起，至今年 9 月 5 日屆滿 15 年，依法令規定逾期不徵收，應予撤銷。根據內政部統計，民國 62 年 9 月 6 日以前劃設之公共設施保留地，至去（76）年 6 月底止，保留地尚未取得之面積，計 1 萬 9994 公頃，按照 76 年公告土地現值估計，約需新台幣 6,700 億元，需款極巨，一時無法籌措；如屆時未取得之公共設施保留地，依法予以撤銷，則今後公共設施建設土地取得困難，將影響都市建設，降低國民生活品質，限期不撤銷又失信於民，主管機關陷於兩難之境。幾經研討，不得已只有再度修正「都市計畫法」，刪除公共設施保留地取得期限；不過對公共設施保留地土地所有權人，給予多項優惠補償，包括逾 15 年未取得之公共設施保留地，徵收時應按規定地價加二成補償，地價稅及其他稅捐將減半或全額免徵。雖然政府主管機關認為這樣作法，已給予地主補償；但就地主而言，法令明白規定逾期不徵收，視為撤銷；而在滿期前修改法令，失信於民，無法接受。時代不同，地主們已不再是民國 62 年時代唯命是從的順民，為爭取自己權益，全省二百餘位地主，已於 2 月下旬成立「台灣地區都市計畫公共設施保留地受害人自救協進會」，計畫以集體行動，維護他們的權益。

　　過去 15 年，政府究竟徵收了多少 62 年 9 月前劃設之公共設施保留地，我們不得而知；但此未徵收的近二萬公頃土地，在過去 15 年如能認真的、有計

畫的分期分區徵收，按當時之公告土地現值，應不是太困難的事；但各級政府未予重視，一拖再拖，地價上漲後，需款 6,700 億元，要在短時期一次籌足，更無法解決，而施出 62 年的老伎倆，更為一勞永逸起見，索性無限期延長。此一做法，不僅失信於民，傷害地主權益，而且，這種不負責的態度不改，都市建設更不知要拖到什麼時候了。

公共設施保留地問題，果真如此棘手，除無限期延長外，就沒有其他方法解決嗎？我們認為並非如此，保留 15 年未徵收，已經錯了一步，現在不能再錯第二步，應該下決心解決，也應有方法可以解決。據我們了解，近二萬公頃公共設施保留地中，尚有一部分是公有地，估計約需款 1,500 億元，需徵收民間土地約為 5,200 億元；另據台北市政府表示，所保留土地需要之 608 億元，已有解決方法，而高雄市需要 500 億元，可籌集一半，另一半請中央政府補助。因此，真正有困難的是台灣省部分的四千多億元。但我們認為如政府拿出魄力來採取突破性的做法，還是有可為的。下列途徑應可採取：

一、應責成各縣市政府緊急檢討，所保留之公共設施用地，在 15 年後的今天是否都是必須，能否精縮，對於不必要保留的，可於滿期時撤銷保留。

二、積極進行市地重劃。內政部官員指出，列為市地重劃計畫的 3,800 公頃土地中，約有 70％左右，可在今年 9 月前完成市地重劃工作；根據以往經驗，市地重劃後，可獲得 15％至 20％的公共設施保留地。縣市政府應該集中全力，在 8 月底以前擴大重劃面積，促進徵購問題的解決。

三、公共設施範圍包括道路、停車場、公園、綠地、市場、廣場、學校及郵政電信等，其中有許多有收益性的公共設施或公用事業用地，不必全由政府投資建設；可參考國外之「開發許可制度」，開放由民間投資，或協調地主投資建設；公用事業用地由其自行籌集資金徵購。

四、以上三種方式，據我們估計應可解決一半問題，剩下的約需二千多億元，應可循專案立法途徑，比照「北部第二高速公路」，訂定「都市計畫公共設施建設公債條例」，排除現行公債發行限額之限制，發行二千多億元（按需要而定）公債，分成兩部分，其中三分之一為五年期，比照現行存款利率提高 0.5 個百分點，到期後一次還本，公開發行，以收到之現款付給地主；另三分之二公債為十年期，利息相同，分十年還本，搭配給地主，以償付地價款。

近年來政府公信力一再遭受破壞，而堂堂立法的承諾，若是政府自己可以不遵守，又如何能教人民信賴呢？我們認為公共設施保留地問題已拖延了十四年半，不能再在各有關機關間推託，不能再失信於民，行政院應負起責任來，

召集內政部、財政部、省市首長，就以上建議之途徑，研究提出執行方案，貫徹實施，以維護法律尊嚴及政府之承諾，政府的公信力才能建立。

（民國 77 年 3 月 9 日　《聯合報》二版）

二、解除外匯管制　邁向經濟全面自由化

1. 管理外匯條例要作基本政策的突破

中央銀行總裁張繼正日前在立法院答復立法委員質詢時表示，即將送請立法院審議的「管理外匯條例修正草案」，差不多已可把對進出口商品外匯的管制全部取消，亦即由目前的許可制改為申報制；換言之，只要事後申報即可，不需再事先申請許可。初看之下，可能使人認為管制了數十年的外匯，經這次修正的「管理外匯條例草案」，居然將進出口商品外匯的管制，差不多全部取消，這是重大的政策突破。但細察「管理外匯條例」修正草案，新增規定第六條之一，原文是「出口所得或進口所需外匯，出進口人應向中央銀行指定或委託之機構，依實際交易之付款條件及金額誠實申報，憑以結匯。」由此條文看來，誠如張繼正總裁所說的，將貿易外匯收支之憑證結匯基礎，從現行的許可制改為申報制；但此種改變，是否真的是政策性突破，頗值懷疑。

首先我們要指出的，出口所得外匯結售指定銀行時，事實上本無所謂之「許可」，亦從未聽說出口所得外匯結售指定銀行時，有不被許可之事實；但出口所得外匯仍必須結售給中央銀行或指定之銀行，不得自由運用，能說無管制嗎？而進口結匯，事先需向經濟部國際貿易局，或指定之銀行申請進口許可證，再憑以向指定銀行申請結匯之許可，現修正之「管理外匯條例草案」，只是將後者申請結匯之許可，改為申報而已；但進口許可證還是要申請核准後才發給，沒有進口許可證，指定銀行仍不准結匯。因此，此次「管理外匯條例」之修正，只是手續之簡化，並非政策性外匯管制之放寬。

第二我們要指出的，我們是以出口為導向的國家，但外匯當局對廠商推銷商品，在國外設立分支機構，管制極嚴；不僅事先要有外銷實績若干金額以上，才准設立；設立以後對派駐國外人員人數及支用外匯金額，亦均有極嚴格之規定。這都是過去窮困及外匯短缺時的作法，怕廠商藉機出國及套取外匯，而作的種種限制。但現在工商出國已大為放寬，甚至開放出國觀光，外匯亦不再短缺，而且多得帶來了許多困擾，這許多限制卻仍未見放寬。尤其此一規定

很不合理，例如政府鼓勵分散市場，開拓新市場，既然是新市場，哪來外銷實績，尤其新市場開拓不僅要鉅額開辦費，甚至需要鉅額的遊說費用，均非主管當局規定之每人每月區區數額所能支應。今年初以來，韓國現代汽車公司為要使其小馬汽車向美國登陸，一口氣在美國 21 州設立了 82 個分支機構，擔當推銷、供應零配件及維修的工作。據我們了解韓國現代汽車公司在此以前對美國並無外銷實績，而能同時設立 82 個分支機構，所需投入的外匯相當驚人，而且韓國是外匯短缺的國家。韓國能這樣做，我們為什麼不能？

　　第三我們要指出的，當前政府政策，是要將我國的產業自勞力密集轉變為技術密集，鼓勵廠商引進國外技術。但當廠商真正引進國外技術，要付給專利費或權利金時，主管機關的審核卻極為嚴苛，不是削減結匯金額，就是縮短付給權利金的時期。廠商引進的技術值多少錢，廠商自己最清楚，太貴無利可圖，廠商會引進嗎？廠商有時為減輕技術引進初期之負擔，常要求對方將付給權利金比例降低，而延長付給的時間；但常遭主管當局拒絕，這也是過去外匯短缺時的作法。現在外匯充裕，如同商品一樣，廠商申請結匯，是以新台幣 39.15 元代價購買 1 美元，並非是要外匯當局送給他，又為什麼這樣吝嗇呢？我國「管理外匯條例」是民國 38 年初公布實施，當時外匯極度缺乏，為了國際收支平衡，不得不採取嚴格的外匯管制。三十多年來，雖在民國 59 年及 67 年，曾兩度修正，但基本精神未改，只做少部分修訂。可是目前的情況，不僅外匯準備充裕，而國際收支年年有鉅額順差，且在不斷擴大中，去年國際收支順差更高達 93 億 5000 萬美元，創歷年最高紀錄。但這次「管理外匯條例」的修正，仍然沒有脫離過去的格局，只在手續上或細節上簡化放寬，恐難收實效。在事實上，我國的外匯不能完全自由，仍需要管制，這是大家所共識；但基本政策不應再為求國際收支平衡而管制，而應是維持國內經濟與金融的穩定而管制；後者的管制範圍與程度，和前者有顯著不同。如「管理外匯條例修正草案」，尚未送達立法院，我們希望行政院將該草案退回中央銀行，並指示以維持國內經濟與金融的穩定為目標，將該條例重作全面性的修訂，以符合當前國家「自由化、國際化與制度化」的基本政策。

（民國 75 年 3 月 15 日　《聯合報》二版）

2. 「只要競爭 不要保護」

　　「只要競爭，不要保護」，是本（7）月三日本報第三版新聞報導的標題，是本報記者訪問許多出口業者的共同心聲。此與過去大家所了解的，業者

只知在政府保護下求生存的看法有所不同，也與目前許多政府官員仍以保母地位採取各種保護措施，保護業者，以及若干業者見到政府要撤銷保護措施，而心有怕怕，到處陳情，遊說繼續保護的心態，呈強烈的對照。我們部分業者已了解到，國內市場狹小，在保護措施下，只能混口飯吃，發不了大財；唯有競爭才能提高生產力，在國際市場打天下，才有出頭的一日。這種觀念的形成，極有意義，值得進一步推廣。

本報記者日前訪問台灣區製鞋公會、玩具公會、家具公會、藝品禮品輸出公會，及部分自行車業者，一致認為他們的產品，銷行全球，已可稱外銷王國，國內市場早已無法滿足他們的生產能力，政府實在沒有必要曲意保護；而今進口關稅太高，落人以口實，指責我國不公平競爭，導致國外對我設限，反而影響到業者的外銷機會；我們需要引進國外進步的高品質產品，以刺激國內同業提高產品品質，但政府的高關稅政策，把外貨阻絕於外，使國內業者遲遲無法受到外來的競爭刺激加速長大；甚至由於進口關稅太高，業者舉辦國際性展覽時，國外廠商都裹足不前，認為到台灣參展並無實質意義，因為高關稅把他們產品阻絕於外了。台灣區家具公會理事長更指出，木製家具進口關稅從目前的 40％降至 5％也無妨，如國外的高級家具能因此進入我國市場，對於提高國內消費者的品味，以及帶動國內家具業向高級品發展，幫助必然很大。

以上都是業者親身的體驗，血汗換來的教訓，也顯示長期保護政策不僅未能產生效果，反而帶來許多後遺症。

首先我們要指出的，是工業主管機關為了保護國內工業，要求採取高關稅政策，財政主管鑒於高關稅可以增加稅收，因此，一拍即合。但實施結果，高關稅阻礙了進口，誰願意負擔 50％以上的關稅來進口，即使有，為數也不會太大，真正的進口則是逃避關稅負擔的走私貨。因此，過高關稅政府反而收不到稅，但卻助長了違法的走私行為。同時，在高關稅下，抬高了國產品售價，如國內襯衫普通售價每件新台幣七、八百元，好一點的價格高到一千以上到二千元，折合 20～50 美元一件；同樣品質襯衫比美國貨還要貴，主要因襯衫進口關稅高達 60％～67.5％，增加了消費者負擔，使業者獲得暴利，為造成近年來所得分配惡化的主要原因之一。

其次是長期保護下，本國產業不虞外來的競爭，不求改進，影響品質的提高與成本的降低。最顯著的例子，是錄放影機，三年前政府為保護國內錄放影機的生產，管制進口三年；雖然限期三年，但業者深深了解我們政府的作風，到時自會延長，就是表面上不延長，只要請願遊說，政府都會採取其他方法，

以達到繼續保護之實。因此在過去三年期間，業者坐享保護之利，未積極進行研究發展工作，一旦政府宣布 7 月 1 日期滿後不再管制進口，業者認為無法與進口貨競爭，到處求情，果不出預料，管制雖已取消，但除錄放影機進口關稅高達 50%以外，還納入進口貨完稅價格表，以偏高的完稅價格，以達到繼續保護之實。反觀韓國，對錄放影機同樣保護三年，韓國的業者就能在三年之間站立起來，而且在去年 4 至 12 月的九個月間出口 100 萬台，侵占了日本的國外市場。我們的作法實值得徹底檢討。

第三、我國的許多保護措施，已被美國認為是不公平交易行為，透過各種管道，對我施加壓力。例如甫於 5 月 22 日美國眾院通過的「綜合貿易法案」，針對貿易順差大國，且有不公平貿易措施者，指明日本與中華民國必須每年減少順差 10%，否則美國即採取設限或增稅方式予以報復。我們面對這許多壓力，應深自檢討，對那些不具實效的保護措施，應自動撤銷，避免給美國作為設限的口實。

我們已是貿易大國，且有鉅額貿易順差，不應再把持國內市場不放，否則對手國的設限，不僅影響我國的出口，更進一步影響經濟成長。故我們希望工業及財稅主管官員，走出辦公室去多了解業者實際的需要，不要受少數業者遊說的影響，而一味的採取保護措施。

（民國 75 年 7 月 5 日　《經濟日報》二版）

3. 放寬外匯管制的三大要求

行政院長俞國華於前日行政院會中，指示財、經二部在二個月內研訂放寬外匯管制、取消僑外資在台投資資金與利潤匯出限制、准許個人對外投資設廠、及解除進口管制、減底關稅等有效措施，以減輕外匯不斷增加，造成通貨膨脹的潛在壓力。俞院長此一指示，如能貫徹實施，對當前外匯大量累積所帶來的困難，確有紓解作用。但如何落實，願提出以下看法：

首先應從基本觀念上改進。過去外匯短缺，國際收支有極大的逆差，不得不實施嚴格的外匯管制措施，不僅進口及有關外匯支出，限制甚嚴，即是出口所得外匯，亦在管制之下，而且是大小不遺的全面管制。近年來雖然年年有鉅額出超，外匯累積過多，對物價膨脹已產生潛在的壓力，外匯主管當局，已採取放寬措施；但過去缺乏外匯時代的陰影，仍未能去除，只是在重重限制下，做點綴性的小幅度放寬而已，不僅解決不了問題，而且加重了手續，為業者及人民所詬病。今後的外匯管制雖仍有需要，但原因已不在外匯的短缺，而是為

了金融與經濟的安定。因此，今後在外匯存底過多時代，外匯管制應只管大筆，俾避免對市場造成不安，但對小數額，或在一定金額以下的則不必管，如此手續亦可大幅簡化。中央銀行外匯主管當局，如能有此認識，在作業時，應把握院長指示的精神，放手去做，我國管制外匯的許多弊病，當可一併清除。

　　第二應認清外匯也是商品的一種。過去由於外匯短缺，在嚴格管制之下，誰能獲得外匯，進口物資，即奇貨可居，可大賺一筆。同時，在物價不穩定時代，政府為避免進口成本上升，影響國內物價，台幣對外價值經常高估，在國內市場上外匯黑市價格，與外匯官價或牌價，有一大段距離。因此，外匯主管當局將外匯出售，如同施惠一般，使外匯購買人獲得雙重利益，故將外匯視為稀有物資，盡量少賣，累積愈多愈好。可是現在情況不同了，外匯不再短缺，而且是過多，更有甚者，目前新台幣對外價值被低估，升值為必然現象，如無需求，誰願意去購買外匯。因此，外匯管理當局要了解，外匯不僅不再是稀有物資，而且有不斷跌價的可能（尤其美元外匯），如能早日賣出，國家就可少損失。外匯主管當局如能有此了解，對外匯不再惜售，便可以緩和貨幣供給的大幅增加，及減輕對物價上升的壓力。

　　第三、為國家整體利益著想。俞院長對財經單位所指示的開放進口及降低進口關稅，已是三令五申的事了，但其效果不彰，主要是各機關本位主義作祟，忽視國家整體利益的結果。例如開放進口，在表面上我國准許進口的物資，占進口總項數的比例，高達 97.4%，不能算不高。可是在准許進口物資中，另有種種理由，限制由公營貿易機構申請，限由生產事業申請，限由公賣局、糧食局或省農會申請；另方面還有限制採購地區，以及檢附有關機關同意文件等種種限制的項目，達二千六百項之多。這許多的限制，絕大多數都是各主管機關為維護各相關產業的既得利益而訂的；顯示既得利益壓力之大，主管機關陽奉陰違問題之嚴重，已到了非突破不可的時刻，否則，各機關仍我行我素，開放進口如同具文。

　　至於進口關稅的降低，近年來誠然都在進行，但實質上降低的有限，有許多已大宗出口的物品及國內所需的必需品，其進口關稅仍高達 40% 以上，甚至有高至 67.5% 者，已被美國作為降低我國紡織品對美出口成長率的藉口。我國進口關稅之偏高，主要因財政主管單位認為關稅到目前為止，仍然是我國第二大主要稅收來源，而不願大幅降低。但實際上稅率過高阻礙進口，即使有進口，亦大多是走私進口，財政部根本收不到稅，進口統計也未列入，且為出超對象國家作為懲罰之藉口，得不償失。我們期望財政主管機關能有此認識，放

棄本位主義，遵照俞院長之指示，就進口稅率做全面檢討，大幅降低進口稅率，不僅可增加進口，緩和貿易鉅額出超；而且由於進口稅率降低，走私者不必冒風險，改為正式進口，稅收反而會增加，可說是一舉兩得。

以上三項建議，期望各主管機關在接受俞院指示後，認真檢討，照我們建議去做，外匯累積的壓力，當可舒緩，物價會穩定的局面，應可繼續維持。

（民國 75 年 7 月 21 日　《經濟日報》二版）

4. 鉅額外匯存底對經濟金融衝擊的認知

中央銀行副總裁俞政，於日前在國民大會憲政研討會，以「超額外匯對經濟金融影響之研究」作專題報告後，答覆與會者問題時，指出第一次能源危機時，我國是負債國家，當時的外匯存底僅六十多億美元，負債卻遠超過此數。十餘年來，我國現在已無短期負債，中長期負債亦不過四十多億美元，但外匯存底卻已超過 360 億美元，成為世界上外匯存底較多的國家。因此，他說他無法理解所謂外匯存底過多，對經濟產生不利影響的論調；目前國內並無通貨膨脹或大量失業問題，最近「外界」對有關外匯存底的爭辯，一切都是「反應過度」。

近年來，我國的對外貿易出超不斷擴大，使外匯存底驟增，對我國經濟金融的衝擊極為嚴重，不僅輿論界不斷呼籲政府應迅速採取積極有效對策，否則後果不堪設想；學者專家亦作相同主張，甚至業者及部分國民，都有此了解；而中央銀行副總裁竟然不了解其嚴重性，且指認是「外界」的「過度反應」。此一看法如出自其他官員之口，我們或許認為他不是此方面主管，接觸面不同，對經濟方面無知，是可以原諒的。但它出自位居中央銀行副總裁之口，而且是外匯、金融最高主管之一，有此想法與看法，不僅令人詫異，而且因其亦是外匯、金融政策決策者之一，對今後外匯、金融政策之不利影響，更不容忽視。

以下將央行俞副總裁上述答覆內容就基本觀念與對問題認知兩方面，提出我們的看法，就教於俞氏。

首先就貨幣供應額大幅增加，對物價影響的基本觀念而言，只要稍為涉獵經濟的人，都會了解，貨幣供應額大幅增加，對當時物價並不會發生影響，但確對未來物價膨脹產生壓力；亦即貨幣供應額大幅增加，對物價的影響，有落後性；據實證研究，在我國約落後一年至十八個月。例如 61、62 年及 66、67 年兩次出超擴大，貨幣供應額增加率高達 30％以上後，所造成物價大幅上升

的事實，均證實貨幣供應額大幅增加，對未來物價膨脹確有不利的影響。而俞副總裁明知中央銀行統計的 7 月份貨幣供應額增加率已超過 30％，認為目前並無通貨膨脹即對物價無影響的錯誤觀念，必須予以糾正。

其次就鉅額外匯存底，對經濟、金融的認知而言，鉅額外匯存底的產生，是大量貿易出超的結果。從資源供需看，即儲蓄超過投資，此超過的部分稱為超額儲蓄；儲蓄原本是用來投資的，而超額儲蓄並未用於投資，而將之出口；出口所賺外匯又未用於進口，變成了出超，即外匯存底的增加。雖然中央銀行運用外匯存底賺進了不少利息，但如將超額儲蓄用於投資，不僅可創造有效需要，促進當時經濟成長；且對未來生產力及出口競爭力的提高，促進未來經濟的持續成長。兩種情況加以比較，顯然鉅額外匯存底的增加是表示資源未能有效利用。去年我國的 GNP 不過六 600 億美元，出超即達 106 億美元，亦即去年生產的六分之一資源在國內未能有效利用，其影響還不夠大嗎？

至於鉅額外匯存底，對金融的衝擊，根據中央銀行最新發表的 7 月份金融統計月報分析，可作如下的觀察：

一、兩年七個月來，全體貨幣機構外匯存底增加 240 億美元，放出通貨新台幣 9000 億元之鉅；雖然中央銀行想盡方法採取各種沖銷措施，如增發國庫券、發行定期存單及儲蓄券，並提高郵儲轉存央行比例，再將專業銀行及合作金庫所吸收之存款轉存央行，但 7 月份貨幣供應額增加率仍然超過 30％，早已超 20％警戒線。

二、中央銀行為購買外匯，已將其負債總額的 95％用於外匯存底，其風險性之高，創世界各國中央銀行之最。如今後新台幣對美元匯率，每美元升值 2 元，中央銀行即損失新台幣將近 700 億元之鉅，而中央銀行的負債，不是發行鈔票，就是各金融機構存入的準備金、轉存款，或發行的國庫券、定期存單與儲蓄券；將來兌現或償還時，一點也不能少，這將使中央銀行財務結構惡化。

三、銀行的基本任務，是儲蓄者與投資者的橋樑，即所謂的「中介功能」。但近一年來，全體貨幣機構所吸收存款等增加的負債，將其 82.6％用於購買外匯，亦即在這一年內放款的最大能力，亦不過是存款等的 17.4％而已；就實際金額而言，近一年來全體金融機構增加的放款僅新台幣 776 億元，與 71～73 年平均每年增加放款 2400 億元比較，不及三分之一，顯示銀行已喪失了應有的「中介功能」。

四、一般而言，外匯存底等於資源的凍結，應以長期性的儲蓄與定期存款

支應。而我國全體貨幣機構所吸收的長期性存款，用於支應購買外匯的比例，在民國 70 年時，為 36％，今年 7 月提高到 71％。此不僅使長期放款資金來源發生困難，亦顯示支應外匯存底增加的能力，逐漸接近極限，使金融機構操作極為困難。

根據以上分析，大量貿易出超與鉅額外匯存底，對總體經濟的衝擊，可能不是中央銀行俞副總裁所能了解；但鉅額外匯存底對金融的衝擊，我們「外界」人憑著央行發表的金融統計，尚能分析出以上四大衝擊，而「內界」的，貴為中央銀行的副總裁，竟然說出與該行發行金融統計所顯示實情相反的話，實在使我們深為驚訝，不過，俞政能將其看法與想法說出來，使我們有機會溝通，如能獲得共識，而避免政策的誤導，則為不幸中之大幸也。

（民國 75 年 9 月 7 日　《聯合報》二版）

5. 欣聞外匯管理大幅放寬

行政院日前院會通過「管理外匯條例」修正草案，將准許所有出口廠商外匯所得人自行持有外匯、自由運用外匯，國民亦可自由向指定銀行辦理結匯使用，自由向國外投資，投資範圍亦不限制。可說是對長期外匯管制的澈底放寬，雖姍姍來遲，但是一大突破，未為晚也。

此次「管理外匯條例」的修正，僅增列第二十六條之一條文，其內容為：「本條例於國際貿易發生長期順差、外匯存底鉅額累積，或國際經濟發生重大變化時，行政院得決定暫停第六條之一、第七條、第十三條及第十七條全部或部分條文之適用。」行政院此次通過之條文，較中央銀行及財政部原提之修正案，僅以「國際收支發生長期順差時」，暫停適用各管制條款，較明確，且有彈性與周延。因「國際收支」是一含混名詞，可解釋為「貿易收支」、「經常帳收支」及「綜合收支」，一般「國際收支」多指「綜合收支」，如在「綜合收支」長期發生順差時，才暫停適用管制條款，則目前將近 600 億美元的外匯存底，不僅無法降低，還要增加，此恐非此次修正之目的。因為目前 600 億美元外匯存底，對國內經濟所造成之壓力，不僅是美國壓迫新台幣加速升值的藉口，而且中央銀行收購此鉅額外匯，所放出的一兆數千億元強力貨幣，使貨幣供給額增加率高達 50％左右，對未來物價膨脹已形成潛在的壓力，更嚴重的是外匯存底相當去年國民生產毛額 83％的資源未能有效利用，為最大的損失。因此，本報本（5）月 14 日社論「取消外匯管制標準的商榷」中，建議應將外匯存底的變動，作為取消外匯管制與否的標準，而日前行政院通過的修正

案，已接受本報的建議，將「外匯存底的累積」作為暫停適用管制條款的依據，行政院此種從善如流的精神值得欽佩。而且為配合此一依據標準的加入，而將「國際收支」發生長期順差，改為「國際貿易」發生長期順差，不僅較原案明確，而且亦可使外匯存底有減少的可能。因貿易有鉅額順差時，暫停適用管理條款，使資本大量流出，超過經常帳順差，使「綜合收支」有逆差，不必回復管制，外匯存底即可減少，可緩和鉅額外匯存底對當前經濟的各項壓力。

行政院此次修正「管理外匯條例」，是遵照行政院俞國華院長的指示，在原有管理架構下，盡量放寬。此與一般所希望的全面放寬，不加任何干預不同；而與本報過去一再主張，雖然目前外匯過多，但仍有管制必要，不過所管制者不是怕資金逃避，而是為了國內金融、外匯市場，與經濟安定需要，所作之必要管理精神不謀而合。

雖然中央銀行主管官員表示，此次「管理外匯條例」修正通過，將准許民間自由持有，自由向銀行辦理結匯使用，自由向國外投資，不加任何限制；但在執行時，各項手續亦應簡化，不要使結匯人感覺，政策上確已作到大幅放寬，而在手續上給予種種留難的壞印象。同時，其他有關法令亦應配合修正，例如外人及華僑回國投資條例，過去以外匯管制作為外人及華僑回國投資，履行各項承諾與限制的手段，現在外匯管制條款暫停使用，前項手段即無法律依據而落了空，希望主管當局應檢討，那些承諾或限制，在當前情況下，是否再有需要，如無必要應一併放寬，否則即須修訂原條例，另尋限制之工具。又如對外投資審核要點，過去對國人對國外用現金投資，需要結匯者限制甚嚴，訂定各種條件，使真正投資者無法達到該項標準，另尋找其他管道私下到國外投資。因此，經過經濟部投資審議會通過到國外投資的案件與金額有限，可是在國外實際國人投資的產業並不少，而且此類投資由於未經過正式管道，發生問題時，無法公開進行解決，而吃了許多暗虧。我們希望經濟部在「管理外匯條例」修正通過後，即刻亦將國人對外投資的限制取消，以配合目前新台幣大幅升值後，國內若干產業將轉往馬來西亞、泰國及南非投資的需要，均能透過正式管道對外投資，而獲得保障。

最後我們要指出的，是避免「熱錢」的流入，及大陸中共統戰陰謀，對鉅額匯入款仍應加以管制，以保國內金融、外匯市場及經濟的安定成長，更希望立法院在收到該修正條例案後，能盡速審議通過實施。

（民國 76 年 5 月 23 日　《聯合報》二版）

6.「外匯解嚴」的重大政策意義

修正管理外匯條例於 6 月 26 日經總統公布施行，授權行政院於國際貿易發生長期順差、外匯存底鉅額累積或國際經濟發生重大變化時，得決定停止第六條之一、第七條、第十三條及第十七條全部或部分條文之適用。行政院日昨院會通過決定該等條文停止適用，經常帳完全不再管制，資本帳則仍有部分管理（見本日新聞欄）。我們過去曾一再主張我國當前情況不若香港、新加坡，資本帳不能全部開放，但應盡量放寬，只是管大不管小，以維國內金融與經濟的安定。現在行政院的決議，方向完全正確。就我國三十多年來外匯管理史上看來，此次管理外匯條例的修訂，及日昨行政院院會的決定，不啻是外匯方面的「解嚴」，使外匯管理邁向新的里程碑。

回顧過去三十多年來，我國國際收支的變化，真是變化萬端；初期外匯極度短缺，甚至台灣銀行毫無外匯存底，所開出的國外信用狀，曾遭香港銀行拒收；台灣銀行於民國 40 年初，曾為度過農曆春節，需要 50 萬美元外匯而告貸無門；民國 47 年 4 月 12 日尹仲容先生實施外匯貿易改革前，實施外匯預算制度，最低時核准金額僅相當申請額的 6%。困窘之狀，可見一斑。哪想到三十多年後的今天，新台幣對全世界貨幣升值，我國外匯存底高達 610 億美元以上，在全世界一百八十多個國家與地區中，僅次於日本與西德，而高於世界經濟王國的美國，及石油王國的沙烏地阿拉伯，高居第三位；從本（7）月 15 日起行政院院會日昨的決定生效，我們便可以自由結購外匯，這是過去做夢也不可能想到的事，今天竟然實現。外國人雖稱讚我國這是「經濟奇蹟」，但我們應該明白，這是多年來在政治社會安定的基礎上，政府正確政策領導，全民共同努力的結果，我們應該珍惜它，愛護它，繼續維持一個安定和諧的環境，使它能發揚光大。

此次外匯的「解嚴」，外匯管制放寬的程度，已遠超過 74 年經革會當時對外匯開放的建議，已達到我們過去所期望的目標，也邁進「外匯自由化」的境界。由於「外匯自由化」的首先實現，除可使外匯資源獲得有效利用，減輕新台幣升值及對物價膨脹的壓力外，就當前國內外經濟情況言，具有下列兩項重大的政策意義：

首先是加速「經濟自由化」的推動。自民國 73 年俞國華就任行政院院長後，第一次向立法院提出之施政報告中，即指出今後經濟發展的基本政策，是「自由化、國際化、制度化」。三年以來，大家都認為是說的多做的少，而今

是「外匯自由化」首先實施。由於「外匯自由化」的實現，將使「貿易自由化」更為落實，「投資自由化」的加速進行。過去管制外人及華僑回國投資的利器，是資本、盈餘與利息收入必須經過核准後方能匯出，靠外匯管制，來管理僑外人來台投資；而今外匯的自由化，管理僑外資已失其工具。事實上，除少數特殊情況外，也不需要管，故我們建議僑外資主管當局，應照 74 年經革會的建議，乘此機會採取「負面表列」方式，對少數不歡迎僑外人投資項目列舉外，其他不再限制。至於國人對外投資的管理，過去也是藉外匯管制把關，不合於主管當局規定者，不得將資本匯出；而今「外匯自由化」後，這一關也把不住了。我們認為對外投資，只要投資人不要求各種優惠，主管機關也不必管。這兩方面如能做到，則國內投資更不必管，「投資自由化」將可加速實現。「經濟自由化」的問題只剩下「金融自由化」了，關鍵在於銀行開放民營問題，這關係著決策階層的觀念問題，本報昨日社論已有詳評，不再贅述。不過我們認為要使整體經濟升級，整個國家進入經濟現代化的境界，如沒有一個高效率金融體系的支持，是絕不可能的事；而且在「外匯自由化」後，國內銀行已無法關著大門做生意，非要開放不可，如不及早有此了解，不僅屆時因應困難問題叢生，也阻礙了國家經濟現代化的推動。故我們建議，不如早做準備，使現有的公營銀行轉移民營，或開放新的民營銀行設立。如此，則由於「外匯自由化」的首先實現，帶動並加速「貿易自由化」、「投資自由化」及「金融自由化」的實現，當可達到「整體經濟自由化」的境界，為國家經濟現代化奠定基礎。

外匯解嚴的另一重大政策意義為邁向「國際化」境界。過去我國企業，不論是對外投資，在國外設置推銷處、建立資訊網、購買專利權，或派員出國推廣業務、學習技術等，所遭遇困難的第一關，就是所需外匯難予獲得核准，或無法獲得適當的供應，由於外匯資金不足，「國際化」竟落為口號，而無法實現。而今不但經常帳外匯完全不管，資本帳在規定額度內亦不再管制。因此，今後廠商不論對外投資設廠，掌握原料來源，或在國外設置分支機構，建立全球資訊網，成立多國籍企業，或購買技術、專利權，以及派員到國外學習等所需外匯均無限制。同時，由於外匯不再管制，外人來台投資，設置分支機構等限制，亦將隨之放寬，使俞院長所標示的「國際化」政策獲得落實。

由於「外匯自由化」的實現，加速整體經濟自由化、國際化的步伐，雖是一個好的現象；但其衝擊是全面性的，政府財、金與經濟主管機關，以及業者們應有此了解，盡早採取調整措施因應；否則，在此「自由化、國際化」迅速

推動過程中，便會覺得遭到競爭的嚴重壓力，而難予因應。

（民國 76 年 7 月 10 日　《聯合報》二版）

三、美國保護主義鋪天蓋地而來

1. 美國保護主義害人害己

　　預定本（5）月 26 日舉行的中美紡織品談判即將開始，而美國眾議院為綜合貿易法案引起激烈爭辯時，美國總統雷根已決定，並由白宮宣布，包括我國在內的日本、西德、瑞士四國與其合作，以一項為期五年的「志願設限協定」（VRA），限制該四國的工具機進口。美國眾議院已於日昨以 295 票對 115 票通過綜合貿易法案，其主要論點，針對貿易順差大國，且存有「不公平貿易措施」的國家，如日本、西德及中華民國，必須每年減少 10％的貿易順差，否則美國即採取設限或增稅方式予以報復。這種跡象顯示，美國貿易保護主義有愈演愈烈之勢，對整個世界貿易將造成極為不利的影響。我國更是開發中國家首當其衝者，不論是綜合貿易法案，或工具機自動設限出口，我國都是唯一被列入的新興工業國家，對我國今後貿易成長及整體經濟發展，均有嚴重的不利影響，我國各主管單位，對此一發展趨勢不應掉以輕心，應迅即籌謀對策。

　　美國貿易保護主義之日益猖獗，主要由於美國對外貿易逆差不斷擴大。於 1980 年時美國的逆差僅 364 億美元，至 1984 年即突破一千億美元而為 1,233 億美元，1985 年更增至 1,485 億美元；入超占進口額的比例，亦自 1980 年時的 14％，1985 年提高為 41％，即美國每進口 100 美元，產生 41 美元入超，其入超比例之大，及增加之快速確實驚人。美國為彌補每年國際收支逆差，不得不引進大量資金，去年美國已由世界最大債權國家，變為債務國家。難怪美國貿易逆差受到朝野的重視。另方面美國本土之工業，受到進口價廉物美產品之衝擊，許多工廠紛紛倒閉或縮小經營規模，影響失業率居高不下，即使在 1984 年高度繁榮時期，失業率仍高達 7％以上。因此，若干人士將美國失業率居高不下，歸咎於進口品剝奪了他們的工作機會。更有研究指出，每進口 10 億美元損失 3 萬個工作機會，因而 1985 年美國入超 1,485 億美元，相當於喪失了 455.5 萬個工作機會。但實際上，美國貿易逆差的不斷擴大及失業率的居高不下，根本原因是由於美國產品競爭力衰退與美元過分強勢的結果，鉅額貿易逆差與高失業率不是原因而是結果，美國保護主義者的做法是倒果為因，不

僅解決不了美國面臨的問題，而且由於所提之保護方案都是從限制進口著手，傷害了對方也傷害了美國自己。

　　我們首先要指出的是，國際貿易的最大功能，是促進世界資源的充分有效利用，透過生產與交易的增加，創造充分就業與提高人民生活水準。美國是世界最大貿易國家，其所提之保護法案是在限制進口，即在阻止出口國家具有比較利益部門的發展，而在美國受保護的產業，原本不具比較利益，因在保護之下，反有能力在國內生存，而與具有比較利益的產業爭取資源，這不僅阻礙全世界資源利用效率的提高，也使美國整體資源的利用效率降低。誠如美國總統雷根批評眾議院剛通過的綜合貿易法案，是減少貿易法案，違反許多最基本的國際貿易規則。

　　其次，我們要指出，美國保護主義者的想法，是在抑制進口，增加國內生產，創造就業機會，以解決失業問題。但實際上，一方面由於美國限制進口或限制出口國家的出口，對方外匯收入減少，不得不減少進口，亦即影響美國的出口；另方面若干受美國保護主義打擊的國家，採取報復手段，限制自美國的進口；這二者都影響美國的出口，亦即影響美國的生產，失業問題仍然不能解決。而且美國出口部門也是高生產力部門，在各國限制進口之下無法充分發揮；可是遭受進口衝擊的低生產力部門，在保護之下反而活躍起來。因此，即使美國失業問題不再惡化，也是在低生產力之下維持就業水準，降低了美國整體經濟福利。

　　第三，保護主義將增加國內消費者的負擔，美國要求日本汽車對美限量出口，結果日本車在美國奇貨可居，售價大漲，同時也提高了美國自產汽車的售價。據華頓研究所的估計，此一限制使美國購買汽車者每年多付出 50 億美元，此即為最顯著的例子。此外，美國是世界最大的進口國家，其限制進口後，對負有鉅額外債的國家，對其以增加出口來清償外債的努力，是一明顯的打擊；而美國的各大商業銀行是這許多外債國家的最大債權銀行，這些國家失去付息能力，真正受害者，還是美國這許多債權銀行。

　　由以上分析，我們可了解，美國這些保護法案，不僅不能解決問題，而且會為美國帶來更進一步的災害。雖然美國總統雷根信守「自由貿易」的原則，了解保護主義帶來的問題，為什麼還會作出限制工具機的進口決定。主要由於美國 11 月期中選舉將近，國會議員為爭取選票，紛紛提出保護法案，據說到目前止已超過三百件之多，美國政府雖持反對態度，但為平息國會保護主義者的不滿情緒，而提出補償性措施以為協調之工具。美國是我國最大出口對象，

美國保護主義既是愈演愈烈，並摻入政治因素，將對我出口及整體經濟構成極大之傷害。我們除呼籲美國朝野了解保護主義不能解決美國面臨的問題，而會帶來災害，應審慎處理外；我國主管當局與業者們，應積極改善產業結構，分散國外市場，以及解除國內各項保護措施，以消除美國保護主義者的藉口，並將我國排除在打擊對手名單之外，以減輕對我國的不利影響。

（民國 75 年 5 月 24 日　《經濟日報》二版）

2. 因應美國保護主義應有的作法

近四年來，美國對外貿易由於出口衰退，進口大幅增加，致貿易逆差不斷擴大，去（1985）年貿易逆差更高達 1,485 億美元，即每進口 100 美元就產生 41 美元入超，問題之嚴重，深受全國上下之關切；而且美國國內失業率居高不下，若干廠商經營困難，認為是受了進口的影響，故對限制進口提出強烈要求；加以今年 11 月美國期中選舉日期迫近，國會議員為討好選民，摻入了政治因素，更使美國國會內貿易保護法案紛紛出籠，估計已超過三百件。而美國是我國出口最大市場，兩年來對美出口均占我國總出口的 48％以上，因此，美國政府對進口任何限制，多多少少都會影響到我國的出口。而且我國對美國的出超，即美國對我國的入超，近兩年來僅次於日本、加拿大，為美國第三大入超來源國，大於對西德的入超，更成為美國為解決貿易入超問題，被攻擊的主要對象之一了。

美國國會所有貿易保護提案，對我影響較大的，除甫於上（5）月 22 日眾議院通過的「綜合貿易法案」外，據國貿局透露，至少還有三件，一是貿易促進法案，二是貿易緊急暨出口擴張法案，三是行將捲土重來的紡織品及鞋類設限法案，其中除第二項因保護性質過於強烈，通過的可能性不大，第三項尚待 8 月間 GATT 多邊談判而定外，第一項因其內容與美國總統的自由貿易政策相吻合，通過的可能性及被美國政府接受的可能性均極大，亟應及早準備，提出因應對策。

實際上，美國對我國產品的進口已採取了實際行動，除透過各種談判向我國施加壓力，提出各項要求外，已採取了若干措施，如將我國與高度工業國的日本、西德與瑞士並列，在六個月內促使我國輸美工具機自動設限；對我國政府核准日本豐田汽車公司來我國投資生產小汽車，規定之外銷比例要進行調查；擬將我國對美輸出之鋼鐵產品列入自動設限對象等，均對我國出口產生相當大的衝擊。

雖然美國總統堅持「自由貿易」原則，但其基礎還是建立在公平交易上，

對美國的入超對手國，國內市場有任何保護措施，都認是不公平競爭，均列為攻擊的對象；尤其美國期中選舉在即，為維護共和黨的選票，美國行政部門，對國會龐大的保護壓力，不得不採取妥協的策略。因此，對世界貿易將產生不利的影響；而我國不僅是以貿易為導向，而且是出超大國，將首當其衝；如不妥為因應，將對我國出口及整體經濟產生極不利的影響。今天我們將就此一課題，提出因應對策，供主管當局參考。

一、緩和對外貿易鉅額出超，為當前經濟重要課題，但基本原則是在貿易持續成長的條件下，縮小貿易出超，亦即在出口持續擴大的情況下，提高進口增加的幅度。此一原則，不僅可支持經濟的繼續成長，也可加強國內競爭，提高資源利用效率。因此，我們應利用各種方法遊說美國行政當局，不要採取限制我國出口措施，甚至可用開放國內市場作為交換條件，符合美國雷根總統「自由貿易」的要求，也可達到我們的目的。

二、貿易自由化，開放國內市場，為政府既定政策，但進口管制並未放鬆，表面上自由進口的項目雖占總進口的 97.5%，但准許進口產品中，還有限申請人者 331 項貨品、限採購地區者 98 項、必須檢附文件者 2,132 項、必須加蓋戳記者 642 項，及特別規定者 2,109 項，合計 5,222 項。如將此部分扣除，則自由進口的項目僅占 79％而已。至於進口關稅偏高，雖然財政部決定不再計算平均名目稅率，避免國外認為我國關稅太高；實際上就是不計算平均名目稅率，但高稅率事實俱在，無法掩人耳目，我國大宗出口的紡織品，其進口關稅仍高達 67.5%，鞋類亦高達 30%；平均實質稅率仍高達 10%以上，較之工業國家的不到 4%，仍高出一倍以上。此等進口管制與高關稅，即使美國不對我國提出要求，為使政府既定政策能夠落實，亦應放寬與降低。

三、投資自由化，不僅是去年經革會的建議，而且也經過行政院的核定，限經濟部在一年內，對外人投資的各項限制作全面檢討，改以「負面表列」方式，即除對公害汙染較重、能源消耗較多的產業，及其他特殊原因等，不歡迎外人投資的產業列表外，凡不在表列的產業均在歡迎之列。此一放寬不限製造業，尚包括服務業，尤其國內金融保險業的落後，更需要國外業者的競爭與刺激，同時亦符合政府所持「國際化」的原則。

以上三項都是美國政府對我們的要求，亦是我國政府既定的政策，我們應坦誠的列出進度表來，避免成為美國保護主義者攻擊的藉口，亦可使國內業者了解政府的明確政策，規劃經營的策略，減輕美國保護主義對我的不利影響。

（民國 75 年 6 月 14 日　《聯合報》二版）

3. 對因應中美貿易談判的看法與建設

本周一（7 月 28 日）晚行政院中美貿易專案小組，在行政院舉行緊急會議，研商對美貿易談判原則。由於美國貿易逆差不斷擴大，使美國於去年已自債權國家淪為債務國家，深受全國上下重視；而且今年 11 月美國期中選舉，國會議員為爭取選票，討好業者，保護主義之風瀰漫了整個國會。美國政府基本上雖強調自由貿易，但一方面為避免國會所立保護法案過度嚴厲，破壞自由貿易精神，因而搶先與貿易對手國談判，要求對方開放國內市場，以利美國產品出口，藉以說服國會，少立激烈保護法案；另方面美國執政黨為討好選民，使在下屆國會能占有多數席位，亦常向貿易對手國，提出若干進一步之要求。因此，貿易逆差原為經濟問題，目前已變成了政治問題，美國政府給予主要貿易逆差來源國家的壓力愈來愈大。尤其我國是美國貿易逆差來源的第三大國，僅次於日本與加拿大，而超過美國對西德的逆差；根據美國海關統計，去年中美貿易美方逆差達 131 億美元，超過美國對亞洲其他三條小龍——香港、韓國及新加坡逆差之總和。故對我國所施之壓力，自過去每年數次，改為每月一、二次，最近更是每周、每日都有驚人之消息出現，如最近一周來，除謠傳美方要與我國召開貨幣會議，談判「新台幣升值問題」外，又有「自製率問題」，日昨更提出「海關完稅價格表問題」等等，問題愈來愈迫切，時間愈來愈緊急，故行政院中美貿易專案小組不得不於日前夜晚召開臨時緊急會議因應。

根據我們了解，截至最近美方向我方提出的要求，將於下月初談判時，談判的主要項目接近 20 項之多，其主要的有：

1. 71 項關稅減讓問題；
2. 美國銀行在台分行業務放寬問題；
3. 放寬美國產險業務範圍及允許美國人壽保險公司來台開設分公司問題；
4. 外人投資外銷比率問題；
5. 開放內陸運輸問題；
6. 純開放進口，並降低進口稅率問題；
7. 工具機自動設限對美出口問題；
8. 開放美國菸酒進口問題；
9. 放寬外國影片放映限制問題；
10. 24 項重要工程所需進口器材設備，向美採購問題；
11. 放寬租賃業務限制問題；

12. 智慧財產權保護問題；

13. 取消進口發證限制問題；

14. 開放橡膠、化學品等產品進口問題；

15. 准許美國貨品在軍公教福利中心供銷問題；

16. 我國鋼鐵輸美自動設限問題；

17. 外人投資有關「自製率」規定問題；

18. 海關完稅價格表，違反 GATT 的關稅協定條款問題；

以及即將提出的「新台幣升值問題」等等。範圍相當廣泛而複雜，因應稍有不慎，不是引起美方不滿而採取報復措施，就是損及我方權益；而且中美雙邊高階層貿易會談，下周一（8 月 4 日）即將在美國華府舉行，我們願就美方所提以上預定提出的各項問題，歸納成以下六方面，提出我們的看法，以供決策階層及貿易代表團的參考。

首先我們要指出的，是關稅減讓問題，我國出口已高居全世界第 11 位，許多大宗出口品，已是世界主要出口國家，甚至高居世界出口國家第一位，同類產品進口還課徵 40％以上的高關稅，實在說不過去；還有我國每人 GNP 已超過三千美元，過去在低所得時認為的奢侈品，課徵 30％以上的高關稅，而今所得大幅提高後，昔日的奢侈品，目前已成為必需品，如汽車、家庭用電器產品，及日常生活用品等等，其進口關稅仍居高不下，更授人話柄。因此就是美國不向我國提出關稅減讓要求，我們亦應對關稅結構作全面性檢討，自動大幅降低進口稅率，不應作為談判時討價還價的工具；同時進口稅率大幅降低後，亦可促進進口的增加，舒緩當前貿易鉅額出超的壓力；這是當前政府既定的政策，應該努力去做，否則，談判後還是要降低，徒然增加中美間的不必要誤會與摩擦。

第二、關於開放國內市場問題，這原是符合政府當前自由化的基本政策，原則上應予同意，但基於某些特殊理由，如開放內陸運輸涉及國家主權問題，我們應說明不能同意理由，要求美方諒解；又如人壽保險公司的設立，雖然牽涉長期資金吸收問題，但鑒於國內壽險之落後，需要競爭刺激，可採取逐步開放的方式等外，其他如銀行業務的放寬、產品進口的限制等等，均應取消限制。

第三、美方對我出口自動設限要求，不僅阻礙我國產品出口，影響我國經濟持續成長，亦不符合美國政府強調的自由貿易精神，何況美國政府所提出口的工具機及鋼鐵，在美國進口市場我國占有率極微，只要我產品沒有傾銷行

為，不應同意美方的要求；但應說明我方的立場與理由，相信可以獲得美方的諒解。

第四、外人來華投資，所涉及的「外銷比率」及「自製率」問題，都是違反自由化與國際化的基本精神，我國應盡速取消。

第五、保護智慧財產權，是一個現代化國家必須具備的條件，我國已擬有「公平交易法」，現正在立法院審議中，我們期望立法院下次會議開議時，列為重要法案，盡速完成立法程序。

第六、重要工程器材及設備採購美國貨問題，是違反自由化精神，而且美國貨價格遠高於日本產品價格。不過決策階層為緩和對美貿易順差，在政治層面考慮，如決定某些工程設備指定採購美國貨，不啻給予美國很大的優惠，應可作為談判的政策工具，靈活應用，但亦應不以大幅增加工程成本為原則。

至於美方即將提出的匯率問題，我們認為目前新台幣價位，雖有低估現象，但幅度並不大，若有大幅波動，其對我經濟之影響將遠超過日本（因我國出口占 GNP 的 50％以上，遠較日本的 13％，高出三倍之多），而且根據日本經驗，日圓升值尚無法減緩貿易出超問題，如美方於此次會議中，提出此一問題，我方亦不應做任何承諾；在不得已的情形下，至多只能同意成立專案小組審慎研究此一問題。

國際間任何談判，本來就多爭執，但美國在國際間仍然是一個講誠信的國家，而且其所提之要求，絕大部分是一個崇尚自由的現代化國家，所應該做的，何況我政府早在兩年前，即已宣布今後經濟將以「自由化、國際化」為最高指導原則。因此，我們以上建議即係本此原則，並為邁向現代化國家應有的作法。我們建議主持中美貿易談判我方首席代表，應把握以上建議精神，不卑不亢的與美方談判，爭取國家最大的權益，增進中美經濟貿易合作。

（民國 75 年 7 月 31 日　《聯合報》二版）

4. 以合作來解決中美貿易差額問題

日來有三項對我國經濟極具影響力的新聞，值得大家重視：一是美國財政部長貝克，公開呼籲亞洲新興工業國家——中、韓、港、星的貨幣升值，以避免美國保護主義的反擊。一是美國貿易特使尤特，公布了 1986 年外國貿易障礙報告，列舉世界各國包括我國在內之貿易障礙情況。一是經濟部長李達海前天由美國返國，透露他帶回美國貿易特使尤特對新台幣升值的看法。由於我國對美出口不僅高占我出口總額的 48％，更高占我國國民生產毛額的四分之

一；尤以後者依賴美國之高，冠於美國所有貿易夥伴國家，甚至也高過加拿大與墨西哥；可見美國市場對我國整體經濟的重要性，及美國貿易政策對我國整體經濟之影響程度了。

本月初的美國期中選舉，民主黨控制了參眾兩院，而民主黨一向偏重於保護主義，而去年保護色彩極為濃厚的「綜合貿易法案」未獲通過，任金斯法案又被雷根總統否決，明春美國國會開議後，在民主黨議員的影響下，此兩法案可能捲土重來，而在醞釀中的三百多件貿易保護法案，被通過的可能性也比過去大很多。美國政府有鑒於此，故一再呼籲其貿易逆差來源國家，降低關稅、開放市場及貨幣升值，以縮小對美貿易美方的逆差，避免美國國會保護主義的壓力關閉市場，對全世界經濟都不利。

由於以上兩點認識，我們主張以「合作」來解決雙方貿易差額問題，所謂「合作」，並不意味同意美方所提新台幣在短期內大幅升值的要求，而是在「合作」之下，雙方溝通，使美國了解我國全盤的作法；以避免專注對新台幣升值施加壓力。國內少數人以為新台幣匯率已是根據市場供需調整，不必與美國諮商。此種逃避現實的作法不足取，在外匯供給超過需要二分之一的情勢下，新台幣匯率不可能只一天升一分的維持下去。美國要求貨幣升值的壓力，連世界經濟大國的日本也抵擋不住，何況日本市場自由化的程度遠比我國高，卻也不得不忍痛使日圓大幅升值；我國外匯市場距自由化尚有一大段距離，更難長期規避美國的壓力，不如面對現實，反能得到對方的諒解。

我們應坦誠的與美方就尤特所提出之 1986 年貿易障礙報告我國部分的內容，以及貝克主張的新台幣升值問題，全部拿出來檢討，我們表示改善的誠意，不過我們要把握基本原則，即在對我國整體經濟傷害最小的條件下，謀求貿易差額的縮小，以達到美國最大的經濟利益；亦即以不縮小我國的出口，而以大幅增加進口，以縮小我國貿易順差的方式為基本原則。換言之，在美國立場，應不限制我產品進口，而以擴大美國產品對我出口為主，此一作法將使雙方蒙受其利。根據此一基本原則來檢討各項可利用的工具。首先就匯率問題檢討，因我國經濟結構、技術水準、企業因應能力，都遠不如日本，第一、我國對出口依賴程度高過日本三倍以上，新台幣升值對整體經濟的影響，遠大於日圓升值對日本的影響。第二、日本出口產品中，技術密集的資本財高占72％，其附加價值率高，而其中尤以研究發展費用為主，因應彈性較大，我國出口多屬加工裝配，附加價值低，在短期內無法承受新台幣大幅升值的壓力。第三、日本產銷分工，外銷多以大貿易商為主，大貿易商除出口外還經營進

口，可使升值的利弊相互抵銷；而大貿易商背後之關係銀行，更在資金外匯上靈活調度，使日圓大幅升值對生產事業的損害減至最小；我國廠商不具備此等條件。第四、日本出口品多為資本設備及零組件，其價格彈性小，可將部分升值損失轉由進口者負擔；而我國出口絕大部分為消費品，一向倚賴價格優勢，一旦漲價，訂單即轉往其他國家。主管當局可持以上四點理由，與美方諮商，分析說明新台幣不宜短期內大幅升值的理由。

再進一步要使美方瞭解，新台幣大幅升值，對我國出口產業之影響，是全面性的，故其傷害甚為嚴重，而對美國並無實利可圖。因為新台幣在短期內大幅升值，對我出口不利是肯定的，對美國出口雖減少了，但美國的市場將被其他開發中國家產品代替，對美國縮減貿易逆差並無幫助；而且，由於我國出口受影響，打擊整體經濟，成長與所得都減緩，進口隨之會下降，更不利於美國對我國的出口，何況我國已是美國第 11 大出口市場，未來的潛力更大。因此，我們認為新台幣在短期內大幅升值，是兩國雙方均受其害的作法，不宜輕易採用。

其次，就尤特所提報告指出我國目前尚存在的貿易障礙檢討，該報告指出，為業者所詬病的首推高關稅。我們承認我國關稅偏高，不僅增加消費者負擔，亦使資源分配扭曲，並在高關稅下促成非法走私進口；其次是進口的限制，同樣是阻礙國內產業進步的絆腳石，這些近年來我國政府不斷的在改善，但作法上太過保守，效果不彰。今後就是美國不給我國施壓力，就我們實施自由化、國際化的立場言，亦應大力積極推動。我們必要時可定出時間表來，讓美方信服。其他諸如服務業障礙、投資障礙等，美方所提對銀行、保險、電影、租賃及對外投資的限制，我們認為都可取消。至於廢除完稅價格表、加強保護智慧財產權，前者已於 10 月 1 日廢除，後者已修改了有關法令，今後將有效執行，此類障礙將不再存在。

我們認為美國所提貿易障礙，如能去除是利多於弊，即使會產生負作用，亦是對少數個別產業，不及於全體，而亦符合美國的願望，應優先澈底的去做，而且是此方面作的愈多，美方對我新台幣升值的壓力會愈小。

我們更要特別注意到，明年美國國會復會後，民主黨控制參眾兩院所施加的壓力雖甚可慮，而 1988 年美國總統大選後的情況，更是嚴重，那時不論是民主黨或共和黨主政，都很難像雷根總統這樣的堅持自由貿易原則。因此，我們應及早準備，做好未雨綢繆工作，否則，對未來貿易帶來的困難會更大，對我國經濟成長也會有更不利的影響。我們期望主管當局與業者們，應早謀應對

之策。

（民國 75 年 11 月 22 日　《聯合報》二版）

5. 美國貿易保護法案迫人而來

　　美國新國會自本（1）月初開議以來，非常積極地推動貿易保護法案的立法工作，並展開各項公聽會作證，氣焰之高為過去少有，行政部門甚至雷根總統亦表示願與國會合作，研擬新的貿易法案。據傳在國會醞釀中的各色各樣保護法案多達三百餘件，其中殺傷力比較大，而又有通過可能的主要有四案：

　　一是眾院的綜合性貿易法案，係由歐尼爾等委員提出，主要內容：（1）是將貿易法 201、301、337、406 條及普遍化優惠關稅（GSP）之行政決定權，由總統移至貿易代表署；（2）修改貿易法 301 條，對利用剝削勞工合法權益而取得貿易競爭上利益之行為，視為一種不公平競爭；（3）對美「過大貿易差額的國家」，自 1987 年至 1990 年，每年應依次減少 10％的順差。

　　二是參院綜合性貿易法案，係由丹佛斯議員提出，主要內容除將總統之貿易談判權及決定權，移至貿易代表署的階層外，將各國之獎勵策略性工業，列屬不公平貿易措施，及於二年內將中、韓、港自普遍優惠關稅制度畢業。

　　三是貿易緊急及出口擴張法案，係由班森、羅斯登考斯基議員提出，凡 1984 年與美國雙邊貿易超過 70 億美元的國家，且該國對美出口與自美進口之比例，大於 165％，而該國又被美國總統認定有關稅壁壘等不公平貿易行為時，倘該國對美之貿易順差，未能分別作 5％或 10％之減少，則對所有該國銷美之產品加徵 25％之附加稅。

　　四是紡織品及鞋類設限法案，亦即去年被雷根總統否決之任金斯法案，其主要內容：（1）1984 年紡織品進口額占全美紡品進口總額 10％以上的國家，其紡織品進口限額，以其 1980 年輸美量為基準；（2）對進口鞋類設限 8 年，在此期間內，非橡膠鞋進口總額，不得超過美國市場消費量的 60％（1985 年已達 58％），並採輸入許可證制。

　　以上四法案，任何一法案如獲通過，對以輸出為導向，尤其對美出口占總出口 48％的我國，其可能遭受的影響極為嚴重。不過，我們平心靜氣分析，美國以世界第一經濟大國，由於貿易鉅額逆差的不斷擴大，在短短三年間即從世界第一大債權國淪為最大債務國，估計去年底美國外債高達 2,000 億美元；每年還本付息不是一個小數目，加以美國儲蓄率低，還本付息後，用於生產性投資的即不多，對競爭力的提高及未來經濟的持續成長均有不利的影響；以及

失業率自 1982 年 10.5％的高峰下降至 7％後，即停滯不前，一年多來均維持在 7％上下，與美國政府希望降至 4％達到充分就業水準尚相差甚遠。而此兩問題的產生，在美國部分人士認為是進口太多的結果，若干產品進口占國內需要的比例甚高，以致打擊美國本地產業無法繼續經營下去。如 1985 年進口的電視機、收音機、鞋類，分別高占國內需要的 58％至 63％，半導體進口占 40％，成衣、鋼鐵品、車輛等進口亦占 20％以上。此一事實不得不使人承認，美國市場仍是世界各國最開放的國家，由於進口太多而遭到如此多嚴重的問題，美國人保護的心態，應該是可以諒解的。

但如深一層分析，美國目前的進口尚不到其國民生產毛額的 10％，亦不能算多，問題在於出口太少了。美國商品出口金額尚不到其進口的 60％。顯示美國貿易逆差不斷擴大是其產品缺乏出口競爭力，及其廠商不太重視出口；至在國內市場又感覺某些產品進口太多，主要是該產品已無比較利益，已失去競爭力的結果。如硬要保護不僅不能針對原因，解決不了問題，反而會對美國整體經濟更為不利。據美國聯邦準備局的研究發現，僅 1984 年單單成衣、糖及汽車三類產品設限，使美國消費者增加支出 140 億美元，約占該三類產品消費總支出的 8％；另一項實證研究 1980 年，美國保護國內成衣業，使整個社會增加支出 15 億美元，只是為了保全 8,900 個本來可能被淘汰的工作；當年每一個工作的平均工資是 12,600 美元，但為保全該一工作美國人民增加支出達 168,000 美元之多，即美國人民平均化了 13.3 倍的代價來挽留一個可能失去的工作。這樣的無效率，更削弱了美國的競爭力，使問題愈陷愈深。故我們認為解決美國貿易逆差之道，不能病急亂投醫，正本清源之道，是如何提高其產品出口競爭力。

不過出口競爭力不是短時期內所能提高，如任由美國貿易逆差擴大，將導致美國經濟的衰退，而美國是世界經濟第一大國，其進口仍占自由世界進口的五分之一以上，美國經濟的衰退，對整個世界都不利。為互惠共榮計，世界各出超國家實應大幅降低關稅，徹底開放進口，多容納美國產品的進口，不僅可促進國內資源有效利用，亦有利於美國貿易逆差的縮小及經濟的持續成長，緩和美國保護主義者的壓力。假以時日，美國出口競爭力恢復提高，也會再度促進世界經濟的繁榮。這是利人利己的工作，我們希望出超國家應有此共識；尤其我國對美國出口占我 GNP 的四分之一，美國經濟的榮枯對我經濟影響之大，更應有此認識。

（民國 76 年 1 月 20 日　《聯合報》二版）

6. 美眾院通過蓋哈特貿易法修正案的警惕意義

國人所關心的美國蓋哈特眾議員所提出的貿易法修正案，在美國眾議院經過激烈辯論後，終於 4 月 29 日以 218 票對 214 票，僅以 4 票之多通過。而眾院所提整個綜合貿易法案，亦於 4 月 30 日，以 290 票對 137 票，壓倒性多數通過。

國人之所以關心蓋哈特修正案，主要因為蓋哈特修正案規定，行政部門應與「長期運用不公平貿易障礙，而享有鉅額對美貿易順差的國家」，進行談判，促使各國完全取消所有的不公平貿易障礙，如談判開始六個月後，各國仍未取消所有不公平貿易障礙或大幅減少對美貿易差額，美國貿易代表就必須採取提高關稅、限制進口等報復行動；報復價值須與該等不公平行為所造成之負擔相等。再過九個月後，如對方仍未改變其不公平行為，而對美貿易順差仍然呈現鉅額順差時，則美國將強制對方每年遞減 10％的貿易順差，連續四年。該修正案同時規定，所謂鉅額順差的標準，為對美貿易順差超過 30 億美元，對美非石油出口超過自美非石油進口的 75％，合於此兩標準的國家，即被列為報復的對象。根據美國去（1986）年進出口統計，入超 1,698 億美元中，來自日本的入超達 588 億美元高居第一位，對加拿大貿易入超 238 億美元居次，對我中華民國貿易入超 161 億美元居第三位，這是我國連續第三年高居美國第三位入超來源國。雖然美加貿易美方入超金額大於對我入超金額，但加拿大對美出口只超過自美進口的 53％，低於前述對美出口超過進口 75％的標準，照規定不列入報復對象；而中美貿易根據美方統計，去年我國對美出口 212 億美元，只自美國進口 52 億美元，出口超過進口達 308％，不僅遠超過前述標準，亦高於日本對美出口超過自美進口 221％的比例，而為出口超過進口比例最大的國家。如該法案正式通過實施，則我國將與日本首當其衝，被列為報復的對象。而美國是我國最大出口對象，如遭遇美國如此強烈的報復，則不僅對我出口有嚴重的打擊，對整體經濟亦將產生極不利的影響，蓋哈特修正案之嚴重性，由此可見。

雖然美國雷根總統在眾院辯論蓋哈特修正案前，一再強調該修正案保護色彩太濃，違背自由貿易精神，亦牴觸「關稅暨貿易總協定」基本原則，如獲國會通過，總統仍然要將其否決；而且美國參院綜合貿易法案，尚在討論中，預計 6 月通過後，7 月間參眾兩院召開聯席會議，協調兩院所通過的綜合貿易法案。以目前情勢觀察，參院會要求對蓋哈特修正案再予修正，以緩和該案的強

烈性。因此，一般認為參眾兩院協調後的綜合貿易法案，不至於如蓋哈特修正案原來的強烈。不過，以出口為導向的我國也不能過於樂觀掉以輕心，就最近四個月來，美國國會討論及通過蓋哈特修正案，至少給我們下列三點警惕意義：

一、在美國眾院辯論蓋哈特修正案時，反對聲浪很大，甚至有 55 位民主黨議員投反對票。但不可否認的，反對派人士都認為對不公平貿易者，採強硬態度是必要的，也是理所當然的，他們之所以反對蓋哈特修正案，只是其對順差國強制減少順差之規定，認為過於激烈。故今後兩院協調通過之綜合貿易法案，為要降低美國貿易逆差，而規定行政部門對對美貿易順差國採取報復措施不可免，只是程度大小的差別而已。以我國對美出口占我國 GNP 四分之一，遠高於美國的鄰邦加拿大與墨西哥，這種高的對美依賴不應太久，否則美國任何行動對我傷害最大，因此，分散國外市場已刻不容緩。

第二、在美國眾院表決蓋哈特修正案，反對票高達 214 票，只與贊成票 218 票，相差 4 票而已，而且反對票中，有 55 票為民主黨議員所投，如分析這 214 票反對票議員的選出地區，多來自農業州及港口地區，而美國農產品生產過剩，亟待出口，亦為美國重要出口品之一，同時，對美貿易順差國家亦是進口美國農產品的主要買主，如美國採取不合理的強烈措施，遭受對方報復者，農產品首當其衝；而港口主要靠貿易，如美國採取過分保護，則貿易量削減，首先遭殃者即為港口。在此次投票中，此兩類地區所選出之議員發揮了很大的制衡作用，顯示過去對此兩方面的遊說發生了效果，雖然該案還是通過，但僅多 4 票險勝，使在參眾兩院協調時，眾院缺乏堅持原案的力量；即令該修正案在參眾兩院協調通過，最後雷根總統還會否決，不過國會再投票時反否決的力量也不可忽視。因此，我們除應加強對以上議員遊說外，更應發動美國進口商及消費大眾，展開其所支持議員的遊說工作，使蓋哈特修正案得不到三分之二的支持，反否決無效。

第三、不論蓋哈特修正案，或其他貿易法案，所報復或打擊對象的前提，是有不公平貿易行為者，而香港貿易完全自由，故不列為報復對象即為一例。而我政府近數年來一再強調自由化、國際化政策，即是解除過去保護措施，消除不公平貿易行為，與美國的要求完全一致。亦即我們如能在最短時間內，大幅降低關稅，解除進口管制，開放國內市場，及新台幣的適度升值，以及鼓勵投資，提高消費水準，擴大國內需要，緩和貿易鉅額出超，使美方沒有藉口，其壓力、衝擊自然會減少。

　　以上三點警惕意義，我們如能深切體認，即刻採取行動，相信美國如再採取限制進口措施，對我國不利影響將可減少。

（民國 76 年 5 月 2 日　《聯合報》二版）

7. 美國新綜合貿易法案對我影響及因應之道

　　美國 1988 年綜合貿易法案，於今年 5 月 24 日遭雷根總統否決後，同日美眾院以 308 票對 113 票，超過三分之二票推翻雷根之否決；7 月 13 日復將雷根反對之「工廠關閉條款」提出另案處理後的新綜合貿易法案，以 376 票對 45 票更高的差數通過；美國參院亦於 8 月 4 日以 85 票對 11 票，極大懸殊的比數通過新的綜合貿易法案，使得雷根總統無法再予否決。這一舉世關注的美國新綜合貿易法案，終於獲得了起死回生的機會，預料可在本（8）月底前，正式成為美國的法律實施。

　　美國新綜合貿易法案，不僅擴大了認定不公平貿易範圍，而且授予總統匯率談判權限，對以美國為最主要出口對象的我國，將有極大的不利影響。其對我不利的主要條款，有：

　　一、特別授予總統權限：

　　（1）匯率談判：當美國與外國進行貿易談判時，如財政部長向總統報告，該對手國操縱匯率，則總統應迅速向該國提出匯率談判。將加重新台幣升值壓力。

　　（2）談判目標：除農產品、服務業開放及智慧財產權的談判，已使我們困擾不已外；現更加入勞工權益及經常帳順差，都列為談判目標，要消除我國經常帳順差不是短時期能做到的，則其困擾將更增加。

　　二、擴大不公平範圍（301 條款）：

　　（1）將 301 案之判定權與執行權，由總統移至貿易代表署。而貿易代表係總統提名後經參、眾兩院同意後任命，則貿易代表受國會之影響將大增。此種轉變，對我國將更易被控觸犯 301 條款。

　　（2）其他國家對美國有「不合理」行為時，可以採用「301 條款」來制裁。所謂「不合理」的範圍被大幅擴大；如採出口導向措施、允許一些對美國廠商的不利競爭行為、進口限制、長期罔顧勞工權益等。我國目前的許多做法，隨時可被作為制裁的藉口。

　　三、明定「超級 301 條款」：

　　美國貿易代表署，應在 1989 年 4 月 30 日及 1990 年 3 月 31 日向國會提出

「外國貿易障礙」報告,將不公平貿易國家排列名次,對各項名列前茅的國家先展開 301 調查,並進行制裁。我國許多現有規定,如不改進,將極易遭受制裁。

四、課徵反傾銷稅及平衡稅:擴大補貼的定義,當對出口有補貼時,美國將對其出口到美國之產品,課徵反傾銷稅或平衡稅。則我國廠商對美出口之產品,將更易被課徵反傾銷稅或平衡稅。

五、智慧財產權(337 條款):

據來訪的美國著名律師威廉・佩理(William E. Perry)日前指出,美國國際貿易委員會(ITC)7 月份統計,50 個「337」仿冒案件中,26 個與台灣有關。而新綜台貿易法案:

(1)修改 337 條款,廢止美國廠商必須提出「遭受損害」證明之要求。將使我國廠商更易觸犯智慧財產權之法令。

(2)美國貿易代表署對確認未能充分有效保護智慧財產權的國家,排列順序,據以發動 301 案調查。我國有可能列入優先調查的名單中。

由以上所述可知,美國新綜合貿易法案的實施,對我國經濟之影響,將較過去廣而深,殺傷力很強。如不能即時採取因應對策,對我國經濟的不利影響將極深重。以下提出我們認為必須即刻採行的對策:

第一、政府應鄭重宣布,自過去的出口導向改為進出口並重政策。現今尚存的對出口補貼與對進口抑制措施完全取消;外銷貸款與進口融資、進出口商港建設費應同等待遇;對進口的限制,除國際慣例外,全部取消;對進出口附加的樂捐,如勞軍捐、雜糧捐、出口推廣費用,全部取消,進口關稅仍應繼續降至工業國家水準。

第二、今年 1 至 7 月,不論總出超及對美出超,均較去年同期大幅下降,有利於目前匯率的穩定。但不可否認的這其中與大量進口黃金有關。然今後如黃金進口減少或停止,則出超擴大又給新台幣升值帶來壓力。因此,我們建議應未雨綢繆調整黃金進口政策,不應因黃金進口的多寡而影響出超的擴大,避免對新台幣升值施加壓力。

第三、加速自由化的推行,減少美國動用 301 條款的藉口;除以上建議開放進口與持續降低關稅外,應加速開放國內市場。

1. 執政黨政綱要適度保護農業,對某些農產品進口加以限制,這雖是目前國際間的通例,但因我與美國貿易我擁有巨額順差,如堅持限制某些農產品進口,必將遭致對其他農產品的報復,而被報復農產品的農民自會走向街頭自力

救濟，陷入惡性循環，使問題沒完沒了。我們建議取消對農產品進口限制時，同時建立進口救濟制度，對因進口農產品而受打擊較大的農作物給予救濟，而救濟金之來源，除將目前積存的巨額小麥平準基金（此係消費者的貢獻，不能任由業者花用）撥充外，今後進口農產品所徵收的關稅專案撥入進口救濟金。

2. 盡速開放銀行及保險公司設立，修正中的銀行法應盡速完成立法程序，並建立健全的金融監理制度，開放銀行設立。至於保險業因保護了四十多年成為國內最落後的行業，不僅影響國內需要的擴大，而且由於其保費較國外偏高數倍（如旅行平安保險其保費相當美國的五、六倍），使其有能力大炒地皮，台北市地價每坪狂飆至百萬元，就是保險公司炒的結果；因此，國外保險公司來台投資不應再限制家數，國人新設保險公司，應即開放。

第四、盡速修改勞基法，將不當規定刪除或修正，使真正做到照顧勞工權益，而使業者樂於增加合理負擔，然後貫徹實施。

第五、嚴格實施汙染防止，並將進口防止汙染設備關稅降至零；同時實施汙染者付費制度。

第六、智慧財產權的保護已刻不容緩，不僅可消除美國的藉口，亦是促進我工業升級的手段，應拿出前瞻性的作法，不要再拖了。

第七、擴大國內需要為解決巨額貿易出超的根本之道，而擴大公共投資為擴大國內需要的主要手段，當前阻礙公共投資的各項瓶頸，政府必須拿出魄力來，全力剷除，務使各項公共投資均能按照原進度進行。

第八、調整產業結構不僅可加速工業升級，亦有利於外銷市場的分散，兩者均應全力進行。

以上各項建議，如被政府採納實施，除可減少美國新綜合貿易法案對我國不利的影響外，更可證實李總統籌劃的新財經內閣，功能亦可充分發揮。

（民國 77 年 8 月 7 日　《經濟日報》二版）

四、美國逼迫新台幣大幅升值

1. 新台幣大幅升值對中美均不利

近日來盛傳美國將與我國及韓國召開貨幣會議一事，日昨已獲得美國政府證實，將由美國財政部分別與我國及韓國商討新台幣與韓圜升值問題，並預期新台幣升值 15% 至 20%。美國這一作法將使我國對美國貿易鉅額出超，所受

美國壓力範圍更擴大，層次亦升高。由於新台幣大幅升值，對我經濟衝擊較之關稅降低及國內市場開放為大，特別受到政府及業者的重視，紛紛集會研商對策，股票市場多數為之跌停板。會談尚未開始，其影響已經顯現。將來的發展如何，殊堪注意。

我們首先必須指出，若美國以去年 9 月五國會議干預外匯市場，壓迫日圓大幅升值的經驗來對付我國，則為不智之舉。因我國經濟條件與日本完全不同，受不住這樣的打擊，主要原因有：

一、中、日兩國出口依存度不同。日圓 10 個月來對美元升值超過 50%，對日本經濟影響有限，因為日本出口依存度僅 13%（商品出口占 GNP 比例率），而我國高達 51%，相當日本的四倍之多，亦即別的因素不考慮，新台幣與日圓相同幅度的升值，對我國整體經濟的影響，遠較日本為嚴重。

二、中、日兩國企業結構不同。日本出口產品以大型企業產品為主，在國際間已奠定了堅強的競爭基礎，且於 1978 年曾經歷過日圓對美元匯率，自 360 日圓升值至 160 餘日圓的經驗，而我國出口產品係以中小企業為主，企業組織、財務結構均不健全，且缺乏因應新台幣大幅升值的經驗。

三、中、日兩國產品結構不同。日本對美國出口產品以技術密集產品為主，不僅附加價值率高，伸縮彈性大，而且缺乏競爭對手；因此，其可以提高出口價格，將升值負擔轉嫁由進口國承擔，如日本汽車在美國市場售價半年來已上漲數次。而我國對美出口產品仍以勞力密集的消費品為主，附加價值率低，其中主要為工資，缺乏伸縮彈性；且以價格取勝，若因升值而提高價格，必將為其他開發中國家產品所取代。

由以上分析，可以了解新台幣大幅升值，對我經濟的衝擊遠大於日本。其次，我們也要告訴美國，勿以為新台幣升值 15% 至 20%，美國對我貿易逆差即能迅速縮小。新台幣升值對中美貿易的作用，其實並不很大。因為——

第一、我國出口到美國的產品，都是美國必須進口的產品，如由於新台幣大幅升值，而在美國市場失去競爭力，真正能夠取代的並非美國產品，而是其他開發中國家產品；而且我產品過去在美國市場能有較高的占有率，主要因我國產品價廉物美，如由其他國家產品取代，可能其售價因減少了我國強勁的競爭對手而提高。因此，美國貿易鉅額逆差，不但不會因新台幣升值而縮小，且有更擴大的可能。

第二、新台幣大幅升值影響我國產品出口，有利於進口，固有直接緩和對外貿易出超的功能。但因出口的衰退，將影響經濟成長，影響進口的需要，尤

其在當前投資意願低落的情況下，新台幣大幅升值，勢必打擊投資，對進口的影響更大，不僅抵沖前述直接效果，使我國出超持續擴大，亦減少自美國進口，使美國對我貿易逆差仍無法改善。

第三、近數年來，我國對美出口過於集中，對美出超不斷擴大，主要因新台幣隨美元對歐洲貨幣及日圓大幅升值的結果。最近 10 個月來歐洲貨幣及日圓對美元大幅升值，正是我國產品分散市場的大好機會，緩和對美國市場進軍；如新台幣被迫大幅升值，將喪失此調整機會，不得不向美國市場集中，無法緩和對美貿易的順差。

由此可見，美國若壓迫新台幣大幅升值，顯然是損人不利己的事，美國若遽爾出此下策實是不智之舉。不過美國是我國最重要貿易伙伴，其貿易上發生如此大的困難，我們有義務也有責任幫助美國解決。但新台幣大幅升值，根據以上分析，不僅不能解決美國困難，亦給我國經濟以嚴重打擊，我國應據理力爭，堅持我國立場，新台幣不宜大幅升值。不過，我們可以在降低進口關稅方面及開放國內市場方面多所著力，這些措施不僅有利於美國產品對我輸出，緩和其貿易逆差的擴大，亦可加強我國內市場的競爭，有利於我國產業結構的改善，及資源的有效利用，這是兩方均有利的作法。我們應該大幅降低進口關稅，認真檢討加速開放進口，使美國政府及人民了解，我們在匯率方面不能讓步的理由，可在關稅及開放國內市場方面給予補償，我們有誠意幫助美國解決貿易逆差問題。

（民國 75 年 8 月 2 日　《聯合報》二版）

2. 緩和台幣升值與鉅額出超應採斷然措施

中央銀行總裁張繼正，前天在監察院明確指出，由於外貿持續出超，國內外匯供過於求，使新台幣升值已無法避免。中央銀行唯一可做的，就是維持新台幣緩慢而有秩序的升值，爭取時間，讓其他財、經有關單位採取比較有效而根本的措施。張繼正的此項談話於昨日上午外匯市場開市後立即有了反應，銀行間美元賣壓沉重，實際交易價格打破 37 元大關，以每美元 36.97 元成交，下午中央銀行採取干預措施，使交易價格回升，但仍迫近 37 元大關。

張繼正在監察院的談話，可以說實話實說，兩年來對外貿易出超不斷擴大，新台幣今天還能維持在 37 元兌 1 美元，及貨幣供給額增加率，在今年 3 月前均在 20% 以下，全賴中央銀行的干預與沖銷措施，中央銀行的確已盡了努力。不過，中央銀行對外匯市場的干預，及在國內資金市場所採之沖銷措

施，只能延緩新台幣升值速度，及將出超對物價膨脹的壓力往後推而已。就整體經濟觀察，只是消極的作法，對減緩貿易出超，外匯有效利用均無幫助。

假如在過去兩年中央銀行採取干預與沖銷過程中，有關財、經主管機關或決策部門，能即時採取有效的鼓勵投資，大幅開放進口、大幅降低關稅的根本對策，應可減緩新台幣升值及物價膨脹的壓力，也不致在此次中美貿易談判中，美國對我國施加這樣大的壓力，但中央銀行努力圍堵了兩年，仍未見主管部門提出根本對策，故才有今日的結果。雖然行政院俞國華院長，於上（7）月 24 日的院會中，指示財、經二部於兩個月內，就放寬外匯管制、降低關稅、大幅解除進口管制、放寬外人來台投資及國人對外投資四項擬訂具體辦法，報院核定實施。這四項指示提到的作法，事實上過去政府亦已有多次強調，這次是否在兩個月內，真正提出徹底的作法，符合俞院長的要求，尚未可知；但即使做到，亦只能解決部分問題；但中央銀行的圍堵能力，恐怕已屬有限，決策階層如不即時採取斷然措施，則問題可能愈來愈嚴重了。我們認為解決當前面臨的經濟問題，必須採取標本兼治的斷然措施，至少要做到下列三點：

一、中央銀行應通知外匯指定銀行將所持有外匯（6 月底為 51 億美元）的八成以內，可按當日匯率折成新台幣存入中央銀行為期一年。這一措施可避免外匯銀行拋售，對新台幣升值的壓力（我們了解最近一個月來新台幣升值幅度擴大，外匯銀行拋售是其主要原因）；同時，將金融市場過多的資金凍結一部分，避免流動性過多，造成物價膨脹壓力。不過這一作法，將使中央銀行代各外匯指定銀行負擔了匯率風險。這一點我們要特別向中央銀行說明：（1）各外匯指定銀行累積如此鉅額外匯，都是過去配合中央銀行政策，緩和中央銀行強力貨幣流出的結果，各外匯指定銀行已善盡緩和貨幣供給額增加的任務；（2）如此項外匯不存入中央銀行，而在外匯市場拋售，則新台幣升值將更加速，對出口及整體經濟均將產生極不利的影響。故我們認為，為維護經濟安定與成長，及減輕外匯指定銀行的匯率風險，中央銀行有責任也有義務，受收這筆存款。

二、有限度的放寬對外金融投資。雖然少數學者對放寬對外金融投資持反對態度，認為我們仍是開發中國家，如隨便將寶貴的外匯用去，資金外流，將來需要時將有不足之感。但我們認為有限度的放寬，（視需要訂定額度作為中央銀行內部控制之參考，不對外宣布）。如一年以 20 億美元或 30 億美元為限，當不至於有太多的資金外流，可是此一措施不僅可收回新台幣 740 億元或

1,100 億元，可緩和對貨幣供給額增加及物價膨脹的壓力；同時，每年增加 20 或 30 億美元的需要，也可緩和對新台幣升值的壓力。否則，今年底中央銀行外匯準備，即可能增至 400 億美元，明年將超過 500 億美元，造成物價大幅膨脹，失去競爭力，經濟衰退等後果，應不是大家願見的現象。

三、以上兩項，只是針對過去鉅額出超已累積的外匯，加以有效運用及緩和對新台幣升值的壓力，但緩和鉅額出超的治本之道，則是大幅增加國內投資。而政府能掌握且可及早推動並產生效果的，就是「公共投資」了。現政府雖已在推動十四項建設，但如按照原訂進度進行，每年投資額有限，不足以使總投資增加，產生增加國內需要，緩和出超的效果。故我們建議，在十四項建設中的垃圾處理、大眾捷運系統及國家公園建設，應縮短其日程，加速進行；十四項以外，而且也是迫切需要的，如鐵道老舊橋樑，各縣市危險教室限在兩年內改建完成，都市下水道加速建設等，都應全面開展；務使公共投資在今後三年內，每年額外增加投資新台幣一千億元，方能產生擴大公共投資應有的功能。此一額外增加投資額，與每年超額儲蓄三千億元以上比較，不及三分之一，不致產生排擠效果及對物價膨脹的影響。

以上三項建議，連同俞院長所指示的四項措施，合併後才能成為因應當前經濟問題的整體方案，如能貫徹實施，相信應有積極而肯定的效果。

（民國 75 年 8 月 23 日　《聯合報》二版）

3. 要達到最適匯率應先貫徹自由化

自本（3）月初以來，新台幣兌美元匯率，在美國壓力下，已擴大了升值幅度，不到 20 天時間升值了 5 角 4 分，屢創 25 年來新台幣最高價位，使若干出口產業面臨重大困難。但為了避免外銷更大損失，而提前接受定單及出口，造成新台幣雖不斷升值，但出口增加率未見衰退，出超繼續擴大的虛假現象。一旦此種提前出口行為消失，則出口衰退，勢必對整體經濟有極大的影響。所以，在此匯率問題困人之際，我們首先要期望主管當局不要以為目前出口仍持續增加，而鬆懈了自由化步伐，加速新台幣升值，所導致的錯誤結果，將不堪收拾。

美國對我不斷施加壓力，主要由於美國貿易逆差不斷擴大，已由債權國家淪為世界最大債務國，失業率居高不下，在病急亂投醫的情況下，美國參眾兩院雙雙提出綜合貿易法案，都特別強調了匯率問題，其中參院班森參議員所提出之綜合貿易法案，甚至明白指出要美國總統與中華民國、韓國等進行雙邊貿

易談判，以解決中、韓等幣值低估問題。美國行政部門對匯率問題亦甚重視，雖不主張以立法方式干預，但以協商方式，要求對美貿易有順差國家貨幣匯率調整到能反映其經濟實力。由此可知，無論美國國會綜合貿易法案通過與否，美國政府要求對美貿易有鉅額順差國家貨幣升值至適當程度則不可免。而我國是美國鉅額貿易逆差的第三大來源國，在第一大來源國日本的日圓兩年來升值了 60% 以上後，第二大來源國是加拿大，美加是兄弟之邦，而且加國最近情況並不好，因此，我國新台幣即可能為美國第二位要施壓力的對象了。

美國政府要求對美貿易有鉅額順差國家，調整其貨幣價值，即要該等國家貨幣對美元匯率達到均衡水準，亦即所謂最適匯率。就理論而言，假定在政府對外匯收支，進出口貿易，不加任何干預的前提下，任由市場上外匯供需來決定匯率，當外匯供需平衡時，那時的匯率即所謂均衡匯率或最適匯率。但實際上，我國不但外匯收支有管制，進口關稅高，且有種種限制，在這樣多層干預之下，如要任由市場外匯供需決定，不僅最適匯率不可得，如硬要新台幣升值到使外匯收支接近平衡，則整體經濟將無法承受。

現在美國的壓力方興未艾，匯率問題的演變又極為可慮，為使財金主管當局，及主持中美貿易談判政策的中美貿易小組成員採取正確的因應對策，不致對我經濟傷害太多，我們願進一步舉例分析如下。

假定我政府對外匯收支，進出口不加任何干預，新台幣對美元最適匯率是 32 元；當新台幣升值到 32 元後，進口增加，出口減少，貿易達到平衡。而出口減少的部分，必然是原不具比較利益，是在新台幣低估的情況獲利的，升值後一部分此類產業無法生存而被淘汰，使剩下的資源，投入具有比較利益的部門。這種資源運用的變化，即一般所謂適度的升值，可加速產業調整的情況；另一部分產業則在升值的壓力下，迫而改善經營管理，從事生產合理化，降低成本，加強研究發展，提高因應能力，同樣可產生增強產業體質，加速工業升級的效果。

但我國至目前外匯資本帳仍未開放，進口商品中仍有四千多節不是受限制即是有條件的准許進口，而平均關稅仍高達 20% 以上，在如此情形下，即使新台幣升值到 32 元兌 1 美元，國際收支仍無法平衡，貿易仍有鉅額順差存在；新台幣升值壓力仍繼續加強，勢必要繼續升值。但要注意的是，根據經建會的估計，在現狀下新台幣對美元每升值 1 元，經濟成長率便會減退 2 個百分點，如以去年底匯率 35.5 元作基礎，升值到 32 元時，原預期的 8% 經濟成長率便將降為 1% 了。另據經建會估計，新台幣對美元每升值 1 元，可減少貿易

順差 18 億美元，要使今年計畫出超 156 億美元消除，達到貿易平衡，新台幣則要對美元升值 8.5 元，即自去年的新台幣 35.5 元兌 1 美元，升值到 27 元，那時的經濟不僅沒有成長，反而是衰退 10％左右，不僅我們不能承受，也是任何國家不能忍受的。

因此，我們建議主管當局，在考慮新台幣要繼續升值到最適匯率前，應先開放資本的自由流通，進口除安全衛生的理由外，全部解除限制，關稅應降至工業國家水準，在後三者完全做到後，即令新台幣兌美元匯率繼續升值而達到最適水準，也不僅對我經濟傷害可望減至最小，而且可使資源獲得真正有效的利用。

（民國 76 年 3 月 21 日　《聯合報》二版）

4. 新台幣升值與美國 301 條款報復的利害觀

日前經濟日報記者實地調查中小企業面臨困難結果，絕大多數的中小企業，希望新台幣不要再升值，他們寧願接受美方採取 301 條款的報復。業者有此種看法，顯見新台幣升值對於中小企業者的打擊已產生實際的損害，這種反應，殊可重視。不過新台幣適度升值仍有它的正面效果；但若是遭到美國 301 條款的報復，則後果更為嚴重。我們認為，對這問題確有澄清的必要。

新台幣升值，固然使出口者收入減少，但對整體經濟而言，新台幣適度升值，有其正面效果，主要為：

一、新台幣升值，使進口成本降低，有利於物價的穩定，亦減輕消費者負擔。

二、新台幣升值，可使出口減緩，進口增加，有利於貿易出超的緩和或縮小，減少出超對象國家的貿易摩擦。

三、新台幣升值對出口不利，原本不具比較利益的產業，在新台幣幣值低估的情況下，可以生存；一旦新台幣升值，這些產業則有首先被淘汰之可能。但在此過程中所釋放出的資源，可用在更有效率的產業，改善產業結構，加速工業升級。

四、新台幣升值，迫使若干廠商改善經營管理，降低成本，加強研究發展，提高因應能力，增強企業體質。

新台幣升值固然會對出口不利，亦影響經濟成長；但如適度升值，可使資源獲得有效分配，就長期而言，其正面效果遠大於負面的效果。不過，我主要出口對象國家及競爭對手國家的貨幣對外價值變動頻繁，而我國外匯有管制，

進口有管制，以及偏高的關稅，在如此情況下，我們極難決定新台幣的最適匯率，所以必須緩慢小幅升值，以便於工商企業的適應。

至於美國 301 條款，是美國 1974 年貿易及關稅法所訂定，其主要內容為：「美國總統為對抗外國不正當、不合理或不公平之任何行為、政策或措施，而造成美國商業之負擔或限制者，得在其權力範圍內，採取所有適當及可行措施，以消除此等情事。所謂可行措施，包括（1）停止、撤銷或禁止適用，已與該國簽訂貿易協定所給予該國之減讓利益；（2）對該國產品進口課徵額外稅捐，或施以其他進口限制，或對該國勞務貿易課徵費用或施以限制。」由於該條款構成要件極為廣泛，而行政部門裁量權極大，所採報復措施極為嚴厲，對被報復國經濟之影響深遠，足見其為極具威力之貿易談判工具。美國政府亦了解其殺傷力過強，在該法案通過後的首十年間很少運用。但在近年來由於美國貿易逆差不斷擴大，國會保護主義日益凶猛，自 1985 年以來，此一條款即被經常用為貿易談判的最後工具。

到目前為止，由於美國貿易鉅額入超來源的對手國，了解 301 條款報復手段的厲害，極少案例願意接受 301 條款的報復，常在美方宣布以 301 條款報復手段之後，便知難而退而接受美方所提條件達成協議。就美國宣布，其在 1986 年使用 301 條款，已達成下列成果：

——歐洲共同市場應允漸次停止對桃、梨罐頭等產品的補貼。

——歐洲共同市場基於美國控訴對若干地中海國家，進口柑橘予以優惠關稅，遂同意降低其柑橘進口關稅。

——日本同意對國外的半導體生產者，提供公平對等的途徑，使其得以進入日本半導體市場。

——韓國保證將致力於智慧財產權的保護，且開放其國內保險市場。

——我中華民國同意取消進口完稅價格表，及允許美國菸酒進入台灣市場。

各國之所以懼怕美國 301 條款的報復，主要在於其報復對象，不限於所爭議的產品，而廣及對美國出口的所有產品，而且接受報復後事情並未了，一直要等待爭議的不正當、不合理、不公平的行為、政策或措施消除為止。以美、日談判的半導體為例，因半導體是目前日本高科技重點發展的工業，談判時日本一再拖延絕不接受美國所提之條件，結果談判破裂，美國宣布以 301 條款報復，日本最初還不知厲害，後來了解 301 條款報復的項目將是日本銷美之主力產品，將對日本更為不利，最後在美國宣布實施報復內容前夕，終於接受美國

所提之條件，但美國最後所提之條件遠較談判時之條件為嚴厲。最後日本同意之條件是，日本半導體製造廠每季將產銷資料及生產成本，送交美國政府，並由美國政府與日本政府商訂出售價格，不僅對美國出口不得低於該價格，對第三國出口亦不得低於該價格。過去要日本廠商提供成本資料，是絕不可能的事，而今日本不僅接受要求提供成本資料，而且要遵守美、日政府共同訂定的價格。顯見美國 301 條款殺傷力之強，否則日本怎可能就範。

假如美國認為我國新台幣匯價不合理，正式提出要新台幣升值，否則以 301 條款報復。以部分中小企業業者意見，我們寧願接受美國的報復，而不同意新台幣升值。則結果可能是取銷我國享受 GSP 免稅優惠待遇，或對進口我國某些產品課徵附加稅，或限制我國某些產品進口，將對我國出口及經濟產生極不利的影響；但在我國經濟景氣下降時，進口衰退更快，出超仍無法降低，表示爭議的事項並未消除，升值壓力還繼續存在，還可能有更不利的條件提出，其對我國整體經濟之傷害將更嚴重。因此，我們認為新台幣適度升值，對我整體經濟亦有正面的利益，只要不過分升值，不妨商量，不必存寧可接受報復的心理。中美關係合作則互利，貿易之事亦然。

（民國 76 年 3 月 28 日　《聯合報》二版）

5. 新台幣絕不能再單獨大幅升值

剛穩定一個半月的新台幣對美元匯率，在美國的壓力下，自前（7 月 29）日起，又開始大幅升值，並突破 30 元大關。此時此刻，在國際主要貨幣對美元匯率穩定之際，新台幣對美元匯率再單獨大幅升值，不僅我們的許多廠商受不了，對我國整體經濟的影響，極為嚴重，亦解決不了美國的問題。

雖然美國政府可能為了要否決美國參眾兩院所提保護主義色彩極為濃厚的綜合貿易法案，期望在總統否決之前，對中、韓兩國施加壓力，使新台幣及韓圜大幅升值，做點成績給國會看，以便雷根總統否決案能夠不被兩院反否決。我們認為這是美國政府一廂情願的想法，將我國作犧牲打，就是新台幣如美國要求再升值 1 元，難道就可保證美國國會不會反否決嗎？要知，如美國財政赤字不減少，儲蓄不增加，美國的貿易逆差問題，就不可能解決；貿易逆差不降低，美國國會的保護主義氣氛就無法消解，這不是新台幣升值，或美元貶值就能解決問題的。實際上，一年多來不僅新台幣升值的幅度已夠大，我國在降低關稅、開放進口方面亦積極努力在進行，效果剛顯現，美國又來此壓力對付一個誠懇努力合作的國家，誠屬不智與不公平之舉。

　　首先就新台幣升值而言，自 1985 年 9 月 22 日五大工業國家達成協議聯合干預匯市以來，至本（7）月 29 日止，新台幣已升值 30.4%，雖低於日本日圓升值 62% 及西德馬克升值 54%，但我國的經濟體質遠無法與日德相比，何況西德馬克等歐洲貨幣，在五國干預之前，美元居於強勢時，已大幅貶值，此後的大幅升值，只是大幅貶值後的反彈而已；而我新台幣在五國干預前，美元強勢時，僅小幅貶值，目前並無大幅升值之理。如改以國際間通用的 1980 年即美元強勢前作為比較基礎，六年半來新台幣升值 16%，升值幅度僅次於日本，高於所有主要國家貨幣；西德馬克等歐洲主要國家貨幣，甚至對美元還貶值，可見新台幣升值幅度已夠大了。如再就今年以來，七個月各主要國家貨幣升值情況比較，新台幣升值了 14.4%，而日圓僅升值 7.9%，馬克僅升值 3.6%，新台幣升值幅度已超過了所有主要貨幣。新台幣升值，已到了我國經濟最大容忍度。新台幣單獨大幅升值了半年之久，其效果因有時間落後的作用存在，需要稍假時日，何況效果已開始顯現，不能再一路猛升；否則，對中美雙方有百害而無一利。

　　其次再就降低關稅與開放進口自由化方面而言。過去我們或許做得有限，但今年以來，關稅已降了三次，降低的項目合計高達 2,893 項，已超過過去兩年降低項目的總和，降低幅度亦是最大的一次。解除進口限制，除安全、衛生及國際慣例需要檢驗的限制與手續外，已盡量放寬。至於外匯的管制，經常帳去年已放寬，資本帳已於本（7）月 15 日開放，除匯入款怕「熱錢」流入尚有限制外，已不再管制；放寬程度之大與步伐之快，甚至美國也為之感到意外。至於限制「熱錢」流入，也是外匯自由化國家，如日本、西德、瑞士等常採取的措施，美國自不能再藉此認為我國外匯尚未自由化。

　　由於新台幣的大幅升值及關稅的大幅降低，進口的大幅放寬，已開始顯現在進口的大幅增加及出超增加率的減緩上，尤以新台幣計算，今年我國第一季出超與去年同季比較，增加 22.7%，第二季增加率即降為 9.5%，且 5、6 月降低趨勢更為顯著，僅分別增加 7% 左右。從此一趨勢觀察，今年第三季我國出超，以新台幣計將會較去年同期減少。至於對美國的出超亦有同樣趨勢，而且對美國出口占總出口的比例，亦持續降低，顯示分散市場亦有效果。

　　若美國認為以新台幣計算出超的減緩不足為憑，硬要新台幣升值到以美元計算的出超減緩，才肯罷休，這在短期間是不可能的。根據日本的經驗，不論以 1980 年作為比較基礎，或 1985 年 9 月 20 日五國干預前作基礎，日圓對美元分別升值 50% 以上，雖然以日圓計算的出超已經減緩，但以美元計算的出

超還在持續增加，今年上半年日本出超較去年同期，還在增加 18%，對美出超亦增加 7%。連日本在短期內都做不到的，要我們做到，這不僅是強人所難，亦不公平。

　　新台幣對美元升值到 31 元，我國出口還持續大幅增加，經濟高度成長；其原因一方面是中央銀行在 5 月底以前吸收了遠期外匯交易九成，使出口業者規避了新台幣大幅升值的風險，另方面是國內投資的大幅增加，擴大了國內需要的結果。可是自 6 月 1 日起中央銀行採取了兩項外匯新措施，降低了吸收遠期外匯成數及凍結外匯銀行的負債額，在外匯開放後，中央銀行不再吸收遠期外匯，使出口業者自 6 月 1 日起，所適用的匯率自 35 元（六個月前的遠期匯率），一下子降為 31 元，此一衝擊尚未適應，現在新台幣又要被迫單獨大幅升值，其對我整體經濟衝擊嚴重影響，應該是想像得到的；若因此而影響到投資意願，使剛大幅增加的進口，再度減緩下來，不僅出超無法減緩可能反而會更擴大，這將重蹈民國 74 年的覆轍，使我經濟一蹶不振，自美進口亦將減少，對美國改善貿易逆差亦不利，我們認為壓迫新台幣再大幅升值，是損人不利己的事，希望美國能夠認清事實。

（民國 76 年 7 月 31 日　《聯合報》二版）

6. 要穩定新台幣匯率必先擴大公共支出

　　近日來新台幣升值壓力，愈來愈大，首先是今年 9 月我國出口及出超金額，均創歷年最高紀錄，今年首九個月出口，已與去年全年出口額相等，今年九個月出超，亦接近去年全年出超額，出超的不斷擴大，為壓迫新台幣升值的根源所在；其次，美元在國際市場貶值幅度擴大，美元對日圓、馬克及瑞士法郎匯率，均創最低紀錄；第三、美國國會提出對貿易順差國家的評估報告，對我國提出四項建議，要求續採取更廣泛措施，其中第一項即是要求新台幣對美元大幅度升值；第四、美國國際經濟研究院院長柏格斯坦（C. Fred Bergsten），係美國國會及行政部門經濟智囊之一，日前在台北演講，一再強調新台幣應再升值，而且指出新台幣升值幅度，應要比目前大家所討論的要大；第五、美國財政部副助理部長達拉羅（Chares Dallara）此人去年曾於參加「中美工商聯合會議」來台開會，轉達美方要求新台幣升值的訊息，造成新台幣大幅升值，而日前與國內「民間爭取中美平等貿易促進會」訪美人士晤談時，又指出：「日圓至今已升值了 90%，而新台幣只升值 30%，相形之下這等於是台灣占了日圓大幅升值的便宜；我確定明春以後，新台幣應加速升

值。」達拉羅並進一步強調：「新台幣進一步調整勢在必行。」在這一連串的壓力下，更加強了對新台幣升值的預期，近日來國內拋售美元的金額又大幅增加，中央銀行為維持新台幣匯率的穩定，雖大量收購外匯，封鎖遠期外匯拋補管道，但匯率穩定維持了兩天，昨天不得不再大幅升值 6 分，而且央行外匯準備，應已突破 700 億美元了，更加深物價膨脹的潛在壓力。

要進一步穩定新台幣匯率，避免對我整體經濟造成更大的衝擊，其關鍵在我國出超是否能不再擴大。而近年來出超之不斷擴大，其根本原因，可從供需兩方面來分析。在需要方面，近數年來國際經濟情況並不好，尤其是進口停滯了四年，去年才開始上升，全世界進口金額近五年來（民國 71～75 年）平均每年僅增加 1.8％，而同時期我國出口金額，平均每年卻增加 12％；顯然我國出口的大幅增加，並非國外需要的大幅增加，而是出口競爭力增強，在國際市場占有率提高的結果。近五年來我國出口競爭力增強，其因素雖多，但過去新台幣價值的低估，為其關鍵所在，應為不爭的事實。再就供給面分析，出超的不斷擴大，出超占國民生產毛額比例，自民國 70 年的 1.3％，至 75 年提高到 22.4％，出超占 GNP 比例的大幅提高，顯然生產的增加並非重要因素，而是國內需要的緊縮，相對供應出口能力大幅增加的結果。國內需要占 GNP 比例，自民國 70 年的 98.4％，至 75 年降為 77.3％；此即表示民國 70 年國民生產毛額幾乎全部在國內有效利用，但至 75 年國內僅用去 GNP 的 77.3％，比較 70 年降低了 21 個百分點，不得不用之於出口，但未相應進口而變為出超；否則，此在國內未有效利用的部分，不用於出超，則最近五年我國平均每年經濟成長率，將由現在的 7.6％降為 2.7％，為台灣光復以來最低的成長率，當不為我們所願見，可見出超即表示在占據別人的市場上，維持我經濟的持續繁榮。

根據以上分析，近年來出超的大幅增加，一方面是由於新台幣對外價值低估，而提高我國產品出口價格競爭力；另方面是國內需要不足，為避免經濟蕭條，維持經濟的繁榮成長，不得不積極推動出口，而造成巨額出超的結果。不過就新台幣對外價值即匯率而言，自民國 74 年 9 月 22 日，五大工業國家財金首長達成協議，干預外匯市場以來，到目前新台幣對美元已升值了 35％，各種指標顯示新台幣匯率已升到適當水準，已無低估現象，如再持續大幅升值，即將升值過度，對我整體經濟將帶來極大不利影響。故業者、學者及政府主管官員，都一致主張，新台幣匯率應再繼續穩定一段時期，以觀察最近一年來新台幣大幅升值的影響。但在國內需要方面，雖然政府一再強調增加公共支出，以提高國內需要，減緩出超；但實際上，國內需要占 GNP 比例每況愈下，在

73 年為 87.5％，較 70 年的 98.4％，三年間下降了 11 個百分點，到 75 年降至 77.3％，兩年間又降了 10 個百分點；情況不僅未見改善，而且國內需要所占 GNP 比例的降低更為加速，亦使問題更為惡化。

如進一步分析，將國內需要劃為政府及民間兩部門來觀察，民間部門包括消費與投資占 GNP 比例，自 70 年的 67.2％，至 75 年降為 55.3％，下降了 17.8％，而政府部門包括政府消費與投資及公營事業投資占 GNP 比例，同時期更自 31.2％降至 22％，下降了 29.5％，遠較民間部門下降速度為快。政府部門需要與民間部門需要占 GNP 比例的同時大幅降低，為近年來出超擴大的根源所在。但民間部門需要占 GNP 比例的提高，需要從改變消費習慣與提高投資意願著手，非短期內能夠做到；因此，提高國內需要占 GNP 比例，唯有靠政府部門需要占 GNP 比例的大幅提高了，同時，民間生活品質的提高，亦有賴政府公共投資的增加。故我們建議為穩定新台幣匯率，不使過度升值，明年政府部門需要占 GNP 比例，必須提高至 25％以上，作為正在研擬中的明年經濟計畫及下年度政府預算的最高決策；一方面表示政府為突破當前困局的決心，二方面，亦應使政策落實，情況真能改善，不要是說的多做的少，使問題更為惡化。希望決策當局三思。

（民國 76 年 11 月 7 日　《經濟日報》二版）

7. 絕不應再遷就美國對新台幣升值的壓力

本（4）月 11 日美國財政部高級官員，於世界銀行與國際貨幣基金會期中聯合會議中，指出台灣、韓國在調整貨幣匯率對美元之升值一事，又有「若干進展」，但雷根政府並不認為兩國貨幣升值的幅度，已足以反映經濟實況，他們還有很長的一段路要走。而且強調：「美國期望新台幣、韓圜進一步升值，而且越快越好！」此種說法似完全抹殺新台幣兩年來累積升值的幅度，與當前經濟情況的變化；但據我們了解美國在台協會，每天都將當天台灣經濟情況報回國去，說不了解台灣經濟近況是不可能的，然而竟然還有如此看法，且在國際高層會議中作背景簡報時，提出這種建議，將會誤導會議討論，這種態度實在令人深感遺憾。

自 1985 年 9 月 22 日，五大工業國家協議干預匯市以來，到目前新台幣已升值了 41.3％，而韓國的韓圜升值 20％，還不及新台幣升值幅度的一半；新加坡元亦僅升值 9.9％，香港港元還貶值 0.1％，可見在四條小龍中，新台幣升值幅度最高。如以各國貨幣實質有效匯率指數變化觀察更為明顯；據美國摩根

信託銀行發表今年 2 月各國實質有效匯率指數（以 1980～82 年為基期）比較，新台幣對美元已升值過頭 3.2％，而韓圜與新加坡元相對美元仍分別貶值了 15.4％與 21.6％，港幣相對美元亦貶值了 5.6％，顯示新台幣實質有效匯率在四小龍貨幣中升值最快，且升值過了頭，應貶值才為正途。

由摩根銀行所編實質有效匯率指數觀察，由於新台幣對美元升值過了頭，與其他三小龍貨幣比較，新台幣對韓圜、新加坡元大幅升值，對港幣也有升值，影響到台灣產品的對外競爭能力，這可從近月來台灣出口情況與韓國比較，得到證明。今年第一季，我國出口與去年同季比較增加率大幅降低，僅 22％，而韓國同期間仍高達 36.6％；尤其今年 3 月我國出口僅較去年同月增加 10.9％，而韓國仍增加 30.3％，相當我國出口增加率的三倍。若以出超比較，兩國相差更為懸殊，今年第一季我國出超已較去年第一季下降 47.2％，尤其 3 月下降了 88.9％；可是韓國出超還在持續擴大中，今年第一季較去年同季增加 21.7％，3 月反提高至 28.8％，顯示新台幣大幅升值的不利影響已經顯現，而韓國不論出口或出超，仍在繼續擴大中。

再就對美貿易而言，今年第一季我國對美出口，僅較去年同季增加 7.0％，3 月更減退 10.5％，而韓國首兩個月對美出口仍增加 22.4％；再就對美出超比較，我國今年第一季對美出超，較去年同季減少 45.6％，而韓國今年首二個月對美出超，仍維持去年水準並未下降。

由於新台幣的大幅升值，前述我國今年第一季出口以美元計算仍增加 22％，但以新台幣計算，不僅不再增加，反下降了 0.8％，亦即廠商實際收入已在減少，而影響到國內工業生產，今年首兩個月僅較去年同月增加 5.7％，與去年全年增加 12.4％，下降了一半多；而韓國工業生產還在增加 24.5％。

由以上分析，可知近兩年半來，無論從新台幣與韓圜對美元升值幅度，或實質有效匯率指數，新台幣升值遠較韓圜為快；而對外貿易及工業生產，台灣已轉緩或停滯，出超不論總出超或對美出超，均呈大幅衰退；而韓國除對美出超未再增加外，其他仍在大幅擴張中。若說新台幣升值未反映經濟實況，顯非持平之論；所以姑不論韓圜是否應再升值，但新台幣已無升值必要，且無升值餘地，由於已相對美元升值過頭，應有貶值的需要。

如以上數據分析，還不能認為新台幣升值反映經濟實況，我們可再提一個數據給美方參考。那就是去年製造業工資，以新台幣計上升了 9.7％，但由於新台幣去年升值了 24.3％，改以美元計，去年製造業工資上升了 36.4％。目前製造業工人平均工資每月高達 500 美元以上，不僅遠超過韓國，亦超過香港，

大大削弱了我國產品出口競爭力；這也是近數月來美國來台投資大幅減少，甚至已投資者正在進行撤資的一大原因。

我們期望美國在台協會，將本篇社論即刻譯成英文轉送到華府各有關部門，包括美國財政部。也期望我國廠商能沉住氣不要拋售美元，加重新台幣升值壓力；中央銀行此時，應密切注意外匯市場動態，必要時進場干預，絕不能再使新台幣升值，否則，對我國今後經濟發展的影響太大了。

（民國 77 年 4 月 15 日　《聯合報》二版）

8. 欣聞美國未將我國列入「超級 301」報復名單

日昨美國貿易代表署，根據其「1988 年綜合貿易法」，正式公布其「超級 301」及「特別 301」條款調查結果，日本、巴西與印度等三國因有所謂貿易障礙，而被列入「超級 301 優先國家」報復名單，而我國誠如大家期望與預料的未被列入報復名單。

關於智慧財產權的「特別 301」條款，並無國家上榜，不過我國、韓國及大陸中共等 8 國及地區，則被列為綜合貿易法中所無的「優先觀察國家」，另加拿大、日本、菲律賓等 17 國，因情節較輕被列為「特別 301 觀察國家」。美國貿易代表希爾斯在調查結果公布同時表示，日本在超級電腦、衛星和林產品方面被視為是封閉市場的國家，印度則被控阻止外國保險公司進入市場；而巴西被指摘的是在進口方面採取嚴格許可制而被列入名單。希爾斯並指出雖沒有國家被列入「特別 301 優先國家」，但列「優先觀察名單」的國家，需要加強修訂「反盜竊行為」的法令，今後要觀察其修訂後的情形而定，如在三個月內順利解決，則隨時自名單中剔除，反之，若無進展或相應不理，則隨時可列為「特別 301 優先國家」報復名單。美國政府至遲將在今年 11 月 1 日前，重新檢討這 8 個被列為「優先觀察國家與地區」的表現，調整名單。

當今年 4 月 28 日美國貿易代表署公布「1989 年外國貿易障礙評估報告」，共有 34 國被列入不公平貿易名單，將被列為「超級 301 優先國家」報復對象，我國亦在其中。但該報告對我國的各項指摘，雖有部分正確，但亦多與事實不符或是已過去的事實，原不應將我國列為報復的對象。在該報告公布後國人極為不滿，認為近年來我們為改善對美貿易順差，已做了最大努力，且去年已呈現成果。根據美國發表之統計，去年美國對我貿易逆差，較前年大幅減少 25.6％，為美國主要貿易逆差對象國家逆差減少最多的國家；我國進口關稅已自前年平均 7.1％，去年減為 5.7％，而且我政府已訂定「加強對美貿易工

作計畫綱領」，至 1992 年將關稅再降至 3.5%，達到工業國家現在的水準，對外貿易出超占國民生產毛額的比例，自去年的 11%，至 1992 年降為 4%，並由經建會副主委蕭萬長及經濟部國貿局長江丙坤，於 3 月中旬親攜該綱領赴美遊說，承諾將努力做到該綱領所定目標，似已獲得美方的了解與歡迎。但未想到該報告仍將我國列為有不公平貿易被列為可能報復的國家之一，難怪當時行政院中美小組召集人錢復及發言人蕭萬長的極端不滿，認為老美不講道理；另方面亦加強溝通，終於在最後關頭獲得美方的了解，將我自報復名單剔除。

我國未被美國列入貿易障礙「超級 301 優先國家」報復名單，顯示近年來我國積極推動經濟自由化、開放對外市場、放寬外匯管制、大幅降低關稅、央行不再干預對外匯率等具體措施，已獲得美方肯定，國人對美方的認清事實改變態度的明智決定，也頗表欣慰；相信將有助於中美兩國經貿關係的進一步發展。同時，對我國經濟自由化的推動，具有正面的鼓舞作用。但我們不能以此次未被美國列入「超級 301 優先國家」報復名單而掉以輕心，經濟自由化及降低對外貿易順差工作，還應積極進行，不僅根據美國 1988 年「綜合貿易法案」、「超級 301」及「特別 301」條款規定，除今年 5 月底前貿易代表署要提出報復名單外，明年（1990）5 月底前還有第二次報告及提報復名單，而且鉅額貿易出超的存在，即表示我國整體經濟失衡，導致目前經濟、金融的不穩定，如長期持續下去，將會傷害我國經濟基礎；因此，即使沒有美國的壓力，對經濟自由化、降低貿易順差，我們亦應全力以赴，早日恢復正常與健全的經濟發展。

至於有關智慧財產權保護，雖然近數年來我們亦盡了最大努力，在國際間不再被稱為「海盜王國」，但保護智慧財產權法規的不夠完整與執行的不夠積極，均是不可否認的事實，而能在最後自「報復名單」中，改列為「優先觀察名單」，已屬不幸中之大幸。但在最後談判中我方所作的各項承諾，應不折不扣的做到，應立法的就立法，必須嚴格執行的就嚴格執行，不要到 11 月 1 日前被美國改列「特別 301 優先國家」報復名單，還落到不忠實承諾國家之惡名。我們期望主管智慧財產權的各有關政府機構，務於三個月內完成各項承諾，使我們成為守信、守法、重視智慧財產權的現代化國家。

（民國 78 年 5 月 27 日　《經濟日報》二版）

五、穩定物價

1. 工資、物價與生產力

　　蔣總統於日前財經會談中聽取對今年第一季經濟情勢報告後，曾指示：「物價、工資與生產力三者相互間有無合理的關聯，是我們能否突破當前困局的重要因素，希望政府與民間充分合作，採取有效措施，穩定物價、增加投資、更新設備、提高生產力、降低成本。同時，應加強員工在職訓練，使工人技能的提高能彌補工資上升的壓力。」蔣總統的指示極為正確，不僅是突破當前困局的良方，且是未來維持經濟長期穩定成長的重要動力。

　　一般而言，工資與物價，尤其是投入（原材料）價格，是生產的重要成本，一旦一國工資或投入價格上升幅度，超過出口對象國家，或出口競爭對手國家，將削弱其出口產品價格競爭能力，對出口產生不利的影響。為有效抵銷工資與物價上漲的不利壓力，可從兩方面進行，一是提高生產力，一是貨幣的貶值。而後者藉貨幣的貶值，使出口價格按貶值後的匯率折算成外幣（如美元），可降低其出口產品的外幣價格，而恢復其原有的出口競爭力；但貨幣貶值雖對出口有利，如未採取適當的配合措施，將使進口成本增加，更加速國內物價的上升，尤其是需要自國外進口原料加工出口的國家，由於進口原材料價格的上漲，再度提高出口的成本，或工資繼續不斷的大幅上升，同樣對出口產生不利的影響。因此，採取貶值的措施，只能產生短期的效果，如不能採取配合措施，將工資與物價穩定下來，要繼續保持出口的競爭能力，則需要不斷的貶值，一旦陷入此惡性循環，不僅出口競爭能力不貶值即無法恢復，通貨膨脹問題更無法解決。我國在民國 40 年代初期及韓國在 50 年代所採取不斷貶值的措施，可為殷鑑。故如要採取貶值措施，抵銷國內工資及物價上漲的壓力，必要有整套的配合作法，免陷入前述的惡性循環。

　　可是如採取提高生產力的方法，則沒有那些顧忌與副作用。生產力的提高可吸收工資及投入價格上升的壓力，而生產力的提高，一方面可藉投資的增加，使每個生產工人所使用的生產設備增加，提高其生產的能力；或更新生產設備，使其效率較原有設備提高，以提高生產力。另方面亦可加強生產工人的技術訓練，使其在同樣的生產設備下，由於技術的提高或熟練，而提高其生產能力。我國在民國 50 年代，同時達成經濟穩定及快速成長的雙重目標，就是採取此一方式的結果。

很明顯的，在民國 40 年代我國工資與物價上漲幅度均超過我出口對象的工業國家；但在 40 年代末期，政府採取一連串的獎勵儲蓄與投資措施，及教育的普及與水準的提高，使我們的勞工多能操作現代化的生產工具；因此在 50 年代投資大幅增加，尤其增添的機器設備占國內生產毛額的比例，遠較其他開發中國家為高，使勞動生產力大幅提高。雖然在民國 50 年代製造業工資每年仍上升 8% 左右，但生產力的提高達 9% 以上，不僅將工資的上升全部吸收，而且使每單位產品勞動成本下降。因而產生了三種結果：（1）由於勞動成本降低，亦即生產成本的降低，穩定了物價，民國 50 年代平均每年躉售物價僅上升 2%，消費者物價上升 3% 左右，上漲率低於工業國家，為世界上少數物價穩定的國家之一；（2）由於我國每單位產品勞動成本下降，而我出口對象國家勞動成本上升，提高了我出口產品的價格競爭能力，使出口每年實質增加率高達 22%，帶動經濟的全面發展與繁榮；（3）由於勞動成本降低，使企業利潤提高，用於再投資，維持了長時期生產力的大幅提高，創造了每年 9.6% 的經濟成長率。另一方面由於工資的增加率超過物價的上升率，使實質工資不斷上升，勞工的所得與生活水準亦大幅提高。

由以上的實例，顯示提高生產力，是我們突破當前困境及兼顧長期穩定發展的唯一可循途徑。今年初修訂完成的獎勵投資條例，增加了「投資抵減」工具，同時，對更新設備、節約能源及防治公害的投資設備，均可享有加速折舊的優惠，希望獎勵投資條例實施細則，趕快草擬完成核定公布，使新修訂的獎勵投資條例能夠盡快付諸實施，產生增加投資提高生產力的效果。另方面關於提高勞力素質，政府除已加強工職的擴充，與充實其師資和設備，以及大專科系的調整外，最近並在內政部增設職業訓練局，專責積極推動勞工技能訓練工作，如企業界能夠充分配合，增加投資更新設備，並加強勞工的在職訓練，以提高生產力，則不僅可實現蔣總統所指示的突破目前困境，就是未來長期保持經濟穩定與快速成長的目標，亦可預期。

（民國 70 年 4 月 25　《經濟日報》二版）

2. 避免物價全面上漲的應有作法

自民國 71 年以來，由於國內需要不足，超額儲蓄及貿易出超不斷擴大，使近三年來的貨幣供給額年增加率，一直維持在 25% 以上，甚至高到 40%～50%；但由於新台幣的不斷升值、進口關稅的大幅降低、進口限制的放寬，以及國際物價穩定等有利因素，在國內並未因貨幣供給的大幅增加，而造成物價

膨脹。不過七年來累積的超額儲蓄高達新台幣二兆五千億元，雖經中央銀行吸收了一部分，但仍有鉅額超額流動性資金在市場流竄，導致近兩年來房地產價格及股價的狂飆。

去年第四季，石油輸出國家組織會員國達成減產保價協議，原油價格恢復上升，以及國際基本金屬價格的上揚，便開始引起國人的擔心；由於長期貨幣供給增加率偏高，需要的壓力一直存在，一旦進口成本的上升，便會引發國內物價的全面上漲；尤其今年 1 月不論躉售及消費者物價指數，均較去年同期上漲 2%以上，2 月消費者物價更上漲 4.07%，遠超過本年經濟計畫消費者物價上漲 3%的目標，且創七年來最高上漲率。因此，行政院長俞國華最近向立法院所作施政報告指出，穩定物價是政府今年施政重點之一；李總統登輝先生於上周主持國安會通過下年度中央政府總預算時，亦特別指示行政部門應維持物價穩定。據我們的研究，今年物價恢復上漲已不可免，即使政府採取強烈措施，為時已晚，不過對緩和物價上漲幅度與縮短其上漲期間，應有其影響力。

首先，我們建議金融方面應採取全面緊縮政策。近三年來，我們一再強調高貨幣增加率遲早會帶來物價膨脹，應即時將貨幣供給額增加率降至 20%以下，但中央銀行認為有困難。我們認為中央銀行不是不能也，而是不為也。以央行發行定期存單為例，76 年底時，發行 9,461 億元，而去（77）年底降至 4,227 億元，減少了五千多億元。中央銀行一再說明是發不出去，其實，關鍵在於利率，我們認為中央銀行，應肩負起國家經濟穩定的重責大任，即使增加負擔利息數百億元，也應在所不惜，以求將貨幣供給額增加率降至 20%以下。

其次，出售公營事業股票。日前李總統主持國家建設簡報時，指示財政部長郭婉容，協助省府籌集收購公共設施保留地不足款新台幣 1,800 億元。在當前物價開始上漲關頭，決不能以銀行融資方式支應；我們建議出售省府及財政部所持三商銀股份支應；待修正銀行法通過後，三商銀官股部分應大量出售。至國營生產事業除中鋼股票預定本月底擴大上市外，中化公司股票亦應盡速提前上市。

第三，機動降低進口關稅。為避免國際基本原料價格上升，影響國內物價上漲，應針對進口價格上漲幅度較大的產品，及國內不生產之基本原料關稅，利用立法授權減半徵收。根據過去經驗，關稅降低，刺激進口增加，關稅收入不僅不減少反而增加。我們期望財政部視今後情況隨時辦理。

第四，放寬進口管制。雖然目前准許進口比例已相當高，但准許進口中，

尚有許多限制進口地區、限制申請人、有關單位簽章等限制，以及對進口課徵勞軍捐、推廣費等等額外負擔，均應徹底檢討取銷，促進進口增加，不僅增加國內物資供應，有利於物價穩定作用外；由於進口的增加，降低出超，緩和貨幣供給額的增加，亦可減緩物價上漲壓力。

第五，積極擴大公共投資。以上四項措施，不是收縮信用，就是增加進口，均不利於國內生產的增加。因此，擴大公共支出帶動國內需要的增加，作為支持經濟適度成長的主導力量；同時，可降低超額儲蓄，降低超額流動性資金的來源，亦有緩和物價膨脹的力量。我們建議各級政府及有關公營事業，應積極檢討所負責執行的公共投資計畫，排除萬難，全力推展，亦期望國防部支援軍力，以補勞力的短缺，使十四項建設能順利進行，務期趕上計畫預定進度，避免經濟衰退。

以上建議，一方面壓低預期物價上漲心理減少投機需要，一方面增加物資供應，同時降低成本，多管齊下，方能有效遏止物價上漲幅度與縮短物價上漲期間。雖在執行過程中，會有少數人或機構受到傷害或增加負擔，這是無法避免的，但我們相信，將可減輕對全民的不利影響，迅速恢復經濟的健全發展。

（民國 78 年 3 月 10 日　《聯合報》二版）

3. 物價穩定方案貴在落實

兩周來各方矚目的「當前物價問題因應措施方案」，終於在前天的行政院院會通過公布實施，該方案計包括 26 項長短期措施，從緊縮信用、縮減貿易順差與調節物資供需著手，以遏止投機需要與預期物價上升心理、增加供給、降低成本，以及調節供需以穩定物價；同時擴大公共投資，以維持經濟的適度成長，在架構與政策方向方面尚屬正確。而該方案是融合了經建會原提方案初稿，及經濟部的「穩定當前物價重要措施」而成，就該方案 26 項整個精神看來，均保持著自由化原則，以經濟手段解決經濟問題；但該方案有關調節物資供需與穩定價格方面之四項措施，卻以行政管制手段來扼制物價的變動，不僅與該方案基本精神不協調，亦與政府近年來所強調之經濟自由化基本政策有牴觸。而且過去以行政管制手段來穩定物價的措施，未有成功的實例，在國內 62 年 6 月所採之 11 項穩定物價措施中之管制出口與實施限價措施，毫無效果，即係顯著失敗之例證，而今並未記取教訓，仍列入該方案，誠屬遺憾。

該方案其餘壹、緊縮信用，貳、縮減貿易順差，及肆、擴大公共投資三方面各項措施，係從財政、金融、外匯、貿易及經濟等整體方面著手，各方面建

議多已涵蓋，如能貫徹實施，對遏阻當前物價漲勢應有效果；惟問題關鍵在於該方案各項措施，是否能真正落實。根據過去經驗，政府為因應各種困難，經常提出各種方案，但真正執行的不多，否則，也不會演變為今天物價問題已相當嚴重，再採取緊急措施的局面了。

首先，以降低貨幣供給額增加率為例，早在民國 75 年中，貨幣供給額增加率超過 30% 時，我們即提出呼籲及早採取措施，將增加率降至 20% 以下，直到當年 11 月政府才提出因應方案，但到目前除中央銀行採取沖銷措施外，其他機關甚少配合，再加以中央銀行為避免利息負擔過重，及各銀行為爭取放款績效，使沖銷效果不彰，到今年 1 月貨幣供給額增加率仍高達 27.2%，兩年多來未見實效。而新方案又將貨幣供給額增加率降至 20%，列為首要目標，並訂定了多項屬中央銀行職責範圍內應採措施；但據中央銀行總裁張繼正日前在答覆立法委員質詢時指出，即使將貨幣供給額增加率降為 20%，延至年底達成，也有相當的困難。其問題不在中央銀行，其關鍵在於其他配合措施是否能落實而定。

第二、所謂其他配合措施，主要應指該方案第 11 項出售三商銀股票，支援公共設施保留地徵收財源。本報鑒於省府徵收公共設施保留地不足新台幣四千億元，擬向省屬七行庫融資，曾建議政府發行土地債券、公營銀行及公營事業股票搭配；嗣後經建會諮詢委員亦建議，以出售三商銀股票，作為支應公共設施保留地徵購財源，不應向銀行融資，但到半年後的日前，行政院還在研究三商銀股權所屬問題，如不能及時解決出售，則今後數月內發放公共設施保留地資金，包括補助款四成約在四千億元以上，均由銀行融資，不僅貨幣供給額增加率無法降至 20%，對上漲中的物價更是火上加油了。因此，我們在此特別要求財政部與省府，無論如何要排除萬難，於 4 月底前陸續將三商銀股票出售，以支應部分公共設施保留地收購價款，以及盡速出售中鋼、中化公司股票，將購地放出的鉅額資金能收回部分將其凍結起來，否則因應措施方案將是功虧一簣。

第三、該方案第 12 項「進一步放寬進口限制」，此一措施，亦是我們一再呼籲的作法，行政院俞國華院長亦早在 75 年 7 月 24 日指示四項措施之一，即大幅放寬進口限制。但到目前為止，准許進口中限制進口地區、限制申請人及需要有關單位簽章等條件者，仍高達進口項數的四分之一，進度極為緩慢；而現方案要再進一步放寬，其能否迅速落實，不僅關係到貿易順差能否縮減，更影響到匯率能否自由化，亦為方案穩定目標能否達成的關鍵所在。

　　總之，該方案許多措施，實多是過去未能有效執行的辦法，因此，行政院日昨通過的「當前物價問題因應措施方案」，能否迅速貫徹執行，應為物價能否穩定的關鍵所在。我們認為該方案來得已是太遲，而行政院卻仍決定三個月列管一次，更緩不濟急，要知三個月內收購公共設施保留地已放出資金三、四千億元了，再來收拾殘局將事倍功半；故我們建議行政院應責成各有關機關，提出逐月執行計畫，由經建會逐月列管，提出進度檢討報告，務使該方案能貫徹實施，以達成穩定物價之目標。

（民國 78 年 3 月 25 日　《聯合報》二版）

4. 要物價金融恢復安定必須財經兩部配合

　　行政院於上（3）月 23 日核定「當前物價問題因應措施方案」公布實施，中央銀行隨即於本（4）月 1 日，大幅提高銀行存款準備率、信託公司資金準備率、重貼現率及銀行存款最高利率等強烈緊縮信用措施；接著於本月 3 日，取消外匯交易加權平均中心匯率，改由外匯市場以供需決定匯率，可見該方案需要中央銀行採取的措施，多能劍及履及的實施；但目前物價的蠢蠢欲動、金融情況的紊亂及經濟的不安，已愈演愈烈，決非中央銀行單獨採措施所能克服的；必須政府各部門及民間全面的配合，共同一致的努力，方能產生應有效果。

　　日前行政院主計處發表今年 3 月物價與貿易統計資料，其中不論蠆售物價或消費者物價上升幅度，均較 2 月為高，尤其消費者物價指數較去年 3 月上升 4.94％接近 5％，而其逐月上升的趨勢仍然旺盛，對物價膨脹壓力並未減緩；貿易方面，今年 3 月出口與去年 3 月比較，恢復大幅增加，而進口衰退，即使去年 3 月中央銀行進口的黃金不計，進口仍屬減退；因此，出超又恢復擴大；不僅美國對新台幣升值壓力又要加強，而國內資源供需失衡的調整，亦趨減緩。最嚴重的是，在中央銀行採取強烈措施後，雖各銀行存款準備已呈不足，寧願接受中央銀行高利率的懲罰，並凍結放款，影響對企業資金正常的融通，卻不願大幅提高牌告定期存款利率吸收存款；而另方面股票市場除在央行採緊縮信用當天，股價指數曾大幅下降後，依然一直在連續上升，且每日成交額屢創高峰，最高超過新台幣 900 億元，最近數日雖有小幅上下盤旋，但每日交易額，仍在新台幣 600 億元以上，顯示資金流向有嚴重的偏頗現象。此等異常現象若不及時加予遏止，將更加深物價、金融與經濟的不安，阻礙經濟的進一步發展。

財政部首先要配合即刻採取如下的有效措施：（1）盡速發行公債，78 年度預算發行公債尚有 400 億元未有發行，應即刻動手；79 年度預算發行公債 1,000 億元，俟預算經立法院通過後，應做好準備工作，7 月年度開始即應發行。雖然目前國庫不急需錢用，及早發行將增加利息負擔；但因此而穩定物價，則全民受益遠超過國庫利息負擔。（2）降低關稅，年度關稅調查方案雖已在作業中，但在目前立法效率低落的情況下，何日能完成立法程序，尚不得而知，應先就關稅較高，而目前價格已大幅上漲之農工原料及生活必需品的進口關稅，利用立法授權方式，報請行政院核准在本月內予以降低。（3）為避免徵購公共設施保留地釋放出之大量資金，產生膨脹影響，三商銀公股股票應即完成出售手續，盡早上市出售，用作徵購公共設施保留地之財源。（4）開放國人購買國外股票之管道，究以何種方式進行，財政部應徵詢證管會意見後，盡速訂定辦法實施。（5）去年由於開徵證券交易所得稅造成股票市場連續無量下跌，而將證券交易稅減半徵收；但今年以來每日交易額大幅攀升，平均台灣每人每天股票交易三、四千元，證券交易稅減半徵收原因早已消失，應恢復按千分之三徵收。

其次要配合的是各公營銀行，過去一年貨幣供給額大幅增加的原因，已非外匯準備的增加，而是金融機構放款的遽增，成為膨脹的最重要因素；另方面，各銀行壓低定期性存款利率，並限制大額存款，使存款轉向活期存款及活期儲蓄存款，以低利吸收資金，使銀行謀取高利，但卻影響貨幣的收縮。此次在央行採取強烈緊縮措施後，定期性存款利率的提高，仍不及放款利率提高的一半。日昨央行為此拒絕給予三家公營商業銀行存款準備不足融通，而適用 15％年利率予以懲罰；但仍應進一步迫使銀行大幅提高定期性存款利率，一方面吸收市場資金存入銀行，另方面擴大定期性存款與活期性存款利率間的差距，誘使活期性存款轉入定期性存款，以緊縮貨幣加強金融的安定性。

經濟部也必須展開如下的配合措施：（1）中鋼股票擴大上市已在進行中，但中鋼第二批股票及中化公司股票上市，亦應積極準備，待新年度開始即可出售。（2）放寬進口限制工作據說已在進行，但結果不佳，各方抗拒力量巨大；但目前外匯市場已盡量自由化，而進口仍有種種限制，使出超擴大，則新台幣升值過頭，其對出口產業及整體經濟的傷害極為嚴重。因此放寬進口限制必須化解抗拒即刻積極推動，如有困難應即送請經建會協調，或逕報行政院核定實施，不能再妥協或拖延了。

國人祈望安定當前物價、金融之心極為迫切，「當前物價問題因應措施方

案」實施已逾兩周，除中央銀行已採措施外，財經兩部似毫無動靜，而公營銀行則仍在抗拒中，實在可慮。大家應為國家整體利益著想，放棄本位主義，遵照行政院核定的物價方案，積極推動貫徹實施。

（民國 78 年 4 月 15 日　《經濟日報》二版）

六、開放民營

1. 開放民營洪流無以抵擋

　　4 月 8 日總統李登輝先生指出：「三商業銀行可考慮開放一家為民營」，使三商銀開放民營的議論又掀起高潮。近二十年來三商銀開放民營，每過幾年都會被提出討論一次，最後結果，表面上財政部說明，三商銀開放民營原則上完全贊成，但三商銀因屬省營事業，是否開放其主權在省府；省府表明只要中央在政策上決定三商銀開放，省府絕對遵辦；不過，省營事業開放民營，需得省議會同意；但多數省議員認為中央要將公營銀行開放民營，為什麼不先開放國營銀行而先開放省營銀行，而持反對態度。就這樣重複的推來推去，廿年後的今天還在談論三商銀是否開放民營問題。實質上，中央的財政部、省政府及省議會，都有好處來自三商銀，不願放棄既得利益（本月 13 日本報「三商銀開放民營不宜再拖延」社論已有分析），而暗地裡反對，是為最大阻力。不過，日前，台灣省議會財政委員會，以強硬姿態做成決定：「省財政廳須於兩個月內研擬開放三商銀的步驟及時間表」。如此一來，過去各方都以為三商銀的未能開放民營，都是省議會在作梗，而今省議會已做出肯定開放三商銀的決議，應該不再成為問題了。但，我們看到當時省財政廳林振國廳長，於省議會即席答覆省議員質詢時稱：「公營銀行開放民營固有其優點；不過，開放民營必須慮及省府收入是否減少，銀行數千員工之意向；而他個人認為政府所以多年未決，乃係現行法規仍未周全，故在制度與法規未作充分準備前，開放民營與否依舊只是未知數。」這是三商銀的主管機關過去把責任推在省議會的藉口喪失後，被迫不得不說出了一部分真心話，難怪各方呼籲了將近二十年三商銀開放民營，主管機關簡直不予理會，否則，過了二十年的時間準備工作還未做好，到今天還要等，這是主管官員的典型心態。另方面，在省議會財政委員會做出上項決議後，尚有部分省議員持不同看法，申言要在省議會大會上否定財政委員會的決議。此亦可看出既得利益者不肯放棄既得利益的立場。因此，三

商銀是否能夠開放民營，仍在未定之天。

在三商銀開放民營的討論已甚囂塵上之際，經濟部已決定將中鋼公司股票上市比例擴大，中國石油化學開發公司（簡稱中化）股票上市，逐步走向民營化方案呈報行政院的消息透露後，我們正準備喝采全力支持其早日定案實施，哪知中化公司員工認為開放民營化將傷害他們的權益，提出抗議之聲，並將走向街頭，日內將北上前往立法院陳情。這又是另一種反對開放民營的心態。所幸，主管國營事業的經濟部國營事業委員會主管指出，站在企業倫理上講，員工有權要求福利，甚至改變經營方針，但對所有權的移轉，應無權過問；尤其在大潮流的推動下，政府都擋不住國營事業開放民營的浪潮，員工又如何反潮流而行呢？的確，近數年來，國際間公營事業開放民營，已如火如荼的蔚為風氣，這股形勢是無人可阻擋的。

近數年來，國際間不論國家貧富，不論奉行什麼政治思想，都已獲得一個共識，那就是公營企業經營遠較民營企業沒有效率，而紛紛將公營企業開放民營。據非正式統計，近數年來，已有 50 個以上國家，約有一千多家公營企業已開放，或正在開放，或即將開放民營。各國之所以積極將公營企業開放民營，主要因公營企業不是在獨占、保護之下，缺乏競爭而無效率；就是在多重機關干預、繁雜法規限制之下，無法發揮效率。公營企業由於缺乏效率，大多數是大而無當，造成政府財政的沉重負擔；而且公營企業多處於產業上游或關鍵性產品之地位，在無效率經營情況下，將可能導致整個產業受到影響，甚至進而影響到整體經濟的發展。因此，近數年來，不論高度工業化國家，如英國、美國、日本、法國、加拿大、義大利、西德及奧地利等；新興工業化國家，如韓國、新加坡、巴西、墨西哥、西班牙等；或開發中國家，如印度、菲律賓、泰國、阿根廷、印尼、孟加拉、奈及利亞等，都積極的推行公營企業民營化政策；甚至共產主義社會的蘇俄、中國大陸、匈牙利，也多多少少在推動開放民營的工作。國際間公營企業開放民營、或稱私有化或民營化（privatization），由於其績效顯著，已形成一股龐大的洪流，正在不斷的擴張中。

國內公營企業的弊端，一向為國人所詬病，如台鋁、台金公司的關閉、中船的巨額虧損、台電的購煤案、電信局的數位交換機採購案，可謂不勝枚舉；公營銀行的問題更是層出不窮，成為國內最落後的行業之一。開放民營後是否即有績效，是許多反對開放民營者的顧慮。公營事業開放民營除在國外已有許多實例外，就國內而言，自加油站開放民營後，士林民營的西歐加油站領先成

立開始營業，由於服務周到，門庭若市；而僅在一街之隔的中油公司福臨加油站，則門可羅雀，迫得中油公司不得不改變政策，增加設備，加強服務，以爭回老的客戶。由此可證明沒有競爭哪來效率。我們期望公營事業的各級主管機關、民意代表，以及公營事業的員工，應以國家整體的利益為重，放棄個人的私利，協助政府將不必要公營的公營事業，逐步開放民營，讓我們再強調：這是當前世界的潮流，不是任何人可抵擋得住的，否則我們如何能成為現代化國家。

（民國 77 年 4 月 30 日　《經濟日報》二版）

2. 電信事業必須開放民營

自電信總局數位交換機採購議價未決延緩採購，再加以特權干預未成，揭發特權，更加深問題的複雜化後，首先受害者是北區消費者申請裝設電話，不僅要等候相當時期，且是遙遙無期。估計到目前申請而無線路供應者，約有 1 萬戶，至明年 6 月底將超過 5 萬戶，如此罔顧消費大眾需要的情況，充分暴露了公營事業的弊端。

近年來由於科技的發展，電信事業已由過去純粹電話、電信業務，進入了數位化時代；將電話、傳真、數據、視訊及電腦之結合，不僅加強電話功能，廣及電化教育及文化傳播的有效運用，更有利於各項情報的取得與運用，不論對行政部門、廠商以及家庭，增進工作效率，提高生產力，均極有貢獻。由於電信事業向多功能發展，其所需的科技配合，不僅範圍相當廣泛，而且多屬高科技，如電腦技術、軟體技術、光電技術、智慧型介面技術、超大型積體電路技術、數位通信技術等；而且該等技術進步極快，稍有疏忽即成落後，不僅影響到現代化電信服務的提供，更影響到國內電子資訊等高科技工業的發展。因此，電信事業已不是一個受多層主管機構管制、眾多法令規章約束，缺乏效率，及無能力吸收高科技人力的公營事業所能勝任。難怪近年來，許多工業先進國家的電信事業，已紛紛開放民營。

首先英國政府於 1981 年訂定「英國電信法案」，不僅將英國電信公司（British Teledom，簡稱 BT）移轉民營，還核准另一家電信公司設立，俾與英國電信公司競爭。英國政府將所持有英國電信公司股權的 50.2% 在股票市場出售，政府保留股權不及 50%，成為民營公司，政府不再干預該公司決策。英國政府出售該公司股票，當時總值約 40 億英鎊，為過去英國公司最大發行額的 6 倍，發行額之大，史無前例。除該公司 95% 的員工購買自己公司股票

外，待 50.2％股票售完後，股東人數增至 1,600 萬人，占英國總人口的 28％，顯示普及率之高，亦表示英國人民對英國電信公司轉移民營擁護之熱忱。該公司股票曾有小部分在美國、加拿大、瑞士及日本證券市場出售，銷售情形亦非常順利。該公司移轉民營後，由於管束減少，效率大增，其盈餘與移轉前比較，第一年即提高 50％，第二年提高近 1 倍；股票市價，在兩年間上升了78％。

其次，日本政府於 1985 年將「日本電信電話公社」（簡稱 NTT），改組為「日本電信電話株式會社」（即股份有限公司），以便分批出售其三分之二股份，政府保留三分之一，股份出售所得，用於償還國債，及對公共建設等提供無息貸款。日本政府同時核准了另四家新電信公司的設立，使日本電信事業，自過去獨占，進入了自由競爭的時代。由於新設立的新電信公司費率，平均比 NTT 低 20％至 25％，迫使 NTT 不得不更新設備，提高效率與服務品質，降低成本；並為領先新公司更充實研究發展人力與經費，以因應未來尖端技術新電信業務之開發競爭。根據以上分析及英、日兩國先例，我們願作如下建議：

一、我國電信事業不能再繼續國營，移轉民營的基本政策必須先確定；同時，開放國內電信公司的設立。

二、立即將電信總局改組，行政、管理、監督工作，歸還交通部，擴大目前交通部郵電司職權與組織，或成立電信署，由交通部研究後提出具體建議；業務部分，成立「台灣電信公司」，訂定資本額，並分批以股票上市，政府最後持有股份，不應超過三分之一。

三、電信研究所，應改為財團法人組織，現所有設備完全由政府捐贈，並另撥新台幣 20 億元作為基金。使其有能力網羅高科技人才，擔當整合電信、電腦、自動化及積體電路等前瞻性科技研究、開發技術種子、扮演銜接學術界基本研究及工業界新產品開發，以及與資訊工業策進會合作進行建立我國資訊化社會研究等四大任務。

以上建議如能在兩年內落實，相信到公元兩千年我國成為現代化國家同時，亦可建立資訊化社會，並躋身世界資訊行列。

（民國 77 年 5 月 14 日　《經濟日報》二版）

3. 為出售三商銀官股催生

日昨行政院主計處發表 4 月份物價統計，其中消費者物價指數較去年同期

上漲 5.72％，在行政院公布「當前物價問題因應措施方案」，一個多月後，物價不跌反而上漲幅度提高，顯示因應效果不彰。其關鍵為各方所矚目的三商銀官股未能配合中央銀行所採強烈緊縮措施同時出售。但據台灣省政府財政廳指出，三商銀公股出售，是財產處分案，一定要循預算程序辦理；不過行政院迄未將股票撥交，無法編列 79 年度特別預算，何時出售為時尚早。實際上三商銀官股出售未能落實，主要是股權歸屬問題，因台灣省政府認定股權歸屬省有，可是股東名冊卻為財政部。聞行政院已著手協調，仍未能解決。

但行政院早已將出售三商銀官股列為「物價方案」重要措施之一，其目的不僅在收縮信用，因可增加股市籌碼，亦有穩定股價作用。可是由於其未能落實，在該方案實施一個多月後，物價不跌反更漲，股市亦更狂飆，股價指數突破八千點，每日交易額亦數度超過千億元，經常維持在七、八百億元左右，其每日交易量值已高居世界第三位，顯屬不正常現象。

目前出售三商銀官股，應是收縮通貨，穩定物價與股市的關鍵所在，亦是最佳時機。如再任其拖延不僅通貨膨脹趨勢難抑，股市持續狂飆，引誘大量股市人口，更加速物價上升；同時降低工作意願，導致勞力短缺工資上漲，外籍勞力非法打工猖獗，對經濟成長與社會安定均帶來極不利的影響。而且對三商銀本身，亦極為不利；因銀行法修正通過後，民營銀行紛紛設立，一方面以高薪挖取三商銀優秀人才；另方面以高效率與新種業務服務客戶，與三商銀競爭。三商銀若繼續公營，在政府、民意代表及眾多法令規章種種約束之下，已無法發揮其經營效率；再加以優秀人才流失，在工作人員士氣大受打擊下，今後如何能與新設民營銀行競爭？故就三商銀本身未來業務發展來看，政府出售三商銀官股，使其成為民營銀行，已刻不容緩。

至目前出售三商銀官股未能落實，不是政策問題，而是股權歸屬未能獲得合理解決的技術性問題。但政府是一體的，不能因技術問題，而影響政策的貫徹執行。我們認為只要政府有決心、有魄力、有擔當，沒有技術性問題不能解決的；出售三商銀官股不能再拖，也不應再拖了。為使三商銀官股能在最短時間內能出售，我們願作如下之建議：

一、三商銀官股出售，不應限制在 51％以上的官股，因股數少所能吸收之資金不足支應公共設施保留地，未來兩個月內所發價款的三分之一；同時仍維持公營，以後無法與新設民營商業銀行競爭。

二、中央政府即刻辦理 78 年度追加預算，將在財政部名下之所有三商銀官股，撥給台灣省政府出售，作為中央政府原承諾補助台灣省政府徵購公共設

施保留地的一半價款之用。

　　三、台灣省政府亦同時辦理 78 年度追加預算，一方面接受中央補助公共
設施保留地價款；另方面要求省議會改變出售三商銀官股 51％以上部分的限
制。

　　以上中央及省政府辦理追加預算，事先均應透過黨政協調，請立法院及省
議會，全力支持，以最迅速方式通過。至於三商銀官股歸屬問題，容後再仔細
清算。

　　四、為使三商銀股票迅速出售，同時避免被少數人操縱把持，可循中鋼股
票出售方式，限量通訊申購。

　　為了安定當前物價、股市與金融，我們深望行政院將出售三商銀官股，作
為重大事件處理；即刻召集財政部長、行政院主計長、台灣省主席，指示參考
上述四項建議即刻進行；雖時間上已緩不濟急，不過最高行政當局宣布此作法
的決心，會產生宣示效果，如在兩個月內能夠接受申購三商銀官股，相信對膨
脹中的物價，狂飆中的股市及不安的金融，均會產生肯定的作用。

（民國 78 年 5 月 10 日　《聯合報》二版）

4. 公營事業民營化已刻不容緩

　　行政院改組一月來，除於上月中通過 79 年度特別預算，將三商銀股權轉
為台灣省府所有，以便早日出售外，現又籌劃設置公營事業民營化推動小組，
將進一步對公營事業民營化工作做全面性的推動，顯示新閣對公營事業民營化
已有深刻認識與重視。

　　近數年來，本報一直呼籲推動公營事業民營化，除迎合國際潮流，提高經
營效率外，對台灣當前經濟而言，更有特別作用與迫切性。尤其自央行採取緊
縮措施，5 月底貨幣供給額增加率已降至 8.3％，遠低於穩定物價方案要求降
至 20％的目標，但股票市場仍在動盪之中，央行的緊縮措施對股市似毫無作
用；其原因何在，主要在於過去五年以來，每年均有鉅額超額儲蓄存在，累積
已達二兆三千億元，除央行發行國庫券、儲蓄券、定期存單及轉存款吸收
一兆四千億元外，尚有將近九千億元資金在外流竄；除非央行將貨幣供給降為
負的成長，否則對此將近九千億元的游資不發生影響；但貨幣供給額變為負的
成長，則對整體經濟的不利影響太大。但這將近九千億元的游資，不將其凍結
或作有效利用，則其跑到任何地方都會闖禍。近年來股票市場的狂飆及房地產
價格的高漲，固然由於財團及地下投資公司的炒作，但如無此鉅額游資，他們

也炒作不起來。為避免金融風暴發生，安定物價、股價及房地產價，唯有將此鉅額游資凍結或作有效利用。在當前情況下，政府能有效將此鉅額游資吸收凍結或作有效利用，唯有透過公營事業民營化一途了。故我們認為當前推動公營事業民營化，不僅有其特殊目的，亦刻不容緩了。

過去多年來，我國推動公營事業民營化工作，效果不彰，其原因主要有：

一、決策階層認識不夠，因此缺乏決心與魄力。最顯著的例子，是我國的台鐵與日本的國鐵，兩者都長期有虧損，我國台鐵在整頓三年後，延期三年，六年整頓期滿後並未提出有效解決方案，不好意思再延期，只好宣布整頓完畢，美其名改為監理，就這樣無限期拖下去也虧下去。而日本國鐵，在監理兩年期間完成「國鐵改革方案」，又一年九個月的籌劃完成民營化，民營化後第一年就轉虧為盈。可見非不能也，而是不為也。

二、既得利益者的阻撓。除主管機關為安插人事外，民意機構對公營事業的予取予求，都不願將公營事業轉移民營。就以這次政府出售三商銀股票為例，為什麼要限制只出售政府持有官股 51％以上部分，據說係省議會的決定。因在輿論壓力下，無法抵擋，不出售三商銀股票不可能，而想出絕招，可以出售，但官股保持 51％，仍為公營，不影響他的既得利益，可見既得利益者的心態了。

三、員工的抗議。因公營事業工作有保障、待遇又好、工作無壓力、假期又多；改為民營後，是否能維持，都無把握，而抗拒民營，一有移轉民營之消息，員工便提出許多要求，如經濟部不能承諾保證，就不准公司股票上市，並以走上街頭為威脅。

因此，行政院要大力推動公營事業民營化，紓解當前亟待解決的經濟問題，必須先克服以上的困難。我們願作以下的建議：

一、先成立「公營事業民營化推動委員會」或專案小組，於最短期間內提出推動方案，貫徹執行，宣示政府的決心與魄力。

二、對不合時宜的法令規章，作全面性修改或另訂新法，而且要協調立法院迅速完成法定程序，成為日後公營事業民營化的依據。不過在法未修改前，可運用獎勵投資條例第 83 條規定，以股票上市出售方式轉移民營，排除其他法令之限制。但獎勵投資條例至明年底即將到期廢止，故有關法令的修訂工作，必須在明年底前完成。

三、在政策上認為已無必要維持公營的事業，均應轉移民營，應透過黨政協調，請民意代表支持，不必保留 51％的股權。

四、對公營事業民營化的員工，在國外公營事業民營化的過程中，對員工都有優惠照顧的先例。如出售股票的優先承購權、優惠價格，對提前退休或資遣者給予優惠待遇，以及轉業訓練等。應訂定統一優惠辦法，以便各公司遵循；同時，亦給員工了解其在公營事業民營化過程中所受到的優厚待遇，不僅不再抗拒而擁護公司早日轉移民營。

以上四點建議，如能做到，我們相信我國公營事業民營化將可順利推動，面臨游資氾濫，股市及房地產價格狂飆問題，亦可迎刃而解。

（民國 78 年 7 月 10 日　　《經濟日報》二版）

七、金融、游資與泡沫經濟問題

1. 健全金融制度與管理體系

過去三十年我國經濟的快速發展，金融方面的貢獻是不可磨滅的；不過經濟愈發展，金融配合不善的問題愈嚴量，一般都認為，金融方面的改進趕不上經濟快速發展的需要，甚至成為經濟進一步發展的絆腳石，如不能迅予改進，迎頭趕上，將對工業升級及經濟現代化的推動產生阻力。因工業升級需要大量資金投入，而金融機構是資金的供給者與需要者，亦即儲蓄者與投資者的橋梁，金融機構應在工業升級過程中扮演較過去更重要的角色。但事實上，今年儲蓄估計達新台幣五千多億元，投資僅四千多億元，有一千多億元未能有效利用；而另一方面企業所需資金不能自金融機構獲得，不得不利用吸收員工儲蓄存款或民間互助會方式，以及向地下錢莊告貸籌集資金，因而產生非金融機構經營金融業務的違法事件；顯係我們資金流通的管道不夠暢通，金融功能未能充分有效發揮。再就金融政策目的而言，是以有效調節信用，促進金融穩定與經濟成長為目標。金融當局過去一向認為貨幣供給額年增加率維持在 15％至20％之間，可達成穩定與成長的目標。但實際上，過去 20 年的貨幣供給額年增加率，超過 20％以上者有 11 年之多，甚至超過 30％者亦有 7 年，低於15％者有 6 年，增加 15％至 20％之間符合金融當局預定目標者僅 3 年而已。顯示金融當局控制貨幣供給額的工具不足，調節信用的功能亦未充分發揮。而造成以上兩種現象的主要原因，一是金融制度及金融服務效率落後，二是金融業務管理與行政管理體系不健全所導致的結果。今天我們將就此兩方面的改進提出我們的意見。

　　首先就健全金融制度與提高金融服務效率而言，我國銀行法第 20 條規定，銀行分商業銀行、儲蓄銀行、專業銀行及信託投資公司四種；我們雖無獨立的儲蓄銀行，但儲蓄業務多由各銀行附屬的儲蓄部兼辦，至專業銀行據銀行法第 88 條規定，分工業、農業、輸出入、中小企業、不動產及地方性信用銀行六種；我們雖無獨立性之不動產信用銀行，但其業務係由土地銀行兼辦。故表面上我們各類銀行都有，如各銀行均能照銀行法規定發揮其功能，應可配合需要。但實際上，除新成立之中國輸出入銀行外，所有專業銀行都辦理商業銀行業務，而商業銀行亦兼辦專業銀行業務，最近財政部復開放信託投資公司亦可辦理短期信託資金，不啻准其辦理商業銀行業務，所有銀行業務大致相同，銀行體系一片混亂。不過自今年 3 月起中央銀行已將郵匯儲蓄存款指定撥存四個專業性銀行，最近財政部亦指撥開發基金 20 億元無息支持交通銀行，對策略性工業給予長期低利貸款。希望財政部廣泛籌集開發基金，配合需要分別支持各專業銀行，並嚴格規定各專業銀行的功能與責任，令其放棄商業銀行業務，而且要自過去被動應付需要的授信，改為主動提供授信，鼓勵企業配合經建計畫積極投資，引進新技術，加強研究發展，使資源獲得合理的分配與有效的利用，真正發揮專業銀行的功能。

　　次就健全金融業務管理及行政管理體系而言，我國銀行法第 19 條規定金融主管機構在中央為財政部，在省為財政廳，依此規定無論金融制度之建立與金融政策之制定，皆應由財政部辦理：但中央銀行法第 2 條中央銀行之目標，有健全銀行業務之規定，第 38 條規定中央銀行辦理全國金融機構業務之檢查。因此，我國金融業務及行政管理究屬財政部或中央銀行無法分清。不若日本之事權統一，金融管理由大藏省（即日本之財政部）辦理，而且日本之日本銀行（即中央銀行）亦歸大藏省銀行局監督，日本地方政府不參與金融管理工作。日本金融管理事權統一責任分明，故其金融制度健全、體系完整，在日本經濟發展過程中發揮了極大功能。我國銀行因多係公營，除受財政部及中央銀行之主管監督外，尚受政府主計、人事、審計單位，甚至民意代表機構之監督與管理。法令方面除銀行法外，尚需遵守政府有關之預算、會計、審計及人事等法規之規定，使金融經營缺乏彈性。

　　改進之道主要在各有關主管機構放棄本位主義，對金融機構的具體經營內容，盡量減少干預，鼓勵經營者積極主動，並開發新業種，提高服務品質，建立經營者自行負責制度。

　　因此，財政部應就現行之有關金融方面的法令規章，予以全面檢討修訂，

如修訂有關法令緩不濟急，應在研擬中之「公營銀行管理法」中，訂定排除條款，加重各公營銀行董事會職權與責任，使公營銀行能夠企業化經營，擺脫行政法令之束縛，提高經營績效。

（民國 71 年 12 月 18 日　《經濟日報》二版）

2. 政府追查十信失職責任

政府處理十信事件，除於案發時，立即依法採取行動，維持金融秩序，責令合作金庫代理經營，並將十信涉案人員移送法辦外，就政府官員部分，一方面接受徐立德部長辭職，以示其對十信事件負起「道德責任」；另方面函飭財政部及法務部會同徹查十信嚴重違規舞弊案中，各級行政及監督人員，是否有違法失職情事；如有涉及行政責任者，應擬議嚴厲處分報院，如有涉及刑事責任者，更應依法處理。現財政與法務兩部業已組成專案小組展開追查十信失職責任的工作。政府並表示，凡獲具體事證者，不論其官階高下，一律撤職查辦。這顯示政府處理十信事件之決心，

一切依法處理。我們相信此一不逃避責任，不隱瞞事實的作法，必能獲得人民的信賴，使政府在十信事件中受損的聲望降至最低，並使重振金融、經濟紀律，出現契機。

依台北市財政局局長林振國對市議會的報告，十信不良放款估計約有 78 億元。如按時間劃分，在徐立德擔任財政部長期間，十信不良放款自十億餘元，擴張到 35 億元，由於當時未能即刻採取有效措施，使其擴大了 25 億元，嗣後誠如徐部長在辭呈中所指出：「更變本加厲，以致演成今日之嚴重後果，破壞經濟紀律，已為國家社會帶來傷害。」徐部長對此不幸事件，內心至感愧疚，仍本個人之道德責任，而請辭部長職務。但嗣後十信如何「更變本加厲，以致演成今日之嚴重後果」，應由誰負責，將是行政院函飭財政部會同法務部徹查重點所在。

十信至奉命暫停營業時止，估計不良放款 78 億元，減除徐立德轉任經濟部長時止之 35 億元，在其後任不到 9 個月期間增加了 43 億元，增加一倍以上，真是變本加厲，尤其在案發前的不到十天貸放二十多億元，連放款審核手續都未來得及辦，確是事態更為嚴重了。十信事件雖不是始自今日，但其問題演至更為嚴重，則為今年 1 月 5 日以來的事。根據各方面報導資料分析，我們發現下列問題，均牽涉到行政人員之責任，值得進一步追究。

首先，中央銀行金融檢查人員於今年 1 月 5 日突擊檢查，發現十信庫存現

金與帳目不符，有做假帳之嫌。金融機構做假帳是極為嚴重問題，過去合庫檢查，因事先有走漏風聲，查不出證據，故無法處理，而此次中央銀行金檢人員當場查到真憑實據，而且是極嚴重的做假帳問題，為何財政部不能即刻處理，要拖延一個多月，使日後問題更為擴大？

第二、合庫會同台北市財政局派駐台北十信之「輔導專案小組」於 1 月 30 日發現十信「不正常放款」不斷擴大，自原有之 38 億餘元迅速增至 52 億餘元，即向台北市財政局提出報告。該局同日函陳財政部，而且陳明十信不正常放款，倘若不能作有效遏阻，對今後十信業務之經營影響至鉅，請財政部在決策上「迅賜指示」。由於財政部未能即時採取遏阻措施，十信乘機一不做二不休，更是無法無天，於 1 月 31 日、2 月 2 日、4 日及 5 日，四天違規貸出十億餘元，甚至來不及將申請貸款資料提出放款審核委員會。台北市財政局有鑒於此，於 2 月 6 日再函陳財政部說明事態嚴重，請再考慮，處以代理之行政處分；直到 2 月 9 日市財政局始奉財政部指示，採取緊急措施，暫停十信營業。但到 2 月 9 日止，不良放款又增至 78 億元了。在此期間雖然台北市財政局一再將十信違規放款事態嚴重情況報告財政部，該部為何不能立時採取斷然措施，而坐視十信在這短短不到十天內，又增加 26 億元違規放款？

第三、更嚴重的是十信最後幾天違規放款財源，竟然是合作金庫遵奉財政部為平穩春節前金融所作之政策性通案指示，由合庫於 2 月 2 日、6 日及 8 日各融通 10 億元，以應急需，共給予 30 億元短期週轉金。難道十信違規放款財政部不知道？合庫也不知道？明知十信不可為，合庫為什麼還要再給它 30 億元融通，而給十信主持人遂其所逞呢？根據各方報導，經以上綜合分析後，我們相信財政部與法務部組成的六人小組，如能就以上三個問題尋求答案，一定會查出結果，使問題水落石出，給社會一個明確的交代，不僅挽回政府為此案已失去的聲譽，也可產生嚇阻作用，使此類事件今後不再發生。

（民國 74 年 3 月 17 日　《聯合報》二版）

3. 支持央行採取強烈性的緊縮措施

中央銀行為貫徹實施「當前物價問題因應措施方案」，於前日（3 月 31 日）宣布採取全面性金融緊縮措施，大幅提高銀行存款準備率、信託公司資金準備率、重貼現率及銀行存款最高利率，其中尤其同時提高存款準備率、重貼現率及銀行存款最高利率，而其提高幅度為過去所少有，可說是強烈的貨幣緊縮措施。此一措施宣布當日即受到多數學者的支持，但業者由於利率的大幅提

高，將加重其資金成本，認為對其投資活動將有不利影響；而若干民意代表，亦表示將對財金主管提出質疑。我們認為中央銀行此次採取強烈措施，是政策遲延的結果，不僅有其必要性，而且具有迫切性。茲接續昨日社論，再將我們的看法分析如下：

首先我們要指出的，是去年中央銀行所持有之外匯存底未再增加，且有減少，連同黃金在內的國外資產，以新台幣表示也減少 1.4%，對貨幣供給額而言，應是緊縮因素；但去年底貨幣供給額增加率仍高達 25.2%，主要受放款大幅增加 38.4%的影響。在去年一年間銀行放款增加 9,400 億元之多，與 76 年增加 3,400 億元比較，提高了 1.7 倍之多，成為貨幣供給額增加率居高不下的絕對性因素；如再與去年國民生產毛額（GNP）增加 2,600 億元比較，則每增加 1 元 GNP 可得到銀行 3.6 元之融通，顯示銀行放款過度寬鬆，甚至有的銀行為爭取放款業績，放款已到浮濫的程度；此一趨勢如任其發展，不僅影響金融的安全，全面性的物價膨脹勢難避免，故採強烈緊縮措施予以扼止，有其必要與迫切性。

其次，銀行存款利率自 75 年以來已是台灣光復後的最低水準，再加以去年下半年以來物價上升，使實質存款利率降至谷底，嚴重打擊存款人，導致定期性存款增加率大幅降低，至去年 12 月已降至 13.9%，僅約放款增加率的三分之一；不僅影響到貨幣供給額收縮的能力，且使退休依賴利息維持生活的老人，生活遭受到威脅。因此，不論從金融面及社會面的安定，利率都有調高的必要。

第三、若干人以為中央銀行採取強烈緊縮措施後，會影響到經濟成長。但我們認為並不致如此，因過去三年貨幣供給額的大幅增加，遠超過正常需要，除第一項已指出去年增加的放款遠超過增加生產的需要外，如將過去三年實際貨幣供給額與正常情況下需要比較，根據我們的估計，到去年底為止，超過 7,000～8,000 億元，如今年貨幣供給額再持續大幅增加，其超額流動性過剩的情況將極為嚴重；現在中央銀行採取強烈緊縮措施，只不過欲將貨幣供給增加率降至 20%；而此 20%是在既有寬鬆的情況下增加，顯見資金仍然寬鬆，不致對正常經濟活動帶來不利的影響。

第四、金融機構所持有中央銀行發行的國庫券、定期存單及儲蓄券，將有六千多億元在短期內陸續到期；尤其政府徵收公共設施保留地價款，在 6 月底前要支付三、四千億元之多。即令中央銀行原發行票券到期，發行新票券將其收回，但政府徵收之公共設施保留地，要向省屬七行庫借款支應，不考慮其乘

數效果，即相當貨幣供給額再增加 17％至 20％，簡直是火上加油；如待此鉅款釋出後再採緊縮措施，不僅事倍功半，而其問題已發生將無法挽回。現中央銀行在其職掌範圍內，有必要採取未雨綢繆之策，將其不利影響降至最低，是值得鼓勵的。

根據以上的分析，雖然中央銀行採取了強烈緊縮措施，但欲將貨幣供給額增加率在短期內降至 20％，仍有其困難，必須其他方面的配合。除外匯交易制度，中央銀行已訂於明日（4 月 3 日）取消中心匯率，改由外匯市場供需決定匯率，以避免熱錢流入，並促使已流入的熱錢回流國外，有利於貨幣緊縮外，另一必要配合措施是公營事業股票的出售及公債的提前發行。在出售公營事業股票方面，雖中鋼公司 1 億 5000 萬股即將於近期擴大上市外，中鋼股票第二批及中化公司第一批股票亦應及早完成手續於 7 月間上市；而三商銀股票的出售，是各方期望用來支應公共設施保留地的價款，更具有急迫性，期望行政院早作決定，務使在今年 6 月底前實現。但即使以上公營事業股票出售能夠在短期內實現，因三商銀只出售政府持有超過 51％部分的股票，充其量亦不過一千多億元，不足支應公共設施保留地徵收款的二分之一；因此，我們建議財政部應將 78 年度尚未發行的 400 億元建設公債，在 6 月底前發行；79 年度 1,000 億元建設公債，亦應早作準備，視情況提前發行。穩定物價是大家的責任，亦必須各部門的全面配合，貨幣供給額增加率才能降至 20％以下的目標範圍，以遏制物價的全面上升，避免給全體國民帶來更大的傷害。

（民國 78 年 4 月 2 日　《經濟日報》二版）

4. 應採更有效措施處理地下投資公司問題

行政院李煥院長，自上任後於 6 月 13 日首次向立法院提出施政方針報告中，指出對於未經核發執照的投資公司，應予取締後，日前行政院所提列的一份「當前重大經濟問題參考資料」，又將「股市狂飆及地下投資公司問題」，列在七項亟待解決的重大經濟問題之首；顯示行政最高當局，對於股市狂飆受地下投資公司之炒作為重要因素之一，已有深切了解。

台灣股市的狂飆，與錢多有極密切的關係，但是若沒有地下投資公司之炒作，亦不致狂飆如此之盛。地下投資公司之所以炒作股市，與其以極高利率吸收存款有關。雖然地下投資公司於 70 年代初期即已開始，但其興盛還是 75 年下半年及其以後的事，一方面是由於對外貿易年年鉅額出超，超額貨幣供給驟增，苦無有效投資管道疏解；另一方面銀行存款利率降至台灣光復以來最低

點，更加以銀行由於資金過剩，紛紛拒絕吸收鉅額存款；此時地下投資公司為滿足國人需要，紛紛設立，以月息 4 ％的高利率，還有不同名稱的各種優惠吸收存款，至 77 年初，據《新經濟週刊》指出，以吸收游資為主的投資公司總數在 30 家以上，直接間接經手的資金高達新台幣 200 億元，而牽涉到的投資人也在 10 萬人以上。但日昨經濟部長陳履安在監察院財政及經濟委員會聯席會議上，報告「關於金融緊縮措施有關經濟部分分析報告」時指出，以高利率違法吸收資金之所謂地下投資公司，據估計目前約有一百七十餘家，至於吸收資金若干，陳部長雖未透露，但當時監察委員即估計在新台幣 2,000 億元以上，與去年初《新經濟週刊》估計 200 億元，不到一年半間即增加了 9 倍之多。我們再看這一年多來金融機構吸收的存款增加率還不到 30％，可見地下投資公司高利率吸引力之大了。地下投資公司吸取了鉅額存款，其利用如無法獲得更高利潤的話，將無法繼續維持；雖可以用老鼠會方式吸收新存款用來支付舊存款利息，但如僅以此方式地下投資公司難以持久，故倒閉的也不少。不過，多數地下投資公司為了能吸收更多的存款，將資金分為兩種用途，一方面為投資百貨公司及觀光大飯店，但這些投資回收慢，利潤有限，更無法負擔月息 4 分之高利；因此，另方面之用途即炒作股票及房地產，而房地產為固定資產，一時不易脫手即有週轉不靈之虞，過去即有數家地下投資公司因此而倒閉，故以炒作股票最為方便靈活，而且又可獲得更高的利潤。因此，股市狂飆與地下投資公司問題關係極為密切。可警惕的是一旦股市逆轉，地下投資公司被套牢，這 2,000 億元以上的存款便毫無保障與支援，而其存款人多為退休之軍公教人員與一般家庭主婦，多達數十萬人，所帶來的金融風暴與社會問題，其嚴重性遠在過去「十信」與「國信」數倍之上，難怪最高行政當局將其列為當前重大且亟待解決經濟問題之首了。

　　對於如此嚴重亟待解決之問題，李院長在施政方針報告中所提之解決方法，是盡速完成銀行法的修正，增進金融紀律及效率。日昨陳履安部長在監察院報告時，更進一步指出，修訂銀行法第 29 條之 1，規定存款之定義，不論地下投資公司以任何方式吸收資金，均以收受存款論，並將處罰最高刑度由五年提高為七年，以期明確禁止公司違法吸收資金之行為。但是，我們認為坐等立法院完成銀行法修正案，不僅不會產生如財經當局預期的效果，更可能使問題坐大，仍需要採取更積極有效措施與決心和魄力來處理此一問題，須知此一問題愈拖愈難解決，問題延後爆發，其後果將更嚴重，希望新任行政院長三思！

（民國 78 年 6 月 24 日　《經濟日報》二版）

5. 李院長對處理地下投資公司的明確說明

　　行政院長李煥先生昨日在記者會中明確的表示，銀行法修正案通過後，當即執行取締非法投資公司，並無所謂「緩衝時間」。他在行政院院會中也曾明白說明，人民資金應從事正當投資，不要走上非法投資途徑，否則，投資的風險應由投資人自己負責，政府不能負責人民違法行為的損失。

　　李院長這一席話，應該使所有有關政府處理投資公司的傳說，都為之澄清，投資公司與投資人都應在李院長的談話中確定本身的因應作法。

　　過去主管機關一再強調，無法有效取締地下投資公司，主要因為缺乏法令依據，必須待修訂銀行法完成法定程序後才能執行。不過我們一再指出，即使不修改銀行法，現行法令一樣可處理，只是缺乏取締的決心。

　　我們之所以主張取締地下投資公司，不僅因其違法，主要因有些地下投資公司主持人在其吸收游資後，真正將資金拿出來運用及支付利息的僅一半左右，另一半左右即被主持人占為私有，這樣的地下投資公司，遲早都會倒閉的，不僅傷害投資人利益，亦擾亂金融秩序。根據財政部資料，去年倒閉的地下投資公司約有 40 家，所吸收資金估計超過 200 億元，但是沒有一家公司倒閉時帳目是清楚的。另據調查局經濟犯罪防制中心與各地檢察處偵辦地下投資公司檔案紀錄，去年倒閉的「憶扶」、「富格林」、「嘉駿」及「超氧」四家中型地下投資公司為例，倒閉後經整理這四家共吸收資金 77 億元，而其中下落不明被主持人私吞的有 33 億元之多，高占 45％，使投資人血本無歸，引起許多糾紛，亦危及金融安定。而過去主管機關未能有效取締，一方面是缺乏決心與魄力，但另方面為恐取締後產生的負面影響，引發金融風暴，以及投資人在資金血本無歸的情況下走向街頭，造成社會問題，因而一再拖延。但據業者估計，目前地下投資公司所吸收的資金在 2,000 億元以上，較去年初的 200 億元，已提高了 9 倍，如再任其存在不斷擴展下去，終將對整個經濟社會的安全，構成嚴重威脅，愈後處理愈困難，而其負作用亦愈大。李院長指出，其就任後即注意此一問題，而促使銀行法修訂的早日通過，以便能更有效的即時取締地下投資公司，現在，李院長復進一步對政府的作法作了具體明確的說明，政府的行動雖然為時已晚，其產生負面影響也不可避免，不過如能做好準備工作，可使不利影響減至最少，我們願作如下建議：

　　一、政府除已對幾家大型地下投資公司負責人，限制出境外，應以查稅方式，責成各地下投資公司建立帳冊，並對地下投資公司、負責人及其相關人員

財產包括所投資之事業、房地產及銀行存款等，應能有效掌握，必要時應予凍結。

二、政府應廣為宣導，勸導大眾不要再將資金存入地下投資公司，並利用傳播媒體，對李院長所講的「高利息、高風險」，「地下投資公司倒閉時，投資人所遭受之損失，政府絕不予補償」，廣為宣導。

三、各地下投資公司之投資人或存款人，為避免血本無歸，應即刻設法籌組存款人或投資人監理委員會，派代表並聘請專家進駐地下投資公司，調查公司投資事業、房地產或購買之股票，其所有人是否為公司，或公司合法代表，否則，應與主持人交涉過戶必須轉為公司所有，以免公司發生問題時，財產已被挖空。

四、投資人監理委員會，應自動協議將存款利息降至 20%，以減輕公司負擔；同時，以此作為交換條件要求公司讓監理委員會進駐人員能掌握公司今後資金去向，以免資金逃避。

五、地下投資公司，應即刻宣布停止吸收新資金，並將所投資之事業、房地產及股票，以持分方式將所有權，讓給投資人或存款人，換回原有存款或投資憑證，逐步縮小其範圍，結束其存款業務，以正當方法經營所登記之業務。

以上五點如政府、投資人及地下投資公司三方面都能做到，相信解決地下投資公司問題，所引發的負面不利影響，應可大為減少。使我們經濟恢復正常健全的發展。

（民國 78 年 7 月 8 日　《經濟日報》二版）

6. 兩害相權取其輕　早作明智抉擇

政府對處理地下投資公司問題的態度，最近有了顯著的變化。在立法院對銀行法修正案未通過前，行政院長李煥一再重申，銀行法修正案通過後，決依法執行；尤其在本（7）月 7 日李院長就任後的第一次記者招待會中再次強調：「銀行法修正案通過後，政府一定依法執行取締地下投資公司，並無所謂的緩衝期」，投資人如有損失應自行負責。全國觀看電視轉播李院長記者會的人，除地下投資公司負責人及部分存款人外，都會對李院長取締地下投資公司的決心，給予全力支持。但地下投資公司發覺政府下決心真要取締時，認為事態嚴重，採取了種種反彈措施，並且製造金融風暴的低氣壓，使政府感受到投鼠忌器的顧慮。政府在此等壓力及畏懼心理下，銀行法修正案雖於日前正式公布實施，但李院長於日前國建會中，答覆記者問到取締地下投資公司問題時已

改口說：「地下投資公司已向有關機關登記，是合法的，嚴格地說，應該不是『地下投資公司』，只有吸收存款部分是不合法、違法的。」並指出：「如果有投資人檢舉，政府一定會移送法辦。如果沒有人檢舉，政府也要主動辦理。」另行政院祕書長王昭明，在同一場合答覆記者時也說：「要有投資人檢舉，才會追究。如果沒有人檢舉，政府不知道，就不會辦理。」甚至財經首長有輔導地下投資公司合法化的言論，與李院長兩星期前，斬釘截鐵的要嚴厲取締地下投資公司的說詞，有了一百八十度的轉變。

政府處理地下投資公司態度轉變的心理，應是可理解的，明知地下投資公司是社會隨時可爆發的定時炸彈，但，如現在取締，使問題即刻產生，而年底選舉在即，將會帶來不利的影響，擔當不起；不如現在不取締或把取締腳步放慢，拖到明年選舉後再說。政府此一心態，是對即刻取締與拖一拖，所產生不利影響間的一種抉擇。此兩種政策的不利影響，值得提出來公開討論，供政府參考，避免作成錯誤的抉擇。

過去我們一再主張政府應取締地下投資公司，自然也了解到取締會立即導致棘手的問題，但也指出如不取締會使地下投資公司如滾雪球愈滾愈大，愈到後來愈難處理，其影響亦愈深遠，長痛不如短痛；而且愈早處理，問題的嚴重性愈小，同時早處理也有其正面影響。茲將我們的看法分析如下：

一、政府現在取締，會使問題即刻爆發，地下投資公司倒閉，存款人遭受損失，會走上街頭，引發社會問題。但政府在取締時，同時立即凍結地下投資公司所有財產，包括銀行存款、股票、房地產及所投資之事業；清理後，存款人雖不可能得到百分之百清償，也多少還有清償。如再拖下去，地下投資公司老鼠會的本質不會改，在沒有入金的情況下，早晚要倒閉；地下投資公司負責人會脫產，待拖到自行倒閉時，財產已一無所有，將使存款人血本無歸，其損失將更大。

二、現在距年底選舉還有四個多月，問題爆發還有時間疏導，尤其老老鼠，高利息已拿了好幾年，本金早已賺回；損失的是新老鼠，最近才將錢存入的，人數就不會如地下投資公司宣傳的那麼多；如及早處理還能有部分清償，若能再對投資人說明高利息高風險的概念，能有兩、三個月時間，會將問題平息下來。如現在不取締，再拖下去，到兩、三個月後，停止出金者無法恢復出金；屆時自行倒閉，而且財產已脫光，血本無歸，正是選舉期前，問題便將更嚴重。

三、有部分人士擔心取締地下投資公司會帶來金融風暴。但據我們了解，

銀行的確直接間接貸給地下投資公司鉅額款項，不過絕大多數都有抵押品，趁現在股價、房地產價格還未大跌前處理，還不至於損失太大；即使有信用貸款，為數也不會太多，而其所占總放款將近 4 兆元的比例，更是微乎其微，及早處理，有計畫的處理，反不至於引發金融風暴。

四、如政府即刻取締，一方面顯示政府尊重法治，政府首長信守諾言，敢面對問題，使全體國民對政府的公信力與公權力恢復信心。如不此之圖，而任其拖延下去，則法令尊嚴何在，今後政府首長講的話還有何人敢相信；公權力、公信力全部喪失，我們不知道，以後如何能治理國家，其問題之嚴重，真難以想像了。

五、在拖延期間，地下投資公司雖已停止出金，但已傳出有辦法者照樣出金，更造成不公平。因此，沒辦法者就找黑社會人士出面索取，形成「叢林法則」的現象，長此以往，我們社會怎會安寧。

六、政府現在取締地下投資公司，誠然可能導致股市及房地產價格的暴跌；目前股市及房地產根本不正常，跌到合理水準時自會穩定下來，使中低所得者也有能力買得起住屋，反而可恢復對政府的信心與向心力。

以上分析，可供李煥院長及有關財經首長參考，兩害相權取其輕，盡快作出明智的抉擇。

（民國 78 年 7 月 22 日　《經濟日報》二版）

八、加速科技研究與發展

1. 加速科技研究發展的作法

蔣總統經國先生於 27 日財經會談中，指示：「行政院最近所採取的紓解當前工商困難措施，尚屬治標辦法，祇能有助於解決短期問題。就長期而言，我國經濟本質主要的弱點是技術水準緩慢，以致生產力的增長相對有限。因之，為克服此一弱點，今後經濟設計單位在擬訂長期經濟發展計畫時，應以『全力提高技術及生產力』作為追求長期穩定成長的主要策略，認定唯有科技更高之研究發展，才能帶動工業更大之創新進步，據以研訂周詳計畫，採取各種措施，……以期在工業科技上早日出現重要之突破，……奠立我國經濟長期發展之雄厚基礎。」蔣總統此一指示，指出了我國未來長期發展的正確方向。蔣總統對科技的研究發展一向極為重視，早在其任行政院院長時，於民國 66

年 8 月 4 日的行政院院會中，便曾就今後整體經濟發展方向提出了 11 項裁示，其中一項即：「我們應加速科技發展，由勞力的輸出轉變為技術的輸出，由數量的增加轉變為品質的提高，使我們的經濟發展邁向更高的境界。這就經濟的長期發展而言，是一項極重要的工作。」自此項指示後，行政院並於 67 年初召開第一次全國科學技術會議，當時，蔣院長並在開幕致詞中指出：「這次政府召開全國科學技術會議，最重要的目標，是要有效的將科學技術因素納入國家政策的規劃程序，實踐在台灣地區建設一個不斷進步的社會經濟體系。」嗣後，蔣院長出任總統，行政院遵照總統歷次對科學技術發展的指示及全國科技會議的意見，於 68 年 5 月 17 日院會通過「科學技術發展方案」，由各有關部會分工合作執行；是為我國科技研究發展工作，有了總體的規畫，集體推動科技發展的開始。

不過我們看到西德及日本在第二次大戰後，經濟能獲得蓬勃的發展，最重要的因素之一，就是日、德兩國對科技研究發展所投下的資金及人力增加幅度，遠超過美國、英國及法國之上，尤其日本在第二次石油危機後，能在各國衰退膨脹中（西德物價雖保持穩定，但經濟成長則呈衰退之勢），保持經濟的適度成長同時維持物價的穩定，主要係得力於生產力的大幅提高，而生產力的大幅提高，則歸功於過去十年日本用於科技研究發展的費用大幅增加，其增加率高達 6.2 倍，較西德的增加 3.8 倍、法國的 1.7 倍、美國的 0.8 倍高出甚多。若以科技研究發展費用占國民生產毛額的比例比較，美、英、法等國都呈下降之勢，西德及日本卻呈增加之勢，而以日本的增加較為快速。可見日本過去長期對科技研究發展的大量投資，不僅現在獲得成果，而且為其經濟的長期發展，奠定了深厚的基礎。

我們大家要了解，科技研究發展是長期工作，並非一蹴可幾；我們現在僅訂定「科學技術發展方案」，是否即能全面展開積極推動，實在很難說。尤其我們是以出口為導向的國家，不僅面對主要出口對象工業國家的保護政策壓力，競爭對手的開發中國家的激烈競爭，今後更將面臨中共產品的挑戰，我們不能再以過去任其自然的發展，必須採取突破的作法，方能永遠領先中共及其他開發中的國家，保持我們的競爭能力。因此，蔣總統於日前的財經會談中再度提出，要經濟設計單位，將科技研究發展正式納入長期經濟發展計畫中，來全面的積極的推動，實有深遠的意義。

科技研究發展納入長期經濟發展計畫後，能否貫徹執行，要看作法如何而定，我們認為要使科技研究發展工作全面積極推動，必須採取下列的作法：

第一，訂定獎勵科技發展條例。—— 行政院通過的「科學技術發展方案」，缺乏法律依據，沒有約束力。有關對獎勵科技發展的規定，分散各有關法令規章，亦缺乏一套完整的獎勵政策措施。而日本為積極推動科技研究發展，早在 1953 年即頒布「科學技術振興法」，使政府主管部門依法執行，民間企業社團亦可在該法的規定獎助下積極推動，故成效卓著。我們的競爭對手韓國，有鑒於日本科學技術振興法的有效執行，亦早在十年前訂定科學振興法，同時，並訂頒技術促進開發法及技術勞力育成法等，對韓國近幾年來科技研究發展工作，發揮了極大的推動力量。我們的科技研究發展工作起步已晚，如無有力的法律依據推動更將困難。

第二，設立財團組織推動研究發展工作。——目前國內從事研究發展工作主要是政府單位及國營事業，可是，這些單位受預算及待遇的限制無法網羅高級科技人才；因此，研究發展工作乃無法推展。日本過去也同樣遭遇這種困難，而以在政府組織之外，設立各種財團如「日本科學振興財團」、「新技術開發事業團」、「海外技術合作事業團」及「日本產業技術振興協會」等財團，代替政府推展研究發展工作，以突破前項限制，這種作法頗可供我借鏡。

第三，在行政院開發基金內指撥科技研究發展專款。——此一專款除對大企業設置研究發展單位購置設備，給予低利資金融通外，鼓勵中小企業同業共同出資，以財團法人的方式，設置研究發展單位；所需之設備資金，由開發基金科技專款給予半數的補助。如此方能加速民間企業對科技研究發展的全面展開推動。

以上所舉是積極推動科技研究發展的關鍵作法，其他如在國外收買科技移轉公司，協助引進國外科技，及延攬我在國外科技人才回國協助加強國內科技研究工作等，需要多方面的積極推動，方能貫徹蔣總統對科技研究發展的指示，早日達到「提高技術及生產力，謀求長期穩定成長」的目標。

（民國 70 年 10 月 29 日 《聯合報》二版）

2. 全力推動科技研究發展

本日有一項很重要的會議在台北舉行，那就是行政院第二次全國科技會議。科技研究發展乃是當前國家求富強的急務，我們要突破工業化的技術瓶頸，要促進國防的現代化，都非全力推動科技研究發展，升高科技研究發展層次不可。全國科技會議是集海內外科技菁英研討發展科技的會議，自然極可重視。

　　這一次會議定有八個中心議題，可以說包涵了當前科技研究發展各方面應該注意的問題與事宜，雖然會議期間只有四天，不可能對每一個中心議題，都討論出周延而具體的結論或辦法來；但是，這些問題的具體提出來討論，無論如何都會獲更好的開展與解決。以現在的情形看，觀念的一致與步驟的協調，是發展科技的先決條件，我們希望這一次會議更能發生知難行易的作用。

　　我們不擬對會議的八個中心議題有所建議，這些問題毋寧讓出席會議的專家去討論。不過，我們認為，八個中心議題所接觸到的問題，都有它的共同性條件，掌握這些共同性條件是很重要的。因而，我們建議：

　　基本上，要提高科技研究發展的投資。科技研究事實上就是技術密集與資本密集的投資，在工業先進國家，科技研究發展費用，占國民生產毛額的比重，高達 2％以上，而我們在這方面的投資，僅占國民生產毛額 0.55％。今後要迎頭趕上，這樣的投資，便非提高不可。政府應該盡可能的節省其他不必要與不經濟的支出，來挹注科技研究發展的需要，尤其要鼓勵民營企業開展科技研究發展投資，在減免稅捐與資金融通各方面多予便利。在目前經濟景氣的誘因不大時，政府必須做好帶動的工作，要做到使民營企業瞭解，科技研究發展的投資不只是值得的，而且是必需的。

　　第二是要提高科技研究發展的人才水準。在學術水準相對低落下，科技研究發展人才水準的低落，原是不足怪的，不過，二流的科技人才，很難在研究上迎頭趕上的。我們並不妄自菲薄，認為我們的科技人才都是二流的。問題是，我們的一流科技人才真正從事研究工作的太少，這牽涉到待遇、制度、研究設備與社會價值觀念等因素。當前急務，必須拿出吸引優秀科技學人回國服務、講學及協助研究的有效辦法；也必須拿出防止科技人才外流的有效辦法。必要時，在人事任用及待遇各方面，應打破目前的平均主義，應另有特殊的與優惠的吸引科技人才的作法。

　　近年來工商界的人才已有超越政府行政機關的趨勢，這時，政府正不妨展開科技人才援助民營企業提高技術水準與生產力的顧問運動。這樣，政府便可擴大科技人才的吸引與任用。此外，過去曾喊了多年的建教合作、民營企業與國防工業合作或民營企業生產軍需品的口號，此時也宜認真落實執行，我們認為這是有助於加強科技人才交流的。

　　第三，我們主張對民國 68 年 5 月頒布的「科學技術發展方案」，加以澈底的檢討。這方案原是國家推展科技研究發展的最高指導原則，二年多來實施的結果，究竟得失如何，必須本身有科學的判斷；否則，科技研究發展陷於文

書政治中便永無前途。我們的行政革新，不必諱言，成果並不理想，現在應該設法防止科技研究工作受到行政工作積弊的汙染與牽制，使科技研究發展工作，有更高的法治精神與效率。

科技研究發展，是今後經濟發展與國防安全的重大決定因素，應該全力來推動、來提升；不能搞形式主義。有這樣的認識、決心與實際行動，科技研究發展才能突飛猛進。以我們今天的主客觀條件言，困難仍不是經費與人才，仍是如何突破觀念、制度與領導方面的障礙。我們希望這次全國科技會議能夠發揮一種「文藝復興」運動的衝擊作用。

（民國 71 年 2 月 8 日　《聯合報》二版）

3. 全國科技會議後應有的作為

第二次全國科技會議，經過四天的熱烈討論後，已於日前閉幕。孫院長在開幕會議時，曾指出：進入 70 年代後科技發展日新月異，我國面臨農工生產轉型期，在這個充滿挑戰與希望的年代，如何邁入已開發國家之列，科技發展為重要關鍵。孫院長並表示，政府對科技發展最主要的做法在於創造有利環境，實際的執行仍靠民間企業的力量，而學術界也應走向社會，協助業者解決問題；而唯有靠這三方面的密切合作，我國的科技發展才會有出路、有希望。他希望每位參加會議的學者專家，都有一份使命感、責任感，以嚴肅認真的心情，把這次會議開成功。

在四天的會議中，八個分組的討論極為熱烈，獲有重要結論百餘項。孫院長在閉幕典禮致詞時表示，雖然議題範圍廣泛，但因事前準備充分，所以結論非常充實而深入，感到欣慰。不過孫院長同時亦指出，大家所提建議，大多屬於督促政府改進的意見，政府對此固然不敢推諉責任，但希望學術界與企業界，亦能檢討如何來配合推動科技升級。顯見孫院長在開幕典禮中，要求學者、企業界與政府密切合作，共同擔當科技發展的任務，在此次會議中未能充分發揮。因此，孫院長在閉幕會議時再度強調，今後推動技術發展，需由政府、企業界與學者三方面分頭去做，共同努力突破困境，提高國家的科技水準。孫院長的閉幕詞確是語重心長。這也是本（2）月 8 日全國科技會議召開首日，本報社論為什麼主張「建立健全的科技研究發展體系」，要求各界共同參與國家整體科技發展的原因所在。

因為我們鑒於在現狀下，政府各科技主管機構與研究單位，層次不清，責任不明；學術界不是各自為政，次一等的就以譯述充作研究計畫；而業者只圖

近利，不了解研究發展是競爭力增強的根源；政府財政金融單位更是本位主義，不了解科技研究發展與經濟成長的關係。因此，在 68 年通過的「全國科學技術發展方案」，在未能得到各方通力合作的情況下，將近三年的時間，執行完竣的項目尚不到四分之一，可見效果不彰。我們在上述社論中不忍苛責，而且指出，民國 68 年我國研究發展費用，雖僅占當年國民生產毛額的 0.63％，與工業國家的 2％左右比較相去甚遠，不過與我國 67 年所占 0.48％比較，此一比重提高的趨勢頗值重視。意即基數雖低，但只要提高幅度能快，也有很快趕上工業國家的一天。可是此次會議期間，國科會提出 69 年的調查報告，竟出現 69 年全國科技研究發展費用，占國民生產毛額的比重降至 0.55％。這種升升降降的徘徊趨勢，如不能突破，要在四年之內達到 1.2％的目的，確有困難。可知徒有方案，若沒有健全的科技研究發展體系來推動與執行，還是不能產生顯著的效果。

此次會議中，曾將如何建立科技研究發展體系提出討論，並獲致結論為：以行政院應用科技小組為決策與指導單位，實際推動工作，則以國科會及各大學研究所或中心，負責上游基礎科學；由經濟部及有關部會負責中游應用技術的發展；至於下游實用化階段，負責生產的單位，應由公民營企業達成，其主管單位仍為經濟部。我們很高興的看到此次會議能獲得如此層次分明的結論，但我們對範圍極為廣泛、問題極為複雜的科技發展問題，經過短短四天的討論，所得的結論，就能貫徹執行，解決一切問題，提升我們的科技水準，仍持懷疑的態度，以及為避免再蹈過去執行全國科技發展方案的覆轍，我們今天願建議，在科技會議結束後，應立即籌設一個「科技與經濟發展的規劃小組」直屬行政院，由應用科技小組負責人李政務委員國鼎領導，賦予徵調各機關、研究單位、公民營企業人員的特權，給予充足的經費，以十個月的時間完成下列任務：

一、十年經建計畫已執行兩年，應會同經建會就兩年來國內外經濟情況的變化深入檢討，及今後十年所要達成的「工業化國家」目標，做全面的修訂並延伸兩年，為一個新的十年計畫。

二、為配合前述十年經建計畫發展目標，所需要的科技配合，再檢討此次會議的結論，是否能配合該計畫的需要，及作必要的調整，並作進一步規劃，研訂十年科技發展計畫。

三、為使前述十年科技發展計畫能夠貫徹執行，不僅要提出改組現有科技機構，建立健全科技發展體系，同時，提出動員學校師生、民間科技研究機構

與企業研究單位，協調其研究方向方案，使大家共同擔負起科技發展的責任。

四、為配合前述十年經建計畫及科技發展計畫，所需要的財稅、金融、外匯貿易等各方面的配合措施，以及各項有關法令的修訂、廢除及需要新頒法令草案的擬訂。

我們期望行政院能夠徵召李政務委員，摒除一切其他政務，領導該小組在今年內完成以上四大任務，經行政院核定，需要立法的迅速完成立法程序，貫徹實施，使我們在民國 80 年真正成為一個工業化的國家。

（民國 71 年 2 月 13 日　　《經濟日報》二版）

4. 如何建立健全的科技研究發展體系

行政院政務委員李國鼎以從政黨員身分，於上周執政黨中常會中報告「當前科技發展的作法」時指出，引進國外尖端科學技術、延攬國內外專業人才並不太難，但要拓展國內科技生根的環境，實在不易；他很感慨地表示「深感力不從心」。李政務委員認為，如何使各部門了解，經濟必須使其成長，工業必須使其升級，科技必須使其生根，將是他個人努力的目標；但三十年來所建立的有關制度與法令，已不甚適合上述目標之達成。必須集合政府、社會、民間的力量，形成一項全民性、團隊性、前瞻性的行動，以改弦易轍，從決策到執行皆能一貫推行，爭取時效。李政務委員在執政黨最高決策會議中，這樣坦誠檢討，指出工作的缺失，誠可欽佩。

李政務委員檢討指出，我們科技研究發展工作，未能全面展開，科技生根環境未能建立，其根本原因是我們還沒有建立一套「健全的科技研究發展體系」。關於此點我們在去年此時，行政院召開第二次全國科技會議當天（71年 2 月 8 日），發表的社論「建立健全的科技研究發展體系」，即指出要工業升級，必須科技能生根，要科技生根，必須要有一套完整的作法，建立一套健全的科技研究發展體系，李政務委員的看法與我們不約而同。

如何建立一套「健全的科技研究發展體系」，我們認為日本的作法頗值參考。據我們的了解，日本推動科技研究發展工作是全面性的，從中央政府到地方政府，從大型企業到小型企業，都在一個完整一致的體系下推動科技發展。因此，日本科技水準能夠在各方面的充分配合下，迅速提升。這個推動體系的最高諮詢審議機構，是「科學技術會議」，由內閣總理擔任議長，日本由總理主持擔任議長的會議只有兩個，一個是「國防會議」，一個就是「科學技術會議」，可見日本政府對科學技術發展研究工作的重視。該會議成員包括財政、

經濟、教育、科技各省廳首長（即部長）及民間學者專家，以審議監督國家科技發展的基本政策。在總理府下設有「科學技術廳」，是科技政策擬訂及推行的最高行政機構，掌理全國科技長期發展規劃及設計、科技發展預算經費之分配、各政府部門研究計畫之綜合調整，並負責推動新科技之普及、開發實用化及國際科技交流之任務。在科技廳之下，設有七個研究所，從事基本科學長期研究。其他科技應用研究方面，則由各省廳附設的研究機構進行。其中以通商產業省的工業技術院最具規模，有 16 個國立所四千科技研究人員。此類國立研究試驗機構全國共計有七十餘所；而在各地方政府所設立之研究機構另有約二百所，負責研究各地特有之產業技術。

此外，日本為了科技研究工作的推動運用，而設立各種技術性的財團法人，如 1961 年在科技廳下設立之「新技術開發事業團」，負責向國立研究試驗機構、大學及民間研究單位，購買具有開發價值之發明專利，轉委託廠商進行商業化的開發，所有開發費用，由該事業團負擔，必要時尚邀請研究試驗機構派員技術指導。如開發失敗，該廠商不負任何責任；如開發成功，該廠商則付使用專利費。過去委託開發成功的比例高達 90％。又如 1967 年在中小企業廳下設立「中小企業振興事業團」，員責推動對中小企業技術移轉的工作。並在國家科技資訊體系下設立各種科技情報處理、服務中心及日本情報專利中心等單位，提供全國廠商及研究試驗、教育機構科技資訊之需要。

日本的科技研究發展是採取政府與民間分工合作的方式進行。政府研究機構偏重於基礎科學，或民間無力或不願從事的長期性科技研究。至實用性的工業科技研究則由民間進行，政府予以補助或委託研究的方式分擔風險，並對民間的科技研究發展工作，給予各種租稅、金融及技術上的支援。民間企業的研究發展能力得以迅速增強，科技人力也得以發揮最高效率，政府亦可充分掌握科技發展之方向。

由以上簡單介紹，可以看出日本科技發展，從中央政府的諮詢審議、決策計畫、執行推動、研究開發，到地方政府、財團法人及中小企業的配合發展，以及財政、金融措施的支援，都是在一套完整體系下推動，其效率自然較高。近十年來，日本工業產品在國際市場上競爭力之迅速增強，並非偶然。

我們期望政府各有關部門及企業界，了解科技發展在我國未來經濟現代化過程中的重要性，坦誠合作，聯合專家學者共同組織一籌劃小組，針對我國目前科技發展的缺失，參照日本推動科技發展的經驗，在一年內研究提出一套適合我國「健全科技研究發展體系」的方案，報請行政院核定貫徹實施，凡需要

裁撤現有機構，改組或成立新機構的，照裁、照改、照成立；凡需要廢棄現行法令規章、修改或新立法的，亦照做；凡需要突破現行人事制度、主計、審計管理範圍的，也照突破。唯有這樣科技才能在國內生根，工業才能升級，我國經濟現代化的目標，才能實現。

（民國 72 年 2 月 5 日　《經濟日報》二版）

5. 推動科技研究發展應有突破性作法

行政院政務委員李國鼎日前於中國國民黨中央常會中，以「我國科技發展的第三波」為題提出專題報告，指出我國過去科技發展的歷程及未來努力的方向。去年 5 月行政院核定經建會所擬的「中華民國台灣經濟建設長期展望」，以公元 2000 年為達成現代化工業國家的目標年，如何達成現代化工業國家，亦以科技的進步為關鍵所在。李政務委員此時提出此項報告，指出我國科技未來努力的方向，應為各方所重視。

李政務委員指出，民國 50 年代至 65 年，65 年至 74 年，分別是我國科技發展的第一波與第二波，在此兩階段由於科技的進步，無論在農、工業、能源、尖端科技與提高生活素質方面的科技，均獲有顯著的成就，加速了經濟成長，使每人國民生產毛額自民國 55 年的 236 美元，至 74 年提高到 3,144 美元，19 年間增加了 12.3 倍，國民生活水準大為提高。民國 75 年政府召開第三波全國科技會議，依會議結論，研訂科技發展十年計畫與四年計畫及重點方案，預期民國 89 年（即公元 2000 年）我國將躋身已開發國家行列，每人國民生產毛額將達 1 萬 3300 餘美元。為達此目標，全國研究發展經費總投資，將由目前占國民生產毛額的 1%，提高至 84 年的 2%；科技發展人力，由目前每萬人口中有 12 人，提高到 84 年的 20 人。

李政務委員認為，要我國能克服面臨的困難及成為現代化工業國家，唯有加速科技研究發展，然而發展科技除科技界本身的努力外，更需要建立良好的環境，支援科技的加速發展。要建立良好科技研究發展環境，他建議應從（1）有效的培育科技人力、（2）加速邁向資訊化社會、（3）建立基本設施、（4）有關單位的了解與支援及（5）全面的認知與支持等五方面著手。此一構想極為中肯踏實。

我國在過去科技發展的第一、二波期間，由於各方的努力，已獲得顯著的成果，為不可否認的事實。惟近 15 年來，在國際間受到兩次石油危機的衝擊，資源不再如過去可廉價取得，為因應此一驟變，及改善環境，提高生活素

質，各工業國家無不投下大量資金與人力，從事科技研究發展工作，尤其日本、美國與西德在尖端科技方面，均獲有顯著的成就。若以我國在科技方面所獲成就，與高度工業國家比較，顯有距離，而且其差距有擴大之勢。另方面我國過去經濟發展的基本政策，是以加工出口為導向，而今年年出現鉅額貿易順差，已遭到美國強大的壓力。為克服此一變局及避免未來與高度工業國家科技差距再擴大，過去發展科技的作法必須變更，必須採取突破性加速科技發展的作法，尤其在科技發展環境方面，更需要有所突破。我們願就李政務委員所提各點作一補充，並提出我們的看法：

一、有效培育科技人才方面：除李政務委員指出建立再教育的管道，使在職人員能夠不斷進修，授與知識與技能；對於人力不足的科系，宜經過適當時期的專業訓練，以加速培養外，我們認為目前的大專聯考制度，阻礙了國人獨立思考能力，人的潛能不能充分發揮，以及阻礙科系隨社會需要適時調整，必須要有根本性的改革，否則，我國未來賴以發展唯一的人力資源，無法充分發揮其比較利益。

二、政府的大力參與：科技研究發展，具有廣泛的外部經濟，不是市場價格機能所能為力。如近年來政府積極推動的「超大型積體電路」，民間不願投資，而該計畫的完成，對其上下游工業，極有幫助，可產生廣大的關聯效果，如不是政府大力推動，任由民間經營，不知哪年才能完成。雖然，現在我們的基本政策是「自由化」，政府盡量減少干預，但在科技研究發展方面，由於政府能照顧到整體及長期經濟利益，對於必要的關鍵性的研究發展，應大力參與。如標榜自由經濟與市場法則的美國政府，對科技研究發展的參與便是不遺餘力，日本政府在這方面的參與更是積極，也都獲得了顯著的成就。我們也期望政府拿出魄力來，大力積極推動科技研究發展工作。

三、政府各部門的全力支持：研究發展工作不是科技、經濟、教育與交通有關部門的努力，即能達成，更需要人事、財政、主計、審計等方面的全力支持。例如三年前政府為執行電信現代化計畫，建立整體服務數位網路（ISDN），採購數位式交換機，由於採購手續審計方面未能配合，致延誤了兩年之久；而且只是試驗採購勉強過關，今後大批進行的，是否能順利進行，還是問題。而「整體服務數位網路」，不僅是使國人進入資訊化社會必需的工具，同時也是提高國內資訊工業的必要手段。所以，今後政府當局必須透過黨政協調，促使政府各部門（包括審計、人事等），對科技研究發展給予全面的配合。

四、全民的共識與支持：科技研究發展除需要政府的大力推動及積極參與外，更需要民間業者的了解，現有簡單加工業已面臨重大困難，不論提高現有工業的品質與品級，與發展技術密集工業，均需要科技研究與發展作後盾；尤其資訊化社會為今後必然趨勢，為迎接資訊化社會的來臨，國人對科技亦應要有所認識。除應加強科技教育外，大眾傳播媒體與社會教育，亦應加強對科技的傳播與溝通，以獲致全民的共識與支持，使科技能在未來加速發展。總之，20 世紀結束前，我國能否成為現代化工業國家，科技能否加速發展，將為關鍵所在。我們期望政府各部門，及全體國人都能有此認識，通力合作，早日達成科技發展的突破。

（民國 76 年 4 月 3 日　《聯合報》二版）

6. 我們有能力將台灣建設成科技島

本周一總統府國父月會，首次邀請民間企業家，宏碁企業創辦人施振榮，以「對民間高科技工業的展望」為題提出報告。施振榮以其所創辦的宏碁企業發展為例，現身說法，渠於民國 65 年投資新台幣 100 萬元開始創業，到今年估計營業額將超過新台幣 200 億元，已成為我國少數跨國性高科技企業。他指出，宏碁企業成長之速，主要因政府設置了新竹科學園區，奠定了一個良好的高科技企業投資發展環境，證實我國高科技工業的成就。他並建議及早籌劃，提出進一步將台灣建設成科技島的構想。

依施振榮的構想，在台灣北部、中部、南部及東部，各設立一個核心科技工業園區。核心科技工業園區設在都市附近，並和附近都市、鄉鎮社區，以輻射狀相互交織成為一大科技城。在核心科技工業園區附近，以 20 至 30 公里距離，設立幾個衛星科技工業園區。園區內除建設高附加價值、高科技產業外，並協助現有傳統勞力密集工業，應用科學管理、科技化來轉型，提高其附加價值及競爭力。並整合園區和地方的工、商、服務業、文化教育、交通建設、休閒娛樂等建設相配合。未來台灣即由北、中、南、東核心科技工業園區、科技城及衛星科技工業園區，相互交織建設而成為科技島。施振榮此一科技島的構想，也就是我們多年來所強調的，積極調整產業結構，加速工業升級，將台灣建設成以技術密集為主的經濟體，不謀而合。而台灣經濟未來，也唯有朝此方向發展才有前途。

我們認為未來台灣經濟發展方向，以技術密集為主的經濟體，或科技島，不僅意指科技工業的硬體產品製造，還包括軟體服務業的發展。以我們目前及

未來的發展條件，台灣未來除發展技術密集產品的製造外，尚應按照各地區特性，在園區內設置下列各項技術服務中心：

    1. 農業科技的區域性研究發展中心；

    2. 資訊產品的區域性軟體設計中心；

    3. 工程建設的區域性設計中心；

    4. 精密產品的區域性修護中心；

    5. 重要零組件產品的區域性供應與轉運中心；

    6. 跨國性企業的區域性商務中心；

    7. 區域性的金融中心；

    8. 國際性的觀光與會議中心。

此一發展方向雖好，但我們有無實現的能力呢？據我們的了解，支配經濟長期發展的主要因素，即人力、資本與技術，我們都具備相當優良的條件。

首就人力而言，在過去由於政府對教育的重視，不論在量與質方面都有迅速的發展。與就業人口的教育程度結構變化為例，在民國 60 年，100 個就業人口中，小學及以下程度的高占 74%，中等教育程度占 22%，大專程度僅占 4%；到去（77）年 12 月時，已有顯著改變，小學及以下程度降為 36%，中等教育程度提升為 48%，大專程度更提高至 16%，遠較一般開發中國家及其他新興工業化國家為高；此種人力素質的不斷提升，尤屬發展科技產業的最寶貴資源。

次就資本而言，自民國 61 年開始，我國儲蓄率即超過 30%，最近數年更超過 35%，成為少數高儲蓄率國家之一，未來經濟發展所需資金將不虞匱乏。至於外匯資金，由於目前外匯準備高達 740 億美元，僅次於日本，為世界第二大的外匯準備國家，對未來經濟發展亦為一有利的條件。

第三技術方面，雖然在基礎科技研究方面我國仍遠落在工業國家之後，但在產業技術方面，長期來已累積了相當經驗，在企業間已培植了廣而深厚的產業基礎；尤其我們在海外的大量學人與專家，在尖端科技方面多有相當成就，如國內能有良好的投資與居住環境，科技產業能普遍發展，國內已有廣闊的發展機會，旅居國外的科技人才便都願回來參與，這也是其他新興工業化國家不及我們的另一有利條件。

由以上三個支配經濟長期發展的因素分析看來，我們都具備有利的條件，如能將其有效組合，將潛力充分發揮，我們是有能力將台灣建設成科技島；但其關鍵在於政府能否拿出魄力與決心，重振公權力，恢復社會安定，創備有利

於科技產業投資與發展的環境、加強研究發展與人才的培訓工作；並以新竹科學園區的經驗作範例，整合地方政府、大學、研究團體及民間企業力量，在各地區統籌規劃，加速建設，以高品質的產品與服務，提高國家優良形象；使全島有限土地資源能充分利用，發揮中國人的潛力，以科技立國，再創經濟奇蹟。如能朝這樣的方向，努力以赴，我國將是第二次大戰結束以來，繼日本之後，自開發中國家進入工業化國家境界的第二個國家，也是踏入 21 世紀第一個變成工業化國家。

（民國 78 年 2 月 25 日　《經濟日報》二版）

九、台灣沒有「五鬼搬運」問題

1. 何來「五鬼搬運」之事？

7 月 17 至 19 日蔣碩傑先生在《中央日報》專欄，發表其大文「紓解工商業困境及恢復景氣途徑之商榷」，指出企業人士慫恿中央銀行加速增加貨幣供給額，用極低的利息來貸款給他們，以非從事生產所獲的新製貨幣，來攫取別人所生產的資財，也就是等於讓中央銀行來施展「五鬼搬運法」，替他們搬運資財。這種五鬼搬運法不免使物價上漲，那時他們正好利用之以減輕他們過去的負債，而他們資產都早已立刻投資在實物及外匯上去了。最後再配合以台幣匯率的貶值，那麼他們繼著以「五鬼搬運法」取得資產後，又順利的用「金蟬脫殼法」將債務推卸去了。

此文發表以後，蔣先生復在各種不同場合，重複強調這種「五鬼搬運法」的說詞，在社會上引起觀念的混淆，工商界亦受到很大的困擾，但據我們身在台灣從事台灣經濟研究三十年之經驗，蔣先生所說與事實有顯著之偏差。今天我們願將冷靜檢討分析之結果提出，以就教蔣碩傑先生，並為讀者作觀念上的澄清。

我們將就下列五個重點來檢討：

第一、中央銀行究竟有未加速增加貨幣供給額？

我們將過去二十年分為兩個階段來分析，第一階段為民國 51 年至 60 年簡稱為 50 年代；第二階段為 61 年至 70 年簡稱為 60 年代。在 50 年代貨幣供給額（中央銀行原統計）平均每年增加 17.9％，60 年代增加 23.8％。在 60 年代初期，蔣碩傑等六院士曾對政府建議貨幣供給額，在 10％的經濟成長率時，

其適當增加率應為 15％至 20％，可見第一階段的貨幣供給額增加率並未加速；而第二階段的經濟成長率為 8.8％，照六院士建議的標準確有加速之嫌。

第二、政府銀行有未用極低的利率貸給企業人士？

第一階段民國 50 年代我們的銀行放款利率是呈下降之勢，自民國 50 年初的年息 20％，降至 60 年底的 12.5％，但仍較當時歐美的利率高出二倍以上，較日本亦高出一倍多，而當時我們消費者物價平均每年上升 3％，較工業國家上升 3.6％及日本的 5.5％為穩定，因此，實質利率更較歐、美、日本各國為高，絕無以極低利率貸款之事實。第二階段民國 60 年代，我們的利率呈起伏不定之勢，不過名目利率遠高過日本及西德，與美國比較，僅 69 及 70 年略低於美國；實質利率亦僅 63、69 及 70 年低於美國、日本及西德，其他各年均遠高於該三國。可見我們一向是個高利率國家，除第一、二次石油暴漲期間，物價高漲致實質利率降低外，中央銀行並無人為壓低利率現象。

第三、我們的企業人士有無以非從事生產所獲的新製貨幣，來攫取別人生產的財貨？

就過去二十年而言，我們工業生產平均每年增加率高達 14.6％，工業就業每年增加 7.3％，經濟成長率高達 9.5％，出口更自 50 年的不及 2 億美元，70年增至 226 億美元，二十年增加 115 倍，都是全世界所有國家中少有的優越表現。尤其製造業生產中，民營事業生產所占的比重，自 50 年的 55％，70 年提高至 87％；70 年外銷 226 億美元中，民營事業外銷貢獻超過 90％以上。由這些數據看來，在我們這個社會，以非從事生產方法去攫取別人的資財，不敢講絕對沒有，但就是有亦是極少數例外，不能以偏概全。汙衊絕大多數兢兢業業投資創業的企業家。

第四、中央銀行加速增加貨幣供給額究竟貸給了誰？

如將影響貨幣供給額變動因素劃分為國外及國內兩部門，我們發現民國50 年代貨幣供給額增加 323 億元。主要係受國外部門資產淨額增加 283 億元的影響，占貨幣供給額增加額的 88％；60 年代貨幣供給額增加 2,994 億元，但國外資產淨額增加了 2,119 億元，占用了 71％，顯然貨幣供給額的加速增加，是中央銀行用來收買外匯所造成的；如僅就國內部門而言，所增加的貨幣僅使 50 年代貨幣供給額平均每年增加 4.3％，60 年代增加 8.1％，絕無加速現象。易言之，如金融當局的金融政策，能維持國際收支平衡，60 年代貨幣供給額並不會加速增加。亦即表示 60 年代，中央銀行多增加的 2,119 億元貨幣，換回了 56 億美元外匯，豈可誤認為中央銀行施展「五鬼搬運法」替企業

人士搬運資財？

第五、企業界有無利用物價上漲及貶值施展「金蟬脫殼」將債務推卸？

新台幣自民國 50 年實施單一匯率，每美元兌新台幣 40 元以來，到民國 62 年及 67 年不僅未有貶值，且曾升值二次，直至去年 8 月以來至最近的一年間才逐步小貶，至昨日才到 40.02 元。就最近一年來新台幣對美元以外的主要貨幣，尚有升值現象，可說近二十年來尚無以貶值推卸債務的情事。不過最近蔣碩傑先生忽又作「新台幣貶值有利出口」的主張，不只變更了其原來的主張，反而有幫企業人士減輕債務之嫌了。

再就物價而言，50 年代我們消費者物價平均每年上升 3%，低於工業國家的上升 3.5%，亦絕無以物價上升來減輕債務現象。至 60 年代我們消費者物價上升較高，平均每年上漲 11.8%，但工業國家亦上升 9.1%，相差亦有限；而且我們上漲率高過工業國家，主要受 63 年第一次石油危機開始，因缺乏因應經驗，消費者物價一年上漲 47% 的影響，如不包括 63 年在內，其他九年平均工業國家每年上漲 8.7%，而我們上漲 7.8%，亦低於工業國家。顯見我們的物價上升與工業國家相近，絕無以人為的力量促使物價上漲，幫企業人士作「金蟬脫殼」之計。

由以上檢討分析，過去二十年來完全沒有蔣先生所講的「五鬼搬運」及「金蟬脫殼」的事實，這種無的放矢的戲言，尤以蔣先生地位之尊，對社會所造成的破壞影響委實太大了。所以台塑公司董事長王永慶於日前在本報發表「我看台灣經濟問題與對策」一文中，呼籲對此種說詞應該澄清。今天我們特將以上的檢討分析提出，現在蔣先生又將回返美國去了，為了避免「後遺症」，這問題是必須澄清以消除不利的影響了。

（民國 71 年 8 月 18 日　《經濟日報》二版）

2. 再談何來「五鬼搬運」之事？

8 月 18 日本報「何來『五鬼搬運』之事？」社論，對蔣碩傑先生於 7 月 17 日至 19 日，在《中央日報》發表「紓解工商業困難及恢復景氣途徑之商榷」以下簡稱蔣文甲）一文，所提出之「五鬼搬運法」及「金蟬脫殼法」所設定的五個條件，分別就台灣過去實際情況，作一客觀實證分析，認為過去二十年完全沒有蔣氏所講的「五鬼搬運」及「金蟬脫殼」的事實。不意蔣碩傑先生復於 8 月 31 日在某報發表「五鬼搬運觀念的澄清」（以下簡稱蔣文乙）一文，依然堅持成見，我們覺得對這問題值得再作探述，以正視聽。

　　本報前述社論撰寫之目的，期能藉該社論的客觀實證分析，增進讀者的了解，為蔣先生說詞作觀念的澄清，以消除因該說詞之不當，而造成對國家社會的損失。然蔣文乙並不承認該一事實，且確認有「五鬼搬運」及「金蟬脫殼」之事。但其所提出之論據及所引用之數據則頗多可商榷之處，茲就蔣文乙所指各點，作進一步分析如下：

　　首先要討論的是蔣文乙指出，其在《中央日報》發表一文，引用「五鬼搬運法」這一舊小說中的名詞來表達經濟學上的觀念處，並沒有「加速」增加貨幣供給額這一條件，可是本報社論偏偏要將「加速」增加貨幣供給額作為五鬼搬運法之必需條件，來判斷是否有五鬼搬運之事。對於此點可從兩方面來分析：

　　（1）8 月 18 日本報社論所指出之加速增加貨幣供給額，是採自蔣文甲第一節第三段：「現代的鄧通們聰明多了。他們不向政府要求私印鈔票的特權，而只慫恿政府銀行去『大批』增加貨幣供給……」，及第一節第四段：「……他們第一步慫恿中央銀行『加速』增加貨幣來貸款給他們，也就是等於中央銀行來施展『五鬼搬運法』替他們搬運資財。」這兩段文字明白顯示蔣文確是有加速增加貨幣供給額這一條件的，豈可說本報「偏偏要將『加速』增加貨幣供給額作為五鬼搬運法之必需條件，……」

　　（2）如蔣先生不承認「加速」貨幣供給額，是「五鬼搬運法」的必需條件之一，則「正常」、「適度」貨幣供給額的增加也是五鬼搬運，那蔣先生過去向政府建議適度貨幣供給額增加率應為 15% 至 20%，及最近建議增加到 10% 以下，也是幫助工商界建議中央銀行施展「五鬼搬運法」了。關於此點不知道蔣先生如何自圓其說了。

　　第二、蔣文乙將影響貨幣供給額變動因素劃分為「財政赤字」、「金融赤字」、「國外資產淨額增加」及「其他因素」四部門，並將過去 28 年劃分為「43 至 50 年」、「51 至 60 年」及「61 至 70 年」，即簡稱 40 年代，50 年代及 60 年代，並指出在過去三個年代，「使貨幣供給增加原因之中，毫無疑問的是以『金融赤字』為首。」此一部分我們可作下列三點分析：

　　（1）根據蔣文乙表一數字，40 年代「金融赤字」為 43.1 億元，50 年代為 185.9 億元，均低於「國外資產淨額增加」的 47.2 億元及 282.4 億元，明明是「國外資產淨額增加」居第一位；即令沒有讀過貨幣學的人，看到該文表一數字，亦會知道「國外資產淨額增加」超過了「金融赤字」，難道蔣先生還看不出嗎？不過蔣先生文內所用的「金融赤字」金額，與表一數字並不相符，40

年代為 52.5 億元，50 年代為 285.6 億元，均大於表一「金融赤字」金額，亦
超過「國外資產淨額增加」額。蔣先生為什麼在一篇文章中，同一定義同一時
期而引用兩種截然不同的數字，而其結果正好相反呢？經我們查對《中央銀行
統計月報》，依照蔣文附註之定義，該文表一之數字是正確的；那為什麼蔣先
生在文中又提出另外兩個數字，其用意何在？是否在玩弄數字魔術，讀者經我
們點出後，應該會了解吧。

　　（2）蔣文指出 60 年代貨幣供給額年增率大增，物價的穩定性因之大為退
化。並指出貨幣供給額大增，主要因金融赤字驟增至 3,292 億元的影響。在分
析 40 年代及 50 年代金融赤字時，蔣文指出在各銀行對公私營事業貸款增加額
中，對私營事業者分別占 70％及 96％，對公營事業只占 30％及 4％，表示金
融赤字幾完全為私營事業所造成，這雖是事實。不過 50 年代物價極為穩定，
金融赤字並未造成不良的影響。但在談到 60 年代金融赤字時，蔣文即避不提
公私事業所占的比例。據《中央銀行統計月報》資料所示，60 年代金融機構
對公營事業貸款增加金額高達 2,289 億元，占金融赤字的 70％；公營事業借款
的大幅增加，大部分受石油漲價，中油及台電周轉資金需要大增的影響。顯示
60 年代金融赤字的產生，大部分是因應公營事業需要及油價劇漲的結果。蔣
文略去此一事實不提，是否故意，我們無法臆測。

　　（3）蔣文指出國外資產淨額中包含有逐年增加之既有外匯資產之孳息，
以及外匯資產之增值，亦可使以台幣計算之外匯資產增加，而此等增加均無需
銀行當時與台幣購買者，此部分應在國外資產淨額中減除。除孳息收入無需支
付台幣為事實外，但 60 年代外匯資產對新台幣而言，不僅沒有增值而且貶
值，故蔣文理論的申述與事實不符，不能成立。同時，蔣文計算真正用台幣收
購外匯資產之估計時，竟將「其他因素」1,909 億元，全部自「國外資產淨額
增加」中減去。1,909 億元相當 50 億美元，主要為各金融機構的「淨值」，外
匯資產利息收入為數有限。蔣文為降低國外資產淨額增加貨幣供給額的影響，
竟將「其他因素」全部當作外匯資產利息收入扣除，是多麼荒謬的一件事。

　　第三、蔣文乙最後一節指出 60 年代國內物價大漲，實質放款利率只降到
2.1％，存款利率為負的 1.1％，認為借款人實質債務減輕，產生「金蟬脫殼」
之事實，而存款人不僅實質利率是負數，本金亦因物價的大漲而縮減產生損
失。不過 60 年代物價巨幅上升，實質利率下降甚至為負數，為全世界普遍的
現象，主要受石油自每桶不到 2 美元，漲到 34 美元的影響，很少國家能夠例
外。就我們手邊所有的美、日、英三國 60 年代物價上漲幅度與實質利率，與

蔣文所計算的我國資料比較如下：

	躉售物價 （十年上漲%）	消費者物價 （十年上漲%）	重貴放款利率 （%）	實質存款利率 （%）
我國	179	205	2.1	-1.1
美國	157	124	0.2	-0.6
日本	112	135	-0.2	-3.4
英國	274	267	-1.1	-2.2

由以上的比較，可看出 60 年代我國物價上漲並不是最高的，實質放款利率仍高於美、日、英三國。實質存款利率四國均為負數，我國僅低於美國而高於日英。由此比較，顯示一個事實，60 年代物價上漲是全世界痛苦的遭遇，對存款人利益的保障，及借款人應有的負擔，在四國中我國仍是處理最有成就者；蔣文責備為故意施展金蟬脫殼般之計，顯失公道。在四國中英國是實施利率自由化最進步的國家，而其表現最差。

蔣文經過我們以上的剖析，不僅不能使其「五鬼搬運法」的觀念獲得澄清，反而更暴露其為達到某種我們無法想像的目的，竟不顧事實真相，而玩弄數字魔術，很使人覺得他這樣作太不值得了。

（民國 71 年 9 月 2 日　《經濟日報》二版）

3. 民營企業對經濟發展貢獻的肯定

自我國留美經濟學人，中央研究院院士，並兼任中華經濟研究院院長蔣碩傑先生於 7 月 17 至 19 日在《中央日報》專欄，發表其專論〈紓解工商業困難及恢復景氣途徑之商榷〉一文，指出企業人士慫恿中央銀行加速增加貨幣供給額，用極低利率來貸款給他們，施展「五鬼搬運法」及「金蟬脫殼法」後，對社會造成之震盪與損失，已經夠大了。而繼之另一留美學人，亦為中央研究院院士，同時亦兼任台灣經濟研究所所長費景漢先生，於本（8）月 15 在一項經濟問題討論會時，曾說：「在座的企業家都是白手起家，而變成今日的企業家。」當時在場的企業家對費氏之言，都極為不滿，王永慶、徐有庠兩位且憤而退席，會後並引起企業界普遍的不良反應。蔣、費兩氏雖然都兼任經濟研究機構的負責人，但對國內實際經濟情況之不了解，實大出人意表。本報為澄清蔣氏「五鬼搬運」、「金蟬脫殼」戲言所造成的不良影響，曾於本（8）月 18 日社論〈何來五鬼搬運之事？〉，就蔣文所設定的五個條件，就台灣過去實際

情況，作一實證分析，期能藉該社論的分析，增進讀者的了解，消除蔣氏說詞對社會所造成的損失。

昨日蔣總統經國先生於總統府召開的財經座談中，指出過去我們經濟發展所獲得的成就，民間企業的貢獻，甚為彰著（詳見本日新聞欄）。蔣總統此一指示，雖未明示針對蔣碩傑及費景漢先生之言所作之澄清，但對民間企業在過去三十多年間辛勤努力，對國家經濟建設的貢獻則作了正面的肯定。今天我們特再引用過去我國經濟發展的實例，就民間企業對國家社會的貢獻作一實證分析，以為蔣總統此一指示的闡釋。

首先我們要指出的，台灣不僅自然資源缺乏，光復初期的惡性通貨膨脹問題極為嚴重，財源短缺，而當時自大陸撤退來台的企業家及技術人員，不僅攜帶了相常當資金，而且尚有部分設備搬運來台，此等資源以及本省企業家及從業人員的辛勤努力工作，為初期的經濟發展奠定了基礎。費景漢先生至友 Gustav Ranis 教授即曾在《台灣經濟成長及結構移轉》一書第三篇，所撰〈工業發展〉文中指出：「1945 年大約有三萬左右的日本技術人員、管理人員、以及專業人員等離開台灣，而工業生產仍然能盡快在 1951 年就恢復到戰前的水準，實在令人驚訝。」這是大多數研究台灣經濟的國外經濟學家公認的事實。

第二，在過去三十年間，民營企業的大量固定投資，以 70 年幣值表示，高達新台幣一兆八千餘萬元，占固定投資總額的 40％以上，其所創造的大量就業機會，使失業率自早期的 10％以上，降至最近的 1.5％左右，成為現今少數失業率最低的國家之一，解決了落後國家難以克服的失業問題；而且薪資不斷增加，國民生活水準不斷提高，民營企業的貢獻與各國比較並無遜色。

第三，由於民營投資的迅速增加，使民營製造業生產在過去三十年增加了 120 倍，遠高於製造業總生產的增加 50 倍；使民營製造業生產占製造業生產的比重，自民國 41 年的 43.8％，至 70 年提高至 87％，亦即是在 70 年一兆七千億元國民生毛額中，民營製造業支應了三分之一以上，對加速經濟發展的貢獻至鉅。

第四，大家都知道我們是一個出口導向國家，但我們二十年來在國外市場所遭遇的困難，可能非身歷其境者所能了解；尤其我們與歐洲共同市場國家完全沒有邦交，不僅不能享受其給予開發中國家的優惠，而且加以各種歧視，對我國政府的交涉完全不予理會；但是我國在 1971～1980 年的十年間，對歐洲出口增加了 20 倍，較總出口增加了 12.4 倍，高出了六成之鉅；因此對歐出口

占總出口的比重自 1971 年的 10％，至 1980 年提高到 15.8％，此對分散國外市場誠較美、日對我經濟影響的貢獻極大，這都是民營企業闖出來的天下。我們再回顧三十年前，出口 1 億 2000 萬美元，民營企業出口所占比重不及 10％，而去年出口 226 億美元，民營企業出口所占的比重高達 90％以上，民營企業在整個經濟活動中，已扮演了極重要的角色。

　　以上簡單的實例分析，證實我們過去三十年經濟發展所獲得的成就，民營企業的貢獻極鉅，是任何人不能否定的事實。

（民國 71 年 8 月 24　《經濟日報》二版）

4. 民間企業界的努力方向

　　蔣總統經國先生日昨邀請民間工商企業界負責人舉行座談，會中除聽取業者當前所遭遇的困難，及他們對克服困難的看法外，蔣總統對過去三十餘年來民間企業對經濟快速發展的貢獻，至表慰勉。同時指出今後政府將一秉以往鼓勵民間企業的態度，更積極致力於提供一個有利於企業投資經營的環境，盼民間企業界增加投資，盡速促進景氣復甦，並為工業升級而努力。

　　根據國內外經濟指標顯示，景氣自谷底轉向回升的時刻不久即將到來，政府已先後採取放寬融資、降低利率、台幣貶值、實施投資抵減等許多財金措施，期望民間企業善加利用，掌握機先，加速景氣復甦的步伐。同時，為要克服當前困難，開創未來經濟新局，除政府提供有利的投資經營環境外，民間企業在此景氣復甦的時刻，不應再耽迷於過去傳統工業的發展，必須作必要的調整，大步朝向工業升級的途徑邁進。於此，就企業改變投資方向及經營方式提出我們的看法，以供民間企業參考，俾能達成蔣總統一再昭示我們的於 70 年代成為工業化國家的目的。

　　一、改變投資方向──最近十年來我們在經濟方面所遭遇的困難，除石油危機的打擊外，工業結構改變緩慢阻礙工業升級，亦為主要原因之一。到目前為止，我們工業仍然是以消耗大量勞力、能源或原料的工業為主，而此等工業在國內外經濟情況改變後，已遭遇許多困難，其未來發展畢竟有限，而且好景不長，我們必須及早脫離低品質、低價格的生產範疇，而投資於需要能源少、原料少、市場潛力大、技術性高及附加價值大的工業；此等工業的發展，不僅可避免工業國家的進口設限，開發中國家的激烈競爭；而且可減輕對一般勞力需要，工資大幅上升的壓力；同時，還可提高國內技術及工業水準。

　　二、加強研究發展──過去我們發展勞力密集工業，是依靠廉價勞力的優

勢，拓展出口，帶動了整體經濟的發展，對研究發展工作未予重視。但此等工業目前已遭遇困難，而發展前述技術性高、附加價值大的工業，主要是憑藉技術的不斷改進與創新；因此，企業必須加強研究發展工作，方能繼續保持強大的出口競爭力。

三、提升經營管理水準──過去發展勞力密集工業，因發展程度較低，企業經營與管理所遭遇的問題較為單純，具備一般管理知識即能應付；而其產品出口的競爭對象，多為開發中國家，我們又領先發展，故尚能應付裕如。但今後發展技術或資本密集工業，不僅規模要大，而且其產品出口競爭對手又多為工業國家，其經營管理水準遠高於我們，故今後面臨的問題勢必較過去複雜又艱鉅。為了迎接未來的工業升級，與瞬息萬變的經濟環境，企業必須採用現代化的經營與管理，否則將阻礙工業的進一步發展。

四、加強培訓人才──過去發展勞力密集工業，所需技術有限，故企業對員工培訓未予重視。但近年來因發展層次逐漸提高，企業界所需技術人力多採取挖角方式吸取；此不僅導致工資的大幅上升，而且員工流動性高，技術經驗無法累積。但今後不論發展技術或資本密集工業，就是現有勞力密集工業的提升品質與品級，均需要訓練有素的技術及管理人員，而此等人員的專業知識與技能，必須靠業者自己培訓，方能配合需要。如中國鋼鐵公司在建廠時即以 500 萬美元，派送大批員工赴美接受訓練，致使中鋼在開工後的第三年設備利用率即超過 100％，這批訓練有素員工的潛力充分發揮，為主要原因。故企管專家嘗說，人員的培訓是所費最小，受益最大的投資；但因其收效較慢而不易覺察，故為企業所忽視。今後我們的企業實應重視並積極推動員工的訓練工作。

五、擴大經營規模、建立健全工業體系──我們工業的最大困難之一是規模過小，雖有若干企業較具規模，但與國際間比較，仍然是小巫見大巫；但今後出口與工業國家間的競爭必更將激烈，如我們不能放棄「寧為雞口，毋為牛後」的舊創業觀念，便難在國際市場上有立足之地。因此，企業必須進行合併使能達到經濟現模，而以大企業為中心工廠，中小企業為其衛星工廠，促成大企業和中、下游工業緊密合作，構成完整的經營體系，發揮群體的力量，俾使工業在升級的同時，增強其出口競爭力量。

（民國 71 年 9 月 4 日　《經濟日報》二版）

十、蔣經國總統的豐功偉業

1. 蔣故總統經國先生領導台灣經濟發展的偉大勛業

　　蔣總統經國先生於日前崩逝，全國同胞不分老幼黨派都萬分悲慟哀傷。經國先生主持政府施政，一開始便受命於危難之秋，他於民國 61 年出任行政院長，適值我國退出聯合國不久，其後又發生兩次石油危機，與中日、中美斷交，以及退出國際貨幣基金及世界銀行等，所遭遇的打擊與困難阻力，遠超過其他國家。但在經國先生堅定的毅力、卓越領導之下，不僅克服了萬難，而且使我們的國力蒸蒸日上，國民所得不斷提高，國民生活水準大為改善，使全民都受到了他的恩澤；現在他離我們而去，我們哀痛、悲傷與懷念之情，實無以言表。

　　經國先生擔任行政院長後，正式擔負了國家建設的重責大任，作了許多對國家有深遠影響的重大決策，他每次對立法院院會所作的口頭施政報告，都是國人瞭解國策及未來發展方向的最重要指針，他就任總統後，主持過 84 次財經會談，所發表的各項指示，不是解決當時所遭困難的辦法，就是未來國家經濟發展的大政方針，以及關愛人民的談話。今天我們回憶這 16 年間經國先生在經濟方面所作的各項重大決策與指示，深深感覺以下三點，是建設國家，激發國人參與經濟活力，極為國人懷念之所在。

　　一、為國家奠百世之基。過去我們各項建設都是因陋就簡，只能因應當時需要，此一方面是財力不足，另方面亦是缺乏長遠打算。但自經國先生於 61 年就任行政院長後，即於第二年提出十大建設，不僅在建設期間，擴大國內需要，克服當時國際經濟停滯膨脹的危機，領先各國提前恢復經濟景氣；而且在完成後，使我們成為一個現代化國家應該擁有的高效率的交通運輸設施，如高速公路、鐵路電氣化、國際機場，及以後的十二項建設，使全島完成環島公路與環島鐵路的計畫；以及建設一貫作業鋼鐵廠、大造船廠、石化工業，奠定重化工業發展基礎。後續的十二項建設，其層面更廣及社會、文化層面，使我們生活物質享受提高後，亦能使精神生活有所提升。

　　二、鼓勵士氣發揮團隊精神。過去我們的各項建設，都是個別進行，很少聯手推動。自經國先生提出推動十項重大建設後，很多人還擔心我們是否有能力，在五、六年內一氣呵成。但在他的精神感召及督導下，激發了國人的向上心與活力，全國動員，充分發揮了團體的力量而順利完成計畫；亦為日後整體

建設開創了一個新的坦途，如接續的十二項建設與正在進行的十四項建設，完成後，為現代化國家所應具備的生產結構、基本設施建設與生活環境奠定基礎。

　　三、具有前瞻性，為國家經濟進一步發展，開創自由化、國際化的基本政策。經國先生在民國 70 年初的一次財經會談中指出，民國 70 年代的開始，是我國經濟邁入新境界的關鍵年代，未來面臨的困難，不是過去保護、鼓勵政策所能解決，必須為民間企業創備一個充分競爭的環境，重視市場機能的發揮，突破各種瓶頸，開創未來光明遠景，使我國在 70 年代進入工業國家的行列。73 年 11 月 6 日所主持的最後一次財經會談中，更明確指出，未來經濟發展，主要關鍵在於社會中的每一分子是否都能將潛能激發出來，俾在一個充滿競爭的時代，朝著自由化與國際化的方向努力。此一指示隨即由行政院俞國華院長列為經濟發展的最高指導方針。最近一年來在出超不斷擴大，美國的壓力下我們仍能因應，此一自由化的政策，發揮了它應有的功效。

　　我國經濟在經國先生睿智領導之下，16 年來，所獲得的成果極為豐碩。

　　第一，創造最高經濟成長率。自民國 61 年至 76 年的 16 年間，我國經濟成長率平均每年高達 8.7％，較工業國家平均每年成長 2.8％，高出兩倍，較開發中國家平均成長 4.1％，亦高出一倍以上；就是在亞洲四條小龍中，亦較新加坡的每年成長 7.5％，香港的 7.7％及韓國的 8.3％為高，而為全世界國家中，最高的成長率。同時，物價維持相對的穩定，16 年間雖受到兩次石油危機的影響，消費者物價平均每年上漲 7.6％，較民國 50 年代為高，但同期間工業國家物價每年亦上漲 7.4％，我國與之比較並無遜色，而我國經濟成長率高過工業國家兩倍；同時，較之開發中國家物價平均每年上升 28％，韓國的物價上漲 11.7％緩和很多；故被國際間認為我國是經濟快速成長與物價穩定雙重目標同時達成的經濟奇蹟。

　　第二，成為世界貿易大國之一。民國 60 年時，我國進出口總額僅 39 億美元，為不受世人重視的小市場；但經過 16 年來的努力，去年貿易總額高達 880 億美元，在全世界成為第 13 位貿易大國；其中尤以出口同時期自 20.6 億美元，提高到 535 億美元，增加了 25 倍，而全世界進口同時期僅增加 4.7 倍，顯示我國出口競爭力之強；因此，我國出口在全世界更高居第 11 位出口大國，受到全世界的注目與尊敬。

　　第三，每人所得與生活水準大幅提高。在民國 60 年時，我國每人國民生產毛額才 440 美元，去年提高到近 5,000 美元，16 年間提高 10 倍以上，人民

生活水準無論在衣、食、住、行及育、樂方面，均亦大幅提高。隨著所得的大幅提高，國民儲蓄能力亦大為增強，我國現已為少數高儲蓄率國家之一，為未來經濟進一步發展，提供充裕資金來源。

第四，培養高素質人力。先總統蔣公於民國 57 年將國民教育自六年提高為九年，奠定了我國國民教育基礎。經國先生主持行政院後，積極充實及擴展高中及大專教育，培養了大量高素質人才。在民國 60 年時，我國每一百就業人口中，初中及以下程度者高占 86%，而高中及以上程度者僅占 14%，可是到去年前者降為 59%，而後者高達 41%，是所有新興工業化國家中，少數高素質人力國家之一，為供應國家未來向更高一層發展之需。

經國先生過去 16 年主持國家大政，在經濟方面不僅獲得許多輝煌的成果，而且為我國經濟未來邁向工業化國家奠定基礎。我們期望全國同胞在李總統登輝先生的領導下，化悲痛為力量，團結一致共同奮鬥，在安定的基礎上，早日邁入工業國家行列，以慰經國先生在天之靈。

（民國 77 年 1 月 15 日　《經濟日報》二版）

2. 實踐經國先生的經濟國際化政策

經國先生逝世前，曾在許多場合強調推展經濟自由化、國際化的政策，我們現在追思這一代偉人，自應切實執行他的指示。

過去四十年來，我們從一個落後的農業社會，不為世人重視的海島，一躍而為新興工業國家，去年貿易總額高達 880 億美元以上，在全世界國家中，包括蘇俄等共產國家在內，高居第 12 或第 13 名，其中出口 535 億美元，更高居第 11 位，已成為世界貿易大國；外匯準備高達 750 億美元。過去提起英美兩國大家都認為了不起，但現在英美兩國外匯準備加起來還沒有我國的多；由於鉅額出超與外匯準備大量累積，兩年多來新台幣已對美元升值了 41.8%，還有繼續升值的壓力存在；過去從未有開發中國家貨幣升值的，故在國際間已被認為是經濟強國了。

在這短短的四十年間，我們能獲得如此的成就，主要是由於經國先生領導下政府正確經濟政策發揮了作用。我們自民國 50 年出口不到 2 億美元，76 年高達 535 億美元，26 年內增加到 273 倍，唯有在自由貿易的狀況下，才能獲有這樣的成果。由此可見，我們經濟發展能有今天成就，是經國先生領導的正確，使我們能把握世界自由貿易趨勢，拓展外銷的結果。

但近年來，國際經濟問題日益嚴重，如國際貿易的失衡，愈益劇烈，引發

國際貿易保護主義浪潮高漲，主要國家貨幣匯率大幅波動；開發中國家背負巨額外債，在國際經濟連續三年低度成長，不利於其出口，更使其喪失還本付息能力，此等問題均足以影響國際經濟的安定。而我國近五年來，貿易出超的不斷擴大，亦是造成國際貿易失衡的原因之一。當前面臨的若干國際經濟問題，並非任何國家單獨能夠解決，需要國際間各國互助合作，各盡所能，共同分擔責任。雖然我國仍屬新興工業國家，沒有工業國家大量對外援助的能力，但以我們目前經濟情況，卻有善盡國際經濟的責任，以取自世界經濟的力量，回饋於世界，何況減緩巨額貿易出超，有效利用累積外匯，亦是解決國內面臨經濟問題的關鍵所在。

所以，經國先生生前在主持總統府財經會談中，即多次強調經濟國際化的重要性。

以我國當前所面臨的經濟問題，與經濟實力，善盡國際責任，乃是落實國際化的有效作法，這可從下列兩方面進行：

一、改變過去「重視出口，抑制進口」的政策，為「進出口並重」，政府對過去給予出口的各種獎勵，在國際保護主義盛行的今日，已被各國作為打擊我產品的藉口，這些獎勵應盡量消除；而對進口的各項限制，則必須撤除，高關稅必須大幅降低，國內市場必須開放，以擴大進口減少出超，亦即增加其他國家的出口，緩和國際貿易失衡，有利於國際經濟安定的維護。同時，為避免出超減少影響國內經濟成長，亦應遵照經國先生生前的指示，必須擴大國內需要，一方面支持經濟的適度成長，另方面消化過多的超額儲蓄，使資源能獲得有效利用，亦使降低貿易出超能夠落實。

二、加強國際經濟合作，此又可分下列三項推動：

1. 政府正籌設海外合作基金，應擴大編列新台幣預算，每年向中央銀行結購 10 億美元，除原設想貸款給其他開發中國家，向我購買產品之低利融資外；另可專款貸予與我有邦交而缺乏外匯國家，從事建設向美國購買設備之低利融資，因美國進出口銀行近年來資金短缺，如我國能辦理此類貸款，將可補其不足。

2. 過去我們曾以農耕隊、電力技術團、醫療服務隊等方式，以我國的經驗與技術，援助非、亞洲、中南美及中東等國家，目前仍有部分地區在進行中。今後可再配合資金援助，以貸款或以國外投資方式，協助開發中國家加速其經濟發展。

3. 積極參與國際經濟活動，自中美斷交，我被迫退出國際貨幣基金與世界

銀行後，我國在國際經濟機構之活動即大幅減少，而前年年初亞洲開發銀行通過中共入會，並擅自將我會籍名稱改為「中國台北」，但不為我國接受，為表示抗議立場，隨即決定停止參加該行年會後，使我國在唯一官方國際組織的活動也停止。不過近兩年來，由於我國已晉升為貿易大國，且挾有世界第三大外匯存底國家的優勢，甚受各官方國際組織的重視，我們應掌握此有利契機，聯合與我友好國家合作，支持我國重返國際經濟組織，一方面借重我當前經貿優勢，協助其他會員國紓解困難；另方面，也為我國未來長期經濟發展舖路。

以上建議，如能貫徹實施，不僅可實踐經國先生的經濟國際化政策，善盡國際責任，協助其他開發中國家經濟發展，緩和貿易失衡，維護國際經濟安定與秩序；且可協助美國降低貿易逆差，緩和貿易保護的氣焰；同時，也是解決我國當前面臨重要經濟問題的有效途徑之一。我們希望經濟決策者能夠採納實施。

（民國 77 年 1 月 16 日　《經濟日報》二版）

3. 加速國家現代化，以慰經國先生在天之靈

蔣故總統經國先生，將於今日舉行奉厝大典，除舉國默哀一分鐘以誌哀悼外，國人更應化悲慟為力量，團結一致，努力奮發，盡早實現經國先生未竟之「國家現代化」之志業，以慰經國先生在天之靈。

經國先生自民國 61 年主持國家行政後，深切了解，我國在過去二十餘年間，已自過去的無到有，從落後的農業社會，進步到新興工業化國家；但與現代化的工業國家比較，仍有一大段距離。因此，不論經國先生主持行政院期間，或就任總統以來，即一再召示國人努力建設國家，早日邁向工業化國家之林，或進入現代化國家境界，並已劍及履及的進行了許多奠基工作。

首先，就硬體建設而言，十項建設完成後，賡續進行十二項及十四項建設，這許多建設涵蓋範圍極為廣泛，包括許多基本設施建設，如高速公路、鐵路電氣化、中正國際機場、台中港、北迴鐵路、南迴鐵路、北部第二高速公路、台北市區鐵路地下化、台北都會區大眾捷運系統、電訊現代化、電力建設，以及新市鎮建設、水資源開發等等。在工業建設方面，包括一貫作業鋼鐵廠、大造船廠、石化工業等重化工業。文化建設方面，有興建三個現代化的博物館，如自然科學博物館、工藝科學博物館、海洋博物館，及中央圖書館、國家音樂廳、國家劇院，以及各縣市的文化中心等。生活環境改善方面，公害防治、垃圾處理、生態環境保護、國家公園建設、全國醫療網體系建立、河堤海

堤修建、國民住宅建設，以及基層建設等等。其中，大部分建設已經完成，部分尚在進行中，預計民國 80 年前後，可陸續完成。這許多建設，誠如經國先生於行政院長任內，推動十項建設後，向立法院作施政報告，口頭報告中指出：「這十項工程是引導國家經濟邁入現代化的重要階梯，決不容怠忽。」

其次，就軟體方面而言，經國先生對教育人才、政策方向、政府組織及國家體制等，都極為重視。在教育人才方面，經國先生曾經指出，人才是促進及加速國家現代化的動力，因此，廣泛培育人才是施政的重點。經國先生於民國 71 年國家建設研究會後，召見與會代表講話中，談到教育方面指出：「我們的教育方針有兩大目標，一是普及，二是平等，就普及來說，兒童入學率已達 99％以上，差不多已接近沒有文盲的境地。而平等方面，則是任何家庭子弟，不分職業，不分地位，只要有志上進，都可以在公平競爭之下，有絕對平等的機會接受各級教育；所以無論在大專院校、研究所，以至出國的留學生中，都包含著種種不同家庭環境和生活背景的青年。普及與平等這兩個目標我們都已做到了。」如再從大專學生人數來看，在民國 60 學年時為 20 萬人，去年已增至 44 萬人，增加了 1.2 倍，而其中研究所學生更自 2,300 人，增至 1 萬 3400 人，增加了 4.8 倍，為國家培育了大量高素質人才。因此，在就業人口中，大專及以上程度的就業人數，占總就業人數的比例，亦自民國 61 年的 4.3％，至 76 年迅速提高到 14.2％。此一比例，在所有新興工業化國家中，是高素質人力所占比例最高國家之一。

在經濟發展政策方向方面，經國先生於民國 65 年 10 月 7 日行政院院會中指出：「今後的幾年將是我國經濟建設極為重要的關鍵性時期，各有關機關均應預先深入研究，妥為策劃，凡事均須把握先機，謀定而動，使我國能有秩序、有系統的按照預定目標，由開發中國家，進入開發國家之林。」其後在一次財經會談中更進一步指出：「我國經濟發展程度日漸提高，民間經濟活動益趨擴大，勢應更加重視市場機能的發揮，故政府有關部門應在政策或制度的設計方面，秉持計畫性自由經濟的原則，有計畫地進行為民間企業創造出具有充分競爭的經濟環境，……使我國經濟的比較利益優勢得以充分發揮。」在 73 年 11 月 6 日蔣故總統主持的最後一次財經會談中，更明確指出我國未來經濟發展的政策方向是經濟的自由化、國際化與制度化，行政院俞國華院長並已將其列為經濟施政的重要指導方針。

根據以上分析，一個經濟現代化國家所需硬體建設，我們已初具規模，現代化國家所需高素質人才，已在積極培育，現代化國家建設所需資金，更不是

問題，近十多年來我國的儲蓄率高達 30%以上，而且外匯存底高達 750 億美元，足可因應。此外，經濟自由化的政策方向，近三年來也已逐漸形成，但國家現代化除經濟現代化外，尚需要一個高效率的行政部門，及民主體制來配合。關於前者，行政院組織法修訂小組已在積極展開修訂工作，我們相信，此次行政院組織法的修訂，應是朝向高效率的行政部門目標努力；而後者，自去年 7 月 15 日取消戒嚴令後，一連串的政治革新，如開放報禁、黨禁，開放大陸探親等，已朝民主方向邁進一大步，這都是在經國先生主動指示下進行的，而且經國先生在其遺囑中，並明確指示：「務望我政府與民眾堅守反共復國決策，並望始終一貫積極推行民主憲政建設。」因此，我們認為經國先生已為國家現代化建立了堅實的架構，希望國人，在李登輝總統領導下，團結一致，奮發努力，在既有的基礎上，更進一步發揮，使我國盡早成為現代化國家，完成經國先生未竟志業，以慰在天之靈。

（民國 77 年 1 月 30 日　《經濟日報》二版）

4. 如何在本世紀結束前成為已開發國家

行政院俞國華院長，於昨日立法院第 80 會期第 1 次會議，提出施政口頭報告。在經濟方面，俞院長簡單扼要指出：「我們今年上半年的經濟成長率，高達 11.86%，預測全年可達 10.6%，全年平均每人國民生產毛額將近 5,000 美元，對外貿易居世界第 16 位，出口貿易為世界第 11 位。我們在經濟上表現了強大的力量，不過也遭遇到不少的困難。例如對美貿易順差的擴大，引起了美國貿易保護主義的強烈反應。我們雖然積極開放市場，大幅降低關稅，增加對美採購，以及新台幣匯率的大幅上升等等，但也愈益感受到調適過程的困難，更感受到在不嚴重傷害經濟安定的要求下，在短期內徹底改變貿易形勢的困難。然而我們經濟自由化、國際化的政策是不變的，而且還要加速推動。唯有這樣，我們才能在本世紀結束之前，晉入已開發國家之林。」這一段話言簡意賅的指出，在短期內，我們應該徹底改變貿易形勢，突破貿易巨額出超的困難；在長期方面，應加速自由化、國際化的推動，以期在公元 2000 前成為一個已開發的現代化工業國家。今天本報願就此兩方面，提出我們的看法。

首先，就突破當前貿易巨額順差而言，徹底改變貿易形勢是有必要的。一方面因我國出口過分依賴美國，今年首八個月對美出口占總出口的比例，雖自前年的 48.8%降為 45.1%，但仍然很高；因此，加速分散市場減少對美國的依賴，降低對美貿易順差，以緩和美國保護主義的壓力，是第一種改變貿易形勢

的應有作法；另方面近年來我國對外貿易出超的不斷擴大，主要是民國 70～74 年的五年間，出口增加了 55%，而進口停止不進，75 年進口雖增加 20%，但出口卻增加 30%，是進口增加趕不上出口增加的結果。因此，要使貿易順差不再擴大，必須使進口增加率大於出口增加率，這是改變貿易形勢的第二種應有作法。

由於我國出口大於進口的比例太大，高到 60%，除非進口增加率大於出口增加率六成以上，順差才會縮小，如僅從改變貿易形勢方面來努力，是不夠的，其效果是有限的，必須要有更積極的配合措施。我們了解「出超」的產生，就是資源未能在國內有效運用的結果，如能擴大國內需要，以增加的國內需要代替「出超」，更能產生緩和「出超」的效果。雖然政府近年來以增加公共投資，及鼓勵民間投資兩方面努力，求國內需要的增加，但其效果不彰；其原因，除公共投資並未若預期的大幅增加外，因「出超」占國民生產毛額的比例太大，高到 20% 以上，不是單靠投資的增加，就能解決巨額「出超」問題，必須同時要從提高國民消費水準著手，才能擴大增加國內需要的效果。國民消費包括民間消費及政府消費，民間消費水準的提高，除降低關稅、開放進口、創辦消費性融資外，許多公共投資的增加，如環境保護、國家公園建設、全國醫療網的建立、休閒觀光設施的增加等等公共財的提供，都是提高民間消費水準的途徑。至於政府消費，過去由於錯誤觀念的影響，為避免財政赤字的擴大，在公共投資預算大幅提高後，就抑制政府經常支出的增加，使政府消費支出占國民生產毛額的比例不斷縮小，儲蓄率大幅提高，加以公共投資預算並未真正執行，實際公共投資金額，遠較預算數小，結果「超額儲蓄」大幅提高，在貿易方面就是「出超」的擴大，因此，除公共投資預算要落實外，政府消費支出亦應有適度的提高，如社會治安的加強、環保衛生人力的充實、工商服務的改善等，都需要大量經費的支援。總之，突破貿易巨額出超的困難，不是單從貿易情勢改變即能解決，需要從各方面多管齊下，才能克盡事功。

其次，就加速自由化、國際化，以期公元 2000 年成為已開發國家而言，自由化、國際化，不僅是在充分競爭的環境下，資源獲得有效運用，為成為已開發國家所必備的條件；同時，可刺激投資與消費，擴大國內需要，緩和出超的效果，故應徹底加速推動。但，我們必須了解，自由化後，不是政府什麼都不管，而是不該管的不管，應該管的不僅要管，而是要嚴格管、徹底的管。因此，要在自由化同時，一套新的法令規章同時公布實施，舊有的不是廢除，就是要作全面性的修訂，這許多準備工作必須早作準備，不要再蹈外匯管制條款

暫停後，其他配合措施未能及時完成，而造成目前混亂局面的覆轍。同時，經濟自由化、國際化的範圍極為廣泛，不僅限於行政部門的財經部會，例如土地的取得、出入境等，關係到內政部，環境維護牽涉到新成立的環保署，政府及公營事業採購手續的簡化，關係到監察院的審計部，公務人員及公營事業人員的任用，則與考試院的考選部與銓敘部的作法有關，財經立法，又是立法院的事。因此，要使自由化的步伐能夠加速推動，必須各有關部門都能獲得共識，相互信任與合作，公元 2000 年我們才能成為一個現代化的已開發國家。

（民國 76 年 9 月 26 日　《經濟日報》二版）

5. 俞國華院長對國家經濟建設的貢獻

行政院長俞國華辭職，雖尚未為李總統接受，但以俞院長辭職意志之堅決，似將成為定局。俞揆自 73 年 6 月 1 日就任以來，至本（5）月底屆滿五年，在此五年間各方對俞揆施政可說毀譽參半，不過在此期間，國家所遭遇的困難，應是空前的，而能在這樣艱困中，開展國家建設，實是難能可貴。除在政治上，解除戒嚴、開放黨禁與報禁、開放大陸探親，實踐蔣故總統邁向民主國家的志業，已受到國內外的肯定與讚譽外，在經濟建設方面的貢獻更是輝煌。爰就下列三方面提出我們的看法：

首先，奠定「經濟自由化、國際化、制度化」的基本政策。五年前當俞國華在接受蔣故總統提名行政院長，並經立法院同意後，接受本報及聯合報記者訪問，答覆未來經濟發展方向時，明確指出，將以「經濟自由化、國際化、制度化」為基本政策；就任後於 73 年 6 月 12 日向立法院第一次提出施政方向報告，便正式宣布「自由化、國際化、制度化」的基本政策。同年 7 月 19 日行政院院會復通過經建會所提之「當前貿易鉅額出超因應方案」，從放寬外匯、進口、投資限制、降低關稅，到擴大公共投資、維持適當新台幣匯率水準與採取沖銷措施，不啻是落實自由化方案。而在當時出超不過 48 億美元，美國壓力尚未開始，俞院長即從過去的管制保護、抑制進口、鼓勵出口政策，轉向自由化、擴大公共投資，縮減貿易出超，採取進出口並重政策，可說是一項極大的轉變；顯示俞院長不僅針對台灣當時經濟問題有深刻了解，而且所提對策確有前瞻性。回顧過去三年美國對我外匯貿易所施的強大壓力，若不是俞院長 73 年確定了「經濟自由化、國際化、制度化」的基本政策與因應貿易出超方案，真不知道如何因應。

其次，在自由化的落實方面，雖然政府近數年來推動經濟自由化工作一般

認為不夠積極，不能滿足國人期望。但累積起來，政府也真正做了許多工作，重要的有：

1. 76 年 7 月 15 日解除外匯管制，除匯入款為防範熱錢流入仍有限制外，其他已無任何限制。

2. 放寬進口限制，准許進口商品占總進口項數的比例，至去（77）年底已提高至 98.3％，而其中限制申請人資格與採購地區，與需要各種簽章的項數，亦大幅減少。

3. 進口關稅大幅降低，名目平均稅率，已自 72 年的 31％，至去年已降至 12％，現正在立法院審議中的年度關稅法案，完成立法程序後，更可降至 9.7％。實質關稅率亦自 72 年的 7.7％，去年降為 5.7％。並向美國承諾，至 81 年降為 3.5％，達到工業國家目前關稅水準。

4. 外人投資大為放寬，並自去年 4 月開始，改為負面表列方式，凡不在表列規定者，均可來台投資；至於服務業投資，尤其各方關注的證券經紀商、銀行與保險，除前者已於去年開放外，後二者在銀行法與保險法修訂完成立法程序後即可開放。

5. 利率自由化，目前除中央銀行訂定金融事業存款最高利率外，其他已不再限制；而此項限制，在銀行法修訂後即可取消，利率自由化可完全落實。

6. 匯率自由化，中央銀行已於本年 4 月 3 日放棄過去的加權平均中心匯率，及每日 2.25％上下變動的限制，新台幣匯率任由市場外匯供需決定，並已獲得美國的肯定，美國財政部長近在國會公開宣稱新台幣已無升值必要。

以上經濟自由化的推動，在工業先進國家需要十年甚至二十年時間方能完成，而我們在短短五日間做到如此程度，已獲得國際專家的肯定。這應是俞院長領導帶動的貢獻。

第三，在經濟發展成果方面，亦可指述如下各項重要成就：

1. 無通貨膨脹的高度經濟成長：自 73 年至 77 年間台灣經濟成長平均每年高達 9.3％，而消費者物價每年僅上升 0.5％，與工業國家平均經濟成長 3.6％、物價上漲 3.5％比較，的確達成無通貨膨脹同時獲得高度經濟成長雙重目標的高度境界。

2. 每人所得倍增：俞院長於 73 年 9 月 21 日向立法院提出施政報告指出，未來六年每人所得（GNP）目標將自當時的 3,000 美元，至 78 年增加一倍，達到 6,000 美元；執行結果 77 年每人所得已達 6,053 美元，提前一年達成，今（78）年將可達 7,000 美元。

3. 成為世界第 13 位貿易大國：過去五年間在國際貿易保護盛行，各國匯率劇烈變動下，世界貿易成長 71％，而我國貿易成長 143％，超過世界貿易成長的一倍。因此，我國對外貿易金額在全世界國家與地區的地位，自 72 年的第 17 位，提升為第 13 位貿易大國，深受世界的重視。

4. 世界第二多的外匯準備國家：由於近五年來的鉅額貿易出超，外匯準備累積至目前已達 760 億美元左右，僅次於日本的 1,000 億美元，高居世界第二位，而我們的外債尚不到 15 億美元，因此，我們是世界上非產油開發中及新興工業國家中，少數債權國家之一。

5. 創造大量就業機會：五年來我們就業人數，增加 104 萬人，加上補充死亡及退休的就業人數合計創造達 160 萬就業機會。而且由於物價的穩定，五年間製造業實質工資提高了 48％，對提高國民生活水準極有貢獻；同時由於生產力提高 34％，以及由於關稅的降低及新台幣升值，國內物價並未因實質工資的提高而發生膨脹現象。

6. 產業結構的調整：除服務業生產占國民生產毛額比重，在去年已超過工業，符合世界趨勢外，製造業中重化工業所占比重，亦自 72 年的 54％，去年提高到 60％，五年間提高 6 個百分點，顯示工業在自由化及新台幣升值的壓力下，已做了最佳的調適。以上六項主要經濟成果，不論在國際間或在我國過去三十多年的經濟發展歷程中，均是輝煌而少見的。

現在，俞院長辭職將成定局，他個人對國家社會的貢獻，也就是他為後任所準備的豐富資產。我們期望其繼任者能夠具有國際觀、前瞻性而且有魄力、有擔當；在既有的基礎上，再開創新局，使我們自目前的新興工業國家，至公元 2000 年實現俞院長所期望的工業化現代國家。

（民國 78 年 5 月 19 日　《經濟日報》二版）

十一、環境維護問題

1. 防止公害維護環境的四個基本觀念

最近幾年來，國內公害問題、環境汙染問題出現的頻率不斷高升，但迄未見政府拿出有效辦法來克制，使問題愈來愈嚴重。公害及環境汙染之惡化，不僅造成受害者的莫大損失，且嚴重危害國民之健康與生命，在政府無法提出有效解決途徑之下，許多被害者，不得不採取自力救濟的措施來保護自己，迫使

產生汙染的工廠停止生產或關門，這一事實顯示了民眾壓力的效果，但亦暴露我們行政部門的缺失，值得深入探討，立即提出有效對策貫徹實施。

行政院院長俞國華對於環境保護問題非常重視，剛於上周行政院院會中，對環境保護工作提出了各項指示，要求各有關機關注意研辦，日前又率同有關行政首長親至高雄縣大寮鄉大發工業區的廢五金專業區巡視，了解廢五金的進口及處理，以及防止空氣、河流汙染情形。但據行政院衛生署環境保護局負責人報告，廢五金大部分由國外進口，為防止進口商人於處理廢五金時，因焚燒而產生戴歐辛，造成空氣汙染，進行酸洗時汙染河流，乃在大發工業區內設置廢五金專業區，並在二仁溪北岸的台南市灣裡設置廢五金專業區集中處理，並有三家檢驗合格私人工廠負責處理。但廢五金業者不合作，不但不在專業區內處理，且在丘陵地帶，或在偏僻地區焚燒後酸洗，造成嚴重公害，這也是最近二仁溪口因含銅離子汙染牡蠣變綠大量死亡的重要原因。環保局負責人並進一步指出，在專業區內也發生載運廢五金貨車闖關，及以堆高機私運出去等不法事件，使環保局大傷腦筋。隨同俞院長南下巡視的經建會主任委員趙耀東及衛生署署長施純仁，即分別表示了他倆對防止進口廢五金產生公害破壞環境的不同看法，俞院長乃指示慎重研究後提院會討論。我們引述這段事實，在說明兩點：一是政府對防治公害，維護環境不是沒做，而是民間不合作，因缺乏一套周延的法規無法有效執行，而產生無力感。例如水汙染防治法早於三年前的72 年 5 月修正，將排放廢水不合規定標準者的罰鍰自五千銀圓提高為二萬銀圓即新台幣六萬元，且可按日連續處罰，這一罰鍰不能算輕，但其附屬法規放流水標準迄未訂定公告實施，使有法無法貫徹執行，而造成無法補救的損害；二是防治公害，維護環境工作，主管機關太多，除環保局外，有公共衛生、農業、工業、交通、水資源及自然生態保護等單位，還有經建會的環境小組，由於大家都可以管，也可以不管，在管的時候便政出多門，使業者無所適從，不管吧，到問題發生，竟找不到真正主管機關，而產生了最近民間自力救濟行動的不正常現象。俞院長現在雖然指示「研辦」及「慎重研究後報院」，但上述的情形不解決，我們擔心這種「研究」不知何年何月才有結果，能提出有效辦法。因此，我們今天再度呼籲政府各部門及社會要重視日益嚴重的公害及環境汙染問題，並澄清四個基本觀念，以供行政院及國人對處理此問題之參考。

首先，我們要指出公害及環境汙染問題是累積性的，不是拖延時間就可消除的。因為政府過去處理問題常利用時間來解決問題，例如去年之經濟不景氣，失業率大幅提高，各方都期望政府能採取有效措施，促進景氣的早日復

甦，並解決失業問題；但迄未見採取行動，不過今年初以來，由於國際情況的變化，美元大幅貶值，石油價格大幅降低，有利於國內外的景氣復甦，失業問題自然解決。但公害、環境汙染問題，卻不是時間所能解決的，且是愈晚處理，問題愈嚴重，也愈難處理，發生損傷後更是無法挽救的。我們期望行政最高當局能了解此點，加速處理的步伐。

第二，環境汙染問題的根源，是人類自私自利的本性。雖然業者明知其活動會產生對社會或他人有害的影響，但若干業者為了其本身利益而不考慮，仍照樣排放汙染的空氣、廢水，隨便拋棄有毒的廢棄物質等，而將此等公害讓社會來承擔，此即經濟學家所稱的「社會成本」。這種只圖私利，不顧公益的行為，唯有藉政府的公權力予以禁止，或要求製造公害者支付代價。如由政府投資辦理汙水處理、垃圾處理廠，以減少公害，而向製造公害者課徵「汙染稅」，由其自行負擔「社會成本」。這是有效防治公害、減少環境汙染，必須採取的途徑。

第三，公害的產生、環境的汙染最主要的是來自家庭及事業的廢棄物，但是以我們現有的知識及技術，尚無法真正的消除任何廢棄物，只能改變廢棄物的形態、內容和時間；因此，我們沒有能力決定要不要廢棄物，只能決定如何來處置廢棄物，除非不製造廢棄物，但這是現代社會不可避免的。所謂廢棄物即是俗稱的垃圾，垃圾處理已列為政府積極推動的十四項計畫之一，但是一年多來進度極為緩慢，主要是土地取得困難，大家都不希望垃圾留放在自己的土地上。如大家能了解，垃圾是無法消滅的，我們無能力決定要不要垃圾，因垃圾是我們生活或經濟活動中所製造的，只能設法有效處理，不使產生公害。此一觀念如能得到共識，處理垃圾土地取得困難的阻力，應可減少。

第四，防治公害、維護環境工作不彰，除前述土地取得困難外，還有地方政府財力人力不足及特權的干預，更使工作推動困難。公害、環境汙染雖然是地方上的問題，但現在已成了普遍性的問題，而且是跨地區性的，應由中央負起責任來，一來事權可以統一，二來可排除地方特權的干預。我們建議行政院既然指示經建會成立「環境小組」專負綜合性策劃、協調與列管工作，應進一步賦予推動指揮的權力，自中央到地方建立健全的體系，大家分工合作，並由中美基金支援財力，聘請技術人才，從有關法規檢討修訂或補充，整體規劃，到分項、分段、分期有效執行，務希在三、五年之內能將公害、環境汙染問題徹底解決，使國人能生活在空氣新鮮環境安適中。

我們以上所舉四點觀念，如能獲得各級政府負責人及國人的共識，相信推

動防治公害、維護環境工作的阻力，將可大為減少，生活環境的改善也可預期。

（民國 75 年 6 月 21 日　《經濟日報》二版）

2. 對政府設立超部會「環境保護小組」的期望

本周四行政院院會決議，在行政院成立「環境保護小組」，由副院長林洋港擔任召集人，政務委員趙耀東擔任副召集人，行政院有關部、會、局、處及省、市政府首長為委員，經建會擔任幕僚作業任務，行政院長俞國華，於院會通過上項決議後表示，環保工作極為重要，十四項重要建設除經濟效益外，還強調要提高民眾生活素質，而環保工作即為其中的一環。俞院長並指出，環保工作牽涉範圍甚廣，行政院成立專案小組可協調各機構，領導推動環保工作。防治汙染，解決公害問題，多年來各方期望成立超部會組織擔當此一任務，而今終告實現，豈不可喜！俞院長日昨表示，行政院成立「環境保護小組」，一則表示政府重視環境保護工作，一則也顯示當前事實的需要，我們認為行政院決定成立該專案小組，其作用還不止於此，更重要的是表示政府的「決心」，使全國國民知道近年來困擾大家的環境汙染問題，政府終於下定決心要妥善解決，政府一定認真負責地，把這複雜、困難重重，而與每個人都切身有關的工作做好。

環境汙染問題，是與一個國家經濟建設與人民生活水準提高俱來的；不過在經濟發展初期，一方面由於汙染程度不高，二方面由於貧窮，無力從事汙染防治工作，同時人民對汙染的意識不高，容忍力也強，故不覺嚴重；但經濟發展到某一階段後，不但汙染破壞力強，而財力提高，人民重視生活品質，容忍程度大為降低。因此，環境保護工作漸受各方重視。而我們目前正處於此一階段，但因常規制度尚未健全，工作人員缺乏此方面經驗，經費短缺，再加以地方政府處理此類工作時，遭遇特權的干預，又無有力的單位積極推動與擔當。因此，政府長年來雖先後在各級政府成立環保機構，擔任環境保護工作，但因受到上述原因的影響，不僅未見效果，而且環境汙染問題出現的頻率不斷升高，使問題愈來愈嚴重，國人對此已有切膚之感。去年底省、市議員及縣市長選舉，候選人所提政見，據統計十大政見中，「公害防治」平均高占第二位，高雄市則居首位，台北市為第三位，最近立法委員對此問題，亦頻頻提出質詢，可見問題之嚴重。一年多前行政院舉行科技顧問會議時，外籍專家顧問見到我們環境汙染問題愈來愈嚴重，始終提不出一套有力的改善辦法，遂建議在

行政院成立一超部會組織擔當此一任務。嗣後，行政院雖接納這位專家顧問的意見，但打了一個很大的折扣，把超部會組織降為經建會下成立「環境小組」，由經建會副主任委員擔任召集人，有關部會副首長為委員，因其層次不夠高，無法發揮決策的力量，復因環保工作範圍極廣，該小組並無專任人員，也缺乏協調的能力，效果不彰，故方有本周四院會的決議，將「環境保護小組」提升到超部會的層次。

「環境保護小組」層次雖已提高，但要使其發揮應有的功能，真正做到環境保護工作，還需要各有關機關的密切配合及大家的共同努力，方能克竟其功。我們願提出下列建議，以供該小組今後作業之參考。

一、專案小組應有專職人員：環境保護工作，真可說是千頭萬緒，現有各機關人員都有本身工作，無法兼顧；何況「環境保護小組」工作人員，不僅都要全部投入，全力以赴，而且需要各方面的專才，方能擔任規劃、領導推動與協調的工作。即使向各機關借用專業人員，亦應以徵調的方式，到該小組專任。這是該小組工作能否順利展開，環境保護工作能否成功的先決條件。

二、檢討修訂現行有關環境汙染防治法規：近年來，我們雖然已陸續頒定了有關法規，但缺乏強有力的環境保護基本法，法制體系不完全，再加以未能認真有效執行，致效果不彰。因此，我們建議專案小組成立後，應即指定專人，就現行法規加以檢討，該刪的刪、該修的修，需要新立法的，趕快積極進行。使今後推動環保工作有法的依據。

三、充實現有環保單位的人力與財力：各級政府環境保護機構雖都已先後成立，但受到人事、主計機關的種種限制，人力與經費極端不足。汙染防治工作原是需要高素質的各種專家擔任，而且是極花錢的工作，不再像過去將垃圾往河溝裡倒那樣簡單。我們期望專案小組成立後，先檢討現有環保單位的工作、人力與經費狀況，然後提出改進方案，協調人事、主計單位，溝通觀念，要其全力支持。

四、借重國外專家：工業國家過去都有長期艱苦的防治汙染的經驗，而我們才剛剛開始。因為汙染防治不論規劃、設計，以及執行、整合，都需要各方面的專家；如能聘請國外有經驗的顧問公司來台協助，再配合國內專家協同工作，可減少許多摸索的時間，發揮事半功倍的效果。

五、辦理追加預算，積極推動環保工作：俞院長日昨指示，推動環保工作，如經費不足可動用第二預備金，但據我們了解，即以現代方法的垃圾處理，改善河川汙染而論，即需要極大的經費，絕不是十億八億元第二預備金所

能支應的。政府既有決心做好環保工作，即應拿出魄力來，排除一切困難，大刀闊斧的做。76 年度預算雖已定案，可根據專案小組所提出之建議需要，辦理追加預算，財源以增發建設公債支應，務使此一工作，在本年度內即行全面展開。

以上雖是對「行政院環境保護小組」的建議，但要其能實現，還需要行政院俞院長的大力推動，我們相信俞院長既已決定成立此專案小組，一定會給予全力支持。該小組的任務如能全面達成，不僅使國人能生活在美好環境中，也將提高國人對政府的信任，增強對國家的向心力。

（民國 75 年 7 月 12 日　《聯合報》二版）

3. 工業發展與環境保護必須兼顧

中國國民黨蔣主席，於本週三（11 月 18 日）上午主持中央常會，聽取經濟部工業局長楊世緘報告「我國工業發展目標、方向與做法」後，指出工廠的設立是否會產生汙染，應由專家用科學方法來鑑定，不能一味地採取自力救濟方式，這樣將會對工業發展有很大的傷害。蔣主席這一席話，業已引起廣泛的迴應，大家益發感到自力救濟問題必須及早有妥善的解決。

自台北二重疏洪道拆遷戶集體請願，走上街頭，塑造了反對、抗議與衝突的自力救濟模式後，已廣泛被用到各種不同主題的訴求。在經濟方面，就有台電公司的第四核能發電廠，在遭到強烈反核的聲浪中被暫時擱置下來，這一暫時擱置，已經過了三年還無法決定是否進行，而數年後電力供應不足，已迫在眉睫。其次美國杜邦公司在彰化鹿港設廠計畫，遭到地方人士的強力反對，遊行、請願、示威，而被打消設廠計畫。其他如屏東永安鄉居民阻撓中油液化天然氣接收站建設、台北果菜市場承銷商抗繳營業稅、報關行抵制繳納出口商港建設費、高屏兩縣非法漁塭業者阻撓政府的拆遷工作、股票投資人分別齊集證管會、立法院、財政部，要求以具體措施挽回股市的頹勢，以及高雄後勁地區及宜蘭居民，強烈反對中油公司在高雄煉油廠建設第五輕油裂解廠，及台塑公司在宜蘭建設烯烴廠，雖經數度協調溝通，迄未能達成共識與協議，影響投資計畫的進行。

「自力救濟」原是法律名詞，是指在法治社會中，如人民權利受到侵害，原則上，應由政府行政機關行使公權力，使受損害者獲得救濟。然而在現實生活中，常有主管機關未予重視，或公權力來不及運作時，憲法上規定人民有正當防衛、緊急避難等自救的權利，此即法律上的「自力救濟」。此種「自力救

濟」，是受害者按照一定程序申請同意後走上街頭，主要在喚起主管機關的重視與改進，而不妨礙社會秩序，是法律所允許的。但近年來，我們發生一連串「自力救濟」事件，有訴之暴力、製造事端影響社會秩序與安寧，濫用憲法所賦予的權利，不僅為法所不許，更影響生產與投資意願，對整個社會造成極大傷害，亦受到社會大眾的責難。

「工業汙染」是經濟發展與社會繁榮所產生的「副產品」。任何國家在經濟發展初期階段，都是集中力量追求成長提高所得，沒有足夠財力與人力來處理公害，保護環境工作；以及當時技術落後，在技術上也無法充分解決公害問題；加以國民所得及生活水準低，對環境問題亦未予重視。但等到經濟發展到某一階段，國民所得與生活水準提高後，如未能及時處理公害問題，保護環境，將對社會產生負面的影響，我們現在正面臨這一階段，加以自農業社會轉為工業社會太快速，教育文化水準卻沒有來得及配合；農業社會的倫理道德不被重視，而工業社會的倫理規範尚未建立，因而產生了許多失衡現象。

為使此一經濟轉變過程中，所產生的失衡現象不利影響降至最低，而使其迅速度過，對「工業發展與環境保護必須兼顧」，亦有能力兼顧的觀念必須建立。過去我們未做好汙染防治及環境保護工作，其原因已如上述，但現在的情況已有不同，首先，過去由於儲蓄少，不足以支持生產性投資，更無力投資於汙染防治及環境保護工作，而如今儲蓄率遠高於投資率，我們有足夠的財力從事汙染防治及環境保護的投資；其次，雖增加防治汙染投資後，成本增加，影響出口競爭力，但因我們不論工業與整體經濟基礎已較過去大為壯大，而鉅額出超帶來更大的困擾，故今後我們不必再像過去每年出口要增加 20％以上，工業生產要增加 13％以上，經濟成長要達到 10％；為了維護環境提高人民生活素質，如能做到無公害的 6％左右的經濟成長率，無寧更為健康；第三、過去公害未能防治、環境未能保護，技術落後也是主要原因，而近年來科技迅速進步，許多汙染性高的工業在先進國家，都能做到無公害的程度。因此，只要政府有決心，人民有共識，「工業發展與環境保護兼籌並顧」，一定可以做到。為了「工業發展與環境必須兼顧」，而免「自力救濟」事件的發生，應即採取下列措施：

一、研訂「環境保護基本法」，加強空氣汙染、水汙染、廢棄物、有毒物質、噪音、地層下陷等公害的防治，以及自然、社會與人文環境的保育。

二、依照社會需要，採取科學方法，明定各階段之環境品質標準，訂定汙染物管制標準，建立汙染源許可制度，汙染監測、調查與管制制度，以達成環

境品質標準。

三、為有效解決公害糾紛，以補司法之不足，建立行政上之調解、仲裁與公害救濟等制度，以迅速、合理解決公害糾紛，確保受害人之救濟。

四、在上項法令、標準與制度建立之同時，尚應充實各級環保機關之人力與設備，明確劃分權責，增進執行效能。

五、在法令、制度建立後，除必須貫徹實施，嚴以執行外，尚應加強溝通，務須獲得共識。

政府於最近將行政院衛生署環保局，提升為環保署，並於月前通過「中華民國現階段環境政策綱領」，顯見政府對環保工作之重視。我們期望首任環保署長簡又新，能參照上述建議，積極推動，認真執行，不僅公害可以防治，環境可以保護，因公害而產生的「自力救濟」亦可消之於無形。

（民國 76 年 11 月 20 日　《經濟日報》二版）

4. 應迅即處理林園化工區汙染及停工問題

經濟部工業局林園石化工業區聯合廢水處理廠，汙水外溢談判破裂後，居民強烈要求廢水處理廠和工業區內 18 家石化工廠立即全面停工。前天大量居民侵入該工業區所有石化工廠，要工廠立即停工，並寫同意書，各廠員工被迫按下緊急停俥鈕，各廠迫於情勢，除其中兩家需要一、二天時間才能停妥外，其餘 16 家廠已於前晚全部停爐並停妥。此一群眾缺乏理性的舉動，不僅影響石化工業及其下游工業之產銷秩序外，且是極危險的行動，主管當局應予正視，除迅速妥為處理外，並應做好防範措施，不允許此項類似行動再度發生。

石化工業連同其中下游關聯工業，可說是國內最大的產業，其民國 75 年生產毛額達新台幣 4,300 億元，占當年製造業生產毛額的 37.3%，占國民生產毛額的 15.7%；出口 135 億美元，占總出口的 33.9%；就業人口近 90 萬人，占總就業人口的 11.6%；可見石化工業及其關聯工業不僅在製造業中，是最大的產業體系；在整體經濟中亦占有重要地位，不容忽視。而林園石化工業區各石化工廠產能，占全國石化原料產能的三分之二，若全部停工，不僅對石化工業及其關聯產業產生極大的衝擊，對整體經濟亦將產生極不利的影響。如一時不能恢復開工，則石化原料短缺，價格上漲，影響中下產品成本上升，一方面迫使物價上漲，另方面出口成本上升削弱出口競爭力，使已衰退的出口更為惡化，且訂單到期不能如期交貨，引發貿易糾紛，我們本身的經濟成長及就業都將受其影響。故主管機關應以積極態度處理此問題，務使林園區各石化廠能迅

速恢復開工，將其不利影響減至最低。

石化工業不同於一般加工業，石化工廠生產線都是高溫、高壓反應，如不按一定程序停工，而使用緊急停工措施或加速停爐程序，都可能引起設備嚴重受損的後遺症，影響生產線壽命，更嚴重的是製造嚴重空氣汙染及爆炸；此次未發生爆炸起火意外事件，應是不幸中之大幸。不過，此一舉動不應使其再度發生，否則，發生爆炸起火，其所造成的傷害將更為嚴重。

不過，此次事件的發生，可說冰凍三尺非一日之寒，林園工業區各石化工廠及聯合汙水處理廠，未能善盡汙水處理責任，而使鄰近居民長期飽受染汙之苦亦為原因之一。此事如不能迅速處理，而全省有 28 座工業區汙水處理廠，如發生連鎖反應，其後遺症極其嚴重。為減輕其不利影響，並避免此類事件再度發生，我們建議應從下列三方面進行：

一、鑑定責任與賠償問題——主管機關的工業局應即邀請地方政府代表、地方公正人士及專家組成鑑定小組，鑑定居民受害情形，並給予合理賠償。據報導業者已同意給予補償，但與居民期望賠償金額有相當大的距離；因此，我們建議邀請地方政府代表及公正人士參加，擬訂合理標準，說服雙方接受，避免拖延不決，影響更大。

二、儘速恢復開工——一方面進行上項鑑定與賠償工作；同時，改善各廠所造成汙染情形，有許多設備與措施非短期內所能完成，但必須以重大事件處理積極趕辦，凡人力可以做到的，務必迅速積極處理，並邀請鄰近居民代表參與臨時改善工作及治本作法，取得信任，迅速恢復開工。如再有不合理阻攔，應使用公權力，維護工廠恢復開工及正常運轉。

三、治本之道——又分兩方面進行：

1. 加速環境保護立法工作——林園石化工業區汙染問題早在五年前即發生，一直未能有效執行，即是缺乏法令依據。如環保基本大法「環境保護基本法」，和修正的「廢棄物清理法」、「毒性化學物質管理法」，早已送到立法院，迄未審議通過；同時，環保署成立時定有三年立法計畫——共有 63 種法規，但進度嚴重落後，我們期望環保署及立法院務必加速立法工作，否則，問題不能徹底解決。

2. 建立環保仲裁制度——每次發生環境汙染問題，受害者缺乏管道表達意願，故多走上街頭，自力救濟事件層出不窮。我們建議政府，訂定一套環保仲裁程序，成立環保仲裁機構及公害仲裁法庭，以建立民眾、業者及政府機構間的溝通協調管道。

以上建議的標本兼治作法，如能採納積極進行，相信不僅能有效使林園石化區工廠恢復開工，即是對未來環境保護，防治汙染工作，應有極大助益。

（民國 77 年 10 月 14 日 《經濟日報》二版）

十二、勞資與勞工短缺問題

1. 客觀探討引進外籍勞工的問題

　　過去兩年由於經濟的高度繁榮，勞工需要大幅增加，不時已有勞工短缺現象，到了今年上半年勞工不足問題已成為十分嚴重的問題了。據勞委會發表的就業服務統計，求才利用率（即當月介紹就業人數占當月有效求才人數之比率），自去年下半年的 15％左右，今年上半年降到 9％左右，即業者需要勞工人數，真正求到者不足十分之一，顯見勞工短缺問題之嚴重，致業者不斷呼籲開放外籍勞工來台工作。另方面政府推動的十四項重大建設工程，進度嚴重落後，檢討結果，除土地取得困難外，勞力不足亦為重要原因；行政院為擴大國內需要，減緩貿易出超，以緩和美國保護主義對我國之壓力，必須加速十四項建設工程的進行，遂指示勞委會，對引進外籍勞工的可行性作一研究。因此，是否開放引進外籍勞工問題，甚受國人的注意與重視。

　　然社會一般大眾，對引進外籍勞工多認為應持審慎態度，其中尤以專家學者，鑒於工業先進國家引進外籍勞工的痛苦經驗，因外籍勞工由於語言、文化背景、生活習慣的不同，會給社會帶來負面的影響；到目前止，我國並未開放外籍勞工入境，但事實上，已有許多東南亞國家居民，以觀光身分入境，非法進入工廠打工的情況非常普遍；而且最近外籍勞工偷竊、打鬥、殺人等案件已不時發生，故令人不免對引進外籍勞工之事，益發有警惕之心。我們除同意學者的看法外，今天將從另一角度來探討，我們當前是否真有引進外籍勞工的必要。

　　我國勞工短缺，並非近兩年才開始，早在上兩次經濟繁榮期，如民國 59～62 年，及 65～67 年，均發生過勞工來源不足問題；但當時業者並沒有開放引進外籍勞工的要求；而後在石油危機發生，經濟成長減緩，對勞工需要也隨之降低。這次經濟繁榮期比上兩次短，僅有兩年之久，而今年上半年景氣已大幅減緩，據行政院主計處估測全年成長率僅 7.2％，較過去兩年每年成長 11％以上下降了三分之一強。照過去經驗，勞工不足問題應該會緩和下來，但

事實上，短缺問題不僅未減緩，反更嚴重，顯然另有特殊原因存在，值得探討。

據行政院主計處發表之人力資源統計分析，我們發現今年上半年就業人數在 1 月達到高峰後，即逐月下降，今年 6 月較 1 月減少了 14 萬人，而失業人數並未增加；再配合前述求才利用率之降低，顯然今年上半年勞力的供需情況，一反過去常態。過去是在就業大幅增加的情況下，勞力供應雖有增加，但仍趕不上需要增加之速，而有勞力供應不足現象，其主要原因在於需要增加過速；一旦需要減緩，不僅勞力不足問題自然解決，甚至失業率有提高問題存在。而今年上半年不僅新增加勞力需要找不到適當勞工外，就是原就業人口的退出，所能補進的，遠落在退出人數之後，致就業人數下降。此一現象，除反映勞工需要持續增加外，勞力供應的減退（今年上半年勞動參與率下降了 1.4 個百分點），為關鍵所在。

因此，要解決當前勞工不足問題，不是急忙引進外籍勞工，而是應先從勞工供給為何減退，以及景氣已減緩，為何勞工需要仍持續大幅增加原因著手，然後才能找出解決之道。

就勞力的供給而言，今年上半年 15 歲以上民間人口，仍按 2％年率增加，但進入勞動市場的勞動力人口卻減少，使非勞動力在半年間增加 24 萬人。此一現象發生，有一項嚴重的原因，乃是近年來社會開放及多元化的衝擊，加以鉅額出超，過多的社會資金，一部分人民熱中於大家樂、六合彩、地下投資公司，及狂飆股票與房地產，不事生產，都希望一下子能夠發財，產生投機心理態，懶散而不願工作。不過，我們認為此應是邁向開放社會過程中的過渡階段，過一段時日後應會恢復正常。更何況在就業人口中仍有許多低度利用狀態，據經建會與行政院主計處所提出之 76 年台灣地區人力運用調查報告顯示，76 年未適當運用的人力，占勞動力的比率，仍高達 22.5％，顯見當前仍有大量人力資源未獲得充分運用。而且根據當前人口年齡結構推估，未來十年 15 歲以上民間人口，每年仍會按 1.9％的年率增加。因此，就長期看來，未來的勞力供應，如能從提高勞動報酬，改善工作環境，激勵勞工工作意願，加強勞工訓練，使人力資源充分發揮潛能著手，應不虞短缺。

再就勞力的需要而言，今年上半年景氣下降，勞力需要還持續大幅增加，主要受生產操作工及體力工大幅需要高占六成的影響。而此類勞工的需要，除營建工程外，主要為勞力密集產業需要，但在新台幣大幅升值及工資上升的壓力下，勞力密集產業已不再具競爭力。就未來發展而言，此類工業如不能朝自

動化方面改進，將無前途可言。而未來工業發展方向，將以技術密集或資本密集工業為發展重點，對勞力需要的增加將極為有限。而且農業部門目前有勞動力 120 萬人，顯然過多，在未來十年內不僅不再增加，且將放出四分之一。雖然服務業在未來成為發展重點，勞力需要將會大幅增加；但考慮農業部門勞力的淨流出，工業部門的淨需要有限；因此，就總就業而言所需勞力將絕不會再像過去之大幅增加。

就以上勞力供需分析，目前勞力供需失調顯係短暫現象，長期而言，勞力供給應不虞短缺。似不應為了短期失衡，開放引進大批外籍勞力，而給社會帶來長期的負面影響，解決當前勞力失衡問題，應從消除目前投機機會，激勵勞工工作意願，及加速產業結構調整著手，方為正確之道。

（民國 77 年 9 月 17 日　《經濟日報》二版）

2. 合力重建勞資和諧關係

明天就是農曆大除夕。春節是溫馨的傳統，但是在大家準備全家團圓吃年夜飯的前夕，在傳統文化的倫理表現最濃郁的時節，本省各地卻勞資糾紛迭起，勞資雙方相互指責不休，投資環境為之急遽惡化；有些外人投資事業的準備撤資，以及若干國人投資的受影響而準備暫行停止，重新估計，更使大家為之憂心忡忡。

良好的投資環境，是造成台灣「經濟奇蹟」的基本因素，政府早在民國 48 年在當時行政院美援會下，設置一獨立任務編組——投資小組，全力展開投資環境改善工作，到今年已整整三十年。三十年來政府主管部門自觀念的溝通，到各項改革的落實，包括外匯、貿易、財政、金融等全面性的改革，以及大力進行各項公共設施建設等，使台灣具備了經濟建設的現代化條件，再加以我們勞力的充裕與勞工勤勉工作，以及和諧的勞資關係，才創造並獲得國際間「優良投資環境」的讚譽。在投資環境改善過程中，不僅國人投資大幅增加，外人投資亦源源而來。過去 27 年（自民國 51 年至 77 年）間我國經濟成長率平均每年高達 9.3％，為全世界少數經濟成長率最高的國家之一；主要得力於民國 51 年至 70 年的二十年間，我國固定投資大幅增加平均每年高達 14.1％的結果。

在過去快速經濟發展過程中，我們的勞工所得亦大幅提高，根據行政院主計處發表的資料，可知在民國 56〜75 年的二十年間，製造業工資上升了 13.3 倍，而同時間消費者物價僅上升 3 倍，因此，勞工實質所得提高了 2.6 倍，顯示在過去二十年勞工所得的增加遠超過物價上漲，使勞工的實質所得與生活水

準獲得顯著改善。另方面過去二十年製造業勞動生產力增加了 1.6 倍，而勞工實質工資所得同時期增加 2.6 倍，顯然企業在調整工資時，除考慮物價的上升及生產力的提高外，亦將利潤部分分給勞工所共享。而生產力的大幅提高，一方面固然由於企業大量投資改善生產設備有以致之；但另方面勞工素質的提高及勤勉工作，亦有巨大貢獻。同時，生產力的大幅提高，亦為企業帶來巨額利潤。由此可知，我們過去經濟發展能獲得舉世讚譽的成就，完全在於勞資雙方和諧相處、相輔相成、互助合作，共同努力所創造的結果。

這種「和諧的勞資關係」，在過去三十年投資環境改善過程中，充分發揮其功能，不僅創造高度經濟成長與繁榮的局面；同時，使企業資本不斷累積，勞工所得與生活水準大幅提高；現在應正是我們向上發展高層次工業，促進工業升級轉型的好時機。但在經濟轉型的關鍵時刻，正碰上政治社會的轉型，單純的經濟轉型問題與政治社會問題糾纏在一起，已不是單純的經濟手段所能解決的了。

勞工運動應是經濟發展過程中必然的現象，尤其在我國「勞資和諧」的既有基礎上，凡是依法合理的為勞工爭取進一步權益，是值得鼓勵，企業亦樂於配合。但綜觀近兩年來的我國「勞工運動」，有些訴求顯然走了樣，所提過分不合理要求，自為資方所難接受，而由是發生的罷工，尤其怪異的「波狀罷工」，迫使業者不得不停工對應。根據各方面的報導，這許多爭議罷工事件的發生，都是有外力的參與，形成泛政治化的現象。過去的「勞資和諧」，被所謂「軟腳蝦」、「乖乖牌」的分化意識所淹滅，而否定工作倫理價值觀的結果，更使我們的勞資關係趨於對立。姑不論大家對於外力參與作如何的看法，但勞工運動的泛政治化，實際上已使過去以和諧勞資關係為主要內涵的投資環境優勢呈現惡化，進一步阻礙投資的進行；不僅影響今年經濟成長目標的無法達成，更將影響今後整體經濟的發展，甚至造成經濟衰退，失業大幅增加，更引發社會問題；不僅勞資雙方勢將兩敗俱傷，而受害最烈者應是勞工自己了。

因此，我們建議，凡合法合理的勞工運動，不僅不應干預，應任其自行發展；但脫法失序的勞工運動，政府則必須依法嚴加處理，伸張公權力，遏止脫法行為，重振民眾對政府的信心。不過，不合時宜的法律必須立即修改，需要新立法的也要立即進行，一切運作應以法治為基礎。另方面亦應加強溝通，重建勞資倫理，塑造勞資合作的新關係，使勞資雙方無論在情誼與利益上都能打成一片，為我國經濟進一步發展共同努力。

（民國 78 年 2 月 4 日　《聯合報》二版）

3. 正視春節後勞力短缺的問題

春節過後，各業都或則恢復開工，或則展開新的工程，但是，都面臨勞力短缺的苦惱。據經濟部的調查，製造業中除少數產業外，大都呈現勞力不足二、三成左右。春節前經濟部長陳履安及經建會主委錢復，結伴巡視民間各工廠，即發現勞工短缺問題甚為嚴重，業者普遍建議開放引進外籍勞工，現在春節已過，此一問題實在不能不趕快解決。

引進外籍勞工，自然是救急之道，不過，亦有許多必須審慎考慮之處，例如：

——阻礙產業結構的調整，影響工業升級；

——阻礙工作環境的改善與工作條件的提高；

——目前人口密度已高，引進外籍勞力更加造成公共設施不足，居住環境惡化現象；

——由於外籍勞工與本地勞工待遇不同，易引起種族糾紛，政治外交問題，甚至被國際勞工組織，認為是歧視待遇，將遭該組織的譴責。根據美國去年 8 月通過的綜合貿易法案，將被認為罔顧勞工權益，作為超級 301 報復的藉口。

不過，勞力短缺的實際困難，如果不求解決之道，而只是一味的反對外籍勞力的引進，未免太過消極；時間繼續拖延下去，更將使勞動成本大幅上升，削弱競爭力，肇致經濟的衰退，則對整體經濟的不利影響，亦極為嚴重。我們深切了解，勞工的短缺與工資的大幅上升，雖是經濟發展過程中必然現象，也是促進經濟轉型與升級的好機會；但必須要有更積極的作法，而不是靠時間來解決問題的。我們建議有關當局，應即刻進行下列的積極作法：

一、積極推動自動化運動：過去在前經濟部趙耀東部長任內，成立自動化服務團推動的自動化運動極有成效；但在趙前部長調任後，自動化服務團歸併到中國生產力中心，由其自給自足後，工作意願大為降低。我們建議由政府支持其行政及服務費用，重行展開自動化運動；同時，中小企業信用保證基金，放寬對購置自動化設備貸款保證手續，及提高其保證比例，以加速中小企業自動化，降低對勞力需要的壓力。

二、鼓勵勞力密集產業到國外設廠：對無法自動化在國內已失去其比較利益的勞力密集產業，如其生產設備尚有利用價值，廢棄可惜，可鼓勵其將設備遷移到東南亞設廠。主管單位除提供充裕的資訊供其參考外，應指定中國輸出

入銀行給予遷廠國外費用的融資；並責成該行辦理對外投資風險之保險，比照輸出保險，開辦初期其虧損由政府支應。

三、加速產業結構的調整：為避免對外投資而造成國內產業空洞化，應協助對外投資廠商，在國內投資生產高級品或轉向技術密集產業投資。如支持工業技術研究院及中國生產力中心，協助該等對外投資業者進行自行設計、改善製造流程，自創名牌等；並指定交通銀行及中小企業銀行給予專案融資。尤其經濟部每年支持工業技術研究院經費達四、五十億元，不必好高騖遠，應針對現階段中小企業需要進行研究，待有成果後，迅即轉移民間投資生產，促使產業結構調整早日落實。

四、加強勞工的再訓練：不論是進行自動化廠商原有勞動力、或被淘汰、或遷廠到國外所遺留下來的勞動力，必須要經過再訓練後，才能適應新的工作。勞委會職業訓練局應主動與中國生產力中心合作，協助推動自動化廠商進行勞工在職再訓練工作；同時，對被淘汰或對外投資廠商遺留下的勞工，辦理專業的再訓練，以利其轉業，配合工業升級的需要。

為解決當前勞力短缺，並加速產業結構調整，主管當局除應採取以上積極作法外；同時，應擴大國內需要消除超額儲蓄及採取緊縮的金融政策，減少投機之風氣，使退出勞動力的年輕勞力，重新回到工作崗位，共同為國家經濟建設努力，並使人力資源得到有效利用。

（民國 78 年 2 月 9 日　《聯合報》二版）

4. 對修訂勞動基準法的看法

「勞動基準法」（簡稱勞基法）自民國 73 年 8 月實施四年多來，勞資雙方對該法均不滿意，勞資爭議不斷，尤其解嚴後的一年多來，勞資問題更是層出不窮，甚至影響到投資意願，不僅新的投資因對勞基法的疑懼而裹足不前；甚至勞基法引起的勞資糾紛，使原有的投資者也因不堪困擾，準備關廠撤資，使我國未來經濟發展蒙上一層陰影。行政院鑒於問題的嚴重，曾於去年中責成勞工委員會，廣徵各方意見加以修正後於去年底前報院。勞委會奉命後，曾以密集方式，邀請勞資雙方、學者及行政機關代表，舉行多次會議討論勞基法修正事宜。在討論過程中，雖若干問題已獲得共識，但若干關鍵問題仍有劇烈的爭議，資方代表甚至退出會議，不再參加討論。但勞委會由於限期緊迫，於是將各方不同意見併列，於今年元月底報行政院。這些未決問題，固然是勞委會在討論過程中未能說服雙方，但因牽涉勞資雙方得失關係至大，而且問題亦較

複雜，有待行政院在審議時，以公正超然的立場，高度的智慧，作政策性的抉擇。今天我們願就爭議較多未能獲得共識的五個關鍵性問題，提出我們的看法，以供行政院審議勞基法修正案之參考。

首先，就勞基法適用範圍而言，勞委會建議擴大其範圍，除公共行政及國防事業及其他經行政院核定之事業外，適用於各業，以廣泛照顧所有勞工。但學者認為勞基法實施四年多來問題甚多，在這許多問題未徹底解決前，應維持原規定範圍不予擴大。我們的基本看法是，勞基法應該規定勞動條件最低標準，使每一行業都能適應；事業內勞動條件無共同性者，則由勞資雙方之同意，在團體協約及勞動契約中規定。但我們的勞基法所涵蓋的範圍太廣，已超過基本條件，在現行規定中已有很多行業實施發生困難；目前未發生更大問題，一方面是員工工作多年已成習慣，另方面主管機關對哪些行業未照勞基法執行，亦未追究；但以後如嚴格執法，其困擾將更多。我們建議，在勞基法未作全面修訂，僅規定最基本的共同性的最低標準前，維持現條文規定範圍，不應擴大。

其次，關於勞工退休金溯及既往的問題。在勞基法母法中並無退休金溯及既往的規定，但施行細則第 28 條有此規定。此一規定實施以來，不知帶來多少困擾問題，訴之於法的也有多起。但勞委會認為茲事體大，不能碰及，因此，此次未予修正，留待日後再改。可是此一問題極為嚴重，勞委會此次修法行動避重就輕，逃避現實，問題仍不能解決。最近司法院法官研習會，曾就勞基法施行細則規定退休金追溯既往，提出討論，獲得兩點結論：一是以法理而言法律是不追溯既往；二是施行細則已超出母法授權範圍，應無效，必須修改。我們認為這許多法學權威研討獲得的共同結論，極可重視。除此兩點外，還有更重要的是，當時企業雖未列勞工退休金，但實已包括在薪資內，如現在要追溯，合理嗎？若是退休金未包括在薪資內，但企業已根據當時的薪資結算，申報營利事業所得稅，現在既然退休金要追溯既往，則過去所繳的稅款，亦應計算退休金準備的費用予以退還，否則亦不合理；假若稅款可以退還，但若追溯期間過長，各項繳稅資料早已過了保存期，如何追算等等複雜問題，企業與稅務機關間將有無窮的糾紛。故不論從法理或從實務面而言，退休金過去如有規定者，依其規定計算，否則，應依勞基法實施時開始，不應追溯既往。

第三、關於加班給付問題。根據現行法規定，例假及特別休假，工資應由雇主照給，雇主經徵得勞工同意休假日工作者，工資應加倍發給。但在此次修訂過程中，總工會建議改為三倍發給，而工業總會建議維持原規定加倍發給，

勞委會則折衷改為二倍半發給，但此一折衷並未能說服雙方，而將此三種不同建議併列甲、乙、丙三案報院。我們認為勞委會此一折衷建議，已失去勞基法應維持勞動條件之最低標準精神，原規定係參照其他國家先例，不必刻意創下新紀錄；若雇主願意多給，應在團體協約中規定，不應修改勞基法原規定。

第四、資遣費與失業保險問題。依現行勞基法雇主終止勞動契約，應發給勞工資遣費。但政府現正籌劃實施失業保險，一旦實施，則勞基法中之資遣費即應取消，衡諸世界各國實施失業保險國家，並無發給資遣費之規定，否則就加重雇主負擔。但在此次修改中，並未修訂，我們建議，應改為在實施失業保險制度前給予資遣費，亦即失業保險制度實施後，即不再發給資遣費。

第五、關於公務員兼具勞工身分者適用勞基法問題。主要是公營事業的員工兼具兩種身分，如按勞基法規定退休金，要較按公務員法令規定高出數倍，有同一事業中勞工按勞基法規定所領之退休金，高過副總經理按公務員法令所領退休金之不合理現象。但此次勞基法修訂，對此一問題雖併列甲、乙、丙、丁四案，破歷次修法紀錄，但仍未能提出有效解決方法，而此一問題牽涉太廣，似應委請專家深入研究後，提出可行方案，再予修訂。

總之，現行勞基法問題多多，如未考慮成熟，僅作部分修訂，又不能解決問題，可能是治絲益棼。我們建議行政院在審議修正案時，應把握勞基法應維持勞動條件最低標準之基本精神，交回勞委會做全面修訂，凡超過共同適用之最低標準者應予刪除。無論如何，勞基法亟應修正，行政院要把它當作重要法案處理，早日核定，以解除當前勞資雙方的困境。

（民國 78 年 3 月 18 日　《聯合報》二版）

十三、能源問題

1. 中日兩國因應石油危機對策之探討

自第二次石油危機發生以來，日本物價持續穩定，經濟保持適度成長，在各工業國家中為表現最優異者，為各國所稱讚。反觀我國近兩年來，經濟成長持續下降，物價大幅上升。今年第一季經濟情況與日本比較更為懸殊，我國物價居高不下，薑售物價較上年第一季上升 12.6％，消費者物價上升 19.6％，而日本兩者僅分別上升 4.1％與 6.5％；在出口金額方面我國僅增加 8.5％，而日本出口增加率高達 30％，兩者差異擴大之原因，經我們研究結果，與兩國所

採因應石油危機對策不同有關。其重要不同對策分析如下：

　　一、日本自第一次石油危機發生後，即積極採取節約能源措施，政府對業者用於節約能源投資，不僅給予優惠融資，更給予稅捐減免之獎勵；業者深深了解節約能源即降低成本，故近年來每年用於節約能源投資，占投資總額的比例不斷提高，所獲致效果極為顯著。在 1973 年日本進口原油 2 億 9000 萬公秉，至 1980 年降為 2 億 4500 萬公秉，減少 15.5%，而同時期國民生產毛額（GNP）實質增加 34%，亦即每生產一單位 GNP 所需進口的原油，1980 年較 1973 年下降 37%，此舉不僅緩和石油價格上漲對日本的壓力，更有利於出口競爭能力的增強與有助於物價的穩定。

　　我國自石油危機發生後，雖頒布能源節約措施，政府首長亦一再呼籲節約能源，但只是道德性的說服，並無強制性，能源管理法直到去年 8 月方公布，實施細則今年 2 月才通過；至於節約能源的獎勵措施，聞財經兩部最近在研擬「獎勵投資條例實施細則」時，尚在商議中。再加以能源價格的偏低，不能提高業者的警覺性，業者為節約能源所作的投資極為有限。因此，我國節約能源的效果無法與日本相比，1973 年進口石油 1,240 萬公秉，去年增加到 2,440 萬公秉，幾增加一倍，同期實質 GNP 增加 72.4%，亦即每生產一單位 GNP 所需進口的石油，七年來不僅未降低，還增加 14%，與日本之減少 37%，不可同日而語。

　　二、日本為因應石油危機的衝擊，對提高生產力的投資非常積極，在日本企業固定投資中，用於更新設備提高生產力投資所占的比例，自石油危機前的 25%，最近數年來提高至 50% 左右。使日本 1976～1980 的五年間，平均每年勞動生產力提高到 9.3%。另方面日本的工資增加率，由於勞工的體認石油危機的壓力，不再要求大幅提高工資，同時期平均每年僅增加 8.5%，較第一次石油危機前每年提高 15% 者大幅降低，也低於勞動生產力的增加率，使每單位產品勞動成本不僅未有上升，而且平均每年下降 0.7%，與美國與西德的勞動成本大幅上升比較，此對日本出口競爭力的提高與物價的維持穩定，極有貢獻。

　　我國在第一次石油危機後，雖政府一再勸導業者汰舊更新，推行自動化，但真正做到者極為少數，而且在景氣復甦後又不斷擴充，勞力不足相互挖角，致使第二次石油危機發生兩年來，製造業工資平均每年上升達 20%，而生產力增加率反自過去的 9% 以上，下降為 8% 以下，不及工資上升率的一半，使每單位產品勞動成本平均每年提高 12% 之鉅，不僅削弱了出口競爭能力，亦

為最近兩年來物價大幅上升的重要原因。

　　三、日本在 1973～75 年第一次石油危機期間，財政金融同採緊縮措施，待 1975 年物價漸趨穩定，改採擴張性政策，放寬財政與金融以刺激景氣復甦。待第二次石油危機後至目前，改採緊縮財政而放鬆金融政策，嚴格控制非緊迫性的公共投資支出，蓋政府對公營事業及公共建設投資，對促進生產力無直接幫助，且形成對物價上漲的壓力；而將剩餘的財政支出，透過擴張性的金融政策貸給企業從事更新設備投資，以提高其生產力，藉以達到穩定物價的目的。

　　我國在第一次石油危機後，財政支出方面，一直採取放寬的政策，金融方面先開始採取緊縮政策，待民國 64 年物價穩定，即改採放寬的金融政策，但第二次石油危機後，又改採緊縮政策；因此，第二次石油危機後，我們是收縮金融放寬財政，與日本所採政策背道而馳。最近兩年我國對公營事業及公共投資支出的大幅增加，雖對促進有效需要，支持當年經濟成長有幫助，但對提高生產力則無益；而且由於金融採取緊縮政策，使有限的資金增加貸給公營事業及公共投資，而削減了對民營生產事業的貸款，這對近兩年來民間投資意願低落，生產力增加率的下降，不無關聯。

　　以上我們就中日兩國因應石油危機所採對策及其效果，提出坦誠檢討，其目的在提供主管當局研擬突破當前困局對策之參考。

　　　　　　　　　　　　　（民國 70 年 5 月 21 日　　《經濟日報》二版）

2. 對第三度降低油價的主張

　　據中國石油公司表示，中油目前進口油價，每桶原油已降至 15 美元左右，扣除第一、二次降價後，預估中油全年尚可節省購油支出約新台幣 300 億元。經濟部經決定，於 4 月 15 日油國組織會後，立即宣佈第三度降低國內油價。初步擬定之降價原則，是全部反映進口成本，全面降價。但行政院長俞國華於上周四院會結束後，曾召集財經部會首長舉行午餐會報，討論結果卻認為目前中油盈餘能力雖佳，但基於國家整體利益，油價不宜足額反映，應保留相當數額作日後因應，或供其他用途。國內油價經過兩次降低後，第三度將於油國組織會後降低，原則上，我們完全贊同；但如不作足額反映，其保留部分的用途，我們則不贊同直接繳交國庫，我們建議作更迫切有效的運用。首先，我們主張第三度降低油價，應作選擇性的降價。一般產品價格，是以單位生產成本加合理利潤為訂價之基本原則；但能源產品的生產與使用，會產生外部不經

濟，如公害及交通擁擠等問題，要整個社會來承受，顯然不公平。再就過去我國採取低油價結果的經驗分析，在石油危機以來的首十年間（1974～83），日本能源生產力提高 50%，西德提高 37%，美國亦提高 29%，而我國能源生產力十年來不僅未提高，反下降了 6%。因此，我國能源生產力與工業國家比較，愈形落後，不及日本的 40%。因而第三度降低油價，應以用於生產性的油品為優先，消費性油品少降，此次甚至不降，以價制量，緩和公害問題的蔓延與交通壅塞問題的嚴重性。

至於保留部分的油款用途，我們作如下之建議：

一、用於設置「工業技術研究發展基金」，每年撥給新台幣 30 億元，希望在國際油價回漲前撥足新台幣 100 億元，專用於工業技術研究發展之用，促使工業技術水準的全面提高，尤著重能源節約及能源效率提高的研究與開發。

二、用於支應廢除落伍的稅目，使稅制合理化，減輕人民稅負：

1. 廢除屠宰稅。此稅不僅落伍，增加人民負擔，而且阻礙現代化肉品運銷及豬皮利用，甚至私宰逃稅之風盛行，破壞國民納稅風氣，亦易招致官商勾結違法情事，早應廢除，但因係地方稅收每年將損失新台幣三十餘億元。可乘此有利時機，利用油價下跌保留部分支應地方政府，廢除屠宰稅。

2. 廢除契稅。契稅收入中最主要為房屋買賣契稅，由於其稅率高達 7.5%，增加購屋者的負擔。同時，由於負擔重影響房屋買賣，更加重了當前經濟不景氣的嚴重性。契稅的廢除不僅減輕人民負擔，有助於房地產需要，促進景氣的復甦，亦有利於舊屋之換手，提高人民生活水準。雖然該項稅收每年有五十餘億元，但如廢除後，因房屋交易活絡，所產生之營業稅、印花稅、土地增值稅及營利事業所得稅，亦為數可觀，淨損失稅收不過二十餘億元，可以該保留款支應。

三、充實「中小企業信用保證基金」，國內中小企業不論從廠商家數、僱用員工人數及出口金額，在整體企業中占有極高之比重，而目前遭遇最大困難之一，即為無法獲得銀行融資。雖然政府早已設立「中小企業信用保證基金」，以解決中小企業融資信用保證之困難，但因該基金金額不足，主持人的保守，而未能發揮應有之功效。如能利用該項保留款，每年撥給新台幣 10 億元，按 15 倍保證，每年即可增加 150 億元保證，對解決中小企業困難，將大有助益。

以上建議如能採納，不僅不會影響我國產品出口競爭力，而且使多年詬病的問題獲得解決，緩和公害的蔓延、交通壅塞問題，並可提高工業技術水準，

加速產業調整與工業升級。

（民國 75 年 4 月 8 日　《聯合報》二版）

3. 第四度調整油價的省思

繼本（4）月 26 日第三度油價降低後，經濟部又宣佈自本（30）日起，油價作本年第四度的降低。本次降低幅度遠較上次為大，計汽油每公升降 2 元，柴油、煤油每公升各降 1 元，一般燃料油每公秉降 400 元，低硫燃料油每公秉降 500 元，一般鍋爐用油每公秉降 580 元，低硫鍋爐用油每公秉降 650 元，液化石油氣每公斤降 1 元，天然氣每立方公尺降 0.5 元（詳見本日新聞欄）。在一星期之內油價作兩次降低，主要由於第三度油價降低時，汽油降低太少，未能顧及消費者的利益；就整體而言，反映亦太少，保留的太多，而且保留款項中，除缺乏具體明確的計畫外，更將彌補財政短絀，列為保留款項用途之一，乃致輿論譁然，不為大眾所滿意；政府有鑒於這種不良反應，因而重新評估油價政策，乃有這次第四度油價調整之舉。

根據第四度油價調整幅度，中油公司一年將減少收入新台幣 134 億元估算，每桶原油降價 3 美元，即反映基準，自第三度調整時的 18 美元，降為 15 美元，與中油公司目前進口成本 13 美元比較，僅保留 2 美元，兩次調整共反映了 74%；較一般預期的反映基準 16 美元，還低了 1 美元；如與第二度油價調整基準 20.7 美元比較，每桶降低了 5.7 美元，降幅高達 27.5%，已作了充分反映，應為各方所樂聞，亦顯示政府重視民意與輿論之又一明證。

在不到一周內國內油價作兩度調整，這是過去所罕見，我們不願對第三度調整措施的得失再作檢討，不過，比較的說，兩次油價調整的不同意義，則可作分析如下：

首先，第三度油價調整時的基本政策，在厲行節約能源，尤其大家所指摘的汽油價格每公升僅降低 1 元，而為各種油品價格降幅最低僅 4.5%，其目的在以價制量，達到節約能源之目的。而第四度油價調整的基本政策，在照顧消費大眾利益，將汽油價格每公升再降低 2 元，降幅自 4.5% 提高到 14%（即第四度較第三度降低前之油價降低幅度），降幅提高兩倍以上。

第二、第三度油價調整之另一政策，是以提高能源效率，加速產業結構改善為主，而以兼顧對外貿易競爭能力為輔。第四度降價政策，是以降低工商成本，提高對外貿易競爭能力為主，以加速目前景氣的復甦。

第三、第三度調整油價幅度較小，其目的在保持中油超額盈餘，作為因應

國際原油價格反彈之準備；而第四度油價大幅降低，是在實踐「隨時反映成本」之諾言，使國內油價與國際油價同步起落。

由以上客觀的比較，顯示兩次油價調整基本政策考慮的範圍與層次，有顯著的不同：

1. 第三度調整油價著重長期，謀求未來長期的經濟發展；而第四度油價調整，在把握短期利益，謀求景氣的快速復甦。

2. 第三度油價調整著重經濟與財政層面；而第四度油價調整是以社會面與政治面為主。

經此分析，可見兩次油價調整政策，只是涵蓋的期間與層次有別而已。據傳經建會主任委員趙耀東，因第三度油價調整係經經建會審議所作的修正，與第四度油價的調整不合，因而有辭職以表示對政策負責之意。但我們不以為然，經建會是行政院的經濟幕僚參謀本部，其考慮層次，應限於經濟層面；至於社會層面、政治層面，那是行政院或最高當局需要考慮的，而非經建會職責，雖然經建會對第三度油價的調整奉命於倉促之間，未盡溝通的功能，缺乏對油價政策的說服力，但主任委員殊不必因此辭職。持平而論，在第三度調整油價問題，雖然，趙主委或失之於偏執，而其公忠負責，則為社會大眾所共認。

再就另方面分析，最近兩次油價的調整，表現了政府政策的高度適應能力，殊為可喜。不過就長期經濟而言，如何降低能源負擔，加速產業結構調整，使我國能迅速成為經濟現代化國家，尚需要負責經濟設計的經建會迅速提出有效的配合措施，再度為我國經濟建設開拓新境。

（民國 75 年 4 月 30 日　《經濟日報》二版）

4. 實施時間電價重建台電的新形象

行政院經建會，於日前委員會議通過台電公司在現行電價之下，增訂「時間電價」，即低壓電力採尖峰及離峰兩段電價；高壓及特高壓電力，採尖峰、半尖峰及離峰三段電價。低壓電力兩段電價比值是一與二之比，如離峰電價每度一元，尖峰是二元；高壓電力三段電價比值是一比二比三，即離峰電價每度如為一元，半尖峰為二元，尖峰為三元。

所謂「時間電價」，即按用電時間的不同，訂定不同的電價，如台電公司此次所訂低壓電力兩段時間，是每日上午 7 時 30 分起，至下午 10 時 30 分止之 15 小時，用電最多稱為「尖峰時間」；每日下午 10 時 30 分後至第二日上

午 7 時 30 分前之 9 小時，用電較少稱為「離峰時間」。高壓電力三段電價，「離峰時間」與低壓相同，惟「尖峰時間」是指每年夏天 6 至 9 月之上午 10 時至 12 時，下午 1 時至 5 時，計 6 小時；離峰及尖峰以外之時間為「半尖峰時間」。「時間電價」在國外已實施多年，主要原因為電力公司為因應尖峰電力需要，要投下大量資金，但在離峰時間因需電較少，此部分電廠無需發電，等於閒置，使鉅額投資之設備未能有效利用；另方面電力公司為供應此部分尖峰電力需要，投資增加使邊際成本提高，如按平均成本加利潤訂電價，使平均電價提高，則在離峰時之用電即付較原始成本較高電費，尖峰時用電所付之電費，即較原始成本為低，亦即以離峰時用電來補貼尖峰時用電，造成負擔不公平。因此，在國外為使不同時間用電負擔公平合理，及使投資設備能獲得充分有效利用，早已實施「時間電價」。但我國台電公司是獨占事業，電價是按成本加利潤訂定，雖然在離峰時間，有大量閒置設備，也不影響台電公司的盈餘，故過去台電公司為因應不斷增加的電力需要，只知道投資興建發電廠，從事硬體的建設，未了解在軟體方面，如彈性訂定電價，調整需要電力時間，不需要大量投資，亦可滿足增加的電力需要。因此，我國尖峰電力需要與離峰需要相距甚大，而且在不斷擴大中。例如在十年前的民國 65 年，尖峰負載是 430 萬瓩，而年平均負載只 306 萬瓩，前者較後者大了 41%；可是今年 1 至 8 月，尖峰負載提高至 990 萬瓩，較平均負載之 665 萬瓩，高出 49%，計 325 萬瓩之多；如以設備利用率 80% 計，則目前尖峰與平均負載相差 400 萬瓩之鉅，等於兩個核能電廠的設備能量，如以核四廠的估計投資額計，高達新台幣 3,000 億元以上。就國家整體而言，這樣鉅大投資，只每年 6～9 月每天六小時供電，資源之浪費極為嚴重。

雖然，台電公司在民國六十八年即訂定二段式的「時間電價」，但因怕影響盈餘，尖離峰差價不大，無法產生誘因，故效果不彰，才使尖峰負載與平均負載間差距擴大；此次能擴大差價，而且實施三段制，可說是一大突破。實施「時間電價」，究竟有什麼好處，茲分析如下：

一、就用電者而言，由於尖峰、半尖峰及離峰電價間的差距擴大，可使用電者根據自己的利益需要，調整用電時間，降低高價時用電量，轉移至低價時用電，可節省用電支出。據台電公司估計，一年用電者可減少 2 億 3000 萬元負擔。

二、就台電公司而言，由於此次實施「時間電價」，估計每年可減緩尖峰負載 10 萬瓩，五年內減緩 50 萬瓩，如以目前火力發電廠建廠費用估計，可減

少投資 250 億元之鉅。同時，使尖峰與平均負載差距縮小，即電力設備利用率提高，使資源獲得有效利用。

三、就整體國家而言，不僅可將節省的電力之投資，轉用於其他方面之投資，更因電力是需要大量投資的產業，其邊際資本產出率極高，在一般製造業每投資 2.5 元或 3 元，可產出 1 元所得，而電力要投資 8 元或 10 元以上，才能產生所得。現在由於實施「時間電價」，調整需要，不需投資即可增加供電滿足增加之需要，可將節省的電力投資資金，用於製造業或其他方面的投資，使全國平均邊際資本產出率降低，即提高資本的利用效率，可加速經濟成長。

根據以上簡單的分析，此次台電公司突破保守的作法，而加強擴大實施「時間電價」，是利人利己的行為，一舉三得，將可重建台電的新形象。

（民國 75 年 9 月 27 日　《經濟日報》二版）

第三章

民國 80 年代
（1991-2000）

壹、民國 80 年代大事紀要

一、推動國家建設六年計畫
　　甲、遭到各方嚴厲批評
　　乙、進行期中檢討大幅修訂

二、建設「台灣成為亞太營運中心」
　　甲、建議將「建設台灣成為亞太營運中心」作為「振興經濟方案」追
　　　　求之目標
　　乙、「亞太營運中心」建立是開創中國人世紀的契機
　　丙、「戒急用忍」政策致使「亞太營運中心」計畫胎死腹中

三、積極規劃加入 GATT／WTO

四、高科技產業時代的來臨

五、積極推動自由化與民營化及遭遇的阻力
　　甲、落實自由化何其難
　　乙、民營化的四大阻力
　　丙、落實民營化遭財團操控
　　丁、突破電信自由化的障礙——通過電信三法

六、「台獨條款」對我經濟的影響

七、實施週休二日制

八、爆發亞洲金融危機及其影響

九、歐元問世

一、推動國家建設六年計畫

多年來由於公共建設投資，趕不上經濟快速成長的需要與生活水準的提高，已造成交通壅塞、生活環境惡化的現象。故政府於民國 80 年初，以提高生活品質，將台灣建設成現代化為前提的「國家建設六年計畫」（簡稱六年國建計劃）迅速獲得社會的肯定。

當經建會於民國 80 年 1 月初，將六年國建計劃提報行政院院會討論時，一反過去常態，與會官員發言踴躍，批評不斷，尤其財政部長發言指責公共投資過於龐大，非政府財政能力所能負擔，該計畫若要真正執行，將會拖垮政府財政。最後行政院長郝柏村宣布，以兩個月時間徵求各方意見後，再予提會核定。

在過去如此重大計畫，主辦單位的經建會及其前身，在研擬計畫時，不斷的與主管部門溝通協商，在草稿完成提報經建會委員會議討論時，與會的財經部會首長，還有發言溝通的機會，故在提報行政院院會時，與會的財經部會首長很少再發言，即使發言也是支持經建會所提計畫。而該次院會中，討論六年國建計劃與會首長發言踴躍，且批評居多，顯見經建會研擬該計畫時，不能說沒有與各主管部會協商溝通，即是有也很少。

當行政院將六年國建計劃草案內容公諸於世後，本人隨即撰寫社論指出，擴大公共投資推動「國家建設六年計畫」，基本上是肯定的，但對計畫內容龐雜，缺乏重點，所需投資過大，卻提出批評，某些經濟研究智庫，鑒於郝院長在院會中宣布於兩個月時間廣泛徵求各方意見，即開始進行對六年國建計劃評估工作，建立計量模型深入探討，以便將所獲結果，提供行政院或經建會修訂時之參考。但沒想到距郝院長宣布尚不到一個月的 80 年 1 月 31 日院會將該計畫 8 兆 5 千億元投資減少 3 千億元為 8 兆 2 千億元後即通過，大家未能及時建言，而深感遺憾與失望。

甲、遭到各方嚴厲批評

自行政院院會核准「國家建設六年計畫」後，各方不同意見紛至沓來，包括本人所撰寫之多篇社論，歸納如下四點：

1. 過於龐雜：過去經建會及其前身的經合會等，在研擬四年或六年經建計畫時，除總體部門係經建會研擬外，其部門個別計畫，都是由經建會各部門專家與各機構主辦人員及重要公民營企業負責人，長期連繫，規劃、研提，並經

可行性評估其可行，才提報經建會。經建會再與各主管部會研商評估其可行性、必要性及在財務能力負擔範圍內才納入計畫，都經過一定的審核程序（SOP）。而該「國家建設六年計畫」之編擬，係經建會主任委員親自主導，由於時間迫切，她以經建會名義發函各機構，提報今後六年內，正在進行中之建設計畫、研擬中的建設計畫，提報經建會，並申明未列入「國家建設六年計畫」中之項目，今後六年內不得申請預算。因此，各機構除將正在建行及研擬中的建設計畫外，甚至把想像中要進行的計畫一併提報，因而大小計畫高達775 項，絕大部分未經過可行性評估，亦未與主管機構協商溝通，一併納入計畫中，才有院會中有關部會首長發言批評踴躍的發生。

2. 所需公共投資過於龐大：六年國建計劃所需投資高達 8 兆 5 千億元，雖經行政院核減 3 千億元，仍有 8 兆 2 千億元之多。除公營事業投資 2 兆 2 千億元外，所餘 6 兆元，均需發行公債來支應。因而財政部即曾指出，6 兆元公債即使能銷出，每年還本付息之巨大，亦非國家預算所能承擔。學者亦指出：如六年內發行 6 兆元公債，七年到期還本，則第六年公債餘額占 GNP 的比率，不是經建會計算的 25％，而是 78％，這較當時美國公債餘額占 GNP 的44％，日本的 60％，高出很多，債負相當沉重。

3. 所需投資內容遭到質疑：一般建設所需之投資包括購置土地、機器設備、運輸工具、建築工程、房屋及經常性支出，但納入總體計算國民（內）生產毛額，計算經濟成長率時，所謂的「固定資本形成」，因土地並非增加，只能算做移轉支出，而經常性支出是消費性支出，均應剔除不能列入固定資本形成（即固定投資）。因經建會表示原則 8 兆 5 千億元，尚包括購置土地、全民健康保險、農保、勞保及文教部門的支出。而且預算法規定經常性支出，不得以發行公債支應，該計畫所列經常性支出要發行公債支應，有違法之虞。

4. 人力不足、土地難求：據經建會當年所作未來 10 年人力供需推估，大學及以上程度的工程技術人力，不考慮出國人數，每年只供應需要的 70％，其中電機、電子及土木建築等系，僅能供應 50～53％，顯示人力不足問題之嚴重。

土地取得在金錢遊戲後，不僅價格高漲取得已很困難，當六年國建推出，一下子需要土地取得更加困難可想而知。有人建議訂定「土地徵收條款」，但在立法效率不彰，民意高漲時代，要想立法通過該條款更是難上加難。

乙、進行期中檢討大幅修訂

民國 82 年初李登輝總統提名連戰接任行政院長，在立法院審查行政院長資格時，面對立委對「國家建設六年計畫」的質疑，認為問題嚴重，承諾就任後將進行全面檢討。於是連院長上任後，即更換經建會主任委員，由蕭萬長接任，指示其就六年國建計畫進行期中檢討，並提出改進建議及研訂「振興經濟方案」。

蕭萬長接奉指示後，即動員經建會主要人員與有關部會共同商討修訂後，於 82 年 7 月 3 日召開記者會，正式公布「六年國建計畫」修訂要點：

1. 經更精確評估後，總計畫項數自 775 項，刪減或合併 141 項後，改為 634 項。

2. 調整後的總經費自 8 兆 2 千億元，縮減為 6 兆 4 千億元，計刪減 1 兆 8 千億元。前 3 年共編列 2 兆 1 千億元預算，未來 3 年需 4 兆 3 千億元，但資金供給面只有 3 兆 9 千億元，不足 4 千億元計畫，將獎勵民間參與公共投資，如有不足，或將再刪除。

3. 未來 3 年公債發行餘額占 GNP 比率，為顧及財政健全，以不超過 40% 為上項。

六年國建計畫雖經中期檢討大幅下修，但本人於 82 年 7 月 9 日撰寫〈對國建六年計畫期中檢討的質疑〉社論指出，修正案本身不僅先後矛盾且問題仍然多多，以民國 84 年審計部提出，「83 年度中央政府決算審核報告」，嚴詞抨擊六年國建計畫大而無當為例。審計部在該報告中指出：該計畫一再變更顯示政策形成的過程、計畫內容、可行性評估及財務規劃等，皆未周延妥適；而多項重要建設計畫執行嚴重落後，相關法令規章未能及時配合建立，也暴露政府推行相關軟體法令規劃，協調作業能力及行政效率，都有待加強。這是我們自民國 42 年實施經濟建設計畫，40 年來，政府部門最坦率、最嚴厲的批評，顯見六年國建計畫問題之嚴重。

二、建設「台灣成為亞太營運中心」

民國 82 年 2 月連戰接任行政院院長後，即指示經建會新任主任委員蕭萬長，對六年國建計畫進行期中檢討，並責成蕭主委研提「振興經濟方案」。

蕭主委接奉院長指示後，即動員該會同仁積極進行六年國建計畫的期中檢

討，已如上述？同時會同有關部會研擬「振興經濟方案」，於 82 年 5 月初完成初步架構。以「加速產業升級」為追求的主要目標，決定從土地、技術、人力、資訊、兩岸經貿及政府部門等方面，採取具體可行措施，排除各項障礙，以提升民間投資意願，提高生產力，達到產業升級的目的。

甲、建議將「建設台灣成為亞太營運中心」作為「振興經濟方案」追求之目標

蕭萬長接長經建會後，即要聘請萬安回經建會擔任顧問，但當時萬安正在大陸訪問，直至 5 月初返台才正式接任經建會顧問。第一項任務即是對經建會所研提之「振興經濟方案」初稿提供具體意見。萬安經悉心研究該會所提方案初稿，並衡酌當時國內外經濟情勢及未來 20 年國內外經濟發展大勢，尤其重視大陸改革開放後所產生的潛力，有如台灣自 50 年至 80 年間蓬勃發展的可能性，對台灣今後經濟發展將是大好的機遇。

在此構思下，認為該方案初稿重點，在排除各項困難，改善投資環境，提升民間投資意願，提高生產力，此在一般情況下應屬正確，不過在當時僅以「加速產業升級」為最高追求目標，似有商榷之餘地。萬安遂在蕭萬長主委召開討論該方案初稿的會議中，發言提出下列兩點看法：

1. 台灣經濟轉變到現階段，已面臨新的轉捩點，「促進產業升級」是長期努力過程，缺乏階段性新意。而且 21 世紀即將到來，要使台灣在世界經濟舞台創造出一個新的局面，單單「促進產業升級」的目標似嫌不足；需要一個更高層次、更大格局，更具前瞻性的具體目標來凝聚國人共識，激勵發展潛力。

2. 過去三任行政院長在上任時，均在經濟方面提出重大施政目標，如俞國華院長提出「自由化、國際化、制度化」為經濟發展施政的基本方向；李煥院長提出「加速公營事業民營化」政策，以及郝柏村院長提出的「國家建設六年計畫」等。照理「國家建設六年計畫」才執行兩年多，本應以此為連院施政重點，但因該計畫「大而無當」，投資過於龐大，有危及政府財政的健全，各方面多質疑，行政院已交代經建會辦理期中檢討，其規模的大幅縮減在所難免，似已失去列為政府施政重點的意義。因此，新內閣必須要有一個更高層次的目標，作為經濟方面的施政重點。

於是萬安正式向蕭主委提出將「建設台灣成為亞太營運中心」，作為「振興經濟方案」的最高追求目標。並提出建設「台灣成為亞太營運中心」的四點基本構想後，與會同仁紛紛發言討論，雖不同意見比較多，蕭主委當場說：

「是否要將『台灣建設成為亞太營運中心』列入『振興經濟方案』關係重大，我需要多點時間思考，今天暫不作決定。散會。」兩天後蕭主委對我說，他已決定將「建設台灣為亞太營運中心」列為「振興經濟方案」的中長期追求目標。我答稱「建設台灣成為亞太營運中心」，本來就需要一、二十年時間，作為「中長期」目標是正確做法（詳見《銀行家月刊》，2012 年 7 月號，題為「經濟建設老兵的回響」，副標題為「亞太營運中心」成為國家建設計畫目標的決策背景）。

當經建會將「建設台灣成為亞太營運中心」納入「振興經濟方案」修訂後呈報行政院，於民國 82 年 7 月 1 日核定公布實施。沒想到連戰院長在「振興經濟方案」經院會通過後指示：「建設台灣成為亞太營運中心」，雖列為中長期追求目標，但事居跨世紀重大工程，應立即開始進行規劃，行政院為此將成立專案小組推動，並由院長親自擔任召集人」，可見行政院對該案之重視。同時指定經建會為推動「亞太營運中心」計畫的幕僚單位，積極展開規劃工作。

經建會在奉到行政院指示後，隨即成立專案小組負責規劃。經建會專案小組為規劃工作更周延，特聘請國際知名的麥肯錫顧問公司參與合作，並與有關部會協調，完成「發展台灣成為亞太營運中心計畫」初稿，報行政院於 84 年 1 月 5 日院會核定通過，全力推動。當該計畫公布後，獲得各方讚譽，學術界與企業都認為是政府難得提出的極具前瞻性計畫。

萬安當時認為自民國 73 年俞國華宣布「自由化、國際化、制度化」為經濟施政的基本方向，76 年下半年開始加速自動化的落實，不僅為加入 GATT/WTO 創備了有利條件，而且由於爭取加入 GATT/WTO，更加緊推動自由化的步伐，朝向高度自由開放的經濟體系邁進。同時台灣經濟結構也正朝向高附加價值及專業性服務業方向轉變。此時推動「發展台灣成為亞太營運計畫」，應是最佳時機。因此，在該計畫公布後，本人即撰寫多篇社論闡釋其重要性，建議加速進行，爭取時間，並調整大陸政策與改善兩岸關係相配合。在各有關機構共同努力下，在不到一年的時間內即有二十多家跨國企業來台與當地企業合作成立策略聯盟，規劃在兩岸直航後，進軍大陸，以台灣作為投資大陸的據點，以大陸為腹地充分發揮兩岸優勢互補，其產品銷售全世界。

乙、「亞太營運中心」建立是開創中國人世紀的契機

民國 85 年，即 1996 年 4 月西安交通大學為慶祝該校成立一百周年，與台灣「遠見雜誌」合作，共同舉力，「九六西安、海峽兩岸優勢互補共同發展經

濟」研討會，萬安應「遠見雜誌」創辦人高希均之邀請，參與該研討會並提出專題報告。

萬安鑒於該研討會討論重點是兩岸優勢互補，就想到把「台灣建設成為亞太營運中心」，就是要兩岸優勢互補。於是我將專題報告題目定為「建設台灣成為亞太營運中心，是創造中國人世紀的契機」（該報告後刊載於台灣銀行《台灣經濟金融》月刊第 32 卷第 6 期，1996 年 6 月 20 日）。萬安在研討會中，特別強調兩點：

1. 兩岸優勢互補，「亞太營運中心」是以台灣為據點，以大陸為腹地，充分發揮台灣在資本、技術、行銷、地理區位及與跨國企業合作的豐富經驗等優勢，以及大陸充分且低廉的勞力與廣大的土地，兩方充分合作，在大陸設廠，創造大量就業機會，促進經濟快速成長，提高人民生活水準。

2. 該中心在大陸生產的產品將全部外銷，可打破世界無敵手。不僅創造兩岸雙贏，參與的跨國企業與全世界購買中國產品的消費者都受益。

「亞太營運中心」順利推動，不僅台灣經濟可更上一層樓，大陸如將兩岸這方面的合作融入「九五計畫」與「2010 遠景大鋼」中，共同推動，大陸獲益將遠大於台灣。

並說明，跟據台灣過去 40 年發展經驗，「亞太營運中心」如能順利進行，未來 15 年內到 2010 年，台灣 GDP 可增加 8,000 億美元，大陸可增加 4 兆美元；可使大陸 GDP 是台灣 GDP 的倍數倍增，每人 GDP 的差距大為縮小。

大陸 1995（民國 84 年）的 GDP 約有 7,000 億美元，與美國比較不到美國 GDP 的 10%，到 2010 年，此一比例可提高 30%以上。大陸經濟如繼續順利發展，再 15 年後，即 2030 年大陸 GDP 即可趕上美國。中國人世紀即將到來。

我報告後雖沒有討論時間，但休息時，西安交大師生都圍過來，對我質疑中國這樣貧窮落後，30 年後怎可能成為中國人世紀呢？尤其對未來 15 年大陸 GDP 增加 4 兆美元，1995 年才 7,000 多億美元，認為不可思議。

我向他們說明，這是我跟據亞洲四小龍，尤其台灣我親自參加台灣經濟計畫的設計，推動及經濟政策研究，40 年經驗所作的推估，只要大陸陸續大幅改革開放，把潛在的潛力大幅釋放出來。我相信我的估測不會太離譜。看他們神色還是不敢相信。

會後我去北京，當時大陸國台辦副主任唐樹備邀請我餐敘，他提起台灣若

真的成為「亞太營運中心」，台商會不會不來大陸投資，令他憂心。我即向他說明，將「建設台灣成為亞太營運中心」納入「振興經濟方案」，是接受我的建議，其基本關鍵就是兩岸緊密合作，鼓勵台商與跨國企業策略聯盟，共同到大陸投資，創造多贏，而且大陸受益將遠大於台灣，並將在西安交大報告估計的數據向他說明。

唐樹備聽後同樣對未來 15 年大陸 GDP 增加 4 兆美元質疑，他說去（1995）年大陸 GDP 才 7,000 多億美元，15 年增加 4 兆美元，相當增加 6 倍。可是 1980 年大陸擬定長期計畫時，20 年 GDP 翻兩番才增加 3 倍，可是你估計的數字，真的有可能嗎？

我仔細向他解釋。大陸當時估計 20 年翻兩番，是按不變價格（即台灣所稱的固定價格）計算，而我是按當年幣值，且按美元計算，這包括未來 15 年物價上漲及人民幣升值因素，並強調未來只要兩岸經貿能密切合作，我的估計不會離實際太遠。他進一步指出，我們現在正是討論人民幣貶值問題，未來人民幣有升值的可能嗎？更加深了他的不解。

我繼續解釋，大陸目前大家談人民幣貶值，但大量台商會同跨國企業來大陸投資後，其產品幾乎全部外銷，屆時大陸對外貿易出超迅速擴大，人民幣即轉為要升值了。如人民銀行想盡辦法不讓人民幣升值，那時國際間熱錢就會大量流入，人民幣升值壓力更大，很難抵擋。所以我相信，我的估測不會太離譜。唐樹備看我信心十足，他只好半信半疑的說，希望真能如此。

結果，2009 年大陸 GDP 即達到 4.9 兆美元，比我 1996 年時的估計提前一年達成。我相信當年不僅大陸智庫，甚至先進國家的智庫，都沒有人敢對大陸未來經濟作如此大膽的估測，我可能是「唯一」作此大膽的估測者。

丙、「戒急用忍」政策致使「亞太營運中心」計畫胎死腹中

不幸是，這樣各方都認為是極具前瞻性的計畫，至民國 85 年 11 月台灣不僅沒有開放兩岸直航，而且李登輝前總統更祭出「戒急用忍」政策，並指示經濟部訂定一套嚴格限制兩岸經貿往來的措施，「發展台灣成為亞太營運中心計畫」，因而胎死腹中。接下來政權第一次輪替，新政府採取鎖國政策更使兩岸關係遲滯不前。

不過，兩岸經貿往來雖受政府強力打壓，但我在社論指出大陸的改革開放，以它的優勢，全力吸引外資，不是任何人為力量所能阻擋的。台商採取迂迴做法，透過第三地，如維京群島、香港、新加坡、甚至美國，輾轉到大陸投

資，至 2009 年台商在大陸的投資估計超過 3,000 億美元，成為大陸外資第一投資來源，對大陸過去 30 年的快速經濟成長，就業大幅增加，人民所得的提高及生活的改善，作出極大貢獻。而台灣失去此極大的有利機會，再加政黨的惡鬥、內耗，導致台灣經濟淪為低度成長，至民國 99 年即 2010 年的 15 年間，台灣 GDP 僅增加 1,670 億美元，是我 85 年估計增 8,000 億美元的五分之一。可見錯誤的政策，比貪汙對國家及人民傷害更嚴重。

三、積極規劃加入 GATT／WTO

關稅暨貿易總協定（GATT）係 1947 年（民國 36 年）設立，中華民國為創始國。迨至民國 38 年中央政府遷台，無法有效管轄大陸地區關稅領域，遂於 39 年（1950）退出。當時因台灣光復不久，對外貿易尚未成為氣候，退出 GATT 並沒有太大影響。不過自民國 40 年代後半經貿政策上，自進口替代改為出口導向政策後，並採取積極的鼓勵出口措施，使對外貿易蓬勃發展，至民國 70 年代開始對外貿易總額高占 GDP 的 70%以上，有時更高達 90%。便深深感受到不是 GATT 會員國不僅不能享受到出口對象國家的最惠國待遇，在發生貿易爭執時，也無法運用 GATT 爭端解決機制，化解問題。於是各方咸認為重新加入 GATT 有其必要。

我也於 81 年 10 月 2 日撰寫〈加入關貿總協的深層意義〉社論鼓吹加入 GATT 的重要性，並指出民國 70 年代後半期經濟自由化的落實執行，已為爭取加入 GATT 奠定良好的基礎，並強調加入 GATT 後，我國可能獲得的利益，以激勵主辦單位早作好準備，在雙邊及多邊諮商時，爭取有利條件，並承諾入會後，一定會遵照 GATT 規範落實執行，則入會的可能性將大可提升。

不過大陸中共也在積極爭取加入 GATT，且極力排斥我不得在中共入會前先入會。由於政治的滲入更使問題複雜化。因此，我寫社論分析 GATT 對新入盟員的規範，依 GATT 的規定，除原始簽署國外，有意加盟者可依 GATT 第 26 條或第 33 條規定，成為 GATT 成員。

按 GATT 第 26 條規定，係適用於原為盟員殖民地的新獨立國家，得於其原宗主國之贊同聲明下，成為 GATT 盟員。此即大陸中央一再堅持之主張，待其入盟後，將我列為其下之地區，贊助我入盟，將我降為其地方政府，我們當然不能接受。

依 GATT 第 33 條規定，申請加入 GATT 之程序，須先向 GATT 秘書處，

提出「加盟意願函」以及「對外貿易體系備忘錄」，倘經 GATT 理事會以共識決接受申請，則由 GATT 有興趣之盟員組成「工作小組」，負責審核申請之「對外貿易體系備忘錄」，並與申請者談判，決定是否建議「盟員整體」同意申請者加入 GATT。另方面申請者須與個別盟員進行減讓關稅及非關稅措施之雙邊談判，倘三分之二以上盟員認可理事會建議之「加盟議定書草案」，並與申請者完成談判，則申請者可與「盟員整體」簽署「加盟議定書」，正式成為 GATT 盟員。由此可知依 GATT 第 33 條規定加盟須經過三關，若大陸中央先我加入，如我們不接受其贊助依 GATT 第 26 條加盟，中共必將參加工作小組，就是不阻撓，我方官員是否同意與其直接談判？何況以大陸人口之多，及中共在國際上之強勢作為；進入 GATT 理事會並非不可能。一旦其成為理事之一，要想理事會接受我國申請獲得共識決，除我同意依第 26 條加盟，否則是不能的事。

　　因此，我寫社論建議政府各有關部門，並動員民間企業力量，趁各國對我經濟蓬勃發展及積極推動自由化之肯定與重視之際，應展開全面攻勢及遊說 GATT 秘書處及各盟員國支持我國盡早先中共入盟，最低限度也要與中共同時加入 GATT。

　　由於各部門的通力合作，努力爭取，獲得 GATT 書面申明，同意我國依 GATT 第 33 條規定入會。因此，我可自行申請，GATT 也會成立獨立的入會審查工作小組，審查我所提「貿易體制備忘錄」及與其他締約國舉行雙邊談判。結果有 26 個盟員國要與我國進行必要雙邊諮商，其間 1995 年（民國 84 年）1 月 1 日 GATT 改組成立世界貿易組織（簡稱 WTO），對我與締約國雙邊諮商不受影響，但入會進度，因國際間對於台海兩岸同時加入 WTO 的默契，在中共入會案未能順利進展的情下，連帶使我入會案拖延下來。直到 2001 年 12 月底大陸中共入會後，我於 2002 年 1 月 2 日入會避掉了與中共的雙邊諮商。

四、高科技產業時代的來臨

　　一個國家產業結構的變化，不僅是經濟發展的結果，也是促進經濟進一步發展的推動力。根據各工業國家經濟發展的經驗，產業結構的不斷調整，乃是現代經濟發展不可或缺的要件；唯有藉著產業結構的調整與轉變，經濟才能持續成長，並順利邁向現代化國家的境界。

所以我不斷的撰寫社論建議主管當局要鼓勵研究發展促進產業結構調整。台灣自光復早期的農業為主，至 50 年代轉為以工業為主的時代，進入 80 年代服務業產值占 GDP 的比率，已逾 60％成為服務業時代。一般分析產業結構的變化，分為兩個層次，除整體經濟中的農、工及服務業三大產業消長變化外，另一是觀察工業製造業生產結構的調整，一般將製造業劃分為勞力密集、資本密集與技術密集三類，開發中國家大都以勞力密集工業生產為主，工業國家則以資本密集與技術密集工業生產為主。

台灣在民國 60 年代中期以前，勞力密集工業生產占製造業生產 60％以上，在 60 年代大力推動的「十項重要建設」及技術密集產業後，至民國 76 年資本密集與技術密集產業產值占製造業總產值比率超過 50％，至 80 年代更超過 60％，89 年其產品出口高達 1,059 億美元，占總出口的 71.4％，成為台灣製造業的主流。其中資訊工業發展相當亮麗，至 80 年代末的 89 年，其產值近千億美元，高占製造業產值的 36.1％。其產品中的個人電腦、主機板、監視器、光碟機、數據機、網路卡、掃描器、電源供應器、鍵盤、滑鼠、電腦機殼、IC 封裝及卡通動畫等產量均高居全球第一。

至於半導體產業（包括積電電路、電晶體、二極體等）功能高、體積小的特性，其用途極為廣泛，諸如用於電腦、電視機、終端機、各種監視器、各種電子用具、掃描器、各種家用電器、汽車、以及行動電話與液晶錶等等。因此，在過去 30 年全球平均每年經濟成長率 3％，而半導體世界市場卻是每年 15％的高速成長，可見其重要性。台灣於民國 65 年自美國 RCA 引進晶圓製造技術，建立我國第一座積體電路工廠以來，發展極為迅速，至民國 80 年代，已有 10 家晶圓加工製造公司，近 50 家的積體電路設計公司，過去十年平均每年成長率高達 30％，高過世界市場成長率一倍。但國內需要的積體電路，由國內生產供應僅占 15％，其餘 85％有賴進口供應，可見國內半導體工業發展上有擴大的空間。據工研院統計台灣 2019 年半導體產值近 900 億美元。

不過，半導體產業是高度技術密集，技術的不斷進步，是維持競爭力的最重要的來源，國內半導體業用於研究發展的投資，雖遠高於國內其他產業；但與世界各大半導體公司比較，尚有一大段距離。因而如何培養自己的技術能力，以免永遠受制於人，更為發展半導體產業的關鍵所在。

就整體資訊工業而言，雖表現相當亮麗，但不可諱言的，仍然面臨許多問題。因此我於民國 84 年 1 月 20 日撰寫〈發展亮麗的資訊工業〉社論坦率指出，除整體經濟環境惡化外，產業本身面臨的問題也很多，主要的有：

　　1. 國內基礎工業薄弱，關鍵零組件產業未能建立，均需仰賴自美、日進口，不僅加工層次不高，附加價值率低；而且一旦供應來源不足或中斷，都對廠商生產與出貨不利。

　　2. 由於國內資訊工業除台積電外規模都很小，研究發展經費不足，在維持一定的研究發展所需的設備與人力，不具備應有的經濟規模，效果不彰，因而影響對研究發展的投資意願。

　　3. 由於廠商規模小，在拓展海外市場時，在人才運用、通路建立、情報蒐集，尤其據點設置等方面，每家廠商都面臨資源不足的問題，而每家廠商又必須投下資金與人力，使得整體產業發展發生重複投資的現象，降低整體產業的作戰力，亦影響整體產業水準的提升。

　　4. 由於我國資訊產業從業人員，大多為技術背景出身，國際行銷能力脆弱，未能掌握行銷通路，建立品牌形象的結果，絕大多廠商只能替國外大公司產製 OEM 或 ODM 產品，無法賺行銷階段較高的附加價值外，更喪失我廠商直接接近產品最後使用者的機會，無法迅速掌握使用者需求趨向，而造成無法改進創新產品的機會。

　　專家預測，資訊工業未來將有廣大的擴展空間，但競爭也將更激烈。而國內資訊工業如能結合業者的整體力量，克服面臨困難，保持現有優勢，提高研究發展及國際行銷能力，則台灣資訊工業仍將有光明的前途。

五、積極推動自由化與民營化及遭遇的阻力

　　民國 83 年 4 月初《天下雜誌》刊載在台外商企業進行的「外商投資意願調查報告」，指出「自由化程度不足」、「政府行政效率不彰」與「政策一貫性差」，是「台灣成為亞太營運中心」前景不樂觀的三項最嚴重的阻礙因素，而其中「自由化程度不足」更居三者的首位。

甲、落實自由化何其難

　　因此，本人於民國 83 年 4 月 6 日撰寫〈落實自由化何其難〉社論，指出早在十年前的民國 73 年 6 月俞國華就任行政院長時，即宣布「自由化、國際化、制度化」為今後施政的基本政策，不過政策宣布後的前兩年毫無進展，直到 75 年我對美國出超不斷擴大，美國對我施加壓力，且以動用 301 條款威脅，我政府才在美國的重大壓力下，自 76 年開始落實經濟自由化的政策。但

在做法上缺乏全盤有系統的規劃，做做停停，能拖就拖，尤其服務業的開放很少觸及，整體進度十分緩慢。

經建會為推動亞太營運中心「包括區域金融中心」的成立，及爭取加入GATT，特成立跨部會的「推動服務業自由化專案小組」，下設「金融業自由化」等四個工作分組，以專其責，便利自由化工作的推動。但當財政部及中央銀行向「專案小組」提出立即可行的金融業開放清單，財政部只提出有開放保險業的清單，證券市場自由化的清單尚付闕如。而中央銀行提出的金融業自由化清單，並非立即可行的自由化清單，而是現在要進行研究「金融自由化」對各個金融層面影響的研究專題清單，且打算向經建會「專案小組」，申請每個專題600萬元到800萬元的研究經費。「專案小組」收到此一清單後，真是啼笑皆非，大失所望。

中央銀行此舉，因其深切了解自由化對各個金融層面的衝擊，研究後才能採取因應措施，將其不利影響降到最低。央行此一做法，在10年前行政院長俞國華宣布自由化為未來施政基本政策時，就應提出，那時未提，十年間都未提，一直要逼到面前才提出。這種心態並不限於金融自由化，其他如電話自由化、公營事業民營化，其他服務業的自由化等，相對金融化，有過之而無不及。此類案例，正將外商企業所指出的台灣三大嚴重問題——「自由化程度不足、政府行政效率不彰、政策一貫性差」表露無遺。行政院長應對此種政府文化、首長心態，拿出決心與魄力大事改革，否則台灣前途難予樂觀。

乙、民營化的四大阻力

民國73年6月行政院長俞國華宣布的經濟全面自由化政策，應包括「公營事業民營化」，但各主管機關在沒有上級的推動下，均置若罔聞，置之不理。直到78年6月行政院改組，李煥接任院長，在行政院成立「公營事業民營化專案小組」，並指派經建會主任委員錢復擔任專案組召集人，本人擔任執行秘書，經建會承擔幕僚工作。經建會接受任務後，即在兩個月內協調各有關機關完成「公營事業民營化實施方案」、「公營事業移轉民營條例修正草案」，及選定第一波22家轉移民營對象；同時，即積極展開推動工作。但不多久忽然間推動工作停頓下來。萬安檢討其原因有四，遂於82年11月12日，撰寫〈剖析民營化的四大阻力〉社論（萬安已於81年5月1日自經建會退休），提醒行政院長重視，採取突破之道。

「四大阻力」是：

1. 民國 79 年 5 月行政院再度改組，經建會主任委員易人，新的主任委員郭婉容認為「公營事業民營化」並非經建會應有的職責，「公營事業民營化專案小組」即停止活動。但「公營事業民營化」包括生產事業、金融業及交通運輸等三大行業，性質完全不同，而且是首次大規模進行；主管機關包括財、經、交通三部、中央銀行及省政府，問題錯綜複雜，無規跡可循，缺乏統籌規劃協調溝通單位，簡直是群龍無首，各自為政，問題更為複雜，影響工作推動極鉅。

2. 民意機構的抗拒，當中央政府加速釋出所持三商銀持股，使成為民營三商銀的過程中，遭到台灣省議會的杯葛，省議會決議，三商銀省府持股比例不得低於 51％，即使中央持股全部釋出，三商銀也無法民營化。

在中央立法院也未能有效配合，且決議國營事業釋出公股，如其持股低於 50％，應向立法院報告，並獲得其同意才能進行。實際上，當主管機關將釋股報告送到立法院，立法院即將之擱置，不予審查，致國營事業民營化又延宕下來。

3. 是主管機關首長的心態，除省屬三商銀遭到省議會的杯葛外，在中央的財政部，在部長王建煊時，積極的推動並將交通銀行及中國農民銀行納入第一波民營化名單。但接任財政部長的林振國，卻認為交通銀行及中國農民銀行尚有政策性任務，而將其自第一波民營化名單中撤回。政府政策的出爾反爾，不僅使該兩行的員工無所適從，且使欲購該兩行股票的投資人，大失所望，對政府政策失去信心。

4. 是被列為民營化公營事業的首長及其員工，在被列為民營化的公營事業中，部分公營事業的董事長及總經理，唯恐民營化後職位不保而故意拖延，而其員工唯恐既得利益遭受損失而抗拒。不過在公營事業移轉民營條例修正，給予民營化公營事業員工多重保障與優惠，且按低價認股後，員工抗拒情勢已大為緩和。

經過政府各部門多年的努力，民營化的阻力逐步化解，到目前第二批甚至第三批公營事業民營化的名單都已落實。實際上，政府持股已降至 50％以下，成為民營事業，可是政府持股仍是最大股東，雖逃避了民意機構監督，但主管機關仍主導一切，民營後的主持人仍由主管機關推薦出任，在政權輪替後，更有政治任命，完全沒有實現民營化後提升經營效率的目的。以民營後的金融業為例，不僅離國際水準尚遠，就是在國內各行業中，也是效率最差的行業之一。

丙、落實民營化遭財團操控

　　行政院「公營事業民營化專案小組」於民國 78 年所訂定的「公營事業民營化實施方案」，開宗明義第一條民營化的目的，即為「增加經營自主權、提高經營績效」；但經濟部主管的中華工程公司（簡稱中工）及中國石油化學公司（簡稱中石化），民營化後遭財團操控，完全置「提高經營績效」目的於不顧。本人連續撰寫三篇社論，指責經濟部處置不當，有故意運用不適法規之嫌。

　　當中石化與中工民營化後，各方質疑被財團掌控之時，該兩公司負責人還出面澄清，說明絕無財團介入其事。但中石化民營化後，即大事操股成為股市大戶，該公司負責人的澄清說明不攻自破。而中工在開董事會時，民營選出之董事提議提高對有價證券投資上限，並超過股東權益的八成，依該比率，中工可投資股市高達 100 億元；而公股代表擔任董事長的陳朝威，認為此舉偏離本業太遠而不同意，但最後表決，因公股代表董事只有兩位，民股董事有五位，表決結果通過。於是陳朝威董事長認為他未能維護法人股東及全體員工權益，毅然當場在董事會中辭去董事長職務，震驚社會。

　　在此各方質疑情況下，中國鋼鐵公司（簡稱中鋼）釋股時，又被承銷中石化與中工同一家證券商，以極低的手續費得標承銷，而且要以同樣方法以承銷極高比例指定特定人承購；中鋼將重蹈中石化與中工覆轍，淪入財團之手。因此，受到中鋼創辦人趙耀東的重視，特致函立法委員丁守中，請為此案向行政院提出緊急質詢。

　　同時本人也於 84 年 1 月 11 日撰寫〈公營事業財團化要不得〉社論，指出經濟部各國營事業及國營會委託承銷商包銷國營事業官股，得指定特定人承銷，是根據證管會公布的「台北市證券商業同業公會證券商承銷或再行銷售有價證券處理辦法」規定，要呈報證管會核准後辦理。很明顯此一辦法是規範證券承銷業務的行政命令。而公營事業民營化，是依據「公營事業移轉民營條例」辦理，該條例第五條第三項明文規定：「前項股權或資產（指公營事業移轉民營的股權或資產）之讓售，主管機關得報請行政院核准，與特定對象以協議方式為之。」而該條例施行細則第七條對指定特定對象之範圍更有明確規定：「本條例第五條第三項所稱讓售股權或資產之特定對象，指公營事業移轉民營時，為達成引進技術、利用行銷經驗、改善經營或其他特定目的，經該事業主管機關評定合格，報請行政院核准之自然人或私法人。」可見原法對徵選

特定人資格之重視，亦顯示政府對公營事業民營化後前途之關切。而該條例及施行細則主管機關都是經濟部，其條文之修訂都是經濟部草擬報行政院經立法院通過，完成立法程序者。如今經濟部規避「公營事業移轉民營條例」母法規定，而採用規範證券商承銷的行政命令，其適法性值得懷疑，不僅行政院與立法院要追究其適法性，更呼籲職司監察權的監察院應予調查。

繼之，台大教授張清溪等六人，在給經濟部長江丙坤的公開信中，亦提出同樣問題，並建請經濟部立刻停止這次中鋼釋股作業，否則將要求監察院依法調查彈核。翌日經濟部國營會雖提出公開答覆信，說明中鋼釋股指定洽銷特定人的法令依據，但未獲得六位學人的認同，而向監察院提出調查彈核案申請。

後來經濟部在各方責難下，將承銷商指定「特定人」洽購，改為公開洽銷向「非特定人」（即大眾）公開招募，而使中鋼釋股案，未再遭財團掌控而化解。但經濟部及國營會為配合承銷商捨棄「公營事業移轉民營條例」規定，而故意引用不適的行政命令，讓中石化與中工落入財團操控，雖經各方強烈質疑，並呼籲行政院、立法院調查，學者向監察院申請調察查彈核，但該三院卻毫無反應。顯然該案有更高層（或有人利用關係假傳聖旨）袒護，讓中石化與中工 200 億元資產遭財團掌控，政治腐敗到這種程度，怎不令人悲憤！

丁、突破電信自由化的障礙——通過電信三法

民國 70 年代由於電腦科技的日新月異，與通信科技的突破，兩者的整合發展，完全改變了過去傳統通信服務的內涵，資訊化社會已然來臨。各國為促進資訊化社會的早日形成，無不解除電信管制改為自由化經營，鼓勵更多民間業者參與，在激烈競爭的環境下，業者藉由電信網路提供更多更具效率的各式資訊服務（包括語音、數據、影視），使消費者享有更多的福利與選擇，使企業能有更多的通信與資訊工具，以資利用管理，增進國家生產力。在未來資訊社會裡，誰能領先獲得資訊，就能掌握先機，佔據優勢。因此，各國無不盡全力奔向全方位的資訊化社會。

我國資訊工業非常發達，其產品 95％出口，國內在資訊使用與流通上卻遠落國外之後，其主要關鍵在於電信網路（又稱加值網路）未能全面開放所致。因此，本人於 83 年 2 月 25 日撰寫〈電信自由化刻不容緩〉社論，指出早在民國 73 年 6 月俞國華院長宣布「自由化、國際化、制度化」為今後經濟施政的基本政策時，即已確定電信政策將朝「自由化、公司化、法制化」進行，當時經建會委員會議還決議請交通部成立專案小組研擬，將電信總局經營電信

業務改組為公司組織，然後再就轉移民營的有關法律修訂與增訂提出草案報行政院，完成立法程序後，藉以實施。但十年來除 78 年 7 月開放一小部分加值網路服務後，其他服務毫無實質進展。其關鍵在於電信總局的保守、自私、獨占心態使然，不僅影響研究發展、科技水準的提升，更阻礙資訊化社會的進展。民國 82 年行政院改組，新任交通部長劉兆玄提出「資訊要暢其流、網路要四通八達、服務要新迅實簡」，亦即要大力推動電信自由化的主張，獲得各方的肯定。但在法律未修訂前，劉部長的主張也難於落實執行。

直到三年後的 85 年 1 月立法院通過電信三法，劉部長的主張及我們的建議才能逐步實現。所謂「電信三法」，是指「電信法修正案」、「電信總局組織條例修正案」及新訂「中華電信股份有限公司條例」等。此三法的通過實施，釐清了電信總局過去既管電信監理，自己又參與電信經營業務的裁判兼選手的混淆角色；同時也解除以往電信業務由電信總局獨占經營的型態，開放電信事業給民間業者及外國人投資。

這些調整，反映我國電信體制面臨重大改革，民間踴躍投資，繼之中華電信公司移轉民營，同時開放民間電信公司經營國際電話、長途電話及市內電話等基本電信業務，使我國電信事業得以蓬勃發展，邁入資訊化社會。

六、「台獨條款」對我經濟的影響

民國 80 年光復節前夕的 10 月 24 日李登輝總統發表談話，指出：「過去 46 年我們不僅要面對中共武力的威脅，在外交、經濟各方面，也都曾經遭遇過許多困難，但是由於我們內部能安定、團結，由於我們努力方向正確，所以經過 46 年的時間，台灣能夠從一個以農業為主的殖民地，發展成許多開發中國家羨慕、學習的對象。」

台灣光復 46 年來，我們在經濟發展方面能獲得如此顯著的成就，誠如李總統所指出的政治社會安定、團結，為必須的先決條件。但自 80 年 10 月 13 日民進黨將「台獨條款」納入其黨綱以來，不僅引發朝野及海峽兩岸關係緊張，以及社會的不安，更導致股票市場指數重跌 500 多點，新台幣大貶，工商界投資暫時觀望，甚至美商亦開始擔心到台灣投資的政治風險；此一情勢對台灣今後經濟發展帶來極不利的影響。

因此，本人於 80 年 10 月 28 日及 10 月 19 日連續寫了兩篇社論〈台獨條款對我經濟的影響〉及〈切勿重蹈菲律賓的覆轍〉，指出：菲律賓在 25 年前

是亞洲僅次於日本的第二富有國，但現在淪為赤貧國家之一。菲律賓 25 年來有如此大的轉變，除馬可仕的腐敗領導外，柯拉蓉總統雖推翻了馬可仕的專制政權，建立民主政府，但政爭不斷，國家社會無安寧之日，證明徒有民主並不能解決問題，更需要安定的政治社會，與有效率的行政、立法體系。

可是自民進黨成立以來，一方面在立法院常以程序問題抗拒議事的正常運行，使立法效率癱瘓，財經立法大塞車，堆積在立法院待審的財經法律將近 200 件，影響財經部門的正常運作，阻礙經濟現代化的進展。另方面又糾集群眾走上街頭抗爭，已影響到社會秩序與人民生活的安寧。而民進黨將「台獨條款」納入黨綱，明顯違反憲法、國安法及人民團體法等，這種毫無理性的台獨意識發展，已造成社會的極度不安，對經濟發展帶來莫大衝擊，國人無不憂心如焚。

對此一嚴肅問題，受到各界的嚴厲譴責，並呼籲國人覺醒，絕不容許少數人的破壞，將我們生命財產推向毀滅邊緣，二千萬同胞幸福就此斷送，重蹈菲律賓的覆轍。對各方面的憂心與呼籲，民進黨無動於衷，即使後來執政，作風不僅未改，更變本加厲，使台灣經濟成長率每況愈下。自前 40 年（民國 41～80 年）平均每年成長 9.3％，近 28 年（自 81～108 年）平均每年降到 4.3％，腰斬過半。尤其台灣的每人 DGP，自民國 65 年的 1,000 美元到 81 年的 10,000 美元，只經過 16 年來，在主要國家中是每人所得增加最快。可是自 81 年的 10,000 美元，到 100 年的 20,000 美元，僅增加一倍卻經過 19 年，比過去增加十倍還多出 3 年，這在新加坡及日本僅經過 5 及 6 年。台灣每人所得進展慢了這麼多，其中最重要關鍵就是政黨惡鬥、內耗，政治社會不得安寧的結果，這是台灣 2,300 萬人民的悲哀。

七、實施週休二日制

民國 85 年 11 月中，立法院法制委員會初審通過「公務員服務法」部分條文修正草案，明定從民國 87 年 1 月 1 日起，在全國公務員每週工作 44 小時不變的情況下，實施週休二日制。這項舉措立即遭到工商界強力反對，主管工商業事務的經濟部，在響應工商業界時亦指出，若公務員率先週休二日，將無法配合民間工商業的正常營運，不符合政府加強為民服務的理念，進而呼籲相關單位應慎重評估，以減輕其實施對產業經濟可能產生的衝擊。

因此，本人於 85 年 11 月 28 日及 86 年 3 月 8 日連續寫了兩篇社論〈週休

二日宜漸進實施〉與〈實施週休二日制不能冒進〉，說明週休二日制是世界潮流，不僅工業先進國家早已實施週休二日制，不少比我國經濟落後的國家與地區（如大陸）也先後跟進。據實施週休二日制國家的經驗，由於工作日數減少，工作條件改善，有利員工生活品質的提升，員工對工作滿意程度提高，降低流動率，經驗得以累積。同時，員工有較多處理個人與家庭事務的時間，可以減少員工請假缺席的現象，提高工作效率與生產力等等，對整個社會而言，週休二日制並非全屬負面。

同時，介紹日本與南韓採取漸進式的週休二日制，日本開始實施時，每月四週，先一週休息二日，有效後每月二週休二日，有效後再四週全休二日，先後達十年之久。而南韓政府員工採取週六分組上班，兩組輪流，每兩週當中，有一週週六全天上班，另一週週六全天休息，完全不影響工商業界的正常運作，南韓稱這種做法，是「五天上班、六天服務」。日韓的做法均可供我政府參考，將其負面影響降至最低，化解民間企業的抗拒。

至於民間工商企業實施二日制的時間，我們一向主張留給工商企業及勞資雙方自行協商。不要強制規定，由其順勢發展，方可產生有利勞資雙方及整體經濟社會的結果。

八、爆發亞洲金融危機及其影響

1997 年（民國 86 年）5 月中旬泰國外匯市場遭受到大規模國際投機客攻擊，大舉拋售泰銖購美元，泰國政府雖提供百億美元進場干預支持泰銖匯率，並採取相關配合措施，以遏止投機客的賣壓，然效果不彰。因此在支持一個半月後的 7 月 2 日，泰國央行棄守，宣布改採浮動匯率制度，結果泰銖當日劇貶 18%，股市亦隨之大幅滑落，引發金融危機。

由於東協（ASEAN）各國間經貿關係相當密切，旋即引發馬來西亞、印尼及菲律賓等國貨幣巨貶與股市下跌。起初，市場認為這只是反應東南亞各國政經不穩問題，應不致影響其他國家。但三個月後的 10 月中鄰近經濟體質較佳的香港、新加坡與台灣亦遭到波及，雖傷害尚不嚴重；可是此金融危機更擴張至東北亞，觸發了南韓與日本的金融危機與全球股市和匯率的波動。

此次亞洲金融危機，除泰國受創較重外，印尼及南韓受創更嚴重，印尼由於國內政局不安，印尼盾曾劇貶 80% 以上，而南韓的韓元，更自 900 韓元兌一美元，一度爆貶到 2,000 韓元兌一美元。台灣受災雖輕，但新台幣兌美元，

也自 28.6 元貶到 33～34 元，至於香港的港元，由於港府採取強烈保衛港元匯率措施，將利率大幅提升，使銀行隔日折現利率自年息 5％，最高飆漲到 300％，遏止了投機客，卻犧牲了股市。日本在韓元及新台幣急貶時也受到震撼，日本四大證券商之一的山一證券，宣告自動停業，形同倒閉，創下日本有史以來最大規模企業倒閉事件，對日本金融界造成嚴重打擊。

此次金融危機對東亞各受災國的影響，如以 1997（86）年 12 月底與同年 6 月底比較，各國貨幣貶值與股市下降幅度的合計，代表各國遭受衝擊的程度，其中以南韓與印尼各下降 97％最嚴重，其次為泰國、馬來西亞與菲律賓各下降 70～80％，再次為日本及新加坡各下降 38％，而香港下降 29％，台灣下降 24％為最輕。

台灣在亞洲金融危機中受創輕微，據英國《經濟學人》（*The Economist*）周刊分析有三大原因：一是外債甚少，二是銀行管理較佳，三是企業比部分亞洲國家更具彈性，故較能抵擋風暴。本人雖同意《經濟學人》周刊的分析，但認為不夠周密，故 87 年 1 月 9 日撰寫〈探討台灣在金融風暴受創較輕的原因〉社論，再補充三點：一是台灣經濟基本面較東南亞各國及南韓為強，二是台灣對外資流入即資本帳未完全開放，三是台灣近十年來產業結構有顯著的改善，在這個整過程中，已失去優勢的產業、或原不具競爭力的產業，以及體質脆弱的廠商，早已淘汰出局；而新增加的或新擴充的重化工業及技術密集產業，都是比較具有競爭力的；即使留下的傳統產業及廠商，也在這激烈競爭中歷經淬煉，提升技術層次與提高附加價值，增強了企業應變能力，應是台灣在這次亞洲金融危機中受創較輕的關鍵所在。

台灣執政當局鑒於台灣在此次亞洲金融風暴中受創較輕，故對翌年（即民國 87 年）經濟景氣比較樂觀，因而估計 87 年商品出口可增加 6.19％，高於 86 年的增加 5.54％，87 年經濟成長率可達 6.5％，亦較 86 年的 6.1％為高。但本人不以為然，認為政府過於樂觀而忽視因應，因此於 86 年 12 月 24 日撰寫〈亞洲金融風暴威脅明年全球經濟景氣〉社論，指出此次亞洲金融風暴，不僅涵蓋了東南亞及東北亞各國，甚至美國與拉丁美洲國家股市都遭波及，原被視為避險天堂的印度及東歐也受牽連，其對 1998（即 87）年全球經濟都有相當不利的影響。而以出口為導向的台灣 87 年經濟怎可能比 86 年好。尤其新台幣貶值幅度小於東南亞各國及南韓貨幣，相對的新台幣對該等貨幣升值，而東南亞已是台灣第三大出口對象。在全球經濟下滑的情況下，台灣明年（即 87 年）經濟怎能比今（86）年好，建議財經當局要努力加油。

　　結果 1998（即民國 87 年）全球經濟成長率，由 1987 年的 3.62％降為 2.55％，台灣商品出口較上一年減少 9.3％，與主管當局估計增加 6.19％，相差何其遠！1998 年台灣經濟成長率只有 4.2％，亦較當局估計的 6.5％，少了三分之一以上，陷台灣淪為不景氣中。

　　至於亞洲金融風暴，在國際貨幣基金（IMF）即時介入，對此次受災嚴重的南韓、印尼及泰國提供援助，先穩住了該等國家的財政與貨幣政策，假以時日，期使該等國家經濟重新站立起來。

　　但亞洲金融危機何時平息，尚有一大因素為各國所關心的，就是人民幣是否貶值，若人民幣大幅貶值，則東南亞各國貨幣及韓國、日圓及新台幣等是必再貶值不可，進入貶值的惡性循環，則此次金融風暴將沒完沒了了！

　　因此，本人除於民國 86 年 12 月 14 日在《經濟日報》撰寫社論呼籲中共當局應避免加入貨幣貶值競賽外，另於民國 87 年 1 月 15 日在《聯合報》民意論壇發表我的專論〈人民幣不應貶、不需貶、不能貶〉，建議人民幣匯率維持不變，避免金融危機的延續。在論文發表的第三天即接到大陸海外合作協會電話邀請我與台大教授魏萼、中華經濟研究院院長于宗先院士及東吳大學侯家駒教授四人儘速赴北京，與中國人民銀行高層研討因應亞洲金融危機問題。我們四人應約前往與人民銀行高層討論一整天，最後人民銀行資深副行長所作的第一個結論就是人民幣維持不貶，與葉老的主張不謀而合。另方面大陸為了爭取加入世貿組織（WTO）積極開放國內市場，大幅增加進口，1998～2000 年三年內平均每年進口增加率高達 16.5％，較前三年平均每年增加 7.2％，提高一倍以上，更較全球進口同期每年增加 4％，超過三倍以上，幫助鄰近國家對其出口大量增加，促進該等國家經濟早日復甦，亞洲金融風暴也很快平息。這是中國大陸改革開放以來，第一次對國際經濟做出最大貢獻。

九、歐元問世

　　歐洲經濟暨貨幣聯盟（簡稱 EMU）將於 1999 年（民國 88 年）1 月 1 日正式運作，發行歐元，並於 2002 年（民國 91 年）7 月 1 日起取代參與 EMU 各國現行貨幣，全面改以歐元流通，完成實施單一貨幣目標，為確保實施 EMU 的穩定，歐洲中央銀行已於 1998 年（民國 87 年）7 月 1 日成立。由於參與 EMU 十一國 1997 年 GDP 高占全世界的 22.2％，僅低於美國為世界第二大經濟體，其貿易總額更高占全球的 29.1％，較美國的 14.3％高出一倍以上，

可見 EMU 在世界之重要地位。

　　當 2002 年 EMU 實現歐元單一貨幣之目標，將消除各會員國彼此之間匯率風險，促成企業與金融業進一步整合，以提升國際競爭力，在國際經貿競爭優勢的消長等方面可能發生根本的變化。因此，本人於民國 87 年 9 月 17 日撰寫〈歐元問世對我經貿的影響及因應之道〉社論，指出我國向以出口為導向，近年更以自由化、國際化為政府施政基本政策，在加入世貿組織（WTO）後，將與世界經濟融為一體。我企業界面對此一國際新局勢，如何因應，應為當前的重要課題。

　　因而我在該社論詳細分析歐元問世後，對我對外貿易、金融、國際投資等方面有利面及不利面的影響，並建議企業界及金融界應各指派專人成立工作小組，研究分析歐元問世後的可能發展，以便隨時採取因應措施，把握有利商機，將不利因素降至最低，早作未雨綢繆之計。

貳、民國 80 年代精選社論

民國 80 年代（80～89 年）共寫社論 399 篇，就下列主題精選 70 篇：

一、六年及跨世紀國建計畫　6 篇

二、亞太營運中心與兩岸經貿關係　8 篇

三、規劃加入 GATT／WTO　5 篇

四、高科技產業時代來臨　8 篇

五、自由化、民營化的阻力與災難　9 篇

六、台獨條款對我經濟的影響　2 篇

七、實施週休二日　2 篇

八、爆發亞洲金融危機及其影響　6 篇

九、歐元問世　1 篇

十、經濟政策探討　11 篇

十一、中美經貿實質關係　4 篇

十二、國際經濟　6 篇

十三、李國鼎與劉大中對國家的貢獻　2 篇

一、六年及跨世紀國建計畫

1. 國建計畫所需投資的解惑

上週四行政院院會中，討論「國家建設六年計畫」，與會官員發言踴躍，郝院長最後決定，以兩個月時間廣泛徵求各方意見後，再予核定。如此龐大而且關係國家未來前途的計畫，核定之前廣泛徵求各方意見，審慎決定，我們認為應是明智決策。

自「國家建設六年計畫」草案內容公諸於世後，各方雖有不同意見，但基本上對積極推動國家建設，大家都是肯定的，但大家對執行能力及所需資金之龐大，極為關心。尤其所需資金 8 兆 5000 億元中，扣除公營事業投資 2 兆 2000 億元外，不論列作普通預算或特別預算，均以發行公債來支應，高達 6 兆 3000 億元，此一龐大財源如何籌措，各方頗多質疑。主管此項經費的財政部即曾指出，要在六年內發行 6 兆 3000 億元公債，即使能銷出，而每年還本付息金額之巨大，亦非國家預算所能承擔；學者也指出，如六年內發行 6 兆 3000 億元公債，七年到期還本，則第六年公債餘額占國民生產毛額（GNP）比例，不是經建會計算的 25％，而是 78％，如確是如此的話，則比美國公債餘額占 GNP 的 44％、日本的 60％都高，值得重視。

財政部與學者所指出的，是未來六年如發行 6 兆 3000 億元公債負擔能力問題。然此亦可從整體經濟面來診斷，未來六年支應投資的國內財源究竟有多大，其中支應公共投資的有多少，再來衡量能否支應 8 兆 5000 億元的國家建設資金需要。如無法支應，也要評估這 8 兆 5000 億元是否真正的固定投資。

首先就未來六年國民生產毛額作推估，根據「國家建設六年計畫」所定目標，未來六年經濟成長率平均每年為 7％，假定 GNP 平減指數每年上升 4％，則 GNP 自去（79）年的 4 兆 3400 多億元，至 85 年提高到 8 兆 2600 多億元，六年合計 GNP 為 38 兆 5700 億元。如以過去兩年平均儲蓄率 30％計，則未來六年國民儲蓄有 11 兆 5700 億元，扣除存貨增加以 GNP 的 1％計，則未來六年可支應的固定投資為 11 兆 1800 億元；此即表示未來六年國民儲蓄在國內充分有效利用，不再有超額儲蓄產生，也不動用過去超額儲蓄或外匯存底，也不舉借外債。此 11 兆 1800 億元亦表示今後六年國民儲蓄支應固定投資的最大金額。至於其中有多少可支應公共投資（包括政府及公營事業固定投資），根據過去十年資料顯示，公共投資占固定投資總額的比率是 44％；但今後六年為

加強公共建設，此一比率提高至 50％，則國民儲蓄可支應的公共投資，有 5 兆 6000 億元。易言之，今後六年只要公共建設固定投資在 5 兆 6000 億元之下，即在國家所能承擔的能力之內。

「國家建設六年計畫」所需資金 8 兆 5000 億元，高於我們推估的 5 兆 6000 億元，是否就超過我們未來六年所能承受的能力呢？但經深入分析，發現「國建計畫」所需資金內容與我們推估的一般所通用的固定投資內容不同，這也是經建會郭主任委員日前在某次座談會中，與學者對話時所講的概念不同，各說不同的話無法溝通的緣故吧！不過，我們就「國建計畫」所需資金列出的項目觀察，其中社會福利安全所需 8400 多億元、文教 7800 多億元及科技 2300 多億元中，絕大部分並非固定投資，而係軟體的經常支出，根本不應以發行公債來支應。又運輸通信、都市住宅及工業等，均需要購買土地，而土地購買在國民所得制度的概念下，從國家整體而言，土地並未增加，只是所有權之間的變換，應列為移轉支出，不列作固定投資。因此，「國建計畫」所需資金 8 兆 5000 億元中，扣除經常支出，估計在社會福利安全、文教與科技所需 1 兆 8500 億元中的 80％為經常支出，計 1 兆 5000 億元；而其餘 7 兆元資金中，再扣除購地款，根據北部第二高速公路建設的實例，購買土地費用占總支出的 30％，「國建計畫」投資如以 20％計，則購買土地價款約 1 兆 4000 億元，剩下的 5 兆 6000 億元為固定投資，則與我們推估的今後六年國民儲蓄支應公共投資的最大限額 5 兆 6000 億元，不謀而合，亦即表示「國建計畫」未來六年公共建設固定投資，在國家承受的範圍之內。不過，這樣的推估是否正確，尚望經建會能將實際資金需要資料，詳予統計，將固定投資、購地支出及經常支出分列發表。若誠如我們推估的結果，數字不必求其一致，只要證實是在未來六年國家能力承擔的範圍之內，就會得到社會大眾的共識。不宜用學者都感困惑的概念，來希望一般人了解。否則，不僅造成困擾，也不能得到社會共識與支持，計畫如何能落實有效執行呢！

（民國 80 年 1 月 13 日　《聯合報》二版）

2. 國建計畫所需資金的再解惑

本週四（元月 31 日）行政院院會通過「國家建設六年計畫」，大家除期盼六年後美景能夠實現外，但對所需資金龐大，雖由 8 兆 5000 億元，經檢討刪減 3000 億元後，仍需 8 兆 2000 億元；如此龐大資金如何籌集，在籌集過程中，所造成的衝擊如何，均為大家所關心，難予釋懷。

　　早在「國家建設六年計畫」草案內容公布後，尤其需要資金 8 兆 5000 億元，除公營事業投資 2 兆 2000 億元係自籌外，另 6 兆 3000 億元要靠發行公債支應，便引起了各方強烈反應；除主管國家財政收入的財政部提出強烈質疑，認為即使六年內能銷售 6 兆 3000 億元公債，而每年利息支出之巨大，亦非政府經常帳所能承擔外，許多平日主張以擴大公共支出支持國家建設，促進經濟復甦的學者，亦認為發行如此巨額公債，對國家所帶來的不利衝擊，可能超過建設的成果，不能不慎。若干經濟研究單位，鑒於行政院在上月院會中，決定以兩個月時間，廣泛徵求各方意見，即開始進行對「國家建設六年計畫」評估工作，建立經濟模型深入探討，以便將所獲結果供主管單位修訂時之參考。但沒想到距上次院會尚不及一個月，本週四院會即通過該計畫，大家未能及時建言，而深感遺憾與失望。

　　本報有鑒於建設資金龐大、能否有效籌集，均是「國家建設六年計畫」能否貫徹執行的關鍵所在，特根據該計畫所羅列的資金需要概估資料，深入評估分析後，於 1 月 13 日〈國建計畫所需投資的解惑〉社論中，指出該計畫所需資金雖高達 8 兆 5000 億元，但並非全為國民所得會計制度所指的「固定資本形成」，亦非傳統經建計畫慣用的「固定投資」（此兩者名稱雖不同，但概念內容是一致的，故常通用）；發覺該 8 兆 5000 億元除固定投資外，尚包括購買土地價款、土地補償費用，以及文教社會福利等軟體支出。不論就國民所得會計制度，或一般經建計畫設計立場而言，土地購買及其補償費支出，並非「固定投資」，只是所有權的變換，應列為移轉性支出；而文教社會福利等的軟體支出，應屬政府帳的經常性支出，亦不應列為計畫的「固定投資」，更不應以發行公債來支應經常性支出。我們估計，六年計畫所需 8 兆 5000 億元金額中，如扣除購買土地及其補償費的移轉支出，及文教社會福利等的經常支出，真正用於「固定投資」（或稱「固定資本形成」），約 5 兆 6000 億元，與我們所估計的未來六年國民儲蓄 11 兆 5700 億元，扣除用於存貨增加的部分，可供「固定投資」的最大財源 11 兆 1800 億元比較，約占 50%，與民國 60 年代推動十大建設的公共「固定投資」所占比例相等，並未超過國家承擔能力；不論是「固定投資」額及其投資財源，均應不是問題。而問題發生，是此次「國家建設六年計畫」所需資金，並未採用過去經建計畫為大家所慣用的「固定投資」或聯合國國民所得會計制度的「固定資本形成」概念所致。因此，本報社論建議經建會將六年計畫所需資金，按實際資料，將「固定投資」、「購地支出」及「經常支出」分列發表，以釋群疑。

　　經建會郭婉容主任委員從善如流，接受本報建議，於本週四行政院院通過該計畫後，即在該會的記者會中，對記者們除宣布計畫所需資金 8 兆 5000 億元降為 8 兆 2000 億元外；並進一步分析，該 8 兆 2000 億元中，如全民健康保險、農保、勞保及文教部門的 1 兆 8000 多億元，屬經常帳性質；購買土地者約 1 兆多元，減除後餘為「固定資本形成」5 兆 2000 億，其與所估國民儲蓄未來六年合計 11 兆 2000 億元比較，不及一半，民間可用的投資資金為 6 兆元，不致發生政府需要資金排擠民間資金取得的現象。郭主委根據實際資料估計的未來六年「固定投資」5 兆 2000 億元，尚比本報粗略估計的 5 兆 6000 億元，少了 4000 億元，而與估計的國民儲蓄金額相近，顯示六年計畫所需「固定投資」金額，誠如本報社論所指出的，應是國家承擔能力之內。而且郭主委於記者會中強調，將來建設所需經費來源，不再限於公債，而循多途徑進行籌集，尚包括公營事業移轉民營取得資金及開放部分建設鼓勵民間投資，必以不危及財政健全為原則。

　　因此，若估計公共「固定投資」5 兆 2000 億元中的十分之一鼓勵民間投資計 5000 億元，公營事業民營化收入 3000 億元，公營事業投資 2 兆 2000 億元，真正需要政府預算支應者不過 2 兆 2000 億元。何況，政府儲蓄過去六年合計 1 兆 2000 億元，未來六年政府巨資投入後，經濟規模與稅基擴大，稅收隨之增加；即令假定未來六年政府經常支出增加，支用了所增加的稅收，未來六年政府儲蓄不增加，維持過去六年的金額 1 兆 2000 億元，則真正需要發行公債支應的公共「固定投資」1 兆元而已。如再加上收購土地的 1 兆元，最多公債發行不過 2 兆元，不及過去一個月來大家所擔心的發行公債 6 兆 3000 億元的三分之一。郭主任委員此一「固定投資」金額的宣布，應可使國人釋懷，我們願就所見，為此大家關心的資金問題再為解惑；希望政府能採取多種管道與方式，廣為溝通，使國人能正確認識國建六年計畫的可行性，並喚取國人的共同努力，計畫的執行與實現能夠落實，為全體國人的使命，使我國早日邁入現代化國家之林。

（民國 80 年 2 月 2 日　《聯合報》二版）

3. 國建計畫面臨問題亟待克服

　　多年來由於公共建設投資，趕不上經濟快速成長的需要，與生活水準的提高，已造成交通壅塞，生活環境惡化的現象。故當政府於去年初，以提高生活品質，將台灣建設成現代化國家為前提的「國家建設六年計畫」推出後，迅速

獲得民眾的肯定。但多年來的公共建設落後，期其於短短六年間彌補完成，遭遇的困難與問題必多，因而亦受到許多質疑。實際上，該計畫自去年初推動以來，越一年兩個月，六年計畫期間，已過五分之一，除延續性計畫尚繼續進行外，重大新興計畫甚少開始，甚至若干早已定案計畫，亦無法推動；顯然國建計畫的執行，已面臨許多問題。

國建計畫的推動，據我們了解至少已面臨下列三方面問題：

一、財源問題。雖然經建會強調「國家建設六年計畫」總共需要新台幣 8 兆 2000 億元，其中有 1 兆 9000 億元是教育、文化、社會福利等經常性支出，應列入經常帳處理，另 2 兆 1000 億元係公營事業投資，由公營事業自籌財源。扣除此二項後，政府公共投資僅為 4 兆 2000 億元，而且其中可開放民間投資的預估有 6000 億元，真正需要政府投資的不過 3 兆 6000 億元。同時，過去政府經常帳常有巨額剩餘，過去六年平均政府經常帳剩餘占國民生產毛額的比例，高達 6.5％，若未來六年此一比例能維持的話，則政府經常帳剩餘高達 2 兆 5000 億元，可支應政府投資的 70％。不足的 1 兆 1000 億元，部分尚可藉公營事業移轉民營收入支應，靠發行公債的金額有限，故經建會認為財源不是問題。但實際情況不若經建會之樂觀：（1）政府經常帳剩餘，近兩年來經常收入未隨經濟成長而增加，而經常支出卻大幅提高，本（81）年度預算經常帳剩餘已驟降為不足 600 億元，下（82）年度預算日前送立法院審議的，經常帳剩餘更不足 300 億元。六年計畫頭兩年經常帳剩餘合計不足 900 億元，依此趨勢估計，六年經常帳剩餘可能只有 2500 億元，僅及經建會估計的十分之一而已。（2）根據過去經驗，絕大多數投資計畫，初估偏低，然後不斷膨脹，就以正在建設中的北二高而言，其需經費已膨脹了 1.2 倍；高速鐵路還未進行，預算就從 3000 多億元提高到 4300 億元。（3）國建計畫所列投資均係重大投資計畫，然各級政府除重大投資計畫外，每年尚有不少零星投資，並未列入國建計畫中。因此，國建計畫除政府經常剩餘落空收入發生問題外，支出之擴增亦不可避免，其財源之不足，遠超過預期。如不能坦誠重新預估，與各方共同妥籌對策，則將對國家經濟造成嚴重傷害。

二、土地取得困難問題。過去幾年的金錢遊戲，造成土地價格暴漲，不僅增加公共建設成本負擔，而且土地取得困難。如正在進行中之北二高，進度嚴重落後，主要即因土地取得問題遲遲不能解決所致。國建計畫中極受政府重視的高速鐵路，亦因土地未能有效掌握，致未能列入下年度特別預算。行政院郝柏村院長在立法院答覆立委質詢時，也承認國建計畫所遭遇的最大困難，就是

土地取得問題。雖然此次全國經濟會議結論，為突破公共建設土地取得問題，建議訂定「土地徵收條例」，以區段徵收方式，取得公共建設用地。但在當前立法效率不彰，民意高張的情況下，該法何日能通過，通過後執行是否還有問題，均難樂觀。

三、人力不足問題。據「國家建設六年計畫」估計，技術、管理與普通人力，在民國 79 年時，已有供不應求現象，不足 5 萬人，但至計畫最後一年的85 年，不足反降低為 4 萬人。不過，其中技術與管理人力供給超過需要多達 8 萬人，而普通勞力卻缺 12 萬人。但實際上，人力不足在過去一年已極為嚴重，除普通勞力不足已是普遍現象外，因國建計畫規劃設計案的大量同時推出，所需工程規劃、設計及土木建築人力已極為缺乏，提高報酬到處挖人，引發問題層出不窮。另據經建會所作未來十年科技人力供需推估，大學及以上程度的工程技術人力，不考慮留學生出國人數，每年由國內教育培養供應的僅及需要的 70％，其中電機、電子及土木建築等系，僅能供應 50％及 53％，顯見人力不足問題之嚴重。即使現在開始擴充班級，增設大學，待其畢業，男生還要服兵役，也是四至六年後的事，對國建計畫期間人力不足問題並無幫助。可見人力不足亦是國建計畫能否順利推動的關鍵所在。

面對以上問題，在未提出具體可行對策前，政府實不宜將「國家建設六年計畫」之既定計畫全面推動。我們建議行政院應指定專責機構，就國建計畫的775 項計畫，至少針對其中需要投資百億元以上的計畫，就其可行性、投資報酬率及迫切需要的程度，作相對性比較評估，訂定優先順序，並對財源、土地、人力資源的供求做妥善規劃，在能力許可範圍內，依序推動。唯有這樣，國建計畫執行所產生之負作用才能降至最低，而提升生活品質、建設現代化國家的目標，也才能期其充分實現。

（民國 81 年 3 月 13 日　《聯合報》二版）

4. 對國建六年計畫期中檢討的質疑

行政院經建會繼「振興經濟方案」報奉行政院核定後，日前又完成「國建六年計畫期中檢討評估報告」初稿，將於本（7）月底前報院。由於國建六年計畫原計畫規模過分龐大，遠超過政府財政負擔及執行能力，該計畫執行兩年半來，不僅進度一再落後，而且使政府債台高築，如不及時調整，將拖垮政府財政基礎。雖經各方一再反映與批評，但該會原主持人堅持己見，不願面對現實。直到連戰就任行政院長前，接受立法委員資格審查時，面對立法委員對國

建六年計畫的質疑，認為問題嚴重，承諾就任後將進行全面檢討。連院長於上任後，即指示經建會及各有關部門，就「國建六年計畫」進行期中檢討，提出改進建議，並限期完成報院。因該計畫的檢討與建議，不僅關係未來三年的國家建設，對總體經濟與國人生活均有重大影響，故深受各方重視。

經建會主委蕭萬長，於本月 3 日記者會中，正式就「國建六年計畫期中檢討評估報告」內容有所說明，其說明可歸納為下列三點：

一、國建六年計畫經過更精確的評估後，總項數由 775 項，刪減或合併 141 項後，改為 634 項；總經費由原計的新台幣 8 兆 2000 億元，調整為 6 兆 4000 億元，減少 1 兆 8000 億元，即降低 22％。蕭主委特別強調，六年國建並非縮減，該做的計畫仍繼續推動，只是部分延長完工年限。

二、調整後的總經費 6 兆 4000 億元中，前三年度共編列了 2 兆 1000 億元的預算，未來三年國建經費需求 4 兆 3000 億元；但從供給面看只能有 3 兆 9000 億元，和需求面相差 4000 億元，除獎勵民間參與公共建設投資外，將邀集各主管機關首長再予刪減。

三、在未來三年公共支出規模方面，基於持續推動重大公共建設，並兼顧財政健全，今後三年政府公債發行餘額將適度控制，以不超過國民生產毛額 40％為上限；依此推估 84 至 86 年度各項公共支出年增率上限，分別是：政府消費性支出 3％、政府固定投資 10％、公營事業固定投資 6％。因此，未來三年的經濟成長目標，由原來的平均每年 7％，向下修正為 6.2％，消費者物價指數每年平均上漲率，由原來的 3.5％，向上修正為 4.3％。至於未來帶動經濟成長的主力，也由以往的仰賴公共投資為主，移轉為以民間投資為經濟成長關鍵。

經建會將「期中檢討評估報告」初稿，在報院之前先行揭露，其目的不外藉此廣徵各方意見，集思廣益，以為修正之參考，此一做法值得肯定。據稱該期中檢討報告係經過更精確評估整編而成，就上述重點表面看來，似都已掌握問題的關鍵所在，秉持的原則也很正確；但如進一步深入研究，各部門間似有矛盾或問題存在，為避免重蹈上次覆轍，我們將提出下列各點質疑，以供主管部門進一步研討之參考。

首先我們要指出的是，根據更精確評估後，未來三年重要建設計畫需要經費 4 兆 3000 億元，供給面可提供的是 3 兆 9000 億元，均較前三年 2 兆 1000 億元高出一倍左右；但根據總體經濟部門所設定的公共投資每年增加率上限目標（政府固定投資為 10％、公營事業固定投資為 6％），推估未來三年公共投

資只較前三年增加三分之一,與前述國建經費不論從需要面或供給面增加一倍左右比較,有顯著差距;再就未來三年公共投資絕對金額而言,總體經濟部門根據設定目標推估的是 2 兆 6000 多億元,與重要建設計畫計算的需要 4 兆 3000 億元,相差 1 兆 7000 億元之鉅;與經建會所謂供給面的 3 兆 9000 億元,亦相差 1 兆 3000 億元,相差比例高達三分之一,此一矛盾現象其原因何在?其財源又從何而來?

其次要指出的是,根據所設定的公共支出每年增加率上限目標推估的公共支出,到 86 年度,其金額占同年國民生產毛額(以每年名目增加 10%估計)的比例,將較 83 年度下降 3.3 個百分點,這表示國內需要的萎縮,對經濟成長有不利的影響;雖經建會指出未來三年經濟成長的主力,將自公共部門轉向民間投資,即要增加民間投資來代替,但依此比例推計,未來民間投資每年增加率要高達 20%以上,在當前投資環境每下愈況,尤其非經濟因素迅速惡化,再加以對外投資不斷升高的情勢下,今後三年民間投資每年要增加 20%,而且要連續三年,其實現的可能性有多大,我們能不懷疑嗎?

第三,原國建六年計畫之所以遭受各方批評與指責,主要在於主辦單位在彙整重要建設投資計畫時,根本不顧總體經濟部門公共固定投資的限制,而做成空前龐大的規模,導致許多後遺症。經建會此次檢討,雖將經費規模大幅減少,但根據我們第一點的質疑,檢討後的重要投資計畫與總體經濟部門間仍然缺乏一致性,兩者矛盾現象仍然存在。為什麼未能省察上次失敗的教訓,而重蹈覆轍,我們不解。

總之,經建會既然要廣徵各方高見,不能再犯原計畫將許多關鍵資料密而不宣的毛病,應比照「振興經濟方案」的做法,將「期中檢討評估報告」初稿全部公開,讓各方表達真知灼見,溝通後獲得共識,再予彙整修正初稿報院,我們相信不僅行政院會迅速核定,亦會獲得各方的支持與配合。

(民國 82 年 7 月 9 日 《經濟日報》二版)

5. 審計部嚴批六年國建

日昨媒體報導,監察院審計部提出「83 年度中央政府決算審核報告」,嚴詞抨擊六年國建計畫大而無當、計畫一再變更,顯示政策形成的過程、計畫內容、可行性評估及財務規劃等,皆未周延妥適,而多項重要建設計畫執行嚴重落後,相關法令規章未能及時配合建立,也暴露政府推行相關軟體法令規劃、協調作業能力及行政效率,都有待加強。這是我國自民國 42 年實施經濟

計畫 42 年以來，政府部門最坦率、最嚴厲的批評，值得重視。

　　早在民國 80 年年初，行政院院會通過經建會所提「國家建設六年計畫」（簡稱六年國建）後，即受到各方質疑及嚴厲批評，甚至包括政府部門負責籌劃投資財源的財政部長在內，而批評者中又以經濟學家居多數，因其了解箇中問題所在也。但因主持計畫研擬單位經建會的堅持而付諸執行，可是結果不到兩年政府財政收支狀況急速惡化。當李登輝總統提名連戰接任行政院長，在立法院徵求同意時，遭到立委對六年國建的嚴詞批評，要求連戰上任後提出改善計畫。因此，連戰就任院長後，即指示經建會新任主委蕭萬長，對六年國建進行全面檢討，並提出檢討調整後的新計畫。六年國建之所以遭到各方嚴厲批評，主要因其具有下列三大缺失：

　　一、大而無當：誠如審計部批評「大而無當」。當時我們的基本設施雖然落後，但百廢待舉，要一蹴而幾是不可能的；經濟建設是循序漸進，無法大躍進。中國大陸大躍進失敗的例子，前車可鑑。六年國建涵蓋大小計畫 775 項，所需建設計畫經費高達新台幣 8 兆 2000 億元，高占計畫期間國民儲蓄 11 兆元的四分之三，遠超過過去公共部門投資所占二分之一左右的比例，投資財源從哪裡來，如何籌劃，是各方，尤其經濟學者最關心與質疑的最大問題。

　　二、規劃不夠周延：如此龐大的計畫，自奉到指示到計畫初稿完成，不到半年時間；據知道內情者透露，真正規劃期間只有兩個月。除原已核定的延續性計畫外，新興計畫多未經過可行性評估，財務計畫更付之闕如。嚴謹的說該等計畫都不能成立，如何能納入國家建設重大計畫之列。

　　三、超過執行能力：該計畫過於龐大，除投資財源問題外，規劃與設計人力的嚴重不足，不僅影響規劃實體的進度與品質，甚至造成執行時不必要的困難。而執行人力更成問題，當時業者即指出，如六年國建全面推動，將超過他們所能承受能力的一倍以上。結果，雖未全面推動，但建設計畫執行不僅進度落後，而工程品質更是嚴重問題，為各方所關切。

　　由於六年國建以上的缺失，在執行三年（81～83 年度）後，產生兩大問題：（1）政府債務負擔沉重，由於六年國建計畫支出的龐大，而財政收入未能跟進，財政赤字不斷擴大，以發行公債支應，造成截至 83 年度止，中央政府應付債款餘額高達 6300 多億元，負擔極為沉重。83 年度還本付息占總預算的比例，已超過 10%，而其高峰在 86 至 88 年度，將高達 20%，較 70 年代的不及 5%，增加三倍以上，增幅驚人。而政府大量發行公債只是將課稅時機延後，將來還本付息仍須仰賴租稅收入支應，增加後人的負擔。（2）資源未能

充分有效利用，不僅在政府編列年度預算時，由於六年國建計畫龐大，且計畫金額高估，與實際決標金額相差懸殊，執行進度再落後，保留預算不斷累增，使政府資源未能發揮最大財務效能，而且在還本付息高峰期間，由於還本付息比例膨脹，政府財政功能大打折扣，致使後期政府預算能用於經濟建設、社區發展、環境保護與社會福利等支出的比例，相對受到很大的限制；財政支出結構惡化，恐非今後三、五年所能扭轉過來。

雖六年國建經過檢討修正，再精簡為 12 項建設，所需建設經費也由 8 兆 2000 億元，12 項建設只要 2 兆 9000 億元。但六年國建僅執行三年所產生的後遺症檢討分析，可給我們兩點啟示，一是計畫的主持者，必須務實，絕不能好高騖遠，空有理想不能有效執行，反造成很多後遺症，必須避免；二是任何計畫，不僅必須經過可行性評估可行後，尚應考慮整體資源的限制，訂定優先順序，依次推動，不要造成社會的過重負擔。希望今後計畫設計部門，能謹記此次教訓，勿再重蹈覆轍。

（民國 84 年 2 月 10 日　《經濟日報》二版）

6. 跨世紀國建計畫的評析

行政院院會日前核定中華民國 86 年國家建設計畫，並通過跨世紀國家建設計畫。跨世紀國家建設計畫規劃民國 86 年至 95 年未來十年國家建設遠景，也就是公元 1997 年至 2006 年的跨越 21 世紀期間，同時揭示了民國 86 年至 89 年的四年計畫具體目標。此一跨世紀計畫的總體目標，是要致力提升國家競爭力，在公元 2000 年邁入世界前五名，增進國民生活品質，促進永續發展，使我國成為現代化已開發國家。未來十年平均每年經濟成長目標訂為 6.5%，其發展策略以落實亞太營運中心計畫為再衝刺起點，由經濟及非經濟面的九大建設，進行全方位規劃，並擬訂具體策略，實踐預期目標。未來十年是極重要的轉捩時刻，我國能否自新興工業國家轉變成已開發國家，跨世紀國家建設計畫將扮演極為關鍵的角色，故行政院通過該計畫，深受各方重視。

我國自民國 42 年實施第一期四年計畫，44 年來先後執行了 11 期計畫，早期是純粹經濟建設計畫，後期擴展到社會部門，即使上期實施的國家建設六年計畫，也僅限於經濟與社會建設兩部門。而行政院通過的跨世紀國家建設計畫，除有關經濟、社會建設部門，並涵蓋了法治·政治（包括憲法與司法）、國防、外交與兩岸關係等。而此等非經濟部門，與經濟建設在本質上有極大的差異，故採用經濟計畫的國家，沒有將政治性等層面的規劃納入經濟建設或國

家建設計畫者。本報去（85）年 11 月 11 日的社論，有鑒於當前國內非經濟因素嚴重影響經濟建設，即建議如將非經濟部門納入國家建設計畫，應以提高行政效率、維護經濟秩序、社會治安、促進社會和諧、改善投資環境，從而提高國家競爭力為規劃的重點，不宜太過龐雜。但現今當局仍然將這些非經濟部門與經濟建設計畫並列，而其內容又過於空洞，多屬口號性的宣傳文字。更嚴重的是，憲政改革與司法改革也納入其中，且不論其內容如何，此等改革均非行政院職責範圍之內，而由行政院院會通過核准，有干涉司法院與總統的職權之嫌，也與現行憲政體制不符。在此凡事泛政治的時代，極易引起爭議，值得當局三思。

　　未來十年平均每年經濟成長率訂為 6.5%，純就經濟面而言，符合長期趨勢，我國已進入中度發展的時代，應可接受。不過，最近兩年我國經濟成長受非經濟因素影響，偏離正常趨勢，84 年僅成長 6.0%，85 年更低只有 5.7%；而 86 年經濟成長目標訂為 6.7%，遠超過學術機構及主計處的預測。已經偏離的發展，要在一年內拉回正常發展趨勢，需要更大的努力，公共投資能否如預期的落實執行，將成為今年經濟成長目標能否達成的關鍵所在。更重要的是，經濟成長率是來自就業增加率與勞動生產力增加率，但未來十年由於人口年齡結構的變化，就業增加率將隨勞動力增加率的降低而減緩，需要技術進步率的不斷提升與資本的持續投入，方得以維持經濟成長；尤以技術進步率的提升，對經濟成長率的貢獻，據該計畫的推估，在計畫後期超過 50%。因此，就長期而言，平均每年 6.5% 經濟成長目標的能否達成，研究發展（R&D）的投入能否從近年占國民生產毛額比率遲滯不前的狀態而有所突破，實為計畫執行面臨的關鍵課題。

　　此外，跨世紀國家建設目標，要於公元 2000 年使國家競爭力，在世界排名從 1996 年的第 18 名提升到第五名，我們懷疑它的可行性。根據瑞士洛桑國際管理學院發表的 1996 年世界競爭力年報，在受評比的 46 個國家中，多數項目我國都落後很多，其中尤以生活成本我國排名第 42 名，即在 46 個國家中，生活成本我國是第五名最貴的國家；司法公正性的排名 31，政府不當行政措施普及性排第 27，政治體制能否配合當前經濟挑戰排名第 26，而國際化程度、基礎建設等均相當落後。這些項目不是三、五年內就能改善的，要想在四年內，尤其在當前行政、立法效率如此差的情況，自 18 名提升到第五名，是相當艱鉅的工作。

　　總之，此次行政院院會通過的跨世紀國家建設計畫，除中央銀行與經建會

對物價上漲目標引起爭議，有待進一步思考的問題很多，值得當局慎重處理。

（民國 86 年 1 月 28 日　《經濟日報》二版）

二、亞太營運中心與兩岸經貿關係

1. 從振興方案看亞太營運中心

行政院長連戰於去（82）年上任後，即指示經建會研擬「振興經濟方案」，除克服當時面臨投資障礙，激勵投資意願外，更應積極引導民間投資之方向，藉以提高生產力，加速產業升級，全面改善經濟體制，並進而將台灣建設成為亞太營運中心。此方案於去年 7 月 1 日核定實施，至本（6）月底，即將屆滿一年。日前經建會主任委員蕭萬長，就該方案一年來執行情形，向連院長提出檢討報告。就媒體透露的該檢討報告內容，顯然各方執行不力，效果不彰，是否能進一步達成連戰所期望的在 20 世紀結束前，將台灣建設成為亞太營運中心，不免使人質疑。

振興經濟方案基本上是從排除投資障礙著手，改善投資環境，但一年來重要項目均未能落實，如：

一、土地方面，原計畫釋出農地、公有土地，提供低價的工業用地，但至今尚未完成任何一筆土地釋出；而毗鄰用地變更為工業用地，因程序、手續繁瑣，進度嚴重落後，部分廠商甚至表示土地問題如再持續延宕，將考慮撤銷在台投資計畫，轉往中國大陸或東南亞投資。

二、人力與技術方面，原預定第一年將延聘 200 位海外產業專家回國服務，但經濟部修訂的「延攬海外產業專家返國服務作業要點」，尚未獲行政院核定；另由行政院開發基金及交通銀行共同提撥新台幣 200 億元，投資 20 家以上高科技事業，至今只有兩家提出申請，顯示利用率偏低。

三、金融方面，中央銀行提撥郵政儲金 400 億元，加強對製造業、技術服務業及中小企業融資。但實際申請金額才 13.2 億元，只用 3.3％，執行績效不彰。而且各銀行對製造業放款金額成長遲緩，過度流向營造業，造成空屋過多，顯然國內充裕的資金，並未流向支援產業發展的需求，資金流向偏差愈形擴大。

四、兩岸經貿方面，原計畫有關其他商業行為，由事先許可制改為事後報備制，迄今並未執行；擴大大陸半成品進口，並加速審核通關流程，自千島湖

事件後，暫停審查至今；至於引進大陸科技人才，至今只核准七件，顯示執行績效欠佳。

五、行政效率方面，振興方案中亟待制定或修正的十多項重要財經法案，有近半法案卡在行政部門尚未送立法院，另一半法案仍等待立法院審查，至今沒有一項完成立法程序。如此行政與立法效率，振興方案如何能落實。公營事業民營化最近才有中國產物保險公司及中國石化公司兩家，政府持股低於50%改為民營，進度嚴重落後。行政革新方案原預定每年精簡公務員 5%，但一年來行政單位增加 54 個之多，所有編制名額不僅未有減少反而增加五千多人，行政革新有名無實。

由以上振興經濟方案重要項目執行檢討，顯示連戰雖將振興經濟方案的落實，列為當前行政部門重要施政之一，但各部門包括行政院本身，並未認真配合，執行不力。以如此進度，如何能在 20 世紀結束前只有六年半時間，把台灣建設成為「亞太營運中心」，難免遭到質疑。不久前美商麥肯錫顧問公司接受經建會委託，對台灣是否能成為「亞太營運中心」進行可行性研究，在其提出初步及期中報告，均坦率指出，要將台北建設成為亞太金融中心為時已晚，認為不可能；至於其他各項中心，時機也只有二、三年而已，如我不能即時把握積極進行各項準備工作，機會瞬即消失，「亞太地區營運中心」名稱雖仍可冠上，但其功能將大為折損。顯然「時間」對我們特別重要，但政府各部門似乎尚未體會到，振興經濟方案執行檢討，進度嚴重落後，似也未驚醒各首長的注意。就以關係「亞太營運中心」成敗關鍵的大陸經貿政策的調適與金融自由化的能否貫徹執行而言，前者大陸委員會主任委員黃昆輝曾表示，建設亞太營運中心，應配合兩岸關係的發展，作適切的調整；後者央行新總裁梁國樹，強調我們不能為自由化而自由化，均以本位為主，未考慮「主體目標」與「時間」對我們的重要性。因此，我們要呼籲，政府行政、立法各有關部門，必須放棄本位主義，爭取時間，對各主管的任務調整其步伐，積極配合在 20 世紀前將台灣建設成為「亞太營運中心」的需要採取有效做法，唯有這樣「亞太營運中心」才有成功的機會。

（民國 83 年 6 月 24 日　《經濟日報》二版）

2. 亞太營運中心應盡速籌建

行政院長連戰於去（83）年最後一次行政院院會中宣示，84 年是「開啟經濟衝刺的行動年」，今（84）年在年假後第一天上班上午，交通部長劉兆玄

即以執政黨從政黨員身分，向執政黨中常會提出「籌建亞太海、空運及電信中心」報告；下午李登輝以總統身分，聽取行政院經建會所提「發展台灣成為亞太營運中心計畫」簡報；日昨（5日）年假後上班第二天，行政院今年第一次院會，即通過經建會所提「發展台灣成為亞太營運中心方案」。政府如此密集式的報告並通過亞太營運中心方案，一方面顯示政府將台灣建設成亞大營運中心的決心與魄力，另方面亦顯示政府了解時間對我的迫切性，稍縱即逝，已到非加速推動不可的關鍵時刻了。

李總統在聽取經建會簡報後表示，亞太營運中心的設計，是我國歷來規模最大，而且深具宏觀的一項綜合性經建計畫，更是我國未來經濟發展重大突破的關鍵。但李主席在聽取劉兆玄部長報告後指出，亞太營運中心大家討論了很久，但至今都沒有具體規劃，有關單位應落實加強方案的推動。因此，對於交通部籌建海、空運及電信中心，應訂定明確時間表，才可督促修法進度，與民間及相關部門的配合。行政院連院長於行政院春節團拜，及昨日院會通過「發展台灣成為亞太營運中心方案」後，除同意在行政院成立常設性的「亞太營運中心計畫推動小組」，並親自主持外，進一步要求行政院各主管同仁負起責任，對每一個中心的作業要有確切時程。連院長強調，去年一年是準備時期，今天是行動的時刻，也是起而行衝刺的時刻。尤其從現在到 1997 年，更是計畫推動的關鍵時刻，各機關必須克服萬難，傾全力推動有關工作，把建設營運中心的氣勢營造出來。可見兩位首長對亞太營運中心成立期待的殷切，也與日前本報社論〈成立亞太營運中心動作要快〉不謀而合。

經建會副主任委員薛琦在簡報中特別強調，建設亞太營運中心的目標，在進一步提升台灣經濟自由化、國際化的程度，促使國內外人員、貨品、資金及資訊能夠便捷的流通，藉以充分發揮台灣在亞太地區，以及兩岸間的經濟戰略地位，吸引跨國企業並鼓勵本地企業，以台灣作為投資及經營東亞市場（包括大陸市場）的根據地，以凸顯台灣在此一地區經濟整合中所扮演的關鍵角色；同時擔負先進國家與開發中經濟承先啟後「中繼者」的國際責任。易言之，即是要集合台灣、大陸及亞太地區經濟資源，突破台灣土地狹小資源貧乏的限制，擴大台灣經濟勢力，早日進入現代化國家之林，而且在即將來臨的 21 世紀，開創新的遠景。「亞太營運中心計畫」的確是一個具有前瞻性，國際化宏觀的規劃，值得肯定，這也是過去一年來我們一再支持及期盼早日實現的關鍵所在。

但，不可諱言的，我們目前仍然存在著許多瓶頸，阻礙亞太營運中心的進

行，主要有僵化的大陸政策、不當的經濟管制、落伍的法令規章、落後的行政效率、供應不足的基本設施、偏高的企業經營成本，以及社會失序、治安不良等等。此等瓶頸需要行政當局的大決心與大魄力，並採取果斷措施突破，不僅不能虛應故事，連時間也不能拖延，否則「亞太營運中心」空有構想，錯過時機就難有成功之日了。

經建會所提「發展台灣成為亞太營運中心方案」，所訂三階段時間表，以 1997 與 2000 年為分界點，以因應 1997 年後的情勢與迎接 21 世紀的到來。如按照過去做法，三階段所列工作如能完成已是了不起的成就。但擺在眼前的是，最近兩年由香港外移的跨國公司亞太總部，有一半以上移往新加坡，一部分移往曼谷和馬尼拉，一部分移回美國，德州儀器移來台灣則是絕無僅有的特例。因此，我們建議行政院「亞太營運中心計畫推動小組」立即成立，並於下週一召開第一次會議，至少要討論下列三事並獲致結論：（1）除經建會已列出六個中心及總體經濟調整部分的分工表外，並就上列瓶頸的克服，亦應列出分工表，指定協辦機關負責；（2）第一階段至 1997 年 6 月底為止，以倒數計時方式，指示各主管機關於三個月內，按細目訂出每月時程表；（3）行政院推動小組每兩週定期召開會議一次，各主辦單位必須於會前三日將各負責進度提出檢討報告及需要會中討論及請示事項，會議時不再作簡報，以討論及主持人裁決為主。唯有如此劍及履及的推動，「發展台灣成為亞太營運中心」才有成功之日。

（民國 84 年 1 月 6 日　《經濟日報》二版）

3. 亞太營運中心與兩岸經貿發展

發展台灣成為亞太營運中心，行政院長連戰稱之為跨世紀的工程，已列為政府當前最重要的施政，各有關機關都動員起來；能否成功，其因素雖多，但兩岸經貿關係能否穩健發展，則為關鍵之一。發展亞太營運中心雖著眼於全方位的對外經貿關係，但大陸市場應是其中重要的一環，而這也是台灣未來長期經濟發展不能忽視的一項重要因素。無論是跨國企業或本地企業選擇在台灣設立區域性營運中心，尤其重視兩岸關係的可能變化。本質上，兩岸經貿往來是一種互利互惠的關係，一方面，台灣以大陸作為經濟腹地，可以拓展亞太營運中心的格局，開創經濟發展的新境界；另一方面，兩岸經濟的合作，也是促進大陸經濟進一步發展的動力，有利於大陸經濟的持續繁榮與發展。因此，為使亞太營運中心能順利推動，發揮創造雙贏的預期效益，兩岸經貿關係發展有必

要作通盤考慮與前瞻的規劃，進行適當的調整。

不久前行政院大陸委員會，已根據連戰院長指示的「現階段兩岸關係以經貿為主軸」，調整現階段大陸經貿政策的兩個方向，一是以市場為導向，減少不必要的交流限制，並循序漸進擴大開放兩岸經貿往來，促進互利互惠的兩岸經貿關係；一是建立兩岸經貿交流秩序，使各種經濟活動能在合理的規範下，健全發展。在此一政策方向下，各有關部會正在檢討、評估，並規劃進一步實施方案，如已實施的境外航運中心、開放大陸經貿人士來台從事經貿相關活動、放寬台商赴大陸間接投資限制，擴大許可投資範圍，在一定金額以內採登記制等，以及考慮本地境外金融中心（OBU）與大陸金融機構往來、准許本地銀行赴大陸設置辦事處，以利台灣金融機構建立區域性金融網路等等。由此顯示政府為建設亞太營運中心，對兩岸經貿關係的推動，作了大幅調整，從過去束手束腳，總是慢半拍，跟著民間腳步走的情形，改為前瞻性的規劃，只要不涉及台灣安全與不違背在台 2,100 萬人民的福祉，均持開放態度。如何克服目前面臨的許多瓶頸，使規劃中的若干前瞻性措施早日貫徹執行，應是主管當局面臨的主要課題。

由於亞太營運中心是以大陸為主要腹地之一，如能獲得大陸善意回應與支持，產生互動作用，不僅亞太營運中心能順利推動，其功能更能充分發揮，創造兩岸雙贏的局面。首先，我們期望大陸回應的是境外航運中心；該中心的設置，實是現階段兼顧經濟需要與政治現實的務實做法，既能解除兩岸之間航行的限制，也能減輕大陸進出貨物航運成本的負擔，且為今後兩岸直航的一個起步。其次，希望兩岸盡速恢復商談，簽訂台商投資保障協議、建立兩岸商務爭議調解與仲裁制度，加強保護兩岸智慧財產權等。表面上看是保護台商權益，實質上，也是規劃兩岸交流秩序，鼓勵海內外廠商利用台灣做據點赴大陸投資的重要誘因。第三，期望兩岸共同舉辦跨世紀的經濟合作研討會，邀請兩岸產官學界具代表性人士參加，針對亞太營運中心有關兩岸未來經濟發展藍圖，研討可創造兩岸雙贏的經濟合作項目，並研擬可行的配合措施，以促進兩岸經濟的共同繁榮。

但不可諱言的，目前兩岸經貿關係受到政治因素干擾，陷於停滯低迷的狀態，兩岸之間無法直航，使得亞太營運中心的美好構想，不能真正落實推動，大好時機，黯然流逝，實在是兩岸人民的最大損失。我們期望兩岸領導當局，亟應以務實的態度與前瞻的眼光，為全中國人著想，跳脫當前政治的羈絆，齊心協力，攜手共進，盡早促成亞太營運中心，真正使中國人的經濟，在 21 世

紀世界經濟舞台上立於不敗之地。

（民國 84 年 9 月 14 日　　《經濟日報》二版）

4. 亞太營運中心首須克服的問題

前日本報社論指出，認真推動亞太營運中心計畫，是「回歸經濟，疼惜台灣」的具體策略。而「回歸經濟，疼惜台灣」的積極意義，則在於匯集全民的意志與力量，督促政府認真推動以亞太營運中心為主軸的「跨世紀大工程」，使台灣得以突破當前政治上、經濟上的悶局與逆境；進而以亞太經濟新版圖中居於樞紐地位，在充分活躍而有尊嚴的情況，迎向即將到來的 21 世紀。因此，亞太營運中心能否落實推動，關係台灣未來經濟前途至深且鉅。

如何督促政府認真推動亞太營運中心計畫，應是全民的責任，今天我們謹就政府當前推動亞太營運中心計畫必須克服的問題，提出我們的看法：

首先是法令規章的更新：依法行政是政府施政的最高指導原則，尤其實施新政，必須於法有據。因此，要落實亞太營運中心計畫，有關法令規章的修訂與新頒，應為首要工作。政府了解其重要性，在研擬亞太營運中心計畫的同時，即針對亞太營運中心計畫的需要，對現行法令規章作全面性的檢討，認為需要修訂及新頒的法律近 40 項，行政命令多達 134 項：原預計今（84）年底以前完成法定程序。但至目前除已送立法院審議的法案 19 項外，其餘尚在各有關單位研擬中，可是距今年底尚不到三個月，我們期望立法、行政部門都要加把勁，在這最後兩個多月的時間衝刺，按照預定進度，完成立法程序，不僅使亞太營運中心計畫能如期推進，也可使連戰院長在今年初所宣示的今年為衝刺年的期望，不致落空。

其次，行政效率問題：新加坡能很快成為區域營運中心，其最重要因素之一即高行政效率，而台灣近年來行政效率有每下愈況之勢。不僅跨國企業不滿意我行政效率，最近聯合報系所舉辦的「回歸經濟，疼惜台灣」——系列專題報導，工商企業界對行政效率亦迭有怨言，而前述法令規章修訂進度的落後，即係現實的證明。這亟需政府下定大決心、大魄力，以大力執行行政革新工作，否則將阻礙亞太營運中心計畫的進行。

第三，公共設施建設的充實：現有的公共設施，無論是電話、電信、電力、自來水、道路、航空運輸與港埠設施，其所提供的數量與品質，均難以配合亞太營運中心的需要，尤其軟體的落後更為嚴重，均亟待劍及履及地進行改善工作。

　　第四、人才的培育：無論是吸引跨國企業到台灣設立各種營運中心，或是鼓勵本國企業以台灣為營運中心，拓展國際業務，均需要大量具有國際水準、精通外語的專業人才。台灣在過去三十多年的經濟外向發展策略，已累積了相當數量熟悉國際經貿事務的人才，推動發展台灣成為亞太營運中心，此類人才即相當不足，除了引進之外，必須盡速作有計畫的培訓，尤其是國際觀的建立，極為重要。

　　第五、大陸經貿政策的調整與發展：無論是跨國企業或本國企業選擇在台灣設立區域營運中心，均極關心海峽兩岸關係的發展。但目前受到政治因素干擾，兩岸經貿關係陷於停滯低迷的狀態。前日本報社論指出落實推動亞太營運中心計畫，即是回歸經濟紓解兩岸經貿僵局的方式之一，尤其香港九七大限將屆，在香港甚至在新加坡的許多跨國企業，正在重新規劃調整其在亞太地區的營運策略，如果我們不能及早實現直飛與直航，一旦這許多跨國企業完成了區域營運中心的決策與地點的選擇，對台灣亞太營運中心的發展，將有極為不利的影響。

　　雖然本報與聯合報的調查，顯示工商企業對亞太營運中心前途不樂觀，如政府能就以上面臨的問題，盡速有效克服，將可增加工商界對政府的信心，亦將有利於亞太營運中心計畫的落實推動。

　　　　　　　　　　　　（民國 84 年 10 月 5 日　　《經濟日報》二版）

5. 亞太營運中心可營造兩岸雙贏

　　行政院長連戰本月 22 日參加聯合報糸「全民支持建設台灣為亞太營運中心」有獎徵答公開抽獎時表示，今年是發展台灣為亞大營運中心成敗的關鍵時刻。在此同時，據悉中共國務院總理李鵬卻在上海強調，要發展上海為國際航運中心，並穩定香港在國際航運的地位，以打擊台灣的境外航運中心。中共高層領導人這項談話，顯示其未能以恢宏的氣度與眼光看待亞太營運中心計畫，令人遺憾。

　　中共高層的用心，據報導是以台灣建設亞太營運中心，為經濟上搞兩岸分裂分治，破壞三通直航，同時也是經濟上的競爭和對抗。因此，中共打算加速上海國際航運中心的建設，不讓台灣的境外航運中心順利實現。此一訊息如屬確實，則顯示中共高層對於台灣建設成為亞太營運中心的目的與做法，不甚了解，甚至泛政治化。儘管上海目前缺乏優良的深水港，但上海擁有廣大的腹地，已是大陸貨物集散中心。上海港去年貨櫃吞吐量，占大陸沿海港口貨櫃吞

吐量的三分之一以上，如再加速深水港的建設，假以時日，是有具備發展國際航運中心的必備條件，但與台灣發展亞太營運中心並不衝突。

實質言之，中共高層對台灣推動亞太營運中心計畫，有相當的誤解，未能認識事情的本質。

其一，建設台灣成為亞太營運中心，是純粹的經濟目的，而非政治目的。民國 82 年政府為振興經濟，於 7 月 1 日實施的「振興經濟方案」，將建設台灣成為亞太營運中心列為中長期期追求的目標。其目的在進一步提升台灣經濟自由化、國際化的程度，促使人員、貨品、勞務、資金與資訊的便利進出與流通，充分發揮台灣在亞太地區及兩岸之間的有利區位，吸引跨國企業並鼓勵本地企業，以台灣作為投資及經營東亞市場包括大陸市場的據點，俾使台灣成為各種領域經濟活動，包括製造、轉運、金融、通訊、傳媒等活動中心，促使台灣經濟發展邁入更高境界。與中共高層所認為的在經濟上搞分裂分治，毫不相干。

其次，是計畫的用意在求良性競爭中的加強合作，而非對抗。台灣發展亞太營運中心，雖著眼於全方位的對外經貿關係，但大陸資源與市場，是其中最重要的一環，也是台灣未來長期經濟發展不能忽視的一項重要因素。實際上，無論是跨國企業或本地企業選擇在台灣設立區域性營運中心，其著眼點還是大陸資源與市場，故對兩岸關係的變化極為關切。本質上，兩岸經貿往來，是一種互利互惠的關係；一方面台灣以大陸作為經濟腹地，可以拓展亞太營運中心的格局，開創經濟發展的新境界；另一方面，兩岸經濟的合作，也是促成大陸經濟進一步發展的動力，有利大陸經濟的持續繁榮與發展。台灣去年推出的高雄境外航運中心，應是未來三通之前的權宜措施，其最終目標仍是三通直航。至於上海發展成為國際航運中心，是否就打擊高雄區域航運中心的地位，據我們了解應不致如此。一方面未來東亞貨物運輸仍將持續迅速增加，上海港的擴建不致影響高雄航運中心的地位，如同過去新加坡港口運量的大幅增加，香港貨物運輸的繼續蓬勃發展一樣；另一方面，兩港的貨物流向與腹地不同，雖有競爭但不致太劇烈，而且上海港將成為大陸沿海貨櫃中轉樞紐港地位的可能性極大，果真如此，則高雄與上海兩港應是良性競爭中分工合作的機會較大。

我們要特別指出的是，兩岸未來經濟發展，競爭是不可避免的，但經濟性的競爭是進步的泉源，絕不能夾雜政治因素。兩岸的經濟互助合作才是重點，而且是創造雙贏的重要手段。台灣繼續推動亞太營運中心建設，估計未來十年經濟成長率（GDP）每年為 6.5％，物價以不超過 3.5％為追求目標；而大陸照

「九五計畫」兩岸經貿合作持續發展,每年經濟成長率為 8％到 9％,如每年物價上漲率不超過 7％,應可維持匯率的穩定;則到公元 2005 年,台灣的國民生產毛額(GNP)可達到 6,900 億美元,較 1995 年的 2,650 億美元增加 1.6 倍;而大陸 2005 年 GNP 可達到 26,500 億美元,較 1995 年的 6,000 億美元提高 3.4 倍。因此,兩岸的經濟規模差距擴大,1995 年大陸的 GNP 是台灣的 2.26 倍,2005 年擴大到 3.84 倍;從而,每人 GNP 差距大為縮小。1995 年台灣每人 GNP 估計為 12,500 美元,是大陸 500 美元的 25 倍;到 2005 年台灣每人 GNP 雖升到 30,000 美元,可是大陸也升到 2,000 美元,差距縮小為 15 倍。

如此一趨勢延伸到 2010 年,大陸每人 GNP 可提升到 4,000 美元,與台灣的差距縮小到 10 倍左右,這時大陸人民已邁入小康時代,對大陸應是好事。我們因此認為,台灣建設亞太營運中心,以大陸為腹地,大陸不應排斥,而宜相互合作,不僅能夠創造兩岸雙贏,也可望開創 21 世紀中國人出頭天。中共高層對這樣的遠景應有基本的認識。

(民國 85 年 1 月 25 日　《經濟日報》二版)

6. 亟需明確的大陸經貿政策

自去(82)年 7 月 1 日,行政院將建設台灣成亞太營運中心,列為「振興經濟方案」所努力追求的目標以來,各方面包括政府經貿部門、企業界與學者,都深切了解要實現亞太營運中心的目標,必須要有一個明確的對大陸經貿政策配合;否則,不僅事倍功半,甚至沒有成功的機會。可是主管大陸政策的行政院陸委會,則一再強調兩岸關係與亞太營運中心計畫的成敗,並不是因果關係;直到最近在行政院長連戰聽取經建會簡報亞太營運中心計畫時,還是如此強調,兩岸關係不是亞太營運中心成敗的決定因素。我們擔憂的是政府決策的目標,如不能得到政府各相關部門的有效配合,其實現的可能性令人懷疑。除已於日昨本報社論〈營運中心的大陸因素〉分析我們的看法外,今天我們將退一步想,即使政府不考慮將台灣建成亞太營運中心,但鑒於近數年來兩岸經貿關係的迅速發展,也需要一個明確的大陸經貿政策,不能再讓民間打爛仗了,否則,受傷害的將是台灣的 2,100 萬人民。

雖然到今年 5 月底止,經政府核准間接赴大陸投資的案件 10,200 多件,金額約 40 億美元,僅及我對外投資總額的三分之一,不及國內民間一年投資的六分之一,為數不算多。但,大陸最近發表的台商到大陸投資資料,件數已超過 2 萬件,協議投資金額超過 200 億美元,而且在香港對大陸投資中,也有

一部分是台商的投資，並未包括在上述金額內。即使以大陸發表的台商投資200 億美元計，相當我對大陸以外地區投資總額的三倍，也幾與國內民間一年投資額相等，為數不能算小；而且其中 80％，在政府的統計中並沒有表現出來，是在缺乏明確的政策下進行，其模糊不清、危險性可想而知。

雖政府統計的對大陸投資金額才 40 億美元，但因大陸周邊產業不完整，其所需的機器設備、零組件、原材料等需要向台灣購買，所誘發的貿易金額成長之速相當驚人。台灣產品經過香港運往大陸，在政府開放到大陸探親以前的民國 76 年才 12 億美元，隨著對大陸探親的開放，對大陸投資興起，對大陸的間接貿易亦隨之展開，到去年經過香港運到大陸的物資已增至 72 億美元，六年間增加了五倍。可是，去年自台灣出口報關填明運往香港的出口額高達 184億美元，但香港統計自台灣進口的才 120 億美元，其差額約 70 億美元物資（出口按 FOB 計，進口按 CIF 計），並未到香港，因此香港無此金額的進出口記錄，極可能也是運往大陸。因此，兩者合計，去年台灣對大陸的出口金額高達 140 多億美元，較之六年前增加了 11 倍，平均每年增加率高達 50％。此對台灣近年來，在工業國家不景氣瀰漫聲中，出口還能持續增加，經濟維持中度成長，對大陸出口的快速增加，其貢獻是可以肯定的。

不過，值得注意的是：（1）台商對大陸投資已超過 200 億美元，相當國內民間一年投資額；（2）台灣對大陸出口高達 140 多億美元，占我總出口比率高達 16.5％，僅次於對美出口，高於對整個歐洲出口，也高於對日出口，而高居我出口的第二位；（3）六年來對大陸出口增加金額，高占總出口增加金額的 41％；（4）去年對大陸出口 140 多億美元，進口才 11 億美元，出超高達 130 億美元；而去年總出超才 79 億美元，如去年不包括大陸的出超，則去年我整體貿易已出現 50 億元的入超。由這幾項數字可了解，兩岸經貿發展對我經濟影響的深遠，而我政府竟然沒有明確的對大陸經貿政策，使官方的統計，對大陸投資僅及五分之一，對大陸出口統計也少了二分之一，與現實完全不符，如何能了解全貌，作整體的規劃，值得警惕。我們期望主管大陸政策的主持者，能重視此一問題對整體經濟的影響，作出明智的抉擇。

（民國 83 年 8 月 19 《經濟日報》二版）

7. 兩岸宜加強經貿交流取代對立

自上（6）月中以來兩岸關係持續惡化，我們的股市隨之滑落。6 月 17 日大陸海協會片面通知我海基會，推遲舉行第二次辜汪會談，當天加權股價指數

下跌 102.23 點，第二天再下跌 91 點，第三天雖止跌反彈 67 點，但自此之後，股市一直籠罩在兩岸關係低迷的不確定因素中。本（7）月 3 日傳言大陸在東南沿海進行「東海五號」軍事演習，當天股價指數下降 132 點，當日晚間雖經過中央社三次發布更正啟事，但第二天股市僅以上漲 7 點作收。本月 19 日中共新華社發布 7 月 21 日至 28 日，在東海水域進行地對地導彈試射的消息，當日股市暴跌 229 點，有 81 種股票跌停板，跌幅達 4.23％，是今年以來最大跌幅，昨（20）日又續跌 140 點，再創今年股價指數新低點。近一個月來總計三次兩岸關係信息，使股市下跌了將近 700 點，跌幅相當深，使今年以來的股市投資人，不是持股套牢就是賠慘了。此一跌勢雖有過度之嫌，但亦顯示兩岸關係的變化，對股市甚至整體經濟都有極大的影響，因此，處理兩岸關係，必須謹言慎行。

這波股市兩天重跌近 370 點，遠超過上兩次之和，主要因大陸主持這次演習的第二砲兵部隊，過去演習都在陸上，這次移往海上，是第一次在海上進行飛彈試射，而且試射範圍接近台灣，今（21）日是中共公告試射的第一天，我股市反應如何，尚待進一步觀察。雖然中共宣稱這次演習只是其例行年度訓練計畫，但就這次飛彈演習的地點和時間的選擇上觀察，其目的除顯示其軍事力量，以「軍事警告」達到對我「政治恫嚇」的目的外，其實它是一石數鳥的做法，還有多項目的：一是飛彈試射地點，距我彭佳嶼北北東方 137 公里，離釣魚台很近，不啻向日本宣告，今年在日本召開的 APEC 領袖會議，不得提升台灣出席者的層次；二是 8 月 1 日美國國務卿克里斯多福與中共外長錢其琛，將在汶萊會談，在此之前試射飛彈，無疑是在增加錢其琛在談判桌上的籌碼。雖然消息傳出此次克里斯多福與錢其琛的會談，可能是兩岸關係改善的轉機，但我們也不能忽視在雙方談判時，可能對我造成的不利影響；三是東南亞國協外長會議，將於 8 月初在汶萊召開，雖中共外長錢其琛宣布歡迎與鄰國合作開發南沙群島，但在此前中共舉行飛彈試射，也就是警告其鄰國，在南沙群島之爭，中共維護國土有其實力，這也是中共過去慣用的兩手做法。最後綜合大陸這次飛彈試射的最終目的，是在向世人宣告其維護國土完整的「實力與決心」。大陸中共一直反對台灣搞「兩個中國」或「一台一中」。而其認為台灣搞台獨背後有一個黑手在支持，坦白的說就是警告外國勢力不得侵入。由此可知，大陸這一連串動作，顯示其對處理兩岸關係政策方面已有了顯著的變化，對自李登輝總統返回美國康乃爾母校講演與連戰院長訪歐之行所採取的報復行動，到飛彈試射是否到了終點，還要觀察各方的反應，可能還有其後續動作，

亦未可知。如何突破此一變局，維持兩岸和平穩定的發展，有賴我最高當局的高度智慧了。

行政院長連戰於昨日院會中，在聽取陸委會及國防部的報告後，指出「兩個中國」、「一中一台」以及「台獨」都不是我政府的政策，……中華民國政府追求國家統一的決心，從未改變，我們今後仍將依據國家統一綱領循序漸進的規劃，繼續不斷推動兩岸關係的良性發展。……目前政府處理此一連串事態的基本立場是，「以理性排除情緒」、「以互利取代對立」、「以和平避免衝突」，希望中共當局亦能深思，而有良性回應。在連戰院長此一宣示下，經濟方面如能進行下列兩項工作，應可緩和當前兩岸緊張情勢：

一、記得民國 60 年我國退出聯合國後，造成人心的不安，股市暴跌，資金大量外流，投資停滯。不過，在先總統蔣公發表談話，提出「處變不驚、莊敬自強、慎謀能斷」12 字方針及政府各部門採取了各項配合措施後，整個經濟社會情況，很快就穩定下來，迅速恢復經濟繁榮發展。我們認為此時層峰如能發表類似談話，緊接著行政部門採取有效配合措施，對安定人心，持續經濟繁榮發展應有助益。

二、發展台灣成為亞太營運中心，已是當前施政重要政策，而兩岸關係穩定發展應是營運中心能否成功的所在，政府近日正在規劃改善兩岸經貿關係的各項措施，如放寬大陸經貿人士來台、開放大陸物資進口，以及逐步開放兩岸三通限制等，盡早落實執行，加強兩岸經貿交流，取代政治對立，應可得到大陸的善意回應，實現兩岸「雙贏」的目標。

（民國 84 年 7 月 21 日　　《經濟日報》二版）

8. 因應台海兩岸產業從互補轉為競爭的情勢

經濟部長王志剛日前透露，中共當局將限制我人造纖維進口。行政院經建會主委江丙坤也指出，過去台灣海峽兩岸經貿發展，產生很大互補作用，但近年中國大陸推動產業升級，在國際市場取代我技術密集產品的趨勢，日漸明顯，兩岸產業已由互利互補的分工局面，逐漸轉為競爭態勢。由於我人纖產量居全球之冠，而大部分人纖產品銷往大陸，因此，大陸限制我人纖產品進口，將對台灣人纖工業造成極大衝擊。而且我國內市場狹小，以出口為推動我經濟成長的主力，一旦出口市場被大陸取代，則對我整體經濟的影響極大，主管當局及業者自應密切注意，並尋求因應之道。

去年我出口衰退 9.4％，成為經濟成長率降至 5％左右的主要原因之一。

在出口衰退中，對香港及大陸的出口大幅減少占三分之一以上。同時，去年對大陸出口的衰退遠高於去年大陸進口的減少幅度，況且去年新台幣對人民幣相對貶值了 14％。儘管大陸當局並不承認對台灣產品的進口有限制，但自台灣對大陸出口的數字可以看出，近年大陸發展進口替代工業，已對我產品對大陸出口產生影響。經濟部統計處曾調查大陸台商回台採購的原料比率，近年有顯著下降趨勢，亦證實此點。另據學者研究，過去十年台灣對美國出口，被其他東亞國家對美出口替代的金額，占 1997 年我對美國出口總額的 31％，而其中被大陸對美出口產品所替代的比率高占 70％，顯見近十年來大陸出口的擴張，已對我產品在國際市場上的競爭，產生相當大的威脅。

最近人民幣是否貶值，已引起各方的注意。人民幣一旦貶值，雖有助大陸的出口，也對大陸台商出口有利，但對台灣出口將造成雙重不利影響。人民幣貶值，一方面提高其進口成本，有利其進口替代工業的發展，對我產品輸往大陸造成不利影響；另一方面將提高出口競爭力，增強其產品在國際市場替代我產品的能力。因此，純從經濟面而言，人民幣的貶值，對我經濟弊多利少。

兩岸產業分工，互補固然有利兩岸經濟的發展，但競爭是無法避免的，如能因應得宜，競爭更能促進兩岸產業的升級及經濟的健全發展。我們認為，因應之道首重台灣產業加速升級的步伐，擴大兩岸產業技術的差距。在民國 80 年代上半期，由於台商對大陸的大量投資，誘發了台灣對大陸的出口，促進我機器設備、原物料及零組件的生產，加速了產業升級。但自我當局實施戒急用忍政策以來，對大陸投資已有減緩現象，同時早幾年大陸下游台商帶動中上游廠商移至大陸投資，近年已開始生產，產生進口替代效果，導致台灣對大陸出口的衰退。面對這樣的情勢，為維護台灣經濟的持續成長，創造產業升級的有利條件，即將於今年底實施期滿的促進產業升級條例，應及早作適當修訂後繼續實施。

其次，過去主管當局曾提出警告，大陸內銷市場雖大，但大陸政策會隨時改變，國內業者切勿專對大陸市場的需要，大量投資，以免一旦大陸限制進口，生產設備將被閒置，致使血本無歸。但業者在大陸市場的誘惑下並未理會，而最近大陸將限制我人纖的進口，顯示當局當時的警告並非危言聳聽。因此，我們希望業者瞭解，由於大陸市場廣大，對某項產品需要，一旦達到經濟規模，進口替代產業或將很快建立，即使不考慮政治因素，由於其國內生產的增加，減少進口為必然的結果。今後業者對此類產業的擴建，必須作審慎的規劃。另方面，我們也建議政府對國內此類生產過剩的中上游產業，開放對大陸

投資，使其過剩的設備能轉移大陸生產，以減輕業者的損失。

此外，大陸的基礎研究有相當的水準，而台商有充裕的資本及商業化的經驗，尤其最近兩岸都有進入世界貿易組織的可能，一旦進入，外國企業及產品將大量擁入，勢必對當地產業造成重大衝擊。因此，積極推動兩岸產業技術與投資產銷合作，並有效結合兩岸競爭優勢，促進產業升級，不僅可以力抗外來競爭，進軍國際市場，也有助降低台灣對日本技術的依賴與對日貿易逆差，造成兩岸雙贏局面，希望兩岸當局早日採取有效措施，促其實現。

（民國 88 年 2 月 5 日　《經濟日報》二版）

三、規劃加入 GATT／WTO

1. 積極爭取領先或與中共同時加盟 GATT

自今（80）年 7 月，美國總統布希公開支持我國加入關稅暨貿易總協定（GATT）後，美國政府已採取實際行動，並函美國駐外使領館，籲請各使領館駐在國政府支持台灣加入 GATT，美國貿易代表署助理代表克里斯朵夫且預期最近三、四月內將有重要發展。另方面我國外交部房金炎次長，日前訪歐回國稱，據其瞭解歐洲國家和歐市原則上都贊同我國加入 GATT，尤其是近來歐市樂見我國經貿體制的改善，都給予支持。正當國人欣喜我國加入 GATT 有望之際，本週四中共「外交部」發言人吳建民在一項談話中間接表明，中共將繼續阻撓我國在中共之前加入 GATT。吳建民稱，台灣是中國的一部分，因此，台灣作為中國的一個地區，只有在「中國」加入 GATT 後，經過磋商，才能解決台灣加入 GATT 問題。中共阻撓我參與國際組織立場毫無改變；但中共此一做法，我們決不能接受。若中共領先我國加入 GATT，將對我加入產生極不利的影響，主要原因有二：（1）按照 GATT 規定，除原始簽署國外，有意加盟者可依 GATT 第 26 條及第 33 條規定，成為 GATT 盟員。按第 26 條規定，係適用於原為盟員殖民地之新獨立國家，得於其原宗主國之贊同聲明下，成為 GATT 盟員。此即中共一再堅持之主張，待其入盟後，將我列為其屬下之地區，贊助我入盟，把我降為其地方政府，我們當然不能接受。（2）依 GATT 第 33 條規定，申請加入 GATT 之程序為，須先向 GATT 秘書處提出「加盟意願函」及其「對外貿易體系備忘錄」，倘經 GATT 理事會以共識決接受申請，則由 GATT 有興趣之盟員組成「工作小組」，負責審核申請之「對外貿易體系備忘錄」，

並與申請者談判，決定是否建議「盟員整體」同意申請者加入 GATT。另方面，申請者須與個別盟員進行關稅減讓及非關稅措施之雙邊談判，倘三分之二以上盟員認可理事會建議之「加盟議定書草案」，並與申請者完成談判，則申請者可與「盟員整體」簽署「加盟議定書」，正式成為 GATT 盟員。由此可知依 GATT 第 33 條規定加盟，須經過三關，若中共先加入，如我們不接受其贊助依 GATT 第 26 條加盟，中共必將參加工作小組，就是其不阻撓，我方官員是否同意與其直接談判；何況，以中共人口之多，及其在國際上之強勢作為，進入 GATT 理事會並非不可能。一旦其成為理事之一，要想理事會接受我國申請獲得共識決，除我同意依第 26 條加盟，否則是不可能的事。

因此，我們建議政府各有關部門，並動員民間企業力量，乘各國對我近年來積極推動自由化工作給予肯定，及我「國家建設六年計畫」總資金需要三千億美元，廣受各國重視之際，應展開全面攻勢及遊說 GATT 各盟員國支持我國領先中共，最低限度也要與中共同時加入 GATT。行政院應將此一工作，列為本年度最重要急迫達成之任務。否則，此時機一旦錯過，要想加盟 GATT 將更難矣。

我們雖然積極支持加盟 GATT，但加盟後可能產生的不利影響及面對的問題，也不得不考慮。

不利的影響，在政府近年來積極推動自由化後，已大為減少。不過，近五年來進行的烏位圭回合之新多邊貿易談判，原預定去年底完成，但由於美國與歐市在農產品補貼問題上互不相讓，幾近破裂；最後延長一年，於今年 2 月復會，並決議在今年底達成結論；顯示各國對於健全 GATT 的機制功能，仍存有相當的期望。而且本週三歐市首席貿易談判代表佩曼表示，歐市已決定在下個月內解決農業補貼問題，並於今年底在 GATT 烏拉圭回合多邊貿易談判中，達成原則協定。一旦烏拉圭回合多邊貿易談判獲得結論，則有關服務業、農業及智慧財產權保護，均將納入 GATT 規範。而我服務業及農業自由化才剛起步，加入 GATT 後，均將遵照 GATT 規範辦理，對該兩業的衝擊，應即早作好準備調適工作，將其不利影響降至最低。

面對的問題是，當我國加盟 GATT 後，不論中共是否與我們同時加入或稍後加入，則按照 GATT 規定的最基本精神，對盟員不得有「歧視待遇」，但我們國統綱領尚在近程階段，我們依然要對中共貿易只能限於「間接」進行，其中矛盾不能不注意，避免加盟 GATT 後，再受到各盟員國的指責。

（民國 80 年 9 月 28 日　《經濟日報》二版）

2. 加入關貿總協的深層意義

關稅暨貿易總協定（GATT）日前通過我國入會申請案，卻因關貿總協理事會輪值主席舒其（Rutshi）透過發言人伍茲發表聲明，指我國應比照「港澳」模式入會，引起國人疑慮。不過關貿總協書面聲明，已明白記載我國是依協定第 33 條規定入會，而港澳是依第 26 條入會。兩者最大的不同，是後者入會時必須其宗主國推薦，一切依宗主國條件辦理，故勿須單獨成立入會審查工作小組，亦不必與其他締約國舉行雙邊談判。而前者則係自行申請無須推薦，而且須成立獨立的入會審查工作小組，審查其所提貿易體制備忘錄，並須與其他締約國舉行雙邊諮商談判，獲得三分之二以上支持，方得入會。我們入會程序關貿總協完全按照第 33 條規定辦理。因此，我們認為當前應重視的是，在與各締約國談判完成後，我國以何種身分地位進入關貿總協，而非是否比照所謂「港澳」模式。

近年來，我們為加入關貿總協，經過了許多曲折，終於獲得關貿總協通過我申請入會案而成立入會審查工作小組。我們這樣努力爭取入會，其目的為何？除一般所謂的政治、外交與經濟利益外，我們認為一旦成為關貿總協正式締約國，就長期而言，更具深遠的利益，主要的有：

一、到目前為止關貿總協尚算不上是一個國際組織，只是規範國際貿易的國際體制。不過，正在進行中的關貿總協烏拉圭回合談判，已將關貿總協作為一個各國政府用以解決貿易爭端的國際「法院」，列為討論主題，並已初步獲得共識；加以國際貿易牽涉範圍極廣，將使關貿總協變成各國總體經濟政策的協調場所。因此，一旦我國正式成為關貿總協締約國，則可與其他締約國建立總體經貿政策的正式協商管道，突破因欠缺外交關係所造成的各種障礙。同時，亦可有效利用此一管道，爭取我在國際經貿間的實質合理待遇與地位。

二、關貿總協目前雖尚不算是一國際組織，但在烏拉圭回合談判中，卻有設立「多邊貿易組織」（MutiIateral Trade Organization）的構想，在締約國間也已獲得共識。一旦正式通過，成立「多邊貿易組織」，我國將可藉關貿總協締約國身分，順理成章進入該組織，這將是我國進入正式國際組織的另一重大突破。

三、一旦我國正式成為關貿總協締約國後，在締約國間將無歧視顧慮，出口商品得享有最惠國待遇，使我國具有競爭力的產品，在國際間更能充分發揮。同時，我國係以已開發國家身分申請入會，因此，入會後自由化政策必將

積極進行，將使國內若干不具競爭力的產品遭受淘汰，而進口國內相對不具比較利益的產品。如此不僅消費者可享受到物美價廉的進口品，而且由於進出口商品均增加，等於提高國內生產供應能力。過去我們推動「出口導向」政策，但對進口有所限制，故只能享受出口擴張的利益；近年來雖不斷解除進口限制、降低進口關稅，進口的效果已有顯現，但尚未充分發揮。今後加入關貿總協後，自由化的貫徹實施，當可享受到進出口兩方面的利益，使國內生產要素平均生產力提高，實現擴張貿易的真正目的。這也將是進入經濟學者殷殷期望的「資源有效利用」的境界。

加入關貿總協雖然將使尚在保護中的產業遭受衝擊，但保護終非長久之計，只要我方代表在審查過程中，與其他締約國進行雙邊談判時，善用談判技巧，爭取有利條件與時間；同時，國內做好準備調適工作，其衝擊將會降至最小。同時，回顧過去五、六年來，不但國內自由化積極進行，先後解除各項管制，而且在關稅大幅降低、新台幣大幅升值、勞力供應不足、工資大幅上升的眾多壓力下，這也是我國產業結構與出口產品結構調整最快、最具成效的時期。因此，我們相信，在與各締約國進行雙邊談判時，堅持關貿總協定第 33 條原則，以「經貿實體」身分入會，國內做好調適準備工作，加入關貿總協的利益應可充分發揮。

（民國 81 年 10 月 2 日　《經濟日報》二版）

3. 加入 WTO 關鍵時刻談因應之道

目前海峽兩岸都在積極對外展開諮商，期望在今年底前加入世界貿易組織（WTO）成為正式會員。從美國貿易代表白茜芙日前公開對北京喊話來看，今（1999）年應是中共入會的關鍵年。因為公元 2000 年初 WTO 又將展開新回合的談判——如農業貿易、服務、智慧財產權，以及貿易與環保等，要是不在今年底 WTO 部長級會議時談妥，中共不知要等到何時才有入會的機會。中共總理朱鎔基已有回應，表示要開放電訊與金融市場；而且朱鎔基即將赴美訪問，可能有所突破。我們已與包括美國在內的 25 個國家完成雙邊諮商協議簽訂，尚差加拿大和香港簽訂協議書，同樣也有困難存在。

根據 WTO 的規定，加入 WTO 除了須與相關盟國完成雙邊諮商，解決個別國家所提出的相關要求外，也要完成多邊諮商，解決申請國經貿體制的問題。在我國入會申請有關雙邊諮商的部分，在 26 國與我國提出諮商的國家中，我國已完成與 25 國的諮商，僅剩加拿大還在繼續諮商中，不過其中與香

港的雙邊諮商雖早已完成，但尚未簽訂議定書。至於多邊諮商議題部分，已在日內瓦舉行了九次工作小組會議，迄今仍有許多問題待解決，而第十次工作小組會議，就我國入會議定書進行審查，原訂去年底舉行，一延再延，據目前得到的訊息要到 4 月底後才能召開，此與中共入會時程不無關聯。

大陸中共入會進度遠落在我國之後，其主要關鍵是在中共對美國的雙邊諮商有許多歧見未能化解，因此一再拖延。一般了解，中共與美國的諮商如能突破達成協議，則中共與其他盟國的雙邊諮商，以及多邊諮商，應可輕易過關。

如果中共能在年底前加入 WTO，對我衝擊如何，不言可喻，我們必須要與中共在同一會期入會，否則勢將遭遇更大的困難。因此，我們應及早完成與加拿大的諮商，簽訂議定書。多邊諮商也應爭取 WTO 多邊工作小組按預定日程進行，期望在上半年完成多邊審查我入會議定書程序。至於與香港議定書遲遲未能簽訂，可能有兩個原因，一是中共怕我們先它入會，二是觀察我們對中共是否採用排除條款。看來香港要待我們對中共是否採用排除條款表態後，及中共完成一切諮商入會定案後，才會與我們簽訂議定書，這不是我們所能影響。似乎只要我們對中共不採排除條款，相信香港在最後關頭簽訂議定書，應不致生變。如兩岸入會，我對中共不採排除條款，雙方均須遵守 WTO 最惠國待遇與國民待遇規定，則我目前實施的兩岸經貿往來單行法規，就有作部分調整的必要，是則衝擊我當局當前間接經貿往來的政策，想必政府已早有規劃。但在大陸加入 WTO 後，大陸市場的開放，貿易障礙的減少，外匯管制放寬，使其經濟體系日益市場化、自由化，將成為吸引台商的更有利因素。為避免台灣資金大量外流，導致產業空洞化，如何改善國內投資環境，促進產業升級，把根留在台灣，並與大陸建立產業分工體系，應為當局面臨的重要課題。至於雙方入會後，大陸廉價農工產品的大量進入，將衝擊國內農工業發展；我們除可利用國際間對大陸農工產品的特殊規範，來維護台灣產業生存外，我們也可利用安全防衛的進口救濟措施，或是課徵反傾銷稅、平衡稅，以降低對國內產業的傷害。但這些只是輔助的措施，不宜長久依恃，因經濟自由化、國際化已是我們的既定政策，提高競爭力才是正確的做法。我們建議政府應加快腳步推動政府改造，以提高行政及立法效率；企業應加強產業技術研究、擴大產品差異性、加強產品行銷與策略聯盟，以提高產品附加價值與競爭力，使我產品在進入 21 世紀於國際市場立於不敗之地。

（民國 88 年 3 月 18 日 《經濟日報》二版）

4. 及早規劃建立加入 WTO 後的新經貿架構

前日本報社論〈積極因應 APEC 年會之後的新情勢〉，指出我國加入世界貿易組織（WTO）將面臨的挑戰，今天我們進一步對因應挑戰與新情勢所持策略提出看法，以供當局及業者參考。

近年我國為加入 WTO，在關稅降低及體制調整方面，都做了許多努力，儘管雙邊貿易協商均已結束，除香港外都已簽訂了雙邊協議書，但受政治的干擾，迄尚未完成整個程序。不過，經過 APEC 此次年會將「強烈要求尚未加入 WTO 的 APEC 成員，於新回合談判之前完成加入所需程序」納入「奧克蘭宣言」，加上美國與中共高峰會後已恢復雙邊諮商，似有峰迴路轉之勢，雖然前途變數仍多，但台灣海峽兩岸加入 WTO 應為期不遠。

就加入 WTO 的整個過程而言，我們近年所做的努力，基本上是做到跨入 WTO 門檻的要求，加入後關稅的持續降低及體制調整的落實執行，內部的反應如何，應是我國加入 WTO 成敗的關鍵所在。尤其在加入後的最初幾年，諮商期間所做的各項承諾逐步落實，各方調整適應的情況值得關注，除需要將各項承諾早日公布，讓業者瞭解即時準備調適外，更有待政府未雨綢繆早作規劃，將不利的影響降至最低。因為在此調適期，必將有產業被陶汰，也可能發生財富重分配的情況，必須設法維護各部門的均衡。同時，我與中國大陸若同時成為 WTO 成員，在新的經貿架構下，兩岸經貿關係如何調整，政府亦將扮演重要角色。

過去長期以來，我們的產業政策是以關稅及管制保護為主；不過近年政府積極推動經濟自由化及為加入 WTO 數度調整關稅，保護的程度已大為降低，但加入 WTO 到 2010 年經濟需全面自由化，降低關稅已為大勢所趨，國內產業將全面暴露於國際競爭環境下，其對產業的衝擊可想需知。因此，我們今後的產業政策必須走向市場，一方面消除市場上的障礙，同時也為產業界建造一個公平競爭的環境，包括規劃設計一套為大家共同遵守具有公信力的競賽規則、充實的基礎建設、現代化的金融體系、合理化的財稅制度，以及高效率的行政與立法、良好的社會治安等，以降低企業負擔，提高國際競爭力。

現階段我國對大陸投資、貿易及航運仍在管制之下，且採間接進行。這種情況，在國際現實下，加入 WTO 時除非對中國大陸採用排他條款，兩岸關係可能出現新的變化。根據政府稍早內部評估，即使兩岸同時成為 WTO 成員而我方不對中國大陸採取排除條款，現行的間接經貿方式無需變動，亦即政府現

行三通政策不致明顯調整。按 WTO 現行協定僅針對貿易進行規範，並未就投資與海運有明確規定的情形，兩岸加入 WTO 後，中國大陸只能對我所採間接貿易提出違反 WTO 規範質疑，並不涉及投資與海運。但 WTO 即將於今年稍後展開的新回合談判，服務業與海運將成為重要議題。一旦達成協議實施，則兩岸之間除涉及商品貿易外，直接投資、直航、開放金融與電信等服務業的問題都可能必須面對。此對我政府現行戒急用忍與三不政策將面臨挑戰，尤其對大陸市場的開放，將涉及陸資、大陸人來台，甚至牽動國家安全問題。同時，目前對大陸進口物品仍採負面表列的貿易管制措施，僅開放六成大陸工業產品進口，農產品開放比率較低，加入 WTO 後，也可能面臨去除的壓力。其中，對大陸農工產品進口的進一步開放，將影響我對中國大陸享有的鉅額貿易順差。近年我對大陸貿易出超，是維持我國際收支順差的的關鍵所在，一旦對大陸貿易出超降低，勢將影響我國際收支順差的多寡，必須積極開拓其他市場，以降低其效應。從而，預為規劃在 WTO 經貿架構下，因應即將來臨的兩岸新經貿關係，並建立防火牆，將其負面影響降至最低，應是當局目前面臨刻不容緩的課題。

　　加入 WTO 雖是對業者的挑戰，但如何創造一個良好的經營環境，充分發揮自由企業的精神，使業者應戰成功，在國際間立於不敗之地，則是政府扮演重要關鍵角色，政府本身的調整絕不可少。日前台北美僑商會發表的白皮書，即指出 80％的美商受訪者認為，政府是在台經商的最大障礙；可見政府在改善經營環境中的重要性。但諷刺的是，近年行政部門所提出的政府改造，不僅未見其績效，反而被美商認為是在台經商最大的障礙。我們期望政府應針對加入 WTO 面臨的挑戰，重新檢討擬議中的政府改造方案，作必要的調整，早日付諸實施，使我國在加入 WTO 後，經貿更能順利地發展，迎接 21 世紀的到來。

　　　　　　　　　　　　　　　（民國 88 年 9 月 15 日　《經濟日報》二版）

5. 大陸加入 WTO 案不應政治先於經貿考量

　　正當我國積極爭取於今年底前加入世界貿易組織（WTO）之際，美國《紐約時報》日前報導，美國總統柯林頓於 10 月 16 日深夜和中共國家主席江澤民通電話，雙方旋即出現密集互動。據相關官員透露，柯林頓在電話中曾把美國談判底線細節告知中共領導階層，其目的明顯希望美國與中共的雙邊談判能於 11 月底前結束。雖美方官員指稱，雙方達成協議的機會仍然是五五波，

不過，就美方動作看來，欲以政治手段解決中共加入 WTO 的意圖相當明顯，對我加入 WTO 是否產生影響，值得重視。

我國為加入 WTO，已與 26 會員國完成雙邊諮商，除香港之外均已簽定議定書，多邊諮商議題只剩下最後我國加入議定書的審查。我國更期望在 11 月底 WTO 部長會議召開前夕，舉行加入 WTO 工作小組審查會，完成我加入的程序。但據經濟部與 WTO 秘書處接洽的結果，WTO 秘書處明確告知，部長會議即將於 11 月底召開，秘書處忙於新回合談判的準備工作，不可能在 WTO 部長級會議前夕召開我國工作小組會議，或需等到 12 月 WTO 部長會議結束後舉行。我國要求 WTO 秘書處召開我國加入的工作小組會議早已提出，秘書處理應有充裕時間安排，其目前的做法，顯然在拖延我國加入的時程。實際上，在今年 7 月 WTO 工作小組會議召開時，即有巴基斯坦、孟加拉、斯里蘭卡、古巴及烏拉圭等五個 WTO 會員國發言抵制我國。

據經濟部透露，審查我國加入 WTO 的有 58 個會員國，目前我國已與 40 個國家達成協議，另有五個國家不支持台灣，其他 13 個國家理論上都會支持我國。巴基斯坦等五個公開表示不支持我國，顯然是中共在幕後主導，其理由是 1992 年 WTO 部長會議發表的主席聲明，該聲明公開宣示中共必須早於台灣加入 WTO。美國前助理國務卿羅德日前公開表示，若非美國的盟邦怕開罪中共，否則台灣今天已是 WTO 的成員之一，顯示美國確曾有意將台海兩岸加入 WTO 分開處理，不受該項宣示的約束，但未能得到 WTO 其他主要會員國的支持而作罷。由於政治的現實，我國如欲在中共之前加入 WTO，阻力甚大；但若中共先我加入 WTO 時間較久，將對我造成負面影響，不能忽視。

另一方面，中共加入 WTO 尚有 25 個國家尚未開始雙邊談判，而且審查議定書等程序也尚無著落，其加入的進度顯然遠落後於我，中共如欲年底前先我加入，在技術上有困難。不過加入 WTO 除共識決，還有政治決；如美國有意用政治決將中共送入 WTO，並非不可能。以目前美國的做法，不僅柯林頓親自出馬，主動將雙方談判的美國底牌告知對方，而且即使美國國會可能要等到明年才能審議中共加入協議書，白宮仍希望能在本月底前結束與中共的雙邊談判。不過美國打算在與中共達成的協議書中加入但書，將援引 WTO 鮮少引用的規定，在美國國會通過協議前，限制中共享受某些貿易權益，但不影響中共加入；甚至美國眾議院原訂本月 3 日審議的「台灣安全增強法案」，也延到明年，以避免在 WTO 談判關鍵時刻刺激中共。美國的種種做法，都顯示有意採政治決的途徑幫中共加入，關鍵就在中共是否接受。若中共接受與美國達成

協議，並說服其他會員國召開中共加入工作小組會議，通過同意支持中共，即可逕提本月底召開的 WTO 部長級會議宣布同意中共加入 WTO，則中共於 30 日後本年底前成為 WTO 成員之一，並非不可能。

按此情勢，若我國申請案仍然按照正常程序辦理，今年底前即難以加入 WTO，明年初開始新的回合談判，一旦有所決議，過去已與我達成協議的會員國，很有可能要求與我國就新回合的決議重行談判，則我加入日期不知要拖到何時，而且一旦中共於年底前成為 WTO 正式會員國，即有權要求與我進行雙邊諮商談判，其後果如何將很難預料。因此，主管當局除了積極準備加入 WTO 的各項事務，要求美國及 WTO 秘書處，不論採取何種方式讓中共加入，我國仍應及早加入，且不宜落後中共。不論如何，對於我國加入 WTO 案，有如美國曾公開宣稱的，原應與中共加入案分開處理，而且以經貿條件為主要考量。如今柯林頓政府頗有捨經貿而就政治的味道，不啻違背其公開宣示的原則，而 WTO 以政治原因延緩我申請案，亦將創下惡例，其與柯林頓政府一樣，都該受到譴責。

（民國 88 年 11 月 4 日　《經濟日報》二版）

四、高科技產業時代來臨

1. 全國科技會議的落幕應是行動的開始

第四次全國科技會議，自本（1）月 21 日召開，歷時五天，已於日昨閉幕。過去在每次科技會議後，都能根據會議結論，制定我國科技發展的方針與策略，並且擬訂計畫，推動執行。此次全國科技會議目標，除檢討修訂科技發展十年長期計畫外，並為配合「國家建設六年計畫」的需要，訂定「國家建設科技發展六年計畫」，使科技發展與國家建設計畫密切配合，更具意義。

全國科技會議過去已舉行過三次，由於經驗累積不斷改進，此次會議至少具有下列兩點特色：

第一、籌備工作充分，使會議能順利進行。此次會議涵蓋五大中心議題，範圍極為廣泛，由於籌備經年，會議前除函請各大學院校、研究機構、學者專家提供意見外，並於大會前，邀請產、官、學、研各界代表四百餘人，舉行預備會議十多次，廣泛溝通，彙集意見，於預備會議中，完成討論題綱及提案初稿二百餘項，作為大會討論之基礎。而對若干特殊問題與當前重要課題，早在

一年多前即委託專家學者進行十餘項專案研究，研提具體可行意見，作為研討之基礎與基本參考資料。這也是我們過去一再主張，舉行大型研討會，為避免空談或盡是即興之見，必須事先早作專案研究，而被籌備單位接納，使此次會議在短短五天會議中，能獲得輝煌成就的原因之一。

第二、此次會議，除討論科技本身的問題外，將「人文社會與科技發展之相互影響與調和」列為五大中心議題之一。此為過去三次會議所沒有，此次會議首先列入。顯示籌備單位了解近數年來，由於人文學術與科技發展失衡，人文精神不彰，以致當前功利思想瀰漫，價值體系低俗，社會問題叢生。然而，科技本身並非能自外於社會與文化之價值體系，而是現代文化主要動力之一，必須就人類福祉與整體社會發展予以考慮。同時，科技發展亦與國人之日常生活息息相關，故亦須與經濟體系、組織管理和教育密切配合。故在此中心議題下，分（1）文化對科技發展之影響與調適；（2）科技發展對國人生活的影響；（3）科技發展對經濟體系之影響；（4）科技發展對組織管理之影響；（5）人文社會學科與科技發展之關係等五個子題研討，提出五十多項提案，一百多項建議。由於人文社會與科技發展關係極為廣泛，絕非一次會議一百多項建議所能涵蓋。不過，已有一個好的開端，為避免人文社會與科技發展的相互不利影響，如何配合與調適，需要今後不斷的研究與討論，提出具體可行建議，為我們創造均衡和諧社會繼續努力。

第四次全國科技會議已於日昨落幕，但任務並未完成，要使其結論與建議能落實，現在應是行動開始的時刻。過去三次全國科技會議結論都能形成政府的科技政策，且獲得相當成果，例如郝柏村院長於開幕致詞中所指出的，「資訊科技」在第一次全國科技會議時，列為重點推動項目後，經過近年來的大力規劃推動，使我國資訊科技工業快速成長，目前已成為全世界第六大資訊業生產國，效果卓著。不過，也不可否認的，在整體科技發展方面的投入，仍然不夠，以科技研究發展費用占國民生產毛額（GNP）的比例而言，至民國 77 年我國仍僅占 1.22%，不僅遠落於工業國家 2%至 3%之後，即使與我國發展階段相同的韓國相比也瞠乎其後；尤其，推展進度比韓國落後太多。如在民國 69 年我國研究發展費用占 GNP 的 0.55%，與同年韓國的 0.61%比較相差有限，可是至 77 年韓國提升至 1.9%，八年間提高 2.1 倍，而我國僅提高 1.2 倍。因此，我國民國 77 年研究發展占 GNP 的比例，低於韓國三分之一以上。今後如何能突破困難，加速對科技研究發展的投資，使我國能在 21 世紀的科技時代，在世界科技市場上占有一席之地，應為關鍵所在。

在我國研究發展經費中，政府出資高占一半以上，對科技發展扮演重要角色；不過，政府支援研究發展的成果，未做有效管理，致未能充分有效發揮應有的功能；而民間投資研究發展所占比例不到一半，較工業國家及韓國民間投資占三分之二以上至 80％相距甚遠。然民間部門在未來經濟發展中扮演之角色愈來愈重要。今後除有效管理政府支援研究發展成果，使其充分發揮應有功能外，在鼓勵民間加強研究發展投資時，應促使民間企業家深刻了解，要提高產品品質，必先提高技術水準，而這些都是企業重視研究發展、培養人才的結果，然後其產品才能在激烈競爭的世界市場中，立於不敗之地。故我們建議，在會議結束後，主辦單位應會同各有關部會，就會議結論與建議，除研訂「國家建設科技六年計畫」外，同時，應擬訂實施方案，並指定主協辦單位及時間表，報行政院核定後實施，並納入追蹤管考，這樣才能真正落實，使全國科技會議，充分發揮其功能。

（民國 80 年 1 月 26 日　　《經濟日報》二版）

2. 積極提升產業技術是我們唯一的生路

不論為因應國際經濟區域整合帶給我們的衝擊，或台商紛紛前往大陸投資，導致國內產業空洞化，乃至最近南韓與中共建交，雙方經貿合作加強，對我所產生的壓力，抑或我國要在 20 世紀結束前成為現代化的工業國家，我們唯有加速高科技的開發，促使產業升級，才能在 21 世紀立於不敗之地。誠如行政院長郝柏村於日前參觀新竹科學園區及工業技術研究院後所指出，發展高科技產業，以使產業升級，乃是我們唯一的生路。

發展高科技提升技術水準，基本上可從兩方面進行，一是靠自己從事科技研究開發工作；一是從國外引進。就目前台灣而言，不僅兩者要並進，而且兩者均應積極推動。為要提升產業技術水準，除政府已實施「促進產業升級條例」給予技術研究與開發各種獎勵，並編列預算支援大型研究開發計畫的進行外，企業本身必須要自動自發的增加研究開發投資。據國科會的調查，我國製造業用於研究開發的經費占營業額的比率，尚不及 1％，與工業國家的 3％以上比較，相差甚遠；再以需要高額研究開發費用的資訊等高科技產業而言，日本的研究開發費用比率高達 10％左右，而我們不到 3％，顯屬太低，非加強不可。

自外面引進技術，除現在正在進行的加強台灣海峽兩岸產業科技合作的廠商外，我們認為如能引進世界第一流廠商科技移轉，不僅可縮短研發時間，效

率高，而且可帶來投資，對國內當前投資意願低迷的情況將有啟發作用；如能要求合作對方將技術研發中心設在台灣，將可使技術不斷更新，再配合國內研發工作的加強，相信我們的技術水準不久將來即可提升，在相同水準的國家中繼續保持優勢地位。

最近歐美第一流大企業在國內生產成本提高後，紛紛推行全球經營策略聯盟，赴海外尋找合作夥伴，以提升其國際競爭力。而台灣現正擁有介乎高度工業化國家與開發中國家間的生產技術水準，且具有厚實的生產製造能力，充裕的資金，以及在亞洲市場既深且廣的影響力，如能透過台灣海峽兩岸經貿關係的發展，使這些大企業更易有拓展大陸市場的機會，則台灣將是歐美第一流大企業尋找合作的主要對象。

發展高科技產業，是政府既定政策，而高科技產業中的資訊工業，在台灣為最具發展潛力的產業。資訊工業在台灣推動尚不及 20 年，但在政府及業者攜手共同努力下，發展極為迅速。過去 15 年資訊工業產值增加三百多倍，平均每年增加率幾近 50％，去（80）年產值高達 69 億美元，高居世界第七大資訊產品生產國；去年資訊產品出口 65 億美元，高居我國出口產業的第三名，在世界資訊市場占 3.1％。惟我國資訊工業所需原材料、零組件，主要賴進口供應，故其附加價值率與工業先進國家比較落後很多。如我國資訊工業中的兩大主要產品微電腦及個人電腦主機板（合計產值占資訊工業總產值的 40％），所使用的中央處理器（CPU）即全賴進口供應。而全世界個人電腦所使用的 CPU，過去一直都是美國英代爾（InteI corp.）獨霸的局面；因此，CPU 常有供不應求事件發生，數年前我國個人電腦廠即因不能獲得足夠的 CPU，而影響到生產。不過，近年來，已有若干國際大廠投入 CPU 生產，英代爾為確保海外市場持續成長，向海外尋求合作對象，應是其重要因應策略。因此不久前報載英代爾公司與我國神通電腦機構，洽商合作生產 CPU 計畫，共需投資新台幣 250 億元。就台灣而言，去年生產微電腦及個人電腦主機板使用 CPU 高達 700 萬只以上，在世界上有舉足輕重的地位，以國內市場需要量而言，足以支持一、兩家大廠生產 CPU。惟國內廠商不具有 CPU 設計能力，更無法負擔模仿後遭受對方提出訴訟的法律成本。如能尋得像英代爾等大廠技術移轉，應是台灣發展資訊工業的最佳途徑。

發展高科技產業，除有賴國內企業本身自動自發加強研究開發外，引進世界第一流高科技產業來台合作將技術移轉，並投資生產，應為更佳途徑。故我們期望國內企業界應把握現階段我們所具備的有利條件，積極爭取世界一流高

科技廠商來台合作，政府應給予有效配合，甚至對於能提升我整體產業水準的關鍵高科技產業，給予特別優惠也是值得。不過，特別優惠應在承諾下列兩條件後才給予：一是將該關鍵技術的研發中心設在台灣；二是在優惠期間所賺利潤不得匯出，必須在台灣繼續投資。唯有如此，台灣在不久的將來，才能做到李總統所期望的「將台灣建設成亞太地區的科技重鎮」。這也是台灣與大陸加強經貿合作，掌握領先優勢，把根留在台灣的正確做法。

（民國81年8月28日　《經濟日報》二版）

3. 建立健全的科技研發體系

中央研究院院長李遠哲不久前在行政院科技會議指出，科學發展非常需要長期而穩定的環境，基礎科學尤其如此。在二、三十年前，國內的科研環境雖不理想，政府反而比較有長期發展科學的想法和做法；但近幾年國內科技政策變動太快，難以擬出具體有效的五至十年中長程科技政策，間接影響各部會研發政策與角色地位協調，並阻礙科技預算編列的有效運用。如當前國內科技預算偏低，連年成長緩慢，且全國研發經費占國民生產毛額1.8%，落後美國、日本甚多。這些問題都需要一個強有力的主導單位來運籌維幄，考核監督各項科技計畫執行成效，規劃科技遠景。李遠哲以最高研究機構首長身分，坦誠檢討科技研發的缺失，誠可欽佩。

我國科技研發經費近年來金額雖不斷增加，但占國民生產毛額比率，五年來始終停滯在1.7%至1.8%之間原地踏步，不僅遠落在美國與日本之後，亦低於韓國甚多。我們認為，根本原因除李遠哲指出的缺乏強有力主導機構外，亦由於未能建立一個健全的科技研發體系，以致形成多頭馬車，互不配合。

關於此點，過去我們曾多次呼籲，但未得到主管當局的重視，今天我們響應李遠哲建議成立強有力的領導機構；同時，仍主張即早建立健全的科技研發體系，並希望以日本的做法為借鏡。據我們的瞭解，日本推動科技研究發展工作是全面性的；從中央到地方政府，從大型企業到中小企業，都在一個完整一致的體系下推動科技發展。因此，日本能從戰後的戰敗國迅速復興，成為世界第二經濟大國，其科技研發水準在各方面充分配合下迅速提升，多項產業技術領先世界，此應為關鍵所在。

日本推動科技研發的最高諮詢審議機構是「科學技術會議」，由內閣總理親自主持，其成員包括財政、教育、產業及科技各省廳首長（即我國的部會首長），及民間學者專家組成，以審議監督國家科技研發的基本政策。在總理府

下設「科學技術廳」，是科技政策擬訂及推行的最高行政機構，掌理全國科技長期發展規劃及設計、科技研發預算的分配、各政府部門研發計畫的綜合調整，並負責推動新科技的普及開發、實用化及國際交流的任務。在科學技術廳下，設有七個研究所，從事基本科學長期研究。其他科技研究方面，則由各省廳所附設的研究機構進行；其中以通商產業省的工業技術院最具規模，有 16 個國立研究所，4,000 以上科技研究人員。此類國立研究試驗機構全國共有 70 餘所。而在各地方政府所設立的研究機構，另有約 200 所，負責研究各地特有的產業技術。此外，日本為了科技研究工作的推動與運用，而設立各種技術性的財團法人，如在技術廳下設立的「新技術開發事業團」，負責向國立研究試驗機構、大學及民間研究單位，購買具有研究價值的發明專利，轉委託廠商進行商業化的開發；中小企業廳下設立「中小企業振興事業團」，負責推動中小企業技術移轉的工作。

　　日本的科技研發是採取政府與民間分工合作的方式進行，政府研究機構偏重於基礎科學、或民間無力或不願從事的長期性研究。至於實用性的工業科技研究則由民間進行，政府予以補助或以委託研究的方式分擔風險，並對民間各種研發工作，給予各種租稅、金融及技術上的支援。民間企業的研究發展能力得以迅速增強，科技人力也得以發揮高效率，政府亦可完全掌握科技發展的方向。

　　從以上日本科技研發體系，由中央政府的諮詢審議、決策規劃、預算分配、執行推動、研究開發，到地方政府、財團法人及中小企業的配合發展，以及財政、金融措施的支援，都是在一套完整體系下推動，其效率與成果自然較高，值得我們參考。我們期望行政最高當局能加以重視，研究調整科技研發機構及其任務分配，即早建立健全的科技研發體系，使我國科技研發水準早日提升。

（民國 85 年 1 月 4 日　《經濟日報》二版）

4. 發展亮麗的資訊工業

　　我國資訊工業歷經十餘年來的努力，已經建立相當堅實的基礎。以過去五年為例，民國 83 年資訊工業產值達 116 億美元，較 78 年的 55 億美元，增加 1.1 倍，平均每年增加 16.1％。較之同期間我國製造業產值平均每年只增加 3.7％，誠為一枝獨秀。因此，資訊工業產值占製造業產值比重大幅提升，自民國 78 年 3.3％，去（83）年提高到 5.9％，成為我國主力工業之一。與國際

比較，在過去幾年各國知名大廠紛紛裁員又面臨鉅額虧損的情況下，我國資訊工業發展更顯得亮麗。民國 81 年我國資訊工業產值，在世界排名列第七位，82 年晉升兩位到第五位，去年更晉升到第四位，今（84）年如能持續呈兩位數字成長，將超過德國，成為世界第三大資訊國家。

　　在我國資訊產品中，包括監視器、主機板、影像掃描器、滑鼠、鍵盤及電源供應器等六項產品，在全球市場占有率高居第一位，其中主機板與滑鼠，高占世界市場的 80％。全世界每兩台個人電腦，就有一台主機板是台灣製造；筆記型電腦，去年增產接近 60％，已是僅次於美國的全球第二大生產地，在在顯示台灣資訊工業廠商強勁的製造競爭力。世界各資訊大廠商為因應強烈的競爭，必須降低成本，以提高其產品在世界市場上的價格競爭力，因此，不得不向外尋求價廉物美的貨源；而台灣資訊工業優異的速度、彈性、工程設計與製造能力，即成為其最佳選擇。台灣不僅已成為全球各大資訊廠委託代加工（OEM）最重要基地，近來已逐漸提升至代原廠設計及加工的生產（ODM），若干廠商甚至自創品牌銷售全世界。顯見台灣資訊工業發展，已自初期純加工層次，進展至研發階段，提高產品附加價值。就資訊業總體產業言，我國廠商在經歷了多年的淬煉，已建立一個比較完整的個人電腦研發設計、生產製造、市場行銷的上下游體系，個別廠商又極具彈性與效率，隨時適應市場的變化。這應是我國資訊工業在世界市場激烈競爭的情況下，仍能迅速發展的關鍵所在。

　　近年來我國資訊工業雖在國內外都有亮麗的表現，但不可諱言的，仍然面臨許多問題，除整體經濟環境的惡化外，產業本身面臨的問題也不少，主要的有：

　　一、國內基礎工業能力薄弱，關鍵零組件產業又未能建立，均須仰賴美、日等國輸入，一旦供應來源不足或中斷，對廠商出貨及產業的成長皆有不利的影響。

　　二、研究發展經費不足，雖然在國內各產業間比較，資訊工業每年用於研究發展經費占營業額比例最高，但與國外相同行業比較相對不足。而且由於國內資訊工業企業規模小，在維持一定的研究發展所需的設備與人員，不具備應有的經濟規模，因而影響對研究發展的投資意願。

　　三、由於廠商規模小，在拓展海外市場時，在人才運用、通路建立、情報搜集，尤其據點設置等方面，每家廠商都面臨資源不足的問題，而每家廠商又必須投下資金與人力，使得整體產業發生重複投資的現象，降低整體產業的作

戰力，亦影響產業水準的提升。

四、由於我國資訊產業從業人員，大多為技術背景出身，國際行銷能力較脆弱，未能掌握行銷通路，建立品牌形象的結果，除了絕大多數廠商只替國外大廠產製 OEM 產品，無法賺取行銷階段較高的附加價值外，更喪失我國廠商直接接近產品最後使用者的機會，無法迅速掌握使用者需求趨向，而造成無法改進創新產品的惡性循環。

雖然一般預測，到公元 2000 年世界資訊市場將有廣大的發展空間，但競爭的激烈將更會加強，而國內資訊工業如能結合業者的整體力量，克服面臨困難，保持現有優勢，提高研究發展與國際行銷能力，則台灣資訊工業仍將有光明的前途。

（民國 84 年 1 月 20 日　《經濟日報》二版）

5. 半導體產業前途似錦

經建會本週三委員會議通過未來產業發展的「四低」原則，即低耗能、低耗水、低汙染、低耗本土資源，使台灣地區國土得以永續發展。前日本報也報導，包括 NEC、東芝、日立、富士通、松下等世界十大半導體供應商在內的 20 家日本廠商，將於本（4）月 24 日來台，採購積體電路等半導體產品，預計超過四千萬美元。近年來政府積極推動的半導體產業發展，不僅是高技術、高附加價值，有利於產業升級，也符合經建會剛通過的「四低」原則；同時，也有廣大的銷路，在日圓大幅升值後，日本半導體大供應商都來台採購，也有利於對日貿易逆差的縮減。可以說台灣大力發展半導體產業，能夠達到多重目標，確是一石數鳥。

由於半導體（包括積體電路（IC）、電晶體、二極體等）功能高、體積小的特性，其用途極為廣泛，諸如用於個人電腦、電視機、終端機、各種控制器、各種電子用具、掃瞄器、各種家用電器、汽車，甚至液晶錶、行動電話等等。因此，過去 30 年世界經濟成長率平均每年不過 3％，可是半導體市場卻呈 15％的高速成長。據專家估計，未來 15 年半導體世界市場仍可有每年 15％的成長。每年成長 15％，五年即成長一倍，15 年即成長為 8 倍；以去（83）年世界半導體市場 1,100 億美元計，15 年後即達 8,800 億美元，市場之大成長之速，其他產品難以相比，故為有能力發展半導體工業國家必爭之地，其競爭之激烈亦可想而知。

我國於民國 65 年，自美國 RCA 引進晶圓加工製造技術，建立我國第一座

積體電路工廠以來，發展極為迅速，至目前已有 10 家晶圓加工製造公司，近 50 家的積體電路設計公司，去年產值幾近 30 億美元，過去十年產值成長率平均每年高達 30％，高過世界市場成長率一倍。但國內所需要的積體電路，國產內銷僅供應 15％，其餘 85％有賴進口供應，可見國內半導體工業發展有廣大空間。雖然半導體也是資本密集產業，稍具規模的都要投資新台幣百億元以上，可是到目前止，已有十多家投資晶圓製造、IC 測試與 IC 封裝工廠，總投資超過新台幣三千億元，將自今年第三季開始至 86 年底先後建設完成量產，屆時我將成為全世界積體電路第四位生產大國，前程似錦。

近年來台灣半導體工業蓬勃發展，且獲利豐厚，在一般投資環境不佳的情況下，新投資非常踴躍，並非偶然，有其優勢因素：首先是半導體本身的特性，功能高、體積小、用途廣，因此未來世界市場繼續看好；而且半導體的國際市場開放，是國際貿易最暢通的商品之一；其次，技術人力供應充沛，半導體是技術密集產業，需要大量技術人力，而台灣除本身人力素質高，大專又以理工為主外；過去人才大量外流，尤其在美國參與半導體產業者數以萬計，此等具有從事半導體生產工作經驗的人員，近年來已有不少返國，而且也是今後國內半導體工業發展之主要技術人力來源；第三，政府政策的倡導與鼓勵，政府除對科技工業的租稅優惠、科學園區的土地與標準廠房的提供和各種服務外，工業技術研究院電子研究所在政府專案計畫項下，研究成果及所培育技術人員的轉移，其功也不可沒。

不過，半導體產業是技術密集產業，技術的不斷進步，是維持競爭力的最重要來源，國內半導體產業用於研究發展的投資，雖遠高於國內其他產業；但與世界各大半導體公司比較，尚需進一步增強，否則，後果絕對是不進則退。半導體產業不論是在研發上、製造設備上、或人員的培訓上都需要不斷的大量投資，而且半導體的技術日新月異，每二至三年就必須蓋一座新廠，每座廠投資都需要二、三百億元，故即使世界最大半導體公司，也有與其他公司結盟的必要。半導體產量的另一特性，是一旦投入即成為一條不歸路，投資財源在台灣或許不成為問題，但更重要的是要保持技術的不斷進步，與其他公司結盟合作，固然是途徑之一，但如何培養自己的技術能力，以免永遠受制於人，更為發展半導體產業的關鍵所在。

（民國 84 年 4 月 21 日　《經濟日報》二版）

6. 迎接高科技產業時代的來臨

最近本報數度報導，製造業生產結構與出口產品結構迅速轉變，高科技產業已經成為我國產業的主力。

一國生產結構的變化，不僅是經濟發展的結果，也是促進經濟進一步發展的動力。根據各工業先進國家經濟發展經驗，生產結構的不斷改變，乃是現代經濟發展不可或缺的要件；唯有藉著生產結構的調整與轉變，經濟才能持續成長，並順利邁向現代化國家之途。

台灣也不例外。在光復以來的 50 年間，先由農業為主的時代，轉變為以工業為主的時代；最近，服務業產值占國內生產毛額逾六成，以服務業為主的時代已經到臨。對應於工業先進國家整體產業生產結構的變化，台灣稱得上亦步亦趨。

觀察產業生產結構的變化，通常分兩個層次，除整體經濟中農業、工業、服務業三大產業生產消長的變化，另一種是指工業部門中製造業生產結構的變化。一般將製造業劃分為勞力密集、資本密集與技術密集三類工業，開發中國家大都以勞力密集工業為主，工業國家則以資本密集與技術密集工業為重。台灣在民國 60 年代中期以前，勞力密集工業（又稱輕工業）生產占製造業總生產的比率，一直維持在 60% 以上。60 年代後期，資本與技術密集工業（又稱重、化工業）開始快速發展，到了民國 76 年資本與技術密集工業生產占製造業生產比率超過 50%，也才超越勞力密集工業，成為台灣工業的主流。由此亦可見，勞力密集工業從 35 至 75 年，在台灣工業界稱霸了 41 年之久，其對當時台灣經濟的迅速發展、整體經濟結構的快速轉變，稱得上功不可沒。不過，進入 70 年代中期後，由於國內外經濟環境劇變，勞力不足、工資大幅上升，土地價格狂飆，而且取得不易，加上新台幣大幅升值等，導致勞力密集工業喪失競爭優勢，紛紛轉移海外及大陸投資，開創新的發展空間；勞力密集工業近年來生產因而呈現衰退之勢，近 8 年來（77～84 年），勞力密集工業平均每年減產 1.0%。另一方面，資本與技術密集工業由於對外投資誘發的貿易效果，帶動了國內機械設備與原材料、零組件出口工業的發展。此外，電子與資訊工業的快速發展，亦促進資本與技術密集工業的持續成長，平均每年增產 7.4%，而使資本與技術密集工業生產占總生產的比率大幅提升，至 84 年已高達 66.4%，成為製造業生產的主軸。

在此同時，反映在出口產品結構方面的，是隨著工業生產結構轉變而迅速變化。勞力密集產品一直在出口中扮演重要角色，直到 82 年才被資本與技術密集產品出口趕上，去（84）年資本密集產品出口已高占總出口的 62.7%，成

為出口的主流；其中，尤以技術密集產品包括電子、資訊、機械、電機、運輸工具等產品的出口，高占總出口的 50.8％，表現最為優異。

事實上，近年台灣製造業生產結構與出口產品結構的迅速變化，除促進經濟持續成長的功能外，還具有以下重要意義：

第一，生產結構的迅速轉變，符合工業先進國家發展模式，也符合國人所期望的發展方向。

其次，生產結構的變化，反映資源（包括資金與勞力）移動方向的轉變，也就是資源流向高效率與高成長的產業，提升資源的利用效率。

第三，台灣是一個海島，本地市場有限，生產結構的迅速變化，主要依賴出口擴大的支持，顯示企業界已能掌握國際經濟的脈動與世界市場的機運。

第四，近年來，政府全面推動的經濟自由化與國際化政策，雖對企業產生重大壓力，也是促成產業生產結構迅速調整的主導力量，並已產生了正面效果。

台灣經濟雖已逐步邁向高科技產業為主的時代，但經濟的進一步發展，如在技術上不能有所突破，經濟成長就會緩慢下來，甚至停滯。因此，為促使我國產業持續朝向技術密集產業發展，早日順利邁入高科技產業時代，如何加強產業技術研究與發展，是當前產業界刻不容緩的重要課題，亦期望政府在政策上全力支持。

（民國 85 年 2 月 8 日　《經濟日報》二版）

7. 速謀解決高科技人才不足問題

民國 70 年代中期以來，台灣投資環境顯著惡化，勞工短缺，工資大幅上升，環保意識高張，圍廠抗爭層出不窮，加以開發中國家廉價產品競爭，已開發國家貿易保護措施打壓，台灣企業面臨極其嚴酷的挑戰。不少企業乃將已失去競爭優勢的勞力密集產業，移往國外低工資國家設廠生產，而留在國內企業為突破困局開創新業，無不從提高經營效率、提升技術水準、改善品質著手，甚或轉向高科技產業發展，促使技術密集產業迅速成長。經濟部最近發表統計顯示，過去十年間勞力密集的輕工業產品價值平均每年增加率，已自過去旺盛時代大為縮減，只增加 0.4％，重化工業（不包括技術密集產業）產值平均每年增加亦僅 5.3％，而技術密集產業產值每年增加率，則高達 11.0％，遠較前兩者高出甚多，也是製造業產值每年能維持 5.5％中度成長的主要動力。同時，製造業生產結構產生顯著變化，技術密集產業產值在製造業產值中所占比

重大為提升，自民國 78 年的 29.2％，至去年已升至 47.3％；而相對的勞力密集的輕工業，則自 45.8％降為 28.0％，重化工業一直維持在 25％上下。由於技術密集產業的蓬勃發展，其出口在去年已高達 723 億美元，占總出口金額的比重已增至 59.4％。顯示台灣工業已自過去勞力密集產業為主，轉向技術密集產業為重。

由於台灣技術密集產業，比較集中在電子及資訊產業發展，此兩業的傑出表現，不僅顯現在國內投資與產值方面一枝獨秀，於國際市場方面亦有輝煌成績。積體電路（IC）產值在世界市場高居第五位，僅次於美、日、韓、法；而資訊產業產值則高居第三位，僅次於美、日兩國，其中有筆記型電腦、桌上型電腦、主機板、監視器、晶元代工、IC 設計、IC 封裝等 17 項產品產值，列全球前三名。

台灣技術密集產業過去十年能有如此迅速發展，其促成因素雖多，但技術人力的充分供應，應是其中關鍵因素之一。技術人力之得以充分供應，主要由於過去十年正是我們 18 到 21 歲人口增加及大專院校快速擴增的年代，所以每年大專畢業人力大增，同時國科會國家實驗室每年也培養大量高級技術人才。此外，過去大量流出的人力，經過深造及工作磨練，學驗俱豐的專業人力大量回流，在 70 年代每年回流僅 1,000 多人，至 80 年代驟增，82 年至 84 年每年突破 6,000 人，但是近年來已有減少之勢。

不過，由於國內技術密集產業的快速發展，人力仍然出現不足現象，尤其電子、資訊、電機工程及軟體程式人力不足問題愈來愈嚴重，業者挖角、留人之風也愈演愈烈。以半導體工業而言，今年台積電即需增加 3,000 人，聯電需增加 1,800 人、華邦及旺宏各增加 1000 人及 600 人，僅此四家即需 6,400 人，其中所需工程師在一半以上。近年新興的液晶顯示器（TFT-LCD）產業各廠的新建及擴充，需人更殷，而此新興行業現有人才主要來自工業技術研究院電子研究所。因此，該所近兩年人才流動率高達 60％，幾乎所有的人在這兩年都換過一輪；甚至有後設的 TFT-LCD 廠，在先其設立的廠尚未建設完成前，即將其 40 多位工程師集體挖角而去，使後者元氣大傷，工程進度延緩。需要人力者，不僅給付推薦者獎勵金，甚至對具有工程師資格者給予技術股獎勵。各企業為穩住人才不被挖角，多採用分紅入股的辦法，把人留住。雖然目前國內失業率居高不下，但此等技術密集產業人力，已有明顯不足現象，且是高級人力更難找。

展望未來，技術人力的供給，可能不如過去十年的充沛，主要是 18 至 21

歲適大專學生年齡的人口將大幅下降。據資策會一年多前的估計，未來大專入學人數維持目前水準不增加，但是在適齡人口大量減少，將自 88 年的 161 萬人，至十年後的 98 年降至 129 萬人，降幅達 20%，入學人數如何維持目前水準，值得重視。同時，在國外的科技人才，近年回流者逐漸減少，而中國大陸、香港及新加坡也都在爭取，今後能回流的人數，將更明顯下降。然而在需要方面，技術密集產業已成為今後發展的主軸，國科會國家實驗室年前估計，半導體產業十年後每年將增加需要 1 萬人，但今年四家廠即需要 6,400 人，而今後幾年投資超過 1 兆元，可能兩三年後需要人力增至 10,000 人，而目前供應能力僅 6,000 人，即缺了 4,000 人。尚有 TFT-LCD 產業的大量興建，通訊產業的突飛猛進的發展，尤其行動電話及新的固網業，所需的技術人力為數眾多。此外，軟體人力的需要在今後資訊時代更是普遍。顯然，要將台灣建設成科技島，科技人力如不能充分供應，將是空談。由以上的分析，顯示未來技術人力的不足，將遠甚於目前。因此，主管機關應委託專業機構對未來十年技術人力供需做全面的推估，並提出加強供應的能力，包括自行培養與增加國外引進技術人力的具體建議，且能落實推動。若能如此，方能避免因技術人力不足，而影響國家整體經濟的發展。

（民國 89 年 1 月 20 日　《經濟日報》二版）

8. 釐清推動知識經濟的幾個觀念

由民間產業及學術界人士發起的「知識經濟社會推動委員會」，已於前天召開第一次委員會，陳水扁總統擔任委員會榮譽召集人，並在會中宣布明年為「知識經濟社會推動元年」。委員會今後每三個月召開一次，將負責規劃知識經濟社會推動策略，擬訂及落實重點工作計畫；如能與政府推動的「知識經濟發展方案」呼應配合，則台灣發展知識經濟的效果，應可預期。

不過，就近來政府主管單位及國人所談的知識經濟，其觀念有幾點需要釐清。

首先是知識經濟所指的產業涵蓋範圍問題，由於知識經濟著重技術創新，而被部分國人與政府主管誤認為高科技產業、技術密集型產業，如電子、資訊、半導體等，才是知識密集型產業。實際上，任何產業，包括製銷傳統產品，只要能與知識結合，創造新的效能、更高的附加價值，都屬知識密集型產業或產品。例如汽車大燈燈泡是傳統產品，傳統上汽車大燈亮出，晚間呈現偏黃光，且亮度較弱。美國奇異公司根據百年前電燈泡發明人愛迪生寫過「有一

天，電燈泡發亮時的光與熱若能回收，那該有多好！」的幾句話，經過研究，成功地開發高亮度的汽車大燈燈泡，且呈偏白光，其功效大增，售價與附加價值也立即攀升，而且創造大好的商機。由此一例，一方面可知即使是傳統產品，如能將既有的知識靈活應用，即可創造高效能、高附加價值，其與市場結合在一起，大好商機即可顯現。另一方面，這也顯示分辨產業屬於知識密集型或非知識密集型，不能只憑表象。如汽車大燈普通燈泡屬電器業，電器業並非知識密集產業，可是高亮度大燈燈泡，卻屬知識密集產品。又如電腦在工業國家屬於知識密集型產業，可是台灣所產製的電腦，絕大部分接受國外 OEM 訂單裝配而成，其能列為知識密集型產業嗎？再如國際經合組織（OECD）將工商服務業、金融業、社會及個人服務業，都列入知識密集型產業。可是我們工商服務業中，包括了許多傳統菜市場，甚至地攤的估計營業額都計入在內，個人服務業問題更多，這些能稱為知識密集型產業嗎？因此，政府當局所稱我國 1996 年知識密集型產業產值占國內生產毛額（GDP）的比率是 40.6％，與工業國家的 50％相差不遠，十年後應可趕上工業國家水準。從表面數字來看，兩者雖很接近，實質內涵卻頗有差異，應審慎處理，避免產生誤導作用。

其次，根據國外經驗，知識經濟尚包括運用知識、創造效能、提高附加價值的各種產業活動，舉凡能降低成本、擴大銷售、提高附加價值的各種新的管理方法及新的行銷策略，甚至能化解經濟活動與人文、生態間衝突矛盾的各種技術，都屬知識經濟範圍。因此，推動知識經濟不僅著重技術知識與產業結合，尚應兼顧管理、行銷，以及與人文、生態的結合。而此等必須以高素質的人力為其基礎，當前教育制度與水準要能配合，亦明顯有待加強。因此，教育改革與水準的提升實刻不容緩，終身學習制度亦亟待建立與推廣。

此外，我國過去的經濟發展，以追求量的增加為優先，在人文、社會、生態環境以及基層建設等方面較被忽視，以致現在社會爭議不斷，社會失序現象叢生。我國每人所得雖超過 13,000 美元，但人民生活水準與環境，與工業國家相同所得時的生活水準仍有差距。知識經濟的涵義，除追求量的增加，尚應兼顧質的提升；而質的提升不僅限於產業與產品質的提升，更應兼顧生活水準與環境的改善，使人民生活得更好，活得更舒適，應是推動知識經濟發展在策略及工作重點方面，不應忽略的重要課題。

還有，知識經濟社會講究彈性、速度，追求時效，是一個高效率的社會，雖民間已成立知識經濟社會推動委員會，在政策領導層面既有法令規章的鬆綁、新的遊戲規則的訂定，以及各種行政手續的簡化，甚至必要時，需要公權

力的干預等，在在需要高效率的行政與立法的配合。現在國內的行政與立法，常被視為經濟發展的最大障礙，政府再造因此必須盡速進行，否則推動知識經濟發展的各種努力，將事倍功半。

政府已表明「知識經濟發展方案」詳細執行計畫將於年底公布。我們期望民間知識經濟社會推動委員會，先加以檢視，認為可行而需要民間推動的部分，擬訂推動計畫，按部就班推動；需要政府執行的部分，也要訂定時程表，並成立專案小組予以監督，於每三個月召開的推動委員會中提出進度報告，請兼任榮譽召集人的陳水扁總統裁示。唯有如此，知識經濟發展方案才能順利推動。

（民國 89 年 12 月 23 日　《經濟日報》二版）

五、自由化、民營化的阻力與災難

1. 落實自由化何其難

本（4）月 1 日出版的《天下雜誌》，刊載該雜誌在 3 月間對在台外商企業進行的「外商投資意願調查」報告，指出「自由化程度不足」與「政府行政效率不彰」、「政策一貫性差」，是台灣成為亞太營運中心前景不樂觀的三項最嚴重的阻礙因素，而其中「自由化程度不足」更居三者的首位。3 月中，行政院經建會委託國際知名的麥肯錫顧問公司，就台灣建設成為亞太營運中心的可行性進行評估，提出初步報告；麥肯錫公司指出，台灣金融自由化進度太慢，現在才著手發展亞太金融中心，時間已錯失；但仍應朝向金融自由化發展，才能提高各企業的營運效率。根據這兩份權威性報告，皆指出我要將台灣建設成為「亞太營運中心」、「區域金融中心」，自由化能否加速進行是為關鍵所在。

我國政府全面性推動經濟自由化的決策，是早在 10 年前的民國 73 年 6 月，前行政院長俞國華於就任院長之初，向立法院所做「施政方向報告」時，宣布「自由化、國際化、制度化」是我國未來經濟發展的基本政策。但宣布後的最初兩年毫無進展，直到 75 年下半年因我國對美國貿易出超不斷擴大，引起美方的不滿，美國政府對我施加壓力，並動用 301 條款威脅，我政府才在美國的重大壓力下，自 76 年開始落實經濟自由化的政策，但在做法上缺乏全盤有系統的規劃，做做停停，進度十分緩慢，10 年後的今天，不僅自由化程度

不足，是阻礙將台灣建設成為亞太營運中心、區域金融中心的主要禍首；而且政府現正積極與 GATT 各盟員國，進行多邊諮商會議，期能在本年底之前准我入關；但各盟員國所提出的條件，最主要的也是要我國盡早開放市場，加速自由化的步伐；否則，今年底前能否入關很難樂觀。經濟自由化的加速落實，既然對我國如此重要，在現階段變成年底前我國能否入關，台灣能否成為亞太營運中心、區域金融中心等的關鍵因素，政府各有關部門就應共同緊密研商，訂定全盤性具體可行的加速經濟自由化落實方案，經行政院核定後，分別積極推動，並設法將其不利影響降至最低。

事實上，行政院經建會已奉行政院指示，該會負責統籌規劃協調推動亞太營運中心（包括區域金融中心）的成立，及年底前入關的任務。因此，經建會為此特成立跨部會的「推動服務業自由化專案小組」，下設「金融業自由化」等四個工作分組，以專其責，便利自由化工作的推動。該專案小組已於 2 月底召開首次會議，為全力推動金融自由化、國際化的進度，特作成決議，由中央銀行及財政部，於兩週內提出立即可行的金融開放清單。但在 3 月 15 日屆期，財政部只提出有關保險業的開放清單，證券市場自由化的清單尚付闕如。而中央銀行提出的金融自由化清單，並非立即可行的金融自由化清單，而是現在要進行研究「金融自由化」對各個金融層面影響的研究專題清單，並打算向經建會「推動服務業自由化專案小組」，申請每個專題 600 萬至 800 萬元的研究經費。專案小組官員收到此一清單後，啼笑皆非，大失所望，感嘆自由化的落實何其難。

中央銀行此舉只因其深切了解自由化對各金融面的衝擊，研究後方能採取回應措施，將其不利影響降至最低，央行此一作法，也不能算錯。但時間不對，應在 10 年前行政院決定以自由化作為未來的基本政策後，就應進行；如那時未做，也應在 3 年多前，把台灣建設成西太平洋金融中心，列為國建六年計畫目標時做好，研究其可行性，才納入計畫。如事先未做事後補做也可勉強；但事實上都未做，好像計畫不一定要執行似的。要一直等到真正要執行時，才提出要開始做研究。此一心態並不限於金融自由化，其他如電信自由化、公營事業民營化，其他服務業的自由化等，相對金融自由化而言，有過之而無不及。此類案例，正把外商企業所指出的台灣當前三大嚴重問題——「自由化程度不足、政府行政效率不彰、政策一貫性差」表露無遺。此一現象，已是當前政府機關的文化、首長的心態，行政院長連戰應有深切了解。可是連院長還在不久前指示要在 20 世紀結束前，把台灣建設成亞太營運中心（事後經

建會指出發展亞太營運中心的最佳時機，也只剩 2 至 3 年）、年底前入關（GATT）。我們相信，連院長一定會以其決心與魄力，來突破此一瓶頸，順利達成該兩目標，我們且拭目以待。

（民國 83 年 4 月 6 日　《經濟日報》二版）

2. 公營事業財團化要不得

原先預定在本（1）月 10 日自動生效的經濟部申報出售中鋼官股案，證管會考慮股權有被少數特定人士掌控之虞，而於本月 7 日第二度暫停申報生效。關於公營事業民營化釋股問題，日昨本報社論中，已表達了我們的意見。今將進一步就經濟部推動中石化、中工及中鋼民營化的做法，提出我們的看法：

首先就民營化的目的與精神言——「公營事業民營化」本身不是目的，只是一個手段。藉民營化的手段，擺脫政府與民意代表對企業的干預，以及法令的不當約束；使企業具有充分的自主權，企業內員工的潛力卻能充分發揮，提高生產力與競爭力，企業得以永續經營，且能發揚光大，國家經濟也因而繁榮不斷壯大。因此，行政院公營事業民營化專案小組於民國 78 年所訂的「公營事業民營化方案」，開宗明義第一項民營化的目的，即為「增加經營自主權，提高經營績效」。但中工、中石化公司民營化後，被財團掌控，尤其中石化過去從未涉足股市，在民營化三個月後，成為股市大戶；在去年 10 月至 12 月初的兩個月間買進 5.1 億元股票，其中 3.6 億元股票，是在去年 12 月初省市長投票前兩天買進，被利用為政治造勢的工具。而且政府還持有中石化公司 36% 的股權，在董事會中竟然未產生任何作用，因而遭到各方批評與質疑。此次中鋼公司第三次釋股，又被同一家證券商，以極低的手續費得標承銷，而且要以同樣方法以承銷極高比例指定特定人承購。因此，不僅引起中鋼公司員工疑慮，中鋼將重蹈中石化與中工覆轍，淪入財團之手，也受到中鋼公司創辦人、現任總統府國策顧問趙耀東的重視，致函立法委員丁守中，請為此案向行政院提出緊急質詢。

我們深切了解經濟部急於將公營事業股票脫售，早日完成民營化的任務，以便向上級交代的心情；但完全置民營化後，要「增加經營自主權，提高經營績效」的目的於不顧，此種做法，我們不能苟同。尤其，在中工與中石化公司民營化後，完全被財團掌控，此一狀況經濟部與國營會應完全知曉。在下次徵選承銷商時，即應訂明凡承銷商存在以辦理承銷業務為名，而有兼併企業之實者，均不得參與之規定。而經濟部國營會不此之圖，竟以極低承銷費又由該承

銷商得標承銷，更同樣以高比例洽商指定特定人承購。此一做法我們實在不了解。

第二，就出售官股指定特定人承購的法源依據言——據了解經濟部各國營事業與國營會委託承銷商包銷國營事業官股，得指定特定人承購，是根據證管會公布的「台北市證券商業同業公會證券商承銷或再行銷售有價證券處理辦法」規定，要呈報證管會核准後辦理。很明顯此一辦法，是規範證券商承銷業務的行政命令。而公營事業民營化，是依據「公營事業移轉民營條例」辦理，該條例第五條第三項明文規定：「前項股權或資產（指公營事業移轉民營的股權或資產）之讓售，主管機關得報請行政院核准，與特定對象以協議方式為之」。而該條例施行細則第七條對指定特定對象範圍更有明確規定：「本條例第五條第三項所稱讓售股權或資產之特定對象，指公營事業移轉民營時，為達成引進技術、利用行銷經驗、改善經營或其他特定目的，經該事業主管機關評定合格，報請行政院核准之自然人或私法人。」可見原法對徵選特定人資格之重視，亦顯示政府對公營事業民營化後前途之關切。而該條例及施行細則的修訂，均是經濟部草擬報行政院經立法院通過，完成立法程序者。如今經濟部規避公營事業民營化法源的母法規定，而採用規範證券商承銷的行政命令，其適法性值得懷疑，不僅行政院與立法院要研究其適法性，尤其職司監察權的監察院，在國營的中石化、中工公司將近 200 億元資產，一夜之間由財團接手，現中鋼又要重蹈覆轍，其適法性監察院能不過問嗎？

公營事業民營化，我們不僅贊成，過去一向是催生者。但我們不能為民營化而民營化，要把握民營化的目的與精神，在做法上，也應合法、合情、合理，才是正途。

（民國 84 年 1 月 11 日　《經濟日報》二版）

3. 中鋼釋股的檢討

中鋼官股第六次釋出案，雖經過一波三折，但至本（3）月 7 日洽銷申購截止日，據代收保證金的華南銀行稱，中鋼洽商銷售申購人數約 7.8 萬人，相當可配售單位 1.44 萬人的 5.4 倍，申購保證金已預繳 75 億元，亦即申購股數高達 50 億股，相當預定洽銷 7.2 億股的 6.9 倍，顯示預期洽銷成功，4 月 12 日完成股票過戶後，中鋼將正式民營化。

中鋼正式民營化，不僅表示中鋼移轉民營成功，更表示我國公營事業民營化，向前邁進一大步。此次中鋼官股釋出成功，對當時各方的疑慮可否化解，

今天可作以下的檢討：

首先，我們要指出的，是本報 1 月 11 日〈公營事業財團化要不得〉社論中指出的，出售官股指定特定人承購，未按「公營事業移轉民營條例」規定辦理，而依「台北市證券商業同業公會證券商承銷或再行銷售有價證券處理辦法」規定辦理，適法性值得懷疑；繼之台大教授張清溪等六人，於 2 月 12 日給江丙坤部長的一封公開信中，亦提出同樣問題，並建請經濟部立刻停止這次中鋼釋股作業，否則將要求監察院依法調查彈劾。翌日經濟部國營會雖提出公開答復信，說明此次中鋼釋股指定洽銷特定人的法令依據，但未獲得六學人的認同，而向監察院提出調查彈劾案申請。此案正在監察院處理中，不便表示意見；不過，後來經濟部將承銷商指定特定人洽購，改為公開洽銷向非特定人公開招募，此一疑慮應可解除。

其次是中鋼釋股後，是否有步中石化與中華工程後塵，被財團掌控的疑慮。照承銷商原訂洽銷辦法，由承銷商指定特定人洽購，確有重蹈中石化等的覆轍，被財團掌控的可能。因此引起國策顧問、中鋼創辦人趙耀東及本報的重視，呼籲公營事業財團化要不得。這時經濟部才了解到事態的嚴重，改採公開洽銷的做法，依目前申購情況分析，此次抽籤將產生七萬個股東，洽銷的當在七萬人以上，股權相當分散，財團想掌控已無法做到，中鋼民營化將被財團掌控的疑慮，應可化解。

第三，中鋼此次釋股洽銷以五萬股為下限，而抽籤只有百分之幾的機會，卻限定只有四千股，是否有不公平的疑慮。不過，依目前申購的情況來看，洽銷申購人數高達 7.8 萬人，每人能購得的股數將在一萬股之下，兩者差距大為縮小，而且洽銷要繳 7% 的保證金，且有持股一年內不得出售的承諾，兩種銷售方式不公平的疑慮，大為減輕。

此次中鋼釋股，經濟部從善如流，接納各方的建議，堅持將承銷商指定特定人改為公開向非特定人招募，一舉成功，同時，化解各方疑慮，值得慶幸。不過，由於洽銷方式的改變，時限的緊迫，設計時或有考慮不周延的地方，也值得檢討。

一、洽銷申購處理費每件 375 元的計算基準值得商榷。據經濟部國營會表示，是根據公開抽籤每人四千股收取 30 元，即每千股 7.5 元，洽銷以每人申購下限五萬股為一單位申算則為 375 元。要知公開抽籤收取 30 元之處理費，其中最大部分是寄送中籤通知掛號郵遞費及電腦處理費，而此兩部分不會因股數增多而增加；因此，依公開抽籤每件 30 元比例申算，作為洽銷每件收取

375 元的基礎不當。不要小看每件 375 元，現在申購達 7.8 萬件，合計即近三千萬元，是增加投資人的負擔，應重作合理的計算，將多收部分退還投資人，不應作為承銷商的收入。

二、洽銷申購預繳保證金利息的處理問題。據華南銀行表示，收到預繳保證金 75 億元，此係投資人預繳的款，其利息一千多萬元，應在繳股款金額中扣除，不應由銀行或承銷商占有。

以上檢討，不僅為保障投資人的權益，亦可作為今後公營事業官股釋出時的參考。

（民國 84 年 3 月 10 日　《經濟日報》二版）

4. 民營化淪為財團化的悲哀

剛移轉民營一年多的中華工程公司，其董事長陳朝威，因無法抵擋財團介入業務經營，未能維護法人股東及全體員工權益，於日前該公司董事會中毅然提出辭去董事長職務，引起各界的關注。早在去年經濟部的兩大國營企業中石化與中工釋股時，即被承銷商操作，納入其掌控之下，到今年初中鋼第六次釋股時，又被該承銷商得標承銷，擬以同樣手法如法炮製。但引起社會不滿，尤其中鋼創辦人國策顧問趙耀東的重視，呼籲國營事業民營化不能落入財團手中，本報也以〈公營事業財團化要不得〉社論強烈呼籲經濟部要改弦易轍，不能再將中鋼被財團掌控，有失民營化的目的。經濟部在各方強烈反對下，終於接納建議，將由承銷商「洽商特定人承購」，改為「公開向非特定人招募」，而使中鋼幸免落入財團手中，惟當各方質疑中石化與中工已落入財團掌控時，該兩公司負責人還出面澄清，說明絕無財團介入其事。而今言猶在耳，中工董事長卻因無法抗拒財團介入業務營運，請辭董事長職務，怎不令人錯愕與遺憾。

據中工高層人員透露，陳朝威請辭董事長，是因日前中工董事會中，民營董事臨時提出兩項投資案，一是提高對有價證券投資上限，至不超過股東權益的八成，依此比率，中工可投資有價證券的金額，將高達新台幣 100 億元。經濟部是中工的最大股東，認為此項提案如通過，將使中工偏離本業的經營，而持反對態度。陳朝威是經濟部公股的代表，自然不同意該提案，而且陳朝威是受全體股東之託，擔任中工負責人，如將公司鉅額資金投入高風險的證券買賣，若是出了問題，如何向全體股東及員工交代，因而堅決反對該案。

一是投資華宇公司案，係與中石化及威京集團共同投資組成，計畫進軍大

陸地區投資。而中工本身亦正規劃赴大陸開發市場，此一投資案將有業務重疊之虞，導致投資資源的浪費，經濟部不表同意。可是在董事會中官股董事僅有兩席，民股董事五席，一票棄權四票贊成，過半數通過。當時，陳朝威為對代表的公股負責，當場向董事會提出辭去董事長職務。

據報導截至最近，中工持有股票 2.5 億元，帳面虧損 4,000 萬元。另一家民營化的中石化，被中工同一家承銷商操控，最近董事會也決議，將投資有價證券的上限提高至股東權益的八成，以中石化 3 月底的股東權益計算，金額高達 120 億元；至最近該公司持有股票 20 多億元，估計虧損 4 億多元。由於中石化將鉅額資金購買股票，而其擴建所需投資卻要增資籌措；如增資成功，不宵利用投資大眾的資金來操作股票，因此，該增資案已被證管會退回。顯然民營化後的該兩公司，已被財團操控，業務已有偏離本業的傾向，如陳朝威不辭職或默然的辭職，則該財團伎倆得逞，可增加 220 億元資金操作股票，除可能有利益輸送問題外，對健全股市可能的不利影響，值得主管當局檢討與省思。

已被財團操控的該兩民營化公司，是否可任由該財團為所欲為呢？問題似也沒有那樣悲觀。因公司法第 13 條規定，公司轉投資（包括購買股票）不得超過實收資本額的 40％，如有超過必須在公司章程中訂明，或經股東會的決議通過，而股東會的召開必須超過三分之二股權代表出席，以出席股東表決權過半數同意作成決議。中石化與中工董事會決議，以股東權益的 80％投資有價證券，如公司章程沒有明定，也沒有股東會決議，而其購買股票超過實收資本額 40％時，即違反公司法第 13 條規定；違反者公司負責人包括全體董事，除課以罰金外，並賠償公司因購買股票所發生的損失。因此，只要大多數股東不同流合汙，不支持高風險的股票投資，以及，公司法的主管機關經濟部、股票公開上市公司的主管機關證管會，認真並嚴格執法的話，當可防止其不利影響的擴大，以及降低其對社會的衝擊。

（民國 84 年 8 月 4 日　《經濟日報》二版）

5. 剖析民營化的四大阻力

自民國 78 年 7 月 25 日，行政院成立公營事業民營化專案小組，積極推動公營事業民營化工作，並選擇 19 家公營事業（後增加陽明海運、交通銀行及農民銀行計 22 家）作為第一波民營化的對象，但迄今已逾四年，尚無一家完成民營化。公營事業民營化是國際趨勢，我們的起步已晚，而且起步後四年多毫無成果可言，在國際間成為一大笑話。可是展望前程仍不樂觀，究竟是哪些

力量阻礙我國民營化的進行，值得探討釐清，以為克服的對象。

經我們研究探討分析結果，發現阻礙我國公營事業民營化工作的有四大阻力，茲分述如下：

第一阻力，是負責策劃推動民營化重任的經建會。在民國 78 年 5 月行政院改組，新任行政院長李煥確定公營事業民營化為今後重要施政後，即將此一任務交給經建會負責策劃推動。當時經建會主任委員錢復在接到任務後，即籌劃成立跨部會的行政院公營事業民營化專案小組，經建會承擔幕僚工作，並積極展開工作，於兩個月內先後完成公營事業民營化實施方案，公營事業移轉民營條例修正草案，及選定第一波轉移民營對象。可是至 79 年 5 月行政院再度改組，經建會主任委員易人，公營事業民營化專案小組即停止活動，半途夭折。但是公營事業民營化工作不僅主管機關有財、經、交通各部及省政府，公營事業涵蓋生產、金融及交通運輸三大行業，性質完全不同，而大規模民營化工作首次進行，問題錯綜複雜無軌跡可循，缺乏統籌規劃協調溝通單位，簡直是群龍無首，各自為政，問題更為複雜，影響工作進度極鉅。幸今年五月內閣再度改組，經建會首長亦易人，新任主委蕭萬長就任後雖未恢復公營事業民營化專案小組活動，但實際承擔起公營事業民營化的統籌策劃任務。

第二阻力，是民意機構。當中央政府加速釋出所持三商銀公股，使成為民營三商銀的過程中，遭到台灣省議會的杯葛，省議會決議三商銀省府持股比例不得低於 51％，即使中央持股全部釋出，三商銀也無法民營化。在中央立法院也未有效配合，且決議國營事業釋出公股，如其持股低於 50％，應向立法院報告，並獲得其同意才能進行。但國營事業民營化計畫排進立法院議程不易，即使費了九牛二虎之力協調排進議程，又因經濟預算委員會各爭主審權，而使議事無法進行，以至民營化工作又延宕下來。

第三阻力，是公營事業的主管機關。當行政院積極推動公營事業民營化時，省營事業的各主管機關未見積極反應；即使行政院今年 7 月 1 日通過的經濟振興方案，限各主管機關於 9 月底前，提出所屬事業民營化時間表，迄今已逾一個多月，省府尚未將時間表送出。在中央，經濟部推動民營化工作甚為積極，但在財政部之兩任部長間，出現兩極化的做法，在前任王建煊部長時，不僅對已列入第一波民營化名單的事業積極進行民營化作業，而且將交通銀行及中國農民銀行納入第一波民營化名單，並限期進行股票上市申請作業。可是現任林振國部長上任後，認為交通銀行與農民銀行尚有政策性任務，而將該兩銀行自第一波民營化名單中撤回；政策的出爾反爾，不僅使該兩行及其員工無所

適從，且使欲購該兩行股票的投資人，對政府決策失去信心。

第四阻力，是被列為民營化公營事業的首長及其員工。在被列為民營化的公營事業中，部分公營事業的董事長及總經理，唯恐民營化後職位不保而故意拖延，而其員工唯恐既得利益遭受損失而抗拒。不過在公營事業移轉民營條例修正，給予民營化公營事業員工多重保障與優惠，且按低價認股後，抗拒情勢已大為緩和。

就以上阻礙公營事業民營化的四大阻力而言，到目前為止，第一項阻力已不存在，第四項已消除大部分，第三項阻力，只要行政院有決心要做，少數首長心態的調適配合不太困難；惟問題最大的第二阻力——民意機構，尚無改善跡象。因此，要想公營事業民營化能很快落實，如何突破民意機構的阻力，應是行政部門當前急待解決的重要課題。

（民國 82 年 11 月 12 日　《經濟日報》二版）

6. 落實公共建設民營化的應有做法

行政院經建會為鼓勵民間企業參與公共建設，特於 82 年度中美基金中，提列新台幣 10 億元，另由交通銀行出資 40 億元，合計 50 億元，以低利融資方式，按交通銀行基本放款利率減 2 個百分點（按目前交通銀行基本放款利率 9.625％，減 2 個百分點後為 7.625％），提供民間參與「國家建設六年計畫」公共建設融資之用。雖然此一金額與國建計畫所需龐大資金比較，不及千分之一；但有總比沒有好，此第一宗低利融資計畫，對鼓勵民間參與公共建設投資的貢獻，還是予以肯定。

「國家建設六年計畫」所需總資金新台幣 8 兆 2000 億元，依據經建會的說明，其中約有 1.9 兆元是用於社會福利、全民健康保險，及文教等經常支出，2.1 兆元係公營事業投資，前者應列入政府經常帳支出，後者公營事業自籌財源，故公共投資需要政府負擔者為新台幣 4.2 兆元。此一金額雖較資金總需要幾已減少了一半，但以當前政府財政收支情況分析，在六年內政府絕無能力籌足 4.2 兆元。雖然經建會強調，過去六年政府儲蓄即經常剩餘金額高占國民生產毛額的 6.5％，依此比例預估未來六年政府儲蓄即達 2.5 兆元，不足 1.7 兆元，可以公營事業轉移民營收入、開放民間投資公共建設及發行公債支應。但事實上，不可能如此樂觀。政府儲蓄過去確有不少金額，但近數年來一方面由於股市狂熱期已過，證交稅收大幅減少，經常帳收入未能隨經濟成長增加；另方面經常支出不斷擴大，至 81 年度經常帳收支即無剩餘，82 年度預算正在

為經常帳收支不能平衡，使主管單位傷透腦筋，要大事削減支出後才能平衡。六年計畫，前兩年已無剩餘，後四年要有 2.5 兆元經常帳剩餘，是絕不可能的事。至於公營事業轉移民營化的收入，原有很大的期望，但「公營事業移轉民營條例」草案，在立法機關審議時，由於少數立法委員為了討好移轉民營的公營事業員工，將該草案第 8 條大事修改，給予員工多重保障，因此，有若干公營事業出售股票或資產所得之款，補償員工還不夠，能有剩餘支應國建六年計畫財源的，要比原期望大打折扣。至於發行公債，在立法院審議公債發行條例時，將公債有償性及無償性合併發行餘額，不得超過當年中央政府歲出預算的 95％後，能支應國建六年計畫財源的也不多。因此，要使國建六年計畫能於六年內如期完成，唯有靠開放民間投資一途了。

「國家建設六年計畫」的公共建設開放民間投資，不僅符合世界潮流，也是加速建設彌補過去公共建設不足的必然趨勢，而且在政府與民間已獲得共識。可是國建計畫自去（80）年 1 月 1 日實施以來，已超過一年，但說的多做的少，迄無一件公共建設開放改由民間投資。雖然民間極有投資興趣，卻苦無管道可資進行，亦無遊戲規則可資遵行。時不我予，國建六年計畫第二年又過去一個月，為使該計畫能能早日落實進行，我們提出下列三點建議：

一、強化決策功能。經建會雖曾公布有 13 類公共建設開放民間投資，但向何單位申請，應具備何資格，迄無下文；而交通部與財政部亦宣稱高速鐵路、高速公路、大眾捷運系統均可由民間投資建設，桃園中正機場亦可出售；可是最近僅商定部分高速公路開放民間投資，桃園中正機場則亦只是考慮出售經營權，而高速鐵路是否開放民間投資卻無下文，使民間無所適從。我們建議行政院指定專責單位或一位政務委員統籌有關「國家建設六年計畫」重大政策事宜，報請行政院正式公布實施。例如確定公共建設開放民間投資的範圍、主要項目、主要機關、申請時限，以及申請者應具備的資格與條件等，使有興趣投資且具備資格與條件者，知道如何進行。

二、提高執行效率。由於公共建設範圍廣泛，而民間投資建設牽涉相關部會及地方政府眾多，各機關間做法又不一致，而且各有內規，使投資者疲於奔命，投資意願遭受打擊。為避免投資者多方奔走，並加速審核流程，我們建議比照外人投資辦法，設立由各單位派員參與的「投資審議委員會」組織，統一事權，提高行政效率。

三、速頒獎勵措施。由於公共建設投資風險大，獲利又不高，為獎勵民間投資者興趣，必須協助排除困難、降低投資風險及保障合理利潤。我們建議對

民間投資公共建設，視為公益性團體給予特許經營，協助取得土地、優惠融資便利及租稅減免等。同時考慮公共建設與大眾生活息息相關，應訂定費率計算公式，一方面避免增加消費者負擔，另方面保障投資者合理利潤，穩定經營、加強服務。

以上建議，行政院如能採納，並即時採取行動，對「國家建設六年計畫」在預定時間內完成，應有助益。

（民國 81 年 2 月 12 日 《聯合報》二版）

7. 高鐵何不開放民間投資

交通部與財政部為了編列高速鐵路及中南段第二高速公路追加預算發生爭議，雖經行政院秘書長王昭明從中協調，仍未能得到共識，經將協調經過報請行政院長郝柏村後，郝院長明確裁示，中南二高經費全數照列，但高速鐵路僅先編列規劃設計費 17 億元，俟交通部完成土地取得的規劃後才編列預算。因此，交通部原預定本年 7 月 1 日執行的土木工程，將暫緩進行，「國家建設六年計畫」中極重要的高速鐵路，將無法照原定計畫進行，完成日期亦將落後。

高速鐵路應否興建頗有爭議，交通部之所以要積極進行高速鐵路的興建，是根據交通部的研究規劃結果，認為此時若不建高速鐵路，只建第二高速公路，到民國 94 年兩條高速公路均將超飽和，其擁擠情形和民國 79 年相當，即南北交通平時需 4～6 小時，節日尖峰時將需 10～12 小時。若現在開始興建高速鐵路，則一條高速鐵路運量相當於第一條高速公路之運能，如有高速鐵路，則 94 年時，兩條高速公路擁擠情況可紓解 40％，南北交通平時可維持 4 小時，節日尖峰時南北交通僅需 5～7 小時，和民國 74 年時相當；而更重要的是高速鐵路本身不分尖離峰，均可維持南北 90 分鐘的高服務品質，如運量大、準點度高，在質的提升上，最能實現「國家建設六年計畫」的「均衡區域建設，提升生活品質」的目標。而且交通部認為，興建高速鐵路必須先行取得土地，因為土地公告現值上漲，延後一年將增加 234 億元的經費，延後兩年將增加 551 億元的經費，愈延遲進行成本將愈加重，故有今日不做，明日必後悔的看法。

但在財政部立場，並不反對興建高速鐵路，只是需要投資 4,300 億元的高速鐵路，如全部需要發行公債來支應，則將拖垮政府財政基礎。財政部指出，近年來公債發行金額占當年度中央政府歲出總額的比例不斷升高，81 年度此一比例為 29.2％，82 年度為 30.3％，83 年度將提高至 40.8％，即中央政府在

83 年度每支出 100 元，其中有 40 元是借來的。王建煊部長並進一步指出，日本在 1987 年公債依存度達到 37%，即視為財政危機，而開始重建財政；目前日本公債依存度已降為 7%，日本的例子值得我們警惕。王部長強調為不願見到未來以債養債的財政惡果，而且民間有錢，高速鐵路應由民間來投資。

交通部與財政部說的均係事實，看法亦均正確；高速鐵路已到必須建，而且刻不容緩的時刻，但政府財政的惡化趨勢愈益嚴重，亦有目共睹。我們同意郝柏村院長的指示，高速鐵路與中南二高皆為國家建設六年計畫的重要項目，原則一定要推動，並應落實建設；但財政部不能消極的有多少錢，做多少事，而應採取「量用開源、量出為入」原則，積極的開闢財源落實建設，避免過度依賴公債發行，危及財政健全基礎。積極開闢財源由政府直接投資公共建設，雖是避免危及財政基礎的做法，但政府投資建設經營公共設施，不僅效率不彰服務欠周，且年年虧損成為國家財政重大包袱，問題並未完全解決，國內外實例比比皆是。而近 20 年世界潮流，是公共建設只要民間願意投資建設經營，盡量開放民間投資，如日本的國鐵，在巨額虧損下轉移民營後轉虧為盈；香港的海底隧道，由民間投資經營，第一年即收支平衡，第二年開始賺錢；現正進行的英法海底隧道也完全由民間投資經營，高速公路民間投資建設經營的實例更多。因此，我們完全贊同財政部的主張，高速鐵路應開放由民間投資建設經營，至於交通部簡又新部長所顧忌的高速鐵路開放民間投資的兩點理由，（1）細數世界各國高速鐵路，沒有一個是民營；（2）興建高速鐵路目的是要使民眾及貨物有更便捷、迅速的交通，是「服務」而不是「賺錢」。我們認為此兩點理由均不能成立。第一點凡事不必在國際間有先例我們才能模仿去做，如樣樣都要有先例，社會如何能進步，那我國的「經濟奇蹟」怎樣能創造出來；第二點「公共建設」的特性就是「服務」，難道日本的「國鐵」改為民營後就不是「服務」了嗎？香港的「海底隧道」不是服務嗎？而且此兩者在乘過的人都稱讚「效率高服務佳」，只要有好的服務品質，又能節省乘坐者的時間，合理的費率是應該的，也是乘坐者願意支付的，也是貫徹「使用者付費」的原則。因此，過去那種「低費率」、「投資經營者不賺錢」才算「服務」，而「服務品質」好壞都不管的觀念，在現代要摒除，取而代之的是，「高品質的服務」與「賺錢」是可以並行的。

問題在於公共建設不僅投資巨、風險大、困難多、投資本身獲利並不高，而公共建設又是公益性事業，為社會進步所必須，如民間不投資，政府必須做。關鍵在於政府給予多少協助排除其困難，提供何種優惠條件，使其在「高

品質服務」、「合理費率」的條件下，仍有合理的投資報酬率。因此，我們建議交通部與財政部主管官員，不要再在會議桌上做那些無意義的爭論，平白浪費時間，應靜坐下來認真的商議，如何排除業者投資的困難，如幫助取得土地，公有土地是廉價租用或無償撥給；給予何種優惠，如低利融資及租稅減免到何種程度、場站綜合開發權如何取得，業者投資後可經營 30 年或 50 年後，才將財產交給國家所有等，明確列出，在得到兩部首長共識後，納入「高速鐵路興建條例」，並經黨政協調，希望立法院在本會期內通過公布實施，同時，訂定申請程序，以便有意投資者有所遵循。我們認為這才是解決「國家建設六年計畫」投資財源，避免危及政府財政基礎，並能貫徹國建計畫的正確做法。

（民國 81 年 2 月 29 日　《經濟日報》二版）

8. 電信自由化刻不容緩

近十多年來，由於電腦科技的日新月異，與通信科技的突破，兩者的整合發展，完全改變了過去傳統電信服務的內涵，資訊化的社會已然來臨。各國為促進資訊化社會的早日形成，無不解除電信管制改為自由化經營，鼓勵更多民間業者參與。在激烈競爭的環境下，業者藉由電信網路提供更多更具效率的各式資訊服務（語音、數據、影像），使消費者享有更多的福利與選擇，使企業能有更多的通訊與資訊工具，以資利用管理，增進國家生產力。在未來的資訊社會裡，誰能領先獲得資訊，就能掌握先機，佔據優勢；因此，各國無不盡全力奔向全方位的資訊化社會。

在各國資訊化社會的形成過程中，我國業者把握此有利契機，努力發展我國的資訊工業，近幾年來世界經濟雖不景氣，但以出口為主的我國資訊工業，仍有 10%以上的成長。去（82）年資訊工業產值接近 100 億美元，其在世界資訊市場的排名，自前年的第六名，晉升為第三名。其中監視器、主機板、影像掃描器、滑鼠與鍵盤等，在世界市場的占有率均在 50%以上，高居第一位；尤以主機板與滑鼠更占世界市場的 80%。我國擁有如此堅強的資訊工業，但其產品 95%出口，內銷僅占 5%而已，顯見國內資訊化的程度相當落後，根據各項數據顯示，不僅落後於美日，亦較新加坡落後甚遠。

我國資訊工業非常發達，但在資訊的使用與流通上遠落國外之後，其主要關鍵在於電信網路（又稱加值網路）未能全面開放所致。雖政府早在民國 76 年即已確定我國電信政策，朝自由化、公司化、法制化方面進行，但交通部於 78 年 7 月開放一小部分加值網路服務後，五年來毫無實質進展；而在此五年

間國外資訊化突飛猛進，我卻停滯不前，怎能不落後？

　　五年來電信自由化未能落實，主要由於電信主管單位未改變過去獨占心態使然，以國科會設立的「國家高速電腦中心」為例，其設置目的在加速國內研究發展，不僅政府，公民營企業及研究機構凡研究發展需要都可申請運用，這樣才能達到設置目的，政府以鉅款購置的設備才可充分有效利用。「國家高速電腦中心」的網路是由電信局提供，但電信局提供的網路與專線都有限制，而且終端機使用有人數限制，更莫名其妙的是不能對外連線。這樣層層限制，其目的是怕影響電信局收入，但在層層限制下，政府鉅款購置的高速電腦，無法充分有效利用，浪費公帑，得不償失，而且設置的目的也無法達成。這是對政府機構國科會，對民間的限制可能更大。

　　電信局的這種保守、自私心態，不僅影響研究發展、科技水準的提升，更阻礙資訊化社會的進展，確實要不得，電信自由化已刻不容緩。尤其行政院長連戰日前指示，要求在 20 世紀結束前，把台灣建設成亞太營運中心，如沒有夠國際水準的電信服務，企業不能隨時隨地取得全世界的資訊，如何能吸引跨國企業到台灣設立營運中心？我們完全同意交通部長劉兆玄的看法，「資訊要暢其流、網路要四通八達、服務要新速實簡」。他的電信政策就是盡可能自由化，不必等民營化再做，要及時檢討要改的就改。為貫徹其政策，在不久前將正在行政院審議中的「電信局民營化條例」撤回重新檢討，確屬明智之舉。

　　因此，我們建議行政院長連戰，責成交通部於三個月內完成下列兩項任務：

　　一、重新檢討 78 年 7 月以來加值網路開放的情況，參照各先進國家做法，凡是不涉及修法的問題，盡量開放自由化，讓民間業者參與，充分發揮電信下游的資訊服務功能。

　　二、基本做法還是要修法，但我國電信法自民國 47 年施行迄今已 35 年多，除 66 年小幅修正外，基本架構與理念未變，完全不能適應社會經濟與科技發展的需要。聞交通部與民間業者分別提出「電信法修正案」的兩種版本，我們期望交通部邀請業者、學者就兩種版本研究比較，參照民間版本，修正官方版本，提出合於世界潮流、國際水準的「電信法修正案」報院。

（民國 83 年 2 月 25 日　《經濟日報》二版）

9. 電信三法終於完成立法

　　爭議多年的電信三法，終於前（16）日經立法院三讀通過，近日咨請總統

公布實施，完成立法程序。電信三法是指「電信法修正案」、「電信總局組織條例修正案」及「中華電信股份有限公司條例案」（新訂）等；此三法的通過實施，釐清了電信總局過去既管電信監理，自己又參與電信經營的裁判兼選手的混淆角色；同時也解除以往基本電信業務，由電信總局獨占經營的型態，開放電信事業給民間業者及外國人投資。這些調整，反映我國電信體制面臨重大變革，也為電信自由化、建立亞太電信中心及加入世界貿易組織，跨出關鍵性的一大步。

　　早在十多年前，政府宣布以「自由化、國際化、制度化」為未來經濟發展的基本政策時，即已確定我國電信政策將朝自由化、公司化、法制化進行，當時經建會並決議請交通部成立專案小組研擬，將電信總局經營電信業務改組為公司組織，然後再就轉移民營的有關法律修訂與增訂提出草案，完成立法程序後，藉以實施。未想到此一過程竟然需要十多年，顯示行政與立法效率低落的程度。可是這十多年來，國際間由於電腦科技的日新月異與通信科技的突破，兩者的整合發展，完全改變了過去傳統電信服務的內涵，資訊化的社會已然來臨。各國為促進資訊社會的早日形成，無不解除電信管制改為自由化經營，鼓勵更多民間業者參與。在激烈競爭的環境下，業者藉由電信網路提供更多具有效率的各式資訊服務（語音、數據、影像），使消費者享有更多的福利與選擇，使企業能有更多的通訊與資訊工具，以資利用管理，並開展業務經營，增進國家整體生產力。在當今資訊化社會，誰能領先獲得資訊，就能掌握先機，佔據優勢。因此，各國無不盡全力奔向全方位的資訊化社會。可是這十多年來，我國的電信事業仍在原地踏步，雖劉兆玄就任交通部長後，瞭解電訊在現代社會的重要性，大力推動電信自由化；但由於法律的限制，能開放的究竟有限，致我國的電信事業不僅遠落後於工業國家，也較香港與新加坡瞠乎其後，且開放程度不及中國大陸。因此，政府兩年來推動的亞太電信中心毫無進展，連以根留台灣的宏碁電腦集團的電信中心也要出走。只是由於宏碁集團董事長施振榮的宣布此一出走信息，震撼了整個社會，引起當局的重視，才強力動員，積極運作，立法院迅速完成三讀。此一過程，對立法院立法效率的提升，是一大諷刺。

　　電信法的修正，對現行電信體制有重大改革，明定電信總局業務監理範圍，另成立國營中華電信股份有限公司經營電信事業。電信法並修正第一、二類電信事業定義，第一類電信事業指設置電信機、線設備，提供基本電信服務之事業，第二類電信事業是指利用第一類電信機、線設備，附加軟、硬體設

備，提供加值電信服務之事業。第一類採特許制，且開放外人投資，但不得超過股權五分之一；第二類採許可制，對外資不加限制。此一業務的明確劃分，作為往後業務開放的依據，且電信科技發展迅速，有助於未來引進或經營新型電信業務的開拓。

電信三法通過後，電信局營業部門預計在本年 7 月 1 日起改制為中華電信股份有限公司；交通部在年前宣布的大哥大、呼叫器、行動數據、中繼無線電、小型衛星地面系統等無線電通信業務，定於本月底前開放外，並計畫在五年內即公元 2000 年以前，繼續准許民間經營國際電話、長途電話及市內電話等基本電信業務。屆時，我國電信事業將邁入自由化時代。

至於電信工會強烈要求中華電信公司三分之一董事由員工擔任的「產業民主」條款，經朝野協商同意在中華電信公司組織條例中明定，中華電信公司五分之一董事由專家代表擔任，立法院會並作成附帶決議要求「學者專家代表應包含員工代表」。但是，學者專家認為此一條款明顯牴觸現行公司法，不過在國營時期，政府有權派專家包括員工作為官股代表，在股東會被選為董事，是政府的權力，民營企業不必效法。惟日後中華電信公司移轉民營，官方持股不足三分之一時，該條款如何落實，將是一大問題，也是未來電信民營化的一大阻力，值得當局重視。

電信三法通過後，雖使電信自由化跨出關鍵的一大步，但要趕上國際資訊化時代的趨勢，還要解除有線電法對有線電視網路與電信網路互跨經營的限制，使傳送多媒體資訊的寬頻公眾網路與電信網路結合，才能建立真正的公平競爭環境，並早日邁向資訊化時代。

（民國 85 年 1 月 18 日　《經濟日報》二版）

六、台獨條款對我經濟的影響

1. 台獨條款對我經濟的影響

李總統登輝先生於光復節前夕談話中指出：「過去 46 年我們不僅要面對中共武力的威脅，在外交、經濟各方面，也都曾經遭遇過許多困難；但是由於我們內部能安定、團結，由於我們努力的方向正確，所以經過 46 年的時間，台灣能夠從一個以農業為主的殖民地，發展成許多開發中國家羨慕、學習的對象。」

　　台灣光復 46 年來，我們在經濟發展方面能獲得如此顯著的成就，誠如李總統所指出的，在「安定、團結」的基礎上，政府採取正確的政策及全民努力的結果。從歷史眼光看來，政府在民國 38 年所進行的幣制改革、38 年至 42 年所實施的農地改革，以及有效利用美國的援助，而奠定了台灣經濟發展的穩定基礎；民國 40 年代後期開始進行的一連串改革，如外匯貿易改革、19 點財經改革方案，訂頒獎勵投資條例、設置加工出口區，以及十大建設等，為促使台灣經濟第一次脫胎換骨，從落後的農業社會蛻變為新興工業化國家。顯示過去政府所採經濟政策，把握住正確方向，對經濟發展的貢獻，應可肯定。

　　雖然我國過去經濟發展獲得開發中國家羨慕的許多成就，但並不表示目前沒有問題；一個國家的經濟發展，在不同階段有不同問題存在，舊的問題克服後，新的問題又會產生，其關鍵在於能否提出有效對策，不僅能將新的問題克服，而且能促使經濟更上一層樓，或為未來進一步發展奠定良好的基礎。雖然我國當前經濟又面臨了許多新的問題，但政府已自今年開始推動新的「國家建設六年計畫」，據主辦單位設計該計畫時的三點構想：

　　一是將過去四年計畫改為六年，主要是配合總統任期，因我們已進入民主化時代，總統是民選的，總統在競選時的施政抱負，在當選後，應將其納入國家建設計畫，貫徹實施，使總統施政抱負能夠落實，增進全民福祉，以建立民主社會所必須的「責任政治制度」。

　　二是國建計畫除涵蓋經濟外，更重視文化、社會建設，今後將是經濟、文化、社會建設齊頭並進，以糾正過去經濟掛帥而導致的經社失衡，這是國建計畫的第一個重點；第二個重點是，加強公共設施建設，包括交通運輸、能源、住宅、水資源開發、生態環境保育、汙染防治，及醫療網建設等等，以彌補過去不足；而此等建設需要大量投資，可使國內超額儲蓄獲得有效利用，以解決過去的儲蓄與投資失衡；第三個重點是，貫徹經濟自由化，及擴大公共建設需要進口，使未來進口增加率大於出口增加率，大幅降低貿易鉅額出超，以消除當前的貿易失衡；第四個重點是，加速發展過去建設緩慢地區，及完成全台灣地區的交通網路，以糾正過去建設過度集中在南北兩地，而造成地區間發展差距。

　　三是為達成 20 世紀結束前，我國成為現代化國家作整體規劃，除硬體建設外，尚包括軟體建設，法律典章制度等。此三點構想顯示「國家建設六年計畫」，其目的除該計畫所揭示的「重建經濟社會秩序，謀求全面平衡發展」外，並配合民主化的發展，克服當前所面臨的四個失衡問題，以及完成現代化

國家所必須的各項設施與條件，奠定現代化國家的基礎。從歷史角度看，「國家建設六年計畫」將是我國經濟第二次脫胎換骨，使我國從新興工業化國家提升為現代化國家。也由此可知「國家建設六年計畫」的能否落實貫徹執行，將是我國未來十年能否成為現代化國家的關鍵所在。

然而，正當全國上下開始積極推動「國家建設六年計畫」之際，由於少數人不負責任的主張與做法，將「台獨條款」納入民進黨黨綱，使我們正在邁向現代化國家的關鍵時刻，投下了一個極為嚴重的變數。

一個國家的建設，需要不斷投資的支應，尤其我們政府窮民間富裕，民間除投資生產建設外，政府更期望其投資於部分公共設施建設，而民間投資必須在安定的基礎上有利可圖，才能順利進行。但不幸的是「台獨條款」已在人們心理上蒙上一層陰影，破壞安定基礎，對今後經濟發展產生極不利的影響，可從下面四方面顯現出來：

一、「台獨條款」明顯違反憲法，如政府對主張分裂國土的政黨不予處理，則一個國家法紀不振，社會如何能夠安定下來，誰還會作重大投資，不是觀望即是將資金外移，經濟一蹶不振，將重蹈菲律賓的覆轍。

二、「台獨條款」勢將引起政治的不斷抗爭，同樣造成社會不安，誰又願意投資。

三、「台獨條款」將導致中共對台採取某種實際的行動，使海峽情勢充滿變數，投資意願的受影響，不言而喻。

四、僑外投資在台灣投資中所占比重不大，但僑外投資對新技術的引進，新管理方法的拓展，都有相當的貢獻。尤其新竹科學園區技術密集產業的投資中，回國學人高占一半以上，對當前產業升級貢獻至巨。日前美商代表公開表示他們已開始擔心台灣投資的政治風險。如此一問題短時期不能解決，僑外投資不來甚至撤退將是必然的結果，而對國內產業（包括工業及服務業）亟待升級，需要僑外技術的支援，將受到嚴重的打擊。

雖然問題相當嚴重，但我們仍然期望主管當局，能以最大的政治智慧，不影響兩千萬人的安全與福祉情況下，依法有效處理此一問題，民進黨也應顧到兩千萬人民的安危與禍福，不再附和台獨分子，使不安的過渡期盡量縮短，不利的影響降至最低。則經過此一短暫過渡期後，我們的國家建設六年計畫能夠落實執行，法制能夠健全，法治能夠貫徹。我們才能建設一個以法治為基礎的民主化現代化國家。

（民國 80 年 10 月 28 日　《經濟日報》二版）

2. 切勿重蹈菲律賓的覆轍

過去 40 年我國經濟發展能獲得顯著成就，除政府正確政策領導及全民的努力外，政治社會的安定應為必須的先決條件。但自本（10）月 13 日民進黨將「台獨條款」納入其黨綱以來，不僅引發朝野及海峽兩岸關係緊張，以及社會的不安，更導致股票市場指數重跌五百多點，新台幣一度大貶，工商界新投資暫時觀望，甚至美商亦開始擔心到台灣投資的政治風險，此一情勢如不能及時遏止，則對台灣今後經濟發展帶來極不利的影響。

放眼四海，許多國家土地面積比我們寬闊，資源稟賦比我們優越，人口比我們多，但由於政治社會的不能安定，經濟發展很難獲得進展。當我們推動民主運動之初，由於在野黨對於民主認知的不同，常有踰越法規的行為，導致社會不安，當時識者即提出警告，民主化應守法、理性、漸進的進行，不要重蹈菲律賓的覆轍。菲律賓經濟發展在早期遠超過我們，當馬可仕於 1965 年初掌政權時，菲律賓每人國民所得已達 400 美元，我們才 203 美元，僅及菲律賓的一半，但至去（1990）年，我們的每人國民生產毛額已提高到 7,953 美元，可是菲律賓每人國民生產毛額僅達 727 美元，不及我國的十分之一。再以出口貿易比較，1965 年菲國已有 7 億美元，而我國才 4.5 億美元，僅及菲國的 64% 而已；而去年菲律賓出口才升至 80 億美元，25 年間僅增加 10 倍，而我國增加將近 150 倍，達 673 億美元，相當菲國出口的 8.4 倍。由於菲國年年貿易入超，外匯存底至去年底降至不到 10 億美元，而外債高達 300 億美元以上，成為第三世界第 15 位外債國家。而我國自 1971 年貿易由入超轉為出超，到去年底止外債不及 5 億美元，外匯存底更高達 700 億美元以上，成為世界上外匯最多的國家。更嚴重的是菲國失業率居高不下，目前失業率高達 17% 左右，即每六個找工作的人，就有一個找不到固定工作，貧窮人口比率，仍然接近 50%，25 年間，菲律賓從亞洲僅次於日本的第二富有國，現淪落為赤貧國家之一。菲律賓 25 年前是我們所羨慕的國家，而今卻需要我們援助。菲律賓 25 年來有這樣大的轉變，除馬可仕的腐敗領導外，柯拉蓉總統雖推翻了馬可仕的專制政權，建立民主政府，但政爭不斷，國家社會無安寧之日，證明徒有民主自由並不能解決問題。國家的發展、社會的進步，除了民主自由外，更需要安定的政治社會，與有效率的行政、立法體系。

過去民進黨一方面在立法院常以程序問題抗拒議事的正常進行，使立法效率癱瘓，財經立法大塞車，堆積在立法院待審的財經法律將近兩百件，影響行

政部門的運作，阻礙經濟現代化的進展；另方面又糾集群眾走上街頭抗爭，已影響到社會秩序與人民生活的安寧。而此次更將「台獨條款」納入民進黨黨綱，明顯違反憲法、國安法及人團法等法律，這種毫無理性的台獨意識發展，已造成社會的極度不安，對經濟發展帶來莫大衝擊，國人無不憂心如焚。對於此一嚴肅問題，除執政當局提出嚴正聲明，國內各界的譴責及政府將依法處理外，我工商界亦於日昨集會，參加的有 196 個工商團體負責人，除齊聲譴責民進黨將「台獨條款」納入其黨綱，對國家安全，社會安定造成嚴重不利影響，並阻礙經濟發展外，並發表四點嚴正聲明：

一、堅決反對任何主張分裂國土、擅改國號，危害國家安全與人民福祉的行為，一致請求政府斷然依法嚴予懲處。

二、堅決擁護政府依據國家統一綱領的步驟，以自由、民主、均富為目標，完成中國統一大業。

三、堅決支持政府積極推行憲政改革，建立健全的民主體制，全力推動國家建設六年計畫，厚植國家發展基礎。

四、籲請全國民眾團體所有同仁及全國同胞，精誠團結，自強自勵，為維護國家整體利益，並保住發展台灣經濟的元氣，共同開創中華民國光明的前途。

我們除同意支持工商界所提出以上四點聲明外，也呼籲國人要覺醒，絕不容許少數人的破壞，將我們生命財產推向毀滅邊緣，兩千萬同胞的幸福就此斷送，重蹈菲律賓的覆轍。我們必須一致奮起，齊聲討伐台獨，消除亂源，確保國家的安全，社會的安定，人民的幸福生活。

（民國 80 年 10 月 19 日　《經濟日報》二版）

七、實施週休二日

1. 週休二日宜漸進實施

立法院法制委員會上週初審通過「公務員服務法」部分條文修正草案，明定從後（1998）年 1 月 1 日起，在全國公務員每週工作 44 小時不變的情況下，實施週休二日制。這項舉措立即遭到工商業界的反對，全國商業總會、工業總會及工商協進會並於日前發表聯合聲明，指出工商界為爭取時效，目前仍可利用週六上午接洽公務，申請工商登記，辦理出口簽證、通關、押匯等事

宜；若政府實施週休二日，這些工商活動在星期六都無法進行，對工商界營運造成極為不利的影響。而且，週休二日制由政府率先實施，工商企業勢必面臨員工要求比照的壓力，將大幅增加成本，並嚴重影響產業競爭力和國家經濟發展。業者並強調，目前正值經濟不景氣，政府推動提升國家競爭力與刺激民間企業投資意願，亦不宜貿然實施公務人員週休二日制。工商業的主管機關經濟部於響應工商業界時亦指出，若公務員率先週休二日，將無法配合民間工商業的正常營運，不符合政府加強為民服務的理念，進而呼籲相關單位應慎重評估，以減輕其實施對產業經濟可能產生的衝擊。

週休二日制是世界潮流，不僅工業先進國家早已實施週休二日制，近年不少比我國經濟落後的國家也先後跟進。據實施週休二日制國家的經驗，由於工作日數減少，工作條件改善，有利生活品質的提升，員工對工作滿意程度提高，降低流動率，經驗容易累積。同時，員工有較多處理個人或家庭事務的時間，可以減少員工請假缺席的現象，提高工作效率與生產力，吸收因工作日數減少而勞動成本上升的負擔。此外，由於員工上下班往返所耗的時間與花費減少，個人與整體的利益可望因此增進。尤其對於力求上進的員工，可以利用增加的休閒時間進修，以擴展知識與提升技術水準，亦有助於整體社會的進步。由此可見，實施週休二日制，如處理得當，對社會而言，並非全屬負面。

日本政府為實施週休二日制，曾有周詳的規劃，逐步分段實施。日本自1983 年 3 月政府機構先試行四週中有一週週六全休，在試行三年後評估其成效至為良好，再於 1986 年 11 月擴大試行，四週中有兩週週六全休，直到1992 年才全面實施。換言之，日本政府部門歷經十年時間，才全面實施週休二日制；還有必須特別指出的，日本是民間企業先實施週休二日制，政府部門才跟進。因此，工商業所擔心的政府部門不能配合工商業者正常運作的問題不會發生，在日本政府部門實施週休二日制的其他問題也較少成為事實。再看韓國，為了避免政府部門實施週休二日制影響工商業界的正常運作，當局也採取漸進的方式。自今年 3 月 1 日起，韓國政府部門採取週六分組上班的方式，亦即政府各單位員工分兩組輪流，每兩週當中，有一週週六全天上班，另一週週六全天休息，也就是每兩週中，有一週實施週休二日，在韓國稱為「五天上班，六天服務」。這樣在民間企業大部分尚未實施週休二日的情況下，政府部門率先實施「五天上班、六天服務」的部分週休二日制，對民間工商業界不致造成影響正常營運的結果。至於韓國政府何時才全面實施週休二日制，則要看民間工商業界實施週休二日制的情況而定。

回過頭來看我國，據行政院主計處調查，台灣地區去年只有 3.74％的企業週休二日，週六彈性上班的占 3.1％，公營企業每週工作五天半、民間廠商則絕大部分工作六天；此一情勢，近年來變化並不大。在此現狀下，如政府部門貿然全面實施週休二日制，的確對民間工商業界的正常營運有不利影響。我們認為，週休二日制雖屬不可抵擋的世界潮流，但為減輕其所造成的不利影響，分段式的漸進做法應較為可行；尤其在未來實施初期，韓國的「五天上班，六天服務」的方式值得參考。另一方面，工商業界也應瞭解此一世界潮流，降低週休二日制可能的衝擊，必須早日調整其生產結構、企業組織、提升產業層次，以期化阻力為助力。

此外，研究週休二日制，應檢討我國國定假日每年高達 17 天之多，比工業先進國家不及 10 天，幾高出一倍以上，其中若干節日實無需以放假來紀念。因此，我們建議政府各主管機關，應組織一跨部會的工作小組，共同就此一課題，以漸進方式研擬整體可行方案，報請當局核定實施。同時，對此問題宜廣為宣導以凝聚共識，將其負面影響降至最低，實施的阻力自可化解。

（民國 85 年 11 月 28 日　《經濟日報》二版）

2. 實施週休二日制不能冒進

立法院上月通過二二八和平紀念日為國定假日，使上班族突然增加了三天連續假期，工商企業被迫臨時因應驟來的休假日，所幸行政院隨即採取緊急應變措施，終將經濟代價大為減輕。不過，由和平紀念日引發的休假安排問題，廣受各方關注，尤其國定假日與週休二日制如何一併考量，進入 3 月以來，各界提出意見者眾。有些立法委員甚至建議，今年 7 月起實施週休二日制。我們一向反對貿然實施週休二日制，對於近日有關週休二日制的冒進主張，尤期期以為不可。

去年 11 月中旬立法院通過公務員服務法修正草案，明定公務員週休二日制，從民國 87 年 1 月 1 日起實施。按此一「日出條款」的規定，行政機關必須進行實施前的準備規劃工作，以現今不到十個月的期間能否完成，令人不能無疑。

據行政院人事行政局局長陳庚金表示，該局已有腹案，以目前 19 天國定假日（不包括勞動節放假一天），除農曆春節、開國紀念日以及國慶日不可移動外，其他有 10 天如民俗節日都不必在當天放假，可以把假期移到週六；然後再把每天上班時間延長半小時，就可實施週休二日制。同時，行政院經建會

最近將邀集全國工業總會、全國商業總會、勞工界及學者專家座談，討論有關國定假日調整與週休二日問題。據江丙坤主任委員接受訪問時指出，推動週休二日制宜逐步實施，可以考慮以減少國定假日天數，來推動隔週週休二日；他認為民俗性的國定假日，如春節、清明、端午與中秋節等應保留當天放假，至於紀念性、慶祝性的國定假日可移到週六放假。雖然江丙坤主委對挪移國定假日至週六休，在性質上與陳庚金局長的主張未盡相符，可以進一步協調，但其挪移的原則則一致。

對於以上人事行政局的腹案及經建會的構想，我們提出幾點看法。首先，週休二日制不宜一步到位，我們同意江丙坤的逐步實施，先推動隔週週休二日的構想。按人事行政局的腹案，除挪移國定假日，再把每日上班延長半小時，即可實施週休二日制。該局的做法只考慮公務機構，而不瞭解企業界的現況，尤其忽略了公務機構實施週休二日，對企業將有很大壓力。目前企業界週休一日的單位，仍占半數以上，而且許多生產單位 24 小時連續開工，分三班作業，即使增加半小時也無事可做，其影響不能不考慮。我們的鄰國日本，甚至中國大陸，在實施全面週休二日制前，都先推行隔週週休二日制，以利各方的調適。以日本推動週休二日，尚需十年的漸進試辦，我們自無躁進的道理。

其次，某些國定假日當天不休，移至週六休的做法，值得商榷。由於有些節日是按農曆計，農曆與國曆日期不固定，而且各月節日分布不均勻，有時一個多月沒有可移用的節日，甚至有六個星期週六不放假，此不僅造成各方的困擾，也不符隔週週休二日的原意。

因此，我們認為實施隔週週休二日制，不必挪移國定假日，但政府宜明文規定國定假日以不超過 10 天為宜，其餘節日可舉行慶祝及紀念活動但不放假，以減少的國定假日抵充部分隔週週休二日制。在原週休一日半的單位，實施隔週週休二日後，一年只增加三至四天放假，即使是原週休一日制的單位，一年也不過增加 16 至 17 天放假，其對企業的衝擊，要較全面實施週休二日制減緩很多。待實施一段時期，檢討有成效而沒有問題後，再逐步全面實施週休二日制。

至於實施週休二日的時機，公務員服務法雖明文規定行政機關的施行日期，仍宜做好事前的準備工作。應該強調的是，由行政機關帶動週休二日原不適宜，特別是衡量行政機關的效率，更有可再斟酌的餘地。如果行政機關明年元月適用週休二日，對於工商企業的經濟活動及影響甚大，我們希望行政院就此做妥善的安排，務使其對經濟活動的衝擊減至最低。至於工商企業的實施時

機，我們一向主張留給工商企業及勞資雙方相當的彈性，減少強制規定，方可能產生有利勞資雙方及整體經濟社會的結果。

（民國 86 年 3 月 8 日　　《經濟日報》二版）

八、爆發亞洲金融危機及其影響

1. 重視東南亞金融危機對我整體經濟的影響

　　行政院經建會高級官員日前表示，東南亞貨幣貶值的幅度可觀，中國大陸出口的訂單已有流到東南亞國家的跡象，人民幣能否逃過貶值一劫，該會正密切注意。另一方面，由於中央銀行不再干預外匯市場，新台幣連日來大幅貶值之後，昨天已經止貶回升。這次政府主管當局原以我國經濟基本面良好，且有巨額外匯存底，對外貿易亦呈現明顯出超，可以實力抵擋東南亞金融風暴的衝擊；即使國際投機客敢越雷池一步，我央行以近 900 億美元外匯存底的實力，必能修理得投機者無法得逞。但是，主管機關對此次東南亞金融風暴輕估其嚴重性及影響力，也高估了我主管當局干預市場的能力，致使干預政策不得不改弦更張，進而影響整體金融市場，主管機關亦飽受批評。

　　東南亞金融風暴，到目前為止還未結束，仍在持續擴展中，其可能對我金融市場造成衝擊，對我出口及對台灣企業在當地投資的影響，也不應忽視。其對我出口的影響，可從下列三方面來分析。

　　首先，自今年 7 月初以來，到本（10）月 21 日止的不到四個月間，除新加坡元僅貶值 6％外，泰銖與印尼盧比各貶值了 33％，馬來西亞幣及菲律賓披索亦分別貶值 24％及 23％。而在 10 月 17 日之前，我新台幣僅對美元貶值 2.4％；相形之下，新台幣對該等貨幣大幅升值，影響我國產品在東協各國市場的競爭力。

　　其次是我國出口商品結構，雖近年以技術密集產品為主，但是非技術密集產品的出口，仍占我國總出口將近四成。在東南亞各國貨幣相對新台幣大幅貶值後，此類產品的替代能力或將隨之提高；不僅經建會所重視的大陸出口訂單流向東南亞，我出口訂單也同樣有流向東南亞的可能。最近兩個月我外銷訂單金額僅較去年同期增加 2.4％，與上半年增加 3.8％，略見下降，其後續影響還在持續中。同時，如果中國大陸的外銷訂單誠如經建會所指出的流向東南亞，則大陸為製造該等產品，過去向台灣進口的原材料，今後將不再需要。而東南

亞各國因新台幣相對該等國家貨幣大幅升值，其為製造該等出口產品所需的原材料，繼續向台灣進口的金額或將受影響，因此，也可能間接不利台灣的出口。

第三，去年東協五國經濟成長率，高達 6.8％至 8.2％之間，但受到此次金融風暴影響，其整體經濟受到極大衝擊，經濟成長率大幅下滑。據亞洲開發銀行本週二指出，東南亞各國一時尚難脫離低成長的陰影，今、明兩年經濟成長率均只有 4％到 5.5％之間。而東協五國近年來已成為我國主要出口對象，今年 1 至 9 月對東協五國出口占我總出口的 12.7％，高於對日本出口，僅次於對美國及香港（包括中國大陸），而居第三位。該等國家經濟成長率的下降，進口的縮減應可預料，加以新台幣對該等國家的貨幣大幅升值，削減自台灣的進口，或在所難免。

由以上分析，可知此次東南亞金融危機，對台灣出口所可能造成的負面影響，是多方面的，不能掉以輕心；除了新台幣貶值之外，主管當局尚應研擬因應之道。

至於台灣企業在東南亞各國投資，經我經濟部核准的金額至今年 7 月底止，雖僅 36 億美元；但根據地主國的統計，台商在該地投資累計已高達 330 億美元。該等投資所獲得的盈餘，多數為當地貨幣，今後折合美元或新台幣後，將大幅縮水，對投資廠商將造成嚴重的傷害。因此，今後台灣企業對外投資，貨幣的穩定性應列為重要考慮因素之一。

我國在因應此次東南亞金融危機的過程，除已嚐到干預外匯市場所獲得的教訓，對其他方面的影響也不應忽視。更重要的是，泰銖的大幅貶值，是過去引進巨額的外資投入金融市場，此為禍根之一。而我主管當局最近為搶救股市，也對外資大開方便之門，如何防範，趨吉避凶，不重蹈泰國的覆轍，應為今後的重要課題。

（民國 86 年 10 月 23 日　《經濟日報》二版）

2. 亞洲金融風暴威脅明年全球經濟景氣

自今年 7 月初泰國貨幣大幅貶值以來，其所引發的金融風暴，不僅涵蓋了東南亞及東北亞各國，甚至美國及拉丁美洲國家股市都遭波及，原被視為避險天堂的印度及東歐也受牽連。其對明年全球經濟發展的影響，除了少數國家例外，都有相當不利的衝擊，多數國家明年經濟成長率將往下修正，亦較今年成長為低，對以貿易為導向的我國，所產生的直接與間接負面影響，值得重視。

　　金融風暴主要表面現象是貨幣大幅貶值與股價大幅下滑。由於貨幣的大幅貶值所導致的輸入型通貨膨脹在所難免，近四個半月來，不少國家貨幣貶值至少 10％，有的甚至高達 30％以上者，明年物價上漲當可預期，實質所得隨之降低。在股價方面，不少國家近幾個月來股價下跌，甚至有高達 50％以上者，顯示國民所握有的資產大幅縮水，凡此現象都將影響明年市場的需求。在內需不振，供過於求的情勢下，新投資將因而卻步。同時，在金融風暴未能結束前，國外的直接投資亦可能裹足不前。雖然貨幣的貶值，可提高出口競爭力，但主要國家中，除美元超強外，絕大多數國家貨幣對美元多少都有貶值現象，相互抵銷了貶值提高出口競爭力的作用；尤其東協各國之間相互貿易額平均占各國貿易總額的比率高達 50％以上，因此，明年各國能增加出口的金額，亦屬有限。由以上分析，顯示明年世界上多數國家經濟成長，恐難有蓬勃的表現。

　　反觀我們國內經濟情況，日前行政院主計處發布我國今年與明年經濟成長的預測，估計今年經濟成長率為 6.72％，較去年 5.67％的成長提高超過一個百分點，是五年來的最高水準，亦高過港、新、韓而居四小龍之首，在全球各主要國家經濟成長率中排名第四，顯示今年我國經濟成長的優異。今年我國經濟能有如此良好的成長，據主計處的估測，主要由於前三季證券市場的蓬勃發展，帶動民間消費與民間投資全年大幅成長，分別增加 7.7％與 14.1％所致。而明年雖受金融風暴衝擊產生不利影響，但主計處認為明年初週休二日制開始實施，加以選舉活動的刺激，有利民間消費的增加，以及民間重大投資計畫的開動，明年經濟成長雖較今年為遜，但預測仍可有 6.5％的成長率。

　　明年我國經濟是否如行政院主計處的樂觀，隨各方的看法不同而異；主要因國內經濟國際化程度提高，受國際因素的影響程度較前擴大，尤其當前亞洲金融風暴尚無結束跡象，其對國內經濟的影響，不容忽視。現今看來，此次亞洲金融風暴對全球的影響，遠比早先所預期的嚴重，而且，多數國家實質所得的萎縮與財富的縮水，除影響各國國內消費與投資的需要，因而不利經濟成長之外，更傷及其對外購買力，抑制對外貿易的擴張，故國際間多預測明年世界貿易的成長率，將遠較今年為低。可是行政院主計處預測的明年我國商品出口增加率為 6.19％，高於今年 5.54％的出口增加率，與國際貿易增加率趨勢相反。何況，到目前為止新台幣對美元貶值的幅度，遠小於東協各國與韓國，而且今後新台幣似乎不致大幅貶值，但據主計處預測，明年國內躉售物價將上漲 5.3％，消費者物價上漲 3.1％，均為三年來最高；因此，在物價穩定的前提

下，新台幣貶值程度要與東協各國與韓國看齊是不可能的。因此，明年我國商品出口增加率或有高估之嫌。

其次，行政院主計處雖估測明年經濟成長率可達到 6.5%，但因新台幣近月來已有相當的貶值，因此，每人 GNP 以美元計算，即使新台幣一年內不再貶值，也較今年下降，將是 16 年來的第一次；對外購買力的降低，於民間消費與投資都有不利的影響。加以近月來股市大幅下滑，較高峰時幾下降了四分之一，上市股票的市值，縮減了 2 兆元以上，資產的大幅縮水，更對民間消費與投資不利。此外，民間許多重大投資案，是在股市旺盛情況之下所做的規劃，當時發股票換鈔票籌資易如反掌，而今股市一蹶不振，籌資不再如規劃當時之容易，民間重大投資計畫能否一一落實，如同主計處預測明年民間投資增加率高過今年高達 14.6%，值得密切注意。

由以上分析，顯然行政院主計處對明年經濟預測，可能低估了此次金融風暴對國內經濟的影響。明年經濟的情況能否如預測的樂觀，財經當局在總體政策或須加油。實際上 86 年經濟成長率為 6.05%，87 年為 4.2%，誠如本社論所述，均較主計處估計時低。

（民國 86 年 11 月 24 日　《經濟日報》二版）

3. 中共當局應避免加入貨幣貶值競賽

自亞洲金融風暴爆發以來，區域內各國貨幣幾乎全面承受空前的壓力，唯獨中國大陸的人民幣不僅未有大貶，不久前且對美元升值到 8.279 元兌一美元，創 31 個月來最高水準。由於中國大陸近年經濟大幅成長，對外貿易不斷擴展，在世界經濟與貿易領域已扮演相當的角色，其人民幣未來走勢如何，深受各方關注。

世界貿易組織（WTO）日前發表報告指出，中共過度高估人民幣幣值，同時中國大陸銀行體系不健全的情形與南韓、泰國不相上下，中共領導人因而不久將被迫讓人民幣貶值。美國摩根史坦利公司最新發表的經濟月報也指出，韓元和新台幣的貶值，嚴重影響中國大陸明年的出口前景，北京當局為了維持其出口競爭力，明年上半年勢必讓人民幣大幅貶值。英國《經濟學人》雜誌亦報導，1994 年人民幣貶值不少，提升大陸出口競爭力，也許是造成今日東南亞部分經濟問題的遠因；如今隨著東南亞國家幣值大貶，出口競爭力提升，中國大陸的出口可能飽受威脅。另外，香港匯豐銀行則認為，人民幣不是自由兌換的貨幣，不可能因投機客的攻擊而貶值。但該行對人民幣與區域貨幣競爭力

比較後，發現人民幣目前高估 12％左右，明年中大陸出口衰退，人民幣貶值壓力可能浮現。荷蘭銀行則指出，東南亞此次金融風暴屬於惡性貶值，經濟反將衰退，大陸出口產業仍將具有優勢，且東南亞利率高漲，大陸貸款利率維持極低水準，大陸的競爭力將不會因此降低。中共官方的看法，據其國務院主管財經的副總理朱鎔基日前表示，雖然許多東南亞國家貨幣相繼貶值，中國大陸不會為刺激出口或吸引外國投資，而讓人民幣貶值。這些看法林林總總，顯然各方對人民幣短期未來走勢的預測相當紛歧。處這種情勢，以台灣對大陸與香港的出口，高居我總出口的 23％以上，僅次於對美國出口，且係我出超的最大來源。因此人民幣是否貶值，對我對外貿易有舉足輕重的影響，不容輕忽。

我們就客觀立場來分析大陸當前經濟問題，困擾大陸多年的通貨膨脹問題甫告和緩，而貨幣貶值將是通貨膨脹死灰復燃的根源。過去，我們與韓國經濟發展的經驗，或可供大陸參考。

韓國在 1960 年代為提高出口競爭力，不斷採取貶值的手段，促使出口大幅增加，自 1962 年 130 韓元兌 1 美元，至 1970 年貶值到 399 韓元兌 1 美元，雖促使此十年間韓國經濟成長率平均每年高達 9.2％，但每年經濟成長率高低起伏不定，而且物價平均每年上漲率高達 14％以上。而新台幣兌美元匯率，自 1960 年實施單一匯率，新台幣 40 元兌 1 美元後，一直到 1973 年初維持不變，因此，1963 年到 1972 年台灣物價平均每年僅上漲 2.9％，與工業國家上漲 3.5％比較，經濟安定的表現毫不遜色。而且，台灣是在穩定的基礎上，以提高生產力促進出口的擴張，同時期經濟成長率平均每年高達 10.8％，超過工業國家平均每年成長 5％一倍以上。當時國際間都瞭解，韓國是靠不斷貶值，提高出口競爭力加速經濟成長，卻帶來通貨膨脹，落入落後國家惡性循環的陷阱。相形之下，台灣是在穩定的匯率基礎上，實現了快速經濟成長與物價穩定的雙重目標。台灣與韓國完全不同的發展經驗，其實值得許多國家參考，我們亦應記取此一教訓。雖然最近亞洲各國貨幣多已大幅貶值，但人民幣早在 1994 年即貶值了 34％，如果人民幣再隨各國貨幣貶值而貶值，將陷入區域貨幣貶值競賽，對各國並無好處。當前東南亞各國及韓國貨幣的大幅貶值，正顯示其競爭力的喪失，由於這些國家體質的相對脆弱，在利率、物價高漲的情況下，能否提高其出口競爭力，頗令人懷疑。加上大陸外匯資本帳仍在嚴格管制之下，國際投機客在大陸無法施展。因此，就大陸當前經貿分析，中共官方一再宣稱，人民幣沒有貶值的理由，應可理解。不過，就現實來說，東南亞國家貨幣大幅貶值之後，工資及地價都大幅滑落。訂單及國際投資都可能轉往這些

國家，對於大陸經濟是相當不利的衝擊，人民幣的支撐力量轉弱，加上其金融部門極不健全，國有企業改革也增加其經濟難題。人民幣是否能在東亞金融風波中免疫，避免貨幣貶值競賽的情勢擴大，其實取決於北京當局的作為，而非僅其主觀的願望。

（民國 86 年 12 月 14 日　《經濟日報》二版）

4. 探究台灣在金融風暴受創較輕的原因

　　金融風暴自去（86）年 7 月以來席捲東南亞及東北亞，除中國大陸之外無一倖免。以各國貨幣去年下半年貶值加上股價指數下降百分比合計，衡量此次金融風暴受創的程度，則東亞十國之間有極大的差異。中國大陸尚未成為真正的市場經濟可以不論，其餘以台灣下降 24％最輕，其次是香港下降 29％，新加坡及日本各下降 38％，菲、泰、馬三國受創較重各約 70％左右；而印尼及南韓更下挫將近 100％，是此次亞洲金融風暴中，受創最嚴重的兩個國家。

　　台灣在這次亞洲金融風暴中受傷相對較為輕微，據英國《經濟學人》（ The Economist ）週刊最近分析有三大原因，即外債甚少、銀行管理較佳，及企業比部分亞洲國家更具彈性，故較能抵擋風暴。所謂台灣企業更具「彈性」，《經濟學人》進一步指出，美國賓州州立大學與世界銀行的三位經濟學者發表的一篇論文中，研究台灣在民國 80 年與 75 年有關企業發展資料發現，台灣新公司非常容易成立，老公司倒閉的機會相對亦大。由於新成立者通常比出局的舊企業較具有效率，這種「創造性的毀滅」過程，刺激業者維持精簡，並有助於新技的快速擴散，大幅提高台灣的生產力。雖然《經濟學人》所提出的第三個原因——台灣企業較具彈性，容或各方有見仁見智的看法，但是大致是符合實情的。

　　台灣抗拒亞洲金融風暴相對東南亞各國及南韓較具成效，除《經濟學人》所指的三點原因，我們認為另有三點原因不能忽視，即台灣經濟基本面較東南各國及南韓為強，尤其近年這些國家貿易均有巨額入超，必須靠舉借外債達到國際收支平衡。而台灣近 20 年來貿易年年出超，近六年（民國 81～86 年）出超合計高達 550 多億美元，且使台灣的外匯存底近年一直維持在 800 億美元以上。其次是台灣的外資流入並未完全開放，尤其證券市場對外資的進入仍有限制，如 85 年外人投資台灣股市比重僅 3.2％，而南韓超過 10％，泰國及印尼更分別高達 34％及 59％，故國外投機客在台灣炒作的空間不若東南亞各國及南韓之大。第三是台灣近 10 年產業結構有顯著的變化，尤其最近六年產業結

構的改善極為快速，如出口產品中重化工業及技術密集產品所占總出口比重，自 80 年的 46％至 86 年提升為 67％；製造業生產中重化工業與技密集產業生產所占比率，同時期亦自 57％提升至 69％，短短六年間分別提升達 21 與 12 個百分點，這是各國經濟發展中少有的現象。在產業結構急速調整過程中，已失去優勢的產業，或原不具競爭力的產業，以及體質脆弱的廠商，早已淘汰出局。新增加的或新擴充的重化工業及技術密集產業，都是比較具有競爭力的；即使留下的老舊產業及廠商，也在這激烈競爭中歷經淬煉，提升技術層次與附加價值，增加了企業的應變能力。應是在這次金融風暴中，東南亞國家與南韓許多企業與財團紛紛倒閉，而且拖垮了金融事業，但是台灣得以避免的重要關鍵。這也是《經濟學人》週刊所稱台灣企業由於新陳代謝快速，所特具的彈性。

台灣產業結構在短短的六年中如此快速調整，一方面是在 70 年代後半期，自由化、國際化步伐加快落實，與新台幣大幅升值的壓力下，使業者認識唯有調整發展方向，改變結構，使企業脫胎換骨，才能永續經營，並因而進行重大改革。同時，亦由於較我們落後發展的國家與地區開放市場，使台灣能有機會將被淘汰的產業移轉到這些國家與地區投資設廠，並自台灣進口原材料及設備。從而，台灣廠商在淘汰過程中損失降至最少，其所負債務能順利償還，並未加重金融事業的呆帳負擔。此外，支持台灣近年來對外貿易一直維持出超的水準，鞏固了台灣經濟的基本面，增強了應變能力。

經濟自由化是台灣過去創造經濟奇蹟的一大功臣，也是此次抗拒金融風暴的一大力量。雖然台灣對資本市場的限制，降低了外國投機客的炒作空間，但自由化的趨勢無法抵擋，資本市場的開放亦無法避免，建立一套具有公信力的競賽規則，並適當成立防火牆制度，防止外來不當侵襲，應是當局面臨的重大課題。現今看來，此次金融風暴尚未結束，隨時有惡化的可能，我們今後在金融危機中持續挺立，不致遭受更大傷害，應是當局及業者共同面臨的一大挑戰。

（民國 87 年 1 月 9 日　《經濟日報》二版）

5. 化解金融危機有賴國際間通力合作

美國總統柯林頓本月 6 日在國際貨幣基金（IMF）與世界銀行聯合年會開幕式致詞指出，現今是採取果決行動的時機，全球一致行動，可化解 50 年來最大的金融危機。他強調，當前全球決策者的最高目標，就是刺激經濟成長，

每個國家必須承擔刺激成長的責任。柯林頓並且呼籲日本改革銀行體系，振興經濟，使經濟走出衰退泥淖；歐洲則應促進成長，開放市場。他還保證美國絕對履行在 IMF 的義務，額外挹注 180 億美元，同時協助遭受金融衝擊的國家減輕痛苦，抑制金融風暴的蔓延，並挽回各界對全球經濟的信心。他宣稱，如果主要國家共同行動，就能終結目前的危機。柯林頓總統此項講演，重視全球協調合作，採取共同行動，堪稱化解當前國際金融危機的關鍵所在，值得重視。

自去（86）年 7 月初東南亞爆發金融危機後，歐美國家大都認為是這些開發中國家金融體制不健全；企業體質脆弱；政府、企業和金融機構之間關係過於密切，且有不當的干預；因而爆發金融危機，而當成屬於區域性的問題，未予重視。直到去年 10 月下旬，香港為捍衛港幣的聯繫匯率制，採取強烈措施，大幅提高利率，導致股市連續重挫，影響紐約股市爆跌 554 點，創下歷年來單日下跌最大點數，並引發全球股市的骨牌效應，因而震驚世界；加上日本金融機構的連續倒閉，這才使得全球金融當局正視亞洲金融危機的嚴重性。但是，除了 IMF 對某些遭受金融危機衝擊國家伸出援手，國際間迄今未能提出遏止金融危機擴散的有效對策。

許多人認為，日本是世界經濟第二大國，而且為東亞國家主要出口對象，因而期望日本經濟復甦，以產生火車頭的作用，帶動東亞各國脫離金融危機的困境。然而，日本經濟的基本面雖然不差，最近兩任首相缺乏魄力與決心，未能提出徹底整頓改革金融體制的有效措施，而所採取的刺激經濟景氣措施力道不足，效果不彰，且任由日圓持續貶值，對東亞遭受金融風暴衝擊國家，不僅毫無助益，而且還有拖累。

及至最近俄羅斯經濟崩潰，盧布大幅貶值，而德國與美國是俄羅斯兩大貿易夥伴，德國又是俄羅斯最大債權國家，所受俄羅斯金融危機的影響亦較大。再加以巴西的金融危機再起，而拉丁美洲素有美國後院之稱，美國與拉丁美洲經貿關係密切，現已危及歐美經濟的景氣。因此，國際間已有專家預測，1930年代世界經濟大恐慌有重現的可能。不過，當前國際經濟情況與 1930 年代前後情況並不相同，而且目前發生危機者除了日本，均係開發中國家，歐、美國家經濟仍然穩健成長。同時，國際間各項組織如 IMF、世界銀行、國際經濟合作發展組織，以及七大工業國家（G7）等，各有其功能，尤其遭遇危機，各國間政策協調的機會大為增加，如各國能採取一致的行動，國際間抗拒危機能力將較過去大為增加。因此，1930 年代世界經濟大恐慌是否重現，關鍵在於各國，尤其 G7 成員之間能否放棄本位主義，以全球經濟為重而採取一致行

動，誠如柯林頓總統此次講演中所強調的，應是關鍵所在。

　　日前 G7 國家財金首長在華府集會，會後發表聯合聲明，強調各國加強合作的重要性，並表示七大工業國已經取得共識，將聯手設法解決國際金融危機，以免更多國家陷入經濟衰退，但各國財金首長同意將若干重要細節留待日後討論，未提出具體行動。由於 G7 財金首長會議，未能就解決全球金融風暴達成任何具體對策，讓全球投資人失望，致全球股市翻黑。不過，我們認為，G7 國家財金首長集會六小時，已獲得「各國加強合作的重要性」的共識，已屬難能可貴，其具體對策的細節，需要進一步協商討論是可以接受。而且「共同行動」與「採取果決行動」已在柯林頓總統此次演講中強調，我們相信，在最近期內 G7 國家可望通力合作，提出化解金融危機的具體方案，以遏阻金融危機的蔓延，避免 1930 年代經濟大恐慌的重現。特別是西班牙 6 日降低利率，可望引導歐洲放鬆貨幣政策，而德國央行也改變其反對降低利率的立場，我們希望這是工業國家以具體行動化解金融危機及其經濟負面效應的開始。

（民國 87 年 10 月 8 日　　《經濟日報》二版）

6. 降低金融風暴對整體經濟的損害

　　企業財務危機蔓延金融機構，在各界擔心台灣是否搭上金融危機的末班車，總體經濟遭到嚴重損害之際，行政院經建會日前決定，把明年經濟成長目標訂為 5.5％。經建會強調，雖然其他經濟研究機構預測數字相對較低，經濟成長目標有政策努力的意味，從而 5.5％是可以努力的水準。在此之前，行政院主計處也發表今年最新經濟成長率估計，雖然經濟成長數字下降，據主計長韋端指出，全年經濟成長率仍可超過 5％，而且前三季的退票率較去年同期下降，工廠家數淨增加 1.3％，顯示近來發生的企業財務危機，對國內整體經濟的影響有限。不過，國內企業爆發財務危機，是 10 月才開始，以前三季的統計推估全年經濟成長率，自無法看出其影響。國內企業近來一再爆發財務危機，不僅金額愈來愈大，而且牽涉範圍日漸擴大，何時止息尚不得而知，其對整體經濟造成的負面影響，有進一步分析的必要。

　　就國內已發生的企業及金融財務危機案例看來，首先影響的是投資人喪失信心，不知何時會傳出新的案例，不敢下注投資，致使股市量縮價跌，影響企業投資長期資金的籌措；另一方面投資人資產縮水，甚至被套牢，影響消費的增加，造成國內有效需要的不足。其次是企業財務危機的發生，首當其衝的是銀行等金融事業，其所貸出去的款項能否收回，債權能否確保頗有問題，今年

以來銀行逾期放款比率不斷升高，已經顯現，導致銀行對貸款轉趨條件嚴苛甚至惜貸，正常經營企業籌資困難。此外，股市下滑，原以股票抵押的借款，要追繳擔保品，使正常經營的企業借款能力下降，影響投資財源的籌措。最近股市若不是政府的護盤拉抬，令其繼續下滑，其造成的不利影響可能更嚴重。第三，今年以來出口衰退，最近金融的不安及證券交易秩序的破壞，都是企業財務危機所引爆，導致人心不安、投資觀望，不僅造成需要不足，影響當前景氣回升，也對長期經濟成長不利。

以上的分析，進而檢討行政院主計處對今明兩年經濟成長的預估，是否充分考慮最近企業財務危機對整體經濟所造成的不利影響。我們發現，行政院主計處估測今年第三季至明年第二季，連續四季的經濟成長率都低於 5%，是民國 72 年以來的 15 年間低迷期最長的一次，而其間民間投資的轉趨保守，是主要原因之一。民間投資自今年前三季的兩位數成長，至今年第四季降為個位數的 8.6%，明年第一季更降至 0.8%，是民國 85 年第二季（由於中共飛彈演習影響投資衰退）以來的最低點，直到明年第三季民間投資才可望恢復呈兩位數的成長。而明年首兩季的國內需求增加率，均降至 3.5%，顯見主計處在估測今年第四季及明年經濟成長時，均已考慮最近企業風暴對當前經濟景氣的負面影響。

我們不厭其詳地分析此次企業風暴對當前景氣的不利影響，首在提醒當局，企業財務危機的一再發生，且牽涉範圍之廣，已不能再視為個別問題，應加以正視。而且紓困只是濟燃眉之急，無法從根本上解決；尤其部分不肖企業主掏空公司，雖政府不予紓困，交由貸款銀行評估處理，而銀行資金來自大眾存款，處理這些爛攤子仍然必須謹慎。

當然要從根本上解決此一問題，錯綜複雜，非短時期所能做到。但是，降低企業財務危機發生的頻率，最簡單的方法就是從公司法的修訂及解釋著手，公司法第 13 條原規定轉投資以不超過實收資本額的 40% 為限，修正後將此一限制網開一面，以及經濟部解釋子公司可以購買母公司股票，這樣的修正與解釋，應是最近企業財務危機形成的重要原因之一。我們也瞭解，此兩點固有其正面意義，但現在已經發生嚴重的負面影響，主管機關應會同作全面性的檢討，使其正面意義能持續發揮，負面的影響可以避免，謀求兩全其美之道，從根本消除部分企業財務危機的發生。

（民國 87 年 11 月 27 日　《經濟日報》二版）

九、歐元問世

1. 歐元問世對我經貿的影響及因應之道

　　明（88）年 1 月 1 日起，歐洲經濟暨貨幣聯盟（簡稱 EMU）將正式運作，並發行歐元。歐洲聯盟 15 個會員國中，已有 11 個會員國先行加入 EMU，自 2002 年 7 月 1 日起取代參與 EMU 各國現行貨幣，全面改以歐元流通，完成實施單一貨幣之目標。為確保實施 EMU 之穩定，歐洲中央銀行已於今年 7 日 11 日正式成立。雖然整合過程中仍有許多複雜問題尚待克服，其一旦整合成功，11 個參與國的 1997 年國內生產毛額（GDP）高達全世界 GDP 的 22.2％，貿易額更高占全球貿易總額的 29.1％，較美國的 14.3％高出一倍以上；此外，全球外匯交易中有 35％與歐盟成員國通貨有關，凡此均可見 EMU 在世界經濟的重要地位。若歐元明年 1 月 1 日如期問世，並於三年半內完成單一貨幣流通之目標，除了消除 EMU 各會員國彼此之間匯率風險，亦將促成企業與金融業進一步整合，以提升國際競爭力。同時，EMU 將形成僅次於美國的全球第二大經濟體，在國際經貿競爭優勢的消長等方面也可能發生根本的變化。尤其我國向以對外貿易為導向，近年更以自由化、國際化為我基本經濟政策，在加入世界貿易組織（WTO）後，將與世界經濟融為一體。我企業界面對此一國際經貿新局勢，如何有效因應，及早作未雨綢繆之計，應為當前的重要課題。

　　就目前所能掌握的資訊及預測，歐元的問世，將對我國對外貿易、金融與海外投資等方面產生影響。對外貿易方面有不利的衝擊，也存在有利的契機。在不利的影響方面，主要是 EMU 會員國間，因單一貨幣歐元的實現，降低匯兌損失與營運成本，其產品在歐洲及國際市場更具競爭力，即可能不利我產品在歐洲市場推銷，亦加重我相類似產品在國際市場的競爭壓力；而且在我加入 WTO 而國內市場洞開後，亦將面臨歐洲產品的衝擊。同時，由於單一貨幣的實施，EMU 區域內相互貿易比重勢必提高，甚至形成新的貿易壁壘，排擠我產品對歐洲的出口。此外，單一貨幣實施後，各國價格透明化、競爭更為劇烈，將壓縮利潤空間，間接對我對歐洲出口廠商造成不利。至於有利方面，主要為歐元的問世，將帶來歐洲經濟的繁榮，進口因而增加，有利我產品對歐的出口；國人赴歐商務旅行與旅遊，將減少匯兌損失，且可避免攜帶使用多國不同貨幣所產生的不便。

　　歐洲一向重視產品品質，目前我對歐盟出口已高占我總出口的 16.4%，僅次於美國、香港（包括中國大陸）為我第三大出口市場，如我能加速產業升級，生產歐盟所需要之高級產品，在 EMU 市場擴大過程中，掌握商機，應有發展的廣闊空間。由於 EMU 的貨幣統一，市場擴大，如廠商能前往 EMU 任何一會員國設立行銷據點，可行銷全區，應可優先考慮；尤其如能與 EMU 區內大廠商進行策略聯盟，將可望創造更大利基。此外，為配合對歐貿易避險需求，對 EMU 區域出口，可改以歐元報價，由於一般預期歐元問世後將對美元升值，以歐元報價或可獲得匯兌利益。

　　在金融方面，鑒於 EMU 區內大多數會員國係採百貨式銀行制度，且內部控制嚴格，營運效率高，在歐元實現後，將更強化此等優勢，對我金融業將造成國際競爭壓力。不過，EMU 單一貨幣實現後，將成為全球僅次於美國的第二大金融市場，一般預期歐元長期利率將較美元利率低，我金融業應調整本身的外匯部位組合，以利本身業務運作，並協助國內廠商取得低利的歐元資金，俾降低營運成本。

　　在國際投資方面，我國對外投資近年來相當熱絡，但對歐洲投資並不熱烈。據經濟部統計，至今年 6 月底止，核准對歐洲投資 6.45 億美元，僅占對外投資總額的 3.8%，而其中一半是在英國投資（英國並未加入 EMU）。不過歐元成為獨立貨幣後，因產品在區內流通沒有匯兌損失，也沒有貨幣兌換障礙，且區內市場自由流通，可擴大市場規模；更可進一步與 EMU 企業合資，在當地投資高科技產業，以及行銷據點，以奠定我廠商在歐洲貿易與投資地位，值得我廠商增加對歐洲投資。而且如前所述，歐元長期利率將維持較低水準，亦有利國內企業前往籌資。

　　然而，歐元於明年初問世後，還有許多不確定因素與困難有待克服，其未來發展究將如何，我以外銷為主的廠商與銀行，宜指派專人或成立小組，研究分析歐元未來的後續發展，以便隨時採取因應措施，把握有利商機，或將不利因素降至最低。

（民國 87 年 9 月 17 日　《經濟日報》二版）

十、經濟政策探討

1. 從積極面看公債發行

財政部 18 日順利標售了五年期 245 億元中央政府公債，這是政府擴大發行公債用於支應政府建設用途的一種前奏。據財政部長王建煊指出，為支應政府一般及特別預算，必須在下年度發行 4,489 億元的公債。如此一來，下年度政府總支出對發行公債融資收入的依存度，將提高為 34.72％。也就是 82 年度中央政府每支出 100 元，就有 34 元 7 角 2 分是發行公債借貸而來，將超過美國最高紀錄，並趕上日本有史以來，1979 年 34.7％的歷史紀錄。王部長表示，此一情況顯示政府支出對公債的依存度已相當高。

近兩年來及今後數年，財政支出的迅速增加，赤字不斷擴大，公債發行節節升高，財政收支困難情況，使主管財政的部長為之憂心，應是可理解的。不過，我們認為只要經濟能持續成長，發行公債支應政府支出，原是正常理財之道，我們所關心的是：（1）發行公債收入的用途，是否有利於全體國民；（2）發行公債財源是否有困難，會不會發生嚴重的排擠效應；（3）債務累積是否超過我們負擔的能力。茲就此三方面檢討我國情況與美、日比較分析於下：

首先，就發行公債收入的用途而言，美國發行公債收入幾全部用於經常支出，要靠以後經常收入來償還，但在年年財政巨額赤字下，負擔越來越沉重。日本發行公債收入，約一半用於建設投資，另一半彌補經常帳赤字，至少有一半靠投資回收來償還，故問題不若美國之嚴重。而我國預算法規定，政府經常收支，應保持平衡，資本收入不得充經常支出之用。亦即我國政府經常帳，係量入為出，不得有赤字；因此，發行公債收入完全用於支應建設投資之用。而政府現在進行的各項建設，都是用於彌補過去建設的不足，為全民所共享，不僅是必須，而且絕大多數有自償性財源；即使部分沒有自償性財源，因是用於投資，雖然發行公債負債增加，但另方面公共建設完成後，資產也增加，故在政府資產負債表上，資產負債是平衡的，與美國、日本發行公債收入的全部或一半用於消費性經常支出，沒有資產或僅有一半資產來抵償完全不同。何況，我國正在進行及今後即將推動的公共建設陸續完成，將擴大我經濟規模，厚植國力，為未來經濟持續成長奠定基礎，亦可擴大未來稅源。財政主管部門如能好好掌握，度過公共建設投資高潮後，政府財政收支自會改善。

其次，就發行公債籌集財源問題而言，美國多年來是儲蓄無法支應投資，財源不足，故政府發行大量公債，在資金市場與民間企業爭取稀少的資金，發生了嚴重排擠作用；而日本是儲蓄大於投資，每年都有巨額超額儲蓄存在，故日本政府發行大量公債，並不影響民間資金的籌集，未發生排擠作用，過去多年日本是世界利率最低的國家。我國與日本相似，過去十年儲蓄遠超過投資，亦有巨額超額儲蓄存在，在政府於 78 年 3 月採取強烈緊縮信用措施前，亦是世界利率最低國家之一。最近兩年政府公債發行雖大量增加，但每年超額儲蓄仍高達三千多億元的情況下，應不致產生排擠作用。

第三、就政府債務累積是否超過我們負擔能力而言，王部長指出 82 年度發行公債占總支出的 34.72％，趕上日本最高時 1979 年的 34.7％。不過根據日本大藏省最新資料表示，日本 1979 年公債發行占總支出的比例是 39.6％，我們還是比日本低；而且此僅係指當年公債發行額占當年支出比例，如僅係少數幾年不是長期持續維持高比例也不是問題。故要了解公債發行的負擔能力，可採用兩種指標來比較，一是公債發行累積未償還餘額，占政府總支出的比率，另一是公債未償還餘額占國民生產毛額的比率；前者是用來衡量政府對公債負擔程度，後者是衡量全體國民對公債負擔的程度。到本年 6 月底止我國中央政府公債未償還餘額 2,035 億元，占 80 年度中央政府總支出的 25％，與美國 1989 年的 186％及日本 1991 年度的 265％比較，遠低於美、日兩國的負擔；今年 6 月我國公債未償還餘額占國民生產毛額的比例，僅 4.5％，與美、日兩國各占 40％以上，僅及其十分之一而已。根據國際貨幣基金 1990 年編印之《世界各國政府財政金融年報》資料分析，我國政府或人民對公債負擔，不僅遠較美、日為輕，亦遠低於世界上絕大多數中高所得國家，顯然我國公債發行仍有較大的空間。

據以上分析，我們可以了解至目前止，我國公債發行餘額甚微，即使估計包括本年度及下年度需要發行的公債在內，我國政府或人民對公債的負擔，尚不及美、日的一半，不致構成嚴重問題。何況我國公債發行，全部用於投資建設，即使部分是無償性的公債發行，亦有資產存在，不增加人民的負擔；而且在彌補過去建設不足的投資高潮過後，經濟規模擴大，公債負擔比例自會下降。

不過，不可諱言的，當前我國財政並非沒有問題，而問題不在建設投資支出大幅增加，而在經常支出膨脹太快，經常收入增加率遠落在經常支出增加率之後，使過去數年每年均有大量經常帳剩餘，作為公共建設主要投資財源，至

目前已所剩無幾，致今後公共建設投資財源，幾全靠發行公債來支應。因此，檢討經常帳收支，如何抑制經常帳的過速膨脹，提高經常收入增加率，應是當前財政的重要課題。同時，加速公營事業民營化步伐，盡量開放公共建設讓民間投資參與，亦是減輕政府債券負擔的重要做法，應認真執行。

（民國 80 年 11 月 20 日　《聯合報》二版）

2. 安定是繁榮必須的條件

本週四（12 月 12 日）行政院院會，通過經建會所提「中華民國 81 年國家建設計畫」，預定 81 年經濟成長目標為 7%，每人所得（國民生產毛額）將自今年的 8,813 美元，提高為 10,012 美元。明年我國每人所得即可突破一萬美元，這個數字不僅值得重視，對我國而言，更具如下的特別意義：

一、進入高所得國家之林。根據世界銀行統計，一百萬人口以上國家，1989 年每人所得超過一萬美元的國家與地區僅 21 個，均為高所得國家；明年我國每人所得突破一萬美元，可能列為第 24 或第 25 名萬美元以上的高所得國家。大家知道日本是亞洲第一個每人所得突破萬美元的國家，其後香港與新加坡跟進，我國將是第四個亞洲突破萬美元所得的國家。日本每人所得自 5,000 美元到突破一萬美元，經過了八年時間，香港與新加坡亦分別經過八至九年；而我國每人所得突破五千美元是民國 76 年，明（81）年將突破一萬美元，其間經過才五年，要比日本、香港及新加坡縮短了三至四年。這樣的快速成長，使我國在過去二十多年間，自貧窮提升到高所得國家，真是難能可貴。

二、成為經濟大國。過去由於對外貿易的迅速擴張，我國對外貿易金額在世界排名，近年來都在 15 名之內，如以貿易總額計，去年我國已是世界上第 15 位貿易大國，如以出口金額計，更是第 12 位出口大國，故近年來，我國在國際間被稱為貿易大國。如明年我國每人所得突破一萬美元，即表示我國國民生產毛額超過兩千億美元，將趕過若干已開發國家，進入全世界 20 名以內的經濟大國。雖然國民生產毛額的迅速擴大，部分是由於新台幣升值的結果，但不可否認的新台幣大幅升值，亦表示國力的增強；更何況過去三十年間，平均每年經濟成長率能達到 9% 的國家，在全世界只有一個，就是我中華民國。一個國家能兼具貿易大國、高所得國家及經濟大國，在全世界不超過 20 個，而我國是其中之一。在亞洲四小龍中也只我國有資格，在亞洲國家中亦僅日本與我國列名在內，此對提升我國在國際地位，極有助益。誠如美國《紐約時報》不久前社論中指出，台灣經貿的茁壯，已大到不可忽視的地位，呼籲世人重視

台灣在國際間應扮演的角色。我國每人所得能在很短期間突破一萬美元，是過去國人長期努力的結果。我國經濟在過去能獲得被世人讚譽的成就，除政府正確政策的領導，及全體國民胼手胝足，勤儉奮發外，更重要的是在長期政治社會安定的條件下，才能達成。放眼四海，很多國家土地面積比我們大，資源稟賦比我們多，人力比我們眾，但經濟發展遠不如我們，其原因雖多，但政治社會不能安定，是其最重要的關鍵所在。以我們鄰國菲律賓為例，其土地面積是我們的 8.3 倍，人口是我們的 3 倍，資源亦比我們豐富；因此，在 25 年前的 1965 年菲律賓每人所得已達 400 美元時，我們才 203 美元，僅及菲律賓的一半，菲律賓同年的出口，已達 7 億美元，而我們才 4.5 億美元，菲律賓的所得與出口能力，當時比我們強得太多，而且菲律賓是亞洲僅次於日本的第二富有國。但 25 年後的今天，我國每人所得已超過 8,000 美元，而菲律賓尚不到 800 美元，不及我國的十分之一；今年我國出口超過 760 億美元，菲律賓不到 90 億美元，不及我們的八分之一；而且菲律賓年年貿易入超，累積外債超過 300 億美元，成為第三世界第 15 位外債國家；而我國近 20 年來除第一次石油危機時的民國 63 及 64 年貿易有入超外，其餘 18 年均為出超，不僅目前外債不及 5 億美元，而且外匯存底超過 760 億美元，成為世界上外匯存底最多的國家。更嚴重的是菲律賓失業率高達 17％，貧窮人口仍接近 50％，淪為赤貧國家之一。

菲律賓在過去 25 年有這樣大的轉變，除馬可仕的腐敗領導外，柯拉蓉總統雖推翻了馬可仕的專制政權，建立民主政府，但政爭不斷，國家社會無安寧之日，經社失序，國家建設無法順利推動，而導致今天的結果。這也證明徒有民主自由，並不能解決問題。回顧國內，過去長期安定的政治社會環境，近年來，在民主政治推動下，已遭受破壞，尤其少數人士不認同國家的舉措，更危及國人生命財產的安全，投資環境惡化，投資意願低落，雖在政府審慎處理下，問題尚未爆發，但問題並未解決，關鍵在於本（12）月 21 日的選舉，能否順利進行，選舉結果，能否消除亂源；否則，明年每人所得要突破一萬美元，達到經濟繁榮的局面是不可能。因此，我們呼籲國人，要持續安居樂業，享受未來更美好的生活，其決定權在我們自己，只有踴躍投票，投向能確保國家安全、社會安定、人民幸福生活的政黨。能否發揮神聖一票的功能，唯有靠各位選民的明智抉擇了。

（民國 80 年 12 月 14 日　《經濟日報》二版）

3. 對太多的外匯存底有效利用的建議

中央銀行於前日公布，至去（80）年 12 月底我國外匯存底首次突破 800 億美元，高達 824 億美元，高居世界首位。如將央行持有之黃金 48 億美元及央行提撥至外匯拆款中心之種籽基金 70 億美元加入合計，即所謂國際準備則高達 942 億美元。如以我國國際準備與其他國家比較，美國去年 11 月底為 1,592 億美元，德國為 970 億美元，均高於我國，而日本為 811 億美元低於我國，我居世界第三位。以絕對金額言我國國際準備雖不是全世界最多者，但我國經濟規模及進口金額遠較美、德、日為小；如以國際準備占國民生產毛額的比例來比較，日本僅占 2.7％、美國 2.9％、德國也不過 6.4％，而我國則高達 58.5％；再以國際準備與進口金額比較，日本國際準備相當進口的 4.2 個月，美國是 3.8 個月，德國是 3.1 個月，而我國高達 18 個月；即使我國因環境特殊，為因應現實環境需要，國際準備應較其他國家為多，但以上述兩項相對規模比較，我國國際準備遠超過必備金額，顯然過多。我國國際準備過多，不僅表示巨額資源未能在國內有效利用，而且是過去數年貨幣供給額大幅增加、新台幣大幅升值、金錢遊戲，甚至所得分配惡化的主因。因此，如何有效運用外匯存底，應是解決當前經濟問題的關鍵所在。

中央銀行有鑒於外匯存底居高不下，所產生的不利影響，不久前曾宣布有效運用外匯存底的兩項措施，一是利用外匯存底支應國建計畫財源，凡國建計畫所需外匯（進口機器設備或技術），可以在外匯市場以新台幣購買，央行將視情況以外匯存底支應；另一是各項計畫所需外匯，可以開國際融資標，如果國際融資標利率高於國際放款利率，政府部門或公民營事業，就可以透過國內外匯銀行在台北外幣拆款中心拆借，必要時央行會以外匯存底支應。央行主動提出，以外匯存底支應國建計畫的兩項措施，較之過去央行一向的保守作風邁出一大步，至為可佩。不過，關鍵在於央行此兩措施，是否真能解決國建計畫投資財源不足問題及外匯存底真能有效利用，值得進一步探討。

首先就第一項措施而言，國建計畫所需外匯，要以新台幣在外匯市場購買，國建計畫還是要籌措新台幣，根本沒有解決其財源不足問題；而且在外貿巨額出超，經常帳仍有大量順差情況下，除非資本大量外流，否則，市場外匯供過於求，不需要央行動用外匯存底支應，即使央行動用外匯存底支應，也是為了避免匯率大幅波動維持其穩定，而參與外匯市場調節，與支應國建計畫無關。

其次就第二項措施而言，國建計畫需要開國際融資標，如其利率高於國際外幣借款利率，再回過頭來透過國內外匯銀行在台北外幣拆款中心拆借，此一做法不僅浪費時間延緩公共建設計畫進度，而且拆款多係短期，最多不超過一年，對國建計畫公共建設多係長期性才能有回收，似亦無甚助益。至於央行以外匯存底支應拆款中心外匯需要，表面上看來央行外匯存底會減少；但實際上國建計畫所需外匯向外幣拆款中心拆借，不以新台幣在外匯市場購買外匯，外匯市場正常需要減少，外匯供過於求，新台幣勢必要升值；央行為避免新台幣匯率大幅波動，維持其穩定，勢必介入市場收購外匯，外匯存底未必減少，又何能有效利用。

根據以上分析，央行兩項措施不可能產生多大作用，最近兩個月來，央行存底不僅未減少，反而大幅增加且突破 800 億美元，可得到引證。

為使過多的外匯存底能夠有效運用，且能解決國建計畫財源不足問題，央行需要採取更積極做法。我們認為所謂外匯存底有效運用，並非指央行將持有外匯存在國外，或在國外購買有價證券獲得較高報酬；而是指運用外匯存底進口設備提高生產力、營運效率及擴大國內經濟規模，或進口消費品及耐久消費財，以提高國人生活水準，或對外投資掌握資源、引進技術、擴大國外行銷市場，支應國內經濟進一步發展的需要。在此意義上，要使外匯存底真能有效運用，而且用於有利於國家經濟發展上，我們建議：中央銀行在今後兩年內，每年提撥外匯存底 200 億美元，交由外匯銀行轉貸，其利率以央行上一年或當年持有外匯所獲平均報酬率為準，轉貸銀行轉貸時加一個百分點，期限均為長期視投資對象需要而定，且以外幣償還。以如此優惠貸款，不僅可誘導民間參與國建計畫公共建設投資外，更可掀起國內投資熱潮，促使國內企業更新設備，落實自動化，投資明星產業，使當年投資超過當年儲蓄；同時，推展對外投資超過僑外來華投資。但在目前國際利率趨低的情況下，即使央行以在國外存款等所得利率作為轉融通利率，可能也無法產生誘因，我們再建議央行降低轉融通利率至產生誘因為止；如此央行可能每年犧牲好幾億美元利息收入，但國家資源獲得有效利用，國建六年計畫可順利執行，國內產業得以脫胎換骨。就整體經濟而言是利多於弊，也可使我國早日邁入經濟現代化國家境界，請央行三思。

（民國 81 年 1 月 18 日　《聯合報》二版）

4. 我們對調整人口政策的看法

內政部人口政策委員會，於本週一（7 月 20 日）通過「中華民國人口政策綱領」及「加強推行人口政策方案」修正案，將其中推行家庭計畫的目標，由「緩和人口成長」改為「維持人口合理成長」，並將有關宣導男女避免早婚早育的條文，修改為「倡導國民於適當年齡結婚與生育」，期提高有偶率及有偶婦女生育率，使人口淨繁殖率回復到替換水準。全案將於近期呈報行政院核定後實施。

我國人口增加率在民國 40 年代，高達 3.5％，幾較當時世界人口平均增加率高出一倍；及至 50 年代，戰後嬰兒潮出生之人口即將進入生育年齡，如不及時採取有效措施，則未來人口增加率更有提高之可能，將帶來極為嚴重的問題。幸政府當時克服各方壓力與困難，於民國 58 年頒布「人口政策綱領」，以求人口緩和成長、人口品質之提高、國民健康之增進，與國民家庭和樂為總目標。政府並於同時將家庭計畫之推行，正式列為政府施政重點。經過二十多年之努力，人口增加率已有顯著下降，人口自然增加率自最高時的 3.8％，近三年來已降至 1％至 1.1％，較預期降低速度為快。人口增加過速固然會產生很多問題，但人口增加率降低過快，亦會帶來許多問題。內政部指出，此次「人口政策綱領」修正的主要目的，在於避免台灣人口零成長的時代提早來臨，形成青壯人口銳減，老年人口增多的老化現象。

我國人口自然增加率迅速降低，主要受育齡婦女總生育率快速下降影響。此數率自民國 50 年的 5.58 迅速降至 79 年的 1.7，亦即每一位育齡婦女一生中所生育的子女，自民國 50 年的 5.58 人，目前已降為 1.7 人。

此一趨勢如不能改變，則台灣人口將在今後 30 年提早達到零成長，並迅速轉為負成長，屆時將因人口大量減少，而產生人口斷層、人口老化、勞動力相對不足問題。內政部人口政策委員會期望透過適度鼓勵生育，使我國在 40 年後，即民國 120 年時，育齡婦女總生育率能逐漸達到 2，也就是每對夫妻平均生育兩個子女，使人口淨繁殖率回復到「1」的替換水準。換言之「一個孩子不嫌少」的時代已經過去，「兩個孩子恰恰好」再變為家庭計畫的主流。

內政部此次修改人口政策，並非提高人口增加率，而是將迅速降低的人口增加率，減緩其下降的速度，使人口老化的程度可稍為減輕。照內政部推計，65 歲及以上老年人口所占總人口比例，在調整人口政策後，將自民國 79 年的 6.1％，至民國 120 年提高到 19.1％，如現在不及時調整人口政策，則至民國

120 年時，老人比例將超過 20%。但此一做法，並不能降低老年人的人數，只是提高總人數，而使其比例稍為降低。即使如此，至民國 120 年台灣每五個人中即有一位是 65 歲以上老人，負擔仍相當嚴重。可是人口增加率降幅減緩，則至民國 120 年總人口要較未調整人口政策，維持原降幅時，我們估計可能多出 150 萬至 200 萬人，此部分增加的人口，可能給台灣帶來更多或更大問題。

首先就人口增加與土地問題言，目前台灣人口密度高達每平方公里 567 人，在全世界僅次於孟加拉，高居世界第二位；耕地人口密度，更超過 2,000 人，今後 40 年，人口除按原趨勢增加外，還要用政策再加 150 萬至 200 萬人，屆時，我們土地、耕地能負擔得了嗎？尤其水資源目前已有短缺現象，未來能否充分供應，並未作過估測。

其次人口增加對經濟社會所產生的衝擊將更廣，如住宅的擁擠、交通阻塞、衛生下水道的缺乏、居住環境的惡化、垃圾處理等問題，目前各主管機關處理的已焦頭爛額，今後 40 年內還要額外增添 150 萬至 200 萬人，政府在做整體規劃時，是否已考慮到有無能力解決？此等問題如不能解決，其增加的負擔與問題，較之人口斷層、老化，何者問題更嚴重。內政部人口政策委員會在調整政策之前，是否已與各主管機關協調，分析其整體得失，如未曾從各方面整體考量，我們建議內政部將「人口政策綱領」修正案在報行政院之前，再作進一步協調研究，從整體面考量，才能更周延。

（民國 81 年 7 月 24 日 《經濟日報》二版）

5. 落實環境保護與經濟建設並重的政策

近年來國內投資意願不振，環保問題已被列為影響投資意願的重要因素之一，深受各方重視。上（8）月底執政黨主席李登輝主持之黨政首長會議，特就環保與經濟發展有關問題提出討論。會中除聽取環保署長趙少康所提之環保問題與對策之報告外，與會首長都強調，不能因為環保而使經濟成長有所阻礙，行政院長郝柏村也建議執行上必須循序漸進，多鼓勵有績效肯落實環保工作的廠商，並希望透過黨的高層協調，宣導建立全民環保的觀念。李登輝主席在聽取各方面意見後，特別裁示，任何環保問題的處理都會影響到工廠生產過程，所以要重視環保標準的「適度性」及各層面的影響。行政院環保署隨即於次日宣布多項改革措施，並成立專案小組檢討各項環保政策，尤其要致力於使各項規定更合理。環保署的迅速反應，已受到相關產業的肯定。

經濟建設與環境保護的最終目的，都是在提高國民福祉，但建設多少都會

破壞環境，產生汙染，否則世界上就沒有環保問題了。如過分重視建設，而忽略環保，則生活水準的量或提高，可是生活環境遭受破壞，生活品質可能惡化。但若過分重視環保，而將各項標準提得很高，生活環境不致遭受破壞，可是阻礙經濟建設，景氣衰退，失業問題產生，生活水準停滯，均非我們所樂見。因此，經濟建設與環境保護並重，早已成為政府既定政策。但，時至今日，我們社會上，對該兩者如何並重，仍然存有爭議。主要因過去經濟快速成長，社會成本長期受到忽略，環保負荷早已超限。環境汙染程度且有日益嚴重之勢；加以近年來國內環保意識高張，民眾抗爭層出不窮，於是環保部門為不使汙染惡化，不得不採取較積極的手段，嚴格執行，並期望業者負起社會責任，做好環境保護，留給後代生存空間。因而業者的環保支出開始大幅增加，利益受到影響，同時由於經營心態未能調整適應，乃怪罪環保標準過於嚴苛，怨言時起。實際上，近年來不少業者的確已加強改善防治汙染措施，例如日前環保署公布的受評鑑的 372 家廠商中，從事環保工作成效良好，無明顯缺失而列 A 級的有 49 家，大致良好仍需努力列 B 級的有 110 家，所占比例雖不高，但已表示業者開始重視環保工作。業者強調，不是不願負擔環保費用，但是一定要在合法、合理的前提下，業者才能負起責任。不過，從事環保工作成效不佳者，竟高達一半以上；值得警惕。

環境保護已無國界之分，國際環保趨勢的發展不能忽視，今年 6 月在巴西舉行的聯合國「地球高峰會議」，全世界主要國家領袖齊集討論環保問題，並研商解決方案。該會議結束後，制定環境保護標準及政策的工作，便全面展開。最近聯合國環保部門已決定，將貿易制裁作為推動全球環保的強制手段，凡不遵守國際環保公約的國家，均將受到貿易懲罰。諷刺的是，在巴西舉行的「地球高峰會議」中，我國被點名批判為汙染輸出國；而且我國李登輝總統應聯合國地球高峰會議主辦單位邀請，發表書面賀函，指出我國雖未被接納在蒙特婁議定書及氣候變化綱要公約上簽署，但中華民國政府仍將續與簽署國採取相同的管制措施。李總統並強調，環境保護無國界之分，亟需國際社會的合作與共同努力，中華民國有能力也有意願負擔此責任，共同為地球的居民及世世代代的子孫恪遵環保義務，願地球能成為一個清新美麗的淨土。面對此國際新趨勢及我國總統的承諾，我們不能再忽視汙染防治工作，而且應列為當前全國上下共同努力的重要課題。

不過，環保標準的如何「適度」，環保費用負擔是否「合理」，若從產業界及環保部門各自本位立場來看，很難有「交集」。而且環境汙染除來自產業

外，家庭更是重大來源；故汙染防治工作，不僅產業有責，而是全民的工作。因此，要落實經濟建設與環境保護並重政策，必須先從總體經濟政策決策著手，環境保護與經濟成長雖不完全相剋，但根據工業先進國的經驗，兩者間存在著極密切的負相關關係。經濟計畫設計部門應與環保部門密切配合，研擬數套模式，如環保標準達到某一水準時，其每年經濟成長率是多少；如環保標準提高若干或降低若干，其每年經濟成長率又是多少；在徵求各方意見後，提供決策階層作為抉擇之依據。一旦決定，即應廣為宣導，作為全國遵守及努力的目標。

（民國 81 年 9 月 11 日　《經濟日報》二版）

6. 證券市場需要徹底整頓

　　本週一（10 月 3 日）本報〈開放證券金融業務探討〉社論，指出當前證券市場信用交易比率已高達 40％（尚不包括丙種墊款），遠高於歐、美、日、韓國，主管機關正在審查新證券金融公司申請，一旦多家新證券金融公司的設立，市場的紛亂，恐難以避免，特提醒主管機關應做好管理與監督的責任。但沒想到言猶在耳，本週三（10 月 5 日）即再度爆發股市主力大戶鉅額違約交割案，怎不令人痛惜！

　　繼民國 81 年 9 月華隆集團旗下國華證券公司爆發 70 多億元的鉅額違約交割案後，本（10）月 5 日華隆集團旗下洪福和永豐兩家證券公司再度爆發鉅額違約交割案，前昨兩日連同受洪福證券公司跳票影響，至少有 20 家家券商違約交割金額估計超過 70 億元，受此影響，前昨兩日股市分別重挫 235 點及 291 點，兩日下降幅度高達 7.33％，對投資人已產生極大的損傷。財政部證券管理委員會與證券交易所，聲稱為保護大眾投資人的權益，維持市場正常交易的進行，並避免產生骨牌效應，將不採行日前證券交易所剛公布的「自保條款」；同時，證券交易所依據其營業細則規定，以券商違背交割的理由，將洪福、永豐及鳳山、大江等證券公司分別自 6 日及 7 日起暫停營業的處分，至於這些券商客戶的交割作業，則由交易所安排其他券商接管。至於對股市的影響，雖當前經濟情況尚稱穩定，基本面不差，但鑒於昨日跌幅超過前日看來，可能還會續有震盪。

　　過去股市爆發鉅額違約交割案件，都是發生在股市低迷時刻，市場主力無法順利調到頭寸，而在股價愈盤愈低的情況下，才會發生鉅額違約交割案件。但目前國內股市行情，正處於今年以來最高檔階段，一般而言，此時，各類股

票基本上都已出現過一波漲勢，市場主力都也賺得鉅額差價利益，卻爆發首度高檔鉅額違約交割案件，顯示案件之發生內情不簡單，炒作者居心叵測。最為國人關切者，莫過於行情正處於高檔之際，發生此類案件，不僅在高檔已套牢許多投資者，更使有意投資者在此一段時期將採取觀望態度，造成市場無人接手的窘境。如主管當局處理稍有不慎，在高檔賣壓沉重，低檔乏人接手的情況下，跌勢持續，將使市場投資人質押在金融機構與丙種金主手中的股票被迫斷頭殺出；此時，如市場承接能量不足，則近年來大量承做股票質押業務的金融機構，勢必慘遭套牢，危及金融安定。主管證券與金融當局對此案不能掉以輕心。

證券交易所雖建有「監視制度」，對股市異常交易提出警訊，不久前福昌紡織公司股票價格異常上漲，就受到證管會與調查局的注意，發生了嚇阻作用，而防患於未然。但華國飯店股票，自每股七、八十元一路被炒作到四百多元，上漲了數倍，且能維持數月之久，監視單位不應該不知道；而且在洪福與永豐兩家證券公司前昨兩日違約交割的 27.3 億元中，華國股票即近 20 億元，華國股票的每日鉅額交易亦非一日，卻未受到證管會及調查局的關注；主管當局的此種雙重標準，縱容特權的做法，應是問題愈滾愈大，終於爆發的關鍵所在。

日前證券交易所剛公布的「自保條款」，其作用因上次厚生股票違約交割事件，最後由證券交易所處理，整個案子到目前尚未了結，證券交易所已虧損了八億多元。在此顧慮下，證券交易所經證管會的同意，訂出「自保條款」。按該條款規定證券交易所，原本自昨日起可扣下洪福、永豐兩家證券公司交割的八、九成款項，但證管會通知本次並不適用，所有違約交割金額，由證券交易所交割結算基金支應。因此，洪福與永豐兩家證券公司違約交割中的將近七百萬股的華國股票，將由證券交易所全數吃下，由於該股票日前價格高得異常，預估很可能為證券交易所帶來十餘億元的虧損。主管機關表面上稱「自保條款」的暫停使用，是避免骨牌效應，實際上，是否又是特權干預尚不得而知。但證券交易所的最大股東是公營事業與政府，違約交割股票由證券交易所處理，不啻將股票處理虧損由全體國民利益來補貼少數券商與大戶，公平嗎？

此次券商鉅額違約交割的罪魁禍首，是由於洪福證券公司的鉅額跳票，再度凸顯當前財團券商與金融機構錯綜複雜的生態。而一銀中山分行明知洪福存款不足，卻遲到次日才通知解款行退票，這也是畏懼特權的結果。

總之，證券與金融主管機關，應趁此機會痛定思痛，坦誠檢討，對股市作

徹底全盤整頓，排除特權的介入，嚴格執法，股市的未來才能有前途。

（民國 83 年 10 月 7 日　《經濟日報》二版）

7. 亞洲四小龍之末的省思

　　日前經濟部針對亞洲四小龍競爭環境大勢分析，指出我國經濟競爭力衰退，提出警訊。如以此警訊，與不久前各有關單位發表的重要指標，我在四小龍中敬陪末座。綜合研判，發現當我政府首長正在國際間炫耀我經濟實力之時，沒想到我經濟實力相對亞洲其他三小龍，已是每下愈況之勢，值得省思與警惕。

　　早在民國 60 年代，我國被列為新興工業化國家及亞洲四小龍之一時，我國經濟在以出口為導向的四小龍中並不特殊，以四小龍的出口指標而言，我國出口在民國 66 年為 93.6 億美元，僅略高於新加坡，但較韓國及香港為低而列第三位；每人國民（內）生產毛額，當年僅 1,300 美元，略高於韓國，遠較香港及新加坡為低，不及港、星每人國民（內）生產毛額的一半，亦列第三位。然而經過全國上下的持續共同努力，十年間獲得顯著成果，出口平均每年增加率高達 19％，超過亞洲其他三小龍，至民國 76 年我國出口高達 537 億美元，趕過了韓國與香港，尤其高過新加坡出口幾達一倍之多，因而經濟成長快速，以美元表示的我國每人國民生產毛額成長率高達 15％，為四小龍之冠，我國每人國民生產毛額與港、星的差距大為縮小，較韓國每人生產毛額高出的比例，大為提高。因此，我國在四小龍中的經濟地位，自十年前的第三位，躍升為首位，表現極為出色。

　　但曾幾何時，情況有了極大的逆轉，自民國 77 年至 83 年的七年間，我國的出口，不僅平均每年成長率 8.1％，遠落在其他三小龍之後，而且 83 年的出口金額 930 億美元，亦淪為四小龍之末，尤其較香港出口 1,511 億美元，竟落後三分之一以上；七年前落後我國出口幾近一半的新加坡，去（83）年出口金額竟超過我國，七年經濟成長率平均每年高達 8.8％，較我國超出 2 個百分點，表現最為傑出。以美元表示的每人國民（內）生產毛額七年平均每年成長率，我國也落在四小龍之末；至 83 年我國每人國民生產毛額雖高達 11,604 美元，但與港、星都高達 2 萬美元比較，落差再度擴大，超過韓國的比例也再度縮小。我國在四小龍中之經濟地位，突從頂峰，跌至谷底，且此一情勢目前尚難有轉變跡象，怎能不讓人惋惜與憂心。

　　經濟部分析報告進一步指出，我國競爭條件與亞洲其他三小龍比較，相對

惡化，諸如製造業勞動生產力增加率減緩，遠較工資上升率為低，導致我國勞工成本凌駕韓國、香港、新加坡之上、租稅水準高於香港與新加坡，能源供給設施在四小龍中也敬陪末座；而日前的突然停電與限電，電力的供應不足更成為當前經濟成長的一大瓶頸。近年來勞動生產力增加率的減緩，與投資不振有關。

我國的投資率（固定投資占國內生產毛額的比率）近年一直停滯在 23％左右，亦較亞洲其他三小龍為低，尤其遠較韓國的 35％與新加坡 40％的投資率，落後甚多。

除此之外，不久前瑞士國際管理學院所發表的全球競爭力調查，早已指出我國競爭力連續衰退，關鍵在於公共部門出了嚴重問題，主要有政府干預過多、行政效率不彰、政策的不夠透明化、政治體系無法因應今日經濟的挑戰、貪汙與賄賂盛行、利益團體的遊說扭曲政府決策、現有的環保法規嚴重影響企業競爭力、民眾對司法的公正性缺乏信心等等，我們認為立法效率的低落與立法品質的惡化，應均屬公共部門的問題。由此顯現近年來競爭力的衰退，投資環境的惡化、投資率的停滯不前，受到非經濟因素影響程度之大。

根據以上的檢討，再觀察近年來國內政治社會現況，不難發現，多年來國人辛勤努力累積的經濟資源，不斷的被政治動員，作為政爭的工具與籌碼，經濟力量大量耗損，導致經濟實力相對亞洲其他三小龍節節敗退。我們期望朝野政治人物，即時懸崖勒馬，改弦易轍，以免在進入 21 世紀被「亞洲四小龍」除名。

（民國 84 年 5 月 19 日　《經濟日報》二版）

8. 重視經濟間諜案中的智慧財產權問題

在不到四個月期間，繼永豐餘公司之後，四維公司負責人及其女以涉嫌竊取美商艾佛瑞丹尼森公司商業機密，在美遭到聯邦調查局逮捕。此事關係科技機密保護與合法取得途徑，引起國人極度關切。

近年由於國際間產業競爭極為激烈，技術機密的竊取案件層出不窮，受到各國政府重視。尤其在美國，可說是世界科技重鎮，美國政府為保護其科技領先的地位，去年將商業機密偷竊原屬各州法律規範，改由聯邦立法處理。自去年 10 月柯林頓總統簽署「經濟間諜法案」（The Economic Espionage Act, EEA）後，凡是被控竊取商業機密，且罪名成立者，將被視為聯邦罪犯，不僅科以巨額罰金，更須面臨入監服刑的命運；最高可同時判處 500 萬美元罰金及

有期徒刑 10 年。隨著法律的頒布，美國政府為阻遏國外廠商竊取美國高科技機密，特將此案的監控與調查列為聯邦調查局未來工作的重點。因此，凡是未透過正常合法管道取得美國廠商技術者，都有面臨監控、調查，甚至逮捕風險的可能，值得國內企業人士重視、留意，並加強戒心。

　　過去我國以製造低層次簡單加工產品為主，對智慧財產權不僅缺乏瞭解，國內亦無法律規範，因而剽竊、抄襲他人研發成果，甚為盛行。其後在外國的壓力下，逐漸建立了我國的智慧財產權法制。情況雖已有改善，然近年來，隨著國內產業的轉型、升級，產業技術亦相對提高的過程，此類案件仍然不時發生；甚至在購買技術時，未能深入瞭解交易對方是否取得授權，可能落入陷阱而不自知，顯然保護智慧財產權的課題，尚未受到國內企業界的普遍瞭解與重視。尤其近年企業經營生存的基本條件，已自過去的原料、工資、管理、財務調度與市場行銷等因素，擴大範圍至智慧財產權的領域，其中高科技產業更以如何保護智慧財產權，為企業生產的命脈，無不大舉申請專利、商標與著作權等，以求保護。而我產業此時正邁向高科技產業發展，一不小心，即有侵權的可能。我們期望政府主管當局，應蒐集主要國家相關法令，依各國不同規定整理編印成冊發行，供業者參考，並通過適當管道，在各地舉辦說明會，讓國內業者充分瞭解我國及相關國家保護智慧財產權的相關規定，避免侵權問題的發生，以及誤觸法網。

　　對企業而言，過去多聘請國內外專家當顧問或以支付顧問費方式由其蒐集科技資料，或以挖角方式取得技術，此在智慧財產權愈受重視的今日，有調整因應的必要。在聘雇相當領域人員時，須瞭解受聘雇人員是否已達迴避年限。依照美國「經濟間諜法案」的規定，該受聘雇人員在離開原服務公司尚未到迴避年限，轉到相關企業工作時，如有洩漏該公司營業機密，原服務公司不僅可對該受聘雇人員追究責任，該聘雇公司也可能觸犯刑責規定，業者不能不慎重。因此，業者在聘雇曾在國內外相關行業任職的員工，尤其曾任職美商的員工，應告知違反經濟或產業間諜法律的嚴重性，並要求新聘雇員工簽署被告知上情的聲明，以證明技術取得的合法過程。企業為求永續發展，宜建立取得先進技術的合法合理管道，如透過技術授權、技術合作，投資國際高科技企業等方式取得先進技術，避免類似侵權或竊取商業機密案件的再度發生。

　　國內產業雖已自過去簡單加工的勞力密集產業，轉向技術密集型產業發展，然仔細觀察現有技術密集產業，其技術層次多集中在生產技術，缺乏高科技產業成長所必需的開創高科技的能力。此關係科技人才培育與研發環境，我

國現有教育體系仍以培養技術人力為主，對研究發展更未得到應有的重視。因此，為徹底解決智慧財產權的侵權與竊取商業機密問題，除以上治標的建議外，治本之道應是迅即改善當前科技人才的培育與重視研究發展環境，此實亦為當務之急。

（民國 86 年 9 月 11 日　《經濟日報》二版）

9. 立法院不能自外於政府改造運動

立法院院會日前通過國會改革五項法案，分別為立法院組織法、各委員會組織法、議事規則、立法院職權行使法和立委行為法。其中，職權行使法與行為法為國會改造過程之創舉，將立委問政、服務、遊說、利益迴避行為、紀律等均予法制化，不僅對國會議事文化帶來深遠影響，於立法效率的提升也有所助益。我們希望立法院落實這些改革法案，使下一屆立委在政府改造過程不缺席，並且無負選民的託付。

近年來，我國國際競爭力的大幅下降，立法與行政效率不彰應為重要因素。立法院總質詢動輒淪為立委個人秀場，時間冗長，而置民生法案於不顧，經常只在會期最後階段挑燈夜戰，草草通過少數法案以為交差。事實上，關係國計民生的法案在立法院擱置最長有超過十年者，其他需要三、五年者亦比比皆是，導致立法落後，若干經濟活動缺乏現代化的法律規範，影響經濟效率及秩序至巨。而且在總質詢期間，官員必須列席，立委常常僅三、五人出席，而列席的官員席，則自行政院長以下所有部會首長及政務委員全員到齊，旁聽席上的行政院及各部會的重要幕僚亦群集待命，以防質詢中的立法委員突出奇招，形成強烈而諷刺的場面。這上百位政府首長及高級官員，估計每年上班時間內約有四分之一枯坐立法院，顯見對政府決策與行政效率所受影響之嚴重。

立法院這次通過的立法院職權行使法，對現行立法院總質詢制度全盤改變，區分為政黨及個人質詢時段，行政院所屬政黨，不得提出政黨質詢，代表政黨質詢的立委不得再提個人質詢，其次，政黨質詢，行政院長及各部會首長都應列席；立委個人質詢時，應依委員會種類，以議題分組方式進行，行政院長及相關部會首長應列席。從而，官員呆坐立法院的時間可望大幅縮短。同時，未來法案審查，將採「屆期不延續」方式，即凡政府機關及立委提出的議案，在每屆任期屆滿而尚未議決者，下屆就不予審議，以迫使現任立委完成當期各項法案審議工作，避免過去法案大塞車的問題一再持續。此次立法院職權行使法的通過，我們希望對今後立法和行政效率的提升，應有所助益。

立法委員另一為人民所詬病的是，在審議法案或政府、公營事業預算時，為了自身或其代表的財團利益而有所主張修正，或阻礙法案與預算的通過，甚至自行提案。如過去某些立委在審查法案時，為爭取選票，討好特定族群而大送政治紅包，平白增加政府巨額支出；又如某些立委在審議國營企業轉投資案時，因關係其本身所經營企業的利益，而不予通過。公營事業民營化已為政府既定政策，且為國發會共識限五年內完成，但少數立委為了自身或其親屬利益一再拖延，使某些國營事業民營化的程序遲遲無法進行。

更惡形惡狀的是，有如本報昨天第二版所列出的表格，立委兼營企業而擔任企業負責人者所在多有。這些人若是在民意與私利發生矛盾時，攫求私利甚於反映民意，而其平日又忙於企業相關事宜，自難以善盡立委專業的職務。立法院近年出現「號子立委」，不惜為自己的事業及股市投機炒作者護航修法，只是一例。其他藉立委名位以權謀私，向行政部門需索要脅，行為舉止不知迴避者，亦已司空見慣。立法院不僅要為台灣社會亂象負責，也就容易成為腐敗的政府部門。

因而，立法院這次通過的立委行為法，明訂立委迴避條款，規定立委行使職權時，遇有與自身利益相關法案的審議與表決，應該迴避。所謂利益，是指立委行使職權，不當增加其本人或其關係人金錢、物品或其他財產的價值。若立委應迴避而不迴避，利害關係人得向紀律委員會舉發，紀律委員會也得主動調查；若調查屬實得請其迴避，若違反規定，紀律委員會將予懲處；情節重大者，將停權半年以上。該法也規定立委不得出任公營事業機構職務。這些條款將使得與企業界關係密切的立委職權，受到約束；沒有企業關係的立委不再沾上關係，以避免立委利用職權涉及不當利益輸送。

雖然立法院上述五項改革法案，在立法過程中有所爭議，現今既已三讀通過完成立法程序，而不論是贊成者或反對者都應一律遵行。不過，所謂徒法不足以自行，立法院能否在這些法案通過後不論效率、風紀都有顯著的改善，仍然取決於立委的實踐。就此而言，我們除了寄望於下一屆立委，也欣然見到有人發起監督國會的行動，期使多管齊下，我們可以看到一個弊絕風清、兼具效率與品質的新立法院。

（民國 88 年 1 月 14 日　《經濟日報》二版）

10. 確實推動政府全面再造

近年世界主要國家政府為增進人民福祉、因應國際競爭，莫不積極推動行

政改革，把大有為政府轉型為小而能，以提升行政效能，增進國際競爭力。英國早在 1980 年代柴契爾夫人主政時代，即推出三階段行政改革，1990 年代初期梅傑繼任首相後，一方面承襲柴契爾夫人的改革，同時提出「公民憲章」改革計畫，期使政府運作產生更大效能，結果績效顯著。美國於 1993 年發表國家績效評估報告，並頒布「政府績效與成果法」，作為推動政府改革的法律依據。這項改革主要在使政府運作得更好、花得更少，且從精簡組織與公務人力著手。推動以來，不僅公務人力縮減，手續簡化，效率提升，而且近兩年來政府預算已從巨額赤字轉為膳餘。日本於 1994 年推出「文官的永續與改革」政策白皮書，1998 年提出「行政機關改革基本法」，積極推動行政改革，以實現新時代需要的高效率行政，將中央政府一府 21 省廳，精簡為一府 12 省廳，並實現對國民提供高品質服務的行政，預計在 2001 年改造完成。在中國大陸，中共當局為簡化行政、提高效率，也進行政府改造，三年多前開始將中央 40 個部會縮減為 29 個，且於兩年內改造完成。凡此種種，顯現政府再造已成為當前世界潮流。

反觀我國，50 年來政府組織結構鮮少重大變化，受到法律條文層層限制，形同僵化；文官制度又不健全，無法將國內最好的人才吸引到政府機關服務；人事管理制度也缺乏彈性，難以達成擢賢才抑庸才，使人人適才適所的目的。而且中央政府各部會輔佐性幕僚人員充斥，高占 40%，相對則業務人員不足，大量僱用臨時人員補充。行政院研考會調查資料顯示，中央部會階層僱用之臨時人員數占正式職員數比率，高達四分之一，這種不正常、不合理現象存在已非一日。此外，政府機關名稱混亂，體例不一。例如行政院直轄的有衛生署、環保署，屬行政院下的一級機關，與部會平行；而內政部則設有營建署、警政署、消防署；財政部亦設有國庫署、賦稅署，屬二級機關。再以處、局為例，行政院直轄有人事行政局、新聞局，與部會平行；而經濟部下有國際貿易局、工業局……等；再如行政院人事行政局與新聞局下均設處，而行政院主計處下則設局，這種「局下有處」、「處下有局」的混亂現象，導致機關位階難辨、系統不明。

就數量而言，台灣幅員不過 3.6 萬平方公里，卻存在四級政府（台灣省雖精簡但層級仍存在）。中央 33 個部會則權責不清，有的事無人管轄，有的卻政出多門。另據銓敘部統計，政府大小行政機關平均每年約增加 70 個，人員不斷擴充：民國 75 年時，全國公務人員尚不到 50 萬人，近年卻超過 60 萬人，聘僱的大量臨時人員，尚未包括在內。因此，政府人事費用不斷膨脹，近

年政府人事費用支出占政府歲出淨額的比率高達 35％以上，最高時甚至高到
40％；與歐、美、日本等國家政府人事費用占政府支出 20％左右比較，顯見
我國政府人事費用負擔極為沉重，也影響政府業務的推動。而且人員過多，待
遇水準相對民間企業待遇偏低，難以網羅優秀人才，行政效率無法提升，已成
為我國在世界競爭力排名落後的重要原因。更嚴重的是，政府服務愈來愈不能
肆應社會的脈動，以及人民的需求，已到了政府非全面改造不可的時候了。

　　面對以上的困難，順應世界的潮流及迎接 21 世紀的來臨，行政院已於 87
年初頒布「政府再造綱領」，以引進企業管理精神，建立一個創新、彈性，有
應變能力的政府，以提升國家競爭力為總目標；並以組織精簡、靈活，建立小
而能的政府；人力精實、培養熱忱幹練的公務員；業務簡化、興利、建立現代
化、高效率的法令制度等為行動方針。在行動方面，行政院成立政府再造推動
委員會，負責推動相關事宜，下設「組織再造」、「人力及服務再造」及「法
制再造」三個工作小組，分別研訂計畫推動實施。兩年來，以政府各部門的努
力推動，於基層已進行了不少改造工作，但上層最重要的法律依據，行政院雖
早將「中央政府機關組織基準法」、「中央機關總員額法」及「地方政府制度
法」草案，送請立法院審議，立法院卻至今尚未進行審議完成立法程序。在缺
乏基本大法的情況下，基層的許多改造工作無法落實，這應是新總統就任後面
臨解決的重要課題。

　　就行政院頒布的「政府再造綱領」而言，目標、方向均甚正確，但改造範
圍僅限行政部門，行政以外的立法、司法、考試、監察均未包括在內，尤以近
年來立法效率的落後，已成為國家進步的最大阻力。推動國會改造，強化國會
應有的功能，促進立法與行政部門的良性互動，建立高效率的國會體制，應是
提升行政效能，邁向國家現代化的關鍵所在。因此，我們建議新總統就任後，
將行政院「政府再造推動委員會」提升到總統府，就行政院所擬的綱領、各項
法案、方案，進行全面檢討，並將立法、司法、考試及監察部門一併納入，就
政府全體部門進行再造。此外，並責成立法院早日完成基本大法的立法程序，
以利全面落實推動，務須在三年內政府部門全體脫胎換骨，我國才能在 21 世
紀屹立不搖。

（民國 89 年 3 月 24 日　《經濟日報》二版）

11. 實施國民年金必須事前周詳規劃

　　新政府為落實陳水扁總統在競選期間提出的敬老津貼政見，擬就「老人福

利暫行條例草案」，送請立法院審議；並在條例中，訂定所謂「排富條款」，期使其對財政的壓力降至最低。草案在立法院引發極大的爭議，經多日協調達成協議，由行政院撤回「老人福利暫行條例草案」，另於下會期將「國民年金法草案」送立法院審議，預定明年 1 月 1 日實施。以國民年金取代老人津貼，確屬正確的做法；以台灣人口結構加速老化的情況，為解決老人問題，國民年金勢在必行。惟在尚未有妥適周詳規劃前，即行匆促上路，確有商榷之必要。

行政院經建會於日前應立法院民進黨團要求，就國民年金新版方案與民進黨團立委協商，立委提出很多意見，一時尚難整合，因而影響此一方案提報行政院會的時間。顯然國民年金新方案在行政院內尚未得到共識，如何能在立法院下會期提出全套法案送審，是行政部門當前面臨的問題。再就經建會所提出的國民年金新方案而言，除將舊方案老人津貼每月 2,000 元提高為 3,000 元外，仍然以政府財政負擔與財源籌劃為主；對於年金保險費率等基本項目規劃的適當性，及其對年金財務的影響，較少涉獵，而這是國民年金制度今後運作的關鍵所在。誠然，此一方案提出為健全國民年金保險財務基礎，立法訂定保險基金維持五年給付總額所需，當年度保險收入小於支出時，即於次一年度調整保險費率。但保險費率可能調整到何種程度，是否為投保人所能負擔，在台灣過去公勞保費率易降難升的環境下，如國民年金保險費率不能即時調整時，其對年金財務的衝擊如何，均無評估。此一方案如貿然付諸實施，似非妥適。

根據國外實施國民年金的經驗，國民年金開始時，年金支出不大，但老年人口比率大幅提高後，年金支出金額也大幅提升。據世界銀行對未來年金制度財務預測研究報告指出，八大工業國家（美、日、德、英、法、義、加與瑞典）公共年金支出占國內生產毛額（GDP）比率，將自 1995 年的 6.7％，至 2030 年提高至 10.7％；其中尤以德、法、義三國至 2030 年此一比率高達 20％左右，可見其負擔之沉重。而我們人口老化速度遠較工業國家為快，在歐美工業國家 65 歲以上老人占總人口的比重，自 10％上升至 20％，需經過 50 年至 80 年；台灣人口預測，則指老人比率在民國 101 年達 10.1％後，即迅速上升，至 121 年上升至 20％，其間僅 20 年。因此，實施國民年金後，年金支出占 GDP 比率，其上升的速度將遠較工業國家為快，不能不事先籌謀。

在工業國家推動國民年金後，其年金基金愈積愈多，成為股市最大法人購買者之一，但其背後負債亦隨人口老化迅速增加，使累積的年金減負債後的年金基金資產淨額不斷下降，長期間甚至降為負數。以前述八大工業國家為例，在 1995 年時，年金基金資產淨額占 GDP 的比率為 8.3％，今年即降為 5.6％，

2010 年降為負 1.1%，2050 年再降為負 210%。其中尤以德國 2050 年年金基金資產淨額成為負數，高達 GDP 的負 4.3 倍，日本也達負 4 倍，法國與義大利也在負 3 倍以上。顯示各國人口結構日趨老化，未來年金收入不足以支應給付需求，將嚴重影響其財務。

近年各工業國家發生國民年金制度瀕臨破產的危機，無不展開國民年金制度的改革，主要即著眼於改善 30 年至 50 年後的財務結構，以確保未來年金長期財務健全，值得我們新政府規劃國民年金制度之參考。

再回首分析台灣人口結構迅速變化，對國民年金財務的衝擊。如明年初實施國民年金，至民國 100 年，其間年齡結構變化有限；但自民國 100 年後至 120 年的 20 年間，變化極大。65 歲以上領取年金的人口，自 100 年的 239 萬人，至 120 年增至 503 萬人，增加一倍以上；而 25 歲到 64 歲繳付保費的人口，同期間卻自 1,369 萬人降至 1,304 萬人。亦即在民國 90 年實施國民年金時，每一人領年金，有 6.1 人繳保費；至 100 年每一人領年金，仍然有 5.7 人繳保護，變化不大。可是至民國 120 年時，每一人領年金，繳保費的降至 2.6 人；至 136 年每一人領年金，繳保費的更減少為 2 人了。顯然年金收入無法支應給付需求，年金財務迅速惡化將極為嚴重。此一隱含的問題，如不能在事先從國民年金制度方面規劃避免，一旦問題浮現，將不是一般財經政策所能輕易解決。

因此，要使國民年金實施財務健全，能永續經營，而不拖垮政府財政，必須事先做好長期（甚至 50 年）的有效規劃，方不致重蹈工業國家的覆轍。如何做好事前規劃，應是新政府當前面臨的重要課題。

（民國 89 年 7 月 1 日　《經濟日報》二版）

十一、中美經貿實質關係

1. 美國沒有對新台幣升值施壓的理由

美國財政部於 12 日上午正式公布今（85）年度上半年「國際經濟及匯率政策」報告，指控我國中央銀行目前又有「操縱匯率」情事。該部次長莫費德並於出席美國參議院銀行委員會公聽會時，指台灣的對外貿易收支順差龐大且仍持續成長，顯有大幅調整的必要；而新台幣升值，在此一調整過程中，必須扮演一個更重要的角色。美國的喊話壓力，果然在台北又形成預期新台幣將升

值的心理而驅使新台幣大幅升值，對當前景氣復甦步伐尚未穩健的台灣經濟，產生極不利的影響。中央銀行總裁謝森中針對美方指控我重點——出超龐大及外匯存底大幅增加——澄清指出，我去年出超雖達 130 億美元，今年 1～4 月達 40 億美元，但扣除資本流出、移轉支出及國人旅行支出等外匯需求，匯市供應大致平衡，由此可見出超並不等於新台幣要升值；而外匯存底在過去一年增加 100 億美元，和外匯存底的孳息收入 50 億美元，及馬克、日圓升值轉換成美元後增值有密切關係。央行干預匯市數量極少，甚至經常在外匯市場掛零，外匯存底增加並非央行買匯干預所致。除此之外，我們根據以下的看法認為美國現在根本沒有對新台幣升值施壓的堅強理由：

一、自去年底以來，至本（5）月 11 日止，世界主要貨幣對美元匯率，除新台幣升值 2.5％外，其他貨幣均對美元貶值 6％至 13％，因此，今年 4 個月 11 天來，新台幣已對日圓升值 8.9％、對馬克升值 10.9％、對法郎、英鎊、里拉等升值 7％至 17.7％。而且今年第一季，台灣消費者物價指數上漲 4.3％，也高於美國的上漲 2.8％、日本上漲 1.9％、法國上漲 3.1％。新台幣在國際間已呈超強貨幣，台灣經濟真的堅強到如莫費德先生所指出的還要再升值嗎？

二、台灣對美貿易順差，已自民國 76 年最高峰時的 160 億美元，到去年降為 82 億美元，平均每年降幅已超過過去對美承諾每年下降 10％的比例。雖然今年 1 至 4 月對美出超又擴大，但今年 4 月新台幣對美元匯率與去年 4 月比較升值了 8.1％，可是日本今年以來對美出超也在擴大中，而日圓對美元匯率一年來僅升值 3.5％。顯然，台灣相對日本而言，已善盡調整對美貿易出超的責任，何況台灣經濟不論基礎、水準均遠較日本脆弱。

三、台灣去年全年及今年首四個月，貿易總出超的擴大，主要是對香港出超大幅增加的貢獻；如扣除對香港出超部分，去年僅出超 28 億美元，而今年首四個月，反變成入超 15 億美元，顯見在當前對港出超已是決定總出超的關鍵因素。而對香港出超的擴大，是國人對大陸投資所產生的貿易效果，並非新台幣低估，獲取不當貿易競爭利益的結果，不能作為新台幣應否升值的依據。

四、台灣對外貿易巨額順差，基本原因是國內投資不足，遠低於國民儲蓄，而產生巨額超額儲蓄的結果。此種國內外經濟失衡的問題，政府早已注意及此，並以擴大公共投資帶動民間投資的增加，降低超額儲蓄，從根本上解決巨額出超問題，而且已產生顯著效果；不論超額儲蓄或出超占國民生產毛額的比例，已自民國 75 年最高時的 21.3％降為去（80）年的 7.5％。現在正在執行中的「國家建設六年計畫」，已將更積極擴大公共投資，持續降低超額儲蓄與

貿易出超，列為重要目標之一。此一途徑已產生調整國內外經濟失衡的效果，又何必採行負面影響較多的大幅升值手段呢！

由以上分析，顯然在當前新台幣無必要升值，也無升值的條件，我們期望國人冷靜理性以對，不要讓美國財政部喊話伎倆得逞。此外各國中央銀行為穩定匯率無不參予外匯市場操作，但其關鍵在於謀取不當貿易競爭利益，我們也期望我國中央銀行在參予外匯市場操作時，能把握此一基本原則。同時，我們金融自由化進行的腳步，也有檢討加速的必要。我們相信此兩點期望朝野雙方都能做到的話，即使美方要求與我舉行匯率諮商會議，我也可立於不敗之地。

（民國 81 年 5 月 15 日　《經濟日報》二版）

2. 積極加強中美經貿實質關係

由中美經濟合作策進會及美中經濟協會，共同主辦的每年一度「中美工商界聯合會議」，今年係第 16 屆會議，自今天起在台北舉行，會期四天。今年會議由於美國政府首度派遣部長級官員美國貿易代表署首席代表席爾斯與會，而我國行政院長郝柏村、經濟部長蕭萬長等高層官員，亦將應邀在會中致詞或發表演講，故備受中美雙方關切與重視。

「中美工商界聯合會議」顧名思義，是民間工商界的會議，過去 15 屆雖我國均有部長級高層官員應邀在會中致詞或講演；但美方因政治考量，除有國會成員參與外，美國政府高層官員始終未參加。而今年美國布希總統派遣席爾斯來華與會，其主要目的，還不是我國正在積極推動的「國家建設六年計畫」，總支出達三千億美元的這塊大餅，歐洲各國都派部長級官員，德國甚至副總理也來爭取，而美國政府始終未採取行動，無法對其國人交代。因此，美國布希總統，在其交接之前，乘「中美工商界聯合會議」機會，派席爾斯前來，除爭取國建大餅外，還將與我國部長級官員，協商雙邊經貿問題。據悉，席爾斯將與我國部長級官員協商的議題有：中美智慧財產權協定執行檢討、開放美商公平競爭焚化爐及核子反應爐等。至於有關農業的稻米與牛肉開放問題，可能會待 GATT 烏拉圭回合談判結束後再談。

我國政府將於席爾斯代表來訪協商時，提出（1）爭取美國繼續支持我國以獨立關稅領域加入 GATT，並了解美方對我經貿體制質疑的主要內容；（2）四年前我國提出的「加強北美經貿工作綱領」，即將於今年底屆滿，我方正研擬新的綱領，計畫明年初持續實施，其主要內容，將會與席爾斯協商，以便爭取美方的共識；（3）與席爾斯會商「中美貿易及投資架構協定」內

容，進行討論。此三點對我今後經貿發展關係重大，以下將就此三方面提出我們的看法：

首先就加入 GATT 而言，雖然 GATT 各主要盟員國支持我與中共同時入關，但中共在各方面對我排斥及爭取先我入關的動作不斷，不能不防；而美國至今仍是世界貿易金額最大的國家，其在國際間的力量舉足輕重，爭取美國繼續支持我到入關為止，有其必要，不能掉以輕心。最近，美國在收到 GATT 所送我國最新經貿體制備忘錄，迅速率先其他盟員國提出對我經貿體制質疑兩百多項，鉅細無遺，涵蓋範圍極廣。美國是我最大貿易伙伴，美國所提的兩百多項質疑，應可涵蓋其他所有盟員國可能提出的問題。如能乘席爾斯來華機會，就我們對處理各國對我經貿體制質疑，所採的基本態度，除對國內產業有重大衝擊及較敏感的問題外，均將盡速開放或做到各國的期望；至於對國內產業衝擊重大及敏感性問題，將會訂定時間表，逐步實施，俾使我國在加入 GATT 後，仍能健全發展，此對美國甚至整個世界都是有利的，如能獲得美方的諒解與共識，則在明年入關前進行多邊談判時，阻力將大為減少，使我國順利入關。

其次，就草擬新的「加強北美經貿工作綱領」而言，除強調繼續降低對美貿易順差，及我國實質平均關稅降到工業國家水平外，更應趁美方有意與亞太國家簽訂貿易自由協訂之際，徵詢席爾斯的同意，將我國企盼多年的「中美自由貿易協定」的簽訂，列為新綱領的工作重點，並作為我今後四年與美國新內閣加強中美經貿關係的重大方針。我國早在民國 74 年，即向美國提出簽訂「中美自由貿易協定」的構想，但美國並不熱中，而不置可否；之後，我方雖數度提起，但美方始終未有善意回應。直到今年 9 月，美國代表在亞太經合會議中，主動提出烏拉圭回合之農業談判議題，尋求和與會的亞太各國先行達成一定程度的共識。我國與會的經濟部蕭部長，乘與美方代表會面時，再度重提與美國簽訂「中美自由貿易協定」的意願，終於獲得該代表同意考慮的具體回應。此次如能獲得席爾斯的支持，將此一構想正式列入經貿工作綱領中，則今後「中美自由貿易協定」簽署的可能性大增。

第三，關於中美雙方簽署「中美貿易及投資架構協定」，雖經濟部稱以時間倉促，尚須審慎評估。但該協定內容，我方會與席爾斯會商討論。該協定主要目的，在成立「中美貿易投資聯合委員會」，尋求排除雙方的貿易與投資障礙，並加強中美之間的雙邊經貿合作。如與席爾斯會商討論順利，相信不久將來一定會簽。據了解將由美國在台協會與我國北美事務協調委員會代表雙方政

府簽署。該聯合委員會的成立，不僅是中美經貿關係提升到另一層次，而且也便利「中美自由貿易協定」籌劃工作的順利進行。

以上三點，如能於席爾斯來華參與「中美工商界聯合會議」之便，進行與我經貿諮商時，獲得共識，並能逐步實現，不僅使中美經貿實質關係，提升到另一層次，且強化我在亞太地區之地位；同時，對鞏固我在海峽兩岸經貿關係的發展上，也極有助益。

（民國 81 年 12 月 1 日　《經濟日報》二版）

3. 對美國超級 301 的認知

美日貿易架構談判於日前破裂後，美國總統柯林頓本（3）月 3 日正式採取行動，以行政命令恢復打擊外國不公平貿易最具威力的武器「超級 301」，並預定今年 9 月底前公布被美國貿易代表署指認「首要外國不公平貿易措施」，21 天後「301」的調查、談判作業即開始，如果當事國拒絕撤銷被指認的「首要不公平貿易措施」，美國貿易代表署將必須在開始調查後的 12 至 18 個月內，決定是否採取貿易報復行動。一旦決定依「301 條款」報復，美國即將於 30 天內針對被認為對美貿易不公平國家輸美產品課以高額進口關稅。儘管各國認為美國此種解決貿易問題，單方面採取片面措施的做法，與全球貿易自由化趨勢背道而馳，同聲予以譴責，但關稅暨貿易總協定（GATT）發言人卻表示，美國柯林頓政府重新啟動「301 條款」，使其有權對實施不公平貿易行為的國家進行報復，並不代表「超級 301 條款」違反 GATT 規定。

美國此時恢復「超級 301 條款」的實施，不無遺憾。但美國也有其不得已的苦衷，除受美國國會的壓力外，美國政府在努力削減政府支出，以縮減財政赤字，但美國的貿易入超卻不斷擴大；去年再度超過一千億美元而達 1,158 億美元，其中來自日本的入超即占一半以上。多年來日本一直居美國入超來源國的第一位；而且美日兩國間多次一般貿易談判又都沒有結果。事實上，日本近三年來出口金額增加 26％，而進口僅增加 2.5％，進口增加幅度不及出口的十分之一，顯見日本對進口的開放，三年來並未改善，因此日本出超三年來增加 1.3 倍，去年更創高峰達到 1,204 億美元。難怪美國貿易代表，在日前記者會上答覆問題時，特別指出「日本市場封閉的程度，實為已開發國家所僅有」。過去與日本有貿易往來的國家，除產油國家外，對日本貿易均呈大量入超；凡是與日本談判貿易入超問題的國家，都有美國貿易代表的經驗，而我們對日貿易談判的經驗更是慘痛。最近四年我們自日本進口增加了 44％，而對日出口

不僅未增，反減 1％，入超增加一倍，去年來自日本的入超高達 142 億美元，創歷年來最高紀錄。年年與日本進行會商溝通，但對日出口停滯六年之久未有增加，入超哪能不擴大。不僅我們如此，去年日本對整個亞洲的出超又增加 14.4％，達到 536 億美元，對日貿易失衡問題愈來愈嚴重，而且苦無解決之法，對日本的不耐與不滿不下於美國。如能藉美國「超級 301 條款」的實施，打開日本市場封閉之門，全世界包括日本在內，都將受益。四年前日本曾被美國列入「超級 301 條款」黑名單，一直到最後關頭，日本才同意開放對美國衛星、半導體的採購及木製品的進口，而免於被報復。誠如美國華府國際經濟研究所的柏格斯坦所說：「日本是需要一點外來壓力，才會採取行動。」

雖然各方都認為美國此次恢復「超級 301 條款」的實施，重點目標是鎖定日本，但美國政府並不承認，指出凡是對美有巨額貿易出超，且有不公平貿易行為者，都有被獵取的可能。就美國柯林頓總統行政命令裡的參考要件顯示，政府採購市場廣獲美商重視的台灣、中國大陸，都有符合被指認的條件。再就最近我國與美方舉行的入關經貿談判，我國要想在年底以前入關，需要改進的地方還很多。不過，我國政府早在十年前即將「自由化、國際化、制度化」列為經濟發展基本政策，不久前行政院連戰院長指示，要在 20 世紀結束前把台灣建設成亞太營運中心，最近政府又要在 GATT 在明年初改為 WTO 前入關；因此要達到這三個目標，除少數敏感性而影響較嚴重的產業需要較長的調適時間外，其他都將在最短時間內落實自由化。果能如此，我國將不致被美國列為「超級 301 條款」的報復對象。但為避免加速自由化步伐的衝擊，國內各部門包括行政、立法及產業，都應在短期內進行大改革，脫胎換骨，提高行政、立法效率與生產力，唯有這樣，在進入 21 世紀，我國才能在世界市場上屹立不搖，在國內市場抗拒外來的競爭，我國經濟才能持續健康發展。

（民國 83 年 3 月 11 日　《經濟日報》二版）

4. 論美對我貿易障礙的檢討

美國貿易代表署於日前公布，「1995 年外國貿易障礙報告」，其中對台灣部分過去一年貿易障礙的改進及雙方貿易差額的縮小，大致得到肯定。並首度指出，台灣過去八年由出口跳板邁向已開發、高科技經濟體的轉型過程，在 1994 年內仍持續快速進行；出口雖有堅穩的成長，但海外投資、國內消費等經濟活動及其他層面的成長更快。顯示台灣經濟在縮減貿易出超的過程中，仍保持堅強的活力。不過，對台灣貿易障礙整體的評估，在列人檢討的 41 個國

家和四個區域貿易組織中，台灣仍高居第五位，值得重視。

該報告檢討的台灣現行貿易障礙共有七類，在進口政策方面，過去一年台灣曾承諾對 483 項美方視為優先的產品降低關稅，但立法院沒能配合通過立法，以致大部分減稅項目未能付諸實現。以農產品為主的 765 項產品，仍得事先獲相關主管單位批准，才可取得進口許可。此外，須經銀行、國貿局簽證才能進口的項目仍有 474 項。在政府採購上，除現行法令規定政府及公營事業應優先採購國貨的障礙外，相關法規不夠透明，且繳納的保證金過鉅，均與國際做法不符；而對外商營建業分級的標準，也形成障礙。在對智慧財產權保護方面，儘管美國和台灣簽了不少協定，但美國認為台灣對智慧財產權的保護仍然不夠，不符合烏拉圭回合貿易談判的規定。美國將務使台灣在入關談判過程中切實改善，並加強查禁仿冒品的內外銷。在服務業開放方面，對外國銀行、保險業仍有歧視性限制、資訊市場尚未對外開放、對個人投資、匯入資金及上市公司外資持股比例，仍有限制。行政部門雖於 1989 年提出公路法修正草案，開放外國航運業者兼營內陸貨櫃運輸，但迄未獲立法院通過。顯見美方對我方的不滿躍然紙上，因此中美雙邊入關談判已停頓兩個多月，美方談判代表也明白表示，在台北對菸酒公賣改制、小汽車及農產品進口自由化等事項，提出進一步的具體方案前，他們暫時無意恢復談判，對我期於今年上半年入關不無影響。

就美國對我國貿易障礙的檢討，除美國對我若干肯定外，值得我國自行檢討的，我們認為至少有下列三點：

第一，我國對美貿易順差的減少，固被美方肯定，但就我方立場而言，雖是承諾的實現，可是與當初規劃預期不符。原預期對美出口持續增加，維持在美國進口市場占有率，而在積極推動貿易自由化及關稅大幅降低的政策導向下，自美進口增加率超過對美出口增加率，使對美順差降低。但事實是，自76 年我對美貿易順差達到 190 億美元高峰後，至去（83）年降至 96 億美元，降低了一半；同期間自美進口自 74 億美元劇增至 171 億美元，增加 131%，而出口卻停滯在 260 多億美元水準幾無增加，而美國進口同時期則增加56%；因此，我產品在美國進口市場的占有率，自 76 年的 6.2%，83 年降為4%。顯示我產品在美國市場競爭力大幅衰退，值得主管當局重視，應設法改善。

第二，美國公布的外國貿易障礙報告，一再指出我行政部門對美國的承諾，未能得到立法部門的配合完成立法程序，而未能落實；甚至公路法修正案

在立法院擱置五年之久，迄未交付審議，我國在國際經貿間的誠信大受影響。我們期望這次行政部門所提出的入關有關法案，立法部門應配合國家整體需要，盡量配合，早日完成立法程序。

　　第三，經濟自由化，不僅是中美雙邊貿易談判，美方一再提出的要求，也是我國政府既定的政策，自民國 73 年俞國華院長宣布以來，已越十年，雖然開放、解除管制不少，但尚待開放、解除的還有很多。據國貿局林義夫局長表示，美方指出我方貿易障礙的項目中，有些項目我國已經承諾在入關後開放或改善。我們期望入關後，真能貫徹實施，不僅實現承諾，也促使資源有效的利用。

　　國際間貿易摩擦在所難免，但如能盡其在我，早將問題化解，對我今後經貿的進一步開展，應有助益。

（民國 84 年 4 月 7 日　《經濟日報》二版）

十二、國際經濟

1. 對正式加入亞太經合組織的期望

　　近年來我國積極參與國際經濟事務，在最近已有突破性的發展，如美國總統布希公開支持我國參加 GATT，我國同意參加歐洲復興銀行特別基金，本週四行政院院會核定我國與中美洲銀行簽署協定，加入「中美洲經社發展基金」，尤以本週三亞太經濟合作會議（APEC）宣布，包括中華民國台灣、香港及中國大陸的三個中國經濟體，將成為 APEC 的正式會員國，於今年 11 月間，各派官員參加在漢城召開的第三屆亞太經濟合作會議部長級會議，最受國人重視。

　　在歐洲共同市場將於明年統合成「單一市場」，美加自由貿易區積極拉攏墨西哥形成北美洲共同市場，美國總統布希更有心向南延伸這個整合趨勢，將加勒比海國家、南美各國納入，成立「泛美共同市場」等的壓力下，亞太地區的經濟合作更有必要。而目前亞太地區共有三大經合組織，即太平洋盆地經濟理事會（PBEC）、太平洋經濟合作會議（PECC）及亞太經濟合作會議（APEC）。PBEC 純粹是會員國民間企業組織，PECC 則是涵蓋會員國的產、官、學三方面代表，屬半官方組織，我國分別於 1984 及 1986 年成為該兩組織的正式會員國；而 APEC 是由澳洲總理霍克於 1989 年在澳洲坎培拉成立

召開的部長級會員會議，官方色彩濃厚，其會員國有美、日、加、澳、紐、韓及東協六國計 12 個會員國。我國一直積極爭取參加，終於在日前塵埃落定，與大陸、香港同時加入為正式會員國，這是一件值得令人興奮的事，也顯示我國多年來的經濟發展成就，及在國際間的重要地位，再度得到肯定。

我國成為 APEC 正式會員國，除在政治方面確立我國國際法人地位，有利重返國際社會的積極意義外，在經濟方面更具有多重利益：

一、在 APEC 原有 12 個會員國中，除韓國與我有外交關係外，其他均無外交關係，在我國加入後可與其會員國建立官方經貿聯繫諮商管道，以解決我國與該等國家之經貿問題。

二、維護我國在亞太地區的經濟利益，確保我國在該地區投資及貿易活動。

三、藉亞太經合組織，以整體力量抵抗歐、美保護主義之壓力。

四、藉亞太經合會議對經貿政策之協調，促成該地區各國及我國的經濟發展。

五、取得更多經貿合作之機會，提高我國之國際地位。

不過到目前止，APEC 仍是個比較鬆散的組織，與會國只是作意見溝通，其結論並不具約束力。該組織迄未設秘書處，每年是由會議召開所在地的地主國發通知給各會員國前往開會。雖然如此，但各會員國之間，如果能對同一問題達成共識的話，相信 APEC 在經貿事務上仍然具備許多功能。如今年韓國是召開會議的地主國，在其協調下，擴大組織後，並訂出 APEC 未來的發展方向與目標：（1）持續區域內經濟成長，（2）強化及增進經濟上的相互關係，（3）強化開放的多邊貿易體制，（4）消除商品及服務的交易障礙等。不過，APEC 如以目前鬆散的組織持續下去，要達到上述目的很難。我們建議 APEC 於 11 月在漢城召開的第三次部長級會議中，應就設置幕僚組織提出討論並作成決定，以協助 APEC 業務的發展，充分發揮其功能，上述的目的才能順利達成。

雖然一般認為亞太地區地域廣闊、各國經濟發展程度差異大、政經制度不同、文化異質性高，因此，增加區域內經濟整合的困難，不僅像歐洲共同市場的區域整合高層次的組織不可能，即使整合層次較低的自由貿易區，在短期內的形成也有其困難。不過，我們的看法是，在世界區域整合的大勢下，區內各國對「合則興」已有了共識，如能先設置幕僚組織，每年在部長級會議前，確定區內亟需合作的項目，邀請各國專家及主管部門官員先行諮商並作出建議，

提供部長級會議作為討論的依據，會議所作之結論供區內會員國參考，如各會員國能予以尊重並在政策上密切配合，則對區內各國即會產生顯著的貢獻。過去大家認為亞太地區區域合作最大困難之一，即我們與中共互不相容，而此次能同時參加 APEC，即表示此一因素已克服，而且大陸正在朝向市場經濟發展，對此一障礙將大有改善。區域內多數會員國都已享受自由貿易的好處（包括大陸近年來的出口擴展），體會多邊體制的重要，深受保護主義之害；區域的整合，縱使內部整合的層次甚低，只要對外有一致的看法，同一步調，即可發揮相當的影響力。

為使我國加入 APEC 成為正式會員國後，受到尊重並發揮影響力，我國應表明願意承擔較大的國際經濟責任，而目前的做法都朝此方面努力，如早已設置國際經濟合作基金外，現更籌設援外基金，目前執行的國家建設六年計畫，重點在加強公共設施建設，擴大國內需要，貫徹貿易自由化，在在都是在為縮減貿易順差努力，都有利於國際失衡的調整，以及對外投資的擴大。我已成為資本輸出國家，在未來國際資金緊俏時期，將更顯其重要性，使國際間了解我國為善盡國際責任所作的努力，也可由此得到善意的回響，會員各國都為區域合作謀取共同利益而努力。

（民國 80 年 8 月 31 日　《經濟日報》二版）

2. 我參與 APEC 部長級會議的意義

亞太經濟合作會議（APEC）第三屆年會部長級會議，將於本（11）月 12 日至 14 日在韓國漢城舉行，我國與中共、香港將於首日部長級會議通過後，正式同時入會，進而參加各項議題的討論。此次會議，除決定我國與中共、香港同時入會外，尚有三個重要主題：一是加強亞太地區經濟合作，二是推動區域貿易自由化，三是十個工作小組的工作報告。我國為表示積極參與的意願與善盡國際義務的立場，組織了一個龐大的 22 人代表團，由經濟部長蕭萬長率領，代表團團員涵蓋經濟部、外交部、交通部、財政部、經建會、農委會、勞委會、行政院環保署等相關官員。此次參與會議人員眾多，除表示重視積極參與外，還希望在大會後的十個工作小組中，扮演主動角色。此次會議是我國退出聯合國，中日、中美斷交後，部長級官員首次參與國際間部長級會議，對我國而言，意義重大。至少有下列四點重大意義：

一、中共一直對我參加國際組織橫加阻撓，尤其 APEC 原 12 個會員中，除韓國外均與我國無邦交，而韓國趁主辦第三屆 APEC 年會的機會，能說服中

共首肯，與我同時加入，雖屬難得，但亦顯示近年來我國經貿實力的表現，在亞太經濟活動中，已強大到不能被忽視的地步。李總統在接見我國出席 APFC 年會代表團時，特別肯定此一組織對我國的重要性。並指示代表團面對中共代表團時，應把持「不拉攏、不迴避」的態度，我國與所有與會的 APEC 代表國家，都是完全平等的地位，這是我國近年來落實國際經貿外交，所踏出的一大步。

二、過去國際組織在中共壓力下，都將我排拒在外，而此次我國與中共、香港同時參加 APEC，應是我國今後參加國際組織，非常重要的新模式。誠如行政院郝院長在接見代表團時所指出的，這將是我國未來落實國際經貿外交的新方向，希望接下來在加入其他國際性組織時，也能循此方向，一個一個的突破，走出我國經貿外交的新道路。我們認為關稅暨貿易總協定（GATT），即將召開理事會議，是否接受我國入會申請，將為該次會議重要議題之一；我們應趁此次與中共同時加入 APEC 會議的機會，讓其他與會各國了解到，我與中共並存的模式，接受我國加入 GATT 的申請；尤其美、日兩國均是 GATT 的理事國，對中共應扮演更積極說服者的角色。

三、由於我國自退出聯合國，及與日本、美國斷交以來，絕少出席官方的國際會議，APEC 的這次部長級會議，對我而言極為重要，外交部官員表示，利用國際會議期間，進行雙邊、多邊的諮商，是國際間的慣例。雖然過去我國與美國進行過多次貿易諮商談判，但一直都是維持在貿易代表處的副代表層次；與日本一年一度的亞東經濟會議，日方僅有通產省科長級官員，以「觀察員」身分列席。我國代表團應趁此次參與 APEC 部長級會議機會，與沒有邦交國家，進行部長級雙邊或多邊的會談。據了解，美方代表團將有美國貿易代表署首長與會，並已表達希望在會外與蕭部長會面，日本方面也有相同要求。我們期望蕭部長利用此次機會，與美、日雙方部長級官員會談，解決雙方既存已久的中美、中日貿易問題。

四、雖然 APEC 組織，在國際上尚屬發芽成長期的一個新組織，但 APEC 成員在我國、中共與香港加入後，其人口占世界總人口的 36.8%，較之北美自由貿易聯合（NAFTA）占 6.9%、歐洲共同體（EC）的占 6.3%，高出數倍之多；同時，APEC 成員的國民生產毛額，在全世界高占 52%，亦較 NAFTA 的 30.3% 與 EC 的 24.8% 高出很多。此等統計顯示，APEC 組織在世界比重之高，如 APEC 成員間能加強經貿合作，其在與北美或與歐洲的競爭與貿易談判時，將發揮極大的統合力量。而且 APEC 成員在我國貿易中，亦占有極重要地

位，我國出口的 74％是對 APEC 成員出口，進口的 70％來自 APEC 成員；同時，APEC 成員也是我國近年來對外投資的最主要對象，國外來台投資的最主要來源。顯然，我國成為 APEC 成員之一，對我國未來經濟發展將極有助益。

雖然，APEC 成員各國間，由於歷史、文化、政治等各方面差異很大，要想建立如歐市共同體的型態，在可預見的將來似不可能；不過，要推展此次會議中心議題「推動區域間貿易自由化」應是可能。而我國近十年來推動貿易自由化的經驗，維持經濟的穩定與成長，而將自由化的負面影響降至最低，這也是開發中國家推動自由化及共產國家轉向市場經濟過程中，所期望達成的目標，正可供他們參採。我們期望我方代表團，在參與此次 APEC 部長會議時，將我國四十年經濟發展經驗，作扼要重點的報告，將來在十個工作小組中，將我們的經驗逐步傳承給開發中的各成員國，在促進區域合作與發展中，扮演積極的角色，善盡國際責任。

（民國 80 年 11 月 9 日　《聯合報》二版）

3. 評 APEC 2020 年貿易自由化

亞太經濟合作會議（APEC）經濟領袖會議，於本（11）月 15 日在印尼茂物集會後，共同發表宣言，明確宣示 18 個會員經濟體同意，在公元 2020 年以前完成亞太地區貿易與投資自由化的目標。會議主席印尼總統蘇哈托代表發表宣言時指出，為考慮到各經濟體不同的發展階段，美國、日本、加拿大、澳洲和紐西蘭等已開發國家，應在 2010 年前完成這個目標，其他開發中國家，則在 2020 年達成自由化。這一宣言的正式發表，對亞太地區 18 個經濟體而言，具有下列三點重大意義：

一、APEC 於 2020 年完成貿易自由化目標，是 APEC 名人小組向 APEC 大會所提的具體建議，該小組為顧及區域內各經濟體的發展階段不同，而訂出完成貿易自由化階段性時間表；初步建議是，自 2000 年開始執行，已開發國家應在 2010 年內達成目標，新興工業化國家在 2015 年達成目標，其他開發中國家在 2020 年達成目標。而 APEC 太平洋企業論壇（PBF）建議，今年即開始推動貿易自由化，已開發國家應在 2005 年之前自由化，其他會員則在 2010 年之前達成自由化目標。但兩方面建議，在 APEC 部長級會議提出後，雖經熱烈討論，迄未能獲得一致看法，最後在領袖會議提出的宣言草案中，時間表竟被刪除。可是，在該草案提到 15 日召開的領袖會議中，再度提出討論，終於達成共識，而被納入宣言正式公布。此一共識除表達各位與會領袖深切了解貿

易自由化是不可抵擋的趨勢，訂定時間表有鞭策的作用外，更為亞太地區奠立了一個合作的模式。

　　二、在 APEC 的 18 個會員經濟體中，中國大陸與地主國的印尼，過去曾是反資本主義的第三世界國家，尤其中國大陸改革開放以來，自計畫經濟走向市場經濟，在「市場經濟」之前還要加上「社會主義」的帽子，對資本主義一向標榜的「自由經濟」、「自由貿易」，不僅絕口不提，甚至在大陸媒體上也不准刊載。這次 APEC 領袖會議中，擔任會議主席的印尼總統蘇哈托主動提出「貿易自由化」應有時間表，中國大陸的江澤民不僅支持，而且表示亞太地區自由貿易化問題，已引起區域內外的廣泛關注；未來各成員間應進一步減少關稅壁壘、開放市場、擴大貿易往來，加強互補，保持亞太地區的經濟繁榮。此段話出自共產主義國家領袖之口，絲毫沒有社會主義意味，充分顯示對資本主義自由經濟體制的優越性，再一次肯定。

　　三、2020 年亞太地區完成貿易自由化的宣示，不僅為亞太地區經濟的未來發展描繪一個美麗的藍圖，令人振奮，而且貿易自由化的推動會帶來無窮的商機，也給該地區人民對未來經濟發展產生樂觀的期望，有利於貿易自由化的貫徹實施。

　　雖然，APEC 領袖會議宣言，對亞太地區 2020 年前完成貿易自由化，只是原則性、方向的訂定，並沒有具體內容可藉以推行。不過，APEC 領袖會議在決定時間表同時，要求部長級會議或其他專家會議，應針對自由化的目標、定義及詳細內容，作完整的規劃與建議，提供明年領袖會議再討論。我們相信 APEC 部長級會議或專家會議，在未來一年會積極的進行研擬、協商，明年此時會擘劃一完整的建議方案，向 APEC 領袖會議提出。至於部分人士認為 APEC 各會員國經濟發展水準、政治體制差異很大，而且幅員遼闊，地域過於分散，不易整合；又無法律依據對會員國缺乏約束力，無法形成像歐洲經濟共同體、北美自由貿易區的經濟體的模式發展。不過，我們認為亞太地區朝向自由貿易發展，並無成立經濟體緊密組織的必要，尤其蘇哈托總統在宣布宣言時強調，APEC 未來絕不會成為一個排外的封閉性組織；而且 APEC 推動貿易自由化的目的，是以達成區域自由貿易，來促進全球貿易的進一步自由化。由於最終目的在全球貿易的進一步自由化，更無需有具體的區域性組織了。由於近年來亞太地區踴躍的相互投資、貿易、企業的跨國活動，促使區域內生產製造與行銷貿易相互依存性的增加，從而增加跨國企業與地主國政府間的互動，促進地主國取消投資與貿易障礙，創造了開放的環境，我們相信，只要 APEC 大

多數會員國能維持，並不斷擴大此一開放的環境，其他會員國必將積極參與，尋求合作互利的機會，APEC 貿易自由化於 2020 年前實現，是可預期的。

（民國 83 年 11 月 18 日　《經濟日報》二版）

4. 蒙特婁會議給我們的教訓

　　日前在丹麥召開的蒙特婁議定書第四次會員大會，除結論將氟氯碳化物（CFC）、海龍（Halon）等破壞臭氧層物質管制、禁用期程提前外，中共代表在會中發言竟將台灣視為其轄下的一部分，並主動將台灣列入「已簽約國」之林。此雖為中共片面之詞，但卻可能導致台灣在 CFC 管制用量與期程上，受到中共國內法的約束；尤其是美國已規定，明年起銷往美國的含 CFC 電腦產品，應由輸出國政府蓋章證明，其係於符合蒙特婁議定書管制規定生產者，否則不得在美國境內銷售，將造成我國電腦產品出口，必須向北京申請出口核章的疑慮。我國政府絕不接受掛在中共名下，而成為締約國之一的安排。因此，我政府正積極尋求，以與主要貿易國簽署雙邊貿易協定或備忘錄的方式，要求各國在我方遵守議決書規定，如期削減 CFC 用量的前提下，不對我方貿易抵制。本（12）月 1 日美國貿易代表席爾斯拜會經濟部時，蕭萬長部長即向席爾斯提出，我國對 CFC 的管制，一定會符合蒙特婁議定書的規定，希望美國對我產品輸美，不採取抵制行動。席爾斯當場原則同意，願與我方簽署雙邊協議或備忘錄，以承諾不對我產品輸美採取抵制行動。席爾斯的支持，給我一大鼓舞，主管當局將會積極與各主要貿易國諮商，尋求支持，克服即將面臨的問題。

　　蒙特婁議定書第四次會員大會，之所以將破壞臭氧層物質管制及禁用時程提前，並採取貿易制裁措施，主要因 CFC 等被廣泛運用作為電子零件清洗溶劑、塑膠發泡劑、噴霧劑及冷媒等，用量愈來愈大。而 CFC 等化合物由於化學性質穩定，其分子要上升至大氣層中的平流層才會分解釋出氯，破壞平流層中的臭氧分子，導致總臭氧量的減少，南極出現臭氧破洞。由於臭氧層能吸收太陽光大部分的紫外線，可屏障地球表面不受紫外線的侵害；因而臭氧層被破壞，使地球表面受紫外線照射增加，將導致皮膚癌罹患率增加、免疫系統受抑制、白內障罹患率增加、農作物減產、水生物生態受破壞、室外塑膠加速老化、地面臭氧加速產生、氣候改變及「溫室效應」，進而造成海平面上升。由於其影響極大，挽救臭氧層很快形成國際間的共識，並積極採取行動。

　　由於「蒙特婁議定書」係聯合國環境規劃署所主導推動，該會結論給我們

的教訓，值得警惕。

一、中共在國際間排斥我們、矮化我們、無時無刻不用其極，一步也不放鬆。例如此次在蒙特婁會議中的言論，對中共實質經濟利益上毫無好處，只是在面子上好看而已。這也給我們的企業界了解中共的真面目，對到大陸投資的熱中，已是需要冷靜思考的時候了。

二、此次蒙特婁議定書第四次大會，我國接到邀請函，並派出代表團，以「觀察員」身分出席大會，希望獲得各國共識不把我國列人報復名單。據當時代表團傳出的消息，情況相當樂觀，但事實上，據該會議秘書處人員指出，我國代表團向會議提交一份配合國際協議執行削減 CFC 用量的簡短報告，會中並沒有要求簽署國承諾與免除貿易制裁，來回應台灣遵循國際削減 CFC 用量的努力。顯然，國人對此一問題的嚴重性缺乏了解，會前準備及會議情勢的把握不夠，應深入檢討改進。

三、要在年底前不到一個月的時間內，與各主要貿易國簽署雙邊協定或備忘錄，只是期望，事實上是不可能的事。因此，我主要貿易對象，在此空檔期間，如自我進口對其有利，自可不採取抵制措施，反之，則採取抵制行動，不僅影響我出口，主導權由人掌握。

CFC 的管制，即使出口對方採取報復措施，僅影響我少數產業，但國際間對二氧化碳排放量的管制，如我們不早作準備，則影響範圍將廣及能源、產業與交通運輸的發展，幾及全面經濟都受其影響。我們期望行政院將環境汙染的控制，列為未來施政重點，協調各部會，加強溝通，早日訂出全面性的因應方案，否則，重蹈此次覆轍，其後果不堪設想。

（民國 81 年 12 月 4 日　《經濟日報》二版）

5. 看日本經濟如何脫胎換骨

日本政府昨天起實施金融大改革，這是繼上週宣布的振興經濟方案後另一項重大財經措施。1991 年日本泡沫經濟破滅後，景氣即一蹶不振，1992 年到 1995 年的四年間每年經濟成長率降為 0.8％，在主要工業國家中成為經濟成長率最低者。其間日本政府曾採取八次促進經濟景氣復甦的振興方案，平均每年採取了兩次振興方案，但效果不彰。直到 1996 年景氣才上升，當年經濟成長率提升到 3.9％，惟好景不常，去（1997）年第二季經濟又降為負成長。去年 10 月起，日本政府又連續採取了四次振興經濟方案，不僅景氣沒有改善，去年第四季及今年第一季的經濟連續兩季衰退，導致日本 1997 會計年度（1997

年 4 月至 1998 年 3 月）經濟成長率，創下 23 年來首度負成長，震驚了日本上下。日本政府在各方的壓力下，3 月 26 日乃提出空前的 16 兆日圓振興經濟方案，主要將擴大公共支出以刺激景氣，並動用郵政儲金拉抬股市。但日本股市僅以一日行情反應，翌日又大幅滑落，各方對日本政府日前所公布的第五次振興經濟方案，並不寄以厚望。

日本各界對政府通過的第五次振興經濟方案反應不佳，雖公共支出擴大規模，較原預期的 10 兆至 12 兆日圓為大，但未包括減稅措施，使業者失望；同時擴大公共支出未公布詳細內容，恐將因循過去的做法，其效果不彰，將重蹈覆轍。日本 1992 年至 1995 年所採取的八次振興經濟方案，除將年度公共投資預算提前實施外，先後辦理六次追加預算，金額高達 66.6 兆日圓，平均相當於當年國內生產毛額（GDP）的 3.5％，應是相當高的比率。此外，其間兩度減免所得稅，中央銀行重貼現率六次調降，自 4.5％降為 0.5％，為全世界最低的重貼現率。日本政府在過去四年投入如此巨額的資源，但因基本面未有改善，無法扭轉全局，致效果不彰。

問題的根源，在於日本自 1980 年代後半期國內投資環境惡化，許多企業擴大對國外投資，甚至將生產基地移至海外，1991 年泡沫經濟破滅後，財務結構惡化，勞動生產力下降，出口競爭力無法提升，出口開始萎縮，製造業設備利用率大幅下滑，影響國內投資意願。因此，1992 年至 1995 年間雖政府採取多次振興經濟方案，公共投資大幅增加，但由於公共投資效率較差，而增加的投資金額亦無法彌補民間投資的衰退，致日本總投資占 GDP 的比率，自1991 年的 32.2％，至 1995 年反降為 28.8％。此四年日本在出口與投資同步衰退的情況下，景氣遂不可能復甦。

另一方面，日本金融市場落後、制度僵化、保護作風盛行，且監理不嚴，復以泡沫經濟破滅後，資產大幅縮水，呆帳比率升高，而產生惜貸現象。因此，當重貼現率連續大幅下降，可是日本的貨幣供應量，該四年內平均每年僅增加 1.7％，並未產生資金寬鬆刺激國內需要的效果。去年 7 月東亞金融風暴爆發，對日本金融界更是雪上加霜，不僅在東亞投資大量資產大幅縮水，債權也無法確保；據標準普爾公司日昨發表估計，日本主要銀行在亞洲的呆帳損失達 1.5 兆日圓（相當於 115 億美元），更使日本金融界自身難保。因此，在日本政府日前宣布第五次振興經濟方案後，股市行情一天後即節節滑落，日圓兌美元匯率亦跌破 132 日圓關卡，不是沒有原因的。

值得一提的是，日本政府為改善每年巨額財政赤字，去年 4 月新會計年度

開始時，將消費稅率自 3％提高到 5％，並於去年 12 月開始實施財政改革法，
預期財政赤字到 2003 年降為零。但意想不到去年 4 月增稅的結果，對民間消
費產生嚴重打擊，去年第二季民間消費就較上年同期衰退了 5.3％；日本政府
不得已於去年底提出 2 兆日圓的減稅計畫，此一做法不僅牴觸年初剛實施的財
政改革法，而且效果如何尚不得而知。而國內外都希望將繼續減稅納入第五次
振興經濟方案中，以提升日本國內需要，帶動東亞各國的景氣早日復甦。日本
當局究以堅持長期財政收支的改善，抑或以促進當前經濟景氣復甦為主，已到
面臨作重大抉擇的時候了。

根據以上分析，日本近年實施了十多次振興經濟方案，採取多項財政金融
強烈措施，但未對經濟基本面及投資環境改善著手，雖投入巨額資源卻徒勞無
功。此對近年我國當局亦經常採取振興經濟方案做法，可為殷鑑。日本政府有
鑑於此，乃於日昨開始就日本金融市場進行大改革，開放金融市場，經濟大幅
自由化，預期三年內使日本金融業脫胎換骨，將東京轉型成為足以和紐約或倫
敦媲美的金融中心，且為當前遲滯的日本經濟注入活力。日本此一從基本面改
革的做法，應是正本清源之計，吾人在樂觀其成之餘，也期望我們的政府當
局，就正在進行中的將台灣建設成亞太營運中心計畫，作一全面檢討，就基本
面提出全面改革的方案。

（民國 87 年 4 月 2 日　《經濟日報》二版）

6. 世界資訊科技大會的啟發與警訊

在台北舉行三天的公元 2000 年世界資訊科技大會，已於日昨閉幕。這次
大會，精闢的見解盈庭，不論是資訊科技界巨擘發言、經濟名家演講及大會討
論，對今後台灣科技產業及經濟發展頗多啟發，值得重視。

首先是台灣近年積極推動經濟自由化，加以高科技產業在政府獎勵之下快
速成長，而相對的傳統產業成長減緩，甚至萎縮；尤其資金流向大量集中於高
科技產業，致使傳統產業籌資不易，發生資金排擠效應。因而主管當局在研擬
振興傳統產業發展方案時，提議削減對高科技產業的租稅優惠，以減緩其排擠
的不利影響。但據麻省理工學院教授梭羅指出，知識經濟時代的變革，使全球
性企業的重要性，已逐漸超越各國政府，我們已見到愈來愈多企業不須向政府
繳稅，反而是政府「付稅」給跨國企業以吸引其投資的現象。因此，政府若取
消租稅優惠，是否會導致高科技產業外移的後果，值得我主管當局注意。

其次是面對國內傳統產業發展困境，有人主張該倒的任由其倒閉。但近年

發展的新興科技產業，如新材料、微電腦、生物科技、高效能的機械與電腦等，如能與傳統產業密切結合，仍然有廣大的發展空間。此除需要企業本身有新的認知與前瞻性的做法，政府亦可創造良好的環境，促其實現。

第三，此次會前國內科技產業界領袖，對過去政府科技專案補助法人機構從事研發不滿，而向政府提出公平分配的問題。也有與會者指出，台灣是小型經濟，不僅研究發展經費比率低，與大型國家比較，其金額相對更小，研究發展工作，不可能面面俱到，必須集中運用。我們認為，過去對工研院電子、資訊等研發的大量投入做法，雖有貢獻，仍應重新檢討，正確定位。

第四，近十年來，我國電子資訊產業的快速發展，其產值已高居世界第三位，對全球資訊產業發展所作的貢獻，在這次大會中已獲得多位世界級電子資訊產業領導者的肯定。惟知識經濟時代，資訊社會講求速度，誰先掌握知識與技術就是贏家。因此，資訊的運用更居重要地位。但台灣資訊化程度仍待提升，據國際資訊公司（IDC）發行的「1999 年世界資訊社會指標」，對台灣資訊化社會程度的評比，居全球第 21 位。顯示國內知識與資訊的傳播與應用，較工業先進國家落後甚多。因此，我國經濟要在下一世紀繼續保持優勢，必須加速發展軟體建設的知識經濟產業。

除此之外，與會者對台灣產業發展的缺失，亦有著墨。特別是梭羅教授坦率指出，台灣的產品以模仿為主，缺乏創意，沒有自己的品牌，誠為一針見血，切中時弊。近年我們電子資訊工業發展雖獲有豐碩的成果，也接有不少委託設計製造（ODM）訂單，但大致仍以代工及委託製造（OEM）為主。台灣資訊工業的成就是以量取勝，而每單位所創造的附加價值仍遠落在原創造的企業之後。資策會的資料顯示，美國資訊產品的附加價值率高達 65％，而日本也有 45％，而我們資訊產品的附加價值率不到 30％，尚不及美國的一半。此等數據也可印證梭羅教授另一說法：模仿雖可賺錢，卻沒有探索的樂趣。台灣產品缺乏創意的根本原因，有如許多人所指出，是填鴨式的教育只重記憶，缺乏創意，跟不上潮流，而欠缺創造力導致企業無法升級。此一警訊正可供我新政府從事教育改革之參考。

進入知識經濟時代，網際網路與電子商務是為未來產業發展的主軸，台灣要在下世紀知識經濟時代掌握脈動保持優勢，必須加速發展此等腦力密集的知識產業；而知識產業能否順利發展，高素質人才能否充分供應，應為關鍵所在。近十年來，國內電子、資訊產業得以順利發展，國內高等教育的迅速擴充與過去留學國外的高素質人力，於學驗俱豐後回國人數大量增加，其功不可

沒。不過近年來回國學人人數已逐年減少，且有高素質人力供不應求而挖角現象，相當嚴重。據台灣區電機電子公會調查，民國 89 年起三年，電機與電子（包括資訊）產業所需高級科技人才，每年都在 4 萬人以上，而高等教育所能提供的人力不足三分之一，目前各有關單位計畫培訓的人力亦僅三分之一左右；而此一高素質人力不足的現象，還不包括傳統產業轉型及與新產業結合，以及服務業社會家庭進入數位化經濟時代所需要的其他人力。顯示今後如何充分提供高素質人才，是新政府面臨的重要課題。

此次世界資訊科技大會在台北舉行，帶給國內眾多啟示與警訊，如能獲得新政府及國人的重視，採取相關的行動以有效化解與落實，相信知識經濟在台灣迅速發展落地生根，繼續保持台灣在下世紀知識經濟時代的優勢地位，應可預期。

（民國 89 年 6 月 15 日　《經濟日報》二版）

十三、李國鼎與劉大中對國家的貢獻

1. 李國鼎與台灣經濟發展

最近剛獲總統贈勛的李國鼎資政，今天正是他出任經濟部長滿 30 週年的日子，行政院副院長（也是前經濟部長）徐立德，與現任經濟部長江丙坤，聯合邀請歷任經濟部部次長，及李資政的故舊好友齊聚一堂舉行茶會，慶賀這位對我國經濟發展貢獻良多的國之大老。

李資政自民國 42 年出任行政院經安會工業委員會專任委員，參與工業發展的規劃開始，至 77 年自行政部門退休，歷任行政院美援會秘書長，經合會副主任委員、經濟部長、財政部長、行政院政務委員（主持跨部會整體科技發展的推動）。在此期間中他一直居於經濟發展的決策核心，歷年來台灣經濟發展的許多重要策略、政策、措施，不是他所作的決策，就是他的策劃、建議，甚至由他親自推動。因此他一生最美好的時光，都獻給了國家社會，不僅與台灣經濟發展密不可分，而且同步成長，對台灣經濟發展的全部過程，可說是當世最權威的見證人。

在過去 35 年中，他對國家貢獻的事蹟，極為廣泛，除財經方面外，更廣及科技、教育文化與社會。重要的有推動民營工業發展、改善投資環境、出口的拓展及加工出口區的創設、財稅改革、科技的推動與科技人才的培植、第六

倫的倡導等等，可以歸納為下列四方面：

一、重視民營企業發展、尊重市場機能：不論是他早期所推動的紡織工業與加工出口區設廠的工業，還是後期所推動的新竹科學園區內的產業，及電子、資訊等技術密集產業，幾乎都是民營企業。其中偶爾會有政府開發基金或公營事業參與投資，實際上也都屬創業性投資，還是以民間投資為主。此外，除早期的紡織工業，曾採取管制進口等保護措施外，其他的都尊重市場機能，未加直接干預。

二、重視政府功能的發揮：李資政抱持循序漸進的發展策略，負責推動的投資環境改善、產業政策規劃、人力資源規劃與培育，以及科技研究與發展等，都是市場機能力有未逮，需要政府彌補與匡正的，均具有外部效益。尤其他講求效率、認真負責的任事精神，鍥而不捨的務實態度更使政府功能充分發揮。

三、重視資本形成與人力資源：經濟發展所需的兩大支柱，一是投資（即固定資本形成），二是人力，兩者都是經濟發展的原動力。他在民國49年主持草擬的「獎勵投資條例」，最主要目的就是改善投資環境，以減免稅措施鼓勵儲蓄、投資與出口。因為儲蓄增加，投資才有能力提高；而投資增加才能提高生產力，增強競爭力，使出口得以擴張，從而加速經濟成長與繁榮。

民國53年初，經合會在他主導之下成立「人力資源小組」，開始了人力資源的規劃與培育工作，適時適量地提供經濟發展所急需的適當人力，支持了經濟的快速成長，有其不可抹殺的功勞。

四、重視經濟與社會的互動：李資政雖為科技出身，但對以倫理道德為重心的中國文化，仍有極大的關懷。尤其他在推動經濟發展的經驗中，深深了解經濟與社會互動的重要性，乃特別於民國70年3月28日在《聯合報》撰寫〈經濟發展與倫理建設〉一文，副標題是「國家現代化過程中群己關係的建立」，倡導第六倫。但當時不僅未獲得社會上應有的回響，而且尚有責難，未能推行，殊堪惋惜。設若此一主張能被當時社會大眾接受，主管部門積極落實推動，則台灣的經濟社會應不致出現今日亂象，而會更和諧，甚至我國現代化社會的新倫理體系，也可能順利建立起來。

由於以上這四方面的貢獻，不僅李資政成為創造「台灣經濟奇蹟」的最大功臣之一，而且任何國家倘若將上述四方面都充分做到的話，則不惟經濟繁榮發展，社會亦會安和樂利。

（民國84年1月25日　《經濟日報》二版）

2. 劉大中為國家所作的貢獻

今年是留美經濟學家劉大中博士逝世 20 週年，各界為他舉辦學術演講會、他生前所愛好的國劇義演，以及撰文紀念他。一位留美學人，在逝世 20 年後，還能得到國人這樣的尊重與愛戴，顯現劉大中先生生前對國家的熱愛與對國家社會的貢獻不凡了。就台灣經濟發展而言，劉大中先生的貢獻約有下列五端。

第一、據張繼正先生撰文指出，劉先生從民國 43 年開始提出改進我國外匯制度的建議，促使政府在 47 年實施外匯貿易改革，為我國後十年外銷之拓展，奠立了一個基礎。據我們所了解，47 年外匯貿易改革的貢獻，不僅此也，至少還有兩點更深遠的意義，一是過去的外貿改革都是從消極的限制進口打轉，謀求國際收支的平衡，但效果不彰；而 47 年的外貿改革，從消極的限制進口，改為積極鼓勵出口，激發了國人開拓國際市場的意念，獲得了近 30 年經濟快速成長的好景，創開發中國家以外貿為導向的先河；二是放寬了外匯管制，市場機能得以發揮，使台灣自過去管制經濟時代，走向開放經濟，也是我國走向經濟自由化的開路先鋒。

第二、民國 50 年代初期，經合會負責經濟計畫設計的王作榮先生，為提高計畫設計水準，曾聘請當時台大教授劉榮超協助以計量方法從事計畫設計工作，但結果不佳。後改聘請留美學人劉大中回國協助，完成了第四期四年計畫總體經濟模型設計，並在劉大中指導下，編製了我國第一個產業關聯表，使計畫設計時，部門計畫與總體計畫達到一致性，提升我國經濟計畫設計水準。在國際間比較，以計量模型設計與日本同步，而早韓國兩年。

第三、由於利用計量模型從事計畫設計工作，使劉大中先生發覺我國國民所得等統計資料的缺失，不僅提出改進建議，而且建議成立「國民所得統計評審委員會」聘請學者專家參加，被政府接納，於 54 年成立，今年已滿 30 年。由於該會聘請學者專家參加，使過去統計工作的黑箱作業透明化；而且多年來在各位專家學者的評審建言下，我國的統計工作不斷改進，水準不斷提升，可信度大為提高。

第四、過去我國國防支出恆占中央政府預算支出的 50％以上，公共投資絕大部分仰賴美援支持。但美援於 54 年 6 月底停止後，為免國防支出的擴大，影響投資的財源，劉大中先生提出「財政收支及全國總生產之供需報告」，建議政府編製全國總資源供需預算，作為決定政府年度收支預算之參

考。嗣後政府於 57 年成立「全國總資源供需小組」，每年編製資源供需估測，除健全預算制度外，而且使嗣後 20 年政府支出規模占國民生產毛額比率，除少數例外，都維持在 22％至 25％之間，國防支出所占比重大幅縮減，投資財源大幅增加，對經濟的穩定成長貢獻良多。

　　第五、在 57～59 年間，政府徵召劉大中先生回國出任賦稅改革委員會主任委員，在任內完成了所得稅法的修正，增強綜合所得稅的稽徵，以及其他稅制、稅法的改革方案，建立以直接稅為中心的稅制；創設「財稅資料處理及考核中心」，首次利用電子計算機集中處理財稅資料，建立稅務稽核制度；修訂「獎勵投資條例」，加強對投資的獎勵，以改善工業結構；並建議採用營業加值稅，擴大課稅基礎。該等建議嗣後絕大部分都先後付諸實施，對政府財政收支的改善，新稅制的建立，稅務行政效率的提升，其功不可沒。

　　劉大中先生在生之年除對台灣經濟發展的上述五項貢獻外，其他的如籌設台大經濟學博士班親兼班主任，培訓高級經濟研究人才、推動與國際經濟學界的學術交流、出版各項英文統計分送國外，以彌補我國退出聯合國後，聯合國所有統計刊物不再刊載我國資料的缺失。每一項工作無不是為著國家前途著想，而且每項做的都有了不起的成就。所以，在劉先生逝世 20 年後，國人還在懷念他紀念他。

　　在紀念劉大中先生之餘，不得不使我們回顧過去 40 年來，國內學者專家很難發現對國家社會貢獻之鉅有如劉大中者，其原因何在，深值政府及國內學者的深思與反省。

（民國 84 年 7 月 18 日　《經濟日報》二版）

第四章

民國 90 年代
（2001-2010）

壹、民國 90 年代大事紀要

一、陳水扁總統政績敗露

　　甲、錯誤政策比貪汙對國家傷害更大

　　乙、經發會「共識」執行 99％是騙人的

　　丙、政府施政與民意背道而馳

　　丁、政府醜聞何其多！總統府竟成炒股及貪瀆中心

　　戊、陳水扁八年施政總結──台灣淪為亞洲四小龍之末

二、第二次政權輪替展現民主力量與改善兩岸關係

　　甲、兩岸向「和平共榮」大道邁進

　　乙、「開放與鬆綁」是施政主軸

　　丙、行政、立法怠惰，政黨惡鬥代價知多少？

三、中國大陸經濟崛起

　　甲、大陸經濟崛起及其對全球經濟的貢獻

　　乙、台商對大陸經濟崛起的貢獻

四、台海兩岸加入世界貿易組織（WTO）

五、美國脅迫人民幣大幅升值

六、美國房貸風暴引爆全球金融海嘯

　　甲、美國次貸風暴衝擊擴大

　　乙、爆發全球性金融海嘯

七、金融海嘯讓中國大陸 GDP 提前超越日本，加速縮短與美、歐 GDP 的
　　差距

　　甲、大陸 GDP 提前於 2010 年超過日本

　　乙、金融海嘯讓中國大陸 GDP 與、美歐 GDP 差距加速縮減

　　丙、金融海嘯後，中國大陸成為帶動全球經濟成長的火車頭

一、陳水扁總統政績敗露

　　一國政府重大施政除必須保持其政策的一貫性外，因資源有限，對國家整體需要，應有輕重緩急、先後之別。執政當局施政如能把握此等原則，不僅施政能順利開展，國家經濟亦能穩定成長；否則不僅施政困難重重，經濟發展亦將躊躇不前，而後遺症更是層出不窮。不幸的是民國 89 年陳水扁當選中華民國總統後，在經濟施政方面多與上述原則背道而馳，導致經濟陷於困境，人民生活於痛苦之中。

甲、錯誤政策比貪汙對國家傷害更大

　　因此，我於民國 92 年 7 月 31 日陳水扁上任兩年，即撰寫〈政策錯置比貪汙對國家傷害更嚴重〉社論，指出他的重要錯誤政策。首要的是 89 年 10 月 27 日，在他上任不久，即在沒有預警的情況下，突然宣布已興建三分之一的「核四」發電廠停建，震驚海內外。後雖在各方爭取下又續建，但傷害已造成，除停工期間及違約賠償的金錢損失外，政府政策的搖擺不定，缺乏一貫性，使人民及國外投資人與企業對政府失去信心，導致第二年的民國 90 年投資一落千丈，較 89 年劇降近 5,000 億元，外人投資也連續兩年驟降 33% 與 36%，使 90 年經濟淪為 50 年來首次負成長 1.3%。致使投資占 GDP 的比例，大幅下降，迄今都在低水準，而是 20 年來台灣經濟每下愈況的關鍵所在。

　　其次是盲目躁進的二次金改，陳水扁上任後不久一聲令下，立法院於 90 年倉促通過「金控法」，迅速成立 14 家「金控公司」。當各方質疑二次金改的正當性，財政部原是金融政策的決策者，立法委員向其質詢「二次金政」目標如何決定時，財政部長竟答沒有參與，只是奉命行事。而負責金融監理的金管會，明知二次金改是國家重大政策，且是關係到財富重分配的重要措施，竟未與財政部洽商研擬配套措施，提出二次金改整體推動方案，不出問題才怪。

　　我於 94 年 9 月 29 日寫〈盲目躁進的二次金改難免後殃〉社論，指出在倉促中成立的 14 家金控公司，除政府主導的 3 家外，其餘 11 家中資產最大的六家，都遭三大財團家族操控。尤其「金監法」比「金控法」遲兩年通過立法，在這兩年空窗期中，民間金控併購的公股，在決策過程不透明，缺乏有效監督下，不僅引發政府將屬於全民資產的公股銀行，賤賣給家族大財團，國家的損失極其嚴重，且為其貪汙開闢了管道，後患無窮。

　　第三，是討好財團爭取選票，盲目減稅。陳水扁總統在 90 年台灣經濟淪

為 50 年來負成長時，召開經濟發展諮詢委員會，並一再宣示經發會的「共識」，優先不打折扣的百分之百執行。當經發會提出「322 共識」時，並未立即執行，反而將並未獲得「共識」的「土地增值稅減半案」，在財團要求下，提前執行，此不僅有違陳水扁的承諾，更顯示政府施政，缺乏輕重緩急、優先次序之分，平白每年損失超過 500 億元以上的稅收。

另藉「促進產業升級條例」擴大減免稅範圍之機會，將金融資產證卷化及企業併購，納入減免稅範圍，估計每年又損失稅收近 500 億元。陳水扁主政首期四年，因稅收未增反減，財政赤字不斷擴大，負債增加 8,000 億元，而且還動用過去歲計剩餘 1,000 多億元，亦即政府每支出 5 元即有 1 元是負債支應，債台高築，將留債給後代子孫負擔。更嚴重的是由於稅收的減少，排擠了政府的資本支出，影響公共投資大幅衰退，成為整體投資劇降的罪魁禍首。

以上所舉是各方比較關注的大案，實際上，陳水扁主政八年除貪汙外，錯誤政策，更是罄竹難書，下文還會提及。

乙、經發會「共識」執行 99% 是騙人的

陳水扁就任總統後不久，宣布停建核四發電廠，導致台灣經濟淪為 50 年來的負成長。陳總統為「拼經濟」，邀請朝野政黨、學術界、企業界、勞工界及政府官員 120 人，召開經濟發展諮詢委員會，簡稱經發會。經發會分三階段進行，第一階段為預備會議，確定組織、人事、討論議題及提綱；第二階段為分組會議，共分投資、產業、就業、財金與兩岸五組，以一個月時間，就討論議題及提綱，經充分討論獲得「初步共識」後，再提第三階段大會討論，在分組討論所獲得之「初步共識」，經大會三天討論於民國 90 年 8 月 26 日結束，共獲得 322 項「共識」。

陳水扁在預備會開幕會議，大會開幕會議，以及在不同場合數度宣示：「經發會所獲『共識』，政府會盡速不打折扣的百分之百執行。」但實際上，完全不是這回事。

當第一次經發會獲得 322 共識後的第 4 年（即民國 94 年），總統經濟顧問林信義及經建會主任委員胡勝正，先後說明第一次經發會「共識」已執行 99%。但同時工商界認為經濟未好轉，建議總統召開第二次經發會，隨即遭到學術界與輿論界的反對。我即深思，如第一次經發會的 322「共識」，真如林信義、胡勝正所言已執行 99%，當前經濟不應仍如此不振，遂索取執行報告仔細閱讀，發覺政府各主管機關都做了很多事，但多數不是針對「共識」採取

劍及履及做法落實執行，而是轉彎抹角作文章虛應故事。於是我於 84 年 12 月 22 日寫了〈第一次經發會『共識』執行 99% 是騙人的〉社論。

僅就總統經濟顧問林信義及工商界代表，都認為改善兩岸經貿關係，應是第二次經發會要討論的最關鍵議題來看。建議討論的議題包括：放寬企業投資大陸不得超過淨值 40% 上限，開放兩岸定點直航，開放大陸人士來台觀光……等等，在第一次經發會時早已獲得「共識」，在政府的執行報告中，都列為「已完成」的工作，為什麼工商界還要再提出再第二次經發會討論呢？

經閱讀政府執行報告發現，許多「共識」的執行完成，是指主辦單位對該「共識」研究評估或推動架構完成，尚未真正執行。如放寬對大陸投資 40% 上限，執行報告辦理情形是已修正有關法規，建立動態調整機制，架構大陸投資安全網，對放寬 40% 上限隻字未提也算執行完成。

再如開放兩岸定點直航，按照當時「境外航運中心設置作業辦法」，大陸福州、廈門港與高雄「境外航運中心」間船隻可直接來往，但貨物「不能進出關」進入台灣，只能「轉口」。因此，第一次經發會「共識」是擴大「境外航運中心」功能及範圍，開放貨品「通關入出竟」。執行報告是該中心的功能及範圍是擴大了，但並未開放貨品「通關入出境」，等於沒有開放「貨品直航」。

又如開放大陸人士來台觀光，主辦單位將大陸人士分為三類，第一類為大陸居民，是可能來台觀光最多的人，卻不開放；第二、三類是旅居海外的大陸人士，准許來台觀光，可是人數極少，完全不能發揮原「共識」開放大陸人士來台觀光應有的效果。

民國 94 年 6 月 27 日陳水扁總統接受電視訪問，表示處理兩岸關係，不能只考慮互惠互利，而必須把「有效管理」納進來，要先加強「有效管理」，才能「積極開放」。陳水扁總統此一說法，已將經發會共識「積極開放，有效管理」，在「積極開放」下進行「有效管理」的精神離了譜。更荒唐的是陳總統在 95 年元旦正式談話中，更將兩岸經貿關係定調為「積極管理，有效開放」，完全與第一次經發會「共識」背道而行。於是我於 94 年 6 月 30 日及 95 年 3 月 23 日寫了〈彷彿又回到『戒急用忍』時代〉及〈『積極管理』政策一夕倒退 50 年〉兩篇社論，指出錯誤的政策嚴重衝擊台灣經濟。

就以上所舉各點，怎能宣布「第一次經發會『共識』已完成 99%」，完全是騙人的。第一次經發會集國家精英之力完成的「共識」，就這樣落空了，怎不令人惋惜！受騙了一次，還有第二次嗎？因而工商界建議的「第二次經發

會」就沒有下文了。

丙、政府施政與民意背道而馳

《經濟日報》循例每半年舉辦「產業景氣及企業投資動向調查」，民國94年底調查獲得兩項重要結果：一是產業界對政府施政不滿意度創歷次新高，高達 78.7%，滿意度僅 5.2%，創歷次新低；二是期望政府現階段實現兩岸三通，主要是兩岸直航，列為施政第一優先。

同時《天下雜誌》也於 94 年底前，針對 1,087 位 18 歲以上國民，進行2006 年（即民國 95 年）國情調查，結果 64% 受訪者不滿意目前的經濟表現，約七成人民覺得社會失去公平正義，83% 感受貧富差距加劇；展望 2006 年，期望多些經濟，少些政治惡鬥，主張三通、更公平的社會制度，更清廉的政治領袖，負責的政黨政治，與《經濟日報》的調查不謀而合。顯示台灣的老百姓與產業界對當時經濟表現的高度與對兩岸直航的期待，並無歧異。

可是陳水扁總統於 95 年元旦談話，卻推出「2007 年公投新憲」，引起國內外質疑，尤其美國公開表達不同意。「公投新憲」一旦落實推動，不僅引發朝野惡鬥，更造成兩岸國際的緊崩，社會更將不安。至於兩岸經貿關係，陳水扁更將四年多前經發會達成的「積極開放、有效管理」共識，顛倒為「積極管理、有效開放」，而且強調做不好管理，寧可不開放，進行鎖國主義，震驚海內外。於是我於 95 年 1 月 12 日撰寫〈政府施政與民意背道而馳〉，嚴加批評。

陳水扁總統過去談話，常常初一十五不一樣，很可能不久後另一次談話時，改變拼經濟，也無不可能。但更糟的是行政院長謝長廷，於陳總統談話後，立即召請財經部會首長舉行緊急會議，研提各項積極管理兩岸經貿措施，發揮高度行政效率，迅速獲得六項結論，並由謝長廷院長親赴總統官邸向陳總統報告結論及執行做法，使陳總統日後沒有轉圜的機會。這種只顧自己保住官位，而不顧企業生機、置民生福利於度外的官僚，令人不齒。

丁、政府醜聞何其多！總統府竟成炒股及貪瀆中心

94 年 9 月 15 日我寫〈今年政府醜聞何其多！〉社論，指出政府醜聞年年有，惟有今（94）年特別多，年初以來一連串的荒誕事件，一個接一個在國人面前上演。包括股市的禿鷹事件，檢查官涉嫌索賄、桃園每遇大雨反而淹水、南亞大海嘯所募得的鉅款被暗損八個月未匯出、4,000 多億元的公共建設閒置

養蚊子、高雄捷運官商勾結、剝削外勞並以不人道方式對待、一個雪山隧道居然辦了六次通車典禮，還要再花 150 萬元搭便橋，供總統巡視、坪林交流道民代可濫發通行證、彈藥庫爆炸軍車輾死連長、台企銀員工走上街頭抗議被財團吞併等等問題，這許多問題仍只是冰山一角。而且這許多事件有一共同點，就是事件的形成及問題的發生，政府都是主角。民進黨執政五年來，在經濟施政上所犯的缺失與錯誤，超過國民黨 50 年所累積的沉痾，誠屬國人的大不幸。

比上述更嚴重的問題是第一家庭貪瀆，陳水扁總統及其夫人吳淑珍，經法院三審定讞，判決有罪要服刑的就有六條之多，包括：

1. 龍潭案，辜成允行賄 4 億元，陳水扁、吳淑珍收賄 3 億元，其他共犯收 1 億元，國庫要用 100 億元購買龍潭工業用地。

2. 陳敏薰案，陳敏薰行賄吳淑珍 1,000 萬元，想要取得大華證券公司董事長，遭財政部長林全反對，最後以台北 101 大樓董事長交差。

3. 南港展覽館案，力拓公司行賄吳淑珍 9,181 萬元，取得評選委員會名單，再行賄取得南港展覽館興建工程 35.9 億元標案。

4. 元大案，元大馬家行賄扁、珍 2 億元，兼併復華金股本 31 億元的經營權。

5. 洗錢案，扁、珍取得龍潭案匯款 3 億元，透過人頭帳戶洗錢。

6. 教唆偽證案，吳淑珍教唆子女及女婿作偽證，將國務費私開發票，說是公案支出。

以上六案合併執行刑期，陳水扁及吳淑珍各被判刑 20 年，陳水扁併科罰金 2.5 億元，吳淑珍併科罰金 2 億元，所有貪汙金額 6.2 億元沒收。

陳水扁、吳淑珍目前仍在審的案子，還有六案：

1. 國務機要費案，以私用發票、假發票、假稿費清冊，公費私用貪汙 1.7 億多元。

2. 國泰世華案，國泰蔡宏國行賄陳水扁 4 億元兼併世華銀行，監察院調查國泰集團獲利 200 億元。

3. 教唆偽證罪案，陳水扁教唆馬永成、林德訓於國務機要費偵查時，作不實偽證。

4. 侵占公文罪，陳水扁 97 年卸任後，將 17,375 件公文及機要公文帶出總統府，未歸檔。

5. 洗錢案，國務機要費，國泰併世華等案之洗錢罪。

6. 洗錢案，被追討陳敏薰行賄 1,000 萬元的洗錢部分。

　　陳水扁總統於民國 97 年卸任後不久，因案入獄服刑。103 年民進黨九合一選舉大勝下，民進黨舉全黨政客之淫威，公然施壓關說司法，要讓陳水扁保外就醫。矯正署不敵政客施壓，放任醫師扯一堆重病讓陳水扁於 104 年 1 月 5 日保外就醫，迄今陳水扁到處趴趴走、演講、助選，不像有重病的樣子。其他有重病的罪犯，能有幾人保外就醫，破壞國家公平正義、道德是非，大開民主倒車。

　　除以上定讞 6 案及仍在審中的 6 案外，不知還有多少弊案未被查出，如陳由豪的行賄案，吳淑珍曾聲言，如陳由豪送錢官邸，她和陳水扁總統退出政壇。但不久當時還是民進黨的立法委員沈富雄公開證實陳由豪所言屬實；而且是他陪同陳由豪兩次進官邸，每次攜現款 300 萬元交吳淑珍。以及總統、夫人、子女所收受的名表、珠寶、名車，不下數十筆。甚至陳水扁女婿趙建銘遭收押後承認，內線交易、買官案、聯貸關說案、炒地皮案、吞併公營銀行案、侵占捐款案等等，真是罄竹難書。此等弊案與陳水扁總統沒有直接關係，但趙建銘及他父親趙玉柱，如不是仗著陳總統的權威，他們能有如此翻雲覆雨的影響力嗎？陳總統沒有法律責任，也應負起政治及道德責任。

　　陳水扁總統一家的貪腐，不僅國家損失鉅額錢財，更失國格，也喪失人民對政府的信心，真是國家損失慘重。

　　還有總統府上樑不正下樑歪，總統府副秘書長陳哲男除涉及高捷弊案外，更在總統府內炒股，市場上已流傳多時，逼得檢調單位成立「陳哲男專案調查小組」，提出報告證實，總統府內有高階官員利用人頭戶開了七個帳戶，在辦公時間操作股票，交易股票 67 種，交易次數 317 筆，平均每周交易兩筆，相當頻繁。

　　陳水扁總統看到報告後，深感「痛心疾首」，當總統府召開記者會公布報告，不僅記者質疑，社會大眾也認為檢調單位調查報告避重就輕，對陳哲男副秘書長在府內購買股票的價格、交易金額、盈虧、資金來源，以及有無涉及內線交易不法行為等，隻字未提；而總統府則推說，「專案小組礙於職權，無法進一步查證」，以資卸責。總統府似有難言之隱，為了隱瞞真相而謊言連篇。於是我於 94 年 11 月 17 日寫了〈總統府真已成為炒股及說謊中心〉社論，這樣的總統及總統府應怎能獲得人民的信任。

戊、陳水扁八年施政總結──台灣淪為亞洲四小龍之末

　　陳水扁總統主政八年，第一任四年以「意識型態」治國，採取「積極管

理」鎖國的錯誤政策，使經濟每況愈下。第二任四年只顧貪汙撈錢，根本無力顧及國政。而任用主要執行首長，以擺平派系為主要原則，而這些首長為保持官位，無不以陳總統指令或看其眼色，以及為爭取選票護主為施政主軸，即使提出響亮的政策，亦是「口號」未能有效執行。如其任內歷任閣揆所提出的「8100 台灣啟動」、「新十大建設」、「五年 5000 億元擴大公共投資」及「大投資大溫暖」的拼經濟的大投資方案。但結果八年實質固定投資民國 96 年較 88 年僅增加 4.7%，平均每年只增加 0.6%，幾呈停滯，哪是「大投資大溫暖」。因此，我於 96 年 3 月 14 日寫〈大投資、大溫度，不要再自欺欺人了〉社論，揭穿其真相。

如將固定投資毛額中所使用固定投資消耗扣除，獲得的實質淨投資，這才是提升國家生產力及競爭力的泉源，可是淨投資額卻自民國 88 年的 1.54 兆元，到 96 年劇降到 1.05 兆元，大降 30% 以上。因此，陳水扁總統主政八年（民國 89～96 年）的平均每年經濟成長率，自前八年的 6.5% 降到 4.8%。於是我於 96 年 10 月 4 日寫了一篇〈戳穿歷任閣揆擴大投資謊言〉，分析那些大投資計畫都是喊口號騙選票。

如再以陳水扁執政八年施政成果與亞洲其他三小龍比較，如表二所示：

表 2　陳水扁總統主政八年（民國 89-96 年）與亞洲其他三小龍經濟發展成果比較

	經濟成長率（平均每年%）	每人 GDP（美元）	出口金額（億美元）	出口世界排名	痛苦指數（%）
時間	89-96 年	96 年	96 年	96 年	96 年
台灣	4.8	17,814	2,467	16	5.7
南韓	5.4	22,883	3,720	11	5.8
香港	5.3	30,624	3,500	12	6.0
新加坡	6.4	38,031	2,990	14	4.2
台灣排名	4	4	4	4	2

資料來源：同表一

根據上表所示陳水扁主政八年經濟成長率平均每年為 4.8%，低於南韓、香港與新加坡，而每人 GDP 金額在蔣經國時代的民國 76 年（見表 1）超過南韓 53%，而陳水扁主政的 96 年反被南韓超過我國 28%；再看出口金額，在

76 年時我國超過南韓 14％，而 96 年南韓出口超過我國 51％，出口金額世界排名 76 年南韓落後我一名，而 96 年我反落後南韓五名之多，彼長我消情況極為嚴重。在表 2 五項重要指標中，僅痛苦指數（係失業率加消費者物價指數上漲率）96 年我國在四小龍排第 2 名，其他四項都排第四，綜合而言，陳水扁主政時代我在四小龍中已敬陪末座了。因而我早在 92 年 8 月 14 日寫了〈台灣在亞洲四小龍中敬陪末座〉社論，提醒當局及國人注意反省，希望有所改進；可是三年後並無進展，我又於 95 年 4 月 6 日寫〈精算台灣從四小龍之首淪為其末的根由〉社論，呼籲政府施政積極改善國內投資與人民生活環境，提高競爭力與人民生活水準，同時排除對大陸出口障礙，為當務之急。結果政府施政仍然我行我素，絲毫沒有改進的意願，陷 2,300 萬人民於痛苦之中。

二、第二次政權輪替展現民主力量與改善兩岸關係

成如上文所述，陳水扁執政八年，以「意識形態」與爭取選票為施政主軸，表面上口口聲聲喊拼經濟，實際上是拼選舉；將其個人及政黨利益，超越人民及國家之上，罔顧經濟民生。許多施政，尤其兩岸經貿政策，在其「積極管理」政策的約束下，嚴重衝擊台灣曾經傲視全球的競爭力，致使台灣經濟自亞洲四小龍之首，淪為其末。再加以陳水扁總統及其政府貪腐無能，官員失言敗德，「黑金」更是青出於藍，即使在陳總統卸任前，還毫不掩藏地攫取國家資產。八年施政內耗空轉，毫無政績可言，陷人民於痛苦之中。人民已忍受了八年，乘兩次選舉機會，對陳水扁及縱容他的民進黨高層，給予嚴重的懲罰。

因此，民國 97 年初立法委員選舉，國民黨大勝，在立法院席次高占三分之二以上；繼之總統大選，國民黨的馬英九獲得 765 萬餘票，得票率高達 58.45％，大勝民進黨總統候選人謝長廷 221 萬餘票，當選中華民國第 12 任總統，完全執政，民進黨慘敗。此次大選在劇烈競爭激情中平順完成，於是我於 97 年 3 月 27 日撰寫〈民主力量的展現〉社編，指出這次選舉對台灣民主發展，極具重大意義。

甲、兩岸向「和平共榮」大道邁進

馬英九於民國 97 年 5 月 20 日宣誓就職，馬總統發表了就職演說「人民奮起‧台灣新生」，獲得各方肯定。在三千多字的講稿中，闡述兩岸關係高占五分之一之多，可見馬總統對改善兩岸關係之重視，而且是向對岸傳達「善

意」。在其演講到兩岸關係時，開宗明義指出，「英九由衷的盼望，海峽兩岸能抓住當前難得的歷史機遇，從今天開始，共同開啟『和平共榮』的歷史新頁。」即是將三年前（2005）國共論壇連胡會時兩黨（國民黨與中國共產黨）共同體認的「建構兩岸關係和平穩定發展的架構」，正式納入馬英九執政所追求的目標。也與大陸國家主席胡錦濤「和平發展」大戰略，完全吻合。

　　馬英九就任後即提出「不統、不獨、不武」的理念，在中華民國憲法架構下，維持台海的現狀，此是在宣告世人台灣不再是麻煩製造者，而是台海安定的力量。同時，馬英九指出 1992 年兩岸曾經達成「一中各表」的共識，並重申今後將繼續在「九二共識」的基礎上，盡早與大陸恢復協商，促成兩岸關係的順利發展。馬英九也在演講中特別指出，大陸國家主席胡錦濤在該（97）年 4 月 29 日北京連胡會時，主張兩岸要「建立互信、擱置爭議、求同存異、共創雙贏」，並強調這些觀念與我方的理念相當一致。馬英九在就職演講中，不僅與胡錦濤對話，表示對胡談話的重視與尊重；而且進一步強調兩岸走向雙贏的起點，是經貿往來與文化交流的全面正常化，台灣已做好協商的準備。並呼籲 7 月即將開始的周末包機直航與大陸觀光客來台，能讓兩岸關係跨入一個嶄新的時代。

　　馬總統在就職演說中多次提到「中華民國」，而且強調「中華民國在台灣得到新生」，一般了解大陸對「一中各表」希望我方少提，只講「九二共識」就好。因此，我於馬英九就任總統後的第二天（即 97 年 5 月 22 日）寫〈兩岸向和平共榮大道邁進〉社論，正告大陸領導人，馬英九是根據「中華民國憲法」選出來的中華民國總統，所以他言必「中華民國」不可。大陸應了解「中華民國憲法」是一中架構，所以才有「一中各表」的「九二共識」存在；而此次馬英九獲得壓倒性勝利，也是「中華民國」重生，因前八年陳水扁主政時代，「台獨」氣勢囂張，已沒有人敢公開提「中華民國」了。馬英九在就職演中多次大聲喊出「中華民國」，它已是壓抑「台獨」的利器，有了「中華民國」，「台獨」就無法存在，大陸領導人應有此認知。

　　民國 97 年 11 月初大陸海協會長陳雲林來台，與我海基會董事長江丙坤，在台北圓山飯店舉行「江陳台北會談」，共同簽署空運、海運直航、郵政合作及食品安全四項協議，為兩岸開創新的里程碑，對未來兩岸關係發展有極深遠的影響。

　　馬總統在江陳會談前的 10 月 29 日，即提出「正視現實、互不否認、為民興利、兩岸和平」16 字的基本方針，表達馬英九及其領導的政府，對兩岸政

策的期待和一貫性，而該次江陳會談在過程中及其所獲成果，完全展現這 16字箴言的基本精神。

　　兩岸海空直航，不僅是台商及大陸多數人民多年來的期待，也是在台美歐商會近年來白皮書的強烈建議。因此，江陳台北會談，獲得美國政府的肯定，周邊國家也將台灣定位從麻煩製造者轉變成區域和平穩定的力量。

　　江陳簽定海空直航後，兩岸自過去的春節包機擴大為周末包機，2009（98）年 8 月 31 日再改為定期航班，協議每周兩岸最高可達到 890 班，實際上，在馬英九主政期間每周 680～720 班，平均每天有 100 班之多；大陸來台旅客民國 104 年最高超過 400 萬人。但蔡英文就任總統後，因不承認「九二共識」，且採取去中國化政策，兩岸關係陷入緊崩狀態，108 年大陸來台旅客驟降到 271 萬人，航班數也隨之減少。109 年更由於新冠肺炎病毒爆發，兩岸來往人數及航班將更減少。

乙、「開放與鬆綁」是施政主軸

　　民國 85 年（1996）前總統李登輝祭出「戒急用忍」政策，限制台商到大陸投資；89 年（2000）第一次政權輪替，陳水扁執政更以「意識型態」治國，採取「積極管理」的鎖國政策，箝制了台灣的經濟發展，使台灣的競爭力即出口金額在世界排名每況愈下，不僅外商出走，台灣經濟也自亞洲四小龍之首淪為四小龍之末。因此，馬英九在競選時所提出的「振興經濟方案」第一道政策，就是「開放與鬆綁」。

　　馬英九就任總統後，即積極規劃對大陸的「開放與鬆綁」政策措施，接著江陳會談簽訂的兩岸海空直航後，行政院院會隨即通過，對大陸投資上限自 40％放寬到淨值的 60％，其企業總部設在台灣者則不設限制，並將在 8 月開放陸資來台、9 月鬆綁赴大陸投資產業別限制、10 月磋商貨運包機直航及截彎取直等等，預計至 97 年底將有 25 項兩岸重大政策鬆綁。

　　馬英九主政初期即積極推動「開放與鬆綁」政策，卻遭到在野黨的強烈質疑，認為到大陸投資是資金大失血，而且「錢進大陸，債留台灣」。因此我於 97 年 7 月 24 日寫社論〈開放‧鬆綁才是硬道理〉，加以駁斥，指出有能力對外投資，乃國力的延伸；因而所有國家經濟發展到某一階段後，都會對外投資。台商到大陸投資所有資產的所有權都是台商，而且由於台商到大陸投資，誘發了台灣的機器設備、原材料及零組件對大陸出口，加以我自大陸進口還有種種限制，因而我對大陸出口多進口少，每年都有鉅額出超，以過去十年

（87～96 年）為例，對大陸累積出超高達 4,100 億美元，而到 96 年止台商到大陸投資累計才 650 億美元，就國際收支而言，兩岸交往；台灣是資金淨流入 3,450 億美元，怎麼會是「大失血」呢？

據台灣上市櫃公司合併財務報表顯示，國內企業投資大陸的盈餘，占全公司總盈餘的比重近年來卻不斷升高，甚至有超過國內的盈餘，成為總公司賺錢的金母雞。只因大陸投資機會多，在大陸賺的錢留在大陸繼續投資，所有權都是台商的。至於「債留台灣」，應是少數經濟犯的罪行，不能以偏概全。

中國大陸自 1978（67）年改革開放以來，經濟快速發展，尤其 2001（90）年底加入世貿組織（WTO）後，經濟發展更為快速；其 GDP 在世界排名自 1978 年的第 15 名，到 2010（99）年超過日本僅次於美國的第二大經濟體。最近十年（2001～2010）大陸 GDP 增加額超過美國，是全球經濟成長率的最大貢獻者，也是全球經濟成長的火車頭；故全世界國家無不謀求加強對中國大陸的經濟關係。

我們何其有幸，2008（97）年政權再度輪替，馬英九就任總統後，以積極態度面對大陸，以「開放與鬆綁」大戰略，加強兩岸經貿關係。民國 99（2010）年 6 月 29 日於大陸重慶，雙方進一步簽署了「兩岸經濟合作架構協議」（簡稱 ECFA），自同年 9 月 12 日生效，以使兩岸經貿正常化發展。誠如馬英九所說：「簽 ECFA，等於和世界都通了。」民進黨主政時期的台灣，猶如人體的任督二脈不通，全身都是毛病；一旦簽署 ECFA 等於打通任督二脈，全身血脈活絡，猶如一條活龍。在 ECFA 有效後的民國 100～108（2011～2019）年間，早期收獲貨品出口到大陸合計減免關稅 66.31 億美元，早期收獲升畫下陸資來台投資 4.42 億美元，台商到大陸投資 942.1 億美元；同期對大陸（包括香港）出超 6,368 億美元，成果豐碩，若不是對大陸的鉅額出超，台灣早已是入超國家了。

丙、行政、立法怠惰，政黨惡鬥代價知多少？

馬英九就任總統後即積極推動「開放與鬆綁」政策，原規劃民國 97 年 9 月鬆綁赴大陸投資產業別限制，過了三個月還無下文。因此，在我於 98 年 12 月 24 日撰寫社論〈政府決策　何止慢半拍〉前，有記者問經濟部何時開放，據經濟部長施顏祥稱，要到年底跨部會會議討論後才能決定。而大家所關心的半導體、面板及石化產業開放西進，已拖了十多年。實際上，半導體在民進黨執政時代，已開放台積電 8 吋晶圓廠赴大陸，但在層層限制下，苟延殘喘了幾

年。而大陸半導體產業在其他跨國企業積極投入下，如英特爾 12 吋廠即將投產等；台灣即使現在放寬半導體到大陸投資，商機已失，加以負責首長的缺乏擔當，不知還有多少附帶條件，豈有勝算可言？

至於面板西進，大陸將是筆電、顯示器及液晶電視最大生產基地，其面板需求驚人。而大陸自產面板僅能供應顯示器採用，筆電及液晶電視所需面板全賴進口。因此，日韓大廠無不積極到大陸投資，已動工及將興建的八代以上的面板廠，已有八家之多。悲哀的是主管的施部長坦承，面板的開放確有急迫性，但還是要到年底跨部會開會才能決定，為什麼不能早開會決定，真是急煞人了！

更荒唐的是對石化上游工業的不開放，在大陸的中下游石化業台商無法形成供應鏈的整合，完全受制於人，競爭居於劣勢。

半導體，面板及石化工業，是台灣經濟發展的命脈，不僅已投入數兆元，而且以出口大陸為主，一旦大陸此三業壯大，沒有台商參與，屆時大陸不僅不需進口，甚至出口與我產品競爭，將嚴重衝擊台灣半導體、面板及石化工業。勢必拖垮整體經濟，主管當局不能掉以輕心。

除行政怠惰外，立法的空轉議事效率不彰，其對行政的影響更為嚴重；如民國 97 年下半年立法院會期內，行政院向立法院提出 32 件優先法案，截止會期結束前一天，只通過方案不到六分之一，可見立法問題之嚴重性。立法院長王金平失望地指出：「立院主席台整個會期被民進黨霸占了快一半時間，是立法院的災難。」更是全台灣人民的大不幸！

我於 99 年 1 月 21 日撰寫社論〈政黨惡鬥代價知多少？〉指出民進黨已淪為在野黨，在立法院是少數，其抗爭力雖特強，但其所以能得逞，執政的國民黨立委在立法院超過三分之二，如能團結一致對在野黨，必可戰勝；可是國民黨內部不團結，內部鬥爭之烈，不亞於與在野黨的惡鬥。證實外界流傳國民黨「內鬥內行，外鬥外行」的流言。

這十多年來由於政黨惡鬥內耗，嚴重傷害政府治國能力，因而國際間各項排名評比，政府部門包括行政與立法效率，都吊車尾，是拖垮整體排名落後或下降的關鍵所在。

台灣在民主化過程中，人民並沒有享受到良好治理的果實，其關鍵是政治人物誤解「民主」的真諦，以為「選舉」就是民主，而為了「勝選」，不擇手段的爭取「選票」，挑起政黨惡鬥，而導致治國無能。政黨惡鬥，不僅嚴重傷害台灣經濟，更撕裂族群、扭曲國家認同、激化社會對立，致使教育文化、道

德倫理、價值觀淪喪；法治鬆弛，社會治安惡化，嚴重侵蝕社會根基，對國家造成永久性的傷害。

　　馬英九總統在任內，雖一再呼籲期盼望朝野政黨盡早就重大政策展開磋商的對話，以增進互信、凝聚共識、攜手合作、共同推動台灣的繁榮與進步。但都遭到民進黨主席蔡英文的置之不理，政黨惡鬥更烈，國政倒退是台灣 2,300 萬人的悲哀。

三、中國大陸經濟崛起

　　美國長久以來不論其國內生產毛額（GDP）或對外貿易總額，都是高居全球第一，而且遙遙領先第二名，故被稱為世界經濟火車頭。而中國大陸自 1979 年（民國 68 年）政革開放，邁向市場經濟發展以來，已超過 30 年，其 1981～2010 年（民國 70～99 年）的 30 年間，平均每年經濟成長率，成兩位數成長高達 10.1％，創造「世界經濟奇蹟」，更優於「亞洲四小龍」。由於中國大陸長時間的高速成長，領先全球，導致整個世界經貿情況發生重大變化。

甲、大陸經濟崛起及其對全球經濟的貢獻

　　中國大陸由於經濟快速成長，其 GDP 在世界排名快速晉升。1990 年（民國 79 年）時其排名不僅遠落後主要工業國家，亦在俄羅斯聯邦、西班牙及巴西之後排第 11 名，至 2000 年（民國 89 年）的十年間，晉升到第 6 名；自此以後至 2010 年（民國 99 年）更快速超越法國、英國、德國及日本的主要工業國家，僅次於美國，躍升到全世界第二經濟大國（詳見下表）。

　　由於大陸經濟的快速成長，其對全球經濟成長作出重大貢獻。2001～15 年（民國 90～104 年）的 15 年間，大陸 GDP 的增加對全球經濟成長的貢獻幾達四分之一（24.3％），遠超過美國的 19.1％、歐盟的 18.4％、東協的 4.5％，以及日本的-1.5％，真正成為世界經濟成長的火車頭。

　　大陸對外貿易總額在 1990 年（79 年）僅 1.154 億美元，在全球排第 16 名，還落後台灣 1 名；但到 2013 年（102 年）的 23 年間劇增至 41,603 億美元，超過美國躍升為全球第一貿易大國。其出口在 2009 年（98 年）為 12,016 億美元，超過德國為世界第一出口大國。大陸自加入 WTO 以來，由於市場的開放，進口快速增加，2001～14 年（90～103 年）間平均每年增加 16.7％，是全球進口每年增加 7.8％的 2.1 倍。大陸進口至 2014 年（103 年）19,592 億美

元，雖落在美國進口 24,090 億美元之後，排名全球第二，但其 14 年來進口增加 17,350 億美元，遠超過美國增加 11,510 億美元，成為各主要國家出口大幅擴張的主要動力來源。不僅其鄰國的南韓、台灣、東南亞、日本，甚至較遠的美國及歐盟，14 年（90～103 年）間該等國家及地區對中國大陸出口增加率，是總出口增加率的 2～6 倍，對各該等國家經濟成長率的提升，就業的增加，及早脫離金融海嘯，作出卓越貢獻。

表 3　主要國家 GDP 排名

單位：10 億美元

民國 89 年（2000）		民國 94 年（2005）		民國 95 年（2006）		民國 96 年（2007）		民國 99 年（2010）	
國名	排名	國名	排名	國名	排名	國名	排名	國名	排名
美國 10,285	1	美國 13,094	1	美國 13,856	1	美國 14,478	1	美國 14,964	1
日本 4,735	2	日本 4,581	2	日本 4,357	2	日本 4,359	2	中國 6,041	2
德國 1,950	3	德國 2,860	3	德國 3,002	3	中國 3,524	3	日本 5,510	3
英國 1,555	4	英國 2,419	4	中國 2,730	4	德國 3,440	4	德國 3,417	4
法國 1,370	5	中國 2,269	5	英國 2,588	5	英國 2,970	5	英國 2,645	5
中國 1,205	6	法國 2,200	6	法國 2,327	6	法國 2,664	6	法國 2,404	6

資料來源：環球透視機構（Global Insight Inc.）網站，2015 年 10 月 15 日

乙、台商對大陸經濟崛起的貢獻

　　由於中國大陸經濟的快速成長，各主要國家企業無不積極前往與大陸加強經貿合作，台灣亦不例外，但遭到政客的阻擾，如李登輝祭出的「戒急用忍」政策與陳水扁的「鎖國」政策，造成兩岸關係緊繃，不能直接往來。不過以大陸市場的開放，經濟快速成長，以及全力吸引外資的誘因，台商赴大陸投資設廠之勢，不是任何人為力量可以阻擋得了的。因此，台商迂迴的透過第三地的

維京群島、香港、新加坡，甚至美國，輾轉到大陸投資。台商到大陸投資不僅開創台商事業的第二春，也對兩岸的出口、就業、經濟成長，以及全球消費者作出卓越貢獻，創造多贏局面。當年大陸國家主席胡錦濤多次公開表示，台商對大陸經濟成長貢獻很大。但大到何等程度很少人了解，因此，我於 98 年 10 月 1 日撰寫〈台商對大陸經濟崛起的貢獻〉社論將其量化。當時指出台商到大陸投資，兩岸官方發表的統計不到千億美元，但實際上，台商透過第三地迂迴到大陸的投資沒有計入，還有台商 20 多年來在大陸投資所賺的錢，很少匯出，留在大陸繼續投資，是一筆很大的金額，均未計入兩岸官方發表的投資額中；因此，我估計至 2009（98 年）台商實際在大陸投資超過 3,000 億美元，是大陸最大外資來源之一，為大陸直接創造就業機會超過 500 萬人，間接創造的就業更多；2008 年（97 年）台商在大陸的出口 2,500 億美元，占大陸總出口的六分之一。台商在大陸 20 多年來生產的不斷擴大、出超的不斷增加，以及創造大量就業機會，創造消費，均加速了大陸經濟快速成長。大陸外匯存底不斷增加，到 2009 年 6 月底高達 2.13 兆美元，高居全球第一，而台商的貢獻超過四分之一，即台商投資 3,000 億美元，20 年來台商在大陸的出超累計超過2000 億美元。還有台商在大陸培訓大量當地產業員工，不僅提升其生產技術，也提升企業現代化經營管銷能力，與國際觀和前瞻性思維，加速與國際接軌。此外，兩岸交流、台灣許多精英分子前往大陸參訪、演講、研討、教書，提供許多新的知識、新的觀念、新的思維，以及對大陸政府施政的建言，對大陸朝向現代化發展大有助益。2017 年（106 年）7 月 18 日台北《工商時報》，在大陸十九大開會當天，刊出一篇「人物側寫」介紹大陸銀監會主席郭樹清，是少數的知台派。郭樹清表示，台灣經濟發展經驗對中國大陸的影響作用非常巨大。他說：「包括李國鼎、葉萬安、于宗先等前輩都曾訪大陸，並對大陸改善民生、社會發展，提出諸多重要建言，對大陸經濟起飛，發揮了深遠的影響。」

　　台商赴大陸投資對大陸經濟崛起作出重大貢獻，對台灣雖在政府打壓之下，仍然作出卓越貢獻。由於台商在大陸投資設廠加工出口，誘發對台灣機器設備、原材料及零組件的需要，帶動台灣產品對大陸出口不斷增加，近十年（88～97 年）對大陸出口占總出口的比例高達 40%，相當 GDP 的四分之一，創造大量就業機會；由於自大陸進口仍有層層限制，因而對大陸貿易每年都產生鉅額出超，十年（1999～2008 年）來累計高達 4,615 億美元，遠較總出超1,800 億美元高出 2,815 億美元；若不是對大陸的鉅額出超，台灣早已成為入

超國家了。台灣在 106 年底外匯存底高達 3,200 億美元，全是台商的貢獻。而在陳水扁執政的民國 99～106 年 8 年間，經濟成長還能有 4.1%，外需的增加貢獻一半以上（53.7%），而外需的增加全賴對大陸出超擴大的支撐。另方面，台商在大陸投資，利用大陸廉價資源生產價廉物美產品出口，為全世界消費者享用，也緩和了通貨膨脹的壓力，創造多贏。

由於大陸經濟規模的不斷擴大，由「世界工廠」轉變為「世界市場」。我於 92 年 1 月 9 日撰寫〈借助大陸市場創造國際品牌〉社論，鼓勵台商赴大陸利用大陸市場培養國際品牌，例如宏碁的「Acer」，明基電通的「Benq」及台灣巨大自行車的「Giant」，都自大陸培養成國際品牌。

四、台海兩岸加入世界貿易組織（WTO）

早在民國 79 年 1 月，我向 WTO 前身的關稅暨貿易總協定（簡稱 GATT），以「台澎金馬」關稅區申請入會；經過與各會員國漫長的談判過程，於民國 88 年完成。但因受到大陸中共申請入會的拖累，一直等到民國 90 年 6 月中美雙方就中共進入 WTO 問題達成協議，再通過中共入會多邊工作會議，形式上報請 WTO 總理事會會議確認，於民國 90 年（2001）底正式入會；我方也於 91 年元旦正式成為 WTO 會員。早在會前半年我撰寫多篇社論，促請執政當局「盡速完成加入 WTO 相關法案立法程序」及提醒台海兩岸「加入 WTO 應尋求雙贏之道」等。

加入 WTO 後，我國除享有最惠待遇與國民待遇，並可促進產業升級、增進消費者福利，擴大國際間活動。同時可利用 WTO 爭端處理機制解決貿易摩擦，取得與各會員國法律平等地位；並可參與多邊貿易談判，避免遭受他國單獨對我實行之不利措施，也可參與國際貿易政策之決策，包括參與貿易有關之環保措施、勞工問題、競爭政策議題之討論等，提升我國國際地位。

不過，我與會員國在談判過程中所作的各項承諾，有的是要調整行政命令，有的需要立法和修法的，均應早日落實執行。

我國加入 WTO 後，對總體經濟亦將受到衝擊。我國雖在民國 70 年代推動的「自由化、國際化、制度化」的基本經濟政策，先後都有落實執行，但對海峽兩岸經貿關係仍多有限制。在產業方面，除工業幾無限制外，但農業及服務業，因過去長期採取較高的保護措施，在加入 WTO 後，將產生較大的衝擊。尤其在農業方面，以小農為主的台灣農業，將有大量廉價農產品進口，對

其衝擊將極嚴重；政府已預設千億元基金，訂定損害救助辦法，希望千億元基金納入政府預算早日籌足以應需要。

服務業是台灣競爭力較弱的產業，加入 WTO 後，其受衝擊亦較大，惟相對亦可激發服務業生產力的提升，有利於整體經濟的運行。然而要注意的是市場大幅開放後，國際資金大量進出，對經濟規模相對較小的金融市場衝擊亦較大，容易導致匯率、利率與股市的大幅波動，不能忽視。

至於對於兩岸經貿關係的限制，早在民國 90 年召開經發會，其中兩岸組即針對加入 WTO 為前提，獲得 36 項共識。因此，我於入會後的兩日即 2002年（91 年）元月 3 日撰寫〈落實經發會兩岸組共識貫徹 WTO 精神〉社論，指出為因應兩岸加入 WTO 新情勢，盡早落實經發會的 36 項共識，不僅可以貫徹 WTO 精神，也有利於突破當前經濟困局及台灣未來經濟發展。

另方面大陸加入 WTO 後，其經貿體制將逐漸法制化、透明化，與國際市場接軌，更將大量吸引外資，有利大陸投資環境的改善。就此對台商而言，一方面可獲得較過去更優質的服務與良好的投資環境；另方面亦可利用大陸廣大的市場，擴大經濟規模，降低生產成本，提高競爭力，建立自己的「品牌」；以及與大陸廠商合作，以建立健全的產業分工合作體系，有效結合雙方競爭優勢，有利台商全球布局。

五、美國脅迫人民幣大幅升值

2001 年底（90 年）大陸進入 WTO 前的 2001 年 4 月，北京大學舉辦「經濟全球化與兩岸及港澳地區經濟整合前景學術研討會」，我應邀參加並提出報告「中國市場大幅開放前，人民幣不宜快速升值」，指出大陸加入 WTO 後，出超將持續擴大，尤其對美國出超的大幅增加，根據台灣及日本的經驗，美國必將大力施壓要人民幣大幅升值。若中國人民銀行無法抵擋，讓人民幣大幅升值，則大陸產業結構將產生逆向調整，即原來競爭力比較高的產業，政府對其沒有採取任何保護措施，因人民幣大幅升值同類產品進口成本降低，進口大幅增加，國內此等產品將被低價進口品打垮。而原來競爭力比較差的產業，因有高關稅或其他保護措施，甚至限制進口，反而同類產品無法大量進口，因此，還能繼續生存。致使進口關稅未降低，進口管制未大幅開放前，讓人民幣大幅升值，有競爭力、高生產力的產業被淘汰、低生產力的產業反而生存下來，使產業結構產生逆調整，全體產業生產力下降，對整體產業的衝擊將無法挽回。

　　若政府在外國壓力下，穩住匯率不動，先大幅降低進口關稅，及解除進口管制，讓進口大幅增加，使出超縮減，國外壓力自然降低，甚至不要人民幣升值，也可做到進出口接近平衡，外國逼迫人民幣升值的壓力就會消失。可是進口大幅增加也會衝擊本地產業；不過原來競爭力比較強的產業，不需保護，其相同產品進口原來就未徵關稅，也無限制進口措施，解除管制開放進口，對其毫無影響，進口不會增加，沒有受到衝擊。但原來競爭力、生產力比較弱的產業，怕國外同類產品大量進口的競爭，而採取保護措施，如提高相同產品進口關稅和限制進口等。但一旦降低進口關稅和解除限制進口，則進口將大增，衝擊該等國內產業減產甚至倒閉。此等原來不具競爭力的產業，即使被淘汰也不足惜；可使節省下的資源，如資金及人力，轉供競爭力較強的產業使用，使其充分發揮，進入產業結構調整的良性循環，使全體產業平均生產力大為提升。

　　我報告的目的，在忠告大陸執政當局政策運用時的先後次序要特別重視，萬一次序顛倒，所產生的傷害將無法收拾。不過當時大陸社會上正在討論人民如何貶值，對我報告入 WTO 後，繼續大量出超壓迫人民幣升值，與會的當地學者們認為離題太遠了，沒有興趣討論，他們根本沒有未雨綢繆的遠見。但會後我將該報告寄給人民銀行副行長兼國家外匯管理局長郭樹清，得到他強力的回響，邀請我去北京與他們同仁討論如何因應貿易巨額出超的問題。當我到達北京，郭樹清局長對我說的第一句話就是：「葉老，您的報告對我們很有用，我已送給朱鎔基總理看了。」

　　2001 年底大陸入 WTO 後，出超真的不斷擴大，尤其是對美國出超迅速擴大。就中國大陸統計，對美出超自 2001 年（90 年）的 451 億美元，至 2007 年（96 年）六年間爆增至 1,629 億美元，增加 2.6 倍；就美國統計，來自中國的入超同時期自 831 億美元，亦爆增至 2,585 億美元，六年間增加 2.1 倍，雖較大陸對美出超增加率低，但平均每年增加 21%，已是快速的擴張，何況美國自中國入超的金額幾較中國對美出超金額高出千億美元，而且美國自中國入超金額占美國總入超金額的比例，自 2001 年占 20%，至 2007 年躍升之 32%；因此，美國認為其入超的不斷擴大，來自中國入超的迅速擴張是罪魁禍首，於是美國利用其 301 條款，鋪天蓋地的對人民幣施壓。

　　使我想起美國在 1985 年（74 年）的紐約「廣場會議」，聯合主要工業國家對「日元」升值大力施壓，結果造成日元過度升值，而市場又未大幅開放，使日本產業結構產生上述分析的逆調整，經濟一蹶不振，經濟停滯超過 30 年，使「日本第一」的夢，終成泡影。我想美國是故技重施，我除建議大陸盡

快開放市場降低關稅，爭取時間，讓人民幣延後升值外，我撰寫了 11 篇社論，如 2003 年（92 年）10 月 2 日〈匯率不是解決貿易失衡的萬靈丹〉、2004 年（93 年）9 月 23 日〈美國緊縮內需是化解貿易失衡的治本之道〉、2010 年（99 年）4 月 2 日〈揭穿威脅人民幣大幅升值的陰謀〉，以及諾貝爾經濟學獎得主克魯曼撰文建議美國政府對人民幣強力施壓，我於 2010 年 3 月 25 日撰社論〈克魯曼很糟糕的建言〉等，指責美國政府對人民幣施壓的不當，以減緩對中國人民銀行的壓力。

我撰寫這多篇社論的立論基礎，是美國是全世界生產最大的國家，其民間消費及政府消費卻花掉 80％以上，導致美國儲蓄率不到 20％，為全球主要國家中儲蓄率最低的國家，無法支應投資的需要，必須依賴大量入超來彌補其所需，亦即借債度日，致使美國從全球最大債權國家，淪落到全球最大債務國家，更是美國入超爆增的根本原因。

誠如國際知名金融經濟學家麥肯能（Ronald Mckinnon）所指出的：「在開放經濟中，經常帳差額（即貿易失衡）乃是由一國的淨儲蓄（儲蓄減投資）傾向，而非匯率所決定。」因此，我撰寫社論指出，美國入超的擴大，根本原因是美國人民過度消費，美國民間消費占 GDP 的比例進入 21 世紀以來高達 67～68％，較歐盟、日本的 55～57％，超過 10 個百分點以上。再從美國 2005 年人口占全球人口 4.5％，其 GDP 占全球 GDP 的 27.5％，但其民間消費卻占全球民間消費的 31.6％，可見美國民間消費過度程度之嚴重而能不知嗎？所以要解決美國貿易失衡問題，應緊縮民間消費占 GDP 的比例，才是治本之道。

六、美國房貸風暴引爆全球金融海嘯

美國聯邦準備理事會（簡稱聯準會 Fed）為因應網路泡沫破滅及 911 恐怖事件所引爆的通貨緊縮大幅降息，自 2001 年 1 月的 6.5％，至 2003 年 6 月降至 1％。在資金成本低廉及流動性大幅增加的情況下，美國房地產市場開始活躍，美國民眾紛紛購屋，其中低收入信用不佳的民眾，因無法經由銀行正常管道取得抵押貸款，則透過次級房貸業者取得購屋資金。抵押貸款經紀人及次級房貸業者為賺取手續費，以各種方式招攬新客戶，包括規避頭期款、延長寬限期、提高放款成數及彈性利率等降低放款門檻。由於放款審核標準寬鬆，加以缺乏監督，使次級房貸金額急劇擴大，至 2006 年已超過 6,000 億美元。

在長期寬鬆貨幣政策下，經濟、股市及債市出現多年榮景，市場風險意識

極低，加以投資銀行利用財務和科技的結合，創新發行高槓桿的金融衍生商品，因收益高為全球投資人歡迎，大量投資。當 Fed 在通膨壓力下，自 2004 年 6 月開始升息，在短短兩年間至 2006 年 6 月升至 6.25％，影響美國房市崩跌，至 2007 年 7 月引發美國次級房貸市場風暴，當時美國聯準會官員一再強調絕不降息，除非有大難發生，才能讓聯準會降息。但不到兩日，Fed 即在沒有預警下，突然宣布調降重貼現率兩碼。顯然聯準會不是在問題爆發時誤判情勢，即是既要面對次級房貸風暴，又怕通貨膨脹死灰復燃，進退兩難而束手無策。但在兩日內發覺問題不是想像中的簡單，一年來美國房地產市場的低迷，導致次級房貸及信用危機的嚴重性，遠超過他們的預期，不僅傷及美國的金融，更衝擊美國的實體經濟，且蔓延成全球的災難，才迫使聯準會不得不及時採取因應措施。

甲、美國次貸風暴衝擊擴大

美國次貸風暴自 2007 年（96 年）7 月爆發後，其影響迅速擴大，至 10 月間美國聯準會前後理事主席葛林斯班與柏南克不約而同的警告，美國房市崩跌與信用危機拖累經濟，可能損及今明兩年經濟成長。同時國際貨幣基金（IMF）發表「世界經濟展望」報告，下修今明兩年全球及美國等主要國家經濟成長率。另方面七大工業國家（G7）財長會議，會後聲明中亦表示，近來國際金融市場動盪，高油價及美國房市疲軟，可能減緩全球經濟成長的速度。在一週之內，國際重量級財經人物及國際金融機構，連番對全球經濟趨緩提出警告，這是過去少有的現象，可見當時國際金融經濟問題之沉重，此等警告讓人惴惴不安。於是我於 2007 年（96 年）10 月 25 日撰寫〈美國次貸風暴衝擊擴大〉及同年 12 月 20 日〈次貸風暴全球發酵〉兩篇社論，指出其嚴重影響。

首先是美國次貸規模超過 6,000 億美元，當時違約還不出貸款本息的在 2,000 億美元以上，而採用浮動利率的次級房貸，將在下一年重新調升利率，屆時由於負擔增加，違約金額可能倍增到 4,000 億美元以上；違約戶估計有 180 萬戶，導致貸款單位處理違約房屋，而使貸款人無屋可住，造成社會問題，更將拉低附近社區房價。

其次是，由於次貸風暴的擴大，影響到美國主要房貸市場違約率的大幅上升。美國主要房貸市場規模近 7 兆美元，過去違約率都是個位數，當時已提高到 17％，違約金額可能高達 1.49 兆美元，可見整體違約房貸不斷擴大，對金融之衝擊極為嚴重。

第三是次貸風暴爆發後，金融機構對房貸不得不採取緊縮措施，再加以房價下跌，新屋銷售降到冰點，影響新屋建設開工率大幅下降。過去三年新屋開工率年年成長，房屋投資大幅增加，對經濟成長做出積極的貢獻。但近一年來新屋開工率大幅下降，房屋投資大逆轉，短期內難以回升，這也是各方下修今、明兩年美國經濟成長率的根源所在。

第四、美國房價大跌，家庭財富縮水，影響民間消費支出。根據美國環球透視（Global Insight）的研究，美國消費者的財富每損失 100 美元，其支出會減少 6 美元，依此推估，當年美國家庭所擁有的房地產價值 21 兆美元，預計明年（2008）房價下跌 7％計，房地產價值將縮水 1.47 兆美元，將使美國家庭明年少支出 880 億美元，相當明年美國 GDP 增加率下降 0.6 個百分點。

第五、最令人擔心的是金融機構因次貸風暴引爆的主要房貸與不動產房貸違約率會提高到什麼程度難以預測。更嚴重的是金融機構，以其所做抵押貸款作擔保，將其證券化，發行金融性衍生商品出售給國內外投資人，共發行多少沒人知道；而發行新產品時，沒有法律監管，出事無法可管，可能會引發更大的金融危機。

乙、爆發全球性金融海嘯

自 2007 年 7 月美國次貸風暴發生以來，問題不斷擴大蔓延，雖美聯準會與主要國家央行提供鉅額融資，不僅問題未能化解，而且還在延續發酵中。及至 2008 年 3 月美國五大投資銀行中的第五大投資銀行「貝爾斯登」因不動產證券投資的鉅額虧損，搖搖欲墜，被摩根大通銀行收購，但收購資金則由 Fed 特別融資支應。至同年 7 月初以房貸及房貸保證為業的房地美與房利美（俗稱二房）其貸款總額超過 5 兆美元，占美國房貸總額的一半，其重要性可想而知；但其股價在五天內分別暴跌五成及七成，震驚海內外。因該兩公司原具半官方性質，其負責人都是官方派任，故而該公司之股票及所發行之票券，多為外國央行持有，美國政府為避免問題再惡化，出面接管。

可是美國第四大投資銀行的「雷曼兄弟」，繼之遭遇危機，雖幾經爭扎尋求買主，但因價格談不攏，終於 2008 年（97 年）9 月 15 日宣告聲請破產。同日美國銀行宣布以 500 億美元收購美國第三大投資銀行「美林集團」。翌日（9 月 16 日）晚聯準會同意提供 850 億美元，緊急貸款給美國最大保險業者「美國國際集團」（AIG），美國政府則取得該集團 79.9％股權，形同接管，使 AIG 免於破產之命運。

　　美國五大投資銀行當年風光不可一世，而今兩家被併購、一家倒閉，剩下的「高盛」與「摩根士丹利」情況也非常危急，9 月 17 日股價分別下跌 14％及 24％。該兩公司為免步另三家後塵，努力自保，要求轉型為商業銀行，而獲得聯準會同意。這不僅是美國 1930 年代以來金融體系的最大規模調整，也是過去 20 年投資銀行以高槓桿操作，少法規限制，高風險、高獲利的「華爾街風華」的終結。

　　美國政府在次貸風暴引發，金融危機過程中，除採取以上措施處理各大金融機構問題外，為避免進一步出現更嚴重的全球金融海嘯，隨即採取過去從未有過的「量化寬鬆貨幣政策」，並於 2008 年 9 月 18 日 Fed 偕同全球五大中央銀行，包括歐洲、美國、瑞士、日本及加拿大等央行，聯手增注 2,470 億美元於全球貨幣市場，以緩和美元短期融資市場的壓力，改善流動性不足問題。

　　不過，在資金證券化、經濟全球化的大趨勢下，幾乎全球重要金融機構及股市，或多或少的都受到美國次貸風暴與金融危機的影響。尤其歐洲及日本許多金融機構，持有大量美國房貸相關資產，而遭受嚴重損失，引發擠兌，甚至有些銀行有倒閉之虞，更引爆股市全面重挫。

　　自 2007 年 6 月 29 日至 2008 年 12 月 31 日的一年半間，美國道瓊工業指數暴跌 32.7％，影響歐亞股市全面崩盤，同期間法國 CAC 40 劇跌 42％、德國 DAX 劇跌 39.5％、美國 FTSE 跌 30.9％、日本更暴跌 51.2％、南韓劇跌 39.3％、台灣股市也暴跌 44.8％，均創歷史最大跌幅。

　　更嚴重的是各國失業率不斷創新高，美國失業率在次貸風暴前 2007 年的 4.6％，至 2009 年 10 月突破 10％達 10.1％；歐元區 17 國平均失業率，亦自 2007 年的 7.6％，至 2010 年升到 10.1％；日本自 2007 年的 3.8％，至 2009 年 7 月升到 5.5％；南韓自 2007 年的 3.3％，至 2010 年 1 月升到 5.0％；台灣失業率也自 2007 年的 3.9％至 2009 年 8 月高達 6.1％。據國際勞工組織（ILO）估計，美國次貸風暴引發的全球金融海嘯，全世界增加的失業人口高達 2,200萬人，各國都陷入大量失業人口的困境中，更進一步影響到民間消費的萎縮，導致全球經濟成長率自 2007 年的 3.83％，2008 年腰折至 1.52％，2009 年淪為第二次世界大戰結束 50 多年來全球第一次負成長 1.99％，遠較兩次石油危機對全球經濟衝擊之嚴重，1975 年全球經濟成長率 1.2％，1982 年為 0.6％，都保持正成長。

　　在主要國家中，美國及日本連續兩年經濟負成長，美國 2008 年-0.14％，2009 年-2.54％，日本兩年分別為-1.09％及-5.42％，歐盟 2008 年雖正成長，但

僅 0.78％而已，可是 2009 年即淪陷為-4.23％；而中國大陸因採取強烈因應對策，兩年都維持 9.00％以上的高度成長（下文另有詳述）。

針對美國因應金融危機所採一連串措施，我於 2008 年（97 年）9 月 25 日寫〈美國因應金融危機給我們的啟示〉社論，指出：

首先是一國貨幣政策不能迫於政治現實，讓市場資金過於寬鬆到處流竄，必須維持「金融穩定」的央行首要任務。

二是金融主管機構在核准任何新商品上市時，必須檢查現行法規有無合理的規範與監管，否則應迅即研訂新的規範與監管後，才准上市。

另外，美國所採取的救援行動，值得我們學習的有：

一、政府各部門的密切合作，除財政部與聯準會的相互合作外，國會反對黨領袖也聲明全力配合支持政府紓困方案。

二、美國執政的共和黨在經濟上一向主張自由少干預，但面對危機，甘冒被批評開自由化倒車，而積極干預甚至禁止放空。顯示理論雖有各種學派，但在執政者而言，能化解問題的政策，才是最好的政策。

三、美國政府將問題單純化，把握重點，將化解流動性不足問題列為首要解決目標，不僅即時動用各種有效工具，還動員主要國家中央銀行同步進行，希望迅即穩定全球金融市場。

針對該次金融海嘯我還寫了多篇社論，如 2009 年（98 年）4 月 23 日〈苦日子還很漫長〉，2009 年 2 月 19 日〈同舟共濟，度衰退危機〉，2009 年 3 月 25 日〈失業率背後的深層問題〉，2009 年 7 月 30 日〈V 型復甦的三大障礙〉，以及同年 11 月 12 日〈提升出口競爭力，才是根本之圖〉等，穩住企業及社會大眾共度難關，並激勵當局採取有效對策，提振經濟早日復甦。

各國為因應經濟的衰退，紛紛提出各種積極性的振興經濟方案，如美國新上任的歐巴馬總統，於 2009 年 2 月簽署 7,870 億美元（相當當年 GDP 的 5.4％）的財政刺激方案，包括工薪階層稅收抵免、基礎設施投資等；2010 年 1 月歐巴馬總統又提出「五年出口倍增計畫」，希望提升農民和中小企業的出口貿易，同時以有利於國家安全的方式來改革出口的管制；同年 7 月美國國會通過「金融改革法案」，主要目的在防範類似次級房貸風暴的金融危機再度發生。此改革讓原先金融機構「大到不能倒」的狀況得到有效改變，聯邦政府有權清算瀕臨破產的大型金融機構。

日本於 2008 年 12 月宣布擴大振興經濟方案，追加 23 兆日圓（相當當年 GDP 的 4.4％，約當 2,550 億美元），其中以 10 兆日圓提供失業勞工貸款、自

有住宅所有人減稅等；另 13 兆日圓，主要是對因資產短缺而陷入困境的銀行提供資金支援。但日本經濟持續惡化，日本政府不斷擴大財政支出，以求改善。

　　歐盟執委會於 2008 年 12 月通過 2,000 億歐元的振興經濟方案，歐洲央行於 2009 年上半年 4 次調降利率，並採取許多非標準流動性資金及信用支持措施，以減輕歐元區銀行流動性壓力。其中德國政府除於 2009 和 2010 年內投入總額 500 億歐元（相當德國該兩年 GDP 的 1%），主要用於公共基礎設施建設和減稅外，也提供援助緊急救助基金高達 5,000 億歐元。另訂頒壞帳銀行法案，讓銀行得以將不良資產獨立出來，移轉給具有特殊目的機構，以減輕銀行壓力。歐盟其他各國也都採行寬鬆的貨幣與財政政策，以提振經濟，也有些國家採行購車優惠措施，以刺激民間消費。但歐元區各國實施刺激經濟措施，擴大財政支出，致使許多國家財政赤字占 GDP 比率大幅上升，自 2008 年的 2.0%至 2009 年突增至 6.3%，超過原定上限 3%的一倍以上。其中希臘財政赤字占 GDP 的 12.7%、英國 12.6%、愛爾蘭 14.3%及西班牙的 11.2%。因此，歐元區各債務餘額占 GDP 比率隨之大幅上升，就全區而言，自金融危機發生當年 2007 年的 66%，至 2009 年提高到 79.3%，2010 年更達 85.4%，其中以希臘及義大利最高分別達 142%與 119%，其他高於「穩定成長公約」規定 60%上限的國家，依序為比利時 96.8%、愛爾蘭 96.2%、葡萄牙 93%、德國 83.2%、法國 81.7%、英國 80.2%等，引爆歐洲主權債務危機。

　　中國大陸於 2008 年 11 月推出金額龐大的 4 兆人民幣（相當當年 GDP 的 12.5%，約當 5,857 億美元）的振興經濟方案，以及擴大內需的十項措施。南韓也於 2008 年 11 月 3 日公布 14 兆韓元（相當於當年 GDP 的 1.2%，約當 100 億美元），以克服經濟困境綜合對策。

　　至於台灣，正當 2007 年 7 月美國爆發次級房貸風暴，正是陳水扁主政的最後一年，由於只顧貪瀆無暇顧及國政，面對美國房貸風暴毫無作為。以致第二次政權輪替馬英九於 2008 年 5 月 20 日就任不久，美國又爆發金融危機導致台灣股市連續大跌，台新銀行發生擠兌，行政院隨即宣布，將銀行存款每戶不超過 300 萬以內的保額提到「銀行存款全額保障」，以穩定民心與股市。

　　馬英九在競選時提出的「開放與鬆綁」，就任後就以其為施政主軸，改善兩岸關係，實施兩岸直航，簽署「兩岸經濟合作架構協議」簡稱 ECFA，加強兩岸經貿發展。

　　2009 年 4 月宣布「振興經濟擴大公共建設投資計畫」，增列四年 5,000 億

元的特別預算，核定「愛台十二項建設」總計畫，有效擴大國內需求，加速經濟結構轉型與升級，帶動民間投資。同時發行「消費券」每人 3,600 元，以激勵民間消費，促進經濟早日復甦。

在各國採取積極的振興方案後，各國經濟分別自 2009 年下半年或第 4 季開始復甦，至 2010 年都恢復正成長，如全球經濟 2010 年成長率為 4.12%，美國及歐盟分別成長 2.56% 及 2.05%，日本及德國均成長 4.19%，而中國大陸成長更高達 10.56%。台灣經濟成長率自 2009 年的-1.61%，2010 年反彈到成長10.25%。各國因 2009 年多為負成長，基礎較低，故 2010 年成長較高，不過2010 年後，由於復甦力道不足，各國經濟成長率都緩慢下來。

尤其工業先進國家，就整體工業國家而言，除 2010 年因前一年基礎低，反彈平均成長率高達 3.09%外，自此以後各年成長率均在 1.2%至 2.5%之間。其自 2008 年至 2017 年十年平均每年成長率只有 1.3%，較前十年（1998～2007）平均每年增加 2.8%，下降了一半以上。因此工業先進國家整體 GDP 占全球 GDP 的比重大幅下滑，自 1997 年占 78.3%，至金融海嘯當年的 2007 年降至 71.6%，至 2017 年更降至 60.4%。金融海嘯前 10 年下降 6.7 個百分點，金融海嘯及以後 10 年下降 11.2 個百分點，下降速度較前快了近七成，顯示工業先進國家 GDP 在全球經濟中的重要性，在加速下降中。

七、金融海嘯讓中國大陸 GDP 提前超越日本，加速縮短與美、歐 GDP 的差距

中國大陸為因應全球金融海嘯，於 2008 年末推出 4 兆元人民幣刺激政策，其占當年 GDP 的 12.5%，較美、日的振興計畫規模高達 2 倍以上；同時為健全農村網絡及促進農村消費，推動家電下鄉計畫，擴大補貼範圍；再加積極的貨幣擴張政策，使大陸在 2008 及 2009 年多數國家經濟都淪為負成長，而大陸該兩年經濟成長率仍高達 9%以上，分別為 9.65%與 9.40%，2010 年更高達 10.56%，以後各年成長雖有減緩，至 2017 年仍在 7%上下，金融海嘯後十年（2008～2017）大陸平均每年經濟成長率仍高達 8.25%，是工業先進國家平均每年成長 1.3%的 6.3 倍。因此，大陸 GDP 提前於 2010 年超過日本，成為全球第二大經濟體，僅次於美國；同時，大陸 GDP 落後美、歐 GDP 的差距大幅縮小，加速趕上美、歐的可能性大幅提升。

甲、大陸 GDP 提前於 2010 年超過日本

金融海嘯前十年的 1997 年（86 年），大陸 GDP 是 9,650 億美元，僅是日本 4.42 兆美元的 22%，如下圖 1；至 2007 年美國次級房貸爆發當年大陸 GDP 已升至 3.57 兆美元，是日本 4.52 兆美元的 77%；至 2010 年大陸 GDP 為 6.07 兆美元，而日本由於 2008、2009 年連續兩年經濟負成長，不過由於日圓升值，才使日本 2010 年 GDP 升至 5.70 兆美元，但已被中國大陸超過，淪為全球第三經濟體。至去（2019）年大陸 GDP 更竄至 14.1 兆美元，是日本 5.2 兆美元的 2.7 倍。顯然日本 GDP 被大陸拋到遠遠的，日本不僅淪為世界第三大經濟體，而且與第二大經濟體落後愈來愈大。

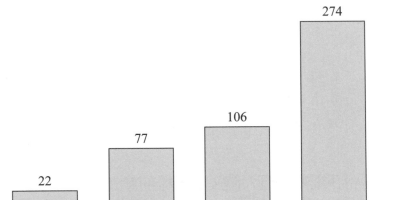

圖 1 中國 GDP 與日本 GDP 比較

乙、金融海嘯讓中國大陸 GDP 與美、歐 GDP 差距加速縮減

2007 年美國爆發次級房貸風暴並引發全球金融海嘯，對美、歐經濟造成嚴重衝擊，雖各國迅速推出因應對策及振興經濟方案，至 2009 年下半年及 2010 年經濟先後復甦，但因復甦力道不足，金融海嘯後大多數國家都淪為低度成長。

　　惟中國大陸在美國次貸風暴及金融海嘯爆發前，大陸資本市場尚未完全開放，直接受到的衝擊不大。不過由於金融海嘯衝擊全球經濟萎縮，對大陸經濟的影響免不了，因而大陸也採取了強烈的振興經濟方案，在各國經濟萎縮時，大陸還能維持高度成長，2010 年更恢復過去的兩位數成長。雖 2010 年後各年成長減緩，大陸也未能例外，但相對各國中國大陸仍然維持相對的高度成長。

　　各國 GDP 以當年匯率折算美元計，金融海嘯後的十年（2008〜2017），大陸 GDP 增加 247％，而美國只增加 35％，僅及大陸增長的七分之一，而歐盟 28 國除遭受金融海嘯的衝擊，更引爆債務危機，致歐盟 GDP 在這十年間不增反減，如圖 2，與中國大陸的快速成長，不可同日而語。

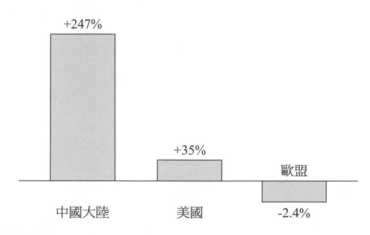

圖 2　金融海嘯後十年（2008〜17）中、美、歐 GDP 增加百分比

　　由於中國大陸以美元計的 GDP 增加率，遠遠高於美、歐，因此，大陸 GDP 在金融海嘯前後十年與美、歐比較，其差距大為縮減。與美國比較如圖 3，在金融海嘯前的 1997 年，中國大陸 GDP，落後美國高達 89％，至海嘯爆發當年的 2007 年差距縮為 75％，較十年前縮減 14 個百分點。到金融海嘯後十年的 2017 年，其差距大降為 37％，十年間大幅縮減 38 個百分點，是前十年縮減的 2.6 倍，可見後十年縮減幅度之快速。

　　至於中國大陸 GDP 與歐盟 28 國比較，在三段時間差距縮小更為快速，分別 1997 年的 90％，2007 年降至 79％，2017 年劇降為 29％，近十年間竟然縮減了 50 個百分點，是前十年的 5 倍如圖 3。因此，當今第一霸權的美國十多年前即鋪天蓋地的要脅人民幣大幅升值，打壓大陸；最近三年來更掀起與中國

的貿易戰、科技戰、心理戰，究竟鹿死誰手，尚待觀察。

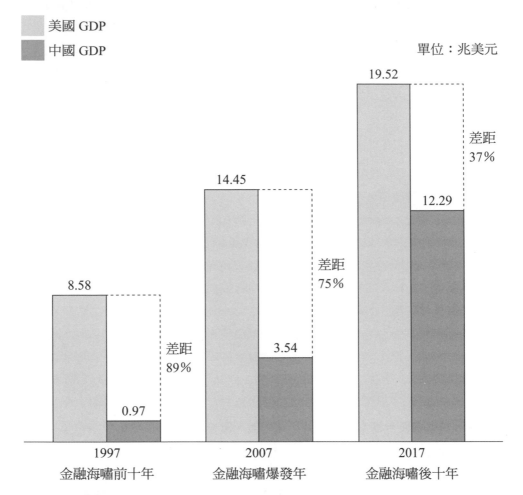

圖 3 　金融海嘯前後十年美中 GDP 及其差距

歐盟 GDP
中國 GDP

單位：兆美元

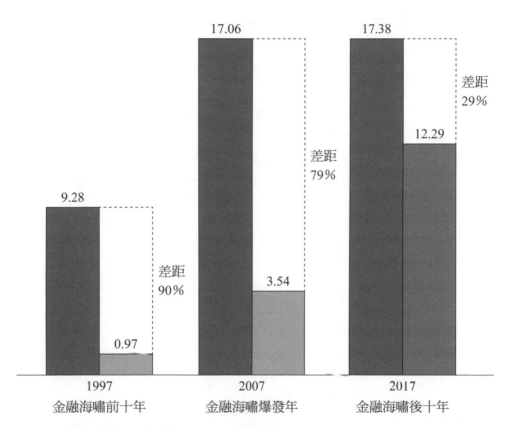

圖 4　金融海嘯前後十年歐中 GDP 及其差距

丙、金融海嘯後，中國大陸成為帶動全球經濟成長的火車頭

　　金融海嘯前十年（1998-2007），全球經濟相當繁榮，美國及歐盟經濟成熟國家平均每年經濟成長率分別為 3.1%及 2.7%，其以美元計算的 GDP 大幅增加，對全球 GDP 增加作出重大貢獻，美國貢獻了 22.5%，歐盟更貢獻達 32.7%，合計超過全球 GDP 增加的一半以上，成為全球經濟成長的火車頭。當年中國大陸經濟雖兩位數成長（10%），但因 GDP 基數較低，其 GDP 增加，對全球貢獻尚不到 10%（僅 9.9%）（如表 4 所示），無法與歐美相提並論。

　　不過，金融海嘯發生後，情況完全改觀，由於美、歐所受衝擊遠較中國大陸嚴重，尤其歐盟受到金融海嘯的嚴重衝擊，致其內部再發生債務危機，導致歐元大貶，致使以美元計算 GDP，對全球經濟增長變成負貢獻。

　　美國是金融海嘯發生起源國，受創極重，使其金融海嘯後十年的平均每年經濟成長率，自海嘯前十年平均每年成長 3.1％，腰斬一半以上，降到 1.5％，使其 GDP 增加金額較前十年減少；不過全球 GDP 增加額亦因經濟成長的減緩而下降，因此，美國 GDP 增加額對全球 GDP 增加額的貢獻，還能維持 22.3％的水準。

　　可是中國大陸一方面是其經濟基礎壯大，二方面金融海嘯後十年還能保持相對的高經濟成長率（平均每年 8.3％），再加以人民幣的升值；因此，金融海嘯後十年大陸以美元計的 GDP 增加額較前十年大幅增加 2.3 倍，致使其對全球 GDP 增加額貢獻 38.4％，超過美國及歐盟合計增加額，真正成為全球經濟成長的火車頭（如表 4 所示）。

表 4　全球及中、美、歐 GDP

單位：10 億美元

	全球	中國大陸	美國	歐盟
1997	31,811	965	8,578	9,279
2007	57,910	3,539	14,452	17,802
2017	80,609	12,288	19,519	17,378
金融海嘯前十年（1998 ～ 2007）				
增加金額	+26,099	+2,577	+5,874	+8,523
占比	100	9.9	22.5	32.7
金融海嘯後十年（2008 ～ 2017）				
增加金額	+22,699	+8,491	+5,067	-424
占比	100	38.4	22.3	-1.9

資料來源：IHS Markit（may,15,2020）

　　中國大陸在全球金融海嘯後十年，其經濟快速成長，已成為全球經濟持續成長的火車頭。而其市場的開放，進口的大幅增加，對全球出口的擴張，亦作

出卓越貢獻。

　　如表 5 所示，在金融海嘯爆發的 2007 年，大陸進口較十年前的 1997 年進口增加 5.7 倍，而全球進口僅增加 1.6 倍，但因大陸進口基礎低，致其進口增加額只對全球進口增加額貢獻 9.4％，落在美國進口增加貢獻 12.9％之後。

表 5　全球及中、美、德進口金額

單位：10 億美元

	全球	中國大陸	美國	德國
1997	5,534	142	899	446
2007	14,200	956	2,017	1,059
2017	18,024	1,842	2,409	1,167
金融海嘯前十年（1998 ～ 2007）				
增加金額	+8,666	+814	+1,118	+613
占比	100	9.4	12.9	7.1
金融海嘯後十年（2008 ～ 2017）				
增加金額	+3,824	+886	+392	+108
占比	100	23.2	10.3	2.8

資料來源：WTO 各年年報

　　金融海嘯後，全球各國對外貿易增加率全面減緩，中國大陸也不例外。不過金融海嘯後十年，中國大陸進口還有近倍數成長，而其他重要國家進口增加均不到 20％，以致金融海嘯後十年大陸進口增加額，對全球進口額貢獻提高到 23.2％，超過美國貢獻 10.3％一倍以上。因此，大陸進口的大幅增加，已成為其他主要國家出口增加的重要動力，甚致許多國家已將中國大陸列為其出口第一大對象國家；同時成為各國經濟提前復甦的關鍵所在。

　　依以上趨勢推演下去，如英國脫歐成功，則中國 2021 年 GDP 即將超過歐盟 27 國 GDP 總和；2026-28 年中國 GDP 將超過美國，成為世界第一大經濟體。誠如英國史學家湯恩比於 20 世紀初預測 21 世紀將是中國人世紀的實現。

貳、民國 90 年代精選社論

民國 90 年代（80〜89 年）共寫社論 451 篇，就下列主題精選 70 篇：

一、陳水扁總統政績敗露　25 篇

二、第二次政黨輪替與改善兩岸關係　9 篇

三、中國大陸經濟崛起　8 篇

四、台海兩岸加入世界貿易組織（WTO）　4 篇

五、美國脅迫人民幣大幅升值　6 篇

六、美國房貸風暴引爆全球金融海嘯　9 篇

七、高科技產業面臨的問題　3 篇

八、雙卡風暴的衝擊　3 篇

九、懷念先賢　3 篇

一、陳水扁總統政績敗露

甲、錯誤政策比貪汙對國家傷害更大

1. 政策錯置比貪汙對國家傷害更嚴重

　　一國政府重大施政除必須保持其一貫性外，因資源有限，應針對國家整體需要有輕重緩急之分，更由於政策間的相互影響，必須有先後之別。執政當局能把握此等原則，不僅施政能順利開展，國家經濟亦能穩定成長；否則，不僅施政困難重重，經濟亦將躊躇不前，而後遺症更是層出不窮。不幸的是，台灣政黨輪替三年以來，執政當局施政，尤其經濟方面施政，多與上述原則背道而馳，導致經濟陷於困境，人民生活於痛苦之中。

　　問題最嚴重、影響最深遠的，就是民進黨執政不久的民國 89 年 10 月，政府毫無預警的突然宣布已建設三分之一的核四電廠停建。不久後雖在各方爭取下恢復續建，但已造成重大傷害，除停工期間及違約賠償金錢的損失外，政府政策的搖擺不定，缺乏一貫性，使人民及國內外企業對政府失去信心，嚴重破壞投資環境。加以民國 90 年 3 月開始國際經濟進入不景氣，導致 90 年與 91 年國內固定投資分別較 89 年萎縮 5,000 億元左右，外人投資也連續兩年分別劇降 33％與 36％。民國 90 年經濟淪為 50 年來首度負成長，及近兩年競爭力衰退，經濟復甦缺乏動能，即主要肇因於此。

　　四年內不加稅是陳水扁總統競選時的政見，當選後努力實現諾言，固可理解，但必須配合採取對應措施，不外乎節省開支與另闢財源。然而，執政當局不此之圖，反而為籠絡財團、爭取選票，不斷擴大減稅。最顯著的例子，是民國 90 年在經濟淪為 50 年來首度負成長時，陳總統召開的經發會，共獲得 322 項共識，陳水扁一再宣示所有「共識」，將百分之百不打折扣的落實執行。但經發會結束後，政府首先推動執行的，是在經發會並未獲得「共識」，而是由財團建議的「土地增值稅減半徵收」。至於經發會通過的 322 項「共識」，表面上，大多已在執行，但實際上，關鍵性的「共識」，尤其有關兩岸方面的只是點到為止，並未真正落實。此不僅有違陳水扁總統的承諾，更顯示政府施政缺乏輕重緩急、優先次序之分，平白每年損失 500 億元以上的「土地增值稅收入」，經濟活力並未能全面復甦。

　　更由於促進產業升級條例減免稅範圍的擴大，金融資產證券化與企業併購

法也提供減稅優惠，估計每年又要損失稅收近 500 億元。政府支出雖未大事擴張，但因稅收的銳減，財政赤字不斷擴大，民進黨執政三年多來，負債增加8,000 多億元，而且動用歲計賸餘 1,000 多億元，亦即三年多政府每支出 5 元即有 1 元是借債支應，債台高築，將債留給後代子孫負擔。而且財政支出未大事擴張，但社會福利支出的大增，卻排擠了投資支出；近三年來政府投資支出的連續萎縮，也是導致國內投資銳減的重要因素之一。

台灣當前經濟困境，國內各方固因立場不同而各有不同解讀；不過最近日本貿易振興會，對在日本投資的 449 家外商公司，針對亞洲國家企業投資環境進行調查評分，結果在亞洲八個國家與地區中，日本高居第一，中國大陸其次，新加坡排第三，台灣排第八，敬陪末座，比泰國與馬來西亞投資環境還差。這是第三國的調查，而且調查對象又是國際知名的跨國企業，沒有意識型態，也沒有政治的干預，應具客觀性與代表性。實質上，台灣目前最迫切需要的施政，也是改善投資環境，應列為最優先。可是此時，陳水扁總統又提出「核四公投」議題，而核四興建已超過一半，再度興起是否續建的不確定性，政策的反覆無常更是變本加厲，投資環境不僅未獲得改善，而且是急遽惡化，致使今年上半年外人投資，在去年已低的基礎上，再衰退 22％，顯然「拚經濟」只是口號，「拚選舉」才是實情。

最近兩週來，執政當局為了花蓮縣長補選，一口氣開出近 1,000 億元的選舉支票，為了明年總統大選，除已通過的 778 億元擴大公共投資與就業特別預算外，近日更宣布了許多利多承諾，如提高老農津貼、補助失業勞工子女就學、低收入者的學雜費減半、中小學教師退休金補助，以及今後三年擴大公共投資 3,000 億元等，層出不窮。這些支出不是不需要，但在財政困難情況下，應有輕重緩急之分，而且事前應作好周詳的評估與規劃。執政當局這種毫無章法的做法，不僅將拖垮政府財政，亦會搞垮整體經濟。國家領導人能不慎乎！

（民國 92 年 7 月 31 日　《經濟日報》二版）

2. 陳水扁總統執政四年經濟的四高與四低

陳水扁總統日前在「總統財經論壇」的電視節目中表示，他對經濟成績單不滿意；但在說明經濟表現的數據高於其他國家時，洋洋自得的情境，令人印象深刻。其選擇性的說詞，與游揆在年終記者會中報喜不報憂的做法，如出一轍。兩位國家領導人只揀好的說，而少觸及落後的事實，難免有誤導人民之嫌。

　　陳水扁總統特別強調，在經濟的「兩高一低」——高競爭力、高失業率及低經濟成長率的環境下，經濟發展有其困境。但若競爭力真正高的話，豈會有任何困難？實際上，陳水扁總統執政將近四年來，台灣經濟出現四高與四低現象，指標應該高的，反而低，應該低的，反而高，才是問題的關鍵所在。

　　指標應低實際反而高的，有：

　　一、高失業率——台灣在政黨輪替前，失業率長期維持 2％上下，達到充分就業。政黨輪替前夕，失業率亦僅 2.7％，但在政黨輪替後，15 個月內失業率連續突破 3％、4％及 5％，而竄升到 5.12％。而 5％以上的高失業率維持了兩年，直到去年第四季才降到 5％以下，全年平均失業率為 4.99％。不容忽視的是，去年第四季就業增加 9.9 萬人，完全是政府利用公共服務擴大就業方案僱用 7.2 萬人，及補助中小企業僱用 3 萬人的結果。此等短期性的救急措施，一旦年度預算用完不再繼續，失業率將會竄升到 5.5％以上，而不是陳總統所期望的會降到 4％以下。

　　二、政府債台高築——政黨輪替前政府債務已在不斷累積，但在政黨輪替後，債務增加更快更猛。政府債務占 GDP 比率，由民國 88 年的 24.2％，92 年驟升到 35.6％，四年間增加 1 兆多元，增加速度之快世界少有。而陳總統「四年不加稅」的承諾，及減免稅的大幅增加，這一趨勢如不能改變，不僅財政收支平衡目標無法達成，未來巨額的還本付息將更進一步排擠政府支出，而形成更嚴重的財政僵化問題。

　　三、窮人暴增——內政部發表的低收入戶人口 92 年 6 月為 17.7 萬人，較 88 年底三年半間增加 29.6％，與政黨輪替前四年增加 19.2％比較，大幅提升。另據家計調查最低所得組每人每月可支配所得 11,270 元，在目前生活水準下，應屬貧窮階級，其人口高達 295 萬人，高占總人口的 13.1％，每 7.6 個人即有一位是貧窮人口，其嚴重程度，遠超出一般想像之外。

　　四、高素質犯罪案件大幅提升——根據內政部統計，至民國 91 年刑事案件不僅創歷史新高，而且嫌疑犯的素質，三年來大幅提升，以 91 年與 88 年比較，三年間大專程度嫌疑犯增加 53.2％，研究所程度者更增加 1.1 倍，大專以上程度嫌疑犯增加人數，占總嫌疑犯增加人數的比率，高達 92％以上。再從嫌疑犯的犯罪前的職業來看，從事專業、技術、單位主管經理等高階人員嫌疑犯人數增加 59.3％，其增加的人數占總嫌疑犯增加人數的 88.7％。顯然過去三年增加的犯罪人數，幾全是高學歷、高層級的人，不僅顯示社會墮落得如此驚人，也導致投資環境的惡化。

指標該高事實上反而低的，有：

一、低經濟成長率——陳總統在電視財經論壇中所標舉的台灣經濟成長率高於其他國家，只是指一年而已，對民國 90 年台灣經濟負成長，則隻字不提。既然陳總統執政將滿四年，就該以亞洲四小龍 89～92 年四年平均每年經濟成長率來比較，台灣為 2.6％，僅高於新加坡的 2.4％，較香港的 3.8％、韓國 5.4％低，排倒數第二，與過去居四小龍之首，不可同日而語。

二、國民生活指標降低——行政院主計處公布的國民生活九大類指標綜合的結果顯示，自民國 82 年微幅上升，至 88 年達到高峰；在政黨輪替後，即逐年下降，至 91 年降至十年來新低。九大類中僅環境汙染有改善、社會參與有提升，其餘七項包括家庭生活、工作生活、學習生活、健康、安全、文化休閒均有下降，而以經濟安定降幅最大。

三、出口競爭力衰退——近來陳總統、呂副總統、游院長一再拿世界經濟論壇（WEF）發布的全球「成長競爭力指標」，台灣排名第五、亞洲第一而炫耀。但實際上，政黨輪替後四年（即 89～92 年）台灣出口僅增加 18.6％，與新加坡增加 29.4％、香港增加 30.2％、韓國增加 35.5％比較，敬陪末座。過去台灣出口曾高居世界第 11 名，近兩年卻與新加坡爭第 14 名。顯然實際出口競爭力，與理論上排名有相當差距。

四、投資率創新低——陳水扁執政後不久，在無預警的情況下，突然宣布已興建三分之一的核四發電廠停建，後雖復建，但其傷害已造成，再加以國際經濟不振，投資一落千丈，連續三年下滑，去（92）年投資率自 88 年的 23.2％，驟降至 16.3％，創 46 年來新低，這也是出口競爭力相對衰退的罪魁禍首。

國家領導人看到以上四高四低指標，還能為經濟施政洋洋自得、沾沾自喜嗎？

（民國 93 年 2 月 5 日　《經濟日報》二版）

3. 50 年來投資環境和財經政績目前最差

日前行政院副院長林信義，以納稅人的血汗錢，在各媒體刊載大幅廣告，宣揚阿扁政府的財經政績，並狠狠的批評過去 50 年國民黨政府財經政績一無是處。批評國民黨政府我們沒有意見，惟批評過去台灣財經政績一無是處，卻有商榷之餘地。

本報自民國 56 年創辦以來，即將屆滿 37 年，看著台灣經濟起飛、成長、

茁壯。本報不僅是台灣經濟發展的見證人，也是督促者，更是鞭策者，不能不為台灣過去經濟發展作見證，否則有失經濟專業媒體應有的責任。

林信義指出，「國民黨過去 50 年的一黨專政，……沒有專心打造台灣健康的財經環境。」過去如果沒有健康的財經環境，「經濟奇蹟」如何能創造出來？台灣光復初期，資源貧乏，民不聊生，是一個窮困落後的小島，到民國 60 年代初期，台灣在經濟發展方面的成就，即被國際間公認為是「經濟奇蹟」、「開發中國家典範」。其成功因素固多，但當年我們的財經前輩們，如尹仲容、嚴家淦、楊繼曾、李國鼎、孫運璿等，他們將人生最寶貴的時間，無我、無私、無怨、無悔與鍥而不捨的精神，為打造國家現代化與台灣同胞福祉，犧牲奉獻，以正確的政策，創造健康的投資環境，帶領國人團結奮鬥，共同努力，為重要關鍵所在，其貢獻不是任何人可以抹殺的。

林信義又指稱，在國民黨時代，「對於全球化趨勢也提不出完整策略」……「在阿扁總統帶領下，新政府團隊致力於投資環境的改善，成功地推動了企業轉型升級，導引前瞻重點產業的快速發展……」。實際上，早在 20 年前的民國 73 年，全球化尚未形成國際趨勢，俞國華出任行政院長後即開始推動經濟全面自由化，以「自由化、國際化、制度化」為經濟發展的基本政策，74 年政府召開「經濟革新委員會」，集產官學界代表，為期五個月，共同為經濟自由化與未來經濟發展作全面性規劃，以迎接全球化趨勢的到來。而且自民國 60 年代開始，至 70 年代上半期，在李國鼎與孫運璿領導下，所推動的科學技術發展方案、加強培育及延攬高科技人才方案，完成所有發展科技及技術密集產業發展的重要法規與配套措施，成立了相關的支援機構，包括工業技術研究院、資訊工業策進會、新竹科學園區與光電小組等，政府還主導推動台積電與聯電的成立。若不是過去許多前輩精心擘劃的先期作業，建立了相當深厚的基礎，能有今天前瞻性產業的快速發展嗎？

林信義還強調，在阿扁總統的帶領下，「將台灣經濟的國際競爭力推升到前所未有的排名」。林所指的國際競爭力排名，應是指世界經濟論壇（WEF）去年所提出的 2003 年全球競爭力排名報告。在成長競爭力方面，台灣排名第五，比過去三年有進步，可是比政黨輪替前的民國 88 年，台灣排名第四，還落後一名，如何能說「前所未有的排名」呢？

而且，構成「成長競爭力」的三項指標中，「技術」指標排第三，屬民間部門表現優異；但屬於政府部門的「總體經濟環境」與「公共政策」，則明顯落後，分別排名第 18 及 21。更由於政府部門的落後，缺乏執行能力，阻礙民

間活力的充分發揮，致使真正能代表國際競爭力的出口在世界的排名，反而倒退。在民國 70 年代，台灣出口曾在世界排名第 11 位，在亞洲僅次於日本，居亞洲第二位，更是四小龍之首。而近年來，在世界排名降為第 14 位，在亞洲排第五。在四小龍也退為倒數第二。能說「前所未有的排名」，而沾沾自喜嗎？

林信義所登的通篇廣告，好似台灣 50 年來阿扁執政投資環境最好，財經成就最佳。但老百姓不僅沒有如此感受，反而覺得情況更糟。實際上，阿扁執政第一年的民國 89 年 10 月 27 日，即在沒有預警的情況下，將已興建三分之一的核四發電廠停建，嚴重破壞多年來好不容易建立的投資環境；而且四年來政策搖擺不定層出不窮，致使國內投資一落千丈，連續三年負成長，投資率降至 46 年來新低。因而導致民國 90 年經濟淪為台灣光復以來首次負成長，阿扁執政四年平均每年經濟成長率只有 2.6%，為過去 50 多年來，任何四年平均的新低。失業率四年平均每年 4.43%、失業人口平均每年 44 萬人，均創歷史新高。僅此三項具體且具代表性的指標，即可證實「50 年來國內投資環境和財經政績，以阿扁執政時期最差」。

（民國 93 年 3 月 18 日　《經濟日報》二版）

4. 游揆任期三年經濟政績比較

行政院長游錫堃即將於下月中旬率內閣總辭。面對國民黨推薦由江丙坤組閣，他日前首次表態指出，蕭萬長於 86 年 9 月組閣，江丙坤擔任經建會主任委員，號稱「財經內閣」，但三年期間，也沒有一年經濟成長率比今年好；今年經濟成長率預估可達 5.93%，極有可能突破 6%，所以陳水扁總統的團隊沒有那麼不好。得意之情，溢於言表。不過，游院長即將任滿三年，而選擇其中一年，且以單一指標來比較，不僅有失客觀，也不公平。

既然蕭萬長與游錫堃擔任閣揆期間都是三年左右，即應以三年的總成績來比較：

首先就平均每年經濟成長率來比較——雖然游揆指出今年經濟成長率高達 5.93%，蕭揆任內（87～89 年）沒有一年過於此，但游揆任內（91～93 年）前兩年經濟成長率偏低，三年平均經濟成長率只有 4.4%，不僅低於蕭揆任內平均的 5.1%，而且游揆任內經濟成長率起伏較大，沒有蕭揆任內的穩定。

其次，以每人國民生產毛額（GNP）來比較——在蕭揆任內的民國 89 年，台灣每人 GNP 創下 14,114 美元高峰，游揆任內三年沒有任何一年超過，

亦即四年來每人 GNP 在退縮。不過比較政績，還是以三年平均的每人 GNP 比較才算公允。三年平均游揆期間每人 GNP 是 13,339 美元，較蕭揆三年任內平均的 13,199 美元，略增 1.2％。只是四年間每人 GNP 才提升 1.2％，實在太少了，雖未萎縮，但幾乎停滯，又有何政績可言？

第三，失業率──在蕭揆任內，三年都低於 3％，平均每年失業率 2.87％；但，游揆上任當年失業率即高達 5.17％，創歷史新高，後兩年雖下降，但三年平均仍高達 4.88％。游揆任內受失業波及的人口，三年平均高達 105.7 萬人，較蕭揆任內平均 61.8 萬人，增加 43.9 萬人，因而導致社會的不安，盜竊橫行，自殺不斷，甚至全家走上絕路的新聞不絕於耳。台灣老百姓在蕭揆與游揆兩任期間的工作、居住與生活環境，有如霄壤之別，游揆豈能不知？

第四，政府財政赤字比較──在蕭揆任內各級政府財政赤字平均每年不到千億元，可是游揆任內財政赤字平均每年超過 3,200 億元，較蕭揆任內擴大兩倍多，致使三年內債務餘額增加 9,000 多億元，累積債務高達 3.9 兆元，占 GDP 38.4％，負擔極為沉重。

雖然，蕭、游兩任內閣期間年年都有財政赤字，但公共支出不僅未對當年經濟成長作出貢獻，且是負貢獻。蕭揆任內公共支出對經濟成長的負貢獻，是-0.01％，而游揆任內負貢獻，擴大到-0.38％，成為拖累經濟成長降低的因素之一。

第五，高低所得差距倍數比較──按照五分位法計算的最高所得組每戶可支配所得與最低所得組每戶可支配所得的差距，在蕭揆任內三年平均為 5.52 倍，到游揆任期前兩年平均提高為 6.11 倍，顯然貧富差距狀況在游揆任期內顯著惡化。而且，在蕭內閣任內最低所得組每戶所得，除支用日常生活消費外，平均每年還有 21,148 元的儲蓄；但在游內閣的前兩年平均儲蓄已變為-4,325 元，亦即最低所得組每戶可支配所得，已無法滿足日常生活消費支出，靠動用過去儲蓄或借債度日，這也證實，在游內閣任內窮人增多的現象。

第六，國內固定投資來比較──蕭內閣任內雖非高速經濟成長，但卻是投資暢旺，不論國內固定投資或僑外人來台投資，都屬高峰期。但政黨輪替後，由於核四電廠在無預警情況下突然停建，震驚海內外，再加以意識形態治國、政策搖擺不定，在游揆任內投資大幅下滑。綜計游內閣三年任期內，國內固定投資較蕭內閣任內減少 15.6％，華僑及外人投資更減少 30％，顯示游揆任內國內投資環境，遠較蕭內閣任內惡化，對未來長期經濟發展有絕對不利的影

響。

最後，再以蕭揆、游揆兩任內經濟成長率與出口增加率，與亞洲其他三小龍來比較。蕭內閣任內平均每年經濟成長率 5.1％，低於新加坡的 5.2％，而高於南韓與香港，在四小龍中排名第二；游內閣期間經濟成長率 4.4％，雖較蕭揆任內低，但在四小龍中，僅低於南韓的 4.8％，亦排名第二。至於出口，游揆任內三年增加 38.4％，遠高過蕭揆任內的 21.5％；不過，在四小龍中的排名，蕭揆任內僅低於南韓排名第二，而游揆任內低於韓、新，反排名第三。

綜合以上各項重要經濟指標，游揆任內後期經濟較前期有改善，但整合三年任期內的經濟建設總成績，顯然較蕭內閣有落差，尤其在游內閣任內，治安、投資、工作、生活環境的惡化，影響深遠，亦最令人憂心，游揆豈能沒有感受？

（民國 93 年 12 月 30 日　《經濟日報》二版）

5. 誰憐中低所得者債台高築

台灣近年來經濟成長率大幅下滑，民間消費增長率下降更快，中低所得的消費者，多已借債度日，債台高築，日益嚴重，令人憂心忡忡。

一國經濟發展目的，在提高人民生活水準，讓人民過好的生活；當人民生活水準提升，消費支出必將增加，進而擴大國內需求，加速經濟成長，兩者相輔相成，相得益彰。台灣在民國 41 年至 88 年的 48 年間，平均每年經濟成長率高達 8.4％，同期間民間消費支出，亦同步以每年 8.4％的快速成長，成為支持經濟快速成長的主導力量，人民生活大幅改善，生活品質大幅提升，被各國譽為「經濟奇蹟」。

可是，政黨輪替五年（89～93 年）來，執政當局政策搖擺不定，且以意識形態治國，一切為選舉，不時挑起政治惡鬥，投資環境遭受嚴重破壞，平均每年經濟成長率驟降為 3.3％。由於成長減緩，平均每年每人所得僅增加 1.3％，而且失業率上升，消費能力大幅萎縮；加以不確定因素上升，在職者有隨時被裁員淪為失業者可能，有支出能力者也不敢大肆花費，致使消費支出增加率下降更為快速，僅及 2.4％。經濟成長緩、消費支出慢、內需擴大不足，經濟成長更緩；如不能及時突破，有陷入惡性循環之虞。

不過，長期民間消費結構變化卻朝向正確方向發展。台灣在民國 40 年至 65 年的 25 年間，食衣支出占民間消費比率高達 50％～65％，純粹是以衣食為主的低所得社會；自 65 年每人所得超過一千美元後，住與行受到重視，支出

大幅增加，占民間消費比率突破 30%，至目前維持在 37%上下，而食衣所占比率則相應降至 50%以下，目前更降至 28%。至民國 80 年每人所得接近一萬美元時，國人對於醫療、育、樂更為重視，連同其他支出，占民間消費比率突破 30%，目前升至 35%左右。近年來，民間消費以住、行、醫療、育樂支出為主，食衣支出比率大幅降低，已邁入中高所得、富裕社會的消費支出形態。

　　不過，如就五分位法高低所得組比較，政黨輪替以來，除最高所得組與最低所得組平均每戶間的所得差距擴大，顯示所得分配惡化外，更發現近四年（89～92 年），五分位組中，除最高所得組的 20%家庭，計 139 萬戶的每戶可支配所得，較政黨輪替前民國 88 年的可支配所得有增加外，其餘四組計 556 萬戶家庭的平均每戶可支配所得，均較 88 年低；顯然四年來每戶可支配所得縮減，已擴及 80%家庭。因此，這 80%家庭為維持既有的消費水準，不得不降低儲蓄以為支應，其中第 2、3、4 組中高所得者 60%的家庭平均每戶儲蓄，較 88 年分別萎縮 10%～33%，而第 1 組所得最低的 20%家庭，在最近四年中有兩年可支配所得無法支應消費的需要，淪為負儲蓄，不是動用過去的儲蓄，就是借債支應，情況極為嚴重。

　　進一步根據金融機構對消費者貸款統計分析，亦顯示中低所得者的債務負擔極為沉重：

　　一、全體金融機構包括信用卡發卡單位，至今年 5 月對消費者貸款超過 6.1 兆元，是政府債務餘額 4.1 兆元的 1.5 倍。而政府債務也要人民繳稅來償還，因此，人民債務的總負擔高達 10.2 兆元，相當去年 GDP 10.2 兆元的 100%。

　　二、金融機構對消費者的貸款中，個人消費性貸款及信用卡循環信用餘額，在 88 年底時，才 5,051 億元，去年底即驟增至 1 兆 3,647 億元。政黨輪替短短五年間，增加的消費性債務，即達過去 48 年累積債務的 1.7 倍。尤其信用卡及現金卡貸款利息高達 18%，加上各種手續費，合計超過 22%，每三年負擔即增加一倍，一年利息與手續費要花費 1,500 億元，負擔極為沉重。

　　三、此種個人消費性貸款、信用卡及現金卡放款，沒有抵押品，多以學生及中低收入者為對象，風險性極高，隨時有變成呆帳的可能。近年來由於投資不振，金融機構為爭取業務，大力推動消費性貸款，使消費性貸款在金融機構貸款中比例大幅提升，有兩家已超過警戒線，被外資分析師報告降低其投資評等。而一年多前韓國信用卡公司爆發財務危機，前車可鑑，不可不慎。

　　高消費雖代表台灣自貧困走向富裕的表徵，但這種借債消費，以維持基本

生活，不僅太沉重，也會侵蝕個人及社會競爭力。如何突破此一困境，深深考
驗執政當局的智慧。

（民國 94 年 7 月 28 日　　《經濟日報》二版）

6. 盲目躁進的二次金改難免後殃

　　財政部急躁推動台灣中小企業銀行（簡稱台企銀）民營化，引發該行員工
大罷工抗議，出售該行股權又流標；復以金控的急速擴大，帶來種種問題，使
各方質疑二次金改的正當性。財政部原是金融政策的決策者，當立委質詢二次
金改目標如何決定時，財政部長竟稱沒有參與，只是奉命行事。而負責金融監
理的金管會，明知二次金改是台灣最大、也是最後一次的財富重分配，關係重
大，竟未會同財政部研擬配套措施，提出二次金改整套推動方案，只知盲目執
行，不出問題才怪。

　　觀察陳水扁總統二次金改四大目標，無非藉擴大金控規模，提高國際競爭
力以求國際化。但問題關鍵在於理論上家數、規模均與競爭力沒有相關性；而
實務上，曾任英國金融監督委員會主席五年的戴維斯爵士即曾指出，英國金控
都不怎麼成功；而日本由第一勸業、富士及興業三大銀行合併成立的瑞穗金
控，在合併初期，即獲得總資產世界第一、虧損金額世界第一的雙料冠軍，合
併五年來仍然被國際知名投資機構評等為「E+」；國際清算銀行報告也指
出，全球銀行業在過去幾年的整併，並未提升銀行獲利能力。顯然家數多少、
規模大小與競爭力高低，關係不是那麼密切。如能國際化，全球都是市場，家
數多少不是問題；如不能國際化，即使規模擴大後，仍然在國內狹小市場廝
殺，造成壟斷，若欠缺有效治理與監管，勢必對國內經濟的穩定造成嚴重傷
害。

　　國際化提高國際競爭力，必先建構與國際接軌的自由市場環境。可是當前
台灣不論經濟或金融要國際化，因與中國大陸同文、同種，語言又相通，過境
大陸乃是國際化的一條捷徑；但兩岸不僅不能直航，兩岸金融交流，管制更為
嚴厲，毫無自由可言；而且以外幣計價的金融商品與各型基金，管制仍然很
多，與國際化均有長遠的距離。因此，金融自由化應先於大型化；如該等管制
不能徹底解除，即使金融大型化也無濟於事；尤其金控的控制權集中於少數家
族大財團，無異造就巨大的金融怪獸，在當前台灣政經不分的體制下，主管機
關如何能駕馭，怎不令人擔憂！

　　台灣金控自 90 年金控法倉促通過後，迅速成立 14 家金控，而政府有主導

力量的有 3 家，其餘 11 家中資產最大的六家，集中於三大家族控制之下；尤其金監法比金控法遲兩年通過立法，在這兩年立法空窗期中，民間金控併購的公股，在決策、過程不透明，缺乏有效監督下，不僅引發政府將屬於全民資產的公股銀行，賤賣給家族大財團的批評，實際上，也發生很多問題。

據銀行員工會聯合會統計，銀行購併後，已有 15,000 人離職，銀行專業人力迅速流失，而中年失業者痛苦，又有誰知？金控成立後，多以消費金融為主，而輕企業金融，致兩年半來國內銀行對民營企業的放款，只增加 12.5％，而對消費者的個人貸款，卻增加 40.2％，是前者的 3.2 倍。一個社會如沒有足夠企業金融的成長，創造整體的營收和所得，則消費金融的暴增，是建立在不穩固的基礎上；尤其中小企業融資，困難倍增，更值得注意。今年 7 月底彰銀增資股，被台新金控出高價得標，財政部甚為得意，認為是成功的案例，但台新金控用財務槓桿，對外取得 300 多億元的資金，即利用別人資金玩購併遊戲，主管金融監理的金管會卻無法可管，只能坐視。金管會成立的目的是保障全民的利益，而不是為金融機構的利益，但金控法中，多處為金控公司開了有恃無恐的後門，能不令人心驚！

當政府執意主導由民營金控吃下公股行庫，民間質疑造成社會資源分配不均，財富大量急速轉移時，正需要金管會發揮監督功能；但該會檢查局一年換了三個局長，現暫由該會副主委兼任，快三個月了還找不到適當人選，是一大諷刺。

我們要強調的是，金融自由化並非政府什麼都不管，而是不該管的不管，該管的不但要管，而且要嚴格的管。戴維斯爵士即指出，「金融業必須高度管理，不單是社會資源關係，更因為金融機構和消費者資訊不對稱」，「只有健全的管理，才能創造出健全的金融市場，投資人才有信心，市場將更能蓬勃發展。」因此，我們建議二次金改要除弊興利，必須有整套的推動方案，訂定優先次序，執行期間要合情合理。政務官要有擔當，豈能某人說了就算？

（民國 94 年 9 月 29 日　《經濟日報》二版）

乙、經發會「共識」執行 99％是騙人的

1. 對經發會兩岸組共識的評析

經濟發展諮詢委員會兩岸組經過四次分組討論，通過推動台海兩岸經貿發展基本原則及各題綱具體建議，將於本月下旬的全體諮詢委員會議討論通過之

後，送請政府參考執行。在經發會五組討論議題中，兩岸組的議題是最具爭議與敏感性之一，不過，這些議題能否獲得共識，將為能否突破當前經濟困局的關鍵所在。就兩岸組通過的建議案整體觀察，其中具有兩大特色，一是把握議題重點，確定調整的方向與原則，較少涉及細節；在大方向與原則通過後，細則交由執行部門處理，也比較具有彈性。二是除基本原則外，在五大題綱共獲得 34 項決議，而這些決議全部為共識，並無多數意見、其他意見。兩岸組的共識如在全體諮詢委員會議中，沒有與會委員反對，即成為大會的共識。依照陳水扁總統多次宣示，經發會的共識，政府一定執行；這些共識如能一一落實執行，相信對突破當前經濟困局應有助益。

其中推動兩岸經貿發展之基本原則為「台灣優先、全球布局、互惠雙贏、風險管理」，秉此原則，政府應積極改善國內投資環境，企業自會留在國內，並在經濟自主與國家安全考量之下，開展兩岸經貿往來。同時，將兩岸經貿納為全球發展策略之一環，台灣企業赴中國大陸投資，應是藉大陸的資源與市場，壯大自己，培養實力，邁向全世界。台灣經濟的持續開放與高度自由化、國際化後，與世界經濟融為一體，或更具廣闊的發展空間。

在兩岸組的五大題綱 34 項決議中，首先要指出的是改變戒急用忍為「積極開放，有效管理」，此不僅符合世界經濟自由化、全球化的趨勢，減少政府對市場的不當干預，也讓民間業者的潛能與活力較能發揮。雖對關鍵性產業、核心技術的移轉與對大陸投資金額有所限制，但將邀請業者與學者參與審查作業，可集思廣益，也可顧及現實狀況；至於投資金額的限制，也比過去較有彈性，並建立大陸投資動態調節機制，以降低對大陸投資整體風險。

其次，在加入世界貿易組織（WTO）與兩岸三通方面，通商部分目前兩岸商品貿易，出口產品項目並無限制，進口產品項目則有限制，而且兩岸進出口貨品必須由第三地間接轉運；服務貿易係以投資為主，則在嚴格管制之列。通郵及電訊部分，目前一般郵件往來已無限制，惟運輸則透過第三地，且小包及快遞仍有限制；通話往來已透過國際衛星及電纜直接進行，惟尚需經第三地藉機械轉接，並由第三者拆帳。此兩部分於加入 WTO 之後，將根據國際規範，開放兩岸直接貿易及直接通郵、通訊等。至於通航部分，現階段海運、空運皆以間接為原則。這次兩岸組通過整體規劃兩岸通航事宜，並透過兩岸協商予以落實推動。同時，在兩岸簽署通航協議之前，擴大境外航運中心功能及範圍，開放貨品通關入出境，並准許民間航運業者與大陸洽談航運業務合作事宜。如此，在兩岸協商之前，行政部門只要修改「境外航運中心設置及作業辦

法」，取消「不通關、不入境」限制，兩岸貨品即可透過「境外航運中心」直接往來，而且其修正完全操之在我。若經全體建立共識之後，行政部門應很快可以落實。至於空運，雖牽涉範圍比較廣大，需要協商才能進行，不過可由民間業者先行洽談合作事宜。另外則規劃設立兩岸經貿安全預警制度，處理相關國家安全及產業風險等事業。

兩岸組就上述兩大題綱所獲得的共識，雖對某些人士而言，還不滿意，但其得來不易，應該珍惜；對當前現狀言，也是一大突破。除此之外，對建立兩岸資金流動的靈活機制、積極推動大陸人士來台觀光及兩岸協商問題方面，也都獲得許多具有創意性的共識，值得肯定。

另有部分人士擔憂鬆綁戒急用忍，開放三通，資金或將大量流出，台灣經濟有空洞化、邊緣化之虞。但台塑企業已經表明戒急用忍鬆綁、開放三通之後，其輕油裂解廠不會出走，還會在國內大量投資。易言之，下游加工廠已不適留在台灣，移到大陸設廠生產，但其所需原料仍由台灣廠供應，惟其運往大陸貨品必須第三地（如香港）轉運，不僅成本增加，時間亦延長，不具競爭力。為降低成本，原料廠勢必也要外移。如果政府開放透過境外航運中心，即可將原料直接運往大陸，運費時間應可節省，原料廠不僅可留下來，不必外移，還可能繼續投資擴充。陳總統近日亦再三指出，唯有走到外面，才會有無限寬廣的空間和機會，有信心自然不怕競爭。如能在政策積極開放的同時，真正做到有效管理，則台灣經濟或不致有空洞化、邊緣化之虞。

（民國 90 年 8 月 16 日　《經濟日報》二版）

2. 開放 8 吋晶圓廠登陸決策不宜再拖延

去（90）年 8 月經發會達成以「積極開放、有效管理」取代「戒急用忍」政策的共識後，8 吋晶圓能否開放赴大陸投資，即成為大家所關注的焦點。但半年時間已經過去，由於決策者缺乏魄力與擔當，無法排除行政體系內的「石頭」，拖延迄今，阻力愈來愈大；先是副總統呂秀蓮與總統府秘書長陳師孟的公開質疑，繼之而來的台聯黨更明確表示反對立場，台灣教授協會正規劃本週六（3 月 9 日）走上街頭抗議，對政府施壓。一個經濟議題，泛政治化無限上綱，實非國家之福。日前行政院陸委會主委蔡英文在台聯立院黨團所舉行的座談會中，以「兩隻老虎」比喻，開放台積電與聯電 8 吋晶圓廠去大陸投資，有如放虎出柙，到時候不只吃了大陸的兔子，還會回來咬台灣的兔子。此一比喻更是不倫不類，荒腔走板到此程度，我們真不敢相信是出自政務官之口。雖然

蔡英文指出，台聯立委的轉述與她本意有出入，但她無奈地表示：「我不敢得罪台聯。」蔡英文過去一向能言善道，這次碰上台聯而退縮下來，顯示政務官難為，也為政務官悲。

中央研究院院長李遠哲日前以〈新春抒願──開展台灣理性思辨的空間〉一文，表示支持 8 吋晶圓廠赴大陸設廠，他並呼籲大家理性思辨，不要用簡單的二分法，「本土」或「非本土」，「愛台灣」或「不愛台灣」來分辨不同意見，應就事論事，理性溝通，彼此的智能方能不斷的成長。今天我們願響應李院長「理性思辨」的呼籲，對反對 8 吋晶圓廠赴大陸投資的意見，提出我們的看法。

歸納反對 8 吋晶圓廠赴大陸投資者的理由，主要認為開放 8 吋晶圓廠赴大陸投資，將使台灣半導體產業產值大幅下降、失業增加、IC 產業空洞化、大量資金外移產生資金排擠效應，將影響國內投資以及核心技術流失；尤其半導體產業的群聚效應，一旦移置大陸，加速大陸半導體的快速發展，回過頭來與台灣競爭，將使台灣半導體產業失去競爭優勢，而半導體產業是台灣產業的主流，一旦失去競爭優勢，將會拖垮台灣經濟等。

反對者的理由是植基於政府開放 8 吋晶圓廠赴大陸投資，對於設備、資金與技術完全開放，不加任何限制的假定。而且，產業發展是動態的，除非國內投資環境惡化到沒有新的投資，產業停滯在目前的水準，反對者所擔心的問題才會發生。但實際上並非如此，經濟部曾宣布其擬議中開放 8 吋晶圓廠赴大陸投資的門檻，是以「汰舊換新」的方式開放赴大陸投資，投資項目必須符合瓦聖納公約規定僅限 0.25 微米製程的晶圓設備、投資總額不得超過新台幣 2,000 億元，而且要依循相對投資概念，未來技術研發、智慧財產權必須歸屬台灣等。

依此等規定，開放赴大陸投資的 8 吋晶圓設備，是在國內已折舊完畢的舊設備，並限於 0.25 微米製程。而折舊完畢晶圓設備的殘餘價值，與新設備不可同日而語，目前全新 8 吋晶圓設備約新台幣 350 億元，折舊完畢的殘餘價值極低，如能移出再利用，可提升其價值至 50 億元左右。以 8 吋晶圓舊設備移往大陸，不僅不致產生資金大量外流，且能提高企業獲利能力，何況 0.25 微米製程是已成熟的技術，並非台灣核心技術所在。

更重要的是相對投資概念，赴大陸投資 8 吋晶圓廠商，必須在國內投資12 吋晶圓廠，估計目前投資一座 12 吋晶圓廠需要 1,000 億元，因而可以折舊完畢被淘汰的低階 8 吋晶圓廠，換來全新高階而且是未來半導體主流的 12 吋

晶圓廠。以相同製程計算，12 吋晶圓產出顆粒是 8 吋晶圓的 2.4 倍，而且 12 吋晶圓多以 0.13 微米製程投產，其產值是 8 吋晶圓 0.25 微米的 3.69 倍，總計 12 吋晶圓廠的生產效能是 8 吋晶圓廠的 8.86 倍，台灣的半導體產值為何會降低？如何會空洞化呢？同時，12 吋廠需要 1,200 人，較 8 吋廠的 800 人高出 50%，怎會增加失業？更何況目前國內半導體廠設備利用率不到 70%，超過 30%設備未加利用，將其移往大陸投資，並不會增加失業。由於目前全球 8 吋晶圓廠設備過剩，不可能出現像過去一般電子產業一窩蜂的大量赴大陸投資，只要國內投資環境不再惡化，絕大多數半導體廠商，會留在台灣發展 12 吋晶圓廠，群聚效應不致喪失，可以繼續保持我們的競爭優勢。

　　大陸目前國內半導體生產只能供應 15%，預計 2005 年可提高到 30%，其國內半導體產值將增加 10 倍以上。因此，國際間半導體大廠無不爭相前往大陸投資設廠或技術合作。若我政府遲遲不能決定 8 吋晶圓廠赴大陸投資的開放與管理政策，不僅使國內半導體廠商在國際大廠陸續登陸的競賽中喪失先機，更阻礙業者全球化的布局，甚至影響其在台灣繼續發展的意願，則其後果將極為嚴重。我們願呼籲當局，開放 8 吋晶圓廠赴大陸投資的決策，不能再猶豫再拖延了。

（民國 91 年 3 月 7 日　《經濟日報》二版）

3. 經發會共識能不打折扣執行？

　　去（90）年政府為拚經濟召開經發會，即將屆滿一周年。行政院經建會正奉命籌劃 8 月下旬召開周年紀念會，由經發會主任委員陳水扁總統親自主持，向去年的全體諮詢委員和社會大眾報告經發會「共識」一年來執行的績效。本報系的《聯合報》，針對經發會即將屆滿一周年，特於日前舉辦民意調查，發現這一年來，只有一成民眾感受到經發會「共識」的執行，對激勵國內景氣復甦有正面影響，但有 71%的受訪民眾不同意；儘管陳水扁總統多次宣示拚經濟，但有 48%民眾抱怨政府並沒有拚經濟；有 48%民眾認為政府規劃兩岸三通事宜過於消極，58%民眾抱怨政府沒有提供減緩失業問題的有效對策，73%民眾對當前經濟情勢表現不滿。此一調查結果，值得陳總統報告經發會「共識」執行績效時的參考與省思。

　　經發會落幕將近一年，不僅「共識」執行完成率偏低，實際進度更是落後。去年 8 月召開的經發會，雖獲得 322 項共識，但真正需要凝聚共識，突破阻力的應是兩岸組的議題，也是影響當前景氣與未來經濟發展的關鍵所在，最

後能獲得共識，確是得來不易，行政當局應予珍惜，盡早執行才是。根據行政部門的追蹤列管，這些共識已在執行中，但實際上，執行的績效與共識原來的目標，相差極為懸殊，甚至有的還未執行。

我們首先要指出的是，當時經發會諮詢委員討論兩岸三通問題，了解開放三通需要兩岸協商，非短時間所能實現，因而採取過渡性做法，不需修法，只要行政院修改行政措施立即可執行。因此，達到的「共識」是「擴大境外航運中心的功能及範圍，開放貨品通關入出境」。明眼人一看就知道，此一「共識」的重點在後一句「開放貨品通關入出境」，而且只要將行政院頒布的「境外航運中心設置作業辦法」中「不通關不入境」，改為「准許通關入出境」即可。但一年來陸委會一再在擴大其功能方面著墨，而對「開放貨品通關入出境」則一再拖延，因此效果不彰，與原共識預期效果相差十萬八千里，業者雖然抱怨不斷，但對主持大陸政策者又可奈其何！

其次，是以「積極開放，有效管理」替代「戒急用忍」，成立產官學專案小組，建立大陸投資新審查機制的共識。經濟部於去年11月成立產官學專案小組，也建立了若干新的機制，但在處理大家所關心的開放晶圓廠赴大陸投資時，發生了極大爭議，泛政治化、意識形態全部滲入。最後妥協的結果是，在極嚴格的限制與管理下，經濟部於今年4月24日公告開放8吋晶圓廠及相關產業赴大陸投資，經濟部還要成立部長級的「跨部會審查及督導小組」專事負責晶圓廠大陸投資的審查和追蹤。可是有關配套措施尚未完備，正式接受業者申請，還不知要拖到何時。至於石化上游工業是否開放赴大陸投資，專案小組尚未討論。不過，業者已認知所謂「積極開放、有效管理」的共識，執行時則變成「嚴格限制、有效管理，逐步開放」，與原來的「戒急用忍」有何差異？

第三，是「積極推動大陸人士來台觀光」的共識，其目的在加速發展觀光事業，帶動交通、娛樂、旅遊、旅館、飯店等觀光產業及周邊產業的發展與投資，加速經濟復甦與創造就業機會，紓解失業率攀高的問題。但陸委會僅先開放大陸旅居歐美海外人士，次擴大到港澳作短期旅遊者，何時才能真正開放大陸人民來台觀光，尚不得而知。此對期望藉開放大陸人士來台觀光，發展觀光事業，促進景氣復甦與創造就業機會，完全落空。

就以上三例而言，陸委會在執行經發會「共識」時，採取分段的做法，似在以拖待變，使政府拚經濟的意義完全喪失；表面上看「共識」已在執行，實際上執行的程度與原預期相差甚遠，也不符陳水扁總統一再宣示「經發會共識百分之百的執行，決不打折扣」的承諾。

最後，我們要指出的是「化解九二共識之分歧」的共識。去年經發會討論時，兩岸組部分委員認為兩岸如不能恢復協商，不僅關係著兩岸組所獲得的許多「共識」能否落實執行，也為台灣面臨經濟困境能否突破的關鍵所在。雖有部分委員有不同意見，但經充分討論溝通後，而獲得「建議政府盡速凝聚朝野共識，化解九二共識的分歧……」的共識。依理政府應在此共識達成後，迅即邀請在野黨溝通。但事實上，陳水扁總統於去年 12 月 1 日立法委員選舉前發表他的《世紀首航》一書，指出承認「九二共識」，就是接受「一國兩制」、「使中華民國滅亡」。陳總統在行政部門尚未與在野黨溝通協調前，驟然下此斷語，不啻已完全封殺有任何「九二共識」的可能。陳總統如此預設立場，不但阻斷行政部門與在野黨溝通協調化解對「九二共識」歧見的機會，也違背陳總統在經發會預備會議致詞中，所宣示的三個決心之一的「決心不預設立場」。此一「共識」不能落實，又如何能使經發會 322 項「共識」，百分之百不打折扣的執行呢？

我們真不知道下月召開的經發會周年紀念會，陳總統要親自主持，向全體諮詢委員和社會大眾報告經發會「共識」執行績效時，對以上所指尚未執行，或表面上已在執行，但毫無實質效果的「共識」，如何解說？

（民國 91 年 7 月 25 日　《經濟日報》二版）

4. 彷彿又回到「戒急用忍」時代

陳水扁總統於本周一晚接受電視專訪表示，處理兩岸關係，不能只單純考慮互惠互利，而必須把「有效管理」納進來。要先加強「有效管理」，才能「積極開放」；對半導體、面板、封裝測試開放前往大陸投資，目前仍有困難，未來要看兩岸整體狀況變化，在加強「有效管理」之下，才有可能進一步調整，政府並沒有開放時間表。他呼籲立法院盡速通過「敏感科技保護法」，讓政府更好落實「有效管理」。產業界本以為此時陳總統接受媒體專訪談財經問題，會放出利多消息，不料在聽過專訪後，不僅錯愕，發覺兩岸經貿政策更趨嚴峻，而且彷彿又回到李登輝前總統的「戒急用忍」時代！

可是，早在四年前的民國 90 年 8 月經發會所獲的一項最重要「共識」，就是以「積極開放、有效管理」來取代「戒急用忍」，建構穩健的兩岸經貿政策。陳水扁總統曾多次在各種場合一再重申，經發會的「共識」他將不打折扣百分之百落實執行。但四年來政府的做法，經陳總統在專訪中點明後才豁然開朗：政府處理兩岸經貿問題的基本策略是「加強管理、慢慢開放」，待「有效

管理」加強到執政當局認為滿意後，再俟機開放；與經發會共識「積極開放、有效管理」的基本態度，完全背道而馳。

經發會後政府開放半導體業者赴大陸投資，採總量管制，曾允諾三座 8 吋晶圓廠赴大陸設廠，除台積電已赴大陸設 8 吋晶圓廠外，後繼的半導體業者力晶與茂德，分別於去年底及今年初提出赴大陸投資興建 8 吋晶圓廠的申請，但經濟部迄未召集跨部會審議。據有關部門透露，除陸委會外各有關單位都已同意，只等召開審查會議通過。可是卡在陸委會這一關，連審查會都開不成，又如何能通過？然而根據國際半導體設備及材料協會（SEMI）日前公布的最新報告指出，未來四年內中國大陸將興建 20 座新晶圓廠，呈爆炸性成長。待將來政府准許力晶及茂德赴大陸投資時，該兩企業勢必要慎重考慮，是否還有投資機會，將是很大的問題。

至於已去大陸投資的台積電，限制在 0.25 微米的技術製程，不准高階技術登陸。可是事實上目前大陸晶圓廠採用高階 0.18 微米技術製程比例已高達一半以上，也有部分採用 0.13 微米，甚至是 90 奈米作為設計平台。台積電大陸廠限用 0.25 微米技術製程，已無法競爭，要求政府開放 0.18 微米技術登陸，也未獲得允准，導致台積電客戶有轉單之虞。

日前全國工業總會邀請行政院副院長吳榮義、經濟部長何美玥等開會，業者當面要求政府盡速開放赴大陸投資輕油裂解廠，並宣稱如再不開放，台灣石化業者就沒有機會了。與會的何美玥部長表示，能夠理解，她也同意業者的看法，而且指出經濟部分析，石化業全面赴大陸投資，在資金、技術上都不成問題，經濟部工業局也表示，早在兩年前就已向政府高層建議，開放兩家輕油裂解廠赴大陸投資，但政府高層卻不為所動。目前大陸正在規劃第 11 次五年計畫，市場需求極大，各國業者紛紛投入，政府不准台商前往投資輕油裂解廠，只是把市場拱手讓人，不僅對台灣石化工業不利，對整體經濟發展也有負面的影響。

國安會高層曾就經發會共識的「積極開放、有效管理」政策，邀請財經部會首長進行檢討，會中對「積極開放」隻字不提，全部議程皆在如何「加強有效管理」上著墨。不僅要成立跨部會專案小組，在人才、資金、技術等方面加強有效管理，而且要動用各方面資源，就台商違法赴大陸投資與技術合作案件進行調查；更要對台商經第三地登陸投資，是否具有支配性的影響力，也將進行查處，因而有和艦案的發生。政府看待赴大陸投資的台商，連小偷都不如，較諸過去「戒急用忍」時代，有過之而無不及。

　　當年經發會在研討兩岸經貿關係時，為在經濟全球化、區域化，以及大陸經濟崛起的大趨勢下，開創台灣經濟新局、互惠雙贏，維護台灣競爭優勢，並保障國家社會安全，而達成「積極開放、有效管理」的共識，旨在以積極的態度處理兩岸經貿問題，輔以有效管理，以避免對台灣產生不利的影響。而陳總統的決策，以及政府實際做法，則是從負面的態度去思考，反而是自我設限，使原具優勢的高科技產業，未能與時俱進，以保護之名行鎖國之實，已嚴重傷害台灣高科技產業的發展。我們深信，當前不論世界經濟大勢還是兩岸經貿關係，已是一個新階段的開啟；執政當局必須積極面對，以新思維處理兩岸經貿問題，盡速調整現有策略，庶幾台灣經濟尚能有一些機遇。

（民國 94 年 6 月 30 日　《經濟日報》二版）

5. 第一次經發會「共識」執行 99％是騙人的

　　自 11 月 1 日陳水扁總統接受工商界的建議，於三合一選舉後召開第二次經發會，即遭學者及輿論界的反對，認為當前台灣經濟問題，不是召開第二次經發會所能解決，有的甚至坦率指出，已被騙過一次，還能再騙一次嗎？顯示國家領導人只會玩政治搞選舉，缺乏決心與誠意解決財經問題。但政府還是積極籌劃二次經發會的召開事宜；不過，細察工商界及總統經濟顧問小組，所擬提出第二次經發會討論的議題，發覺除極小部分外，絕大多數而且是比較重要的關鍵性議題，都未超出第一次經發會所獲「共識」的範圍。

　　因此，第一次經發會的「共識」，如能真正照陳總統在第一次經發會及其後多次在不同場合所再三承諾的：「經發會的『共識』，政府將百分之百不打折扣執行」；我們相信當前台灣經濟應不會這麼慘！可是總統經濟顧問林信義及經建會主委胡勝正卻先後指出，第一次經發會「共識」的執行效率高達99％。果然第一次經發會勞師動眾，集全國菁英於一堂，共謀對策，凝聚的「共識」，執行了 99％，當前經濟還這麼慘，那再開第二次經發會，就能產生效果了嗎？抑或所謂 99％的執行率是不正確的，甚至是騙人的，就更值得深入檢討了。

　　首先就總統經濟顧問及工商團體代表，都認為改善兩岸經貿關係，應是第二次經發會要討論的最關鍵議題來看。建議討論的議題包括明確要求階段性開放兩岸定點直航、放寬企業投資大陸不得超過淨值 40％上限、定時檢討管制登陸的投資項目、簽署投資保障協定與租稅協定等等。然而這些建議再討論的議題，在第一次經發會中都早已獲得「共識」，且在政府的執行報告中都列為

「已完成」的工作；為什麼工商界還要再提出在第二次經發會討論呢？

　　經深入查究後發現，許多「共識」的執行完成，是指主辦單位對該「共識」研究評估或規劃推動架構完成，尚未推動執行。如放寬對大陸投資 40％上限；執行報告辦理情形是已修正發布有關法規，建立動態調節機制，架構大陸投資安全網，以降低對整體經濟可能的風險，對放寬 40％上限，隻字未提就算已執行完成。再如簽署兩岸投資保證協定與租稅協定；執行情形是協商規劃方案基本架構已完成，須視兩岸互動情況加以推動，尚未推動也算執行完成。還有開放兩岸定點直航；按照現行「境外航運中心設置作業辦法」，大陸福州、廈門港與高雄港境外航運中心間船隻可直接往來，但貨物不能出入關進出台灣，只能轉口。因此第一次經發會「共識」是擴大境外航運中心功能及範圍，開放貨品通關入出境；執行情形是境外航運中心的功能及範圍是擴大了，但並未開放貨品通關入出境，等於沒有開放貨物直航，只缺臨門一腳，完全沒有發揮共識的應有效果。與此同類的如開放陸資來台投資土地與不動產，但只准投資人一年來台四次，總共停留天數不得超過 31 天；那大陸投資人在台灣買房子不能多住點時間，買房子做什麼？又如開放大陸人士來台觀光，而將大陸人士分成三類，准許第二、三類旅居海外的人士可以來台觀光，但對第一類大陸居民也是可能來台最多的人則不開放，如此點到為止欲放又關的執行做法，哪能產生應有的效果？

　　再看工商界建議第二次經發會討論改善投資環境、提高行政效率；在第一次經發會中專設投資組共獲得 75 項「共識」，而其中有關改善投資環境中之「為降低國家亂象，盡速進行二級政府體制再造，解決因中央、地方政府政策不同調，所產生的投資環境之非經濟因素障礙」，與提高行政效率之「政府應精簡機關，淘汰冗員，有效縮減人事費用」兩項「共識」，執行報告列為「已執行」或「已解除列管」。但看到最近雲林縣政府對中央積極推動的兩大投資計畫——台塑大鋼廠與國光石化，要求法制化回饋機制而嗆聲，以及最近國際間評比都將台灣政府行政效率評比名次降低，可見第一次經發會的這兩項「共識」，不是沒有執行就是執行沒有效力。

　　由於篇幅限制，僅舉以上數例，即可了解第一次經發會的「共識」，雖大多數都已執行，但由於執政當局缺乏誠意、決心與魄力，乃至別有用心，而使執行發生偏差；有的是故意欲開又關，掩人耳目的做法；有的根本還未執行，僅評估或規劃完，並未推行，就列為「已完成」，簡直是作假騙人。因此，只要執政當局認真檢討，拿出誠意、決心與魄力，有效貫徹執行第一次經發會的

所有「共識」，相信經濟定會改善，也不需要再開第二次經發會了。

（民國 94 年 12 月 22 日　《經濟日報》二版）

6.「積極管理」政策　一夕倒退 50 年

自今年元旦陳水扁總統將有關兩岸經貿關係的「積極開放、有效管理」，改為「積極管理、有效開放」政策後，國安單位與行政院陸委會等行政部門，即積極研擬具體管理措施，聞日前已完成初稿，不久即將公布實施。不禁使人回想起 50 年前，尹仲容先生為突破當時「積極管理」的禁錮，推出一連串改革開放政策，促成其後台灣 30 年的經濟快速成長，也累積了大量資源，卻變成近十年來內耗的本錢。更沒想到 50 年後的今天，又要重回 50 年前的「積極管理」政策，真不知今世何世，怎不令人唏噓！

台灣光復初期，由於物資短缺，而且是「生之者寡，食之者眾」，政府不得已採取了「積極管理」措施，希望在政府「積極管理」之下，使資源能作有效分配。但結果適得其反，不僅阻礙了市場機能運作，而且凡是在政府管理下的資源，多有黑市產生；如外匯有黑市匯率，物資有黑市價格、資金有地下錢莊、黑市利率等等不一而足。而且在取締違規的藉口下，又訂定出許多進一步具體管理措施，複雜程度使業者與人民無所適從；如新台幣兌美元匯率即多達一百多種，市場混亂至極。問題更嚴重的是，各主管機關的主辦人員，因掌握核准與否的生殺大權，藉機索取好處，更成為貪瀆的大溫床，腐化敗壞的根源。

時至民國 46 年底，領導當局鑑於外貿市場的混亂，指定有關財經首長組成改革外匯貿易小組，研提外貿改革方案。小組在研擬外貿改革方案時，有兩派不同主張：其中一派認為當時台灣經濟已從危急狀態轉到安定，尤其通貨膨脹由兩位數降到一位數，當時的制度有其貢獻，雖有問題，可從技術面加以改善；如進行全面改革，風險太大，如新台幣大幅貶值，通貨膨脹有死灰復燃之虞，實在不宜，被稱為保守派。另一派的主張，則可歸納為：第一，台灣資源貧乏，必須依賴對外貿易才能持續的發展；當時雖有美援進口大量物資供應所需，但美援不能久恃，隨時有停止的可能。第二，當時出口以糖、米、鳳梨罐頭與香蕉等農產品與農產加工品為主，因受到耕地面積限制與氣候的影響，不僅無法擴充也不穩定，因而主張外貿政策必須從消極的限制進口改為積極的鼓勵加工品出口。第三，出口收入增加後，即有能力放寬進口及外匯管制，逐步走向貿易與外匯自由化。第四，為鼓勵出口，新台幣必須大幅貶值，並由多元

匯率走向單一匯率，且由市場決定匯率。總而言之，就是要將當時的外貿制度，全面性徹底改革，被稱為改革派，其主要代表人物即尹仲容先生。兩派討論各持己見，爭論不下，乃將兩案各舉利弊得失，併案呈報行政院。

行政院於 47 年 4 月核定全面改革的主張，使「開放政策」上路，並指定尹仲容先生接任行政院外貿會主任委員，主持外匯貿易全面性改革事宜。經過兩年多的努力，由多元匯率改為單一匯率，新台幣兌美元自 24.78 元貶值到 40 元，一直維持到 62 年 2 月才升值，進口與外匯管制大幅放寬。

至民國 48 年冬，外匯貿易改革獲得初步成果，增強尹仲容先生推動全面經濟改革的決心，於是研擬「加速經濟發展方案」，包括兩大部分：一是推動 19 點財經改革，將過去應付非常狀態的措施，盡量予以解除，使一切經濟活動正常化，以恢復市場機能，並創立資本市場、健全金融體系，以及進一步放寬外貿管制，逐步使貿易自由化，新台幣自由兌換，亦即實施「積極開放」政策。另一是訂定「獎勵投資條例」，以租稅減免措施鼓勵儲蓄、投資與出口。經與有關財經首長商討獲得共識後，於 49 年報行政院核定，「獎勵投資條例」經立法院通過實施。

經過一連串改革，有效執行「積極開放」政策後，自 51 年至 80 年的 30 年間，台灣出口以美元計每年增加率高達 22%，帶動經濟成長每年達 9.2%；物價除石油危機外，都很穩定；失業率 57 年開始低於 2%，至 86 年的 30 年間平均每年僅 1.82%，進入充分就業境界。成果卓著，被國際間譽為「經濟奇蹟」，開發中國家經濟發展的典範。可惜尹先生沒有親身目睹他「積極開放」政策的成果，於 52 年時年 61 歲即因積勞成疾英年早逝。當時國人對尹先生極為尊敬，稱他為台灣的歐哈德。歐哈德係西德戰後經濟復興的最大功臣，在西德被當作英雄看待，也可看出當時國人對尹先生的尊敬與愛戴。

現在談起當年推動的一連串改革，似乎很簡單，但在當時艱困複雜環境下，主持者不僅要有高度智慧、前瞻性的視野，更要有絕大的勇氣與魄力，排除萬難，貫徹執行。當今全球化、區域化世界大勢下，經濟交流已無國界，而台灣卻退回到 50 年前的「積極管理」，進行鎖國主義，真不知國家領導人，要將台灣置於何地，真是台灣 2,300 萬老百姓的悲哀！

（民國 95 年 3 月 23 日　《經濟日報》二版）

丙、政府施政與民意背道而馳

1. 政府施政與民意背道而馳

去（94）年是台灣光復 60 周年；在過去 60 年間台灣從殘破廢墟中，創建了經貿大國，被國際間譽為經濟奇蹟。自 1952 至 1995 年的 44 年間，平均每年經濟成長率高達 8.7%；但 1996 年李登輝前總統推出「戒急用忍」政策後，至政黨輪替前的 1999 年，四年間平均年經濟成長率降為 5.7%；陳水扁執政後，以意識形態治國，2000 年至 2005 年的六年間，平均年經濟成長率更降至 3.5%。由以上三階段看來，經濟成長率是每下愈況，而貧富差距卻不斷擴大，失業率更是步步高升。國際間有識之士，對台灣政府重政治輕經濟，未能利用大陸經濟崛起的機會，促使經濟更上一層樓，殊為惋惜。但對台灣 2,300 萬同胞而言，豈止可惜，人民已陷入痛苦之中。

本報循例每半年舉辦「產業景氣及企業投資動向調查」，去年底獲得兩項重要結果：一是產業界對政府經濟施政不滿意度創歷次新高，高達 78.7%，滿意度僅 5.2%，創歷次新低；二是期望政府現階段實現兩岸三通（主要是兩岸直航），列為施政第一優先。同時，《天下雜誌》也於年底前針對 1087 位 18 歲以上國民，進行 2006 年國情調查，結果 64% 的受訪者不滿意台灣目前的經濟表現，約七成人民覺得社會失去公平正義，83% 感受貧富差距加劇；展望 2006 年期望多些經濟，少些政治惡鬥，主張三通、更公平的社會制度、更清廉的政治領袖、負責的政黨政治，與本報的調查結果不謀而合。台灣的老百姓與產業界對當前經濟表現的高度不滿與對兩岸直航的期待，並無歧異。

可是一向自詡接近民意的陳水扁總統元旦談話，卻推出「2007 年公投制憲」，引起國內外質疑，尤其美國提出不同意見，至目前還在協調溝通尚未達成共識；一旦落實推動，必將引發朝野惡鬥，政經不安勢將更形惡化。至於兩岸經貿關係，陳水扁總統更將四年多前經發會達成的「積極開放，有效管理」共識，顛倒為「積極管理，有效開放」；而且強調做不好管理，寧可不開放，進行鎖國主義，震驚海內外。陳水扁施政，與民意背道而馳，而且越離越遠，也違背民進黨創黨的核心價值。

陳水扁總統過去談話，一向初一、十五不一樣，元旦談話完全搞政治、輕經濟、緊縮兩岸經貿關係；但很可能過不久，碰到另一次談話機會，主張開放，施政以經濟建設為主軸，也不無可能。可是問題在於行政院長謝長廷，於

陳水扁談話後，立即召集財經部會首長舉行緊急會議，研提各項積極管理措施，發揮高度行政效率，迅速獲得六項結論，並由謝院長親赴官邸報告所獲結論及落實做法。而各有關財經部會首長也全部動員起來，於是「鑑識會計」制度出爐，政府要派本國或國際會計師，到大陸查台商的帳，也不管能不能實施，先提出來再說；敏感科技保護法要迅速完成立法，以及對大陸投資 2,000 萬美元以上，自過去的專案審查改為積極管理的對象等等高招紛紛出現。這種只顧自己保住官位，而不顧企業生機、置民生福利於度外的官僚，不僅令人不齒，也阻擋了陳水扁總統日後轉圜的機會。

大陸經濟的崛起，雖對鄰近國家造成威脅，但如能善加利用，也是一個大好的發展機會。以大陸鄰近的韓國為例，近年來韓國對大陸投資大幅增加，已超越台灣，帶動韓國對大陸出口的快速增加，使韓國產品在大陸進口市場的占有率，自 1996 年李登輝推出「戒急用忍」時的 8.99％，去年 1 至 11 月提升到 11.7％；同樣的東協國家產品在大陸進口市場占有率，更自 7.7％邊升到 11.32％；而台灣產品在大陸進口市場占有率，卻自 11.66％降為 11.26％，反落於韓國及東協國家之後。更由於韓國及東協國家對大陸高速出口帶動了經濟快速成長，反觀台灣政黨輪替六年以來，平均每年經濟成長率僅 3.5％，不僅在四小龍敬陪末座，也落在東協馬、泰、印尼、菲律賓及越南之後。

實際上，台灣民間的經濟實力與潛能，遠高於東協各國，在四小龍中也首屈一指，加以與大陸同文、同種、語言相通，本可藉大陸經濟的崛起大展鴻圖。可是台灣經濟反而在政府鎖國政策箝制下，逐漸邊緣化，更將提前空洞化。落到今天這個地步，誠屬 2,300 萬人民的悲哀，國家領導人尚能談笑自若、無動於衷嗎？

（民國 95 年 1 月 12 日　《經濟日報》二版）

2. 蘇游盲從　必陷民進黨於不義

自陳水扁總統女婿趙建銘的台開案爆發，牽引出一連串扁政府、第一家庭及其親家等特權與貪瀆弊案，全民憤慨，走上街頭「嗆扁」，並要求罷免總統或倒閣之際，行政院長蘇貞昌與民進黨主席游錫堃之言行，令人質疑。

陳總統因駙馬爺弊案纏身，被迫釋出「權力下放」的緩兵之計，蘇院長認為總統權力下放的是人事權及政策主導權，他儼然成為最具實權的最高行政首長。故當在野黨欲推動罷免案或倒閣案時，陳水扁還未吭聲，蘇院長立即挺身而出，直指罷免總統是「抄家滅族」。蘇院長此語一出，雖未全國譁然，但有

識之士認為極其不當；「抄家滅族」是封建時代帝王對臣民的一種最殘酷的懲罰，而今已是民主時代，人民行使憲法所賦予的神聖權利——罷免權，竟然被蘇院長汙衊為「抄家滅族」。

無獨有偶，日前陳水扁總統在接見美國在台協會理事主席薄瑞光時，對最近老百姓及在野黨持續升高要求總統下台的行動，強調誰犯罪誰受罰，不能無限上綱到要「株連九族」，向薄瑞光告洋狀。我們的總統與行政院長都是學法出身，竟然用這種封建時代的思維來混淆視聽，顛倒黑白，欺瞞國人。這已不是政見不同，藍綠立場相爭，而是從根本侮辱了民主憲政最具代表性的「人民權利」。

陳水扁總統同時對薄瑞光聲明，他宣布「權力下放」，「只是在黨務與政務運作牽涉的一些技術性協調問題作一些改變，絲毫不影響總統職權」。不知蘇揆聽到此語作何感想。而且陳總統也透過「阿扁總統電子報」，痛批在野黨，並誓言進行絕地大反撲。陳水扁不認輸的律師性格，大家是了解的，但問題嚴重的是，民進黨主席游錫堃日前突然公開宣布，他要配合陳總統演出，動員民進黨自本周起「絕地大反攻」，也就是對在野黨進行全面開戰，人民的痛苦日子，更要延續。

游錫堃表示，日前他將印滿三張 A4 紙有關涉及第一家庭的弊案或爭議，向總統府查證，得到非常明確的答覆，陳水扁總統及第一夫人吳淑珍未涉台開案及 SOGO 經營權爭奪戰的 SOGO 禮券案。因此，民進黨決定本周起「絕地大反攻」。但我們對游錫堃此種不成熟的舉措，提出下列質疑：

一是當你抓到偷東西的小偷，問他有沒有偷東西，小偷第一個反應自然會堅決的說沒有。趙建銘被收押後，檢調盤問有關台開弊案時，他一再說「沒有、不知道或忘記了」；但十多天後檢調突破其心防，始承認「三井宴」有談台開購股事。更何況信譽一向不佳的陳總統，他的答覆或保證能信嗎？

二是寫滿 A4 紙三張有關牽涉到第一家庭的弊案或爭議一定很多，絕不只台開案與 SOGO 案兩項，其他弊案或爭議，游錫堃並未對外公布，是否都已獲得非常明確的答覆，必須統統公布出來，讓國人了解真相，才能口服心服。否則更增添疑惑。

三，以游錫堃所舉 SOGO 禮券案之例，陳水扁總統承認，在金孫滿月時，曾收到 SOGO 禮券 10 萬元，用掉 3 萬元。可是今年以來，SOGO 禮券案再度被掀起時，總統府曾於 4 月 13 日正式發布新聞稿指出，第一夫人吳淑珍曾與友人集資購買 SOGO 禮券，已用掉 4 萬多元。不僅數字前後有出入，而

且禮券來源也不同。俗語說，說了一個謊，要以十個謊來掩蓋也蓋不住，正是如此。更何況檢調單位已查出數位貴夫人集資購買 SOGO 禮券，已達數百萬元，是否向第一夫人購買，則看檢調是否敢向上調查，並約談當事人，同時進行測謊而定。不知游主席對此有何看法？

　　　　四，當年第一夫人曾聲言，如陳由豪送錢進官邸，她和陳總統就退出政壇。而今民進黨前立法委員沈富雄證實陳由豪所言屬實，而且他陪同陳由豪兩次進官邸，每次攜現款 300 萬元交吳淑珍。游主席的三張弊案清單想必會有此一題，陳總統如何答覆？

　　自趙建銘收押後，除內線交易外，還有買官案、聯貸關說案、炒地皮案、吞併公營銀行案、侵占捐款案等等，真是罄竹難書。此等弊案雖與總統沒有直接關係，但趙建銘與趙玉柱如沒仗著總統的光環，他們能有如此翻雲覆雨的影響力嗎？總統雖沒有法律責任，也應負起政治及道德責任。更何況總統、夫人、兒子、女兒所收受的名表、珠寶、名車，不下數十筆，不能任由一兩位當事人出面否認，就瞞天過海混過去？

　　游錫堃主席以如此粗糙手法稱黨已調查完畢，而置檢調司法於不顧，據以為與在野黨抗衡的理由，不僅不夠充分，難以取得全民信服，而且如硬幹，必引起雙方對抗，將非全民之福，亦必陷民進黨於不義。

（民國 95 年 6 月 13 日　《經濟日報》二版）

3. 忽視人口老化未來將是災難

　　行政院經建會日前更改台灣人口推計；兩年前推計民國 111 年進入人口零成長，現在提前四年，107 年即進入零成長。人口零成長的提前到來，引發一連串效應；包括學齡人數驟降、高齡社會提早到來、工作年齡人口比率降低，對社會經濟將造成重大影響，不能掉以輕心。

　　人口推計的重要指標依據——台灣婦女總生育率（即每位婦女一生平均所生小孩數），近年迅速下降，自民國 85 年的 1.76 人，90 年降為 1.40 人，92 年再降為 1.235 人。兩年前經建會即以 1.215 人的總生育率，作為人口成長推計的基礎；孰料今年 1 至 5 月總生育率已降到 1.09 人，迫使經建會不得不重新推計。不過，兩年前經建會依過去趨勢所推計的總生育率 1.09 人，即落在 95 與 96 年間，與實際情況較為接近。然而經建會雖每次都作了或高或低多種人口推計，但習慣上都以中推計作為政策的參考，結果實際上落了空。今後是否再選擇中推計作為政策的參考，值得慎重考慮。

今後新生兒的大幅減少，加上高齡人口的快速增加，將造成台灣人口年齡結構的急遽變化。據經建會最新推估的中推計，15 歲以下的幼齡人口與 65 歲以上高齡人口比例，自目前的 1 比 0.5，至 140 年變為 1 比 4.7，對比差異高達九倍。亦即台灣人口年齡結構形態，自過去早年的金字塔形態，轉變為目前青壯人口較多的燈籠形態，今後 20 年將逐漸進入高齡社會的金鐘形態；20 年後，再進入上寬下窄，頭重腳輕，極不穩定的上粗下細的瓶罐形態。屆時台灣將是「生之者寡，食之者眾」的艱困時代；如不能及早規劃因應，其後果堪慮。

依據經建會最新中推計的三階段人口結構迅速改變來看：學齡人口，未來十年進入國小的 6 歲人數與進入國中的 12 歲人數，將分別較目前減少三分之一；進入大學的 18 歲人數亦減少五分之一以上。在短短十年內學齡人口如此大幅下降，對各級教育的衝擊極為嚴重。不僅學校招不到足夠的學生，原有校舍空間閒置，甚至偏遠地區學校要合併或廢校；教師供需失調嚴重，現有教師過剩，沒有學生可教，每年培育養成的老師找不到工作，以及基層技術人力供應不足等等問題將接踵而來。

工作年齡人口，15～64 歲工作年齡人口占總人口的比率，未來 15 年間尚維持在 70% 左右，之後開始下降，至 140 年降為 55%。其對 65 歲以上高齡人口的扶養比，將自目前之 7.2 比 1，115 年降為 3.3 比 1，140 年更降為 1.5 比 1。屆時每 1.5 個工作年齡人口要負擔一個高齡人口，其負擔之重可想而知；且非少數家庭，整個社會都將如此。問題還不止於此，工作年齡人口數到民國 110 年前後開始減少，30 多年間要減少三分之一；更嚴重的是屆時青壯人力（15～44 歲）比率大幅降低，中老年齡人力（45～65 歲）比率大幅增加，後者自目前的 31% 至 130 年前後即超過一半。亦即民國 110 年前後開始，台灣工作年齡人口不僅量在減少，質亦在惡化中，更何況目前大學教育水準，一般而言大不如前，其對未來社會經濟的衝擊，將極為嚴重。

再看高齡人口，65 歲以上人口占總人口比率，自目前的 10%，至 103 年增為 13%，之後快速上升，至 140 年達 37%。台灣高齡人口占總人口的比率，自 7% 提高到 15% 的高齡社會，至 108 年達成，僅經歷 26 年與日本相同，遠較歐美國家都要 50 年以上才達到，快速太多。而且其中 75 歲以上的老老人口，將由目前的 95 萬人，至 140 年升至 369 萬，增加將近三倍，其占總人口的比率，更自目前的 4.2%，至 140 年將突破 20%。屆時台灣每五個人中，即有一位 75 歲以上的老老人。台灣人口結構老化速度之快，世界少有，

而且達到可怕的程度。

　　由以上的分析，可見台灣人口零成長提前到來，其所引發的問題，既多且廣，又複雜，同時極其嚴重；好在經建會已注意及此，將把最新的人口推計，提到下月召開的經續會議，供研議規劃相關政策之參考。不過我們要指出，以上面臨的問題，都還是根據經建會所作中推計，以往都比較樂觀；如改依以往趨勢推計，人口零成長可能更會提前來臨，此其一；其二是歐、美、日為因應高齡社會，都將退休年齡延後，而台灣卻提前到 55 歲退休，且開始領退休金，反其道而行。此種反其道而行的做法，千萬不要再出現，否則台灣的未來就會是一大災難。

（民國 95 年 6 月 22 日　　《經濟日報》二版）

4. 為家庭實質收入與儲蓄全面萎縮憂

　　行政院主計處日前公布「94 年家庭收支調查報告」，94 年家庭平均每戶收入 108.2 萬元，較 93 年增加 0.7％；然而去年消費者物價上漲 2.3％，顯示每戶實質所得反而減少 1.6％，不僅連續兩年台灣家庭變窮，而且貧富差距連三年縮小後，又開始擴大。主計處雖表示，由於政府社會福利補助及租稅效果，使原高低所得差距 7.45 倍，降為目前的 6.04 倍，才使得高低所得差距擴大的情況獲得控制。但實際上與政黨輪替前的民國 88 年家庭所得情況比較，不僅貧富差距還在擴大中，更隱藏著許多問題，值得重視，政府主管當局不能掉以輕心。

　　第一是六年來家庭平均實質收入縮減。94 年全體家庭平均每戶收入 108.2 萬元，較政黨輪替前的民國 88 年每戶收入 109 萬元，減少了 0.7％。若以五等分位法，按所得高低，將全體家庭分為五個等分來比較，較低的三個等分 94 年家庭收入均低於 88 年；另外兩個等分較高及最高所得家庭，94 年收入雖分別較 88 年增加 0.2％及 3.1％，但均低於同時期物價上漲 4.8％，故全體的實質收入都是負成長。一般認為在知識經濟時代，經濟成長的果實多流向高科技產業的高所得階層，但政黨輪替六年來，連高科技產業的新貴們也失卻過去的光芒，不論高低所得家庭實質收入都在縮減，只是程度不同而已。

　　在上述五等分位中，以最低所得家庭 94 年收入較 88 年減少 9％最嚴重；考其原因，薪資收入（即受雇人員報酬）大幅減少 19.8％影響最大，之所以大幅減少，除每戶就業人口數持續減少外，每一就業人口的薪資收入亦較六年前萎縮。此一下降趨勢能否及早遏止，將是貧富差距能否改善的關鍵。

　　其次，低所得家庭負擔愈益沉重。最低所得家庭不僅每戶所得低復減少，其家中每一就業者所承受的家庭人口負擔，在五組中亦最重。政黨輪替前的民國 88 年，最高所得家庭每一就業人口僅有 1.91 人的負擔，最低所得家庭每一就業人口即有 2.88 人的負擔。至 94 年最低所得家庭每一就業人口負擔提高到 3.43 人，其他各組家庭負擔則都減輕，其中最高所得家庭每一就業人口負擔降至 1.88 人。顯然近年來社會上鋌而走險、盜竊、綁架、販毒案件層出不窮，繳不起學費、營養午餐者比比皆是，甚至投河自盡，攜子燒炭自盡者也時有所聞；由最低所得家庭所得下降，而負擔愈益沉重，可見其端倪。

　　第三，家庭儲蓄全面下降。94 年全體家庭平均每戶儲蓄 19.3 萬元，較 88 年的 23.4 萬元，大減 17.5%，退回到 14 年前的水準。如將五等分家庭第一、二組的 40% 家庭列為基層階級，第三、四組的 40% 家庭列為中產階級、第五組的 20% 家庭列為上層階級；則近六年來，基層家庭平均每戶儲蓄銳減 63.7%，退回到 20 年前的水準；中產階級家庭儲蓄也大減 30.9%，連上層階級家庭儲蓄也減 2.0%。顯示政黨輪替六年來，各階層家庭由於收入減少，為維持日常生活開支，不得不削減儲蓄來支應。尤其最低所得的 20% 家庭儲蓄更淪為負數，顯示其所得包括政府的社會福利補助，仍不足支應生活費用，不得不動支過去儲蓄或借債度日；這是民進黨執政六年來的第三年出現負儲蓄。在這一組 20% 家庭中，目前計有 277 萬人淪為貧窮，生活陷於困境中。

　　第四，最低所得家庭戶長無職業者超過一半。94 年最低所得家庭高達 52.7% 的戶長為無職業者，家長超過 65 歲（含 65 歲）者亦高達 48.3%，分別較 88 年提高 8.3% 及 5.0%。顯示除前述就業人口減少及平均薪資下降外，最低所得組家庭收入銳減，老年人口及失業人口的增高，是另兩大關鍵因素，也是生活陷入困境的主因。

　　由以上分析可了解政黨輪替六年來，由於執政當局施政無方，全民遭殃；尤其最低所得的 20% 家庭，就業人口減少、薪資下降、老人及失業者增加，致收入大幅下滑，多已靠借債度日，並成為社會不安的根源。執政者豈能再視若無睹？

（民國 95 年 8 月 31 日　《經濟日報》二版）

丁、政府醜聞何其多！總統府竟成炒股及貪瀆中心

1. 今年政府醜聞何其多！

　　政府醜聞年年有，唯有今年特別多。就在最近短短的數月間，一連串的荒誕事件，一個接一個在國人面前上演。這包括股市的禿鷹事件，檢察官涉嫌索賄，桃園每遇大雨反而大缺水，南亞大海嘯所募得的鉅款被暗槓八個月未匯出，四千多億元的公共建設閒置養蚊子，高雄捷運官商勾結、剝削外勞，並以不人道的方式對待，一個雪山隧道居然辦了六次通車典禮，還要再花 150 萬元搭便橋，供總統巡視，坪林交流道民代可濫發通行證，彈藥庫爆炸，軍車輾死連長，以及正在上演的台企銀員工走上街頭、抗議被財團吞併等等問題。信手拈來就超過十件，仍只是冰山一角。而且這許多事件，有一共同點，就是事件的形成及問題的發生，政府都是主角，不是官員搞鬼，就是缺乏執行力。一向以改革自居的民進黨，執政五年來，其在經濟施政上，所犯的缺失與錯誤，超過國民黨 50 年所累積的沉疴，誠屬國人的大不幸。

　　其中最為國人關注的，就是泰勞暴動事件，至少暴露了四大問題：（1）以不人道的方式對待泰勞，因而引發全球僅見的外勞暴動，國內外嘩然。一位泰勞指出，多年來一直以這種奴隸方式對待他們，而且兩度投書都無回應，實在是忍無可忍而抗議，以人權立國的民進黨五年來居然沒有發現，以致問題爆發。同樣，我們對待大陸漁工何嘗不然，媒體一再報導大量大陸漁工擁擠在狹小的「海上旅館」，其處境更糟，未見主管機關命其改善，對人權立國的台灣真是一大諷刺；（2）台灣及泰方的仲介業者，引進泰勞收取的合法服務費外，還有非法「暗盤」的仲介費，等於是一隻牛被剝兩層皮。泰國前勞工廳長，現任泰國人力仲介業公會理事長，在受訪時坦率指出，台灣的仲介業者與白手套和雇主間，構成綿密的吸金網路，他不好意思講是官商勾結。檢察總長已指示成立偵辦高雄捷運弊案專案小組，希望該小組能加緊偵辦，盡速查明剝削實情與資金流向，有無官商勾結及「有力人士」，給國人一個明確交代；（3）此次高捷弊案所以發生，關鍵在於假借「BOT」之名，將整個捷運工程及經營權，完全交給投資不到一成的「民股」，逃避國家機制的管理與監督，讓民股代表予取予求，完全不符比例原則，亦與現行法牴觸。政府已命令高捷改組董事會，此一不當做法亦必須改正，依促參法規定，「BOT」案中政府出資金額超過民間時，政府出資部分應由政府發包，受法制監督；（4）此案引

起兩位政府首長堅辭，以負政治責任。明眼人一看就知道，這不僅是派系鬥爭，從接任人選上看來，也是扁謝較勁，不讓謝系人馬入閣卡位。這樣的人事安排，並非因事擇人，完全以卡位為主，哪能有好的政績？

　　其次，台灣中小企業銀行一千多名員工，為反對合併及捍衛工作權，而走上街頭怒吼。這是過去認為金飯碗的白領階級員工，在金融史上首次罷工走上街頭，同樣受到國人的重視。台企銀員工之所以罷工走向街頭，是鑑於過去已合併的銀行，員工在新買主各項手段施壓下，變成中年失業，陷入困境，而要求保障工作權，是可理解的。而社會之所以重視此案，是因去年 10 月阿扁總統宣示二次金改減半目標，公營銀行要在今年底前減半。由於時間的迫切，整併作業失之太快，似有「為賣而賣」的情況，又無完善的配套措施，不僅與員工缺乏充分的溝通，引發不必要紛爭，而且有賤賣國產之嫌。過去如中國商銀、交銀及三商銀等，數兆元的資產，都被民間財團併吞。更嚴重的是主政者只知整併，而缺乏整合，以致合併後效率不彰，以及金融版圖重新洗牌後，未來台灣金融業將為少數家族財團所壟斷，甚至引發金融危機等問題，更為國人所關心。

　　以上只不過舉了兩大弊案，即呈現出諸多問題，而且主角都是政府。若讓此等做法持續下去，不僅台灣經濟向下沉淪無法自拔，整個社會也將被拖下水。問題關鍵既在政府，就唯賴阿扁能痛定思痛，徹底檢討，痛下決心改革，並拿出魄力來貫徹執行，庶幾台灣經濟會有起死回生的機會；否則就慘了。務請阿扁三思！

（民國 94 年 9 月 15 日　《經濟日報》二版）

2. 總統府真已成為炒股及說謊中心？

　　各國總統府都是國家最高權力中樞，而我們的總統府民間正流傳已變成炒股及說謊中心了。當陳水扁總統讀過總統府陳哲男專案調查報告後，感到「痛心疾首」，但台灣老百姓早已「痛心疾首」相當時日了。

　　自高捷弊案雙陳濟州照片曝光後，檢調迅速約談陳哲男及總統府會計處官員，逼得總統府出面撇清，總統府及總統都不知情，並成立陳哲男專案調查小組，而於上周五召開記者會公布陳哲男專案調查報告。但該專案調查報告公布後，由於避重就輕，欲言又止，不僅未將問題說清楚，反引發更多疑團，讓人有更大的想像空間。總統府不得不在三天內，而且是周末假日再度召開第二次記者會出面說明；仍然未能澄清外界的許多質疑，讓人深覺有檢調單位深入總

統府徹查的必要。

　　該專案調查報告證實，總統府內高階官員利用人頭戶開了七個帳戶（陳哲男交給總統府會計處專員高慎慎五個帳戶代其操作股票，後又利用高員名義為其另開專戶，連同高員自己一戶），利用辦公時間操作股票，交易股票 67 種，交易次數達 317 筆，平均每周交易近 2 筆，相當頻繁，不是「號子中心」，是什麼？

　　至於社會大眾所關心的，陳哲男副秘書長在總統府內買賣股票價格、交易金額、盈虧、資金來源，以及有無涉及內線交易等不法行為，該報告隻字未提；而總統府則推說「專案小組礙於職權，無法進一步查證」，以資卸責。事實真的如此嗎？詳察該專案調查報告及兩次記者會的說明，反產生更多質疑：

　　一、既然礙於職權，無法進一步查證，如何知道高慎慎為陳哲男炒股 29 種交易 159 筆？而且如沒有細帳，如何能對出高慎慎本人帳戶購買與陳哲男購買相同股票 9 種？更神奇的是查出高慎慎買賣相同股票時間與陳哲男進出股市時間相近的有 5 種，疑係高慎慎跟進購買。如沒有進一步查證，而能深探如此細節，誰能相信？

　　二、既然未進一步查證，不知道陳哲男買股票的價格，但專案調查小組召集人與總統府政風處長謝建財在記者會中透露，陳哲男當時購買的 180 張興櫃股票，價格是 18 元，現已腰斬至 9 元，證明買興櫃股票風險很大。既然未查證，怎會知道那一支，可能也是唯一一支虧本股票的價格？如此選擇性的透露，有誤導人民之嫌。而且在記者會被問到媒體報導陳哲男炒股金額，可能達上億元時，卻立即駁斥「絕無此事」！專案小組既然未進一步查證，應不知道炒股金額，究何所據斷言駁斥？

　　三、專案調查報告指出，高慎慎表示，她並無炒股情事，至於買賣股票有賺有賠，因無明細表，無法明確統計盈虧。以此證明她連自己買賣的股票都無法計算盈虧，所以代陳哲男操作的股票，也不知是盈是虧。可是要知道，陳哲男不找他自己辦公室親信而找會計處官員操作股票，因其了解會計處官員應是財務會計專家，買賣股票一定登錄得一清二楚，怎能說沒有明細，無法明確統計盈虧，豈不是有負陳副秘書長的重託了？又有誰能相信。

　　四、當外界質疑陳哲男炒作股票金額及盈虧時，總統府先解釋專案小組只能進行行政調查，無所悉；後又說明因電腦處理個人資料保護法規定，有些資料不能公布。但有關陳哲男出入境資料，同受該法規範，總統府不僅函內政部入出境管理局提供，並公布陳哲男出入境達 18 次之多。顯然總統府對陳哲男

買賣股票金額、盈虧與出入境資料的處理，採取不同的標準，難以令人置信。

　　讀完總統府陳哲男專案調查報告及聆聽總統府兩次記者會官員的說明後，發現總統府似有難言之隱，為了隱瞞什麼，而謊言連篇；也證實了外界流傳的總統府成為炒股與謊言中心。該案若不能讓檢調人員深入總統府徹查清楚，給人民一個完整的交代，陳水扁執政的政府，將有誠信危機！

（民國 94 年 11 月 17 日　《經濟日報》二版）

戊、陳水扁八年施政總結

1. 八年施政總結

　　2000 年 5 月 20 日政權輪替民進黨執政以來，再過兩個月屆滿八年；八年來施政政績如何，應是作總結的時候了。茲據官方的統計數據，近八年來施政成果，與政權輪替前，或與亞洲其他三小龍比較。

　　在經濟成長與人民收入方面；自 2000 年至 2007 年，平均每年經濟成長 4.1%，與政權輪替前八年平均每年成長 6.5% 比較，下降了將近四成，在亞洲四小龍中，亦敬陪末座，與蔣經國時代的四小龍之首，不可同日而語。而人民收入，據家庭收支調查，2006 年台灣全體家庭平均每戶可支配所得，與政權輪替前的 1999 年比較，七年來平均每年僅增加 0.4%，扣除物價上漲，實質所得不增反降 0.5%；尤以最低所得家庭實質所得負成長最嚴重，七年間有三年入不敷出，不是動用過去儲蓄，就是借債度日，這 146 萬家庭完全沒有感受到每年經濟有 4.1% 的成長。其餘 80% 中高所得家庭也好不了多少，所有各組家庭儲蓄全面大幅縮水，近八年來大多數人民苦不堪言！

　　就業與失業方面；根據人力資源調查統計，過去八年就業增加 90.9 萬人，其中農業減少 23.1 萬人，則工業與服務業八年增加就業 114 萬人，從表面上看，是了不起的成就。但深入了解，廠商調查統計受雇員工，八年來僅增加 30.8 萬人，而其中約有半數還是靠政府輔導補助的受雇者。換算過來，工業及服務業增加的 114 萬員工中，有 83.2 萬人並未被台灣當地廠商雇用；而由於台灣經濟不振，缺乏就業機會，轉向海外尋覓工作，以往大陸工作為主。顯然，台灣失業率能自 2002 年 5.17% 高峰，去年降至 3.91%，到海外就業貢獻最大。不過，去年失業率雖降至 3.91%，仍較政權輪替前 1999 年的 2.92%，幾高出一個百分點，而且台灣在亞洲四小龍中，是失業率最高的國家。

　　政府財政赤字與負債方面；國民黨執政 50 年累積債務至 2000 年為 2 兆

3,575 億元；可是民進黨執政八年，年年財政赤字，舉債高達 2 兆 2,880 億元，再加出賣祖產六千多億元，合計超過國民黨 50 年的負債，使累積債務高達 4 兆 6,455 億元。債留子孫，使台灣每位國民一出生，平均就負債 20 萬元。政府債台高築，可是政府投資占 GDP 的比率，卻是每下愈況，自 1999 年的 5.36％，至 2007 年下降到 3.30％；這也是近年來內需不足，拖垮經濟成長率的根源所在。同時，政府經費用於培養人才的教育經費占 GDP 的比率，亦自 4.8％降到 3.9％。台灣人力素質及競爭力如何能提升，怎不令人憂心！

出口與高科技產業發展方面；過去八年台灣出口平均每年增加 9％，僅較香港增加 8.9％略高，而低於韓、星，四小龍排第三；可是出口金額，四年前被新加坡趕過，而列四小龍之末。可是過去八年出口每年能有 9％的增加，主要靠對大陸（包括香港）出口每年增加 16.6％的貢獻，若扣除大陸，對其他國家與地區出口僅增加 5.7％，情況更慘。由於過去八年台灣出口增加率低於全球總出口增加率，因此，台灣產品出口在世界市場占有率，自 1999 年的 2.19％，2006 年降為 1.85％，顯然近八年來台灣出口競爭力出了問題。

多年前台灣出口已以高科技產品為主，但近七年來高科技產品出口占總出口比率卻快速下降。如電子、資訊、機械及電機等產品出口占總出口比率，自政權輪替當年的 56.3％高峰後，即每下愈況，至去年已降至 47.9％，應是拖垮出口競爭力的重要因素。而且該等高科技產業附加價值率，近年來大幅下降，甚至遠低於紡織及成衣附加價值率。這表示民進黨執政八年來不務正業，用人只看顏色，不問才能，致外行領導內行，使高科技產業不僅未能繼續向上提升，反有惡化現象，前途堪慮。

社會治安方面；政權輪替後，由於經濟不振，刑案發生率快速上升，六年間增加 39.1％。到 2006 年蘇貞昌就任行政院長，鑒於人民對治安的惡化深惡痛絕，遂提出拚治安的口號，而且宣稱半年內治安沒有改善就下台。果然內政部發布的刑案發生率開始下降，雖老百姓沒有感受治安改善，質疑官方發表的數據，但主管機關我行我素，宣布兩年來刑案發生率已下降了 12％。可是犯罪人口率卻持續上升，尤其自殺人口數倍增，每兩小時就有一人自殺，而且父母攜子女自殺的悲劇更是層出不窮，大部分都是因經濟壓力而走上絕路。

民進黨執政八年，不僅沒有可稱頌的政績，而且官員貪汙案激增。高舉清廉旗幟執政的民進黨政府，執政八年未留下任何清廉典範，甚至連陳水扁家人及親信都涉入貪腐弊案。法務部日前公布 2003 至 2007 年五年間，涉及公務員貪瀆起訴的案件共有 2,624 件，起訴人數高達 7,025 人次，其中簡任層級及以

上包括政務官及部會首長高達 424 人，貪瀆金額 138 億元。

　　最嚴重的是民進黨執政八年來，口口聲聲喊拚經濟，實際是拚選舉；而且不斷拋出議題引起政爭不斷、社會秩序大亂、人心不安，嚴重破壞多年來好不容易建立的優良投資、生活環境與融洽的社會；致使經濟向下沉淪，更讓經濟賴以成長的社會根基，包括文化、教育、道德、倫理、法治精神等，遭到嚴重腐蝕。兩天後即將大選，我們能讓這樣的政黨繼續執政下去嗎？相信我們的選民自會作明智的抉擇。

　　（民國 97 年 3 月 20 日　《經濟日報》二版）

2. 台灣在亞洲四小龍中敬陪末座

　　經濟部日前完成今年上半年出口分析報告，發現在亞洲四小龍中，台灣不僅出口增加率最低，出口金額也被新加坡趕上，而敬陪末座。這與過去台灣在亞洲四小龍中曾是出口增加率最高、出口金額名列前茅的時代，無法相比，顯然台灣經濟出了問題。

　　近兩個月來國際間對亞太地區所作的各項評比調查顯示，台灣在亞太經濟中地位，有快速下落之勢。如日本貿易振興會於 6 月間進行了兩項調查，一是對在日本的 449 家外商公司，針對亞洲各國企業環境給予評分，在問卷所列的八個國家與地區中，日本得分最高排第一名，中國大陸排第二名，台灣居然為倒數第一，比泰國與馬來西亞還要差。另一是對日本在亞洲各國投資的日本企業，就當地的企業經營概況，進行問卷調查，評比結果，台灣也列七個地區之末。此外，萬事達卡國際組織，6 月間針對跨國企業經理人，進行投資所在地國家與地區的當前「創業能力」調查，評比結果前五名是韓國、中國大陸、美國、歐盟與新加坡，日本殿後，台灣為倒數第二。這三種不同的調查，其結果都十分相近，其調查單位都是國際知名機構，調查內涵也都是跨國大企業在各地親身體驗與觀察的結果，應無政治干擾與意識型態作祟。

　　以上的調查，應該是很客觀了，但仍不免有人認為答問卷者是「人」，就難免有「主觀」成分存在；所以我們再用各國與地區所發表的統計數據來評比，讓數字來說話，應是夠客觀了吧！

　　在民國 70 年代前半期的 71～76 年，台灣在亞洲四小龍中，不僅出口增加率高居首位，台灣的出口金額連續六年領先其他三小龍，而且同時期以美元計算的國民生產毛額（GNP）增加率與每人 GNP 增加率，在四小龍中也是名列前茅，故被譽為開發中國家「經濟發展典範」、「經濟奇蹟」。但是近十年

來，台灣經濟發展在四小龍中地位，有每下愈況之勢；尤其是政黨輪替以來的三年（89～91 年），不論是經濟成長率、以美元計算的 GNP 增加率、每人 GNP 增加率與出口增加率，在四小龍中均是敬陪末座，而且以美元計算的 GNP 與每人 GNP 都是負成長。不過，去（91）年台灣出口還高於新加坡，在四小龍中排第三，但今年上半年就被新加坡趕過，又淪為四小龍之末了。

統計數字所顯現的應是最客觀的事實，不過執政當局則辯解，過去三年不景氣乃是受國際經濟不振影響，今年上半年則受 SARS 肆虐的衝擊。然而其他三小龍亦同受國際經濟不振的影響，香港與新加坡受 SARS 衝擊比我們還嚴重，何以其他三小龍過去三年經濟的表現，相對較台灣為佳，而今年上半年出口增加率超過台灣一倍以上？顯然台灣受創最重，外在因素之外的內在問題，可能更嚴重，不能輕忽。

台灣民間投資自 89 年達到 1.55 兆元高峰後急速下滑，90 年至 92 年平均每年較 89 年大幅衰退 4,300 億元，合計三年減少投資達 1.31 兆元，幾相當於少了一年的投資額，投資率（投資占 GDP 百分比）更是自 89 年的 23.5％，91 年遽降為 17.7％，應是台灣經濟不振甚至衰退的關鍵所在。

有識者都知道民間投資的大幅衰退，國內投資環境的急遽惡化應是最主要原因；可是執政當局卻認為是受國際經濟不振與企業外移，大量投資中國大陸的影響。這也是事實。不過，其他三小龍同樣受國際經濟不振，企業外移對大陸大量投資的影響，但其他三小龍投資率還保持在 25％ 左右，而我們卻降到 18％ 以下，國內投資環境的惡化，無法逃脫關係。

同時，由於對大陸的大量投資，帶動了對大陸的大量出口，也間接激勵了國內投資；尤其對大陸出口已成為台灣出口的主軸，今年 1 至 7 月整體出口僅增加 6.8％，可是對大陸直接出口增加率高達 108％，扣除對大陸出口，對其他地區出口已是負成長，出超也變為入超。可見對大陸投資，就經濟面而言，是利多於弊，否則當前的經濟情況會更糟。

國內投資環境的急遽惡化，政府政策的搖擺不定，缺乏一致性，政府只知製造議題，不會解決問題，應是罪魁禍首。而且正當今年下半年國際經濟將復甦之際，陳水扁總統執著要辦核四公投，政策的出爾反爾更是變本加厲。令人擔憂的是面對這波國際景氣復甦，我們卻由於民間投資萎縮、出口競爭力衰退，而敗下陣來，人進我退，所受的傷害又豈是短期間所能恢復？國家領導人能不慎乎！

（民國 93 年 8 月 14 日　《經濟日報》二版）

3. 精算台灣從四小龍之首淪為其末的根由

行政院為貫徹陳水扁總統的「積極管理」政策，於日前公布配套措施，加強對兩岸經貿的控管。政黨輪替六年以來，台灣經濟表現已自蔣經國前總統時代的四小龍之首，淪為四小龍之末，陷人民於痛苦之中。各方原預期陳總統善變，元旦宣布的「積極管理」兩岸關係，很可能三不五時會改變主張；然而行政院採取了「積極管理」配套措施，不僅令陳總統的兩岸政策無轉圜餘地，更讓台灣經濟雪上加霜。

台灣經濟表現與亞洲其他三小龍比較，我們選擇簡單、統計數據較完整，而且比較客觀，又為大家所熟知的經濟成長率、每人國內生產毛額（GDP）、出口增加率與出口金額，四項指標來評比。政黨輪替以來已近六年（2000～05），其經濟成長率與出口增加率，也以蔣前總統逝世前六年的平均每年增加率，與其他三小龍比較；至於每人GDP與出口金額，則以陳總統執政的最近一年（2005），與蔣前總統逝世前的1987年來比較。

在蔣前總統執政的最後六年，即1982～87年，台灣平均每年經濟成長率為8.6％，僅次於韓國9.6％，居四小龍第二位，香港7.6％排第三、新加坡僅5.6％，居四小龍之末。但1987年每人GDP，香港則高達8,878美元居首、新加坡7,404美元居次，台灣5,291美元居第三，韓國3,275美元不僅居末位，而且與第三位的台灣每人GDP相差近40％。

1982～87年平均每年出口增加率，台灣高達15.5％，高居四小龍之首，韓國及香港均成長14.2％，同居第二，新加坡僅增加5.3％，居末位。至於1987年出口金額台灣高達537億美元居四小龍之首，而且為全世界排名第11位出口大國，香港與韓國為485億美元與473億美元，分列第二與第三，新加坡僅287億美元居末位，僅及首位台灣出口的約一半。

台灣在1982～87年，出口金額與出口增加率排四小龍之首，經濟成長率第二、每人GDP第三，較香港僅每人GDP排第一、韓國僅經濟成長率排第一強，而新加坡沒有一項排第一，其經濟成長率及出口金額均排第四，故敬陪末座；台灣明顯居四小龍之首。

到2000～05年陳水扁執政的六年間，平均每年經濟成長率以香港及韓國的5.2％同居第一、新加坡4.5％排第三，台灣僅3.6％排第四。2005年每人GDP新加坡超過香港躍升第一，韓國亦增至16,500美元超過台灣的15,271美元居第三，台灣則退至第四。至於平均每年出口增加率，新加坡12.3％躍居第

一，韓國 12.1%、香港 8.9%，分居第二、三，台灣增加 8.1%，退至第四。2005 年出口金額，香港 2,895 億美元仍保持第一，韓國 2,847 億美元進至第二，新加坡 2,297 億美元，高於台灣的 1,984 億美元，升至第三，台灣則退至第四。台灣在世界出口排名倒退至 16 名，不僅被其他三小龍趕過，也被墨西哥超越。台灣在最近六年四項指標均列名第四，在四小龍中怎能不敬陪末座！

就四小龍在前後兩個六年的經濟成長率與出口增加率比較，除新加坡出口增加率後六年較前六年大幅提升，表現優異外，其他均減緩，而其中尤以台灣出口增加率自蔣經國時代的 15.5%，陳水扁時代降為 8.1%，幾乎腰斬，而經濟成長率，更自 8.6% 降至 3.6%，幾下降六成最為嚴重，因而自龍首淪為龍尾。

台灣出口增加率之所以腰斬，深入分析，對大陸包括香港出口，陳水扁時代每年增加 16.6%，與蔣經國時代總出口增加 15.5%，毫無遜色，且有過之而無不及；可是對日本出口只增加 3.3%、對歐洲也只 2.3%，對美國出口卻每年萎縮 1.3%，而美、日、歐同期進口平均每年都增加 8% 以上。顯然台灣產品對工業國家競爭力相對大不如前，要透過大陸台商利用當地廉價資源整合加工後，才具競爭力銷到工業國家。而今政府要對台商到大陸投資嚴控，不只是打擊台商發展，更是阻礙台灣未來出口的成長。

陳水扁時代經濟成長率較蔣經國時代削減將近六成，主要原因是內需平均每年僅增加 1.7%，較蔣經國時代的 6.9%，衰退四分之三，而其中投資每年僅增加 0.3%，幾近停滯；民間消費亦僅增加 2.6%，較蔣經國時代 8% 的增加率，萎縮三分之二。在內需如此大幅下滑的情況下，經濟成長率還能有 3.6%，主要靠外需的擴大；而外需的擴大全靠對大陸出超的增加，如沒有對大陸巨額出超，台灣早已變成入超國家了。因此，政府施政應是積極改善國內投資與人民生活環境，提高競爭力與人民生活水準，並排除對大陸出口障礙，為當務之急，怎可反其道而行呢？

（民國 95 年 4 月 6 日　《經濟日報》二版）

4. 2015 年每人 GDP 能達到 32,000 美元？

行政院長蘇貞昌日前邀集政務委員及部會首長，聽取經建會報告未來十年國家發展重點計畫簡報後，指示參考中經院等五個智庫的「2015 年台灣經濟發展願景」報告，及日本、韓國十年施政計畫，決定以 2015 年為遠程目標，以該年平均每人國內生產毛額（GDP）達到 32,000 美元，期間平均每年經濟

成長率 5％為目標。自 2000 年政黨輪替六年以來，由於政府無能，且以意識形態治國，搞得政經社會不安，導致經濟發展每下愈況，與國際比較，彼長我消情況相當嚴重。而且正當政府貪腐弊案接連爆發，司法又未能發揮公平公義功能，全國人民籠罩在悲憤情勢下，行政院此時宣布國家未來願景目標，給予國人未來希望，並藉此轉移目標，凝聚共識，共同為國家願景努力，其用意是可理解的。

　　惟鑑於民進黨執政六年來，所推出的所得倍增計畫（台灣 double）、新世紀國家建設計畫及挑戰 2008 年計畫等等，有哪些是真正落實執行的？而其未能落實執行的關鍵，不在人民，而是政府未能維護良好的投資與生活環境，人民連安居樂業都成了問題；因而民間投資大幅衰退，外人投資也卻步，政府公共投資更年年萎縮，經濟不每下愈況，才怪！而今正當政經混亂之際，如何克服目前困境未見對策，卻突如其來地公布未來長期發展目標，怎不令人質疑？

　　更何況，蘇揆對所得目標臨時將每人 GDP 30,000 美元加碼到 32,000 美元，是務實還是好高騖遠，應予明辨。

　　經建會所提出未來十年國家發展重點計畫目標，2015 年每人 GDP 30,000 美元及十年平均每年經濟成長率 5％，是完全接納五智庫經濟發展願景報告的建議。如依 1995 年之前 40 年台灣經濟發展經驗，每人 GDP 欲自去（2005）年的 15,271 美元，至 2015 年提高到 30,000 美元，十年增加約一倍，平均每年需增加 7.0％；如以每年經濟成長 5％，GDP 平減價格指數上漲 2％，匯率維持不變的假設下，2015 年每人 GDP 提高到 30,000 美元，是可以達到的。但問題在於，近十年來，尤其政黨輪替六年來，台灣政經情況丕變，進入了不正常時代，如不能在短期內恢復正常，則上述目標都成了空包彈！

　　每人 GDP 的估計是建立在經濟成長率的基礎上，所以要研判 2015 年每人 GDP 30,000 美元是否合理務實，先要檢討 5％的經濟成長率，是否能達成。早期（1955～95）40 年台灣經濟的高速成長平均每年 8.66％，超過全球成長率一倍，名聞世界；最近十年（1996～2005）卻降為每年 4.46％，略高於全球平均，但政黨輪替六年（2000～05）來，每年經濟成長率更降至 3.57％，較全球平均每年成長 3.88％低，為台灣光復 60 年來，平均每年成長率最低的六年。而今後十年全球經濟成長率估計將低於 4％，台灣有何能耐超過，達到 5％？再看民進黨執政推出的新世紀國家建設計畫，所訂 2001～04 年平均每年 6％的經濟成長目標，實際只有 2.9％，一半都未達到。

　　所謂經濟成長率，簡單而言，就是就業人口增加率及勞動生產力增加率之

和。過去十年平均每年就業增 0.95%，勞動生產力增 3.51%；雖然未來十年就業未見估計，但就具有勞動力人口（15～64 歲）而言，將自過去十年每年增加 1.2%，降至未來十年的每年 0.55%，下降一半以上觀察，未來十年就業人口增加率較過去十年減緩一半的機率很大。同時，由於過去六年固定投資遲滯不前，今後十年勞動生產力增加率不降已屬萬幸，要再提高的確有其困難。因此，學者專家估計台灣未來十年 GDP 潛在成長率每年約在 4.0% 至 4.5% 之間；若沒有良好的投資環境，使 GDP 潛力充分發揮，達到 4.5% 成長率已有困難，遑論 5% 的成長目標。

再回頭看 2015 年每人 GDP 32,000 美元，較去年增加 1.1 倍，必須十年平均每年增加 7.7% 的實現可能性。既然未來十年每年 5% 的經濟成長率目標達不成，達到 4.5% 也有其困難；再加以過去六年 GDP 平減價格指數不僅未漲，而且每年下降 0.55% 趨勢；顯然今後十年每人 GDP 按美元計，要達到每年成長 7.7% 的目標，有一大段距離。再看過去十年每人 GDP 從 1995 年的 12,906 美元，至 2005 年才升至 15,271 美元，平均每年只增加 1.7%，而最近五年每年更僅增加 1.0% 而已，相去每年增加 7.7% 的目標，何其遙遠。

顯然，不論從最近十年台灣經濟發展及每人 GDP 成長趨勢，或未來台灣經濟發展潛能分析，2015 年每人 GDP 要達到 32,000 美元，是不可能的；不僅不務實，而且是好高騖遠，則又如何能凝聚國人共識？

（民國 95 年 7 月 13 日　《經濟日報》二版）

5.「大投資・大溫暖」，不要再自欺欺人了

行政院長蘇貞昌去年上任後大力推出的「大投資、大溫暖」計畫，目標訂為 2009 年平均每人國內生產毛額（GDP）自 2005 年的 15,000 多美元，提高到 20,000 美元，2015 年達到 30,000 美元，當時即遭到各方質疑。但行政院並未理會，而且雷厲風行，派遣 200 多位官員到各地做政策說明，是為政策宣導，抑或拉選票，主導者應心裡有數。不過，經建會主任委員何美玥本周一在立法院答詢時，坦承要 2009 年 GDP 達到 20,000 美元、2015 年達到 30,000 美元目標，將很困難，必須非常努力。這是政府主管首長第一次承認「大投資、大溫暖」計畫目標，難以達成；值得重視。

「大投資、大溫暖」計畫，要在十年內每人 GDP 從 15,000 美元提高到 30,000 元，增加一倍，是前行政院長張俊雄所提出的「8100，台灣 Double」GDP 倍增計畫的翻版；現在五年過去了，按該計畫，2006 年每人 GDP 應達到

18,620 美元，可是實際只有 15,640 美元，相差幾達 3,000 美元之多。換言之，按照該計畫目標，五年每人 GDP 應提高 5,520 美元，實際只增加 2,540 美元，不到目標的一半。顯然「台灣 Double」計畫，只是口號，毫無實質內容可言。

　　而今蘇揆的 2015 年經濟發展願景，是秉持「繁榮、公義、永續」核心價值理念，以 2015 年每人 GDP 達到 30,000 美元為目標；屆時台灣無論經濟發展、社會公義、環境永續等層面，都將達到先進國家水準，與 2005 年的義大利、法國等先進國家相當。計畫目標雖響亮有號召力，但實質內容空虛，只是口號而已。其重點放在第一階段三年衝刺計畫；以「大投資、大溫暖」為主軸，分由產業發展、金融市場、產業人力、公共建設及社會福利五大面向著手，全力衝刺。雖名為「大投資、大溫暖」計畫，但總投資未來三年究竟大到何種規模，隻字未提；大溫暖應是靠政府支援，但政府支出未來三年擴大到何種程度，也未估計，何來「大一大」可言。該計畫只有平均每年經濟成長率 5% 為計畫目標，但如何達成，內需（民間消費與投資，政府消費與投資）、外需（進出口）對經濟成長究竟扮演何種角色，完全沒有設算或估計，好像 5% 的經濟成長率可從天上掉下來。

　　再以該三年衝刺計畫五大套案中最重要的產業發展具體計畫而言，服務業因其附加價值高占 GDP 的 73%，而且是壓縮失業率在 4% 以下，創造就業機會的最重要部門，故為未來發展的重中之重。但服務業涵蓋範圍極廣，其主管機構又分散在各部門，缺乏整體規劃，比較零散。不過服務業所訂勞動生產力目標，平均每年提高 3.6%，但過去五年（2001～5）平均每年只增加 1.3%；尤其製造業勞動生產力更要自過去五年平均每年降低 0.5%，未來每年要躍升 6.1%，這樣大幅提升，依據何在？有無可行性？均令人質疑。

　　更離譜的是，總體經濟成長率目標平均每年 5%，GDP 價格平減指數變動率每年上升 2%，亦即按名目價格計算的 GDP 每年成長 7.0%，按複利計十年增加 96.7%，勉強算增加一倍。但在產業發展套案中的農業、製造業及服務業，名目 GDP 每年成長率目標分別是 3.0%、5.7% 及 5.9%，綜合名目 GDP 每年成長率是 5.8%，與總體名目 GDP 成長目標的 7.0%，相差 1.2 個百分點，前後不一致；而且按每年 5.8% 成長，十年複利計，僅成長 75.5%，相較總體目標倍增計畫少了四分之一。此不僅顯示該計畫在政府高層壓力下，各部會緊急動員在短時間內加班趕工拼湊而成，矛盾難免；而且計畫目標每人 GDP 2009 年的 20,000 美元與 2015 年的 30,000 美元，具體計畫本身根本無法

達成，只是用美麗的數字來欺騙國人。

在產業發展的兩大旗艦計畫之一的「營造優良投資環境」，用作達成前述成長目標的重要政策措施，確能掌握當前投資環境惡化的根源，應予肯定。不過營造優良投資環境，最基本的是要政治社會的安定、政策的一貫性，以及在當前情況下，為各方所矚目的改善兩岸關係，解除對兩岸經貿的各項限制；但在該旗艦計畫中，卻隻字未提，僅在技術上或細節上著墨，是無法營造優良投資環境的。

雖然何美玥主委坦承計畫目標難以達成，將負責檢討修訂，但證諸過去數任院長所提出的偉大計畫，最終都淪為口號，而且未來一年由於立委選舉、總統大選，現在已鬧得滿城風雨，今後將會愈演愈烈，政治社會難以安定，而且政府施政空轉，根本沒有時間關照經濟民生，檢討修訂也是白忙，希望不要再弄些謊言來欺騙老百姓就好了。

（民國 96 年 3 月 14 日　《經濟日報》二版）

6. 揭破謝揆的政績人民沒有感受的謎底

行政院長謝長廷於去年底舉行 94 年最後一次「月月有成績」記者會，正值年底若干全年指標出爐，謝揆據以欣慰地表示：國內景氣明顯好轉，95 年國內經濟會更好，可惜國人對自己沒有信心，感受不到景氣的好轉。然而謝揆對所列舉的幾個重要指標，只是看到表相，而且有的指標內涵還未搞清楚，就空歡喜一番；如能深入了解其內容與真實意義，則國內經濟景氣是否真的好轉，老百姓沒有感受的原因所在立可了然。

謝揆列舉的最重要數據，是去年第四季經濟成長率 5.38％（主計處估計 5.28％），認為是非常高的成長，而且指出去年四季經濟成長率是逐季升高，因此，展望今年應該會更好，而洋洋自得。在當前國內整體情勢下，從表面看來，5.28％的經濟成長率，的確很高。但支撐經濟成長兩大因素之一的國內需求，只貢獻 0.7 個百分點，而國外需求卻貢獻 4.58 個百分點，成為支撐經濟成長的主力。

在國內需求中，過去支持經濟高度成長的國內投資，去年第四季卻是負成長 1.73％，民間投資更衰退 3.2％，而且去年四季中呈逐季下滑；此代表景氣好轉抑下降，企業的實際感受真與表相的經濟成長率大不相同。國內需求的另一項是民間消費，主計處估計去年第四季成長 3.0％，我們認為有高估之嫌。因去年前三季國內生產毛額（GDP）扣除國際貿易條件惡化損失、固定資產折

舊及繳給政府的間接稅後，真正落入人民口袋可用於消費的按要素成本計算的國民所得，不僅沒增加，還較上年同期減少 0.2%，這與去年前十個月受雇員工實質平均薪資衰退 0.7%，是一致的；加以去年秋季爆發雙卡問題，金融機構對個人消費性貸款自去年 10 月開始緊縮，11 月已是負成長，相信去年第四季民間消費成長率，待最後正式統計應會向下修正。

至於去年第四季國外需求（即出超）的大幅擴增，並非去年情況大好，而是前年第四季出超大幅衰退，基期大幅萎縮的結果。以 94 年第四季與 92 年第四季國外需求比較，兩年才增加 2.1%，幾呈停滯，去年只是恢復到兩年前的水準而已。

第二個讓謝揆得意的數據，是經濟部列管的「重大投資」案，去年高達 8,739 億元，而且超過年初預估的 8,670 億元，謝揆認為成果顯著。實際上這個「重大投資」，並非經濟學界所指的「固定投資」，固定投資在國民會計制度稱為「固定資本形成」，其型態包括機器設備、運輸工具、住宅及非住宅用房屋建造、其他營建工程、土地改良及新制加入電腦軟體等。此等固定投資的增加，不僅擴大當年國內需求，支持當年經濟成長，其建設完成更可擴大生產能力，提高生產力，為未來創造 GDP；故學者認為此類「固定投資」，是推動經濟成長的「引擎」，深受各方重視。可是「固定投資」或「固定資本形成」，卻將對「土地」投資排除在外，除填海造地的確可增加土地面積外，一般既有土地的買賣，在企業而言是投資，但就國家整體立場而言，只是土地在買者與賣者間的轉讓，面積並未增加，既不能擴大當年國內需求，也不會直接創造未來的 GDP，因而不將其列入「固定投資」或「固定資本形成」。可是經濟部列管的「重大投資」，只是企業為向政府申請各項優惠，如減稅、免稅、工業用地，以及引進外勞等，所提報的「投資計畫」而已，不僅包括土地的購置，甚至還包括營運資金在內；而且向政府申請的「投資計畫」，並非當年實際投資額，而是未來數年的投資總額；未來數年是否真正按計畫投資，並不能確定。如去年初 TFT-LCD 五大廠提出龐大投資計畫，但去年上半年五虎將虧損 300 億元後，部分計畫不是緊縮，就是延後推動。因此，經濟部列管的「重大投資計畫」，並非當年的實質投資，只是企業申請優惠的「投資計畫」而已。實際投資誠如前文所指出的，民間投資增加率逐季下滑，下半年都是負成長；再看去年 7～11 月機器設備進口驟降 22%，對投資展望嘆惜還來不及，豈有可喜之處？

第三個讓謝揆津津樂道的是失業率跌破 4%，降至 3.94%。失業率的下降

是否政府施政之功，確有商榷之處。失業率的下降也就是就業的增加，其中又以受民間雇用者高占 64％為主。民間雇用的人力資料有兩個來源：從家庭調查的結果，去年 10 月較政黨輪替當年的 89 年增加超過 60 萬人，致使失業率大幅降低；可是從廠商調查的結果，同期間僅增加雇用 5 萬 3 千人，兩者相差高達 55 萬人以上。這超過 55 萬人並非台灣廠商所雇用，是誰雇的？很明顯的是戶籍在台灣，人到大陸去工作了。這超過 55 萬個就業機會的創造，是大陸所提供的，並非政府施政的結果，身為閣揆能不汗顏！

因謝揆是法律人出身不懂經濟，只能看到事情的表相，我們建議如果還繼續擔任閣揆的話，應多請教身邊經濟學者出身的副院長吳榮義；待了解經濟真相後再召開記者會，也免得記者會後，媒體多不報導的窘相。

（民國 95 年 1 月 5 日　《經濟日報》二版）

7. 戳穿歷任閣揆擴大投資謊言

年來主管部門根據最新資訊及與國際接軌，採用新制度，修正近年來的國民所得統計系列，提升了經濟成長率。但政權輪替以來的七年間（2000～06），修正後的平均每年經濟成長率，也不過 3.8％，較政權輪替前七年（1993～99）平均每年成長 6.3％，落後很多。執政當局一再宣稱係受國際經濟不景氣的影響，將責任推給國際，從不自我檢討。

實際上，近七年台灣平均每年經濟成長率，不僅已淪為亞洲四小龍之末，在東亞 11 國中，亦敬陪末座。若國際經濟不景氣，同樣以出口為導向的亞洲其他三小龍成長為什麼比我們快？甚至比我們落後的馬、泰、菲、印尼等國家經濟成長率，都趕過台灣。而且根據國際貨幣基金（IMF）發表的全球經濟成長率，在 1993～99 的七年間，平均每年成長 3.5％，而近七年（2000～06）則提升到 4.3％；近七年國際經濟景氣反而比過去好。顯然執政當局說詞是不負責任騙人的謊言。那麼過去台灣每年經濟成長率都高過全球，近七年來卻低於全球成長率，應是台灣本身經濟出了問題。

根據行政院主計處發布的修正後的最新國民所得統計分析，近七年來台灣平均每年經濟成長率之所以較過去七年大幅滑落，除民間消費增加對經濟成長貢獻率大幅下滑外，固定投資增加貢獻率大幅萎縮，亦是重大原因之一。投資的增加，不僅擴大內需對當年經濟成長有所貢獻，其投資建設完成後，更可提高未來的生產力與競爭力；故經濟學家稱投資不斷的擴大，是促進經濟成長的引擎。證諸台灣過去經濟發展經驗，投資不斷擴大，是台灣過去能獲得高速經

濟成長的最大功臣。但近七年來情況丕變，不僅不再是加速經濟成長的動力，反而是拉住經濟成長無法提高的罪人。

近年來台灣固定投資的變化，可從下列四個層面來分析：

首先從固定投資增加率對經濟成長率的貢獻率來看。在前七年貢獻了 1.63 個百分點，近七年卻下降到 0.25 個百分點，減少 1.38 個百分點；故經濟成長率下降 2.5 個百分點，投資就貢獻了 55％，可見其影響之大。

其次是投資率（固定投資毛額占 GDP 比率）的大幅下滑。在前七年平均台灣固定投資毛額占 GDP 23.7％，可是到 2001 年因核四電廠停建，嚴重破壞投資環境，投資大幅萎縮 20％以上，導致投資率劇降至 20％以下，而且連續三年徘徊在 18％～19％之間，近三年才恢復到 20％以上。

「投資毛額」中包括折舊準備，其作用是在維護該設備的原有生產能力，真正能提高生產力的，應是扣除固定資產消耗後的淨投資。淨投資占國內生產淨額（NDP）比率，稱為淨投資率，是觀察一國生產力或競爭力消長的真正指標。在前七年，台灣淨投資率平均為 15.5％；2001 年腰斬至 7.7％，2003 年更降到 6.4％，近三年才回升到 9％～10％，但七年平均亦僅 9.0％，較前七年劇降 6.5 個百分點，這才是台灣近七年出口在全球市場占有率萎縮的真正原因所在。

第三，投資從不同主體來看，分民間投資及公共投資（包括政府及公營事業）兩大部分；近七年來民間投資雖在 2001 年大幅下滑 27％，且在低檔盤旋三年後，近三年恢復上升，且超過政權輪替前 1999 年的投資額，至 2006 年已較 1999 年增加 28.2％。可是公共投資七年來持續下滑，同期間衰退 20.6％，是導致固定投資平均每年僅增加 1.6％（當年幣值計），拉住經濟成長無法提高的罪魁禍首。顯然，民進黨執政的歷任閣揆所提出「8100 台灣啟動」、「新十大建設」、「五年 5,000 億擴大公共投資」及「大投資大溫暖」等大投資的振興經濟方案，都是說謊或是執行不力，毫無效果可言。

最後，再看製造業投資；近年來技術密集產業投資占製造業投資不斷上升，最近兩年已超過 70％，可是其生產附加價值，僅占製造業附加價值的 45％左右，並未提升，顯示技術密集產業，不僅是技術含量高，亦是資本密集產業，尤其近年來投資更集中在半導體及光電產業，而該等產業投資動輒千億元以上，投資負擔愈來愈重，今後何以為繼？

更可憂的，製造業中的非技術即傳統產業，近四年來的投資額已低於當年所提折舊準備，即淨投資已成為負數，期望傳統產業升級完全落空。

我們深入分析後，發現投資增加遲緩、投資率尤其淨投資率的下滑，以及

公共投資的負成長，不僅影響過去經濟成長率無法提升，也不利未來生產力及競爭力的提高。如何改進，已無法仰賴以選舉為施政主軸的現任閣揆，只有等待明年大選後的新領導階層了。

（民國 96 年 10 月 4 日　《經濟日報》二版）

二、第二次政黨輪替與改善兩岸關係

1. 民主力量的展現

國民黨繼年初立委選舉大勝後，總統大選再以創紀錄的高票獲勝。馬英九獲得 765 萬餘票，得票率高達 58.45％，大勝民進黨總統候選人謝長廷 221 萬餘票，當選中華民國第 12 任總統。此次大選在劇烈競爭激情中平順完成，其結果對於台灣民主政治發展，極具重大意義。

兩次選舉結果民進黨大敗，給予民進黨教訓：一是陳水扁執政八年，以意識形態為施政主軸，口口聲聲喊拚經濟，實際拚選票，將其個人及政黨利益超越人民之上，罔顧經濟民生；許多政策，尤其兩岸經貿政策，受困於意識形態的約束，嚴重衝擊台灣曾經傲視全球的競爭力，致使鎖國之下的台灣經濟自亞洲四小龍之首，淪為其末；加以陳水扁及其政府的貪腐無能，官員失言敗德，「黑金」更是青出於藍，即使在總統大選前，還毫不掩藏地攫取國家資產。八年來施政內耗空轉，毫無政績可言，陷人民於痛苦之中。人民已忍受了八年，乘兩次選舉機會，對陳水扁及縱容他的民進黨高層，給予嚴重的懲罰。

二是陳水扁總統每遇選舉都挑起政黨惡鬥、撕裂族群等的負面競爭策略，早已深受人民厭惡，於年初立委選舉時表露無遺。但謝長廷並未察覺，雖宣稱要與陳水扁切割，實際上仍然承襲陳水扁操弄族群意識的一貫負面競選策略，大打綠卡及一中市場議題，而且以栽贓、誣陷的手法，抹黑抹紅對方，試圖激起選民的省籍認同及恐中意識，藉以「逆轉勝」。然大選結果，充分顯示台灣選民對操弄族群和是非黑白不分扭曲價值觀的負面競選伎倆，更加反感。這次選舉結果，不僅是對陳水扁及其政府執政八年的總清算，也是警告政治人物今後再以偏執的意識形態操弄族群分裂，會遭到同樣的下場。

此次大選結果另一重大意義是，某些權威人士企圖挾其學術、專業的光環或個人的魅力左右選局的伎倆，不再得逞。各色權威人士於投票前夕表態支持某候選人，固屬其基本權利；但以扭曲的理由來誤導選民，終會遭到唾棄。如

該等權威人士公開指出，若國民黨候選人馬英九當選總統，則一黨獨大，缺乏制衡，台灣會陷入非常危險的階段，甚至台灣民主倒退 20 年。依這種思維，只要立委選舉結束後，就請敗選一方政黨推出總統，不必再選總統了；這是何等的荒謬！稍微了解政治制度的人，都知道經過第二次政黨輪替，台灣才真正向民主大道邁進，哪會倒退！政黨輪替是民主國家常態，執政黨做不好就下台。至於是否行政應與立法同屬一政黨，形成「一致性政府」，或分屬不同政黨，形成「分立政府」，不是權威人士說了算，要由人民用選票決定。根據美國經驗，自 1946 至 2004 年的 58 年間，有 36 年屬於「分立政府」、22 年處於「一致政府」狀態。美國選民不擔憂行政與立法同屬一個政黨掌控，反而擔心行政與立法分別由不同政黨控制可能引發的紛爭。如台灣過去八年的「朝小野大」，紛爭不斷，施政內耗空轉，才是問題，所以這次人民做出明智的決定，不受權威人士操弄。

又如某權威人士在接受媒體訪問，比較兩位總統候選人經濟政見時答稱，要提高層次來看，減碳是世界大勢，而馬英九的愛台 12 建設需要投資近 4 兆元，是擴大公共投資加速經濟成長，勢必增加碳的排放，有違世界大勢，不足取。而謝長廷的幸福經濟，沒有這樣大的投資，有減碳作用，合乎世界大勢，所以他支持謝長廷。談到經濟政見是我們的專業，而且我們也深入研究過兩位候選人的經濟白皮書，據我們的了解，與該權威人士的說法有很大的出入。

我們要指出的是，馬英九的活力經濟永續台灣藍圖，包括三大部分，除經濟發展外，還有社會公義與環境保護；而在環境保護中，特別強調節能減碳與資源循環運用。即使在發展經濟的三個重點「愛台 12 建設」、「產業再造」與「全球連結」，除「全球連結」主要是軟體作業外，「愛台 12 建設」投資近 4 兆元，主要是全島便捷交通網建設，包括北中南都會區捷運網及北中南都市鐵路立體化及捷運化，都是軌道運輸投資，較之公路運輸，相對產生大量減碳作用。其他包括智慧台灣培養高素質人才、農業再生、綠色造林、防洪治水及下水道建設等，以及「產業再造」以服務業為主，製造業發展也以高值化、節能低碳化為基本原則。完全不像該權威人士所說的大量投資就是大量排放碳的看法。

至於謝長廷幸福經濟的七大主張，除「青年有屋住」較具體外，餘皆口號，實現幸福經濟政府要花多少錢，白皮書中隻字未提，外人不知其未來投資大於或小於馬英九的「愛台 12 建設」；但該權威人士居然斷言謝的政見較馬有減碳作用。如是私下決定，沒有人會過問；但公開在電視媒體說出，企圖以

其權威地位影響選民，就低估了選民的智慧。這次選舉結果，展現了民主力量，台灣選民不會一再受騙。

大選終於落幕，台灣即將進入「一致政府」時期，國民黨完全執政也完全負責，希望盡快組織一個廉潔、有執行力、高效率的政府，帶領台灣早日脫離這艱困的時代。

（民國 97 年 3 月 27 日　《經濟日報》二版）

2. 考驗馬英九的智慧

國民黨總統候選人馬英九 322 總統選舉大獲全勝，不僅讓鬱悶八年的絕大多數台灣人民興奮不已，連海峽對岸關心台灣的人民、學者專家及國台辦主管們，亦認為是改善兩岸關係前所未有的難得機遇。但未想到總統當選人馬英九竟然任命一向深綠的台聯大將賴幸媛，為負責兩岸事務主要決策的陸委會主委，對 765 萬支持馬英九的選民，不啻是「青天霹靂」、反彈激烈；而綠營人士並不承認賴幸媛的代表性，甚至認為此一任命是羞辱綠營的人格謀殺，致使馬英九的尊重少數、擴大馬蕭兩岸政策社會共識基礎的苦心落空。這幾天賴幸媛任命案媒體未再提起，實際是被巴紐 10 億元外交醜聞案爆發新聞所掩蓋。誠如準閣揆劉兆玄日前接受媒體專訪時主動表示，賴幸媛任命案對兩岸關係確有造成衝擊！如何化解，解鈴還需繫鈴人，考驗馬英九的智慧了！

4 月 28 日準閣揆劉兆玄宣布第二批閣員，任命賴幸媛為陸委會主委當天，國民黨榮譽主席連戰啟程赴北京；翌日連胡會時，中共總書記胡錦濤重申，在「九二共識」的基礎上，盡早恢復兩岸協商談判，務實解決各種問題。胡錦濤進一步提出「建立互信、擱置爭議、求同存異、共創雙贏」16 字方針，並強調只要兩岸秉持這 16 字方針，就能找到解決問題的辦法，兩岸關係和平發展的道路，一定會越走越寬廣，顯然胡錦濤的 16 字方針，是對馬蕭政府構建兩岸關係方針「正視現實、開創未來、擱置爭議、追求雙贏」的正式回應，完全不理會馬營內部的人事安排。既然胡總書記定了調，故 4 月 30 日大陸國台辦例行記者會。發言人李維一不對賴幸媛人事安排問題做評論或發表看法，所關心的乃是「兩岸關係的未來發展」。對北京而言，「九二共識」才是檢驗台灣領導人是否真正朝向兩岸關係和平發展道路邁進的唯一標準。只要堅持「九二共識」，就可「建立互信」，盡早恢復兩岸協商談判。

實際上，總統當選人馬英九在 322 當選第二天，即重申兩岸應該在「九二共識、一中各表」下恢復和談立場，並希望透過海基、海協兩會正常運作，處

理兩岸問題。328 馬英九接受聯合報系專訪，明確表示他不會去搞兩國論或法理台獨，而且清清楚楚就是主張「九二共識」；他還強調全世界講「九二共識」最多的人，大概就是他了。故在 4 月 1 日扁馬會時，陳水扁否認有「九二共識」，但馬英九堅稱「九二共識」是事實，且有兩岸函電交往作為證據，若沒有「九二共識」，就不會有 1993 年的辜汪會談，顯見馬英九對「九二共識」的堅持。當 4 月 28 日發表賴幸媛人事任命案引起各方反彈，馬英九在第一時間出面說明，賴幸媛不支持法理台獨，認同馬蕭兩岸主張，即「不統、不獨、不武」，也就是維持中華民國現狀，以及「以台灣為主，對人民有利」的主張。馬英九聲稱，他一向主張「九二共識、一中各表」，賴對一中各表的「九二共識」也可接受，兩人對兩岸關係的理念是一致的。因而對有人批評賴幸媛是李登輝路線，馬予以否定，而稱是馬英九路線。馬英九也坦承台聯主席黃昆輝對他建議少提「九二共識」，但他沒有同意；而且回以「九二共識就是一中各表，一中各表就是九二共識」。顯見馬英九一路走來，對「九二共識」的堅持，展現其對兩岸對話的期待與意願。

　　關鍵在於大陸所關心的「兩岸關係未來發展」，首先即將面臨的是 520 馬英九就職演說，有關兩岸關係的「九二共識」論述。兩岸都堅持「九二共識」是兩岸復談的基礎，但過去大陸中共所認知的「九二共識」，只說「一中原則」，不談「各表」；而我方認知的「九二共識」，則是「一個中國，各自表述」，即「一中各表」，也就是馬英九所闡釋的「九二共識就是一中各表，一中各表就是九二共識」，雙方還是有相當大距離。

　　不過，在台灣 322 總統大選後的 3 月 25 日晚，美國總統布希主動與大陸國家主席胡錦濤通電話，胡錦濤不僅向布希提到大陸一貫的立場就是，中國大陸和台灣應該在「九二共識」的基礎上，恢復諮商和對話，而且也同意彼此對「一個中國」有不同的定義，即「一中各表」。但此一訊息在大陸新華社新聞網對外發布的新聞稿，仍是中英有別，中文版僅提及「九二共識」，英文版才有「一中各表」，顯見大陸當局仍然內外有別。自 322 國民黨大勝以來，大陸在公開宣傳上似盡量避免提「一個中國原則」，而以具模糊性的「九二共識」代替；也希望台灣少提「一中各表」，採用「九二共識」的說法，讓彼此留下更廣闊的彈性。馬英九在選後的扁馬會中提到與大陸打交道時強調，最好越接近雙方能承認的事實越好；就看馬英九在 520 就職演說中，對改善兩岸關係邁向和平發展，能否提出雙方都可接受的對策了。

（民國 97 年 5 月 8 日　《經濟日報》二版）

3. 兩岸向和平共榮大道邁進

中華民國第 12 屆總統、副總統馬英九與蕭萬長，於本月 20 日宣誓就職，馬總統發表了備受關注的就職演說「人民奮起、台灣新生」，獲得各方肯定。雖被論者謂為「四平八穩、面面俱到」，但其中重中之重的兩岸關係，在三千多字的講稿中占了五分之一之多，向海峽對岸傳達許多政策性訊息，絕大部分是表達「善意」。

馬英九就職演講向海峽對岸傳達的「善意」，至少有以下六點：

首先在談兩岸關係時，開宗明義指出：「英九由衷的盼望，海峽兩岸能抓住當前難得的歷史機遇，從今天開始，共同開啟『和平共榮』的歷史新頁。」即是將三年前國共論壇連胡會時兩黨共同體認的「建構兩岸關係和平穩定發展的架構」，正式納入馬英九執政所追求的目標，也與大陸國家主席胡錦濤「和平發展」大戰略，完全吻合。

其次，正式提出「不統、不獨、不武」的理念，在中華民國憲法架構下，維持台海的現狀。此不僅是說給對岸聽，也是說給美國聽，更是昭告台海附近鄰國，台灣不再是麻煩製造者，而是台海安定的力量。

第三，馬英九指出，1992 年兩岸曾經達成「一中各表」的共識，促成兩岸關係的順利發展；並重申今後將繼續在「九二共識」的基礎上，盡早恢復協商。此與對岸在「九二共識」的基礎上可以坐下來談，協商任何問題的看法一致。同時重提副總統蕭萬長在博鰲論壇蕭胡會中，所揭示的「正視現實、開創未來；擱置爭議、追求雙贏」，尋求兩岸共同利益的平衡點。馬英九進一步強調，兩岸走向雙贏的起點，是經貿往來與文化交流的全面正常化，台灣已經做好協商的準備；並呼籲 7 月即將開始的周末包機直航與大陸觀光客來台，能讓兩岸關係跨入一個嶄新的時代。

第四，馬英九特別在演講中指出，大陸國家主席胡錦濤在台灣 322 總統大選後，有關兩岸關係的三次重要談話，分別是 3 月 26 日與美國布希總統通話中，首次對外談到「一中各表」，4 月 12 日博鰲論壇蕭胡會所提出的「四個繼續」，及 4 月 29 日在北京連胡會時，主張兩岸要「建立互信、擱置爭議、求同存異、共創雙贏」。並強調這些觀點都與我方的理念相當一致。馬英九如此在就職演講中，正式與胡錦濤對話，表示對胡談話的重視與尊重。

第五，馬英九在演講中兩度提到「中華民族」，這不僅是過去八年陳水扁執政，甚至李登輝執政後期，絕口不提；而馬英九在這麼正式的就職演說中，

肯定「兩岸人民同屬中華民族」，更認為以「中華民族智慧之高，台灣與大陸一定可以找到和平共榮之道」，受到各方重視。

第六，四川發生大地震，馬英九在第一時間，個人捐出 20 萬元，並呼籲台灣同胞踴躍捐獻。這次在就職演說中，再度表達關切，並願意提供即時的援助。此一表態不再是他個人，而是代表全台灣 2,300 萬人民，對大陸四川震災的關懷與援助。

此外，馬英九在就職演說中，多次提到「中華民國」，而且強調「中華民國在台灣得到新生」。一般了解大陸對「一中各表」盡量少提，只講「九二共識」就好。因「一中各表」，在我方解釋就是「中華民國」，對方不願意聽到或看到。但我們要正告大陸領導人，馬英九是根據「中華民國憲法」選出來的總統，所以他言必「中華民國」不可。除非像陳水扁稱自己是「台灣總統」，絕不提「中華民國」四字，大家了解他在搞台獨。大陸應了解「中華民國憲法」是「一中架構」，所以才有一中各表的「九二共識」存在；而在陳水扁時代台獨氣焰囂張，在很多場合，連「中華民國」四字都不敢提。而此次馬英九獲得壓倒性勝利，也是「中華民國」在台灣重生；馬英九在演講中多次大聲喊出「中華民國」，它已是壓抑「台獨」的利器，有了「中華民國」，就不會有「台獨」，大陸領導人應有此認知。

馬英九在提到兩岸問題時，他堅信，兩岸問題最終解決的關鍵，不在主權的爭議，而在生活方式與核心價值。我們的解讀是，兩岸相處，大陸以大事小，應待之以禮；所謂「禮」，就是尊重、禮讓與容忍。只要雙方能向「和平發展」、「和平共榮」的大道邁進，其過程中的許多小節，不要再介意。兩岸「和平相處」，經過 20、30 年甚至 50 年，兩岸人民生活、核心價值，都趨相近，兩岸融合，並非不可能，屆時，又有誰介意主權問題呢！

（民國 97 年 5 月 22 日　《經濟日報》二版）

4. 開放、鬆綁才是硬道理

最近國內有兩件不是問題的問題，鬧得滿城風雨。一是美國的二房風暴，傳到國內後，被誤認為好似去年秋天美國次貸危機，國內投資人包括銀行、壽險公司及基金等，將遭到重大損失；不僅媒導大事渲染，所謂專家與名嘴也加油添醋的強調其嚴重性。實際上，美國二房公司發行的債券，不僅有優質房貸客戶作保證，而且該二公司具有半官方性質，美國政府及聯準會（Fed）全力支持，等於政府保證，本無問題；上周四〈認清美國二房風暴的本質〉社論，

予以澄清，希望國人不要庸人自擾，否則受損的還是自己。二是新政府宣布兩岸經濟政策大鬆綁；多年來政府的橫加干預，政權再度輪替後大鬆綁，應是經濟發展正途，本不是問題，但仍然遭到部分反對人士的質疑與批評。

自李前總統 1996 年祭出「戒急用忍」政策，限制台商到大陸投資，2000年政權輪替，民進黨更以「意識形態」治國，積極採取鎖國政策，箝制了台灣的經濟發展，使台灣的競爭力世界排名每下愈況，不僅外商出走，台灣經濟也自四小龍之首淪為四小龍之末。因而馬英九競選總統時，「振興經濟」的第一道大菜，就是「開放與鬆綁」。

新政府上任後，在因應通膨問題同時，並積極策劃兩岸經貿大鬆綁；繼 7月 4 日兩岸周末包機直航與開放大陸人士來台觀光後，於上周四行政院會決定，對大陸投資上限，放寬到淨值的 60％，企業總部設在台灣者則不設限制，並將在 8 月開放陸資來台、9 月鬆綁赴大陸投資產業別限制、10 月磋商貨運包機直航及截彎取直等等，預計至年底將有 25 項兩岸重大政策鬆綁。反對兩岸鬆綁人士認為，在不到半年內，鬆綁這許多政策，顯然過於匆促。

反對人士認為兩岸關係過去在「戒急用忍」與「積極管理」之下，仍然產生許多負面影響。現今要大鬆綁，將來問題必更惡化；其實真正情況並不如是。其中較重大者，如一，反對人士所言「錢進大陸，債留台灣」；而實際情況，根據最近中華徵信所調查台商 1,000 大，過去三年在大陸賺錢的比率高達81.5％至 86.4％，較《天下雜誌》最近調查台灣 1,000 大製造業賺錢比率72.9％至 81.6％高；而且前者的淨值報酬率為 12％至 16.6％，較後者的 8.8％至 12.5％，高出三分之一之多。另據台灣上市櫃公司合併財務報表顯示，國內企業投資大陸的盈餘，占全公司總盈餘的比重不斷升高，甚至有超過國內的盈餘，成為總公司賺錢的金雞母。只因大陸投資機會仍多，規模仍有擴大的空間，將錢留在大陸繼續投資，所有權都是台灣股東的。至於「債留台灣」，只是少數經濟犯的罪行，不能以偏蓋全，大陸 6 萬多家台商中，「債留台灣」的微乎其微。

二、反對人士認為台商到大陸投資，是資金大失血；其實有能力對外投資，乃國力的延伸，因而所有國家經濟發展到某一階段後，都會對外投資。根據經濟部統計至去年底，核准對大陸投資 649 億美元，所有權都保有在國人手中，怎麼說大失血呢？而且由於台商對大陸投資，誘發了台灣的機器設備、原材料及零組件對大陸出口，加以自大陸進口有種種限制，致產生對大陸巨額出超。近十年來，台灣對大陸（包括香港）出超高達 4,100 億美元。如純就國際

收支而言，台灣資金流往大陸的少，流入台灣的多。十年來自大陸淨流入台灣的資金高達 3,451 億美元，怎麼能說大失血呢？

三、反對人士說台商企業遷移大陸，造成數十萬人失業；的確如此，不過這只是經濟轉型必經的過程，一旦轉型成功，情況即會改善。如生產線遷出，另成立研發中心，財務調度、行銷單位的擴張，都會增加員工，尤其對大陸投資誘發的出口快速增加，更需要僱用大量員工。以去年對大陸與香港出口 1,004 億美元，估計可創造 190 萬就業機會，這正是十年來台灣就業還能持續增加的關鍵。

「開放與鬆綁」最顯著例子是香港與新加坡，全世界政府干預最少，自由度最高的國家，其全球競爭力僅次於美國，高居全球第二、三名。大陸 1992 加強改革開放後，十年內經濟脫胎換骨；2001 年底加入 WTO 後，加速開放與鬆綁的步伐，近年來經濟發展突飛猛進。回頭看國內，政府在 2002 年開放筆記型電腦（NB）赴大陸投資後，競爭力大增，六年來產量平均每年增加 36％，世界占有率自開放前的 56％，去年提高到 92％，NB 成為台商的世界。可是台灣的日月光公司原是世界 IC 封裝廠的龍頭，由於政府不准其赴大陸投資，結果韓國 Amkor 在大陸擴產取而代之；又如奇美原是世界 ABS 最大廠，政府不開放到大陸投資，結果南韓 LG 乘機在大陸擴大，後來居上等，在在證實「開放與鬆綁」才是硬道理。

（民國 97 年 7 月 24 日　《經濟日報》二版）

5. 兩岸和平發展邁進一大步

大陸海協會長陳雲林來台，雖遭到在野人士的強烈抗議，但仍按照既定的程序，本周二順利於圓山飯店舉行「江陳台北會談」，並與海基會董事長江丙坤共同簽署空運、海運直航、郵政合作及食品安全四項協議，為兩岸開創新的里程碑，對未來兩岸關係發展有極深遠的影響。這原本應該在 1999 年舉行的兩岸兩會負責人台北會談，延後了九年才正式恢復，並獲得豐碩的成果，完成辜汪二老的心願。

陳雲林已正式邀請江丙坤明年上半年前往中國大陸進行第三次江陳會，從事兩岸金融往來相關協商、簽署台商投資保障協議、兩岸共同打擊犯罪協議等，協商促進兩岸經濟關係，以逐步建構兩岸經濟合作制度化框架，代表雙方的誠意，並以對等、尊嚴的方式共創雙贏。

兩岸海、空直航，不僅是台商及大多數人民多年來的期待，也是在台美歐

商會近年來白皮書的強烈建議。一旦在 40 天後落實，促使兩岸經貿朝正常化發展，降低客貨運送時間與成本，真正反映兩岸產業分工的比較利益，有助兩岸產業分工，台灣產業結構的改善，提升產業國際競爭力，以及有利台商的全球布局。

兩岸直航後，更可展現台灣在東北亞及東南亞間的地理區位優勢，不僅可吸引台商回流，同時也可促進台灣成為跨國企業區域性營運總部，以免在東亞區域經濟整合中被邊緣化。

更由於兩岸天天包機直航、截彎取直、班次增多、定點擴張、費用降低、時間縮短，將可大幅提高大陸旅客來台意願，以及台商回台投資、居住、消費意願，這對全球經濟低迷中擴大內需將有重大貢獻，也對台灣水果、花卉及活魚等農漁產品，經直航銷往大陸有所助益。

兩岸金融原本列為明年上半年江陳第三次會談的議題，但由於這次金融海嘯的衝擊，大陸海協會主動提出，提前成為這次江陳會談額外增加談論的議題；雖以座談會的方式呈現，但不可諱言的，也有為下次談判「預備會談」的性質。因此，明年第三次江陳會談，簽署金融監理合作備忘錄（MOU）的機率大增，這對台灣未來金融業發展，將是一大利多訊息。此外，明年要討論的第二項重要議題，簽署台商投資保障協議，這更是台商多年來的期盼，一旦明年上半年第三次江陳會談正式簽署公布實施，將大幅化解大陸台商多年來所遭遇的最大之痛。

此次江陳台北會談，對台灣而言除產生經濟效益外，更重要的是初步落實了馬英九總統在就職典禮演講中宣示「從今天開始，兩岸共同開啟『和平共榮』的歷史新頁」。當時，馬總統是將三年前國共論壇連胡會時，兩黨共同體認的「建構兩岸關係和平穩定發展的架構」，正式納入馬總統執政所追求的目標。在江陳二次會談前的 10 月 29 日，馬總統即提出「正視現實、互不否認、為民興利、兩岸和平」16 字的基本方針，表達馬總統及其領導的政府，對兩岸政策的高度期待和一貫性。而這次江陳會談在過程中及其所獲成果，完全展現這 16 字箴言的基本精神。儘管台灣內部對兩岸政策的推動，尚未獲得共識，但「和平共榮」應是馬英九高票當選總統的基本動力，也是主流民意的共同主張，這也與大陸國家主席胡錦濤「和平發展」大戰略不謀而合，也符合兩岸人民的期待。此次江陳台北會談，不僅獲得美國政府的肯定，周邊國家也將台灣定位從麻煩製造者轉變成區域和平穩定的力量。

陳雲林此次來台之所以一再遭到強烈的嗆聲，主要因部分人士質疑馬英九

在主張「和平共榮」時，有否以犧牲主權為代價。雖馬總統在會前密集接受媒體訪問，一再強調他對主權沒有一寸讓步，而且他會以總統的身分接見陳會長，但仍然沒有獲得反對者的諒解。我們也看到陳雲林拜訪辜夫人，辜夫人提到馬總統時，陳會長並沒有不悅，讓我們印象深刻；還有兩會工作會議時，海基會高孔廉副董事長在致詞時也提到馬總統，並以官銜介紹我方與會代表，都是一大進步，符合馬總統 16 字箴言中的「互不否認」。但我們要指出，馬英九是根據中華民國憲法選出的總統，而在選舉時，競選對手即強調這是中華民國與台灣國的選舉，結果馬英九以絕對多數高票當選中華民國總統；既然絕大多數人民選擇了中華民國，就沒有台灣國的存在，這是大陸所樂見，也是不可否認的事實。若陳會長於今日拜會馬英九之前公開宣布「我將前往拜會馬總統」，不僅使在台北賓館靜坐圍城的反對者，化解對馬英九的疑慮，失其依據，對兩岸關係未來發展將有莫大助益。兩岸關係能有今天的這一步，是兩岸領導者大智慧的表現，這關係到中華民族的千秋萬世，不過是領導人的一念之間而已。

（民國 97 年 11 月 6 日　《經濟日報》二版）

6. 政府決策何止慢半拍

行政院長吳敦義因公文旅行使行政效率低落而「震怒」，上周本報社論指出，政府效能低落除程序繁複、立法怠惰、權責不明，互相牽制外，關鍵在於主辦機關首長或官員不負責任的心態。

以「以房養老」為例，是美國 20 年前開辦的「逆向抵押貸款」銀行業務之一，有房屋居住而沒有現金收入的老人，將房屋抵押給銀行，然後每月向銀行取得定額現金充作生活費，且仍居原屋，直到老死，房屋則由抵押銀行收回處理。此制對台灣很有需要，台灣 65 歲以上老人已占總人口的 10％以上，十年後將達 15％，成為「老齡社會」；而台灣房屋自有率達 88％，土地價值高，土地增值高於房屋折舊，承貸銀行風險較低，此制在台灣有及早實施必要。銀行開辦此一業務，完全是老人與銀行間的契約關係，純屬經濟行為；只要銀行或銀行公會訂定辦法，報請金管會核准即可實施。但內政部長江宜樺表示，行政院已指示將「以房養老」定位為「逆向抵押貸款」，一年內完成研究，預計明年底有雛形。江部長不了解「政策研究」與「學術研究」不同；前者有其急迫性，不能等待一年才有雛形；尤其目前資訊取得方便快速，最多一個月即應完成，如認為可行，連同實施辦法草案，應於一個月內提出。顯然位

子坐上部長，心態還未改變。

就是這種事不關己的心態，雖馬總統上任後積極推動三通等，但對大陸投資的產業別負面表列限制，迄今還未開放。據經濟部長施顏祥稱，是否開放，要到年底的跨部會會議討論後才能決定。而大家所關心的半導體、面板及石化產業開放西進，已拖了十多年。實際上，半導體在民進黨執政時代，已開放台積電 8 吋晶圓廠赴大陸，但在層層限制下，苟延殘喘了幾年。而大陸半導體產業在其他跨國企業積極投入下，英特爾 12 吋廠明年即投產；台灣即使現在放寬半導體到大陸投資，商機已失，加以負責首長的缺乏擔當，不知還有多少附帶條件，豈有勝算可言？

至於面板西進，大陸明年將是世界最大液晶電視消費市場，也是筆電、顯示器及液晶電視最大生產基地，面板需求驚人。而大陸目前所生產面板僅能供顯示器採用，筆電及液晶電視所需面板全賴進口。因此，日韓大廠無不積極到大陸投資，已動工及即將興建的八代以上面板廠達八家之多。悲哀的是，主管的施部長坦承，面板業的確有開放的急迫性，再不去怕來不及了。可是工業局早在 9 月初即提出開放建議，為什麼要拖到年底才開跨部會會議？待決議後，加上條件，正式宣告開放，待業者申請、審查，補件再補件後通過，已是明年下半年的事了。

更荒唐的是對石化工業的不開放。經建會提出研究報告指出，大陸新九大煉油基地將於 2012 年後投產，完成後競爭力大幅提升。台灣受限於石化上游禁止登陸，在大陸的中下游台商無法形成供應鏈的整合，競爭居於劣勢。可是施部長明知不開放問題的嚴重，還強調「輕油裂解廠目前不開放，要等國光石化投資計畫明朗後再處理。」可是國光石化已拖了好多年，何時能「明朗」沒人知道。

我們不僅關心台商的榮枯，更關心台灣半導體、面板及石化工業未來的發展。此三業是台灣經濟的命脈，不僅累積投入數兆元，而且以出口大陸為主；一旦大陸此三業壯大，而沒有台灣參與，屆時大陸不僅不需進口，甚至出口與台灣競爭，將嚴重衝擊台灣半導體、面板及石化業，勢必拖垮整體經濟，台灣經濟還有何前途可言。難道真要吳揆多「震怒」幾次，決策效率才能提高嗎？

（民國 98 年 12 月 24 日 《經濟日報》二版）

7. 政黨惡鬥代價知多少？

立法院這會期於日前結束，果然院會依舊空轉，議事效率不彰。行政院向

立法院提出 32 件優先法案，截至會期結束前一天，只通過五案。因而立法院長王金平有感而發：「立院主席台整個會期被民進黨占了快一半時間，是立法院的災難」；這更是全台灣人民的大不幸！

民進黨已淪為在野黨，在立法院是少數，但其抗爭力特別強，要阻擋的法案，幾乎無一能順利通過；其所以能得逞，執政的國民黨立委在立法院超過三分之二，但其內部不團結，內部鬥爭之烈，不亞於與在野黨的惡鬥。以此次立法院召開臨時會，討論攸關五都改制的「地方制度法」為例，在野的民進黨團，為其黨的勝選造勢，雖全力動員，表明要「誓死對抗」；但在執政黨團結一致努力下，儘管發生肢體衝突，仍能完成三讀通過；證明過去整個會期一半空轉，執政黨的內鬥也要負起部分責任。

自進入 1990 年代，當時執政的國民黨內鬥分裂開始，至 2000 年第一次政權輪替，民進黨執政，以意識形態治國，停止正在興建中的核四發電廠，並主張台獨，挑起與在野的國民黨惡鬥；這十多年來嚴重傷害政府治國能力。因而國際間各項排名評比，政府部門包括行政立法效率，都吊車尾，是拖垮整體排名落後或下降的關鍵所在。

世界銀行不久前發表的 1996～2008 年全球治理指標，所涵蓋的六項指標，最能表現一個國家政府治理的能力。其中以公民表達及問責代表的「民主化指標」及「監管品質」，台灣 2008 年較 1996 年略有進展，其餘四項「政治穩定」、「政府效率」、「法治」及「反貪汙」，均較 1996 年退步。與亞洲其他三小龍比較，台灣 2008 年除「民主化」領先其他三小龍外，其他五項均落在新加坡及香港之後；其中「政治穩定」、「監管品質」及「反貪汙」優於韓國，然「政府效率」及「法治」，卻落在韓國之後，而且韓國六項指標2008 年均較 1996 年進步。顯然台灣政府在亞洲四小龍中「治理國家」最差。

台灣在民主化進程中，人民並沒有因此而享受到良好治理的果實，其關鍵在誤解「民主」的真諦，以為「選舉」就是民主，而為了「勝選」，不惜挑起政黨惡鬥，而導致「治國」倒退。

政黨惡鬥、治國不當，對經濟方面的傷害更是驚人。由於政黨惡鬥嚴重破壞多年來好不容易建立的良好投資環境，致使國內投資率下降，始終未恢復到1990 年代初期水準，外資出走；出口競爭力每況愈下，自 1980 年代中期的排名全球第 11 位出口大國，2008 年倒退到第 18 名，經濟成長率與出口金額也自四小龍之首，淪為四小龍之末，失業率更是居高不下。每人 GDP 在 1976 年達到 1,000 美元，至 1992 年超過 1 萬美元，而今至 2009 年才增至 16,390 美

元，前者增加十倍才花 16 年，其後經歷 17 年才增加不到 60%。而且近十年來每人 GDP 在 14,700 美元至 17,500 美元間上下振盪盤旋，陷人民於痛苦之中；其原因固多，但不可諱言的政黨惡鬥應是罪魁禍首。

由於政黨惡鬥撕裂族群，激化社會對立，教育、文化、道德倫理、價值觀淪喪、法治鬆弛、社會治安惡化，嚴重侵蝕社會根基，將非短期所能改善。

而今時代改變了，環境改變了，人民也厭倦了，對政黨惡鬥、族群對立深惡痛絕，若政黨不思改變，將遭人民唾棄。馬英九總統在元旦祝詞提出呼籲，期盼朝野政黨盡早就重大政策展開對話，以增進互信，凝聚共識，攜手合作，共同推動台灣的繁榮與進步。這是人民的期待，希望民進黨能聽進去，更希望執政的國民黨，能體認「地制法」通過的教訓，團結的執政黨，才能為全台灣人民福祉打拚！

（民國 99 年 1 月 21 日　《經濟日報》二版）

8. 揭穿反對 ECFA 的陰謀

中國經濟崛起，全球各國正重新思考對中國的關係。東協加一（中國）自由貿易協定（FTA）今年生效，許多國家尋求與大陸洽簽 FTA，趕搭這班順風車。中國經濟的快速成長，對全球國家都是威脅，但也是一大商機，就要看如何面對它。誠如英國《經濟學人》雜誌社論所指出：「與中國打交道是有危險的，但更危險的是拒絕面對它。」

台灣何其有幸，2008 年政權再度輪替，國民黨馬英九就任總統後，以積極態度面對大陸，推動「鬆綁與開放」大戰略，處理兩岸經貿問題，並正與大陸協商，預期今年 6 月前簽署「兩岸經濟合作架構協議」（ECFA），以使兩岸經貿正常化發展。但不幸的是，在野黨極其所能的反對，阻礙 ECFA 的簽署，怎不令人質疑其背後有無陰謀存在？

台灣內需市場狹小，僅賴投資與消費的自然增長，只能支撐 2%至 3%的經濟成長率；要達到 4%以上的經濟成長率，必須大力拓展出口。近年來，台灣消費與投資增長緩慢，主因出口推展不力，台灣產品在國際市場節節敗退，出口規模在全球的排名，自第一次政權輪替時的第 14 名，倒退到第二次政權輪替（2008 年）的第 18 名。究其成因，台灣未能參與近年區域經濟的整合，應是要因之一。

過去台灣未能參與區域經濟整合，主因民進黨以意識形態治國，嚴重破壞兩岸關係，致各國不願得罪大陸，因而除拉丁美洲五國外，均拒絕與台灣商談

FTA。馬總統上任後，積極改善兩岸關係，讓台灣從國際間的「麻煩製造者」轉變為「和平締造者」，而與大陸簽署 ECFA 後，即可化解各國的疑慮，誠如馬總統所說：「簽 ECFA，等於和世界都通了。」民進黨執政時期的台灣，猶如人體任督二脈不通，全身都是毛病；一旦簽署 ECFA，等於打通任督二脈，全身血脈活絡，猶如一尾活龍。

　　尤其，未來十年是新興國家興起的關鍵年代，更須把握此一重點時刻。根據美國智庫布魯金斯研究所最近提出的研究報告，未來支撐全球經濟成長動能的中產階級，將擴張至亞太地區，全球消費主力亦將由西轉東。其中，中國中產階級的消費力在 2009 年占全球 4％，排名世界第七，預估 2020 年時將驟增至 13％，超越美國躍而成全球消費力龍頭。另《全球視訊》估測，2009 年中國進口規模僅及美國的六成二，未來十年將超過美國，成為全球第一大進口國。中國將從「世界工廠」在未來十年轉變成真正的「世界市場」。

　　而台灣與中國同文、同種，又有地理區位優勢，透過與大陸簽署 ECFA，再與亞太國家及歐美等國簽訂 FTA，將可排除外銷障礙，發揮台灣優勢，再展當年外銷活力；甚至可吸引跨國企業投資，將台灣當成亞太營運總部，作為進軍大陸及東亞市場的跳板，等於 16 年前時任行政院長的連戰所提出「建設台灣成為亞太營運中心計畫」目標的落實，再創台灣經濟新局可期。

　　不過，在野黨極力抵抗 ECFA 的簽署，不僅要辦辯論會，更要辦公投，還要上街頭遊行抗爭，甚至以一些似是而非、危言聳聽的言論挑起民眾情緒，製造對立。此種為反對而反對的目的，實是懼怕兩岸一旦簽署 ECFA，不啻打通經濟發展的任督二脈，讓台灣經濟重現活力，提升 2012 年馬英九連任的聲勢，甚至完全澆熄 2016 年在野黨重奪執政權的希望，因而極力阻擋 ECFA 的簽署。在野黨此種不顧台灣前途、人民死活的做法，早被選民看穿，台灣人民深惡痛絕政黨惡鬥、內耗，在野黨若不能改弦易轍，以政策與執政黨競爭，遲早會被選民再度唾棄。

（民國 99 年 4 月 15 日　《經濟日報》二版）

9. 矯正失落八年之誤

　　馬英九總統不止一次在公開場合指出：「貿易是台灣的生命，沒有貿易就沒有台灣。」這句話看似理所當然，但其精髓更值深思；且經由歷史經驗的對比，亦可確認台灣現行的經貿政策是否走在正確的道路上。

　　台灣生存靠貿易，早在鄭成功時代就如此了。因台灣缺乏資源，要靠進口

供應；要進口就須出口，以賺取外匯購買進口所需的物資，對外貿易於焉產生。對外貿易的拓展，不僅彌補國內資源不足，突破國內市場狹小的限制，擴大經濟規模；更因貿易的擴張，產生多種功能，成為許多開發中國家加速經濟成長的重要手段之一。

台灣是二戰後開發中國家裡最先推行出口導向的國家，1953 年開始實施的第一期四年經建計畫，以發展「進口替代」產業為主；但實施未久即發現「進口替代」有很大局限，再於 1956 年研擬第二期四年計畫時改弦易轍，改以「出口導向」為主軸，並於 1960 年前推動外匯、貿易、金融、財政等全面性改革，以促進市場機能和出口產業的發展。其間雖遭遇阻力與困難，但政府都能以最大的決心與魄力克服，使改革得以貫徹；在 1960 年後正好把握全球經濟好景，至 1980 年的 20 年間貿易總額增加 85 倍，出口更擴增 120 倍，此二大紀錄迄今尚無他國超越。

這 20 年間，出口平均每年實質增加 19.2%，不僅大幅提升國內生產設備利用率、降低成本，提高競爭力，也豐富企業利潤、提高投資能力，激勵投資每年以 14.3% 的速度增加，創造大量就業機會，使失業率自 1950 年初期的 6% 以上，於 1967 年降至 2% 以下，比工業國家失業率 4% 的充分就業水準還低。由於就業需求強勁，也帶動工資大漲，人民所得改善、消費意願增強，使民間消費呈現每年 8.5% 的成長。在內、外需求俱熱下，這段期間的每年經濟成長率高達 9.6%，為全球之冠；每人所得以美元計，每年更實增 14.6%，1980 年代後期已晉中高所得國家之林。

另方面，由於出口增速幾是全球平均成長水準的兩倍，台灣於 1985 年成為全球第 11 大出口國，為亞洲四小龍之首，更大幅領先中國大陸的第 17 名。這些成就被國際譽為經濟奇蹟，成為開發中國家經濟發展的典範，更顯出口拓展對台灣經濟發展的意義。

但 2000 年政權第一次輪替後，執政的民進黨受制於意識形態，經濟政策去中國化，加以世界經濟成長重心東移中國，以致台灣未能及時掌握中國經濟崛起的契機。民進黨執政的八年間，出口年增率僅 6.1%，不僅未及最盛時期的四分之一，更只有全球增速的一半，台灣的全球出口排名因而在 2008 年倒退至第 18，落居四小龍之末，而大陸則躍升至全球第二。同期間，由於出口成長滯後，投資不增反減，失業率大幅上升，民間消費平均每年成長率僅 2.3%，每人所得亦只增加 2.4%，與當年的盛況不可同日而語。

另方面，這段期間世界貿易組織（WTO）多邊談判受阻，各國重回雙邊

洽簽自由貿易協定（FTA）的方向發展；2000 年時亞洲只有三個 FTA，去年增加到 58 個，台灣與北韓是區域內僅剩兩個沒有簽 FTA 的國家，這應是台灣出口落後全球的關鍵之一。2008 年政權再度輪替，馬英九就任總統後，採取「鬆綁與開放」政策，現正積極與中國大陸洽簽兩岸經濟協議（ECFA），期能打通對外貿易的任督二脈；政府亦在積極與星、馬、南韓、日本及歐美等國，研商談判 FTA 事宜。期盼全國同胞全力支持，早日與各國簽署 ECFA 與 FTA，把握全球經濟復甦好景，重現台灣對外貿易活力。

（民國 99 年 5 月 9 日　《經濟日報》二版）

三、中國大陸經濟崛起

1. 借助大陸市場創造國際品牌

近 20 年來台灣電子資訊產業的蓬勃發展，已獲有顯著成就，不僅在國內成為產業發展的主軸，在全球電子資訊產業中，亦具有舉足輕重的地位。921 地震造成新竹科學園區電子資訊產業停工的影響，震驚全球電子資訊市場供應中斷，顯見台灣電子資訊產業在全球電子資訊市場的威力。但可惜的是，台灣電子資訊產業多是扮演賺辛苦錢的代工角色，以自有品牌行銷的，過去除宏碁外，真是鳳毛麟角。然而在大陸經濟崛起後，國人已開始嘗試借助大陸市場創造自我品牌，頗有斬獲，值得肯定。

台灣電子資訊產業近 20 年來之所以未能創造自我品牌，主要是做企業對企業間的生意，即所謂的 B2B。因為有跨國企業大廠的支持，台灣企業只要將其國際分工的本分工作，如 OEM 或 ODM 做好、品管合乎對方要求、準時交貨，不管行銷，風險比較小，是企業比較容易走的一條路。不過，在跨國企業大廠下定單時，出價不斷壓縮，國內同業激烈競爭，甚至因加工層次簡單、技術不高，後進國家的興起，以其低工資的優勢，搶奪定單，致加工利潤極為微薄，也導致附加價值率更形偏低。

國際化企業經營方向，除 B2B 外，還有 B2C，就是企業將其產品銷售到消費市場，這種方式企業要面對廣大的消費者，要掌握最終用戶，要真正掌握市場，比 B2B 相對困難很多。

可是現代跨國企業，多將附加價值較低的製造裝配委外加工，而自己從事研發、創新，以自己的品牌行銷，即 B2C；這也是將「微笑曲線」所表示的

產業價值鏈左側的研發、創新、設計，與右側的物流、行銷服務與品牌等附加價值率比較高的留著自己做，而「微笑曲線」中段，附加價值率低的製造與裝配則外包。

　　台灣不論是資訊或電子產業，多年來都是走 B2B 比較容易走的一條，至於研發與 B2C 只是剛開始。因此，近十年來台灣雖自過去勞力密集產業為主的型態，轉向以技術密集產業為主，但製造業的附加價值率不僅沒有上升，且呈下降之勢，主要即受到資訊、電子產業附加價值率偏低的影響。此一經營模式如不能改弦易轍，朝向 B2C 經營方式發展，台灣產業難有前途，未來經濟也難樂觀。

　　台灣電子資訊產業近 20 年來之所以絕大部分以 B2B 經營方式起家，而少經營主動性較高、風險亦較大的 B2C，除產業本身多屬中小型企業，承受風險及開創能力薄弱外，最大的關鍵應是缺乏一個比較具有經濟規模的內銷市場來孕育它。衡諸國際品牌或跨國企業，無不先在其本土市場生根、成長、壯大，腳步站穩後，再外向國際化、全球化發展；否則，事倍功半，成功機率不大。如宏碁電腦二十多年前還是中小企業時，就有雄心大志，創造自己品牌；但因能力有限，採取由鄉村包圍城市的推銷策略，先從比較容易進入的拉丁美洲市場著手，到稍有成績後，再打入美國市場，仍然困難重重，吃盡苦頭，雖經多年努力，在美國市場也占有一席之地，不過就美國市場而言，宏碁還是一個小公司，並非國際品牌。

　　可是十年前宏碁進入大陸市場後，雖然也遭遇種種困難，但大陸市場大，又是同文同種，誠如宏碁董事長施振榮所說的，在大陸市場，相對於歐、美、日等外商，台灣具有「半本土」的優勢，如創新走在大陸廠商之前，就有大好發展的機會。宏碁在大陸經十年的努力經營，其推出之 Acer 品牌目前已進入全球品牌排名第七、八名之間。去年底宏碁領先全球推出平板電腦，具有創新特性，隨即進行三個月內在大陸有 100 萬人，每人一小時接觸平板電腦的推廣計畫，進行相當順利，銷路亦即時展開；在此基礎上，再進一步推向國際化、全球化，預計今年底 Acer 品牌，在全球品牌排名即有躍升前五大的可能。

　　後起於宏碁的明基電通，一年前改用 BenQ 品牌，在大陸積極推廣，經一年的努力，已略有小名氣，最近又以 digital hub 跨足系統類產品領域，以品牌大廠全面布局，由於大陸是全球所有市場中，最易進入也最快接受新品牌的市場。因此，明基正積極規劃展開全面性推動工作，期望在 2008 年北京舉辦奧運時，成為世界知名品牌。

除此之外，台灣巨大自行車，自十年前遭受最大客戶突然改變代工廠後，面臨生存危機；但巨大並未被擊垮，反而自創捷安特品牌走高級品路線，同時至大陸設廠，經十年的努力，目前已是全世界最大的自行車製造廠，年產 500 萬輛，其中 70％為自有品牌。捷安特自行車銷量，在大陸及台灣均高居第一位，在美國與歐洲，也居第二及第三位。捷安特已是自行車國際級品牌。

在全球化大趨勢下，有競爭也有合作，台灣如能利用其優勢，整合善於運用全世界資源、洞察國際經濟脈動、掌握發展契機、應變靈活的企業家及專業經理人，再加上固有的產品發展能力與充裕的資本，配合大陸所擁有的充沛廉價勞力、全世界最有潛力的市場，以及基礎研究比我強的利基，雙方優勢互補，相互合作，在大陸市場孕育壯大，進入國際市場，未來發展大有前途。我們期望政府盡速改善惡化的經營環境，便利企業以大陸為我腹地，多創造幾個世界級的國際品牌，不僅台灣企業可重建雄風，台灣在國際市場亦可立於不敗之地。

（民國 92 年 1 月 9 日　《經濟日報》二版）

2. 台商是台灣經濟發展的功臣

大陸台商聯誼總會代表日前表示，將向藍綠兩陣營總統候選人提出「台商十大訴求」，近日並在各大媒體刊登廣告，表達台商在國內所遭待遇的心聲。我們讀後不僅深受感動，亦覺不平，「台商十大訴求」本是負責任政府早該做的工作，而其中大多數又都是兩年半前經發會的「共識」，卻未能有效執行；台商反遭到執政當局痛批掏空台灣血本、債留台灣、中共同路人等不實之指控，當台商遭遇困難時，政府卻又以「自求多福」來應付。執政當局應深知，政黨輪替四年來，出口還能持續擴大，經濟能有微幅成長，幾全靠台商支撐。

我們以經濟專業媒體立場，就政黨輪替四年來，台商對台灣經濟發展的貢獻，作深度的分析，供當局參考。

一、近十年來由於台商對大陸鉅額投資，誘發對大陸出口（包括香港，以下同），在最近四年（89～92）間，對大陸出口平均每年增加 14.9％，較總出口增加 4.4％高出二倍多，對大陸以外其他地區出口僅增加 0.4％。因此，台灣對大陸出口占總出口比重，自民國 88 年的 23.5％，92 年提高到 34.5％，短短四年間提升 11 個百分點；而且四年間總出口增加的金額中，對大陸出口增加的金額，貢獻率高達 93.8％。雖依賴加深，但若沒有對大陸出口的大幅增加，四年來台灣出口幾呈停滯。

　　二、由於台灣對大陸出口多進口少，每年都產生鉅額出超，尤其去年對大陸出超高達 371 億美元，是總出超 170 億美元的 2.2 倍；四年合計對大陸出超 1,193 億美元，也是總出超 590 億美元的 2 倍。因而若不是台商對大陸投資誘發的鉅額出超，台灣早已淪為入超國家了。執政當局一再自豪的四年來外匯存底增加一千億美元，可以說幾乎全是靠對大陸出超的貢獻。

　　三、因為對大陸出超的不斷增加，擴大了國外需求，而近四年來，台灣平均每年經濟成長率為 2.6％，其中國外需求擴大貢獻 97.6％，即提供 2.5 個百分點的經濟成長，國內需求僅提供 0.1 個百分點而已；而國外需求的擴大，百分之百靠對大陸出超的擴增。因此，近四年來台灣尚能有 2.6％經濟成長，幾全賴對大陸鉅額出超的貢獻。

　　四、出超的擴大，加速了經濟成長，出口的大幅成長，刺激國內生產增加，也連帶創造大量就業機會。以去年對大陸出口 498 億美元，按照民國 90 年產業關聯表，出口所帶動需求就業係數推估，創造百萬就業機會，遠超過企業外移所裁減的人數。若沒有對大陸的出口，目前的失業率將超過 15％，這將是何等嚴重的問題。

　　五、近四年來台灣之所以能對大陸出口大量增加，主要是台商在全球價值鏈中，扮演資源整合運用的重要角色。台商引進矽谷的技術，在台灣消化改良，並以大陸作為腹地，運用台灣與大陸兩地資源，分工合作，生產價廉物美產品，行銷全球市場。矽谷、台灣、大陸三地間的合作已存在多年，彼此間的價值鏈始終緊密相連，彼此互為最重要的資源供需者，互相依賴、互補互助。這一合作模式，是目前乃至今後台灣能否保持出口競爭力的關鍵所在。

　　六、台商到大陸投資，早期是以勞力密集傳統產業為主，其所需機器設備、原材料等由台灣出口供應，支持台灣自勞力密集產業轉向科技產業發展；近年來為了配合買方需要降低成本，某些低層次科技產業也移往大陸生產，其所需零組件與半成品由台灣出口供應，同時促進在台灣加強研發，及高層次科技產業在台灣發展，帶動國內產業結構不斷向上調整，提升產業體質。

　　七、台商赴大陸投資到目前為止，估計達 1,000 億美元，的確是金額鉅大，被若干有心人士誤導，認為是資金外流，其實他們只計算資金流出的一面，而忽略流入的一面。由於台商赴大陸投資所誘發的對大陸出超，十年來高達 2,464 億美元，扣除對大陸投資後，台灣與大陸間資金淨流入 1,464 億美元，也是台灣外匯存底增加的最大來源。

　　由以上分析，可知台商對台灣當前經濟貢獻之大了，最後再用一個簡單數

字來表示其重要性，去年台灣對大陸出口 498 億美元，占 GNP 的 16.8％，而日本總出口才占 GNP 的 11％。因此，政府對台商提出的「十大訴求」必須正視。我們也相信，在此大選前夕，雙方候選人都會一口承諾，關鍵在於當選後是否有決心與能力認真執行了。

（民國 93 年 1 月 29 日　《經濟日報》二版）

3. 注視大陸崛起引發世界經貿的改變

最近各國陸續發布去（92）年全年進出口貿易金額，赫然發現大陸進出口貿易總額全球排名已自前年第五名躍升為全球第三；而台灣卻自前年的排名第 15 名，去年退到第 16 名。彼長我消，這是白紙黑字，活生生的事實。我們的政府豈可裝著看不見、聽不到似的，關起門來選擇幾個有利的數據炫耀，自我陶醉？但現在已是經濟全球化的時代，尤其我們是以貿易立國，廠商必須走向世界市場，與對手短兵相接的競爭，不能昧於現實。所以我們以經濟專業媒體的立場，就去年世界經貿變化，尤其大陸經貿崛起所產生的影響，作一剖析，藉供參考，以便採取因應對策。

美國長久以來，不論其國內生產毛額（GDP）或對外貿易總額，都居全球第一，而且遙遙領先第二名，故被稱為世界經濟火車頭。但近年來中國大陸崛起後，全球經貿情況已發生重大改變。去年國際貨幣基金（IMF）銀行信用分析家以購買力平價（PPP）為基礎，計算 1995 至 2002 年的八年間，各國 GDP 增加的價值，對全球經濟成長所貢獻的百分比，指出中國大陸貢獻 25％，超過美國的 20％ 與歐盟的 15％，日本這八年間因經濟一直低迷不振，只貢獻 2％；因而，將中國大陸與美國並稱為世界經濟成長的雙引擎。儘管大陸現實的 GDP 在全世界只排名第六位，但其按 PPP 計算的 GDP 增加的價值，卻高居全球第一；亦即大陸經濟高度成長所產生的動能，對世界經濟成長貢獻最大。

進一步看大陸對外貿易迅速擴展的情況，三年前的 2000 年大陸貿易總額才 4,554 億美元，在世界排名居第八位，2002 年即增至 6,209 億美元，竄升至全球第五位，去年更增至 8,512 億美元，一年間增加 37.1％，增加率居全球之冠，而其總金額超過了法國與日本，僅次於美國與德國，高居世界第三位貿易大國。三年之間，大陸對外貿易總額排名連升五名，實可與台灣貿易總額在 1984 年僅居全球排名第 19 位，到 1987 年竄升至第 13 位，三年間提升六名媲美。但 2000 年台灣貿易總額的排名已退居第 15 名，去年再降至第 16 名，能不令人感慨。

　　大陸的崛起，對全世界國家與地區的經貿都產生衝擊，尤以東亞以出口為導向的國家為甚。不過大陸近年來進口的大幅增加，亦為其他國家與地區帶來了出口市場的擴大。以去年為例，大陸進口增加 40％，是全球進口增加率 13％的三倍；進口額增加 1,172 億美元，幾相當台灣去年全年進口總額，占全球進口增加額的 13.8％，高於德國的 12.9％與美國的 7.1％，居世界第一位；亦即去年全球出口增加額中，大陸進口的擴大即提供了將近七分之一的市場。去年大陸自東協、韓國進口增加 50％以上，自日本及歐盟進口增加接近 40％，自美國進口增加 24.3％，自台灣進口增加 29.7％，都超過這些國家與地區總出口增加率，對其出口的擴增進而帶動的經濟復甦，貢獻良多。顯然大陸加入世界貿易組織（WTO）之後，開放進口、大幅降低關稅，進口迅速擴展，已一轉過去大陸搶占各國尤其亞洲國家出口市場的惡劣印象，反而成為各國的重要貿易夥伴。大陸經貿的榮枯，與各國經濟的景氣息息相關。

　　就台灣而言，最近兩年對大陸（包括香港）出口，平均每年增加 25.4％，是總出口每年增加 8.4％的 3 倍，因此去年對大陸出口占總出口的比率提升到 34.5％，高達 498 億美元，是當年 GDP 的六分之一，顯見其對台灣經濟的重要性。而且去年對大陸出超高達 371 億美元，創歷年新高，更是台灣總出超 170 億美元的 2.2 倍。尤其這兩年來，台灣經濟成長率分別為 3.59％與 3.24％，其中來自國外需求增加的貢獻，高占 73％以上，由於台灣對大陸出超增加的金額，遠超過國外需求增加的金額，因而國外需求擴大的貢獻，全來自對大陸的出超，若無此貢獻，近兩年台灣經濟成長率就降到 1％以下了。

　　兩岸經貿關係的密切，對雙方都有莫大的貢獻，台灣對大陸出口既高占 GDP 的六分之一，倘若大陸經濟成長減緩下來，將會對台灣經濟產生嚴重衝擊。而且台灣對大陸出口以原材料、零組件與機器設備為主，一旦大陸產業升級發展它自己的原材料、零組件及機器設備的生產以替代進口，同樣對台灣出口產業帶來不利的影響。因此，不僅業者應及早規劃因應，執政當局更應未雨綢繆，此將是未來新政府面臨的重要課題。

（民國 93 年 3 月 4 日　《經濟日報》二版）

4. 認清兩岸經貿關係本質避免誤導抉擇

　　520 陳總統就職以來，兩岸僵冷的關係並未改善，而且相互猜忌、惡言相向，對改善兩岸關係無益，更使情勢劍拔弩張，有一觸即發的危機。可是兩岸多年來經貿的蓬勃發展，雙方已產生極為緊密的經貿關係，且有益於全球經貿

的發展。倘若雙方不慎，擦槍走火，使兩岸關係破滅，將兩敗俱傷，陷入萬劫不復之境地，雙方領導者不能不慎。今天我們將就兩岸當前經貿緊密關係，作一剖析，使雙方執政者認清兩岸經貿關係的本質，避免作出不當之抉擇。

先從總體經濟面剖析兩岸經貿發展所產生的緊密關係。台商赴大陸投資，雖依兩岸官方發表的統計，均不及 400 億美元，但如包括透過香港、維京群島等地轉投資，及台商在大陸盈餘轉增資，總計台商在大陸實際投資額超過 1,000 億美元，甚至接近 1,500 億美元，占台灣對外投資總額的 75％以上，也占大陸利用外資總額 5,000 億美元的 20％～30％之巨。

由於台商對大陸大量投資，對台灣而言，產生貿易誘發效果，帶動台灣對大陸（包括香港）的大量出口，去年即達到 498 億美元，占總出口的 34.5％，今年 1～5 月對大陸出口比重更提高至 37％。去年對大陸出口金額占國內生產毛額（GDP）的比重，高達 17.4％，亦即去年台灣 GDP 每 5.7 元即有 1 元出口到大陸。對大陸出口的大幅擴張，不僅加速了台灣經濟成長，也連帶創造大量就業機會；根據產業關聯表，出口所帶動需求就業係數推估，去年對大陸出口 498 億美元，即創造百萬就業機會，遠超過企業外移所裁減的人數；若沒有對大陸的出口，則目前的失業率，將超過 10％，這將是何等嚴重的問題。

台灣對大陸貿易，因出口多進口少，年年呈現巨額貿易出超，過去十年合計超過 2,400 億美元，不僅使台灣對外貿易繼續維持順差局面，也遠超過台商對大陸投資的金額。因此，在兩岸經貿的交流中，台灣是資金淨流入者，而非流出者；這也成為台灣外匯存底不斷累增的重要來源。過去兩年台灣內需不振，而經濟還能有 3％以上的成長，主要依靠國外需求即出超的擴大，而台灣貿易能有出超且持續擴大，全賴對大陸出超所致。

相對地，由於台商年年對大陸的巨額投資，擴大其國內需要，也加速大陸經濟成長。台商對大陸投資，以製造業為主，高占 90％以上，根據台商出口與大陸工業生產推估，去年台商在大陸生產約占其製造業生產增加值的 8％左右，創造就業機會超過 500 萬人，其中出口約 400 億美元，占大陸總出口的 9％。台商在大陸投資，同樣對大陸經濟有巨大貢獻。

從產業方面來看，更能了解兩岸關係之緊密。以兩岸重點發展的高科技產業的資訊硬體產業為例。去年大陸生產的資訊硬體產值達 491 億美元，僅次於美國的 625 億美元，高居全球第二位，儼然成為資訊硬體產業生產大國。可是大陸生產的資訊硬體產值中，台商所生產的達 352 億美元，高占 71.7％，其他國家在大陸投資生產，及大陸本身企業生產的僅 139 億美元，占 28.3％。顯

然，台商是大陸成為資訊硬體產業生產大國的最大貢獻者。

去年台灣本地生產的資訊硬體產值僅 119 億美元，落後於美國、大陸及日本，居第四位。但如將台商在大陸及其他地區生產的資訊硬體產值 452 億美元加入，則台灣在全球生產的資訊硬體產值，高達 571 億美元，因而台灣更是資訊硬體產業的重鎮。可是其中台商在大陸生產的 352 億美元，高占台灣全球總生產的 61.6％。這些產品由台灣接單，透過台灣所擁有的全球供應鏈，行銷全世界，所以完全在台商掌握之下。如將兩岸資訊硬體產值畫成兩個圓重疊起來，大陸台商在台灣的全球總產值中占 61.6％，而在大陸的總產值中占71.7％，兩個圓幾乎完全重合，且是你泥中有我，我泥中有你，緊密的無法分開。

再分析近三年來，全球十大資訊硬體生產國，除大陸大幅增產外，包括台灣本地生產在內，全部減產，顯示資訊硬體產業生產有向大陸集中的趨勢。而大陸生產的大幅增加，台商的增產貢獻比率高達 87％。顯然，台商到大陸後，利用當地的有利條件，整合全世界資源，充分發揮其潛力，擊退全球競爭者，而稱霸於全球市場。

由此例可看出，兩岸合則兩利，分則不僅兩敗，而且傷及全球消費者。因此，我們期望兩岸領導人，處理兩岸關係問題時，千萬慎重，必須明智抉擇，不僅可創造雙贏，也是為全人類造福。

（民國 93 年 6 月 10 日　《經濟日報》二版）

5. 貿易大國應善盡國際責任

近年來由於全球化積極進行，貿易蓬勃發展，2003～06 年的四年間，世界貿易額平均每年增加率高達 17％，是過去少有的現象。而中國大陸受全球貿易高速成長之賜，其年成長率更高達 27％，致使大陸貿易額在 2000 年世界排名第七，至 2004 年的三年間連續趕過加拿大、法國、英國及日本，躍居世界第三貿易大國。根據今（2007）年首五月大陸出口增加趨勢，今年全年大陸出口額將超越美國，成為僅次於德國的世界第二大出口國，增長力的確驚人。大陸經濟的消長與其作為，對國際經濟已有舉足輕重的影響，既已成為世界貿易大國，就應善盡貿易大國應有的責任。

更何況，大陸經濟能有今天的成就，得力於國際經濟的資助，應居首功。大陸自 1980 年改革開放以來，所吸引的外資高達 9,000 億美元，其中直接投資超過 7,000 億美元，對大陸生產規模的擴大、就業的增加、出口能力的

提升、所得的提高，都有卓越的貢獻。同時貿易自由化的盛行，讓大陸的出口得以迅速擴張，至 1990 年後已由貿易入超國變為出超國，1990～2006 年的 17 年間出超累計高達 5,700 多億美元，致使其外匯存底到今年 4 月累計已超過 1.2 兆美元，高居世界第一。尤其近年大陸出口中，外人投資企業出口幾占六成，可見大陸近十年來平均每年經濟成長率高達 9.2%，其中外人投資與對外貿易的擴張，貢獻極鉅。大陸在經濟有成後，也應對國際有所回饋。

近年來全球貿易雖快速成長，貿易失衡問題卻愈益嚴重，而大陸出超不斷擴大，應是造成全球貿易失衡的重要一環。估計大陸今年貿易出超將更形擴大，超過 2,500 億美元，占大陸今年國內生產毛額（GDP）的 8% 以上，就大經濟體而言，是嚴重的總體經濟失衡，導致大陸整體經濟面臨許多問題。因此，大陸縮減鉅額貿易出超，不僅可糾正全球貿易失衡，善盡國際責任，同時亦可化解大陸內部許多經濟問題。

大陸年年鉅額貿易出超，所反映的是國內需求不足，並非投資不足（2005 年投資率高達 42.6%，絕大多數國家都在 30% 以下），而是民間消費占 GDP 比率僅 38%，而多數國家都在 60% 上下，顯然過低，儲蓄率則高達 48.1%。以致一方面儲蓄超過投資，有鉅額超額儲蓄存在，資源在國內未能有效利用；另方面尚有大多數人民仍陷於極端貧困中的矛盾現象。因此，大陸如何調整投資結構，提高投資效率，創造大量就業機會，增加人民收入，提高民間消費水準，擴大內需，應為當務之急。此舉，不僅可改善大陸總體經濟失衡，尚可增加進口，縮減貿易出超，善盡國際責任；同時，還可保持經濟快速成長與健康發展，應盡速進行。

大陸為抑制鉅額貿易出超，去年 9 月已大規模調整出口退稅，但就今年前五月出口仍然有 27.8% 的高成長，出超持續擴大來看，顯然未產生實質效果。因此，本月 19 日大陸又宣布 7 月 1 日起，將有「高耗能、高汙染、資源性」產品，包括水泥、皮革、有色金屬、加工品、活性碳等 553 項產品，出口退稅全部取消。另外，容易造成貿易摩擦的服裝、鞋帽、玩具等 2,268 項產品，出口退稅率大幅降低。上述措施應予肯定，還望繼續擴大辦理，並降低進口關稅。

大陸自 2001 年底加入世貿（WTO）以來，國內市場已大幅開放，大陸進口在 2002～04 年的三年間，平均每年增加 32.3%，是全球進口增加 14% 的 2.3 倍，已產生實效。不過，2005 年以來進口增加率已降至 20% 以下，而且大陸對某些服務業的開放，仍有投資上限過低的限制，需要繼續開放與放寬。

　　人民幣匯率的變動，受到全球注目，自去年 7 月調整機制，將人民幣兌美元浮動幅度自千分之三擴大到千分之五以來，雖已升值 7％，但是否升到合理水準，受到各方質疑。本月 18 日國際貨幣基金（IMF）公布新的外匯政策監督規定，大陸有被列為外匯操縱國家的可能，值得大陸當局警惕。況且大陸的保守做法，已使面臨許多困難，需要勇敢的面對。

　　還有仿冒問題，雖然大陸已訂頒法律規章，嚴格取締，但道高一尺，魔高一丈，仿冒仍然猖獗橫行；尤其最近更有食品、化妝品、動物飼料等發現危險成分，完全不像貿易大國應有的作為。必須全面的、嚴屬的取締，不能手軟。

　　以上各項，進行時可能有陣痛，但長期整體而言，不僅善盡國際責任，同時也是大陸謀求健康發展，成為現代化國家必經的過程，不能鬆懈！

（民國 96 年 6 月 21 日　《經濟日報》二版）

6. 21 世紀是中國人的世紀

　　投資大師吉姆‧羅傑斯日前拜訪馬英九總統時，曾向馬總統提到 19 世紀是英國人的世紀，20 世紀是美國人的世紀，21 世紀是中國人的世紀。馬總統說 1950 年代香港總督就說過此話，60 年後有專家重新提出，他覺得很有趣。實際上，早在七、八十年前英國歷史學家湯恩比第一個作此長期預測。而今已進入 21 世紀，可根據最新的資訊，及對未來經濟的預測，深入觀察 21 世紀是否真是中國人的世紀。

　　今年正是中國大陸改革開放滿 30 年；如將半世紀來大陸經濟發展劃分為三個階段來比較，可推知大陸未來經濟發展的趨向。1960～1978 年是計畫經濟時代，經濟要為政治服務，其平均每年經濟成長率僅 4.8％；1979～1991 年為改革開放時代，以經濟建設為政府施政的最高目標，每年經濟成長率幾倍增到 9.1％；1992～2007 年為市場經濟時代，每年經濟成長率更高達 10.4％，人均所得顯著提升，人民生活大幅改善。

　　若台灣過去近 50 年同樣劃分為三個階段來比較，1960～1987 年是兩蔣時代，以經濟掛帥，平均每年經濟成長率高達 9.3％；1988～1999 年是李登輝時代，其在任後半期開始搞政治，在兩岸關係方面採取「戒急用忍」政策，使經濟成長率降為 6.6％；2000～2007 年是陳水扁時代，以意識形態治國，更以「選票」為施政追求目標，且採取鎖國政策，因此每年經濟成長率更降至 4.1％，不及兩蔣時代的一半。台灣 50 年來自經濟掛帥走向政治掛帥，經濟成長率每下愈況；而大陸自政治第一走向經濟第一，經濟成長率卻步步高升，呈

現強烈的對比。

大陸經過近 30 年的高速經濟成長，今後是否會如過去許多開發中國家經濟發展經驗，經過 20〜30 年的快速成長，經濟發展到某一階段後，成長率即會緩和下來，如日本、南韓、新加坡及台灣等？

據我們的了解，大陸幅員廣闊，人力資源豐富，近 30 年來的快速發展也靠出口所帶動，但在地區發展方面局限沿海，人力資源的利用也不過一半左右。故未來大陸經濟發展，從供給面來看還有如中西部及東北部等廣大的空間，以及大量的人力資源可供利用；從需求面來看，民間消費占 GDP 比重不及 40％，明顯偏低，未來在所得普遍提高後會大幅提升；再加 2010 年東協 10+1（中國）成立自由貿易區，以及兩岸在經貿方面的緊密合作，大陸如虎添翼。我們相信大陸如真能做到和平發展，與周邊國家間不致發生重大衝突，估計未來 20 年還有 9.5％〜8％的高度成長。

依上述估計及人民幣適度升值的趨勢，大陸 GDP 在世界排名自 2001 年的第六位，去年超過英、法晉升為第四位，估計今年可趕過德國晉升至第三位，三年後的 2011 年超越日本，僅次於美國；至 2025 年將有可能超越美國，在經濟規模方面成為世界第一。

我們估計大陸 GDP 超越美國，較國際間估計提前，是否過於樂觀或高估，可就大陸人均 GDP 1,000 美元到 10,000 美元，所需時間與其他國家來比較。大陸 2001 年人均 GDP 達到 1,042 美元，去（2007）年升到 2,454 美元，估計 2018 年可突破 10,000 美元，計需要 17 年，正落在台灣 16 年與韓國 18 年之間；再估計大陸 2025 年人均 GDP 可超過 20,000 美元，大陸自 10,000 升到 20,000 美元，將需 7 年，高於日本與新加坡的 4 年、香港的 6 年，低於英、美的 9 及 10 年。而韓國因遭遇亞洲金融風暴花了 12 年，台灣更由於政府搞鬥爭，自 1992 年人均 GDP 突破 10,000 美元後，到今（2008）年預計 18,500 美元，已 16 年還未到 20,000 美元，都是特例。顯然我們對大陸今後 18 年至 2025 年 GDP 的估計，並無高估之嫌。

雖然中國大陸經濟規模到 2025 年可高居世界第一，但其成為現代化國家所必備的完善的典章制度、法治精神、社會秩序和道德水準，以及善盡國際社會責任等，尚需要更長時間培養建立。即使在經濟方面，其基礎仍然不夠堅實，不論是農業或工業去世界一流水準尚有一大段距離，尤其服務業更為落後。而台灣在這幾方面都較大陸領先，如今國民黨再度執政，兩岸關係獲得顯著改善，如能加強相互合作，優勢互補，不僅可提升大陸經濟水準，堅實其基

礎；台灣也因優勢區位條件得以充分發揮，創造有利的投資環境，吸引跨國企業前來合作或投資，使台灣經濟發展更上一層樓。後者更是維護亞太地區穩定的一大力量。羅傑斯今年二度來台投資關鍵即在於此。

（民國 97 年 7 月 3 日　《經濟日報》二版）

7. 中國大陸提前竄出頭

中國大陸多年來經濟快速成長壯大，但其在國際的發言與其實力顯不相稱。自 3 月底人民銀行行長周小川於 G20 會議前，拋出國際貨幣體系改革的議題後，大陸在各項國際會議不僅緊握發言權，而且有主導的意味。甚至 G20 會議在倫敦召開時，外界關注的目光放在中國與美國（G2）雙強會面，以及最近召開的「美中戰略暨經濟對話」，儼然 G2 的地位已在急速形成。顯示金融海嘯後，中國大陸已提前竄出頭。

大陸經貿實力受到國際重視日益升高，尤以美國總統歐巴馬對中國大陸的尊重與重視，最具代表性。4 月 1 日歐巴馬前往倫敦參加 G20 會議前，分別與中國國家主席胡錦濤和俄羅斯總統麥維德夫舉行雙邊會談，會後美俄發表一份空泛、對各項議題各自表述歧見的聯合聲明；但美中各自發表的聲明，方向與目標明確而具體；如，將布希時代的「戰略經濟對話」（SED）與「資深官員對話」，改為「美中戰略暨經濟對話」，且提高其層級，並決定今夏舉行第一回合對話。這可看作歐巴馬新政府有意強化美中關係的重要指標。

據參與歐胡會的大陸資深官員會後透露，歐巴馬在會中表示：「美中若不合作，任何全球議題都解決不了。」正遭外界質疑時，歐巴馬復於 5 月 1 日說：「中國是國際社會重要的領導者，不是具有威脅性的敵人。如果沒有中國，就不可能處理好國際問題。」7 月底「美中戰略暨經濟對話」舉行，美方除由國務卿希拉蕊主持外，歐巴馬還親臨開幕式致詞，表示：「美國與中國的關係將形塑 21 世紀，其重要性不亞於世界上任何雙邊關係，……兩國更應強化雙邊合作，以積極作為恢復經濟成長，……大國的權力競爭不再是零和遊戲，必須分享包括安全在內的各種進步。」歐巴馬此一舉措，殊屬罕見，凸顯其對美中關係的重視。

除美國外，其他很多國家亦表示重視與中國的關係。這些國家之所以如此，不僅看到中國大陸近年來經濟的壯大，更關注大陸未來扮演的角色。2000年大陸出口排名全球第七，2007 年竄至第二，僅次德國；今年全球出口大衰退，但德國衰退程度超過大陸，估計下半年大陸出口即可能超過德國，成為第

一大出口國。

再看大陸 GDP，2000 年時排第六，當時大家預估大陸要趕上第一大經濟體的美國，可能要到 2030 年以後，甚至要到 2050 年；但到 2007 年大陸 GDP 超過德國，僅次於美、日。去年本報預測，大陸 GDP 可能 2011 年趕過日本，2025 年達到美國水準。但經過此波金融海嘯後，我們重新估測，大陸明（2010）年即可超過日本，達到美國 GDP 水準可能提前到 2022 年；以個別國家言，屆時中國大陸將成為全球第一大經濟體，未來十年大陸將成為全球經濟成長的動力。

由於金融海嘯的衝擊，未來十年世界經濟板塊將加速向大陸轉移，大陸與歐盟、美國三足鼎立逐漸形成。台灣是小型經濟體，自然資源貧乏，國內市場狹小，依賴出口才能維持適度的成長。面對後金融海嘯時代，台灣勢必要與一個大經濟載體密切合作，方能生存、繁榮滋長。未來全球有資格成為大經濟載體的，只有歐盟、美國與大陸。不論從地理區位、人文習慣、資源與市場，大陸都是我們未來最好經濟合作夥伴。政府現正推動的兩岸經濟合作架構協議（ECFA），方向正確，但還應積極與歐盟、美國、東協、日、韓簽署 ECFA 或類似 FTA 的協定，完成全球布局，在未來激烈競爭的世界市場，方不被邊緣化，且能立於不敗之地。

（民國 98 年 8 月 13 日　《經濟日報》二版）

8. 台商對大陸經濟崛起的貢獻

中國大陸自 1979 年改革開放，今（2009）年屆滿 30 年；其在經濟發展方面汲取亞洲四小龍經驗，引進外資與技術，推動勞力密集產業發展，採取出口導向政策，獲得顯著成果，平均每年經濟成長率高達 9.8％，全球最高。因此，其國內生產毛額（GDP）自 2000 年超過義大利後，2005 年後又陸續超越法、英、德，成為全球第三大經濟體，僅次於美、日。更因此波海嘯大陸受創較輕，加以擴大內需規模相對較大，估計明年可能超越日本，成全球第二大經濟體。

在大陸經濟崛起的過程中，台灣長期培養的民間企業實力，則早已茁壯，並有堅實的基礎，不僅活力充沛，且具有冒險犯難的精神，更能掌握國際經濟情勢的脈動，有利的機會絕不放過。因此，十餘年來，在政府重重抑制之下，仍積極跨海投資，參與兩岸經貿交流與合作。雖兩岸官方所發表之台商在大陸投資只有數百億美元；但事實上，過去十多年因受到台灣政府的限制，許多台

商不得不利用各種管道迂迴投資；在大陸投資賺錢後，又多未將盈餘匯出，留在當地再投資，均未列入兩岸官方台商投資金額中。因此，到目前為止，台商在大陸投資總額估計應高達 3,000 億美元之多。

台商在大陸巨額投資，不僅開創台商事業第二春，也對兩岸的出口、就業與經濟成長有卓越貢獻，創造多贏局面。大陸國家主席胡錦濤多次公開表示，台商對大陸經濟發展貢獻很大。但大到什麼程度，很少人了解。我們且就所能取得的資訊，約略估計。由於台商在大陸投資 3,000 億美元，為大陸創造超過 500 萬就業機會；去年台商在大陸的出口達 2,500 億美元，約占大陸總出口的六分之一。大陸今年 6 月底外匯存底高達 2.13 兆美元，高居全球第一，而台商貢獻的比例高達四分之一（其中台商投資 3,000 億美元，歷年台商在大陸的出超在 2,000 億美元以上）。還有台商在大陸培訓大量產業員工，不僅提升生產技術，也提升企業現代化觀念、經營管理能力，與國際接軌等，均有助大陸經濟快速成長。

同樣的，由於台商赴大陸投資及加工出口，誘發台灣機械設備、原材料、零組件及半成品對大陸出口；去年對大陸出口金額，根據海關統計高達 996 億美元，占總出口的 39％，相當 GDP 的四分之一，也創造了 180 萬就業機會。近十年來，由於自大陸進口商品尚有種種限制，因而每年對大陸產生巨額出超，十年（1999～2008）累計高達 4,615 億美元，而台灣總出超才 1,800 億美元，換言之，如沒有對大陸的巨額出超，台灣早已成為入超國家了，外匯存底哪可能累積到 3,200 多億美元？在民進黨執政的八年（2000～07）間，由於以意識型態治國，內需不振，經濟成長率平均只有 4.1％，而其中 53.7％是靠外需的擴大，而外需的擴大，全賴對大陸出超增加的支撐。另一方面，由於台商在大陸投資，利用大陸低廉資源生產價廉物美產品出口，為全世界消費者享用，也緩和了通貨膨脹壓力。

以上分析，台商赴大陸投資推動的兩岸經貿合作，獲得的巨大成果，還是在政府長期打壓下，由台商歷經千辛萬苦所打造的；這也充分顯現市場力量的巨大，台商冒險犯難的偉大精神。幸而馬政府一年多來，在兩岸關係上秉持「開放與鬆綁」大方向，加速促進兩岸經貿交流與合作的正常化與秩序化發展，為台灣創造更有利的投資環境。

相信以台商的聰明智慧，具有前瞻性、國際觀的視野，及企業家冒險犯難的精神，今後必將進一步在更多潛力產品與勞務方面，利用其所具有的優勢與大陸優勢緊密結合，在金融海嘯後新形勢下形成最佳互補關係，不斷再創經濟

新局。

（民國 98 年 10 月 1 日　《經濟日報》二版）

四、台海兩岸加入世界貿易組織（WTO）

1. 台海兩岸加入 WTO 應尋求雙贏之道

　　北京政府與華府於本（6）月 9 日宣布，雙方就中共進入世界貿易組織（WTO）問題達成協議。美國聯邦貿易代表卓立克指稱，這是一項大突破而雙贏的結果，白宮認為此時兩國關係非常正面。中共對外亦宣稱，已與美國就 WTO 多邊談判，達成全面共識。歐洲聯盟執委會也於日前宣布，將於本月底解決中國大陸入 WTO 相關問題。中共與各盟員談判達成共識後，依照 WTO 規章，尚須通過多邊工作小組談判。下次中共入會多邊工作會議，預定本月 28 日在日內瓦舉行，一般預料，中共可望在會中過關，再形式上報請 WTO 總理事會採認通過後，即可順利成為 WTO 正式會員。至於我國入 WTO，早在兩年前已完成實質審查，但受制於中共加入案拖累；今後如中共加入案順利進展，我國加入案亦可望同時提報 WTO 總理事會，採認通過應可預期。台海兩岸今（90）年內同時加入 WTO，對雙方未來經貿發展，將產生深遠影響。

　　在加入 WTO 後，我國不僅享有最惠國待遇與國民待遇，並可促進產業升級，增進消費者福利；亦可擴大國際活動空間，參與國際經貿規範的制訂，提升國家地位。另一方面，在加入 WTO 後，整體經濟亦將受到衝擊，對各產業亦將有不同程度的影響。在工業方面，近十多年來，由於政府積極推動「自由化、國際化、制度化」的基本經濟政策，關稅大幅降低，非關稅障礙撤銷，除了汽機車業，加入 WTO 後，對其餘製造業的衝擊將屬有限。不過，在農業及服務業方面，由於過去一向採取較高的保護措施，一旦進入 WTO，保護傘撤除，將產生相當的衝擊。尤其在農業方面，以小農為主的台灣農業，將有大量廉價農產品進口，對其衝擊將極為嚴重。雖然政府已訂有損害救助辦法，由於原預訂的千億元基金尚未完全撥列，如何突破財政困難，早日籌足基金，是政府面臨的重要課題。而且加入 WTO 後，被迫離農、離牧者眾多，據行政院農委會估計，農業將有 10 萬人失業，在近來失業率不斷攀高的情勢中，將是嚴肅的經濟社會課題。

　　服務業是台灣競爭力較弱的產業之一，加入 WTO 後受衝擊亦較大，惟相

對亦可激發服務業生產力的提升，有利整體經濟運行。然而，要注意的是在市場大幅開放後，國際資金大量進出，對經濟規模相對較小的台灣衝擊較大，容易導致匯率、利率與股價的大幅波動。因此，在進入 WTO 前夕，業者應瞭解 WTO 的組織規範、我國對入會所作的承諾，以及政府所採取的相關措施，謀求因應之道，以降低加入 WTO 所造成的衝擊與傷害。

雖然企盼逾十年的加入 WTO，很快即將實現，但迄今我國需要配合修訂的法律案尚有十多件未完成立（修）法手續，部分草案已送達立法院，部分尚在主管機關研擬中。現在加入 WTO 在望，行政與立法兩部門應通力合作，加速進行，按照承諾的時程，完成立法手續，以利加入 WTO 的平順進行。

此外，經濟部長林信義最近前往上海，參加中共主辦的亞太經合會議（APEC）貿易部長會議，遭到中共打壓。因此，在林信義返國時，有記者問及，我國以「台澎金馬」關稅領域名稱加入 WTO，是否面臨更名變數時，林部長坦承「不排除任何可能」。不過，我們要在此嚴正申明，我國原是以台澎金馬關稅領域名稱申請加入，且早在 1992 年當時關貿總協定（GATT）理事會接受申請時就已確定，並已列入 WTO 正式往來文件中。從而，我國入會名稱早已確定，也不是中共片面所能變更的，如有需要應經會員的共識決，中共圖謀勢必難以得逞。

日前針對我方預期，兩岸加入 WTO 後，WTO 可提供兩岸談判的管道，中共官員強調，兩岸之間的問題，應由兩岸透過既有的管道去協商談判。中共一貫反對所謂台灣問題國際化，亦即拿到國際機構去談判。不過中共應明瞭，WTO 是具強制約束性的國際經貿組織，與 APEC 自願性論壇組織不同。在 WTO 的機制下，任何會員都可針對 WTO 經貿議題，要求與另一會員進行諮商，而另一會員有回應的義務，有如 WTO 糾紛解決機制規範，作為 WTO 成員有權利用 WTO 爭端解決機制，解決與其他成員間的經貿糾紛，若諮商不成，則可提請 WTO 仲裁委員會仲裁。可見一旦加入 WTO 成為正式會員，是可利用 WTO 多邊機制，解決成員相互之間的經貿問題。這一做法，是在 WTO 機制之下，會員間經貿問題的解決，與是否國際化無關。如果中共在此議題上作文章，拒絕與我諮詢，不僅毫無意義，也不會得到國際間的諒解，最後還可能受到 WTO 仲裁委員會的仲裁，我們奉勸中共當局，兩岸加入 WTO 之後，雙方經貿問題應在 WTO 架構之下，尋求解決之道，創造雙贏局面。

（民國 90 年 6 月 14 日　《經濟日報》二版）

2. 盡速完成加入 WTO 相關法案之法程序

　　經濟部次長陳瑞隆日前率同台灣加入世界貿易組織（WTO）工作小組成員，拜會立法院，強調 11 月在卡達舉行的 WTO 第四屆部長會議，若對我申請案正式採認，立法院亦通過相關文件，並送交 WTO 秘書處 30 天後，預計明年初我國將成為 WTO 正式會員，希望立法院支持相關立法工作。同時，台北美國商會也拜訪立法院及各政黨黨團，促請立法院於新會期盡速通過加入 WTO 相關法案，並呼籲各政黨合作落實經發會共識，均獲得立法院長王金平及各政黨黨團負責人積極回應。

　　我國自民國 79 年 1 月提出申請，加入 WTO 前身之關稅暨貿易總協定（GATT）以來，將近 12 年的過程受到中共申請案拖累，最近終於有了突破性的進展。一旦加入，我除了利用 WTO 之爭端處理機制解決貿易摩擦，取得與各國法律平等地位，並可參與多邊貿易談判，避免遭受他國單獨對我實行之不利措施。同時，成為 WTO 成員亦可取得參與國際貿易政策之決策，包括參與貿易有關之環保措施、勞工問題、競爭政策議題之討論等，提升我國國際地位。

　　不過，我與各會員國在談判過程所作的各項承諾，有些必須經由制定新法或修正現行法律方能履行。截至目前，加入 WTO 相關法案，已有 25 項系列法案及 16 項同步法案完成立法，另尚有 14 項法案有待立法院完成立法程序。其中貨物稅條例修正、律師法部分條文修正、糧食管理法修正、著作權法第 34 條修正、專利法第 134 條修正及海關進口稅則部分條文修正六法案，已經立法院相關委員會經過初審，只待立法院院會完成三讀。目前尚未經過立法院委員會初審的 WTO 相關法案尚有：營造業法草案、光碟管理法草案、會計師法修正、外國人應專門職業及技術人員考試條例修正、電影法、商港法、民用航空法及獸醫師法等部分條文修正共八項法案。此外，立法院亟待處理的尚有經發會 322 項共識中有 43 項法案，及上會期末立法院朝野承諾的 20 項優先審議法案；加上本會期立法院的重頭戲，亦即審查下年度中央總預算案。這還不包括行政院提出過去待審的 400 多項優先法案，即便如此，這會期立法院亟待審議的法案多達 77 案，負擔極為沉重。特別是加入 WTO 所需要的 14 項法案必須在 11 月之前通過，以履行我國對外承諾，否則可能影響加入 WTO 進程，或在加入 WTO 之後面臨爭議。但是，立法院新會期自本月 18 日開議，11 月 1 日休會，其間僅有 29 個工作天，再扣除總質詢、總預算報告與質詢，

以及審計長同意權案等，即使將中央總預算審查延至 12 月 2 日復會之後進行，休會前能用於審議法案的時間實在不多。極力在如此短的時間內，完成 77 項法案立法程序，對立法院而言確是一大挑戰。

從以往的表現看來，立法效率不彰，早為國人所詬病。今年 4 月瑞士國際管理學院（IMD）發布的 2001 年世界競爭力排名，在評比的 49 個國家，我國排第 18 名。在評比的 20 項分類中，我國最差類別之一，即是「法規體制」居第 30 名，而其中「新立法活動不能符合經濟競爭的需要」，竟淪落至第 43 名，與「內閣對政策方向的共識不高」排名第 48 名等，同為影響我國競爭力排名無法大幅提升的罪魁禍首。我們的政治人物如不能痛定思痛，即時反省改善，如何面對國人？我們的政治人物面對台灣經濟已陷入 50 年來最困難、而國人企盼多年的加入 WTO 關鍵時刻，加上經發會共識亟待立法，理應擱置爭議，團結合作，提高立法效率。因此，我們就此建議三點。

其一，將加入 WTO 相關 14 法案、經發會共識需立法的 43 法案，以及上會期朝野已有承諾優先處理的 20 法案，排出優先次序，而以入 WTO 相關 14 法案列為第一優先，必須在 11 月 1 日休會前完成立法。

其二，在這 77 法案中，有許多已得到共識，或內容比較簡單，又無爭議的修正條文，可逕行交付二讀，以縮短審議的時間。

其三，總質詢時間盡量縮短，每一黨派不得超過半天，請各黨派共體時艱，不要杯葛。如此再將剩下可審議法案的時間，倒數計時，將所需審議法案排列時程表，平均每天可能要完成三至四件法案，負擔相當沉重。不過，77 法案如能在休會期前全數完成，則其所獲成就，可以向全民交代；對繼續參選立法委員者而言，遠較總質詢時作秀，對選民具有說服力。

以上三點如能做到，不僅我國可順利進入 WTO，正式成為會員，經發會共識的落實，以恢復人民對政府的信心；亦可實質為台灣經濟增強活力，將危機化為轉機。

（民國 90 年 9 月 6 日　《經濟日報》二版）

3. 加入 WTO 後台海兩岸的合作與競爭

世界貿易組織（WTO）第四屆部長會議已經通過採認台海兩岸加入案，兩岸將先後成為 WTO 正式會員。基於 WTO 國民待遇、最惠國待遇、自由化、透明化與公平競爭等基本原則，目前政府對兩岸經貿的多重限制，必須在安全的基礎上放寬甚至取消。事實上，我政府為因應加入 WTO 及落實經發會

共識，已於 WTO 通過我加入案之前宣布，將「戒急用忍」改為「積極開放、有效管理」政策，放寬對大陸投資限制，准許企業直接赴中國大陸投資，擴大境外航運中心功能，還將進一步開放大陸資金來台灣及放寬自大陸進口限制等。基本上，兩岸加入 WTO 後，有助雙方未來經貿正常化發展，經貿互補性合作機會將大為增加，但競爭性也必然提高。掌握兩岸經貿互補合作的機會，提升我競爭優勢，將是今後業者與當局共同面臨的重要課題。

就我方立場而言，大陸成為 WTO 正式會員後，其國內市場將逐步開放，在大陸台商可就近拓銷其產品，而其所需原材料、零組件及機器設備等，可望帶動台灣對大陸的出口；而且，台灣許多價廉物美的產品，亦可直接進入大陸內銷市場。同時大陸進入 WTO 後，由於大陸出口可享受各國的最惠國待遇及全球紡織品市場開放，在大陸台商可享受擴大出口的機會。此外，台灣准許企業直接赴大陸投資，台灣企業利用大陸基礎研究的機會增加，應可進一步開發新產品，拓銷海內外市場。尤其，大陸為實現加入 WTO 的承諾，其經貿體制將逐漸法制化、透明化，與國際市場接軌，或將吸引外資投入，包括對大陸服務業及基本設施的投資，有利大陸投資環境的改善。就此對台商而言，一方面可獲得較過去優質的服務與良好的投資環境，亦可借用大陸廣大的市場，擴大經濟規模，降低生產成本，提升競爭力，有利台商的全球布局。

不過，在兩岸加入 WTO 後，雙方市場都勢必開放，雖然台灣市場早已開放，但對大陸商品的限制還是存在，一旦對大陸商品進口的限制放寬或取消，將面臨大陸廉價品進口的競爭，對國內部分農工業造成嚴重衝擊，並加深失業問題的嚴重性。同時，對大陸的巨額貿易出超勢必下降，危及國際收支的安全性。在大陸市場方面，大陸加入 WTO 後，經貿體制漸趨健全，市場機制更能發揮作用，許多跨國企業前往投資，挾其雄厚的財力、豐富的經營經驗，採取全球性的整合模式，對以中小企業為主的台商，如未能加入其全球供應鏈，不論在大陸市場及國際市場，均將對我國產品產生排擠作用。同時，先前台商企業所享受的優惠亦必然取消。

因此，在兩岸加入 WTO 的有利時機，宜探討加強合作使雙方互補互利的優勢充分發揮，創造雙贏的局面。就台灣立場，可從下列三種方式，進一步推動兩岸經貿合作，一是循過去模式，在台灣已失去優勢的產業，可直接前往大陸投資，建立兩岸分工合作體系，這是垂直分工或水平分工，視產業特性及雙方優勢而定。尤其台灣的中小企業在大陸中西部或有若干發展空間，或可務實進行；對大陸而言，不僅開發資源增加生產，更可創造大量就業機會。二是台

灣中小企業不重視研究與發展，產業技術一向自日、美引進，但到現階段，較高較新技術，不僅價格高昂，而且有時有錢買不到；而大陸在若干部門基礎研究有其研究人才，台灣企業可探究利用大陸的基礎研究使其商品化，或與大陸研究單位合作，研發所需要的技術，促進產業升級；並開發自有品牌，借諸大陸市場壯大，然後開拓海外市場。三是陳水扁總統5月間赴拉丁美洲訪問，途經紐約時，曾呼籲招請跨國企業前來台灣投資合作，以台灣作為據點到中國大陸投資，將台灣與大陸融入跨國企業全球供應鏈，其能如此，台灣不僅可扮演兩者間的中介角色，而且可建立三地產業分工整合體系，創造三贏的局面。

　　進入 WTO 後，跨國企業及外國產品將大量擁入，勢必對兩岸各自的產業將造成重大衝擊。因此，台海兩岸應排除政治爭議，在互信的基礎上，加強雙方產業技術與產銷合作，以建立健全的產業分工合作體系，並有效結合雙方競爭優勢，進軍國際市場，進而立於不敗之地。

（民國 90 年 11 月 15 日　《經濟日報》二版）

4. 落實經發會兩岸組共識貫徹 WTO 精神

　　元旦我國正式成為世界貿易組織（WTO）會員，入會前所作的許多承諾開始生效，有關經貿政策亦將隨之調整。實際上，我國自民國 70 年代中期推動全面經濟自由化以來，除海峽兩岸經貿關係仍有所限制外，幾已全面開放。因而，進入 WTO 後，需要大幅調整者應以兩岸經貿政策為主。去年夏天經發會兩岸組即以加入 WTO 為前提，獲得了 36 項共識。因此，為因應兩岸加入 WTO 新情勢，盡早落實這 36 項共識，不僅可以貫徹 WTO 精神，成為國際社會與 WTO 的好公民，也有利於突破當前經濟困境及台灣未來長期經濟發展。

　　經發會兩岸組 36 項共識，除基本原則「台灣優先、全球布局、互惠雙贏、風險管理」外，共包括積極開放兩岸經貿及投資、建立兩岸資金流動的靈活機制、加入 WTO 與兩岸三通、積極推動大陸人士來台觀光與兩岸協商問題五大類。經發會期間大會主席陳水扁總統再三申明，經發會共識將全部落實，陳總統於元旦祝詞中也再度強調經發會共識將為今年優先施政項目。由於總統的重視，經發會閉幕後，各有關部會都能積極規劃推動。四個多月來，經發會兩岸組共識中，主要推動執行的有：以「積極開放、有效管理」替代「戒急用忍」、成立產官學界組成之專案小組，定期檢討放寬大陸投資產業及產品項目、放寬投資 5,000 萬美元以上個案之限制、建立「大陸投資新審查機制」、開放國際金融業務分行（OBU）得與大陸地區金融機構直接通匯、建立大陸

投資資金匯回循環運用機制、推動大陸人士來台觀光、擴大「境外航運中心」功能及範圍等。至於開放企業赴大陸直接投資、免除大陸投資盈餘匯回重複課稅、開放陸資來台投資土地及不動產等，均已完成規劃，只要立法院完成「台灣地區與大陸地區人民關係條例」修正公布實施，即可落實執行。惟其中開放大陸投資產業關鍵性項目尚有爭議、開放大陸人士來台觀光對象限制過嚴等問題，尚未真正落實經發會兩岸組的共識，期望主管部門隨時檢討改進，務使經發會兩岸組的共識能百分之百落實。但在目前行政效率不彰的情況下，短短四個月中，能有以上的成果，已屬難能可貴。

不過，經發會兩岸組共識尚未執行的仍然很多，而其中關鍵性的「加入WTO 與兩岸三通」、「兩岸協商問題」，更為社會所重視。兩岸三通包括通商、通郵與通航。加入 WTO 後，凡 WTO 有規範的都應遵照 WTO 規範辦理。其中通商，根據 WTO 國際貿易規範，我國現行對大陸商品進口部分限制及陸資來台投資嚴格限制，與 WTO 最惠國待遇原則不合，在進入 WTO 後必須調整放寬，這也是經發會兩岸組「兩岸直接貿易」的共識。「通郵」包括「通訊」，除了小包外一般郵件往來已無限制，「通訊」已透過國際衛星及線纜直接往來，均無問題。但「三通」中最迫切需要解決的是「通航」問題。「通航」WTO 雖無規範，不過，直接「通商」而不能直接「通航」，直接「通商」如何能落實。故在經發會兩岸組共識中，對於兩岸「通航」，有兩項重要共識，一是透過兩岸協商整體規劃落實兩岸「通航」事宜；一是在兩岸協議前採取過渡措施，擴大「境外航運中心」功能及範圍，開放貨品「通關入出境」。

行政院雖於去年通過擴大「境外航運中心」功能及加工作業延伸範圍，並准許大陸貨品以保稅型態「通關入境」後，再轉運至其他國家或地區。但此一做法所能產生的效果，與經發會兩岸組的開放貨物「通關入出境」相差甚遠。但不可諱言，兩岸「通航」所牽涉的因素廣泛而且複雜，不僅限於海上貨運，也包括客運，更包括航空客貨運，必須雙方協商才能落實進行。而且經發會兩岸組共識中，也有許多共識需要協商才能實現，所以兩岸組為突破當前兩岸不協商的僵局，獲得最後一項共識：「建議政府盡速凝聚朝野共識，化解『九二共識』之分歧，依中華民國憲法定位兩岸關係，擱置政治爭議，盡速與大陸方面協商『三通』及其他攸關人民福祉之議題。」此一共識是為政府爭取時間，避開當時朝野紛擾之時刻，而今大選已落幕，同時兩岸都已正式加入 WTO，政府應把握此一有利時機，盡速化解朝野對「九二共識」之分歧，凝聚共識，

打開兩岸不協商僵局，盡速與大陸協商「三通」及「兩岸有關經貿」問題，俾經發會兩岸組共識得以百分之百落實，實現陳水扁總統之諾言；同時，貫徹 WTO 自由化與國民待遇精神。

（民國 91 年 1 月 3 日　《經濟日報》二版）

五、美國脅迫人民幣大幅升值

1. 人民幣升值並非解決美國貿易逆差治本之道

　　近數月來，世界各主要國家要求中國大陸人民幣升值之聲不斷，其中又以美國為最。本（9）月初美國財政部長史諾訪問大陸，要求中共放鬆匯率管制，只獲得中共當局「保證向更靈活的匯率制度方向努力」，並無具體承諾後，美國有關官員不斷放話，批評大陸對美巨額出超與對匯率的干預，商務部長艾萬斯更將美國失業率居高不下的主因，歸咎於中國大陸，宣布將採取具體作法以對抗中共的不公平貿易競爭。而美國國會也出現跨黨派提案，要求中共以半年為期，放棄人為干預匯率，否則將對大陸輸美產品全面課徵額外的 27.5％關稅，並要行政部門採取具體措施。緊接著本月 20 日七大工業國家（G7）財政部長及中央銀行總裁會議將在杜拜召開，預料會中將討論要求大陸人民幣升值議題。美國布希政府面對明年總統大選，為爭取選票，很有可能進一步採取具體因應行動。國際間如此排山倒海而來的，對人民幣升值施壓，是否公平？即使人民幣升值，能否解決美國巨額貿易逆差問題，均值得檢討。

　　從國際間討論人民幣升值問題，實際上涵蓋匯率制度與升值兩個層面。關於匯率制度，大陸採取的是有管理的浮動匯率制度，不應是問題。實際上目前世界上尚未出現完全的浮動匯率制，不是固定匯率制，即是管理的浮動匯率制，不過美其名為調節而已。但大陸對匯率的管理太嚴，浮動的幅度太小僅 0.3％，等於固定釘住美元。因此，6 月 19 日本報社論建議大陸當局應適度放寬人民幣匯率浮動幅度，以盡國際責任，並積極與國際匯市接軌。

　　至於人民幣應否升值，從表面上看，大陸有大量貿易順差、外匯存底迅速累積、經濟高度成長、物價相當穩定，人民幣應該升值。但實際上，誠如諾貝爾經濟學獎得主孟代爾所指出的，大陸不僅不具備人民幣升值條件，而且存在許多問題；且其近 5 年來進口增加 107％，較出口增加 78％為高，致出超已自 1997 年的 404 億美元，降為 2002 年的 304 億美元。尤其近 5 年來全球進口增

加率僅為 18％，大陸的增長較此高出 5 倍，對大陸出口國家包括台灣在內經濟成長同蒙其利。今年上半由於前年底進入 WTO 所作的降低進口關稅及開放進口的承諾，其效果呈現，進口大幅增加 44.5％，超過出口增加率，出超萎縮為 45 億美元，估計今年全年出超將較去年減少一半，僅 150 億美元左右。況且大陸最近即將陸續採取的放寬貿易管制、消除資本項目過度管制及降低對出口各種優惠等，應可進一步降低國際收支順差、緩和人民幣升值的壓力。

但就美國而言，去年美國對大陸貿易逆差突破千億美元，因此，美國逼迫大陸人民幣升值之聲高漲。可是回顧 1980 年代中期，美國對日本及台灣呈現巨額貿易逆差，逼迫日圓及新台幣大幅升值，其結果嚴重傷及日本及台灣經濟，而美國對日本及台灣的貿易逆差，不僅未有降低，還在持續提高。美國的貿易入超更自 10 年前的千億美元，近兩年突破 4,000 億美元。稍微有點總體經濟知識的人，都了解貿易（經常帳）入超的產生，必是其國民儲蓄無法支應國內投資的需要，靠入超來支應。美國是全世界最富有的國家，亦是全球最高所得國家之一，但其人民與政府的大量消費，導致其儲蓄率成為全球最低國家之一，無法充分支應國內投資，要靠借債來度日，已成為全世界最大的債務國家，可見其問題之所在。

相反的，中國大陸不僅是開發中國家，國民所得低，而且相對於其人口規模資源極為貧乏，本極需以入超方式引進國外資源支應國內的需要。但大陸不僅基本設施投資不足，而且絕大多數人民過著極低的生活水準，降低消費支出以提高儲蓄率，因而除支應國內投資外，還以出超的方式從事國外投資，所賺取的外匯，絕大部分用以購買美國公債或存在美國，賺取蠅頭小利。而美國反過來說，中國對美出超太多，要求人民幣升值，公平嗎？

顯然的，解決美國長期巨額貿易（經常帳）逆差問題，不是匯率所能決定的，需要美國本身檢討、省思，調整其資源的配置，改善其國內外經濟失衡，才是治本之道。否則以美國強大的政治、軍事、經濟力，不斷威脅對其大量出超國家貨幣升值，則國際經濟將永無安寧之日。

（民國 92 年 9 月 18 日　《經濟日報》二版）

2. 匯率不是解決貿易失衡的萬靈丹

自七大工業國家（G7）的財金首長會議打破多年來在匯率議題的沉默，1985 年以來首次為尋求改善全球貿易失衡問題而呼籲主要國家與經濟體採取「彈性匯率」政策後，東亞國家的貨幣立即出現一波升值的亂象。新台幣也不

例外，央行雖強力阻升，但在大國喊話、熱錢大量湧入，以及美國壓力下，無法抵擋而明顯升值。問題是，東亞各國剛在不景氣中露出復甦徵兆，此時是不是升值最佳時機；而且升值後是否即能解決美國鉅額貿易失衡問題，均值得進一步探討。

東亞各國除中國大陸外近年來均陷入不景氣中，尤其日本不景氣長達 10 年以上，最近始出現景氣復甦的曙光，此時若讓貨幣大幅升值，對其復甦中的景氣將是嚴重的打擊。就台灣而言，在內需不振的情況下，不論是自前（2001）年的負成長去（2002）年轉向 3.59％的正成長，或是最近的景氣復甦，均有賴出超擴大所帶動。雖然對美國出口占台灣總出口比重已降至 20％以下，但對中國大陸及香港的出口比重則提高到三分之一以上。而人民幣與港幣皆釘住美元，若新台幣對美元升值，也等於對人民幣及港幣升值。既然對此三地出口占我總出口的一半以上，也高占國內生產毛額（GDP）27％，可見新台幣升值對我總出口以及整體經濟的影響，遠較其他國家嚴重。尤其新台幣對人民幣升值，削弱台灣產品對大陸的競爭力，也提高台灣對大陸出口的成本，將加速企業出走大陸的腳步，不利根留台灣。

同時，台灣在國際間已是一個鉅額債權國家，包括央行外匯存底、企業及國人對外投資、存款、購買債券與基金等，估計超過 4,000 億美元，其中又以美元為主。如新台幣對美元大幅升值，將使國外資產縮水，對內需造成不利影響。而且，當前台灣通貨緊縮陰霾尚未解除，進口又高占 GDP 的 45％，升值對通縮將是雪上加霜。因此，央行全力阻擋新台幣大幅升值，有其不得已的苦衷。

不過，不可諱言的，近三年來台灣貿易（包括商品與勞務）出超占 GDP 比率不斷擴大，對國際貿易失衡不無責任。但貿易出超的擴大，並非出口的增加，而是進口的大幅萎縮所致。近兩年來進口的萎縮，顯示內需的不足，尤其國內投資占 GDP 的比率，自 2000 年的 22.6％，去（2002）年降至 16.4％，創 45 年來新低，造成巨大的超額儲蓄，也正是巨額貿易出超的根源。因此，新台幣升值雖有縮減貿易出超效果，但不利國內投資與景氣復甦。顯然，不論是善盡國際責任，或加速台灣景氣復甦，改善投資環境，提高國內投資，增加進口、縮減出超，才是根本解決之道，且可根留台灣，應為執政者當務之急。

回顧美國於 1985 年廣場協議後，美元大幅貶值，相對的日元、馬克、新台幣大幅升值。雖美國貿易（商品及勞務）入超占 GDP 比率，自 1986 年的 3％至 1989 年降為 2％，其後持續 10 年均占 GDP 1％上下，確有縮小現象。

但就總體經濟觀察，美國對外貿易的入超，必然是其國民儲蓄無法支應國內投資需要，產生投資財源不足，需要靠入超來支應。美國是全球最富裕的國家，但其人民與政府的大量消費，導致其儲蓄率成為全球最低國家之一，無法充分支應投資需要。不過在 1989～1998 年的 10 年間，前五年（即 1989～93）因投資率（投資占 GDP 比率）下降，致投資財源不足（即入超）占 GDP 比率降至 1%左右，後五年（1994～98）投資率雖有回升，但政府消費占 GDP 比率下降，致儲蓄率回升，投資財源不足亦即入超占 GDP 比率，仍能維持在 1%上下。顯然 1989～1998 年美國貿易入超的縮小，是國內需要（投資與政府消費）所占 GDP 比率下降的結果。誠如國際知名金融經濟學家麥肯能（Ronald McKinnon）所指出的，「在開放經濟中，經常帳差額（即商品及勞務貿易差額），乃是由一國的淨儲蓄（儲蓄減投資）傾向，而非匯率所決定」。

最近四年（1999～2002）美國入超又見快速擴大，去年入超占 GDP 的 4%，創歷史新高，引起美國當局的重視，呼籲、脅迫貿易對手國貨幣升值，可是近四年美國投資率固有回降之勢，但民間消費則大幅上升，其占 GDP 的比率，自 1998 年的 66.7%，至去（2002）年提升為 69.9%，致儲蓄率降至 14.6%，再創新低；投資財源不足（即入超）再度迅速擴大。美國是全球富裕國家中，民間消費比率最高、上升速度最快、儲蓄率最低的國家；此一趨勢如不能改變，絕非威脅貿易對手國貨幣升值，即足以解決美國貿易失衡（大量入超）問題。

（民國 92 年 10 月 2 日　《經濟日報》二版）

3. 美國緊縮內需是化解貿易失衡的治本之道

日前美國發表今年第二季經常帳逆差（主要為貿易入超），高達 1,662 億美元，占國內生產毛額（GDP）比率高達 5.7%，兩者均創歷史新高；逆差占 GDP 比率較 2000 年的 2.7%，提高一倍以上，導致美國對外整體負債淨額超過 3 兆美元。在目前利率向上提升的走勢下，不但美國將付出的代價日益升高，外國債權人也面臨更大風險，一旦外資流入減緩無法支撐，全球經濟都將受其影響，深受各國關注。

美國經常帳逆差近年來再度大幅攀高，對其整體經濟的影響，在美國有兩種看法：一派是悲觀論者，以全球經濟權威評論家、美國國際經濟研究所所長伯格斯坦為主；他認為美國經常帳的失衡，是與貿易夥伴的長期不健康關係，一旦外資流入不足或減緩，經常帳逆差失衡的後遺症可能突然爆發，將導致美

元匯價急貶、進口物價激升，引發通貨膨脹危機。但樂觀派者，也是該所的貿易專家曼恩則指出，過去什麼危機也沒發生，經她深入研究後，認為美國與貿易夥伴之間，存在一種相互依存關係，有某種平衡力量不讓危機發生，而這般平衡力量就是維持現狀，符合美國及其貿易夥伴的利益；這種情況對任一方都可能不健康，但可能持續相當久。

　　雙方主張雖各有所據，但依我們的瞭解，事實上過去危機不是未發生，而是用人為力量將其化解，但現在又正重蹈覆轍。回顧 1980 年代美國貿易赤字不斷攀升危機化解的過程，1983 年美國領先全球經濟強勁復甦，但也使美元強勢，貿易收支失衡不斷擴大，至 1984、1985 年突破 1,000 億美元，占 GDP 的比率也攀高到 2.7%。美國政府認為事態嚴重，而於 1985 年工業國家召開的廣場會議中，要求與會各國合作，促使日圓、馬克升值，貶抑美元，糾正各國間的貿易失衡；最後達成共識，共同干預外匯市場。會後日本及西德央行大量拋售美元，壓低美元匯價，相對的日圓與馬克大幅升值。當時，台灣亦在美國強力施壓下，新台幣大幅升值。結果，兩年後美國出口大幅增加，經常帳逆差至 1989 年降至 1,000 億美元以下，占 GDP 比率也降至 2% 以下，至 1998 年的 10 年間一直維持在 1% 上下，達到合理境界。但要特別強調的是，上述工業國家廣場會議的共識，除共同干預外匯市場外，更強力要求日本及西德改採擴張性財金政策，擴大國內需求，減緩對外出超；同時也強力要求美國削減巨額財政赤字，縮減國內需求，降低貿易逆差。因此，美國大力緊縮財政支出，使政府消費支出占 GDP 的比率，自 1987 年的 17.3%，至 1998 年降至 14.4%，下降了將近 3 個百分點。顯示美國政府降低政府消費占 GDP 比率、縮減國內需求，才是減少貿易或經常帳逆差的主導力量；而各國匯率的升貶，只是配套措施而已。但不可諱言，日圓、馬克及新台幣大幅升值後，嚴重傷害日本、西德及台灣經濟，應予警惕。

　　近年來美國經常帳逆差再度攀升，2000 年突破 3,000 億美元，去年又突破 5,000 億美元，今年以上半年實績估計全年將超過 6,000 億美元，占 GDP 比率超過 5%。逆差金額及所占 GDP 比率，不僅屢創新高，且增加速度之快為過去少有，其負擔之沉重，遠超過 1985 年廣場會議前的情況；更何況當時美國在國際上還是淨債權國家，而目前已轉變為全球最大債務國，其問題之嚴重可想而知。

　　近年來美國經常帳逆差爆增，除政府消費占 GDP 比率恢復上升外，民間消費占 GDP 比率，5 年間驟升 3.9 個百分點，至去年高占 70.6%，成為主要工

業國家中民間消費比率最高者，更是逆差爆增的主要原因。不過，也正由於美國政府與民間消費的擴大，開拓了貿易對手國出口的空間，帶動全球經濟復甦，其功不可沒。

美國政府面對貿易入超或經常帳逆差的急遽擴大，又重施故技，對其貿易入超來源國的中國及日本施壓促使人民幣及日圓大幅升值。但日本歷經十餘年的景氣衰退，去年經濟剛剛復甦，要日圓大幅升值是不可能的。而中國大陸經濟雖快速成長，但整體經濟水準仍落後很多，而且其貿易今年前八個月已變為入超，要人民幣在短期內大幅升值，可能性亦不大。

但，不論根據 1980 年代化解美國貿易逆差或經常帳赤字的經驗，或最近赤字擴大的主要原因，美國政府應採取緊縮的財金政策，壓抑人民消費，削減國內需求，才是減緩貿易逆差或經常帳赤字的治本之道。不過要注意的是，一旦美國採取緊縮政策，美國的巨額貿易逆差或經常帳赤字雖可減緩，但美國經濟甚至全球經濟成長勢必受其影響，尤其以美國為出口主要對象的東亞國家包括台灣，受影響最大。這些國家唯有相應地採取擴張性的財金政策，擴大內需，才可將美國緊縮不利的影響，降至最低。

（民國 93 年 9 月 23 日　　《經濟日報》二版）

4. 人民幣匯率究將何趨何從？

近年來各主要國家貨幣都對美元有高低不同的升值，而人民幣匯率卻不動如山，等於對各主要國家貨幣有大小不同的貶值。在內外壓力下，人民幣是否能繼續挺下去不升值？人民幣匯率今後究將何趨何從，深受全球關注。

最近一波人民幣升值壓力，源自大陸雖大力實施宏觀調控，第一季經濟成長率仍然高達 9.5％，超過一般預期，外匯存底快速增加；同時美國 2 月貿易逆差達 610 億美元，創歷史新高。因此，美國參議院首先發難，通過以提高中國大陸產品進口關稅，來逼迫中共讓人民幣升值；繼之一周前之七大工業國家（G7）財長及央行總裁會議中，與會各國官員高分貝要求中國加快匯率改革，上周美國總統布希、財政部長史諾、聯邦準備理事會主席葛林斯班，先後異口同聲要求中共盡快調整人民幣釘住美元的匯率制度。

這一連串有如排山倒海之勢要求人民幣盡速升值的壓力，迫使中國人民銀行行長周小川於本（4）月 23 日在博鰲論壇年會上表示：「改革人民幣匯率，既要考慮內部改革的壓力，也要顧及國際的壓力。如果外國壓力增強，會迫使我們加快改革的步調。」這是中共高層官員首次透露，北京當局可能因國際壓

力而改變匯率改革進程。同時，中共國家外匯管理局副局長魏本華也於該會議中指出，中共會審慎加速人民幣匯率改革，並慎選時機。這兩位中共外匯主管機關首長，在國際會議上的發言，雖未明說，卻暗示將加快人民幣升值的腳步，助長市場炒作人民幣升值的熱度。但本周一中共當局正式否認人民幣即將升值的說法，表示大陸尚未做好人民幣升值的準備，並強調人民幣升值未有時間表，讓預期人民幣快速升值的投機者再度失望落空。

在各工業國家尤其美國對人民幣升值施壓的同時，反對人民幣升值者也不斷發聲。諾貝爾經濟學獎得主、國際金融理論的權威學者美國哥倫比亞大學教授孟代爾即曾指出，人民幣不應該升值，升值會導致中國大陸失業率提高、壞帳問題惡化，對大陸投資銳減和經濟成長率鈍化，鄰國也將遭受嚴重衝擊，世界銀行專家也看不出人民幣有升值的必要。最近美國史丹福大學教授劉遵義與諾貝爾經濟學獎得主史提葛里茲聯名在英國《金融時報》發表〈中國重估幣值的替代選擇〉專文，指出：目前並無具體證據顯示人民幣被嚴重低估，此時調整匯率既無迫切性，亦不必然符合中國大陸的最佳利益或有助於全球經濟穩定；並強調美國的財政赤字與低儲蓄率，才是美國貿易失衡的主因。彼等再度主張：中共重估人民幣，不如考慮開徵出口稅，更有具體效果，且可增加稅收。

事實上劉遵義與史提葛里茲對人民幣升值的見解，本報早在前年（2003）的 9 月 18 日及 10 月 2 日社論〈人民幣升值並非解決美國貿易逆差治本之道〉與〈匯率不是解決貿易失衡的萬靈丹〉，以及 2004 年 9 月 23 日社論〈美國緊縮內需才是化解貿易失衡的治本之道〉，剖析美國貿易大幅逆差的根本原因，在於人民的過度消費與財政赤字，導致近兩年儲蓄率降至 14％以下，而主張削減財政赤字與降低人民消費增長幅度，提高儲蓄率，才是治本之道。與劉、史專文看法，不謀而合。至於劉、史主張的開徵出口稅，本報也於今年 1 月 16 日社論〈大陸降低出口退稅（包括課徵出口稅）反而變相阻礙進口〉，認為不可行。

近一年三個月來大陸外匯存底大幅增加 63％，約 2,560 億美元，是導致人民幣升值壓力的近因。不過進一步分析，同期間大陸的貿易出超才 486 億美元，不及外匯存底增加額的兩成，再扣除外人直接投資與外匯存底的利息收入，估計熱錢流入高達千億美元，等待人民幣升值獲取暴利。實際上，近 3 年來大陸出口平均每年增加率雖高達 30％，但其進口增加率更高達 32％，去年貿易出超 320 億美元，只占 GDP 的 1.9％，不僅較 1997 年出超 404 億美元，

占 GDP 4.5％下降，亦遠落在德國與日本貿易出超額之下，其占 GDP 比率，亦低於台、韓。近年大陸經濟雖高度成長，但其體質薄弱，尤其由計畫經濟體制轉向市場經濟，內部問題極其錯綜複雜，如任由人民幣貿然升值，必將百病叢生，對全球經濟穩定並無好處，也無法解決美國貿易失衡問題。故若干權威經濟學者，不主張人民幣快速升值，亦是可理解的。

不過，既然全球主要貨幣近年來都對美元有大小不同的升值，人民幣不動如山並非長久之計。我們的看法是，明年是大陸進入 WTO 各項承諾的最後一年；待其市場大幅開放、關稅大幅降低、外匯管制大幅鬆綁後，衡度經常帳順差大小而調整匯率機制，應是決定人民幣升值幅度的最適時機。

（民國 94 年 4 月 28 日　《經濟日報》二版）

5. 克魯曼「很糟糕」的建言

上周美國參眾兩院先後對美政府施壓，要求對中國大陸採取強硬態度，威脅如果人民幣不升值，將對來自中國大陸進口商品課徵重稅。而大陸商務部長回嗆，如美國硬要將人民幣問題政治化，將「奉陪到底」；中美貿易大戰有一觸即發的可能。

今（2010）年是美國選舉年，11 月國會議員改選壓力大，議員們作秀成分高；不過諾貝爾經濟學獎得主克魯曼背後撐腰，以其聲望之隆，影響力之大，情況就不同了。克魯曼最大訴求是「中國壓低人民幣幣值的政策，已嚴重拖累全球經濟復甦」，建議對中國強力施壓，即使「中國出售大部分美元資產也不要怕」，而且強力建議，「除非中國面對強大威脅，如對進口中國產品課徵 25％附加稅，否則北京當局也不會輕易改變政策」。關於克魯曼的訴求，3 月 4 日本報〈貿易失衡不能歸咎於匯率問題〉社論，剖析當前全球貿易變動，證實人民幣沒有嚴重低估，不再贅述；至於克魯曼的兩點建議，摩根士丹利亞洲區董事長羅奇評為「很糟糕的建議」，我們完全同意，不過羅奇並未將「很糟糕」的原因說清楚，茲補充如下：

一、克魯曼建議，即使中國出售大部分美元資產，美國利率不會上升，反因美元貶值提高出口競爭力，對美國是好事，反而中國蒙受匯差損失是壞事；這是中國受制於美國，不是美國受制於中國。可是克魯曼把問題太過簡單化，只說對一半；要知道一旦中國大量拋售美元資產，美元要大幅貶值，進口成本大增，通貨膨脹壓力大幅提升，Fed 不提高利率才怪。而且一旦大陸大量拋售美元，全球美元資產持有者，無不爭先恐後出售美元資產，造成全球市場的驚

慌，可能非美國政府所能抵擋，其影響之大，將更超過進口通膨的壓力。另一方面，各方拋售美元資產，美國債信勢將破產，Fed 勢必釋出大量強力貨幣收購美國政府公債，所造成金融市場的動盪，恐非美國所能承受。屆時，克魯曼不負責任的建言，可能被大家指為罪人。

二、克魯曼強力建議美國政府對中國施壓，逼人民幣大幅升值。假如大陸真的在壓力下就範，可能問題更大，因打垮大陸經濟，全球都會遭殃！

一旦人民幣大幅升值，大陸進口成本下降，緩和通膨壓力，但出口勢必萎縮，失業增加，因而貧富差距更為惡化，內需不振，民間消費與投資都受到影響，經濟成長率勢必下降。另方面大陸有巨額外匯存底，人民幣升值 1 元，即損失人民幣 2.4 兆元，相當 GDP 的 6%；而且過去流入的大量熱錢，勢必大量外流，造成大陸金融股市的劇烈波動，通貨緊縮風險大幅上升，嚴重傷害大陸經濟。

人民幣大幅升值，對全球不見得有利；因為出口價格勢必上升，競爭對手雖降低了壓力，但增加全球消費者負擔，嚴重者可能有提高通膨之虞。自中國加入 WTO，其進口的大幅增加，已成為全球出口擴張的重要源泉；一旦大陸出口萎縮，大陸出口是兩頭在外，進口隨之衰退，再加以內需的不振，更加大進口的衰退幅度，對全球出口國家都不利。

假如中國在美國威脅之下，讓人民幣大幅升值，同時大量出售美元資產報復，世界市場勢必大亂，不僅中美兩敗俱傷，對正在復甦的全球經濟，將是迎頭痛擊，有重蹈 1930 年代大蕭條覆轍之虞。

大陸商務部副部長已於日昨到達美國，與美方商談人民幣匯率問題。期望雙方談判代表冷靜就事論事，體認情緒化、政治化的對抗，所造成問題的嚴重性，不要受到外界的干擾。相信最後談判結果，不僅要讓雙方可以接受，更應讓世界市場恢復正常運作，以利全球經濟順利發展。

（民國 99 年 3 月 25 日　《經濟日報》二版）

6. 揭穿威脅人民幣大幅升值的陰謀

中美匯率爭議愈演愈烈；除美國參眾兩院議員對政府施壓，要對中國人民幣升值採取強硬態度外，美國部分學者更是火上加油，先是諾貝爾經濟學獎得主克魯曼，嚴厲批評中國操縱人民幣匯率；繼之，曾任美國財政部助理部長的柏克斯坦，在眾院聽證會公開指出人民幣低估 20%～40%，應將中國列入匯率操縱國家名單。美國這一連串的舉動、威脅，將貿易失衡的責任推給別人，

從表面上看來，在對方就範後，可以解決美國雙赤字問題；但實質上，回顧 1985 年廣場會議逼迫日圓大幅升值，日本所遭遇的慘痛經驗，不能不懷疑其背後隱藏著大陰謀。

1985 年 9 月在美國主導下，美、日、英、法、德五國財長及央行總裁在美國紐約廣場飯店集會，簽署了著名的「廣場協議」，聯手促使日圓、馬克及新台幣大幅升值，以解決美國貿易巨額逆差問題。日本在美國強大壓力下，日圓自 1985 年 5 月 1 美元對 251.54 日圓，至 1987 年底升至 122 日圓，兩年半間大幅升值一倍，到 1995 年 4 月的 83.67 日圓，十年間升值兩倍。日本經日圓大幅升值衝擊，自 1992 年開始一蹶不振，至 2001 年的十年間平均每年經濟成長率，自前十年的 4.6%，劇降為 0.9%，被稱為「失落十年」；到去年為止的八年間平均成長率再降為 0.6%，可能再一個「失落十年」還止不了。

日本經濟淪落到如此地步，其一蹶不起的真正根源，我們經深入檢討發現，是日圓過度升值，嚴重傷害其經濟結構，成為「逆調整」。

一般所稱經濟結構「調整」，經濟「升級」，是指具高生產力、競爭力強的部門能夠快速成長，低生產力、競爭力比較弱的部門，也能有秩序的增長，使整體經濟生產力及競爭力向上提升。生產力高、競爭力強的部門，不怕外來競爭，開放程度較高；而低生產力與競爭力弱的部門，常常受到政府政策保護，不是提高其相同產品或替代產品進口關稅，就是限制其進口數量，甚至禁止進口，爭取時間，讓其改善。

一旦日圓大幅升值，進口成本降低，進口即會隨之大幅增加；雖具有強勁競爭力的產業，不懼進口強力競爭，還能持續成長；但不乏競爭力雖強，仍在進口成本過低的競爭下，被打垮、淘汰者。反而是那些原競爭力較弱的產業，在政府保護之下，還能苟活成長，因而使整體生產力及競爭力相對降低。這就是我們所稱的經濟結構「逆調整」。一旦形成，不是短期所能扭轉。所以當年日本超英趕美，「日本第一」的盛世，不僅在日圓過度升值以後，消失於無形，第二大經濟體今年也要被中國超過，日本要想再翻身，難矣！

而今，美國雙赤字再度攀高，其入超第一來源的中國經濟崛起，不僅出口、出超及外匯存底高居世界第一，其 GDP 今年即將超過日本，各方估測 2020 年代即可超越美國。一向獨霸世界的美國老大，如何能忍受屈居人下？

歐巴馬總統日前宣稱，美國絕不作「老二」。因此，故技重施，威脅人民幣大幅升值。可是中國大陸不像日本有求於美國，不得不就範，今日中國求諸美國的少，而美國求諸中國的多。更何況人民幣價值是否過於低估，還有商榷

之餘地。

　　本周一中國人民銀行與財政部、商務部獲得共識，即逐漸解除金融危機期間人民幣匯率特殊機制（即釘住美元），適度放寬人民幣匯率中間價的波動幅度，應是化解當前中美爭議的正確做法。然而要解決全球貿易失衡，唯有美國緊縮消費、提高儲蓄；而中國大陸必須改善社會保障制度，讓人民安心消費，降低儲蓄，才是治本之道。

（民國 99 年 4 月 2 日　《經濟日報》二版）

六、美國房貸風暴引爆全球金融海嘯

1. 美國次貸風暴衝擊擴大

　　上周一美國聯邦準備理事會（Fed）前、後任理事主席柏南克與葛林斯班，不約而同的警告：美國房市崩跌與信用危機拖累經濟，可能損及美國今年第四季至明年初的成長。周三國際貨幣基金（IMF）發表「世界經濟展望」報告，更將美國今年經濟成長率自 4 月間預測的 2.2%，下調至 1.9%，明（2008）年更自 2.8%大幅降至 1.9%，顯示美國此次受創之重。至周五七大工業國（G7）財長會議後聲明中亦表示，近來國際金融市場動盪、高油價及美國房市疲軟，可能減緩全球經濟擴張的速度。在一周內國際重量級財金人物及國際金融機構，連番對全球經濟趨緩提出警告，這是過去少有的現象，可見當前國際金融經濟問題之沉重，此等警告讓人惴惴不安，引爆了全球股災。

　　首先，美國股市上周五全面重挫，道瓊工業指數劇跌 366.94 點，跌幅 2.64%，是次級房貸危機以來最大跌幅；影響所及歐、亞股市全倒，尤其亞洲股市在外資大撤退的衝擊下重跌。東京日經指數兩日（上周五及本周一）重挫 668 點，跌幅 3.9%，香港跌 3.7%、新加坡跌 4.4%、首爾跌 5.1%、雅加達跌 6.2%，台灣跌 2.9%還算輕微的。在美國 Fed 於 9 月 18 日降息 2 碼，帶動股市反彈後，投資人以為美國次級房貸風暴對經濟的衝擊大為紓解。但此波全球股市的再度崩盤，顯見美國次級房貸風暴對經濟的衝擊，不僅並未舒緩，其嚴重性還在擴大中。

　　這次美國次級房貸風暴對金融及經濟面衝擊之嚴重，可從下列幾個層面來觀察：

　　首先是次貸風暴規模不斷擴大；美國次級房貸戶有 200 萬人；次貸總額超

過 6,000 億美元，目前違約房貸已超過 2,000 億美元。雖美國聯邦房屋署
（FHA）最近宣布將對次貸戶提供擔保，但預估僅占總次貸戶的 10％，計 20
萬戶，其餘因利率上升還不出房貸的，在未來一年內可能擴大到 150 萬至 180
萬人，違約金額可能提升到 4,500 億美元以上。由於次貸風暴的擴大，亦影響
到美國主要房貸市場違約率的大幅上升；美國主要房貸市場規模近 7 兆美元，
過去違約率都是個位數，目前已提高到 17％，可見整個違約房貸不斷擴大，
對金融之衝擊非常大。

其次是次貸風暴爆發後，金融機構對房貸不得不採取緊縮措施；據美國房
貸銀行家協會（MBA）估計，今年房貸總額較去年減少 15％，明年還要再減
18％，再加以房價的下跌，新屋銷售降到冰點，因此影響新屋開工率的大幅下
降。據美國商務部日前公布今年 9 月美國新屋開工率較 8 月劇降 10.2％，較去
年同月更降 30.8％。美國每年住宅投資占 GDP 5％以上，前三年美國新屋開工
率年年成長，住宅投資大幅增加，對經濟成長率貢獻 0.5 個百分點。但去年新
屋開工率下降，住宅投資大逆轉，出現負成長，影響經濟成長率下降 0.29 個
百分點，今年上半年更擴大到負 0.78 個百分點，下半年及明年可能更擴大，
這也是 IMF 大幅下修美國今明兩年經濟成長率預測的根源所在。

第三，次貸風暴自 7 月爆發後，德國的 IKB 銀行、法國巴黎銀行、荷蘭
NIBC、英國北岩銀行等先後受到美國次貸風暴的影響，發生虧損，引發擠
兌，甚至幾乎倒閉。9 月中，國際知名的高盛、摩根士丹利、貝爾斯登和雷曼
兄弟公司等表示，今年第三季獲利受到次貸風暴影響而降低。最近美國最大金
融機構的花旗銀行，今年第三季因受次貸風暴及相關證券拖累，獲利大減
60％；全球最大財富管理業者瑞士銀行今年第三季轉為虧損。這一連串負面信
息都在全球金融及資本市場掀起巨浪。

美國次貸風暴不僅影響消費，亦衝擊投資，致對今明兩年經濟成長造成嚴
重衝擊。此本是房市泡沫破滅後的結果，但在資產證券化及投資全球化的大趨
勢下，幾乎全球重要金融機構或多或少都受其影響。這也是 IMF 日前發表
「世界經濟展望」報告，除下修美國經濟成長率預測外，歐、日今明兩年經濟
成長率預測亦同遭下調的原因。

美國次級房貸風暴對全球經濟的衝擊，遠超過當初預期。面對主要工業國
家今明兩年經濟成長率下修，對台灣的出口直接間接都將造成不利影響。而近
年來幾全賴外需的擴張支撐經濟成長率超過 4％；明年出口預期下滑，在政府
全力拚「入聯公投」，恐無暇顧及，只有聽天由命。這個爛攤子，明年的新政

府不知如何來接手？

（民國 96 年 10 月 25 日　《經濟日報》二版）

2. 次貸風暴全球發酵

　　美國聯邦準備理事會（Fed）因應次級房貸風暴所採對策，先是強調絕不降息，甚至宣稱除非有「大災難」發生，才能讓 Fed 調降利息。但不到兩日，Fed 在無預警情況下，突然宣布調降重貼現率 2 碼；後發現只降重貼現率不夠，再調降聯邦基準利率 2 碼。對這種猶豫不決、拖泥帶水的做法，本報 8 月 23 日社論即指出，可能 Fed 在問題爆發時，不是誤判情勢，即是既要面對房貸風暴，又怕通貨膨脹死灰復燃，進退兩難而束手無策。在 Fed 最近兩次降息過程中，又重蹈覆轍；不免令人對 Fed 能否有效解決次貸問題擔憂。

　　10 月 31 日 Fed 為因應次貸風暴第二次降低聯邦基準利率 1 碼時指出，在本次行動後，物價上揚風險與經濟成長走疲的風險，大致平衡；並警告能源與商品價格飆升，可能再度引燃通膨壓力。無疑是在暗示短期內 Fed 將不會再有降息動作，而且指出兩次降息 3 碼，應可減緩金融市場混亂對總體經濟的衝擊，推動經濟持續溫和成長度過房市景氣持續惡化的危機。但事實發展不僅未如 Fed 的預期，而且更形惡化。

　　美國次貸規模超過 6,000 億美元，到目前違約還不出貸款本息的在 2,000 億美元以上，而採用浮動利率的次級房貸戶，將在明年重新調升利率，屆時由於負擔增加，違約金額可能增至 4,000 億美元以上。此一風暴，對金融及經濟所造成的衝擊，可從下列五方面來剖析：

　　一、在明年次貸利率調升後，違約將遭法拍的次貸戶估計有 140 萬戶，將無屋可住，造成社會問題，且拉低附近社區房價。

　　二、最令人擔心，也最難估算的，是金融機構因次貸風暴所引爆的主要房貸與不動產房貸違約率提高，以及衍生金融商品出問題的金額，究有多大無人得知。

　　三、日前花旗集團及美林證券已領先認列次貸虧損超過 500 億美元，並面臨進一步擴大的風險。通常，在美國金融業者遭受虧損而被迫減少貸款時，減少貸款額度是虧損的十倍。以保守估計，僅以次貸違約 4,000 億美元的一半計，今後金融業緊縮貸款，即達 2 兆美元，對美國明後兩年經濟將是嚴重衝擊。

　　四、美國房市自前年 7 月盛極而衰以來，至今年 10 月的 28 個月間，有 19 個月新屋銷售萎縮，9 月新屋銷售年率跌至 12 年來新低。顯然成屋供過於

求；目前成屋庫存率高達近 11 個月的銷售量，是八年來最高水準；不僅凍結巨額資金，且導致 11 月房屋開工率較去年同月大幅下滑 24.2%，使正在萎縮的住宅投資，對經濟成長率已是負的貢獻，更雪上加霜。

五、房價大跌，美國家庭財富縮水，將影響民間消費支出。據 Global Insight 的研究，美國消費者的財富每損失 100 美元，其支出即會減少 6 美元。依此推估，美國家庭所擁有房地產價值 21 兆美元，預計明年房價下降 7% 計，房地產價值將縮水 1.47 兆美元，將使美國家庭明年少支出 880 億美元，相當明年 GDP 下降 0.6 個百分點。

以上所舉問題如不能及早解決，每項都對明年美國經濟造成嚴重衝擊；此尚未考慮股市大幅下滑、金融機構裁減員工的影響。愈來愈多的專家看衰美國經濟，甚至美國 Fed 前主席葛林斯班警告，美國經濟衰退的可能性已自兩月前的 30%，升高至 50%，而且經濟不景氣已擴張至全球。因而美國政府明知其有後遺症，也不得不宣布凍結部分次貸利率五年，以舒緩次貸風暴的衝擊；繼之，Fed 不得不再於本（12）月 11 日第三次降息 1 碼；同時聯合其他四家中央銀行共同釋出巨資，以舒緩房市重挫、次貸風暴及信貸緊縮的影響，防止美國經濟陷入衰退。Fed 並進一步指出，經三次降息，將可使美國經濟溫和成長。但在油價飆升、美元重挫使通膨預期升高，Fed 面臨嚴肅挑戰，如何在避免經濟衰退與控制通膨兩者間拿捏穩妥，實為一大考驗。

本周日葛林斯班再度警告，他已見到「停滯膨脹」的初期徵兆，美國兩位名經濟學家亦表示停滯性膨脹可能捲土重來，似認美國政府、Fed 及四家央行的因應措施力道不足。再看本周二歐洲央行（ECB），破天荒對金融機構挹注 5,000 億美元，以緩和信用市場緊張的局面。此次 ECB 挹注的金額，是 8 月間第一次融通額的四倍；ECB 下此重手，顯然表示當前經濟情況遠較 Fed 研判的嚴重，能否有效，尚待進一步觀察。

回頭看台灣，8 月間美國次貸風暴爆發後，金管會宣布國內金融機構受創甚微，估計只新台幣 20 億至 30 億元，不久後提高到 80 億至 90 億元；日前僅四家金控認列此波次貸風暴減損即達 362 億元，全體估計將超過 600 億元，相當於 GDP 下降 0.5 個百分點，還算輕微嗎？面對此波風暴及全球經濟「停滯性膨脹」可能性提高，我們的執政當局正忙於拚選舉，無暇顧及，也無能因應。台灣 2,300 萬老百姓，只有希望明年 5 月 20 日新政府能順利產生，情況有所改善。

（民國 96 年 12 月 20 日　《經濟日報》二版）

3. 認清美國二房風暴的本質

正當「停滯膨脹」陰霾籠罩全球，又傳來美國「二房」風暴，簡直是對全球經濟雪上加霜；不過美國政府及時採取搶救措施，情況已能穩住，美國股市反應只是小跌，歐洲股市且有上升，惟亞洲股市全盤皆墨，其中尤以台灣股市本周二重跌 322 點，跌幅高達 4.71％，僅次於印度的孟買下跌 4.91％，為全球第二大跌幅。其間雖央行及金管會立即發表談話，說明台灣金融機構所持美國「二房」公司資金部位計新台幣 6,163.7 億元，其中絕大部分是債券及 MBS（不動產抵押貸款證券化商品），均有保證，投資其股票的僅 8.2 億元，估計損失 4.8 億元，占總投資部位的千分之一不到，對我經濟影響極為有限。但股市仍然重挫，除投資人信心不足外，國內投資人對美國「二房」本質的不了解，亦是重要關鍵。

所謂美國「二房」，是指聯邦國民抵押貸款公司，簡稱 Fannie Mae（房利美），及聯邦住房抵押貸款公司，簡稱 Freddie Mac（房地美），兩者均係經政府特許成立，部分董事由政府派任，都具有官方色彩。兩家公司並不直接承作房貸，而是向銀行或民間房貸業者收購抵押貸款，讓房貸業者取得更多資金，協助購屋者取得房貸，進一步活潑房市。兩家公司資金來源除發行公司債外，主要以其收購的房屋抵押貸款作擔保，將其證券化後，售給投資人。目前美國房貸總額約 11.2 兆美元，由該兩公司擔保的房貸超過 5 兆美元，幾占房貸總額的一半，可見其在房貸市場之重要地位。

房利美與房地美兩家公司發行的債券與去年爆發危機的次級房貸商品，是完全不同等級的商品。根據相當台灣「聯徵中心」的 FICO（Fair Issac and Company），針對借款人的信用優劣進行評分，其 FICO Score 介於 375 至 900 分之間。評分超過 700 分為較佳的信用評等，可申請優質房貸，而房利美及房地美所擔保的房貸抵押證券，均係此類借款人信用評等較高的優質房貸，平均貸款約七成，違約率在 0.78％至 1.15％之間。評分介於 620 至 700 分為中等信評，可申請準優質房貸；評分在 620 分以下者為較差信評，係指房貸借款人的信用紀錄較差，無法向一般銀行以正常房貸利率貸款，只能轉向專門承作不良信用客戶貸款之機構融資。通常此類借款人收入較低，申請貸款成數較高，常有八成以上，因此風險較大，利率也較高，與優質房貸客戶不可同日而語。因此，市場將二大房貸公司之債券類同「政府債券」，不僅一般投資人歡迎，各國中央銀行也等同美國「政府債券」大量購買當作外匯準備，以賺取較高的收

益。

　　以房利美及房地美二大房貸公司在美國房貸市場之重要地位，一旦發生財務困難，若美國政府不立刻處理，任其惡化，其後果不堪設想。首先美國已在下沉的房市，當「二房」公司不再收購房貸機構的抵押貸款，房貸市場資金來源即刻緊縮；不僅對美國房市，對經濟成長也是雪上加霜。其次，「二房」公司發生財務困難，若美國政府不予支持，則持有該兩公司債券者當會急速拋售，加速該兩公司破產，將導致美國金融系統危機。第三，「二房」公司的 5 兆多美元債券中，國外購買者約在 1 兆美元左右，一旦該兩公司發生問題，美國政府不予支撐，國外持有者會急速拋售該兩公司債券，更加速美元的貶值，甚至引發美元危機，絕非危言聳聽。

　　由於以上原因，美國財政部旋即於周日（7 月 13 日）宣布，將透過投資及貸款等方式援助「二房」公司，讓緊張不安的國內外市場能夠安心。同時美國聯邦準備理事會（Fed）也宣布，「二房」公司可透過紐約聯邦準備銀行，取得短期資金融通，俾使房屋抵押貸款仍能持續供應不斷。在美國政府全力相挺下，等於美國政府直接擔保該「二房」公司債券不會違約。因而房地美公司於本周一（7/14），順利出售 30 億美元債券，而且拍賣價高於預期，顯示市場對「二房」公司信心未減。

　　我們作以上剖析，目的在說明「二房」公司的本質及在美國房市扮演的角色，以及美國政府全力相挺的決心，希望國內投資人不要空緊張，否則遭受損失的還是自己。但此並不表示美國金融市場沒有問題；自去年美國爆發次貸危機以來，問題不但未有解決，而且還在持續發酵，影響全球經濟成長下滑；再加以油糧價格暴漲，陷世界進入「停滯膨脹」，各國政府因應疲於奔命。而台灣 520 新政府上任後，改善兩岸關係，本有扭轉困局的期待，但除全球性「停滯膨脹」的衝擊外，國家領導人的作為引發爭議，而新政府為急於落實競選政見，亂了陣腳，反失去人民的信心。除期望新政府對國際情勢變化不能掉以輕心外，更應拿出突破性的做法，才能振奮人心，扭轉困局。

（民國 97 年 7 月 17 日　《經濟日報》二版）

4. 美國因應金融危機給我們的啟示

　　美國政府最近採取一連串強烈措施因應此波金融風暴，雖未能使美國經濟產生起死回生作用，卻能阻止金融風暴擴大成為金融大海嘯，恢復投資人信心，受到全球的肯定。

　　自去（2007）年 7 月美國次貸風暴發生以來，問題不斷擴大蔓延，雖美國聯準會（Fed）與主要國家央行提供巨額融資，不僅問題未能化解，而且還在持續發酵中。及至今（2008）年 3 月，美國第五大投資銀行貝爾斯登，因不動產證券的巨額虧損，搖搖欲墜，被摩根大通銀行收購，但收購資金則由美國聯準會特別融資支應。至今年 7 月初，幾占美國房貸總額 11.2 兆美元半數，以房貸及房貸保證為業的房地美與房利美（俗稱「二房」）股價，在五天內分別暴跌五成及七成。因「二房」原具半官方性質，而其所發債券，多為外國央行持有，因此美國政府不得不出手，於 9 月 7 日接管，預計最多將各挹注千億美元。

　　繼之，美國第四大投資銀行雷曼兄弟同樣遭遇危機，雖幾經爭扎尋求買主，但因價格談不攏，終於 9 月 15 日宣告聲請破產。同日美國銀行宣布，以 500 億美元收購美國第三大投資銀行美林集團。翌日（9 月 16 日）晚美國聯準會同意提供 850 億美元，緊急貸款給美國最大保險業者美國國際集團（AIG），美國政府則取得該集團 79.9% 股權，形同接管，使 AIG 免於破產命運。

　　美國五大投資銀行，二家被併購，一家倒閉，剩下的高盛與摩根士丹利情況也非常危急，9 月 17 日股價分別大跌 14% 及 24%。該兩公司為免步另三家後塵，努力自保，要求轉型為商業銀行，並獲得聯準會的同意。這不僅是美國 1930 年代以來金融體系的最大規模調整，也是過去 20 年投資銀行以高槓桿操作，少法規限制，高風險、高獲利的華爾街風華終結。

　　美國政府在出手採取以上措施處理各大金融機構問題外，為避免進一步出現更嚴重的全球金融危機，隨即於 9 月 18 日美國聯準會偕同全球五大央行，包括歐洲、美國、瑞士、日本及加拿大央行，聯手增注 2,470 億美元於全球貨幣市場，以緩和美元短期融資市場的壓力，改善流動性不足問題。同時，美國聯邦政府與國會領袖密集協商，研提更全面性的化解金融危機方案，要求國會授權財政部以 7,000 億美元收購金融機構「不良流動性資產」，希望能夠標本兼治，協助金融市場重建信心。此一信息在上周四（9 月 18 日）市場傳出後，全球股市反應熱烈，周四、周五連續兩日大幅齊揚，形同對美國政府此一做法投下信任票。雖美國國會有些成員對該方案有意見，也遭到部分經濟學者的質疑，但國會領袖表示原則上會與政府通力合作，對原草案可能作部分修正或補充，將於本周內完成立法。

　　儘管美國紓困方案獲得國會通過完成立法，可化解流動性短期不足問題，

避免金融危機的持續擴大，但對實質面經濟的影響，還要看美國房市何時止跌回升、人民消費及企業投資信心的恢復，以及美國政府此波紓困花了上兆美元，擴大財政赤字的影響，尚待後續觀察。不過就美國此波金融風暴發生的原因及政府因應對策，至少給我們下列啟示。

首先要指出的是，去年 7 月美國次貸風暴爆發後，迅速擴及全球，主要因 2000 年網路泡沫化後，美國聯準會快速降息，在 2004 年前將利率維持在 60 年來最低水準，市場資金過剩到處流竄，市場風險意識極低；加以投資銀行利用財務與科技的結合，創新發行高槓桿次級商品，因收益率高，廣泛被全球投資人接納。因而問題一旦爆發迅速蔓延不可收拾。因此，可獲得兩點啟示，一是央行貨幣政策不能迫於政治現實，讓市場資金過於寬鬆，必須維持「金融穩定」為央行的首要任務。二是金融主管機關在核准任何新商品上市時，必須檢查現行法規有無合理的規範與監管，否則應迅即研訂新的規範與監管後，才准上市。

其次，美國這次採取的救援行動，值得我們學習的有：

一、政府各部門間的密切合作，除財政部與聯準會的相互合作外，美國證管會（SEC）也於 19 日宣布，即日起禁止放空 799 檔金融股，協助穩定股市。更值得一提的是國會反對黨（民主黨）領袖，也聲明全力配合支持政府紓困方案。

二、美國執政的共和黨在經濟上一向主張自由，政府少干預。但這次面對危機，甘冒被批評開自由化倒車，而積極干預，甚至禁止放空。顯示理論上雖有各種學派，但在執政者而言，面對嚴重危機時，能化解問題的政策才是最好的政策。

三、美國政府將問題單純化，將化解流動性不足問題，列為首要目標，不僅即時動用各項有效工具，還動員主要國家央行同步進行，希望迅即穩定全球金融市場。

最後期望我們的新政府能指定專人，研討此波全球金融危機的起因及美國因應危機對策的過程，作為提升政府行政效率的參考。

（民國 97 年 9 月 25 日　《經濟日報》二版）

5. 同舟共濟　度衰退危機

行政院主計處昨天發布最新經濟預測，大幅下修今（98）年經濟成長率預估值為負成長 2.97%，創下歷年來最大衰退；主計處的經濟預測中有多項是歷

來最差，包括進出口成長率、民間投資成長率、連五季的最長衰退期，並預期今年消費者物價的跌幅 0.82％，也是歷來之最，顯示通貨緊縮及經濟衰退同時出現的雙重壓力。為此，中央銀行昨天立即宣布降息 1 碼，重貼現率降為 1.25％，使我國的政策利率創下歷史新低。去年 11 月以來，全球主要國家發表的各項有關經濟統計數據一次比一次惡化，顯現 70 年來的全球經濟大衰退正在進行中，台灣也逃脫不了此一厄運。因此，即使主計處的預測已是極度悲觀，但不能免除還有更壞的情況發生。

國際經濟預測機構及外資對台灣今年經濟成長率預測，幾乎全是負數；如環球透視預測負 2.0％，IMF 預測四小龍負成長 3.9％；預測今年台灣衰退比較嚴重的是摩根士丹利證券的負 6％及里昂證券的負 11％；也因此，主計處昨天會否有勇氣提出負成長的預測，成為各方關注焦點。主計處的最新預測顯示，多項指標可能創下台灣自 1953 年編算國民所得統計以來最大衰退幅度，雖震驚各界，但這個結果早經本報日前社論〈牛年經濟難逃負成長〉提示；且主計處終於正視現實，以務實態度呈現經濟面貌的作為，應予肯定。

去年第四季經濟成長率主計處會大幅下修，主因民間投資及出口萎縮幅度出乎預料；此二者一直是支撐台灣經濟成長的主力，而今雙雙大幅下滑，也導致創紀錄的負成長。更因去年第四季負成長幅度極大，也吃掉去年上半年的成長貢獻，使去年全年僅成長 0.12％，尚低於 1974 年第一次石油危機時的 1.38％。顯然金融海嘯衝擊全球實質經濟成長，初始時即對台灣經濟造成如此嚴重傷害，接下來問題持續惡化，亦將在預料中。

主計處昨天大降今年經濟成長率預測，且創下歷史新低，據我們初步了解，是鑑於 IMF 及環球透視不僅預測全體工業國及全球今年經濟都將衰退，更將台灣最大出口對象的中國大陸今年經濟成長率預測為 6.7％與 6.3％，遠低於大陸預測的 8％；且全球貿易量成長率更自去年的 4.1％降為萎縮 2.8％，對出口高占 GDP 七成的台灣極為不利；加以去年上半年出口還成長 18.1％，8 月達到出口高峰，因此今年出口要轉為正成長根本不可能。不可諱言的是，今年 9 月以前出口持續大幅衰退是預料中事，9、10 月衰退幅度可能緩和，11、12 月才可能恢復成長，全年出口大幅萎縮已難避免。

更嚴重的是民間投資重挫，除表現在資本設備的進口已連續九個月負成長，高科技產業中的半導體及面板「兩兆產業」已淪為艱困產業，投資計畫幾全部停擺或延緩，加以房屋建築及其他產業在全球經濟大衰退下，投資全面萎縮，估計今年民間投資將大幅衰退二成以上，也嚴重衝擊今年經濟成長率。

在出口及投資重挫下，今年經濟成長率會否跌至去年第四季的負 8％？情況尚不致惡化至此；一方面因進口原油等價格已大幅下跌，資本設備及原料進口銳減，致出超倍增，對經濟成長有正貢獻；另方面受惠於發放消費券的刺激，政府又有搶救失業等各項措施，以及消費者物價指數的下降，使民間消費不致落為負成長。最重要的是擴大內需經濟方案，將使公共投資大幅增加。

不過，我們要強烈指出：面對如此惡劣的國內外情勢，朝野必須通力合作，共度危機；尤其立法院應迅速通過振興經濟方案預算，使能早日落實執行。至於一般預料今年下半年中國大陸將領先全球經濟提前復甦，台灣若能善加把握此有利契機，或可減緩對台灣不利的影響。

（民國 98 年 2 月 19 日　　《經濟日報》二版）

6. 失業率背後的深層問題

行政院主計處本周一發布今（98）年 2 月人力資源調查統計，其中失業率竄升到 5.75％，失業人口高達 62.4 萬人，因業務緊縮關廠歇業而失業的人數竟高達 32.9 萬人，受失業波及的人口更高達 136.5 萬人，均創民國 67 年開辦這項調查以來的新高紀錄，震驚各界。

去（98）年 9 月美國雷曼兄弟倒閉引發金融海嘯，衝擊全球，導致經濟大衰退，而台灣本是以貿易導向為主的經濟，進出口隨即急遽萎縮，工業生產以至整體經濟受到重創，除失業人數及失業率飆升外，深入探討，發現更值得注意的問題不少，不能輕忽，需要執政當局審慎因應。

首先是失業人數的大幅增加，並非勞動力增加的影響，而是就業人口萎縮的結果。自去年 9 月至今年 2 月的半年間，就業減少 24 萬人，不僅是過去未見的現象，而且在就業減少的人數中，工業就業減少 18.4 萬人，占總就業人數減少的四分之三，可見其影響之大，更顯現當前的工業受創之慘重，並因而失去創造就業的動能。

其次，主計處指出，在就業促進方案下，政府僱用的人數，今年 2 月比去年 10 月增加 7.7 萬人，否則 2 月的失業率將突破 6％，顯然促進就業方案已產生初步效果，應予肯定。不過，從另一角度看，2 月失業率尚在 6％以下，是受到勞動參與率下降的影響。今年 2 月勞動參與率 57.79％，退回到兩年前的水準；若參與率不論是維持過去兩年或今年 1 月的水準，失業率都會超過 6％。而勞動參與率自去年 12 月開始連續三個月下降，主要是由於長期失業人口大幅增加，而其中部分因長期找不到工作而退出勞動市場。這種哀莫大於心

死的人，未納入失業統計，會讓執政當局誤判情勢。實際走上絕路，甚至燒炭全家自殺的，絕大多數是這類人，其問題比列入失業率的更嚴重。

第三，今年 2 月因業務緊縮關廠歇業而失業的人數高占總失業人數的 52.7％，此比率之高已夠驚人。若再從動態來看，一是今年 2 月關廠失業 32.9 萬人，是去年 8 月 13.1 萬人的 2.5 倍，平均每月驟增 16.6％，注意這是平均「每月」增加率，不是「每年」，這是何等驚人速度的惡化？二是半年來失業增加 17.2 萬人，可是其中關廠失業增加的人數，竟高達 19.8 萬人，超過前者。此不僅顯現關廠對失業人口衝擊重大，而且關廠失業人口，絕大部分將成為結構性失業。此波全球經濟大衰退，衝擊經濟結構，造成大幅改變；未來當景氣復甦時，這些失業人口原有的工作已不復存在。如何阻遏這種趨勢繼續惡化，並能進一步為此群失業人口，在未來景氣復甦時，能創造再工作的機會，政府責無旁貸。

第四，今年 2 月受失業波及的人口已高達 136.5 萬人，現在又有無薪休假，連同其家屬也高達 53 萬人，合計近 190 萬人，較半年前增加一倍。另據 96 年家庭收支調查，按五分位法計的最低所得組 286 萬人，過去七年平均每年已淪為負儲蓄 2,000 元，早已寅吃卯糧，甚至借債度日。如今儲蓄耗盡，怎能再遭受減薪及失業波及人口大幅增加的衝擊。即使低所得組，其人口高達 436 萬人，儲蓄率亦僅 7.13％，如何能因應此一大變局？當前陷入生活困境之人口，估計高達 400 萬人以上，絕不是政府調查數十萬低收入人口所能表達的，需要政府更大力度的救助。

為救失業，政府自去年 11 月以來已先後採取了許多措施，但問題不僅未見緩和，而且更惡化，顯然未進入深層探討，未能了解根源所在，如何能對症下藥，提出有效對策？

（民國 98 年 3 月 26 日　《經濟日報》二版）

7. 苦日子還很漫長

本報與台灣金融研訓院於上周五共同舉辦「金融海嘯何時了」研討會，邀請學者專家參加。本日社論將對當前金融海嘯及經濟大衰退何時了，提出我們的看法。

我們要指出兩點：一是最近一個月來，國內外出現的各項指標與先前略有不同；過去幾個月所有指標一面倒的負向，不得不讓人對前景悲觀；但最近有些指標與訊息已有轉變，不再全面是負向，也有些轉好的訊息。因此有人認為

已露出「曙光」。但關鍵在於此等指標的穩健性及其力度有無能力帶動相關指標提升。二是金融海嘯造成的實體經濟衰退，與一般的經濟衰退不同；早在金融海嘯爆發前，國際貨幣基金（IMF）即提出研究報告指出：凡是跟隨金融危機而來的經濟下滑或衰退，其對經濟成長損傷的程度及衰退的時間，較沒有金融危機時高出一倍；尤其危機來自銀行部門的問題，受害情況更嚴重，經濟衰退時間平均高達兩年。而此波金融海嘯其廣度及深度，是 70 年來所未見；目前雖逐漸退潮，但其對全球經濟的衝擊更是方興未艾，何時落底並復甦，沒人敢肯定，不能掉以輕心。

先就美國而言，已有數項指標轉正：一是首次申請失業救濟人數兩周前降到 1 月以來最低；二是密西根消費者信心指數轉向上升，消費支出意外增加；三是股價指數已自 3 月 9 日的 12 年低點彈升 29％；四是富國、花旗及美國銀行第一季轉虧為盈。但這些指標有的是政府量化寬鬆貨幣政策所造成，在實質經濟沒有起色下，不僅缺乏穩定性，而且可能形成另一波金融泡沫；如本周一美國銀行公布第一季財報，除轉虧為盈外，也透露盈餘大部分來自一次性所得，表示不能持續，更嚴重的是壞帳暴增 41％，而且可能再惡化，因此引發股市暴跌。至於消費意外上升，在失業人口及失業率持續竄升及房貸壓力下，都意味著消費支出成長難以為繼；企業投資在設備利用率還在低檔盤旋下，也難以大幅上升，這些都表現在美國領先指標連續九個月下滑，而 3 月下滑幅度超過預期。故歐巴馬總統經濟顧問伏克爾日前表示：美國經濟下滑速度雖減緩，但經濟復甦將是漫漫長路；白宮首席經濟顧問桑莫斯更警告，民眾仍需有心理準備，目前經濟仍面臨大衰退的風險。

繼就我們最大的出口對象中國大陸來看；上周發表今年第一季經濟成長率 6.1％，顯示去年 10 月推動擴大內需以來，已出現一些積極變化，不僅超出意料之外，也跌破環球透視專家的眼鏡，他們 4 月 14 日公布的最新預測，大陸今年全年經濟成長才 5.9％。我們了解大陸過去多年能有兩位數經濟成長，出口擴展是關鍵所在。但大陸第一季經濟成長率中，消費增長貢獻 4.3 個百分點，投資貢獻 2.0 個百分點，而出口是大幅衰退 19.7％，更何況還有 2,000 萬以上失業勞工返鄉的壓力，對消費還能有這樣大的拉力？怎能不令人質疑！

今年國際經濟除美中（G2）外，日本及歐洲更慘；環球透視預測，日本今年經濟負成長 6.7％，歐洲負 3.9％，全球負成長 2.5％。

再看台灣；財經首長已看到兩隻燕子來臨，但其中股市上升，前文已指出多是資金行情，不僅不夠穩健，且有泡沫危機。至於出口是否能成為燕子，我

們還在懷疑。3 月出口雖較 2 月增加 22 億美元，但其年衰退率仍高達 35.7％，哪能是燕子？目前各方預測今年前三季台灣經濟都是負成長，第四季可轉為正成長，但其理由是去年第四季經濟基期較低的結果；即使明年各季都是正成長，也是同樣理由。因此，明年的 GDP 規模可能還趕不上三年前的水準；所以大家還有漫長的苦日子要忍耐。

（民國 98 年 4 月 23 日　《經濟日報》二版）

8.「V」型復甦的三大障礙

亞洲開發銀行上周末公布亞洲新興市場國家明年經濟展望報告，預測日本以外的東亞經濟可能呈現「V」型復甦。本周一經建會公布 6 月台灣景氣概況，景氣對策信號揮別表示景氣衰退的「藍燈」，轉為「黃藍燈」。喜訊連連，股市連續大漲，好像景氣已開始復甦似的。不過稍微深入觀察，台灣並非如表面上的樂觀，不僅景氣復甦言之過早，「V」型復甦更有離譜之嫌。

先就經建會公布的景氣對策信號分析；「黃藍燈」只是代表景氣轉變的過渡信號，本不值得如此重視；只因連續九個「藍燈」，5 月綜合判斷分數還在低檔的 12 分，6 月躍升至 17 分，令大家喜出望外。

在九項指標中，僅三項上升，尤以批發、零售及餐飲業營業額，由「藍燈」一躍轉向趨熱的「黃紅燈」，上升 3 分貢獻最大；餘為貨幣總計數 M1b 及股價指數各上升 1 分。但「批發、零售及餐飲業營業額」，按當年價格計還較去年同月萎縮 5.32％，唯因躉售及消費者物價指數大跌，經過平減改按固定價格計算，才變成大幅成長 5.8％，是否真表示整體民間消費的增加？

更何況直接、間接金融與另五項實質面指標，包括工業生產、製造業銷售值、出口、機械及電機設備進口，以及非農業部門的就業人數等，仍然陷於「藍燈」的谷底。顯然，距景氣復甦還有漫長的道路。

再看亞銀報告，東亞新興經濟體整體經濟成長率，預測將自今年的 3％，明年將可能倍增到 6％。不過，亞銀警告，在力圖重返成長的過程中，仍然持續面臨風險，要求各國中央銀行須維持擴張性的貨幣政策。而且指出包括台灣在內的若干新興經濟體，今年經濟成長率有下修的可能；而中國大陸、南韓及印尼則可能向上調升。顯然，各國經濟的表現差異很大，尤以台灣今、明兩年在東亞新興經濟體中的表現，令人失望。

亞銀估計台灣今年經濟成長率是負 4％，在八個國家中，略高於新加坡負 5％，倒數第二；明年僅成長 2.4％，更退到敬陪末座。雖亞銀指出東亞經濟體

整體經濟呈「V」型復甦，但台灣並非如此。原因如何，亞銀並未說明；不過，據我們了解，阻礙台灣「V」型復甦，有三大因素：

一是，據 IMF 報告指出，美、歐、日先進工業國家經濟，要到明年下半年才能回復穩定成長，對出口高占 GDP 六成以上的台灣，將是嚴重的衝擊。加以過去十多年台灣經濟結構未能有利調整、競爭力又未有效提升，致與競爭對手國比較，一路落後。這也是我們一再提出警告，如不能力圖改進，終將在全球景氣復甦過程中敗退下來，對台灣經濟將是致命傷害；不幸而言中，明年即將出現眼前了。

二是，政府為因應此波景氣大衰退的擴大內需方案，雖努力提出追加預算與特別預算，但今年能落實執行增加的額度約千億元，不及出口衰退額的十分之一，今年經濟成長率將仍然淪為負成長。而明年政府支出預算，日昨行政院會議為避免赤字的擴大，決定零成長。此對明年即將微弱復甦的經濟，不啻是雪上加霜。

三是高失業率，此波景氣衰退以來，台灣失業人口增加 43％，波及的人口增加 46.5 萬人，加以受僱人員平均薪資連續五個月下降，7、8 月失業率預料將突破 6％，未來一年可能是無就業的復甦，失業率的居高不下，將嚴重影響經濟的復甦。

在如此重重衝擊下，明年經濟將如何能成「V」型復甦？

（民國 98 年 7 月 30 日　《經濟日報》二版）

9. 提升出口競爭力才是根本之圖

去（97）年 9 月爆發金融海嘯，殃及實質經濟面，出現 1930 年代以來最嚴重的全球經濟大衰退，全球主要國家都被波及；而以出口為導向的台灣，出口依存度高達 70％，受創尤為深重。去年 9 月台灣出口開始淪為負成長，兩個月後的 11 月即呈兩位數萎縮，去年 12 月及今年 1 月出口大幅衰退到 40％以上；衰退速度之快、幅度之大，如大水傾盆急下，出乎意料。致使去年第四季及今年第一季經濟成長率分別為-8.61％與-10.13％，均創歷史紀錄，使關心台灣經濟者，看到這些負面數據，無不膽顫心驚！

在驚嚇之餘，每當負面數據不再惡化，甚至降幅減緩，媒體爭相報導，認為都是好消息，不僅台灣如此，中外皆然。台灣出口自年初衰退 44.1％，整個上半年還衰退 34.2％，至 7、8 月降為-25％，9 月再降為-12.7％，都認為最壞時期已過，惡化情況正在逐漸改善中；10 月更降為個位數的-4.7％，顯然台灣

出口已向好的方面發展。

　　財政部本周一公布今年 10 月進出口統計，均創一年來新高，且預期 11、12 月出口將恢復兩位數正成長。其中對中國大陸出口已呈現連續兩個月的正成長，顯示大陸推動的「家電下鄉」政策，對台灣出口已產生效果；對美、歐、日出口雖仍然是負成長，但均創 10～12 個月來新高。在主要出口品方面，電子產品及化學品都轉為正成長，光學器材更連續兩個月正成長，都是拜對大陸出口增加之賜。

　　在進口方面，10 月總進口雖仍為-6.7％，但其中資本設備已轉為兩位數成長，而機械更在 17 個月負成長後轉為兩位數成長，顯示國內投資的衰退已有回升跡象。消費品進口已連續三個月正成長，雖增幅甚微，但表示國內消費情況也在改善中。

　　以上所舉 10 月進出口數據，不是創一年新高，就是轉正成長，表面上看，對外貿易好似開始復甦；但其實是因去年 10 月對外貿易已開始衰退，基數較低所致。至於所謂復甦，應是超過金融海嘯前的水準。其中尤以對大陸出口，雖在中共當局大力推動「家電下鄉」的帶動下，已連續兩個月成長，但與金融海嘯前對大陸出口金額比，尚有相當的差距。主要因前年下半年大陸當局為調整產業結構，促進產業升級，而採取了一連串淘汰勞力密集加工出口產業措施；而台商以勞力密集的加工出口產業為主，遭受嚴重打擊，致使自台灣進口的原材物料及零組件急劇減少。去年 10 月台灣對大陸出口減少 20％，是總出口減少 8.3％的兩倍以上，而去年 12 月及今年 1 月對大陸出口分別銳減 54％及 58％，是導致總出口大幅衰退超過 40％以上的關鍵。因此，今後三個月內即使總出口或對大陸出口呈兩位數成長，也難達到海嘯前水準；要出口復甦，還得做更大努力。

　　此波全球經濟大衰退，加以大陸採取的不當措施，致使台灣出口遭受慘痛衝擊，今年 1～9 月台灣出口衰退是亞洲四小龍中最嚴重者。出口的減少折成新台幣達 1.56 兆元，相當今年 GDP 的 13％，而政府採取的擴大內需方案，四年 5,000 億元，平均每年 1,250 億元，不及其十分之一。由於出口大幅衰退，使國內生產設備過剩，民間還會增加投資嗎？企業裁員減薪，失業大幅增加；因經濟衰退企業緊縮或停業，一年來裁減了 19.2 萬人，政府想盡辦法採取了許多措施，增僱 5 萬至 6 萬人，不及被裁人數的三分之一，致使一年來增加 21 萬失業人口，受失業波及的人口更增加 43.2 萬人，民間消費如何能提升？

　　當前政府所採因應對策，多係短期應急措施，不僅不治本，治標也力有未

逮。要擴大內需，景氣早日復甦，並能達到健康永續發展，唯有提升出口競爭力，才是根本之圖！

（民國 98 年 11 月 12 日　《經濟日報》二版）

七、高科技產業面臨的問題

1. 第二次產業結構轉型的問題與挑戰

台灣過去 50 年（民國 41～90 年）平均每年經濟成長率高達 8.1%，就 50 年整個時期而言，台灣經濟成長率超過戰後曾經高速成長的日本與韓國，也超過最近 20 年經濟崛起的中國大陸，而居全世界之冠。台灣過去 50 年能獲得如此高速成長的成就，其因素固然很多，但產業結構的不斷轉型，應扮演關鍵性角色。曾獲諾貝爾經濟學獎的顧志耐（Simon Kuznets）教授，經多年研究主要開發中國家經濟發展的經驗，即指出產業結構的改變，乃是現代經濟發展不可或缺的要件，唯有藉著產業結構不斷的調整與轉變，經濟才能持續成長與發展。過去 50 年台灣產業結構曾有兩次重大轉型，但就其對整體經濟的貢獻，第二次不若第一次，其原因何在，值得進一步探討。

台灣第一次產業結構轉型，是從農業經濟轉向工業為主的經濟，早在民國 40 年代初期，政府了解工業化是國家現代化必經的過程，推動工業發展勢所必須。但在當時不論生產、就業、出口均以農業為主，如能先改善農業，奠定農業基礎，再以農業的力量，支援工業發展，將可達到事半功倍的效果。因此，當時即採取「以農業培養工業，以工業發展農業」的策略。當 50 年代在政府積極推動工業建設，工業獲得蓬勃發展時，雖農業在整體經濟中比重不斷下降，但政府對農業並未忽視，而且大力化解農業所遭遇的問題，並協助農業邁向現代化之路。自民國 50 年至 70 年的 20 年間，台灣產業結構就在農工相互交替的發展過程中，迅速轉型，農業生產占國內生產毛額（GDP）的比重，自民國 40 年的 32.3%，50 年降為 27.5%，70 年更降到 7.3%；工業生產所占 GDP 的比重，同時則自 21.3%，提高到 26.6% 及 45.5%，邁入以工業經濟為主的時代。同時，總體經濟也有顯著的進展，這 20 年平均每年經濟成長率高達 9.7%、失業率降到 1.5% 以下，達到充分就業境界、對外貿易自入超轉為出超，脫離對美援的依賴，達成自力成長目標，扭轉巨額財政赤字，創造財政剩餘，所得分配差距大幅改善，成為國際間所得分配差距最小的國家之一。而且

20 年平均每年經濟成長率及 70 年出口額，均居亞洲四小龍之首，被國際間讚
為經濟發展的典範。

　　台灣第二次產業結構轉型，是從勞力密集產業轉向技術密集產業為主的發
展。第一次產業結構轉型期間所發展的工業以勞力密集產業為主，但到 60 年
代末期，由於勞力密集工業的快速發展，呈現勞力不足，工資大幅上升的現
象，同時亞洲其他開發中國家興起，以其更低廉的產品投入國際市場競爭，台
灣勞力密集產品優勢漸弱，政府有鑑於此，於 60 年代末期即開始規劃技術密
集產業發展，及至 70 年代政府採取多項改革及各項輔導措施強力主導，在民
間企業有效配合，積極落實執行下，技術密集產業迅速展開，加以過去大量留
美學生，經過長期在國外歷練，技術管理經驗豐富，在國際企業間有良好的人
脈關係，有的還擁有財力，大量回到台灣，共襄盛舉的將台灣科技產業推向高
峰，加速產業轉型的步伐，科技產業呈現快速的發展，而其中以電子資訊產業
發展最為突出，其產值占製造業生產的比重，自民國 70 年的 12.6％，至去
（90）年提高到 38％；電子資訊產品出口，89 年達到 512 億美元高峰，去年
受國際市場電子資訊產品需求衰退的影響，降至 393 億美元，占總出口的
32％，仍為工業生產與出口的主軸。尤其資訊硬體產品產值高居全球第四位，
僅次於美國、日本及大陸，半導體產值更高居全球第三位，僅次於美國及日
本，顯示台灣科技產業發展已獲相當成就。

　　不過，就兩次產業結構轉型期間的總體經濟成果比較，第二次轉型期間
（70-90 年），平均每年經濟成長率為 6.7％，與第一次轉型期間成長 9.7％比
較，下降了將近三分之一，最近三年平均每年更只有 3％的成長；失業人口自
70 年的 9.2 萬人，90 年升至 45 萬人，增加將近五倍，失業率同時期亦自
1.4％升至 4.6％；所得分配差距，以五分位法計算的最高與最低所得組每戶所
得比較，其差距自 70 年 4.2 倍，至 90 年惡化至 6.4 倍；財政收支更自剩餘轉
為鉅額赤字，且債台高築，近年來在亞洲四小龍中，不論經濟成長或出口，不
是敬陪末座就是倒數第二，顯然第二次產業結構轉型期間，總體經濟表現遠遜
於第一次。

　　第二次產業結構轉型期間整體經濟表現不若第一期，經研究後有下列四大
原因：

　　一、電子資訊產業在第二次轉型期間，雖快速成長，平均每年高達
11.3％，但因基礎低，成長就顯得快，再加以其附加價值率偏低，致其對整體
經濟成長的貢獻力道仍嫌不足，有待進一步改進。

二、政府對失去競爭優勢產業的輔導，第二次轉型期間遠不如第一次，致傳統的勞力密集產業，在最近 15 年間急速衰退，影響到工業及整體經濟的成長。

三、發展科技產業可能帶來的後遺症，如創造就業機會不足與所得分配惡化問題，迄無有效對策改善，致影響國內有效需求不足，導致經濟成長下滑。

四、第一次轉型期間政府施政最高指導方針是「經濟掛帥」，第二次轉型期間轉為「政治掛帥」，近年更以「勝選擺第一」，導致政爭不斷，地方抗爭層出不窮，社會動盪不安，不確定因素升高，國內投資環境急速惡化。

因此，如何使第二次產業結構轉型順利，獲得更大效果，有待政策面的省思與檢討，改弦易轍，否則台灣經濟難有起色。

（民國 91 年 12 月 11 日　《經濟日報》二版）

2. 提升高科技產業附加價值率刻不容緩

近來國內對發展高科技產業，傳出兩種不同聲音：一是抨擊多年來政府以租稅減免等獎勵措施鼓勵高科技產業發展，但後者占用了大量資源，而其附加價值率偏低、創造就業不高、產業關聯係數差、賦稅貢獻比率低，主張政府的租稅獎勵政策應予檢討。另一是，承認這些都是事實，但主張評估高科技產業對國家的貢獻，還要兼顧其外部效益，如台灣高科技公司的股票多已上市，而且在股市交易量中占有絕大的比重，帶動股市的蓬勃發展，為政府增加大量證券交易稅收入，亦為證券市場創造大量就業機會；高科技產業從業人員所得比較高，所繳綜合所得稅亦較多；尤其國內自行生產的大量資訊電子產品，價格比較低廉，促進資訊普及化，給國人生活帶來便利；台灣資訊電子產業多已向海外投資，而且對外投資比重愈來愈高，而形成台灣接單，海外出貨所產生的利益，為數亦不小，以及台灣資訊電子產業在全球產業分工鏈中所扮演的關鍵角色，提高了台灣在國際社會中的重要性及能見度，讓台灣成為世界經濟中的重要夥伴等，而認為對高科技產業發展，仍有獎勵的必要。雙方的看法都沒有錯，至於如何獎勵，政府主管部門正在檢討中。我們的看法是，發展高科技產業方向正確，惟如何提升其附加價值率，應為當前政府及有關業者刻不容緩，亟需努力的重要課題。

一般認為高科技產業既是技術密集，其附加價值率亦應較高；但實際情形並非如此，需視各國經濟發展階段、技術層次而定。例如美國經濟高度發展，技術層次亦較高，其電子電器業的附加價值率，在 1990 年高達 49.5％，其後雖

有下降，但 2000 年仍達 40.5％。又如日本電子業的附加價值率，雖不及美國之高，但在 1992 年亦高達 39.3％，到 2002 年仍為 37.6％，下降不若美國之快。

可是台灣的電子、資訊、通信及電力機械等產業的附加價值率，既沒有美、日之高，而又快速下降。在 1990 年該等產業的附加價值率，只有 27.1％，1996 年降為 25.6％，2001 年再降為 22.5％；而且均較各年製造業平均附加價值率低。南韓電子產業的附加價值率與台灣相仿。而美、日電子產業附加價值率，均高於其製造業平均附加價值率。故一般認為電子等產業是附加價值率高的產業，應是指美、日等高度工業化國家的電子等產業而言，並非台灣與南韓的電子等產業。

然而，不論是高附加價值率的美、日等電子產業，或低附加價值率的台、韓等電子產業，近十年來附加價值率均呈下降之勢；其主要原因除電子等產品生命週期短的特性外，也是大多數生產者為爭取市場占有率，而採取大量生產策略，致供過於求，價格大幅下滑的結果。至於台灣附加價值率遠較美、日為低，我們認為主要關鍵在於台灣以電子、資訊、通信為主的高科技產業，在全球產業體系中所處的位置有關。台灣絕大多數的電子、資訊、通信產業，都是先從美國興起，逐漸成熟後，由台灣接手，過一段時間，在台灣無法生存後，再轉移到工資更低廉的國家生產，而以中國大陸為主。觀察該等產業發展過程，可發現下列幾點現象值得我們警惕與改進：

一、台灣接手的電子、資訊、通信產業，都是成熟的產業，而且以代工業務（OEM）為主，後雖在生產技術上有所改進而以 ODM 代工，但技術的改進都是根據母廠原有技術的延伸，少有突破性的創新，所以附加價值率不高。

二、台灣所生產的電子、資訊、通信產品，其所需的關鍵零組件、原始材料等，都賴進口供應；根據 2001 年台灣產業關聯表，該等產業產值中進口中間投入的比率高達 40.1％，是日本 2000 年進口中間投入比率 8.9％的四倍多。台灣進口中間投入比率如此之高，不僅壓縮了附加價值率，也連帶拖累了國內產業關聯效果。

三、由於委託台灣代工的客戶，多集中在少數幾家國際品牌大廠，且享有國際市場寡占能力，不僅壓低代工價格，而且零組件採購權，亦失去自主性，以致毛利率日益低落，淪為「微利時代」，附加價值率怎能不低，甚至移往大陸生產方能因應母廠的需要。

四、台灣電子、資訊、通信業的研發支出，高占全國研發總經費的四成以上，而該等產業的研發，多以製程的改進與成本的降低為主；但在成本降低能

耐日低，加以進入「微利時代」，研發的動能也日益受到壓縮，電子、資訊、通信產業的研發支出占其營業額的比率，已自 1998 年的 2.59％，至 2002 年降至 2.21％，對未來高科技產業發展及整體研發工作的推動，將是一大隱憂。

（民國 94 年 4 月 7 日　《經濟日報》二版）

3. 重新認識台灣的製造業

行政院主計處於日前發布 2006 年工商及服務業普查初步統計結果，提供了近五年來產業變化極豐富資訊。在過去五年間，2001 年台灣陷入 50 年來首度負成長，自 2002 年國內外景氣開始回溫，尤其 2004～06 年的三年間全球經濟平均每年成長率，根據國際貨幣基金（IMF）統計高達 5.2％，台灣也恢復到 5.1％的成長；顯然各產業都發生變化，而其中以製造業變化最為顯著。茲就工商及服務業普查提供的統計資訊，分析五年來台灣製造業的變化。

製造業如概括劃分為傳統製造業及非傳統製造業，更能展現其五年來的變化。所謂傳統製造業係指民生、化學、金屬機械工業，非傳統製造業則指資訊電子工業，包括電子零組件、電腦、通訊及視聽電子業、光學製品及電子設備製造等，即一般所稱高科技產業。

五年來傳統製造業活力重現。台灣傳統製造業在出口導向政策引導下，自 1960 年代初期開始至 1980 年代中期的 20 多年間快速發展，對整體經濟發展及就業有重大貢獻。但至 1980 年代後期，由於勞動短缺，工資大幅上升及投資環境的改變，傳統製造業優勢逐漸消滅，業者不得不另覓適當環境，開始移往勞動成本低廉的東南亞及中國大陸生產；尤以 1991 至 2001 年的十年間傳統製造業外移速度最快。就歷次工商普查資料觀察，以傳統製造業從業員工而言，1996 較 1991 年減少 19.4 萬人或 9.0％，2001 年再較 1996 年減少 21.9 萬人或 11.1％，可見傳統製造業萎縮之快速。惟這次普查 2006 年傳統製造業不僅從業員工人數止跌回升，較五年前增加 8 萬人或 4.6％，生產價值更大增 62.8％，相較非傳統的高科技產業產值增加 70％，毫不遜色。雖傳統製造業從業員工及生產總值占製造業比重持續下降，但降幅較前十年大為減緩，而且分別高占製造業的六成八及六成四，仍然是製造業發展的主軸。

　　傳統製造業近五年來活力重現，還有下列四大特色：（1）是傳統製造業勞動生產力大幅提升，五年間增加 56％，遠較非傳統製造業增加 33％為高，使兩者間的差距大為縮小。（2）是傳統製造業資本生產力大幅提高，五年間增加 41％，而非傳統製造業資本生產力五年來停滯未變，顯示傳統製造業資產運用效率，相對較非傳統製造業大幅提升。（3）是由於勞動及資本生產力的提升，使其利潤率自五年前的 3.2％，2006 年倍增至 7.7％，與非傳統製造業的 7.8％，並駕齊驅，傳統製造業已非微利產業。（4）是在勞動生產力大幅提升的貢獻下，傳統製造業勞動成本占生產總額的比率大幅下降，自五年前的 15％降至 11％，與非傳統產業相等。凡此均顯示台灣傳統製造業歷經二十多年的淘汰起伏調整，勵精圖志，轉型升級，終於脫胎換骨，不論是持續生存者，或新進入者，多是體質堅強，經得起國內外市場競爭的考驗。

　　在非傳統製造業的高科技產業方面，在近五年來的發展亦有下列三大特色：（1）是非傳統製造業的高科技產業，在一般印象應是技術密集或資本密集產業；但這五年來從業員工增加 19.1 萬人，高占製造業從業員工總增加 27 萬人的 71％，其中又以半導體及影像顯示產業增加 16 萬人高占總增加人數的 60％最為突出，成為製造業創造就業的最大功臣。（2）是海外生產依賴度大幅提高；五年前非傳統產業海外生產占營業收入的比重才 15％，2006 年躍升至 48％，而且五年來非傳統產業營業收入能大幅成長 1.45 倍，主要靠海外生產增加貢獻了 70％，顯示國內接單海外出貨，已是非傳統產業成長動能的最大來源。（3）是成為最大吸金產業；近五年來非傳統產業實際運用資產增加 4.3 兆元，高占製造業運用資金增加額的四分之三，資金運用愈來愈高度集中；而使每一員工資產運用額，非傳統產業相對傳統產業大幅增加，2006 年幾達後者兩倍。但其勞動生產力與傳統產業比較，五年前還高出 41％，2006 年降至 20％；顯現非傳統產業資產運用效率，相對傳統產業每下愈況，這應是台灣高科技產業的最大隱憂，不能忽視。

　　就工商普查資料觀察，五年來整體製造業發展，表現相當優異；不過除就業增加非傳統產業優於傳統產業外，不論生產的增加、勞動生產力的提高、資金運用效率的提升，傳統產業均優於非傳統產業。但五年來製造業增加投入人力中的 71％，增加投入資金中的四分之三，所投入的高科技產業，其表現反不如傳統產業，是否什麼地方出了問題，期望新政府上任後，能深入檢討，謀求改進之道，否則對未來長期發展不利。

（民國 97 年 5 月 15 日　《經濟日報》二版）

八、雙卡風暴的衝擊

1. 雙卡風暴對經濟的衝擊

　　由於雙卡（信用卡與現金卡）循環利息高達 20%，遠較企業金融收益為高，部分金融事業乃猛力推動雙卡業務；六年來金融事業雙卡放款呈四倍速的成長，每年循環信用利息及手續費收入高達 1,500 億元，成為金融事業的金母雞。發卡銀行為搶奪雙卡市場，除大事廣告促銷及分送各項贈品外，更降低甚至免除徵信作業，以廣招客戶。至去年初平均 18 歲以上成年人每人持卡三張，2004 年信用卡簽帳額高占當年國內生產毛額（GDP）的 12.2%，雙卡債務餘額高占 GDP 的 7.8%。至去年底，平均每張有效信用卡欠帳 2 萬元，現金卡欠帳更高達 9.1 萬元，雙卡信用泡沫隱然形成。因利用者多為中低收入，一旦欠款累積，再加高利息的利上加利，欠款愈滾愈多，以致無法還本付息，變成卡奴。至去（2005）年下半年，雙卡信用泡沫終於破滅。雖金融主管機關採取各項措施緩解卡奴還債問題，並聲稱台灣雙卡問題並不若三年前韓國爆發的信用卡危機嚴重；但事實上台灣雙卡問題，目前只是開始，其後續影響還在延伸，不能輕忽。

　　在雙卡正常還本付息時期，的確是發卡銀行高獲利業務，因此巨額廣告費，五花八門的贈品，以及雇用大量人員推廣，所花成本也大。但一旦持卡者還本付息出了問題，即變成呆帳；當呆帳金額不斷擴大，發卡銀行不僅收益降低，甚至淪落到虧損境地。在 36 家發信用卡的本國銀行中，每月沖銷呆帳金額超過發卡收入的，去年 6 月只有兩家，10 月暴增到 6 家，12 月再倍增到 13 家，已超過發卡銀行家數的 1/3；如再扣除廣告、贈品、人員等等支出，虧本的銀行可能超過一半以上。再以整體發信用卡機構來看，去年上半年所轉銷呆帳金額占發卡收入的 35.9%，前年下半年為 35%，此一比率已相當高，這也是利息偏高的原因所在。可是進入去年下半年，轉銷呆帳比率即急速升高，至第三季竄至 50%，12 月更高達 76.2%，較上半年驟升一倍以上。因此，去年本國銀行稅前盈餘自前年的 1,553 億元，腰斬為 786 億元，沖銷呆帳即為重要原因之一。目前雙卡放款餘額近 8,000 億元，究竟多少會變成呆帳，後續的影響如何，尚不可知。

　　由於發卡銀行利潤驟降，衝擊到股市，去年金融類股成交金額較前年急遽萎縮 55.9%，導致去年在全盤股價指數還上升 6.66% 的情況下，金融類股價指

數下跌 14.99％，成為拖累股價總指數無法大幅上升的關鍵原因之一。而且在發卡銀行對雙卡信用收傘的連鎖反應下，雙卡風暴的高峰期尚未過，今年上半年金融類股價指數，將難有起色。

由於發卡銀行收傘，信用卡的循環信用餘額，在前五年（2000～2004年）平均每年增加率高達 25％，至去年急速降為 8.4％，而去年 12 月較 11 月按年率計僅增加 2.2％。在現金卡部分放款收縮更為顯著，放款餘額自去年 9月達到 3,152 億元高峰後，即逐月下滑，至去年 12 月已降至 2,985 億元，三個月間收縮 5.3％，降幅且有逐月擴大之勢。雙卡放款的緊縮，對已陷入困境的低所得者，將是雪上加霜。

近 5 年來，高占就業人口六成的受雇員工，平均薪資每年僅調升 0.8％，扣除物價上漲因素後，實質所得幾呈停滯，故部分中低所得者，已靠借債維持生活水準。在前五年金融機構對個人消費性放款（包括對持信用卡及現金卡者放款），增加 7,815 億元，是同期間民間消費增加 8,630 億元的 90％。顯然金融機構對個人消費性貸款是支撐民間消費增加的一大力量；但此一比率至去年已降為 74％。而且金融機構對個人消費性貸款，去年各季增貸金額已在逐季大幅萎縮中，去年上半年增貸額只較前年同期縮減 5％，第三季急速縮減65％，第四季更縮減 71％；依此趨勢推估，今年上半年金融機構對個人消費性貸款即將成為負成長，則對今年民間消費以及國內需求的擴張極為不利。

此外，卡奴在討債公司逼債之下，走上絕路、搶劫銀行與銀樓的一再發生，衝擊社會治安，破壞生活及投資環境，影響投資。

綜上分析，從生產面看，雙卡呆帳不斷上升，發卡銀行大量沖銷呆帳，利潤萎縮，降低附加價值，不利 GDP 成長。從需要面看，金融類股價下滑，消費性貸款緊縮，以及生活和投資環境惡化，將影響民間消費與投資，衝擊國內需求的擴張，同樣影響經濟成長。金融主管當局若不能及時亡羊補牢，將嚴重衝擊今年 4.5％經濟成長目標的達成。

（民國 95 年 2 月 16 日　《經濟日報》二版）

2. 雙卡風暴使當前經濟雪上加霜

去（94 年）冬爆發雙卡危機以來，主管金融的金管會一開始宣稱影響輕微，繼之預告風暴即將終了。雖本報社論一再呼籲，此次雙卡風暴之影響，絕不如主管機關所認定的輕微，而且其衝擊正在發酵中，主管機關不能掉以輕心，必須籌謀對策；但主管機關除舒緩卡奴困難外，似未採取有效對策，致其

不利影響一直在蔓延。最近主管機關又放出風聲，指雙卡風暴最壞時期已過，衝擊即將平息。但我們認為最壞時期已過，可能是對金融機構而言，其對整體經濟的衝擊，恐將繼續延至明年上半年，而造成極為沉重的代價。

此次雙卡風暴除許多卡奴被逼債家破人亡，慘不忍睹，造成許多社會問題外，對發卡金融機關造成的損失亦極為慘重，對整體經濟的衝擊更是雪上加霜。

雙卡風暴對金融機構造成的損失，可從三方面來看：一是雙卡業務的大幅緊縮；信用卡部分，其流通卡張數，自去年 9 月達到 4,579 萬張高峰後，一路下滑，至今年 9 月已降至 3,946 萬張，一年間大幅減少 633 萬張；信用卡預借現金金額，自過去七年平均每年增加 27.3％，今年前八個月較去年同期銳減 56.1％；信用卡簽帳金額，八年來第一次衰退，而且衰退比率，今年前三季逐季擴大中；循環信用餘額，過去兩年平均每年增加近 500 億元，可是最近一年即急速萎縮超過千億元。現金卡部分，今年 9 月與去年 9 月比較，已動用額度卡數與放款金額，各銳減三分之一以上，達 36％；尤其放款金額，倒退到兩年前的水準。亦即雙卡在前兩年積極努力擴張的業務，於最近一年內消耗殆盡；對消費金融而言，還不嚴重嗎？

二是收入銳減，支出增加，轉盈為虧，而且是大虧。信用卡發卡機構的三大收入來源，包括循環信用利息收入、簽帳手續費收入與預借現金手續費收入，去年前三季收入近 800 億元，今年同期銳減 23.2％，降至 614 億元；但支出轉銷呆帳，卻自去年同期的 315 億元，暴增至 914 億元。亦即去年前三季賺 484 億元，今年前三季卻虧 300 億元，而銀行增提呆帳準備管銷及催收等成本支出尚未列入。

三是大量打銷呆帳；去年前三季雙卡打銷呆帳 447 億元，今年同期躍增 1.9 倍，增至 1,291 億元，相當於本國全體銀行前三季盈餘 349 億元的 3.7 倍。其中兩大發卡銀行，中信銀與台新銀，今年前十個月各提存呆帳準備 354 億元及 280 億元，約占總打銷呆帳的一半；致使中信金與台新金今年前十個月每股各虧損 0.43 元與 0.95 元。由於雙卡風暴大量打銷呆帳，致 14 家金控中有四家淪為虧損，而以日盛金每股虧 3.9 元最為嚴重，其次則為台新金與中信金，再次為復華金每股虧 0.26 元。

台灣金融業受到雙卡風暴衝擊，加以弊案連連，因而世界經濟論壇（WEF）的競爭力報告，在金融健全度方面台灣在 125 個國家中，排第 100 名，可見台灣金融慘況是何等的嚴重。

　　至於雙卡風暴對整體經濟的衝擊；先看金融機構由於雙卡風暴，對個人消費性貸款（包括雙卡）的急速緊縮，過去三年平均每年擴增 2,667 億元，成為支持當年民間消費增加的一大助力；而今年 9 月與去年 9 月比較，遽減 3,163 億元，而且下降的幅度逐季擴大中，此一趨勢，可能延續到明年第一季。其次看國內零售業（包括百貨公司、超級市場、零售式量販店及連鎖式便利商店等）營收的變化，過去三年平均每年增加率超過 6％，今年上半年大幅降到 1.6％，8 月更呈現五年來的首度負成長 0.58％；再看消費品進口，上半年只減少 0.4％，7～10 月減幅擴大到 1.2％；營業稅收入，上半年還增加 1.6％，7～10 月僅增加 0.4％；同時消費者物價指數連續三個月下降，透露出國內需要不足。在在顯示今年以來，民間消費在加速減緩中；此對主管機關預期今年第四季雙卡風暴平息，民間消費增加率將回升，恐將落空。加以當前政治的紛爭，民間投資已淪為負成長，更使內需遲滯不振，主計處預估今年經濟成長 4.28％，將是難上加難。

　　顯然此波雙卡風暴，對金融及整體經濟的衝擊，遠較主管機關預估的嚴重。期望能記取教訓，今後對發生任何金融問題，必須先深入了解後，再經科學方法的研判，並提出因應對策，避免重蹈覆轍。

（民國 95 年 11 月 16 日　《經濟日報》二版）

3. 雙卡呆帳敗光銀行獲利

　　銀行雙卡風暴自前（94）年下半年爆發後，主管金融的金管會即一再宣稱：台灣雙卡問題沒有想像的嚴重；經建會也幫腔指出，雙卡風暴引起的消費成長率減緩，可能僅導致經濟成長率下降約 0.2 至 0.25 個百分點，並不嚴重。不久之後金管會更宣稱雙卡風暴的衝擊已減緩。但本報去年 3 月 30 日社論即指出，雙卡風暴衝擊正在發酵，影響消費成長，所導致 2006 年經濟成長率下降，恐在 1 個百分點左右，相當嚴重，呼籲執政當局不能掉以輕心。而今有關雙卡風暴的 2006 年各項數據先後出爐，顯示雙卡風暴問題對金融業及整體經濟衝擊之嚴重，不幸被言中。

　　根據金管會統計，雙卡風暴爆發前，金融機構發行雙卡收入，包括循環信用利息、簽帳手續費及預借現金手續費等收入，扣除轉銷呆帳後的毛收益，高達千億元左右，獲利極為豐碩。加以當時銀行資金過剩，超額流動準備經常維持在 4 兆元以上，且企業金融推展不易，許多銀行不得不朝向消費金融發展，於是雙卡發行暴增。但雙卡風暴爆發後，雖金管會努力救火，雙卡呆帳仍如脫

輻之馬，快速上升；2006 年雙卡呆帳，自 2005 年的 714 億元，遽升至 1,642 億元，大增 1.3 倍，較金管會估計之 1,300 億元，超出四分之一以上。以信用卡而言，2006 年轉銷呆帳遠超過各項收入，反虧 400 多億元，還不包括人事、管理、廣告、贈品等費用，實際虧損遠超過此金額，致使全體銀行獲利已被雙卡呆帳敗光，轉盈為虧。

本國銀行（全行）2004 年稅前盈餘 1,553 億元，其中以雙卡收益為大宗；2005 年下半年雙卡泡沫破滅後，盈餘腰斬，降至 786 億元，2006 年大幅沖銷雙卡呆帳，轉為虧損 74 億元；如不是國外分行及 OBU 大賺 403 億元，國內總分行虧損高達 477 億元。而且 2006 年本國銀行 42 家，陷入虧損的正好一半，而其中絕大多數都是沖銷雙卡呆帳過巨的影響。另據立委李紀珠表示，如本國銀行出售呆帳損失，不分五年攤還，而一次沖銷的話，估計約有 12 家本國銀行虧損已超過資本的三分之一。日前剛通過的銀行法第 64 條修正案，明訂銀行虧損超過資本三分之一時，應限期增資，逾期未補足者，主管機關應派員接管或勒令停業。不僅本國銀行如此，外國銀行在台分行發行信用卡的四家外商銀行，同樣遭到雙卡風暴的衝擊，其中除花旗銀行因業務廣、資力雄厚，去年還能保持盈餘外，其他三家外銀都因大量沖銷信用卡呆帳，淪為虧損。去年國內外銀行遭受雙卡風暴衝擊如此之廣且深，能說不嚴重嗎？而且金融股受雙卡風暴衝擊，量價萎縮一蹶不振，不僅證券交易稅、手續費減少，又有多少股民被套牢；此外，銀行由盈轉虧，今年金融股股利的發放將大為縮水，皆對今年的所得及消費，造成延後的持續影響。

另一嚴重問題是雙卡泡沫破滅對整體經濟的影響；一年來停卡高達 835 萬張，信用卡流通卡數減少 15.8％，現金卡已動用額度卡數更減少三分之一以上。以致信用卡簽帳金額，從過去三年平均每年增加率高達 17.5％，2006 年突然萎縮了 2.9％，是信用卡發卡以來的首度負成長。換言之，前三年信用卡簽帳金額，平均每年增加 1,825 億元，去年不僅未增加，反減少 405 億元，可見其對刷卡消費影響之嚴重了。

發卡銀行面對雙卡呆帳排山倒海而來，不得不對消費金融採取強烈的緊縮措施，以免損失擴大。因此，銀行對個人消費性貸款（包括雙卡循環信用餘額），自過去三年平均每年增加 25％，去年劇變為減少 24.5％；亦即前三年銀行對個人消費性貸款，平均每年增加 2,666 億元，去年卻劇減 3,967 億元，相當過去一年半增加的金額，嚴重衝擊到個人消費行為。尤其許多中低收入者，為了家計生活，背債刷卡，一旦逾期無法還款，被討債公司逼債之下，產

生多少悲劇；因而無不省吃儉用，節約消費，以免引禍上身。因此，去年民間消費增加率大幅下滑。據行政院主計處於雙卡風暴爆發初期的 2005 年 11 月估計，2006 年民間消費將增加 3.06％，維持 2005 年增加 3.05％的水準，但 2006 年遭到雙卡風暴的嚴重衝擊，民間消費增加率被腰斬，降到 1.53％；以致 2006 年民間消費增加對當年經濟成長的貢獻，自原估計的 1.77 個百分點，降為 0.88 個百分點，與本報去年 3 月社論估測影響經濟成長率下降 1 個百分點極為接近，是官方估計的四倍。

由此顯示主管機關的專業能力不足，又不重視專家及輿論的建言，未能及時採取有效措施，致問題愈演愈嚴重。現雙卡風暴衝擊高峰已過，期望主管機關能沉痛省思檢討，不斷改進，免再重蹈覆轍。

（民國 96 年 3 月 22 日　《經濟日報》二版）

九、懷念先賢

1. 追懷為台灣經濟奠定基礎的先驅

本月 7 日是嚴前總統家淦先生百年誕辰，有關部門將舉辦一系列座談會、音樂會、文物展覽及發行紀念郵票，以資紀念。但如能趁辦理各項活動機會，緬懷早期前輩財經決策官員的風範與施政特質，以為當今財經首長及國家領導人學習之典範，將更具積極意義。

台灣早期的財經決策官員，要如嚴家淦、俞鴻鈞、蔣夢麟、徐伯園、尹仲容、楊繼曾、李國鼎、孫運璿、俞國華、趙耀東等等，都具有下列風範：

一、當時雖處威權時代，但財經決策官員都是謀國求治心切，一切為國家為人民，絕不為個人權位考量，都具有無我、無私、無求的基本精神，以及追求國家現代化的強烈企圖心。

二、都兼具中國傳統與西方文化、知識的修養，心胸開闊，尊重幕僚，經常於聽取各方意見，甚至經過強烈辯論後，作成正確決策，共同全力以赴，絕不中途變更、反覆不定。

三、負責任、有魄力、有擔當，凡事絕不推諉；工作務實，絕不好高騖遠；辦事講效率，絕不拖泥帶水和稀泥。

四、都是操守廉潔、生活簡樸、公私分明、先公後私，甚且都有鞠躬盡瘁，死而後已的精神。

表現在施政上，則都具有下列特質：

一、積極主動，勇於面對問題，敢於改革；明知困難阻力重重，但有千萬人吾往矣的氣概。以幣制改革為例，民國 36～38 年嚴家淦先生擔任台灣省財政廳長期間，正值光復初期，民生凋敝，百廢待舉，失業嚴重，物資外匯奇缺，物價飛漲，更受到大陸局勢逆轉及大陸惡性通貨膨脹的衝擊，民國 37 年 7 月至 38 年 6 月的一年間，台北物價指數飆漲 84.5 倍，台灣經濟面臨崩潰邊緣。面對此一惡劣形勢，嚴先生認為當時應以壓抑通貨膨脹，安定物價為第一優先，毅然建議當時省主席陳誠改革幣制；獲同意後，即向中央政府爭取援助黃金 80 萬市兩，作為發行新台幣的十足準備，及外匯 1,000 萬美元，作為進口物資的運用資金。在一切準備就緒後，於民國 38 年 6 月 15 日正式發行新台幣，廢舊台幣；並先後實施黃金儲蓄存款（新台幣存入台灣銀行滿一個月後，即可提領黃金）及高利率政策（創辦優利存款月息 7％，複利計年息 125％），以這些空前創舉，誘導資金回流銀行，收縮信用，以資配合。

由於事前縝密策劃，限額發行，十足準備並可兌換黃金，幣信得以建立；而且新台幣改與美元聯繫，避免大陸經濟金融崩潰浪潮的衝擊，以及各方配合得宜，物價漸趨穩定，改革相當成功，為日後經濟穩定且快速成長，奠定堅實基礎。其他如土地改革、租稅改革、外匯貿易改革、十九點財經改革等等，都是前輩財經官員主動出擊，克服萬難才得以完成，獲得顯著效果，而能有今天的經濟基礎。

二、以國家整體利益為重，絕無本位主義，各部會間團結合作，真正為經濟發展，建設現代化國家打拚。以實施 30 年的「獎勵投資條例」為例，該條例的基本精神，在以減稅、免稅、退稅為手段，鼓勵國人節約消費，增加儲蓄、投資與出口。但當時國家財政收支極度困難，每年都有巨額財政赤字待彌補。因而在草擬過程中，負責草擬條例的美援會與財政部幕僚協調時，遭到強力反對，幾經折衝，都未獲進展，不得已只得逕行向時任財政部長的嚴家淦先生求援。嚴先生了解該條例草案內容後，不僅完全同意，且願意說服其同僚接受，及在該條例送請立法院審議時，親自赴立法院支持該條例。在嚴先生這種沒有本位主義，犧牲小我，成全大我，照顧全局的精神感召下，最後該條例不僅獲得財政部的全力支持，在立法院審議時，也很快完成立法程序，頒布實施。

三、進取心極強，不斷吸取新知、新觀念，也不時提出前瞻性看法，推出新制度、新計畫。前輩財經首長都有好學不倦的精神，尤以嚴家淦先生雖係學

化學出身，但天賦英資，又好勤讀，博覽群書，且對現代科學新知無不涉獵。因此，他學識非常淵博，真正是學貫中西，對所談問題，幾乎都有相當專業水準的了解。他將各方面吸收的新知，融會貫通後，廣泛運用在政務上，帶領整個社會向前邁進，向上提升。

但觀察近年來政府的表現，尤其政黨輪替後的現任政府財經決策官員及國家領導人，不僅缺乏早期前輩財經官員的風範與施政特質，對新時代的挑戰也缺乏認識。現政府領導人多是反對運動起家，但執政後反而缺乏智慧化解在野黨的杯葛，亦缺乏勇氣與魄力排除黨內的反對聲浪；施政缺乏一貫性，反覆無常，更欠缺誠信。重要決策不是以「意識型態」，就是以「選票」為考量，終至施政一籌莫展。我們期望，當今政府決策官員及領導者們，在紀念嚴前總統百年誕辰之餘，多學習前輩財經官員的風範與施政特質，真正為經濟打拚，使台灣經濟不再向下沉淪反轉提升，方是全民之福。

（民國 93 年 11 月 5 日　《經濟日報》二版）

2. 在逆境中開創新局的蔣經國總統

本（1）月 13 日是蔣經國總統逝世 20 周年；在歷任總統中，他始終都是人民最愛戴的總統，對台灣的貢獻，不是任何政客所能誣陷與消滅的。

蔣經國自民國 61 年 5 月 29 日接任行政院長，六年後當選第六任總統，迄 77 年 1 月 13 日逝世，主持國政鞠躬盡瘁將近 16 年。其間國內外政經情勢發生重大變化，對台灣造成極大衝擊。在國際外交方面，他於我國退出聯合國半年多接任行政院長，組閣四個月後與日本斷交；同時間，爆發國際金融危機，美元大幅貶值，導致國際物價猛漲，且受全球氣候變化影響，糧食減產農產品價格倍數上升；次年 10 月中東戰爭再度爆發，波灣產油國家大幅調高石油價格，十年內掀起兩次石油危機。在連串劇變下，工業國家出現「停滯膨脹」。更嚴重的是 67 年 12 月美國總統卡特宣布與中共建交，與我斷交；中共強勢的孤立與促統壓力，無不對台灣政經造成極大衝擊。國內方面，勞力密集產業面臨轉型困難，總體經濟失衡，產業發展逐漸飽和，民主運動聲勢高張，抗爭不斷，影響社會治安。

不過，在蔣經國沉著、穩健、堅強的帶動下，全國上下團結合作，迎接挑戰，不僅問題一一克服，而且推動兩次產業轉型及經濟現代化，獲得傑出成就；在政治方面，更開啟民主改革的列車，朝民主化國家邁進。

兩次石油危機，引爆國際間的「停滯膨脹」，台灣如何克服此難題，可從

穩定物價與促進經濟成長兩方面來觀察。在穩定物價方面，當 62 年 10 月爆發第一次石油危機時，他為使老百姓能好好過年，將調整油、電、交通運輸等價格的「穩定經濟措施方案」，延至農曆新年後才公布實施，但在因應方案公布前的兩個月中，市場上已產生預期心理，價格已經上漲；當因應方案公布，市場價格再大漲，因而使 63 年物價暴漲。不過當 68 年 12 月第二次石油危機爆發時，記取教訓，改弦易轍，經國先生特別在財經會談中指示：國際石油供應短缺與價格上漲，是長期問題，我們必須節約能源，採取以價制量對策，隨進口成本的上升，及時充分反映。結果第二次石油危機期間，國內物價上漲遠較第一次緩和。綜計其執政的 16 年間，國內物價平均每年上漲 7.6％，與工業國家同時期上漲 7.5％，不相上下；在四小龍中，僅較新加坡的 5.3％高，但較香港上漲 8.6％，與韓國的 12.2％，緩和很多。

在促進成長方面，當第一次石油危機爆發，國際陷入停滯膨脹之際，經國先生在就任行政院長不久後所宣布的「十大重要建設」，正大力推動，擴大公共投資，以彌補民間投資萎縮的不足；同時在物價漸穩後，隨即採取寬鬆的貨幣政策，致使國內經濟於 63 年第三季開始，領先全球提前復甦。在其執政的 16 年間，平均每年經濟成長率高達 9％，不僅為亞洲四小龍之首，更是工業國經濟成長率 3.1％的三倍，為全球之冠。

在推動兩次產業轉型及經濟現代化方面，過去 60 年台灣經濟發展曾有三次轉型，第一次自農業轉向以工業為主，第二次自勞力密集產業轉向重化工業為主，第三次則是自重化工業轉向高科技產業發展，而後兩次都是經國先生主政時推動的。在其行政院長任內推動的「十大建設」，包括高速公路、鐵路電氣化、桃園國際機場等六項，使台灣交通建設脫胎換骨，邁向現代化發展；核能發電使能源走向多元化，一貫作業鋼鐵廠（中鋼）、大造船廠（中船）及石化工業等，使台灣進入重化工業時代。

不過，重化工業都是能源密集產業，台灣推動之初，即爆發第一次石油危機，遭受到嚴厲考驗。經國先生於 63 年初即指示行政院秘書長費驊，會同有關部會研究產業發展如何作重大突破，因而展開積體電路（IC）的發展；兩年後又設立「應用科技研究發展小組」，李國鼎擔任召集人，會同有關部會就科技研發與技術密集產業發展，作全盤的研究、規劃與有效推動；並召開第一次全國科技會議，研訂重點發展項目與配合措施推動。後孫運璿接任行政院長，更重視高科技產業發展，使李國鼎如魚得水；在其共同努力下，迅即研訂科技發展方案，展開高科技產業的全面發展。在蔣經國執政期間內，發展高科技產

業所需的周邊機構與設施，如工業技術研究院的擴充，成立電子研究所，設立新竹科學園區、資訊工業策進會、設立技術學院、交通銀行改為開發銀行、成立輸出入銀行，及高級技術人力的培訓與引進，有關法令規章的訂定與修訂，以及聯電及台積電的成立等，完成全面的部署與推動，為高科技產業未來發展奠立了堅實的基礎。

73 年俞國華就任行政院長，即宣布「自由化、國際化、制度化」，鬆綁有關法規、解除各項管制，以經濟全面自由化為今後施政的基本準則。

蔣經國執政的 16 年內，不僅經濟高度成長為世界之冠，失業率降至 2%以下，出口更是四小龍之首，成為全球第 11 位出口大國；更了不起的是貧富差距降為 4.17 倍，為全世界所得分配少數最平均的國家之一。終其任內人人有工作、家庭和樂、社會安祥、個個有希望。可是後蔣經國時代 20 年來卻每下愈況，尤其當下國勢迅速向下沉淪，人心不安，要不懷念蔣經國總統，也難！

（民國 97 年 1 月 10 日　《經濟日報》二版）

3. 懷念鐵頭趙耀東

深受敬仰的鐵頭趙耀東日前辭世，本周六舉行告別式。面對當前國家處境，不得不讓人憶起當年財經重臣，如尹仲容、嚴家淦、李國鼎、孫運璿、俞國華及趙耀東等，為國家現代化犧牲奉獻的典範。斯人已遠去，台灣經濟的前途，真令人擔憂！

趙耀東被大家稱為鐵頭，是因他做事如鋼鐵般堅定，不畏強權，不講人情，鐵面無私。而做人則是非、黑白、公私分明、廉潔自持；對人則有柔和的一面，有情有義，樂於助人。他是一位有抱負、使命感，具前瞻性與國際觀的人，眼光看得遠、看得廣，憂患意識特別強。當時雖處威權時代，但他謀國求治心切，積極主動，敢說、敢做、有魄力、有擔當，一切為國家、為人民，無我無私。

1968 年他奉派接任大鋼廠籌備主任，在沒人、沒錢、沒技術、沒原料，且沒建設大鋼廠經驗的情況下，承受莫大壓力。不過，在其力邀下，各方專家共同策劃，於 1971 年成立中國鋼鐵公司；復帶領同仁胼手胝足，以無比毅力完成第一階段建廠工程，於 1977 年初高爐點火運轉。該公司籌備期間邀請美國鋼鐵工程顧問公司評估時，曾預計開工四年後才能收支平衡。但中鋼 13 個月後就全能運轉，最高設備利用率曾超過 110%，生產力與利潤率均曾在全球

鋼廠中名列前茅。1994 年《天下雜誌》第一次進行競爭力調查，中鋼勇奪「標竿企業」第一名。中鋼公司以國營企業獲得如此成績，令人驚奇，而創造了「中鋼奇蹟」。

中鋼的成功，趙耀東的領導特質被公認是最關鍵的因素。他為中鋼建立了獨有的「企業文化」凝聚全體員工，朝同一方向、同一目標努力。趙在中鋼草創初期，即以儒家思想「愛的教育」與法家思想「鐵的紀律」相結合，作為「中鋼企業文化」的主軸、管理的最高指導原則。再加以現代化的管理工具，使其管理制度具高效率。趙耀東領導中鋼 13 年，不僅創造「中鋼奇蹟」，且制定了一套中鋼管理制度，可作為企業管理學習的典範，更為可貴。

1981 年 12 月 1 日趙耀東被特任為經濟部長，是時正是第二次石油危機肆虐，全球經濟陷入不景氣中，出口導向的台灣亦不例外。他接任後如同救火隊般，迅即解決經濟成長滯緩、石化基本原料價格、中小企業籌資、出口海關檢驗等問題；並公開宣稱，經濟部長是國內企業（包括外商）董事長的董事長，任何企業有問題，都可找他商量；而且他說到做到，將企業不安的心理穩住。再加以他在體制外，成立了五個機動小組又稱先鋒隊，包括自動化、能源節約、品質改良、電腦管理及貿易拓展等；其中尤以他從加拿大聘請石滋宜博士回國擔任自動化服務團團長，協助中小企業節省人力，邁向自動化發展，最為有聲有色。

他以大開大闔的作風，引領企業展望世界舞台，主動出擊扭轉對日、韓不合理的貿易談判，以利國內企業發展，還在百忙中到處講演，宣揚經濟自由化、國際化、企業家精神及受益者付費等新觀念，指引台灣經濟發展方向，激勵企業鬥志。

1984 年 5 月行政院改組，趙耀東轉任經建會主任委員，首先向新院長俞國華建議，以「自由化、國際化、制度化」作為經濟發展基本政策，被俞揆接受後列為行政院施政主軸。但執行時遭遇到困難與阻力，行政院遂成立經濟改革委員會，由趙耀東擔任總召集人，聚合產、官、學三方面精英協調研商，化解爭議；最後提出 56 項建議，作為日後執行依據。由於經濟自由化的落實，故在 2002 年初加入世界貿易組織（WTO）後，將其衝擊降至最低。

趙耀東接任經建會主委後，即指示研擬今後 15 年經濟建設長期展望（1986～2000 年），期望在 20 世紀結束之前，台灣躋身已開發國家之林，每人 GDP 15 年間將增加 3.3 倍，至 2000 年達到 14,000 美元，可見其高瞻遠矚的一面。1997 年世界銀行將台灣列為已開發國家，2000 年每人 GDP 真達到

14,519 美元，趙當年所訂目標不僅如期達成，且略有超過。

　　趙耀東從政短短七年間，以其領導的特質為台灣經濟帶來一陣旋風，企業充滿鬥志，人民充滿自信。在其七年任內經濟成長率平均每年恢復到 8.5％的高成長，出口額在 1985～87 年連續三年高居世界第 11 位，在亞洲僅次於日本，居四小龍之首。但 20 年後的今日，出口倒退到世界第 16 名，四小龍之末，真不可同日而語。

　　緬懷趙耀東等前輩財經重臣，期望當今新內閣財經決策官員，多學習前輩的風範、特質與積極主動為國為民打拚的執行力，促使台灣經濟早日復甦，方為全民之福。

（民國 97 年 9 月 11 日　《經濟日報》二版）

總結

四十年來經濟所獲成就正在衰敗中

　　台灣經濟設施在二戰期間遭受盟機猛烈轟炸，損失慘重，故在光復初期農工生產及交通運輸營運量不及日據最高時期的 40％，損失高達 60％以上。因此，生產凋蔽物資極端缺乏，物價高漲陷入惡性通貨膨脹、財政有鉅額赤字、外匯枯竭、失業問題極為嚴重。在此惡劣環境下，政府一方面推動一連串改革，如農地改革、幣制改革、稅制改革等等；另方面盡全力進行戰後重建工作。但因缺乏財力、物力與人力，只能就重點的修復或重建，整體進度緩慢。幸美國經濟援助及時到達，加速了修復及重建工作，至民國 41 年底，台灣農工生產及交通運輸營運量，已恢復到日據時期最高水準。

　　於是政府於民國 42 年開始，在美援支持下，推行了一連串「經濟建設四年計畫」，開始「以農業培養工業，以工業發展農業」的農工相輔相成的發展政策，以加速農工業建設增加生產，充分物資供應。繼之，自「進口替代」轉向「出口導向」政策，並推動「外匯貿易改革」及設置「加工出口區」，積極推動出口，帶動整體經濟的快速發展。

　　當民國 48 年得知美國經援政策的改變，甚至有隨時停止的可能，最高當局鼓勵國人團結奮鬥，共同努力，達到自力成長目標。於是政府隨即擬就「加速經濟發展計畫」，並訂定「十九點財經改革措施方案」，進行全面性的財經改革；同時頒布「獎勵投資條例」，以免稅、減稅、退稅措施，鼓勵儲蓄、投資與出口。在全國上下共同努力下，所有計畫、改革及法令都能有效進行。當民國 54 年（1965）7 月 1 日美國經援停止時，國內儲蓄已大幅增加，至民國 59 年開始，國內儲蓄已能充分供應投資的需要，達到「自力成長」的目標。

　　在當時，許多接受美國援助國家，不僅在接受美援期間，其經濟成長率遠

低於我國，而且在美援停止後，經濟就開始下滑。而我國在接受美援期間，由於有效利用美援，已獲得高度經濟成長；在美援停止後，經濟成長不僅沒有下滑，而且經濟成長率更向上提升，被國際間譽為「經濟奇蹟」。

再就前述各年代大事記要及精選的社論，觀察民國 60～99 年的四十年間台灣經濟的不斷進步實況，可整理為下列各點：

一、台灣從光復初期的純粹農業社會，民國 60 年代就進入「新興工業化國家」之林，90 年代更成為「現代化國家」。

二、經濟體制方面，自早期的「管制經濟」，70 年代實施「自由化、國際化、制度化」基本政策，開始逐步解除管制，開放市場。至 80 年代除對大陸經貿尚有嚴格管制外，其他幾已成為「經濟全面自由化國家」。故於 2002 年（91 年）初加 WTO 時，所受衝擊不大。

三、工業結構：自早期以「勞力密集產業」為主，民國 60 年代全力推動「十大建設」，成為以「重化工業」為主的國家。由於 60 年代及 70 年代積極推動科技研究發展和高科技產業發展，尤其推動「積體電路」、「電子、資訊」產業，獲得顯著成就，80 年代已成為高科技產業重鎮。

四、投資財源：在早期投資財源極端不足，依賴美援支持高占 40％；後經政府採取有效政策措施，鼓勵國人節約消費增加儲蓄，由於全民的努力，不僅民國 60 年就達成「自力成長」目標，而後且對外大量投資，在國際間成為投資大國。我國國外淨資產經常高居全球第五或第六名。

五、對外貿易：台灣早期在世界貿易無人注意，且有鉅額入超，靠美援支持。但自「進口替代」改為「出口導向」政策，並配合「外匯貿易改革」、「十九點財經改革」、實施「獎勵投資條例」及設置「加工出口區」、「科學園區」等後，出口大幅增加，民國 60 年開始即由入超轉變為出超，且成為「貿易大國」。尤其出口在民國 75～77 年三年間，連續成為全球第 11 位出口大國，不僅高居「新興工業國家」之首，亦超過許多工業國家。

六、失業率：在早期台灣失業問題極為嚴重，除城市失業率估計高達 6％以上，在農村還有許多隱藏失業人口，估計總失業人口高達 10％。不過經過民國 50 及 60 年代的經濟快速成長，製造業就業每年增加率高達 6％。在當時，有工作能力、有工作意願的人力，都能找到工作，因此，失業率大幅下降，至 60 年代已降至 2％以下，進入「充分就業」階段。

七、物價：在光復初期，物價飆漲陷入惡性通貨膨脹，除物資極端缺乏外，人民對舊台幣失去信心，產生預期物價上漲心理，亦為重要原因之一。因

此，政府除增加生產，充裕物資供應外，早在民國 38 年即實施幣制改革，廢舊台幣發行新台幣，且限額發行、黃金十足準備，以及採取各種配套措施，建立人民對新台幣的信心，物價漲幅即開始下降。加以美援物資於民國 40 年到達，物價更逐漸穩定。至民國 50 及 60 年代經濟快速成長，物資供應充裕。民國 50～61 年的 12 年間，台灣物價平均每年上漲率為 3.3％，與工業國家同期間每年上漲 3.5％比較毫無遜色，較開發中國家上漲 9.7％，穩定很多。

　　八、所得差距：所得差距，在國際間通常是採用五分位法中最高與最低所得者間的差距來比較。所謂五分位法是將所有家庭按所得大小排列起來，分為五個等分，每個等分即 20％ 家庭為一組。從最低的開始，第一組為最低所得者，以此類推，第五組為最高所得者，以最高的第五組平均每戶所得，與最低的第一組每戶所得比較，其倍數即代表高低所得者間的差距。台灣在早期有學者調查研究民國 43 年，高低所得差距是 15 倍。嗣後政府統計部門開始調查研究，民國 53 年是 5.33 倍，到 69 年又降為 4.17 倍，在當時是全球所得差距最小的國家之一，即經濟快速成長，其效益為全民所共享。

　　九、每人所得：台灣在民國 41 年重建完成時，每人所得估計不及 100 美元，在國際是屬低所得者，是貧困地區。不過由於全國上下共同努力，至民國 70 年代中期的 77 年已提高到 6,541 美元。根據國際貨幣基金（IMF）研究，當時每人 GNP 超過 6,000 美元，屬「中高所得者」，所以民國 70 年代我國已進入「中高所得國家」之林。到民國 90 年代末的 99 年，我國每人 GNP 為 19,765 美元，已成為高所得國家了。

　　過去四十年我們雖曾獲得以上成就，但不可諱言的，自民國 80 年代後期，整體經濟即開始走下坡。在民國 85 年以前，政府是以「經濟掛帥」，施政目標是加強經濟建設，早日成為「現代化的高所得國家」，政治要為經濟服務。可是民國 85 年總統選舉改為人民直選，政府施政以爭取選票，能獲得總統當選或連任為追求目標，經濟要為政治服務，轉變為「政治掛帥」。

　　再加以李登輝前總統於 85 年 11 月祭出「戒急用忍」政策，訂定一套嚴格管制兩岸經貿往來的法規，不僅阻礙兩岸經貿發展，更種下台灣經濟「由盛而衰」的禍根。民國 89 年第一次政權輪替，民進黨的陳水扁擔任總統，以「意識形態」治國，無預警停建「核四」發電廠，震驚海內外，不久後雖恢復興建，但傷害已造成，由於政策不連續，惡化投資環境，國內外投資卻步，至次年淨投資驟降 40％，使該年經濟淪為五十年來首次負成長。當年「經發會」兩岸組為改善兩岸經貿關係，建議「積極開放，有效管理」，以化解「戒急用

忍」政策。當陳水扁主持「經發會」開幕致詞時，一再強調「經發會」的共識建議，政府將百分之百的不打折扣執行。可是「經發會」兩岸組共識建議的「積極開放，有效管理」，陳水扁將其改為「積極管理，有效開放」，採取鎖國政策，兩岸關係凍結。陳水扁在任時，總統府成為炒股及貪瀆中心，根本無暇治理國政，經濟豈能不下滑。

民國 97 年第二次政權輪替，國民黨的馬英九高票當選總統，他以「和中、友日、親美」及「不統、不獨、不武」的主張，以及「開放與鬆綁」為施政主軸，改善兩岸關係，不僅開放三通直航，且與大陸簽訂「兩岸經濟合作架構協議」（ECFA）等 23 項協議，突破李登輝「戒急用忍」的制約，更是兩岸分治六十多年後，邁向實質合作的重大契機，也利於區域的和平與穩定。

馬政府雖有意恢復建設「台灣成為亞太營運中心計畫」的趨向，但時不我與，一方面大陸這十多年來經濟的快速崛起，已成為世界第二大經濟體，已非當年的大陸，而且彼長我消，優勢盡失，難再有合作的可能。另方面原來在野的民進黨，已執政八年力量壯大，在立法院雖屬少數，但其杯葛力極強，加以立法院長的未能配合，使許多重大政策，被立法院擱置，未能通過執行，影響政府施政。

如「兩岸服務貿易協議」送到立法院後，不僅遭到杯葛未能通過，更引爆「太陽花學運」，學生竟然竄進國會議堂及行政院，後者雖即時取締清場，但國會議堂在民進黨立法委員抗拒及立法院長王金平拒絕警察進入取締下，占領超過 20 天，癱瘓國會運作，嚴重破壞憲政秩序。這是中華民國史上首次行政中樞機關及國會殿堂遭學生入侵，尤其後者被占領 20 多日，未能有效處理，不僅荒唐，也顯示執政當局的無能，政府威信盡失。再加以馬英九上任不久，即遭逢「亞洲金融危機」及「八八水災」，經濟遭受嚴重衝擊；以及已列預算的軍公教退休年終慰問金停發，又失信於民，怨聲四起，經濟怎能不再度下滑。

附表係選擇六項重要經濟指標，包括經濟成長率、每人 GDP、出口金額、出口世界排名、失業率及消費者物價每年上漲率，代表經濟施政成果，與亞洲其他三小龍比較。在民國 60 年代我國在六項指標中，有四項（經濟成長率、出口金額、出口在世界排名及失業率）在亞洲四小龍中均排第一，兩項（每人 GDP 及物價上漲率）排第三，綜合結果，排第一，為四小龍之首。

民國 70 年代，我國六項指標中，僅失業率排第一，經濟成長率、出口金額、出口排名及物價上漲率排第二，每人 GDP 仍排第三，綜合結果排第二。

　　民國 80 年代，我國六項指標中，四項排第三，失業率與物價上漲率排第二，綜合結果再降一名排第三。

　　民國 90 年代，我國每人 GDP 被南韓超越，出口金額及出口排名被新加坡超越，均排名第四，經濟成長率及失業率排第三，只有物價上漲率排第二，綜合結果排第四，在四小龍中敬陪末座。

　　顯示四十年來我國經濟施政成果，在亞洲四小龍中排名，確是每況愈下；尤其我國出口世界排名，在民國 69 年時，我國領先南韓五名，至民國 99 年反落後南韓九名之多，也拖垮了整體經濟。過去四十我國經濟由盛轉衰，關鍵在民國 85 年的轉捩點，由「經濟掛帥」轉為「政治掛帥」，政黨惡鬥，內耗的結果。

附表　亞洲四小龍經濟施政成果比較（民國 60 年代～90 年代）

	經濟成長率（平均每年增加%）	每人 GDP（美元）	出口金額（億美元）	出口世界排名（名次）	失業率每年平均（%）	消費者物價平均每年上漲率（%）
民國 60 年代	60-69 年	69 年	69 年	69 年	60-69 年	60-69 年
中華民國	10.5	2,389	199	24	1.5	11.1
南韓	7.5	1,708	175	29	4.1	16.5
香港	9.4	5,701	198	25	3.2	8.4
新加坡	9.1	5,008	194	26	3.3	6.7
中華民國排名	1	3	1	1	1	3
民國 70 年代	70-79 年	79 年	79 年	79 年	70-79 年	70-79 年
中華民國	8.3	8,216	674	12	2.1	3.2
南韓	9.9	6,508	650	13	3.5	6.4
香港	6.6	13,292	821	11	2.7	7.9
新加坡	7.8	12,911	527	18	3.3	2.3
中華民國排名	2	3	2	2	1	2

民國 80 年代	80-89 年	89 年	89 年	89 年	80-89 年	80-89 年
中華民國	6.7	14,941	1,519	14	2.2	2.6
南韓	7.0	11,852	1,723	12	3.5	5.1
香港	4.0	25,759	2,019	10	3.2	5.3
新加坡	7.2	24,486	1,379	15	2.0	1.7
中華民國排名	3	3	3	3	2	2
民國 90 年代	90-99 年	99 年	99 年	99 年	90-99 年	90-99 年
中華民國	4.2	19,278	2,780	16	4.6	0.9
南韓	4.4	22,087	4,660	7	3.6	3.2
香港	4.1	32,522	4,010	11	5.5	0.4
新加坡	5.9	46,592	3,520	14	2.9	1.6
中華民國排名	3	4	4	4	3	2

資料來源：行政院主計總處綜合統計處提供資料編算

　　民國 105 年第三次政權再度輪替，民進黨的蔡英文當選總統，並掌握立法院多數完全執政。執政以來不僅以「意識形態」治國，不接受「九二共識」，更以「親美仇中」為施政主軸，馬政府辛勤建立的兩岸官方管道斷絕，兩岸關係陷入谷底。蔡英文並利用立法院多數暴力，通過某些改革，分化族群，以及成立數個東廠機構，追殺在野的國民黨，不置國民黨於死地不罷休，可讓民進黨永遠執政。政黨惡鬥內耗更甚於前者，無力發展經濟，不僅使 2,300 多萬人民落入困境，早期財經前輩們建立的大好河山，就這樣一片片的被消失。更由於蔡英文錯誤的選邊站，在未來十年「中長美消」後，終將給台灣帶來大災難。

邁向經濟現代化之路：社論一寫四十年

2022年6月初版　　　　　　　　　　　　　　　定價：新臺幣950元
有著作權・翻印必究
Printed in Taiwan.

著　　　者	葉　萬　安
特約編輯	方　清　河
叢書編輯	董　柏　廷
內文排版	菩　薩　蠻
封面設計	廖　婉　茹

出　版　者	聯經出版事業股份有限公司	副總編輯	陳　逸　華
地　　　址	新北市汐止區大同路一段369號1樓	總編輯	涂　豐　恩
叢書編輯電話	(02)86925588轉5388	總經理	陳　芝　宇
台北聯經書房	台北市新生南路三段94號	社　長	羅　國　俊
電　　　話	(02)23620308	發行人	林　載　爵
台中辦事處	(04)22312023		
台中電子信箱	e-mail：linking2@ms42.hinet.net		
郵政劃撥帳戶第0100559-3號			
郵撥電話	(02)23620308		
印　刷　者	世和印製企業有限公司		
總　經　銷	聯合發行股份有限公司		
發　行　所	新北市新店區寶橋路235巷6弄6號2樓		
電　　　話	(02)29178022		

行政院新聞局出版事業登記證局版臺業字第0130號

本書如有缺頁，破損，倒裝請寄回台北聯經書房更換。　　ISBN　978-957-08-6292-8 (精裝)
聯經網址：www.linkingbooks.com.tw
電子信箱：linking@udngroup.com

國家圖書館出版品預行編目資料

邁向經濟現代化之路：社論一寫四十年/葉萬安著 . 初版 .
新北市 . 聯經 . 2022年6月 . 660面 . 17×23公分
ISBN　978-957-08-6292-8（精裝）

1.CST：總體經濟學　2.CST：國家發展　3.CST：社論

550　　　　　　　　　　　　　　　　　　　　　111004927